CHINA CITY STATISTICAL YEARBOOK

中国城市统计年鉴

国家统计局城市社会经济调查司 编

图书在版编目（CIP）数据

中国城市统计年鉴. 2015：汉英对照 / 国家统计局城市社会经济调查司编. -- 北京 ：中国统计出版社, 2015.12
ISBN 978-7-5037-7706-6

Ⅰ. ①中… Ⅱ. ①国… Ⅲ. ①城市－统计资料－中国－2015－年鉴－汉、英 Ⅳ. ①C832-54

中国版本图书馆 CIP 数据核字(2015)第 284269 号

中国城市统计年鉴—2015
China City Statistical Yearbook—2015

作　者/国家统计局城市社会经济调查司
责任编辑/马　平　张丽萍
封面设计/李雪燕
出版发行/中国统计出版社
通信地址/北京市丰台区西三环南路甲 6 号　邮政编码/100073
电　话/邮购（010）63376909　书店（010）68783171
网　址/ http://www.zgtjcbs.com/
印　刷/河北天普润印刷厂
经　销/新华书店
开　本/880mm×1230mm　1/16
字　数/970 千字
印　张/31
版　别/2015 年 12 月第 1 版
版　次/2015 年 12 月第 1 次印刷
定　价/358.00 元

中国统计版图书，如有印装错误，本社发行部负责调换。

《中国城市统计年鉴—2015》

编委会与编辑部

China City Statistical Yearbook—2015

EDITORIAL BOARD AND EDITORIAL STAFF

编辑说明

《中国城市统计年鉴》是全面反映中国城市社会经济发展情况的资料性年刊。《中国城市统计年鉴—2015》收录了全国 653 个建制城市（含地级以上城市和县级城市）2014 年社会经济发展方面的主要统计数据。

本年鉴内容共分四个部分：第一部分是全国城市行政区划，列有不同区域、不同级别的城市分布情况；第二、三部分分别是地级以上城市统计资料和县级城市统计资料，具体包括人口、劳动力及土地资源、综合经济、工业、交通运输、邮电通信、贸易、外经、固定资产投资、教育、文化、卫生、人民生活、社会保障、市政公用事业和环境保护等方面的数据；第四部分是附录，为主要统计指标解释。需要说明的是，从 1997 年开始，地级以上城市和县级城市分别采用不同的统计制度，有些指标在两类城市之间不具有可比性，故本年鉴将地级以上城市和县级城市统计资料分为独立的两部分。

本年鉴所涉及的全国或全部城市统计资料，均未包括香港特别行政区、澳门特别行政区和台湾省。年鉴表中所列“全市”为城市的全部行政区域，包括城区、辖县、辖市；“市辖区”包括所有城区，不包括辖县和辖市。武汉市辖区不包含黄陂区、新州区、江夏区和蔡甸区数据。年鉴中一些数据为时点数据，时点为 2014 年年底。

本年鉴适用于各级政府管理部门、城市规划设计部门、城市社会经济研究机构、市政建设及房地产机构、各种中介服务及信息咨询机构等单位的工作者，也是大专院校师生、工商界人士、境外投资者以及关心中国城市发展的各界人士的重要参考资料。

本年鉴的编辑出版得到了国家统计局农村社会经济调查司、各省（区、市）统计局、国家统计局各调查总队、各市统计局和调查队以及中国统计出版社的鼎力支持，在此表示衷心的感谢。

本年鉴编印工作量大，出版时间紧，难免有不当之处，诚恳欢迎广大读者批评指正。

国家统计局城市社会经济调查司

2015 年 10 月

EDITOR'S NOTES

China City Statistical Yearbook is an annual statistical publication. *China City Statistical Yearbook 2015* reflects comprehensively the economic and social development of Cities in China. It covers the main socio-economic statistical data of 653 cities (including cities at prefecture level and above, and county-level cities) for 2014.

The Yearbook contains four parts : Part Ⅰ is the administrative division of all cities, listing city distribution by region and level; Part Ⅱ and Part Ⅲ are the statistical data of cities at prefecture level and above, and county-level respectively on population, labour forces, land resources, general economy, industry, transport, postal and telecommunication services, commerce, foreign trade and economic cooperation, investment in fixed assets, education, culture, public health, people's living conditions, social security, municipal public utilities, and environmental protection; Part Ⅳ is appendix of explanatory notes on main statistical indicators. It is necessary to point out that cities at prefecture level and above and county-level have used different indicator systems of statistics since 1997, and some indicators in two categories of cities are not comparable. So the data of cities at prefecture level and above and the data of cities at county-level are divided into two independent parts in the yearbook.

The national data in this yearbook do not include those of Hong Kong Special Administrative Region, Macao Special Administrative Region and Taiwan Province. "Total City" listed in the data refers to all administrative regions of the city, including the city districts, counties and the city at lower level; "Districts under City" includes all the city districts, not including counties and the city at lower level. The data of districts under Wuhan City do not include those of Huangpi district, Xinzhou district, Jiangxia district and Caidian district. Some indicators of this yearbook are time-point data, the time of them is at the end of 2014.

The Yearbook is compiled for the users working in government departments, city planning departments, institutes of urban socio-economic research, municipal construction and real estate agencies, intermediary services, information consulting agencies and other so on, and it is an important reference book for college teachers and students, businessmen, overseas investors as well as users paying close attention to the development of Chinese cities.

The editing and publishing of the yearbook have been fully supported by the Department of Rural Surveys of NBS, Bureaus of Statistics and Survey Offices of NBS at provincial prefecture and county level, and China Statistics Press. Here we would like to express our heartfelt thanks to them.

Department of Urban Surveys
National Bureau of Statistics of China
October, 2015

目　　录

CONTENTS

一、全国城市行政区划
Divisions of Administrative Areas of Cities in China

二、地级以上城市统计资料
Statistical Data of Cities at Prefecture Level and Above

（一）人口、劳动力及土地资源
Population, Labour Forces and Land Resources

一、全国城市行政区划

Divisions of Administrative Areas of Cities in China

三、县级城市统计资料
Statistical Data of County-level Cities

附 录
Appendix

1-1 城市行政区划和区域分布
Administrative Division and Regional Distribution of Cities

地区	Region	城市合计 Total	按行政级别分组 Grouped by Administrative Levels (year-end) 直辖市 Municipality Directly under the Central Government	副省级市 Vice-provincial City	地级市 Prefecture-level City	县级市 County-level City
全国总计	**National Total**	**653**	**4**	**15**	**273**	**361**
北京	Beijing	1	1			
天津	Tianjin	1	1			
河北	Hebei	31			11	20
山西	Shanxi	22			11	11
内蒙	Inner Mongolia	20			9	11
辽宁	Liaoning	31		2	12	17
吉林	Jilin	28		1	7	20
黑龙江	Heilongjiang	29		1	11	17
上海	Shanghai	1	1			
江苏	Jiangsu	36		1	12	23
浙江	Zhejiang	31		2	9	20
安徽	Anhui	22			16	6
福建	Fujian	22		1	8	13
江西	Jiangxi	21			11	10
山东	Shandong	45		2	15	28
河南	Henan	38			17	21
湖北	Hubei	36		1	11	24
湖南	Hunan	29			13	16
广东	Guangdong	42		2	19	21
广西	Guangxi	21			14	7
海南	Hainan	9			3	6
重庆	Chongqing	1	1			
四川	Sichuan	32		1	17	14
贵州	Guizhou	13			6	7
云南	Yunnan	21			8	13
西藏	Tibet	3			3	
陕西	Shaanxi	13		1	9	3
甘肃	Gansu	16			12	4
青海	Qinghai	5			2	3
宁夏	Ningxia	7			5	2
新疆	Xinjiang	26			2	24

1-2 分地区城市情况一览表
List of City's Basic Conditions by Region

省级单位 Province	地级及以上城市 City at Prefecture Level and above	下辖的县级城市 County-level City
北京 Beijing		
天津 Tianjin		
河北 Hebei	石家庄 Shijiazhuang	辛集 Xinji
		晋州 Jinzhou
		新乐 Xinle
	唐山 Tangshan	遵化 Zunhua
		迁安 Qian'an
	秦皇岛 Qinhuangdao	
	邯郸 Handan	武安 Wuan
	邢台 Xingtai	南宫 Nangong
		沙河 Shahe
	保定 Baoding	定州 Dingzhou
		涿州 Zhuozhou
		安国 Anguo
		高碑店 Gaobeidian
	张家口 Zhangjiakou	
	承德 Chengde	
	沧州 Cangzhou	任丘 Renqiu
		泊头 Botou
		黄骅 Huanghua
		河间 Hejian
	廊坊 Langfang	霸州 Bazhou
		三河 Sanhe
	衡水 Hengshui	冀州 Jizhou
		深州 Shenzhou
山西 Shanxi	太原 Taiyuan	古交 Gujiao
	大同 Datong	
	阳泉 Yangquan	
	长治 Changzhi	潞城 Lucheng
	晋城 Jincheng	高平 Gaoping
	朔州 Shuozhou	
	晋中 Jinzhong	介休 Jiexiu
	忻州 Xinzhou	原平 Yuanping
	临汾 Linfen	侯马 Houma
		霍州 Huozhou
	运城 Yuncheng	永济 Yongji
		河津 Hejin
	吕梁 Lvliang	孝义 Xiaoyi
		汾阳 Fenyang

省级单位 Province	地级及以上城市 City at Prefecture Level and above	下辖的县级城市 County-level City
内蒙古	呼和浩特 Hohhot	
Inner Mongolia	包头 Baotou	
	乌海 Wuhai	
	赤峰 Chifeng	
	通辽 Tongliao	霍林郭勒 Huolinguole
	呼伦贝尔 Hulunbuir	满洲里 Manzhouli
		扎兰屯 Zhalantun
		牙克石 Yakeshi
		根河 Genhe
		额尔古纳 Eerguna
	鄂尔多斯 Erdos	
	乌兰察布 Ulanqab	丰镇 Fengzhen
	巴彦淖尔 Bayannur	
		(二连浩特) Erlianhaote
		(乌兰浩特) Wulanhaote
		(锡林浩特) Xilinhaote
		(阿尔山) Aershan
辽宁	沈阳 Shenyang	新民 Xinmin
Liaoning	大连 Dalian	瓦房店 Wafangdian
		普兰店 Pulandian
		庄河 Zhuanghe
	鞍山 Anshan	海城 Haicheng
	抚顺 Fushun	
	本溪 Benxi	
	丹东 Dandong	东港 Donggang
		凤城 Fengcheng
	锦州 Jinzhou	凌海 Linghai
		北镇 Beizhen
	营口 Yingkou	大石桥 Dashiqiao
		盖州 Gaizhou
	阜新 Fuxin	
	辽阳 Liaoyang	灯塔 Dengta
	盘锦 Panjin	
	铁岭 Tieling	调兵山 Diaobingshan
		开原 Kaiyuan
	朝阳 Chaoyang	北票 Beipiao
		凌源 Lingyuan
	葫芦岛 Huludao	兴城 Xingcheng
吉林	长春 Changchun	榆树 Yushu
Jilin		德惠 Dehui

注：加括号的城市为省或地区直辖县级市。

1-2 续表 1 continued 1

省级单位 Province	地级及以上城市 City at Prefecture Level and above	下辖的县级城市 County-level City	省级单位 Province	地级及以上城市 City at Prefecture Level and above	下辖的县级城市 County-level City
	吉林 Jilin	桦甸 Huadian	**上海 Shanghai**		
		蛟河 Jiaohe			
		舒兰 Shulan	**江苏 Jiangsu**	南京 Nanjing	
		磐石 Panshi		无锡 Wuxi	江阴 Jiangyin
	四平 Siping	公主岭 Gongzhuling			宜兴 Yixing
		双辽 Shuangliao		徐州 Xuzhou	新沂 Xinyi
	辽源 Liaoyuan				邳州 Pizhou
	通化 Tonghua	梅河口 Meihekou		常州 Changzhou	溧阳 Liyang
		集安 Ji'an			金坛 Jintan
	白山 Baishan	临江 Linjiang		苏州 Suzhou	常熟 Changshu
	白城 Baicheng	洮南 Taonan			张家港 Zhangjiagang
		大安 Daan			昆山 Kunshan
	松原 Songyuan	扶余 Fuyu			太仓 Taicang
		(延吉) Yanji		南通 Nantong	启东 Qidong
		(图们) Tumen			如皋 Rugao
		(敦化) Dunhua			海门 Haimen
		(珲春) Hunchun		连云港 Lianyungang	
		(龙井) Longjing		淮安 Huaian	
		(和龙) Helong		盐城 Yancheng	东台 Dongtai
黑龙江 Heilongjiang	哈尔滨 Harbin	尚志 Shangzhi			大丰 Dafeng
		五常 Wuchang		扬州 Yangzhou	仪征 Yizheng
	齐齐哈尔 Qiqihar	讷河 Nehe			高邮 Gaoyou
	鸡西 Jixi	密山 Mishan		镇江 Zhenjiang	丹阳 Danyang
		虎林 Hulin			扬中 Yangzhong
	鹤岗 Hegang				句容 Jurong
	双鸭山 Shuangyashan			泰州 Taizhou	兴化 Xinghua
	大庆 Daqing				泰兴 Taixing
	伊春 Yichun	铁力 Tieli			靖江 Jingjiang
	佳木斯 Jiamusi	同江 Tongjiang		宿迁 Suqian	
		富锦 Fujin			
	七台河 Qitaihe		**浙江 Zhejiang**	杭州 Hangzhou	建德 Jiande
	牡丹江 Mudanjiang	绥芬河 Suifenhe			临安 Lin'an
		海林 Hailin		宁波 Ningbo	余姚 Yuyao
		宁安 Ning'an			慈溪 Cixi
		穆棱 Muling			奉化 Fenghua
	黑河 Heihe	北安 Beian		温州 Wenzhou	瑞安 Ruian
		五大连池 Wudalianchi			乐清 Leqing
	绥化 Suihua	安达 Anda		嘉兴 Jiaxing	海宁 Haining
		肇东 Zhaodong			
		海伦 Hailun			

1-2 续表 2 continued 2

省级单位 Province	地级及以上城市 City at Prefecture Level and above	下辖的县级城市 County-level City
		平湖 Pinghu
		桐乡 Tongxiang
	湖州 Huzhou	
	绍兴 Shaoxing	诸暨 Zhuji
		嵊州 Shengzhou
	金华 Jinhua	兰溪 Lanxi
		义乌 Yiwu
		东阳 Dongyang
		永康 Yongkang
	衢州 Quzhou	江山 Jiangshan
	舟山 Zhoushan	
	台州 Taizhou	临海 Linhai
		温岭 Wenling
	丽水 Lishui	龙泉 Longquan
安徽 Anhui	合肥 Hefei	巢湖 Chaohu
	芜湖 Wuhu	
	蚌埠 Bengbu	
	淮南 Huainan	
	马鞍山 Maanshan	
	淮北 Huaibei	
	铜陵 Tongling	
	安庆 Anqing	桐城 Tongcheng
	黄山 Huangshan	
	阜阳 Fuyang	界首 Jieshou
	亳州 Bozhou	
	宿州 Suzhou	
	滁州 Chuzhou	天长 Tianchang
		明光 Mingguang
	六安 Lu'an	
	池州 Chizhou	
	宣城 Xuancheng	宁国 Ningguo
福建 Fujian	福州 Fuzhou	福清 Fuqing
		长乐 Changle
	厦门 Xiamen	
	莆田 Putian	
	三明 Sanming	永安 Yong'an
	泉州 Quanzhou	石狮 Shishi
		晋江 Jinjiang
		南安 Nan'an
	漳州 Zhangzhou	龙海 Longhai
	南平 Nanping	邵武 Shaowu
		武夷山 Wuyishan
		建瓯 Jian'ou
	龙岩 Longyan	漳平 Zhangping
	宁德 Ningde	福安 Fu'an
		福鼎 Fuding
江西 Jiangxi	南昌 Nanchang	
	景德镇 Jingdezhen	乐平 Leping
	萍乡 Pingxiang	
	九江 Jiujiang	瑞昌 Ruichang
		共青城 Gongqingcheng
	新余 Xinyu	
	鹰潭 Yingtan	贵溪 Guixi
	赣州 Ganzhou	瑞金 Ruijin
	上饶 Shangrao	德兴 Dexing
	抚州 Fuzhou	
	吉安 Ji'an	井冈山 Jinggangshan
	宜春 Yichun	樟树 Zhangshu
		丰城 Fengcheng
		高安 Gaoan
山东 Shandong	济南 Jinan	章丘 Zhangqiu
	青岛 Qingdao	胶州 Jiaozhou
		即墨 Jimo
		平度 Pingdu
		莱西 Laixi
	淄博 Zibo	
	枣庄 Zaozhuang	滕州 Tengzhou
	东营 Dongying	
	烟台 Yantai	龙口 Longkou
		莱阳 Laiyang
		莱州 Laizhou
		蓬莱 Penglai
		招远 Zhaoyuan
		栖霞 Qixia
		海阳 Haiyang
	潍坊 Weifang	青州 Qingzhou
		诸城 Zhucheng
		寿光 Shouguang
		高密 Gaomi
		昌邑 Changyi

1-2 续表 3 continued 3

省级单位 Province	地级及以上城市 City at Prefecture Level and above	下辖的县级城市 County-level City	省级单位 Province	地级及以上城市 City at Prefecture Level and above	下辖的县级城市 County-level City
		安丘 Anqiu		驻马店 Zhumadian	
	济宁 Jining	曲阜 Qufu			(济源) Jiyuan
		邹城 Zoucheng	**湖北**	武汉 Wuhan	
	泰安 Tai'an	新泰 Xintai	**Hubei**	黄石 Huangshi	大冶 Daye
		肥城 Feicheng		十堰 Shiyan	丹江口 Danjiangkou
	德州 Dezhou	乐陵 Laoling		荆州 Jingzhou	石首 Shishou
		禹城 Yucheng			洪湖 Honghu
	威海 Weihai	荣成 Rongcheng			松滋 Songzi
		乳山 Rushan		宜昌 Yichang	宜都 Yidu
	聊城 Liaocheng	临清 Linqing			当阳 Dangyang
	临沂 Linyi				枝江 Zhijiang
	莱芜 Laiwu			襄阳 Xiangyang	老河口 Laohekou
	日照 Rizhao				枣阳 Zaoyang
	菏泽 Heze				宜城 Yicheng
	滨州 Binzhou			鄂州 Ezhou	
河南	郑州 Zhengzhou	巩义 Gongyi		荆门 Jingmen	钟祥 Zhongxiang
Henan		新密 Xinmi		孝感 Xiaogan	应城 Yingcheng
		荥阳 Xingyang			安陆 Anlu
		新郑 Xinzheng			汉川 Hanchuan
		登封 Dengfeng		黄冈 Huanggang	麻城 Macheng
	开封 Kaifeng				武穴 Wuxue
	洛阳 Luoyang	偃师 Yanshi		咸宁 Xianning	赤壁 Chibi
	平顶山 Pingdingshan	汝州 Ruzhou		随州 Suizhou	广水 Guangshui
		舞钢 Wugang			(利川) Lichuan
	安阳 Anyang	林州 Linzhou			(恩施) Enshi
	鹤壁 Hebi				(仙桃) Xiantao
	新乡 Xinxiang	辉县 Huixian			(天门) Tianmen
		卫辉 Weihui			(潜江) Qianjiang
	焦作 Jiaozuo	沁阳 Qinyang	**湖南**	长沙 Changsha	浏阳 Liuyang
		孟州 Mengzhou	**Hunan**	株洲 Zhuzhou	醴陵 Liling
	濮阳 Puyang			湘潭 Xiangtan	湘乡 Xiangxiang
	许昌 Xuchang	禹州 Yuzhou			韶山 Shaoshan
		长葛 Changge		衡阳 Hengyang	耒阳 Leiyang
	漯河 Luohe				常宁 Changning
	三门峡 Sanmenxia	义马 Yima		邵阳 Shaoyang	武冈 Wugang
		灵宝 Lingbao		岳阳 Yueyang	汨罗 Miluo
	商丘 Shangqiu	永城 Yongcheng			临湘 Linxiang
	南阳 Nanyang	邓州 Dengzhou		益阳 Yiyang	沅江 Yuanjiang
	信阳 Xinyang			常德 Changde	津市 Jinshi
	周口 Zhoukou	项城 Xiangcheng		郴州 Chenzhou	资兴 Zixing

1-2 续表 4 continued 4

省级单位 Province	地级及以上城市 City at Prefecture Level and above	下辖的县级城市 County-level City	省级单位 Province	地级及以上城市 City at Prefecture Level and above	下辖的县级城市 County-level City
	永　州 Yongzhou			防城港 Fangchenggang	东　兴 Dongxing
	怀　化 Huaihua	洪　江 Hongjiang		钦　州 Qinzhou	
	张家界 Zhangjiajie			玉　林 Yulin	北　流 Beiliu
	娄　底 Loudi	冷水江 Lengshuijiang		贵　港 Guigang	桂　平 Guiping
		涟　源 Lianyuan		百　色 Baise	
		(吉　首) Jishou		来　宾 Laibin	合　山 Heshan
广　东	广　州 Guangzhou			崇　左 Chongzuo	凭　祥 Pingxiang
Guangdong	韶　关 Shaoguan	乐　昌 Lechang		贺　州 Hezhou	
		南　雄 Nanxiong		河　池 Hechi	宜　州 Yizhou
	深　圳 Shenzhen		海　南	海　口 Haikou	
	珠　海 Zhuhai		Hainan	三　亚 Sanya	
	汕　头 Shantou			三　沙 Sansha	
	佛　山 Foshan				(五指山) Wuzhishan
	江　门 Jiangmen	台　山 Taishan			(琼　海) Qionghai
		鹤　山 Heshan			(儋　州) Danzhou
		开　平 Kaiping			(文　昌) Wenchang
		恩　平 Enping			(万　宁) Wanning
	湛　江 Zhanjiang	廉　江 Lianjiang			(东　方) Dongfang
		雷　州 Leizhou	重　庆		
		吴　川 Wuchuan	Chongqing		
	惠　州 Huizhou		四　川	成　都 Chengdu	都江堰 Dujiangyan
	茂　名 Maoming	高　州 Gaozhou	Sichuan		彭　州 Pengzhou
		化　州 Huazhou			邛　崃 Qionglai
		信　宜 Xinyi			崇　州 Chongzhou
	肇　庆 Zhaoqing	高　要 Gaoyao		自　贡 Zigong	
		四　会 Sihui		攀枝花 Panzhihua	
	潮　州 Chaozhou			泸　州 Luzhou	
	梅　州 Meizhou	兴　宁 Xingning		德　阳 Deyang	广　汉 Guanghan
	中　山 Zhongshan				什　邡 Shifang
	东　莞 Dongguan				绵　竹 Mianzhu
	汕　尾 Shanwei	陆　丰 Lufeng		绵　阳 Mianyang	江　油 Jiangyou
	河　源 Heyuan			广　元 Guangyuan	
	阳　江 Yangjiang	阳　春 Yangchun		遂　宁 Suining	
	清　远 Qingyuan	连　州 Lianzhou		内　江 Neijiang	
		英　德 Yingde		资　阳 Ziyang	简　阳 Jianyang
	揭　阳 Jieyang	普　宁 Puning		乐　山 Leshan	峨眉山 Emeishan
	云　浮 Yunfu	罗　定 Luoding		宜　宾 Yibin	
广　西	南　宁 Nanning			南　充 Nanchong	阆　中 Langzhong
Guangxi	柳　州 Liuzhou			达　州 Dazhou	万　源 Wanyuan
	桂　林 Guilin			广　安 Guang'an	华　蓥 Huaying
	梧　州 Wuzhou	岑　溪 Cenxi		雅　安 Yaan	
	北　海 Beihai			眉　山 Meishan	
				巴　中 Bazhong	

1-2 续表 5 continued 5

省级单位 Province	地级及以上城市 City at Prefecture Level and above	下辖的县级城市 County-level City	省级单位 Province	地级及以上城市 City at Prefecture Level and above	下辖的县级城市 County-level City
		(西昌) Xichang		白银 Baiyin	
贵州 Guizhou	贵阳 Guiyang	清镇 Qingzhen		天水 Tianshui	
	六盘水 Liupanshui			武威 Wuwei	
	遵义 Zunyi	赤水 Chishui		张掖 Zhangye	
		仁怀 Renhuai		平凉 Pingliang	
	安顺 Anshun			酒泉 Jiuquan	玉门 Yumen
	铜仁 Tongren				敦煌 Dunhuang
	毕节 Bijie			庆阳 Qingyang	
		(凯里) Kaili		定西 Dingxi	
		(兴义) Xingyi		陇南 Longnan	
		(福泉) Fuquan			(临夏) Linxia
		(都匀) Duyun			(合作) Hezuo
云南 Yunnan	昆明 Kunming	安宁 Anning	**青海 Qinghai**	西宁 Xining	
	玉溪 Yuxi			海东 Haidong	
	曲靖 Qujing	宣威 Xuanwei			(格尔木) Golmud
	昭通 Zhaotong				(德令哈) Delingha
	丽江 Lijiang				(玉树) Yushu
	保山 Baoshan		**宁夏 Ningxia**	银川 Yinchuan	灵武 Lingwu
	普洱 Puer			石嘴山 Shizuishan	
	临沧 Lincang			吴忠 Wuzhong	青铜峡 Qingtongxia
		(大理) Dali		固原 Guyuan	
		(楚雄) Chuxiong		中卫 Zhongwei	
		(芒市) Mangshi	**新疆 Xinjiang**	乌鲁木齐 Urumqi	
		(瑞丽) Ruili		克拉玛依 Karamay	
		(开远) Kaiyuan			(石河子) Shihezi
		(个旧) Gejiu			(吐鲁番) Turpan
		(景洪) Jinghong			(哈密) Hami
		(文山) Wenshan			(昌吉) Changji
		(蒙自) Mengzi			(奎屯) Kuitun
		(弥勒) Mile			(伊宁) Yining
		(香格里拉) Shangri-La			(塔城) Tacheng
西藏 Tibet	拉萨 Lasa				(阿勒泰) Aletai
	日喀则 Xigaze				(博乐) Bole
	昌都 Qamdo				(库尔勒) Korla
陕西 Shaanxi	西安 Xi'an				(阿克苏) Akesu
	铜川 Tongchuan				(阿图什) Atus
	宝鸡 Baoji				(喀什) Kashi
	咸阳 Xianyang	兴平 Xingping			(和田) Hetian
	延安 Yan'an				(阜康) Fukang
	汉中 Hanzhong				(乌苏) Wusu
	渭南 Weinan	韩城 Hancheng			(阿拉尔) Alar
		华阴 Huayin			(图木舒克) Tumushuke
	榆林 Yulin				(北屯) beitun
	商洛 Shangluo				(阿拉山口) Alashankou
	安康 Ankang				(铁门关) Tiemenguan
甘肃 Gansu	兰州 Lanzhou				(霍尔果斯) Huoerguosi
	嘉峪关 Jiayuguan				(五家渠) Wujiaqu
	金昌 Jinchang				(双河) Shuanghe

二、地级以上城市统计资料

Statistical Data of Cities at Prefecture Level and Above

2-1 人口状况
Population

城　市	City	年末总人口（万人）Total Population at Year-end (10 000 persons)		年平均人口（万人）Annual Average Population (10 000 persons)		自然增长率（‰）Natural Growth Rate (‰)	
		全　市 Total City	市辖区 Districts under City	全　市 Total City	市辖区 Districts under City	全　市 Total City	市辖区 Districts under City
城市合计	**Prefecture Cities**	**128953.80**	**42953.20**	**127610.80**	**41907.60**	**9.00**	**7.50**
北京市	**Beijing**	**1333.40**	**1261.90**	**1324.90**	**1253.50**	**7.20**	**7.40**
天津市	**Tianjin**	**1016.70**	**832.80**	**1010.30**	**827.20**	**6.80**	**6.60**
河北省	**Hebei**	**7592.70**	**1542.20**	**7490.70**	**1453.70**	**12.50**	**10.80**
石家庄市	Shijiazhuang	1024.90	408.00	1020.10	328.00	11.30	15.60
唐山市	Tangshan	753.20	329.50	750.30	328.30	8.10	7.10
秦皇岛市	Qinhuangdao	295.10	89.60	293.90	88.80	6.60	7.70
邯郸市	Handan	1029.50	174.10	1020.70	161.70	16.90	9.70
邢台市	Xingtai	772.90	87.70	767.90	87.30	16.40	12.40
保定市	Baoding	1196.60	110.50	1145.30	119.70	10.50	10.20
张家口市	Zhangjiakou	468.60	90.70	467.80	90.40	5.50	6.30
承德市	Chengde	380.70	59.30	379.40	59.10	8.20	6.20
沧州市	Cangzhou	768.40	54.40	758.50	54.00	19.40	14.10
廊坊市	Langfang	450.40	84.30	436.40	83.30	16.20	13.10
衡水市	Hengshui	452.60	54.30	450.30	53.10	11.50	15.60
山西省	**Shanxi**	**3563.50**	**1014.50**	**3561.10**	**1016.10**	**7.10**	**8.80**
太原市	Taiyuan	369.70	287.60	368.60	286.70	9.90	10.70
大同市	Datong	339.20	177.50	338.30	177.10	8.90	10.10
阳泉市	Yangquan	133.20	70.90	133.00	70.80	5.00	4.10
长治市	Changzhi	339.20	74.00	338.90	73.90	6.70	9.10
晋城市	Jincheng	218.90	37.20	218.90	36.90	1.90	10.40
朔州市	Shuozhou	175.40	72.50	174.90	72.30	5.60	5.80
晋中市	Jinzhong	330.50	61.20	331.00	65.00	10.40	8.30
运城市	Yuncheng	525.20	69.50	525.20	69.50	5.40	5.70
忻州市	Xinzhou	312.50	55.70	312.00	55.60	4.50	5.10
临汾市	Linfen	429.00	80.60	428.10	80.60	10.60	11.10
吕梁市	Lvliang	390.70	27.70	392.30	28.00	5.20	7.80
内蒙古自治区	**Inner Mongolia**	**2179.70**	**690.90**	**2142.20**	**702.40**	**5.40**	**5.60**
呼和浩特市	Hohhot	237.90	127.80	236.00	126.20	9.80	9.30
包头市	Baotou	223.70	147.00	224.40	146.70	5.60	5.10
乌海市	Wuhai	55.40	55.40	55.40	55.40	4.90	4.90
赤峰市	Chifeng	465.80	125.80	430.50	138.00	5.00	4.80
通辽市	Tongliao	319.40	85.80	320.30	85.80	4.00	3.60
鄂尔多斯市	Erdos	156.00	27.40	155.10	27.20	9.90	11.20
呼伦贝尔市	Hulunbuir	265.90	36.70	259.60	36.60	1.90	3.00
巴彦淖尔市	Bayannur	178.60	53.30	180.90	55.00	7.10	2.60
乌兰察布市	Ulanqab	277.00	31.60	280.10	31.50	3.50	7.00
辽宁省	**Liaoning**	**4244.20**	**1917.60**	**4241.10**	**1913.70**	**1.90**	**1.80**
沈阳市	Shenyang	730.80	528.40	729.00	526.50	1.90	2.40
大连市	Dalian	594.30	304.30	592.90	302.80	3.40	5.40
鞍山市	Anshan	348.20	151.20	349.00	151.30	-0.90	-1.40
抚顺市	Fushun	217.40	142.60	217.70	142.90	-0.90	-1.90
本溪市	Benxi	152.00	93.30	152.20	93.40	0.50	-1.50
丹东市	Dandong	239.50	78.40	239.60	78.40	0.10	
锦州市	Jinzhou	305.30	93.70	305.60	93.70		1.20
营口市	Yingkou	233.30	92.60	232.90	92.20	2.90	4.30

2-1 续表 1 continued

城 市	City	年末总人口（万人）Total Population at Year-end (10 000 persons)		年平均人口（万人）Annual Average Population (10 000 persons)		自然增长率（‰）Natural Growth Rate (‰)	
		全 市 Total City	市辖区 Districts under City	全 市 Total City	市辖区 Districts under City	全 市 Total City	市辖区 Districts under City
阜新市	Fuxin	191.00	77.20	191.10	77.40	1.30	-1.10
辽阳市	Liaoyang	179.90	87.60	179.90	87.70	1.10	0.50
盘锦市	Panjin	129.20	64.30	129.10	64.20	3.40	5.20
铁岭市	Tieling	302.00	43.80	302.00	43.80	2.10	0.50
朝阳市	Chaoyang	340.60	61.20	340.10	60.90	5.50	-1.50
葫芦岛市	Huludao	280.70	99.00	280.30	98.50	4.00	4.40
吉林省	**Jilin**	**2456.80**	**862.00**	**2460.20**	**871.30**	**2.50**	**3.20**
长春市	Changchun	754.60	365.90	753.60	374.80	4.80	5.60
吉林市	Jilin	427.70	181.90	428.40	181.90	1.00	1.80
四平市	Siping	328.10	58.70	328.30	58.80	1.10	-1.40
辽源市	Liaoyuan	121.80	47.20	121.90	47.30	2.00	-1.40
通化市	Tonghua	222.20	44.30	222.20	44.30	2.30	1.10
白山市	Baishan	126.30	57.30	126.70	57.50	0.50	0.70
松原市	Songyuan	278.50	56.90	280.70	56.90	5.50	5.80
白城市	Baicheng	197.80	49.80	198.40	49.80	-3.40	1.20
黑龙江省	**Heilongjiang**	**3695.30**	**1353.70**	**3696.30**	**1345.20**	**0.30**	**0.50**
哈尔滨市	Harbin	987.30	473.80	991.30	473.70	0.50	2.30
齐齐哈尔市	Qiqihar	553.20	138.20	555.10	138.30	0.60	-1.60
鸡西市	Jixi	183.60	84.50	183.60	84.50	-1.40	-1.00
鹤岗市	Hegang	107.00	66.00	107.40	66.40	-1.30	-1.70
双鸭山市	Shuangyashan	149.00	50.10	132.40	46.40	-1.90	-1.90
大庆市	Daqing	276.00	135.50	271.20	129.40	-0.10	3.00
伊春市	Yichun	122.00	78.00	122.00	78.00	-3.70	-4.50
佳木斯市	Jiamusi	241.40	79.00	241.70	79.10	1.40	
七台河市	Qitaihe	88.20	53.90	89.40	54.70	1.50	2.30
牡丹江市	Mudanjiang	264.00	88.90	263.90	88.90	0.20	0.10
黑河市	Heihe	170.50	21.50	170.80	21.50	-1.50	-0.50
绥化市	Suihua	553.20	84.30	567.50	84.10	2.20	0.20
上海市	**Shanghai**	**1438.70**	**1370.90**	**1435.50**	**1367.50**	**0.30**	**0.60**
江苏省	**Jiangsu**	**7684.70**	**3361.10**	**7650.80**	**3343.50**	**7.10**	**7.10**
南京市	Nanjing	648.70	648.70	645.90	645.90	5.20	5.20
无锡市	Wuxi	477.10	245.70	474.70	244.20	3.50	3.60
徐州市	Xuzhou	1023.50	331.50	1015.20	328.90	17.30	14.20
常州市	Changzhou	368.60	233.90	367.30	232.80	3.50	3.50
苏州市	Suzhou	661.10	337.50	657.50	335.20	5.00	6.50
南通市	Nantong	767.60	212.80	767.10	212.60	-0.60	0.90
连云港市	Lianyungang	526.50	219.10	523.40	217.60	13.20	12.90
淮安市	Huai'an	560.30	291.50	556.60	289.30	10.90	11.20
盐城市	Yancheng	828.50	169.30	826.20	168.60	3.90	6.20
扬州市	Yangzhou	461.30	231.80	460.60	231.40	2.30	1.90
镇江市	Zhenjiang	272.10	103.40	271.90	103.40	1.80	2.10
泰州市	Taizhou	508.50	163.80	508.20	163.50	1.10	1.20
宿迁市	Suqian	580.70	172.00	576.40	170.20	15.90	21.40
浙江省	**Zhejiang**	**4859.20**	**1770.50**	**4843.00**	**1762.10**	**5.10**	**5.40**
杭州市	Hangzhou	715.80	525.10	711.20	520.90	6.90	8.10
宁波市	Ningbo	583.80	229.60	582.00	228.60	3.60	3.90

2-1 续表 2 continued

城 市	City	年末总人口（万人）Total Population at Year-end (10 000 persons)		年平均人口（万人）Annual Average Population (10 000 persons)		自然增长率（‰）Natural Growth Rate (‰)	
		全 市 Total City	市辖区 Districts under City	全 市 Total City	市辖区 Districts under City	全 市 Total City	市辖区 Districts under City
温州市	Wenzhou	813.70	152.50	810.50	151.70	8.10	6.50
嘉兴市	Jiaxing	348.10	86.40	347.00	85.90	3.10	3.80
湖州市	Huzhou	263.80	110.70	263.10	110.30	3.40	3.90
绍兴市	Shaoxing	443.00	217.80	442.40	217.20	2.60	3.10
金华市	Jinhua	475.10	95.10	474.20	94.80	4.00	4.20
衢州市	Quzhou	255.70	84.10	254.90	83.90	5.60	5.60
舟山市	Zhoushan	97.50	70.90	97.40	70.80	0.40	1.30
台州市	Taizhou	597.10	158.50	595.60	158.10	5.10	4.30
丽水市	Lishui	265.70	40.00	264.80	39.80	6.10	9.20
安徽省	**Anhui**	**6935.30**	**2008.70**	**6932.00**	**1993.20**	**8.60**	**8.90**
合肥市	Hefei	712.80	245.40	712.20	243.10	7.00	10.60
芜湖市	Wuhu	384.50	145.00	384.50	140.60	5.00	5.30
蚌埠市	Bengbu	371.10	112.40	368.90	108.00	27.40	18.60
淮南市	Huainan	243.40	182.70	243.30	180.90	12.40	10.40
马鞍山市	Maanshan	227.20	82.20	228.10	82.30	3.60	1.40
淮北市	Huaibei	215.30	104.90	214.90	105.90	18.30	12.10
铜陵市	Tongling	73.80	44.90	74.00	45.00	2.70	1.50
安庆市	Anqing	620.90	73.50	621.10	73.40	2.40	4.60
黄山市	Huangshan	147.70	44.30	147.60	44.10	3.90	5.80
滁州市	Chuzhou	449.60	54.20	449.50	54.00	7.20	7.70
阜阳市	Fuyang	1051.40	224.00	1052.30	220.00	10.40	15.80
宿州市	Suzhou	642.30	186.20	642.10	186.60	7.50	8.70
六安市	Lu'an	720.50	189.10	718.60	188.90	11.10	8.70
亳州市	Bozhou	634.40	167.10	633.60	167.00	7.20	6.60
池州市	Chizhou	160.60	66.30	161.30	66.70	5.10	3.50
宣城市	Xuancheng	279.80	86.60	280.00	86.70	0.90	-0.40
福建省	**Fujian**	**3695.80**	**971.20**	**3665.30**	**961.60**	**16.50**	**13.10**
福州市	Fuzhou	674.90	197.40	670.20	196.10	13.00	8.40
厦门市	Xiamen	203.40	203.40	200.10	200.10	11.30	11.30
莆田市	Putian	341.20	228.40	337.70	225.70	20.00	22.90
三明市	Sanming	284.00	28.30	281.20	28.30	23.00	6.70
泉州市	Quanzhou	716.20	106.40	709.90	105.70	18.20	10.30
漳州市	Zhangzhou	497.40	58.50	494.00	57.90	16.30	10.40
南平市	Nanping	319.20	50.30	317.60	50.20	13.10	10.40
龙岩市	Longyan	307.10	50.50	304.90	50.20	16.90	10.90
宁德市	Ningde	352.20	47.90	349.70	47.50	16.70	12.80
江西省	**Jiangxi**	**4923.30**	**1031.20**	**4813.90**	**1010.70**	**24.80**	**19.70**
南昌市	Nanchang	517.70	230.10	513.90	228.20	22.10	22.30
景德镇市	Jingdezhen	167.80	47.80	167.10	47.30	6.70	4.70
萍乡市	Pingxiang	198.20	88.10	195.70	87.40	25.70	15.10
九江市	Jiujiang	513.10	66.20	510.60	65.80	19.90	11.70
新余市	Xinyu	122.30	88.70	121.90	88.40	11.40	10.00
鹰潭市	Yingtan	126.90	23.70	125.80	23.50	22.50	15.40
赣州市	Ganzhou	954.20	153.70	941.40	151.60	30.30	24.40
吉安市	Ji'an	526.70	57.70	487.40	54.60	37.40	26.00
宜春市	Yichun	595.60	113.50	586.90	111.70	26.20	34.50
抚州市	Fuzhou	427.50	119.90	397.00	110.60	20.00	12.80
上饶市	Shangrao	773.10	42.00	766.40	41.60	22.50	19.80

2-1 续表 3 continued

城 市	City	年末总人口 (万人) Total Population at Year-end (10 000 persons)		年平均人口 (万人) Annual Average Population (10 000 persons)		自然增长率 (‰) Natural Growth Rate (‰)	
		全 市 Total City	市辖区 Districts under City	全 市 Total City	市辖区 Districts under City	全 市 Total City	市辖区 Districts under City
山东省	**Shandong**	**9747.10**	**3133.90**	**9679.60**	**2743.80**	**15.00**	**14.10**
济南市	Jinan	621.60	361.00	617.40	358.20	11.10	10.50
青岛市	Qingdao	780.60	370.50	777.20			
淄博市	Zibo	428.00	284.50	426.70	283.50	6.60	6.90
枣庄市	Zaozhuang	401.30	232.00	398.60	229.30	7.50	7.60
东营市	Dongying	189.10	85.20	188.00	84.70	10.10	9.40
烟台市	Yantai	653.40	183.70	652.30	182.70	3.30	7.80
潍坊市	Weifang	888.30	186.00	885.60	185.10	6.40	7.70
济宁市	Jining	860.10	116.40	854.00	115.20	21.80	17.60
泰安市	Tai'an	562.30	161.00	560.60	160.40	8.20	7.70
威海市	Weihai	254.80	131.60	254.30	131.10	2.50	5.40
日照市	Rizhao	293.90	132.10	292.00	131.20	14.90	12.30
莱芜市	Laiwu	127.80	127.80	127.20	127.20	5.50	5.50
临沂市	Linyi	1113.20	258.50	1101.80	255.00	22.40	27.80
德州市	Dezhou	583.20	121.00	581.00	120.80	19.70	20.30
聊城市	Liaocheng	612.10	120.80	604.80	118.60	25.10	33.10
滨州市	Binzhou	386.70	106.20	384.20	105.30	12.90	14.40
菏泽市	Heze	990.60	155.60	974.00	155.60	38.80	40.60
河南省	**Henan**	**11121.00**	**2254.40**	**10970.20**	**2043.20**	**9.30**	**8.40**
郑州市	Zhengzhou	937.80	533.20	780.20	325.70	11.90	13.90
开封市	Kaifeng	553.80	87.00	551.00	87.00	15.10	4.00
洛阳市	Luoyang	696.20	195.50	694.30	194.40	11.50	8.10
平顶山市	Pingdingshan	557.10	110.00	554.20	109.30	13.50	10.30
安阳市	Anyang	611.40	115.50	597.80	117.20	11.10	12.00
鹤壁市	Hebi	166.90	63.20	166.40	62.90	14.60	12.40
新乡市	Xinxiang	630.50	114.40	627.80	109.10	8.50	8.90
焦作市	Jiaozuo	369.60	98.50	368.70	98.40	9.20	8.20
濮阳市	Puyang	424.50	69.80	420.90	69.10	6.40	14.20
许昌市	Xuchang	499.80	41.40	498.20	41.60	8.30	9.00
漯河市	Luohe	266.70	134.20	270.40	136.80	-0.10	-2.90
三门峡市	Sanmenxia	227.80	30.10	227.30	30.00	4.40	3.70
南阳市	Nanyang	1181.40	186.90	1178.00	186.40	6.20	5.10
商丘市	Shangqiu	949.70	180.50	946.10	181.90	4.10	2.20
信阳市	Xinyang	890.40	151.20	887.00	151.20	8.10	9.20
周口市	Zhoukou	1236.90	59.70	1230.40	59.40	12.50	14.40
驻马店市	Zhumadian	920.60	83.30	971.50	82.80	9.90	12.10
湖北省	**Hubei**	**5324.90**	**1604.50**	**5263.00**	**1588.80**	**6.80**	**5.20**
武汉市	Wuhan	827.30	514.90	824.70	513.80	7.20	5.70
黄石市	Huangshi	265.10	84.00	263.70	73.40	16.80	4.00
十堰市	Shiyan	347.00	117.90	346.80	117.40	6.60	8.90
宜昌市	Yichang	400.40	128.00	400.20	127.70	2.20	4.70
襄阳市	Xiangyang	595.50	227.50	595.30	227.10	0.70	-0.90
鄂州市	Ezhou	110.20	110.20	105.80	105.80	7.50	7.50

2-1 续表 4 continued

城 市	City	年末总人口（万人）Total Population at Year-end (10 000 persons)		年平均人口（万人）Annual Average Population (10 000 persons)		自然增长率（‰）Natural Growth Rate (‰)	
		全 市 Total City	市辖区 Districts under City	全 市 Total City	市辖区 Districts under City	全 市 Total City	市辖区 Districts under City
荆门市	Jingmen	300.30	67.60	300.50	67.50	5.40	2.50
孝感市	Xiaogan	525.70	96.90	526.60	96.70	7.60	7.70
荆州市	Jingzhou	658.50	111.30	659.70	111.60	3.10	0.10
黄冈市	Huanggang	741.40	35.10	683.80	36.20	10.80	5.70
咸宁市	Xianning	296.50	60.90	298.50	61.60	12.70	15.00
随州市	Suizhou	257.10	50.10	257.40	50.00	9.00	14.40
湖南省	**Hunan**	**6916.90**	**1393.30**	**6860.30**	**1367.80**	**8.80**	**7.10**
长沙市	Changsha	671.40	303.50	667.10	301.40	10.00	9.40
株洲市	Zhuzhou	396.10	122.20	394.80	94.90	9.00	7.30
湘潭市	Xiangtan	291.50	87.70	290.70	87.70	7.00	4.00
衡阳市	Hengyang	791.50	93.80	788.70	93.50	8.60	5.20
邵阳市	Shaoyang	819.00	69.70	812.50	69.30	12.00	9.20
岳阳市	Yueyang	563.30	109.70	561.60	108.50	9.40	10.80
常德市	Changde	608.70	140.10	607.90	139.60	5.40	4.80
张家界市	Zhangjiajie	172.10	53.20	151.60	51.60	6.20	8.90
益阳市	Yiyang	483.20	136.20	481.50	135.90	8.20	6.90
郴州市	Chenzhou	518.80	75.50	514.40	84.90	5.70	-0.20
永州市	Yongzhou	630.90	115.70	626.80	115.20	10.30	6.10
怀化市	Huaihua	525.50	37.40	520.30	37.30	6.00	4.50
娄底市	Loudi	444.90	48.50	442.50	48.00	12.50	11.70
广东省	**Guangdong**	**8872.50**	**4070.30**	**8716.50**	**4042.80**	**10.10**	**9.30**
广州市	Guangzhou	842.40	695.00	837.40	690.80	8.00	6.90
韶关市	Shaoguan	329.10	92.70	328.60	92.50	7.60	6.80
深圳市	Shenzhen	332.20	332.20	321.30	321.30	17.50	17.50
珠海市	Zhuhai	110.20	110.20	109.40	109.40	9.60	9.60
汕头市	Shantou	546.60	539.10	543.30	535.80	7.30	7.30
佛山市	Foshan	385.60	385.60	383.60	383.60	6.60	6.60
江门市	Jiangmen	393.40	139.90	393.20	139.70	2.30	3.50
湛江市	Zhanjiang	819.00	161.50	719.00	165.90	6.40	5.70
茂名市	Maoming	772.40	285.00	765.00	282.50	18.50	18.20
肇庆市	Zhaoqing	433.70	52.70	431.80	52.30	10.60	9.00
惠州市	Huizhou	348.50	141.70	345.90	140.20	8.80	12.20
梅州市	Meizhou	528.60	95.80	526.80	95.70	7.30	4.70
汕尾市	Shanwei	359.10	52.70	355.80	52.40	14.10	15.10
河源市	Heyuan	365.30	30.70	363.10	30.50	14.50	10.60
阳江市	Yangjiang	289.40	69.50	287.30	69.10	11.50	15.20
清远市	Qingyuan	412.30	135.40	411.00	134.80	8.70	7.10
东莞市	Dongguan	191.40	191.40	190.20	190.20	5.90	5.90
中山市	Zhongshan	156.10	156.10	155.10	155.10	6.00	6.00
潮州市	Chaozhou	268.80	163.50	268.00	163.10	7.40	5.60
揭阳市	Jieyang	694.20	208.20	688.40	206.60	15.10	15.60
云浮市	Yunfu	294.20	31.60	292.30	31.30	10.20	11.30
广西壮族自治区	**Guangxi**	**5475.50**	**1465.20**	**5223.60**	**1415.00**	**14.50**	**13.40**
南宁市	Nanning	729.70	284.40	727.00	282.10	7.00	7.50
柳州市	Liuzhou	377.90	117.60	375.20	116.40	16.40	9.30

2-1 续表 5 continued

城 市	City	年末总人口（万人）Total Population at Year-end (10 000 persons)		年平均人口（万人）Annual Average Population (10 000 persons)		自然增长率（‰）Natural Growth Rate (‰)	
		全 市 Total City	市辖区 Districts under City	全 市 Total City	市辖区 Districts under City	全 市 Total City	市辖区 Districts under City
桂林市	Guilin	526.50	77.60	524.10	77.20	15.30	11.10
梧州市	Wuzhou	340.30	77.90	338.20	65.00	23.80	18.40
北海市	Beihai	169.30	63.70	169.30	63.70	23.60	37.20
防城港市	Fangchenggang	94.20	55.90	93.60	54.30	19.40	19.40
钦州市	Qinzhou	402.00	147.00	399.00	147.00	4.30	4.60
贵港市	Guigang	543.20	197.40	540.70	196.30	19.40	16.10
玉林市	Yulin	708.00	107.60	564.10	109.30	8.80	4.80
百色市	Baise	412.00	35.40	411.80	35.40	15.30	11.60
贺州市	Hezhou	238.10	117.10	200.70	103.70	27.20	30.40
河池市	Hechi	419.90	33.80	416.80	33.70	16.90	12.50
来宾市	Laibin	266.40	112.80	215.60	94.20	16.50	15.50
崇左市	Chongzuo	248.20	37.20	247.40	36.90	12.80	12.70
海南省	**Hainan**	**223.90**	**223.90**	**222.40**	**222.40**	**10.30**	**10.30**
海口市	Haikou	165.30	165.30	164.30	164.30	10.70	10.70
三亚市	Sanya	58.60	58.60	58.10	58.10	9.30	9.30
三沙市	Sansa						
重庆市	**Chongqing**	**3375.20**	**1943.90**	**3366.80**	**1939.30**	**5.10**	**3.60**
四川省	**Sichuan**	**8448.70**	**2684.10**	**8384.30**	**2655.40**	**2.90**	**3.60**
成都市	Chengdu	1210.70	581.60	1199.40	576.20	4.70	6.10
自贡市	Zigong	330.00	151.30	329.90	151.30	4.00	2.00
攀枝花市	Panzhihua	111.90	68.40	111.90	68.50	2.70	1.30
泸州市	Luzhou	508.90	149.90	508.70	149.70	2.90	1.20
德阳市	Deyang	392.50	69.30	392.30	69.10	1.50	2.20
绵阳市	Mianyang	548.80	126.90	548.10	126.10	1.50	1.80
广元市	Guangyuan	310.10	93.90	310.20	93.70	1.60	4.30
遂宁市	Suining	380.40	152.30	327.90	131.10	5.10	6.60
内江市	Neijiang	426.00	143.00	426.40	142.90	2.20	3.70
乐山市	Leshan	355.70	116.30	355.90	116.20	1.20	
南充市	Nanchong	759.00	197.10	759.00	196.90	0.50	0.70
眉山市	Meishan	353.00	87.60	352.60	87.40	3.30	3.40
宜宾市	Yibin	554.30	127.10	552.40	126.80	2.30	2.50
广安市	Guang'an	471.70	127.30	471.00	127.00	5.80	5.30
达州市	Dazhou	688.10	181.00	687.90	180.80	3.80	3.50
雅安市	Ya'an	157.20	62.80	157.10	62.70	3.10	3.00
巴中市	Bazhong	383.10	137.70	386.60	138.50	3.60	3.30
资阳市	Ziyang	507.30	110.60	507.30	110.50	1.60	4.90
贵州省	**Guizhou**	**3101.30**	**661.20**	**3083.30**	**611.10**	**12.10**	**12.00**
贵阳市	Guiyang	382.90	230.70	381.00	229.30	10.20	10.10
六盘水市	Liupanshui	328.30	47.60	326.90	47.30	7.80	4.60
遵义市	Zunyi	787.00	89.70	782.80	86.00	12.10	11.30
安顺市	Anshun	290.00	89.20	289.30	89.20	11.80	10.10
毕节市	Bijie	880.80	157.30	875.70	113.50	17.00	21.80
铜仁市	Tongren	432.30	46.70	427.80	45.80	7.20	9.60

2-1 续表 6 continued

城 市	City	年末总人口（万人）Total Population at Year-end (10 000 persons)		年平均人口（万人）Annual Average Population (10 000 persons)		自然增长率（‰）Natural Growth Rate (‰)	
		全 市 Total City	市辖区 Districts under City	全 市 Total City	市辖区 Districts under City	全 市 Total City	市辖区 Districts under City
云南省	**Yunnan**	**2878.90**	**643.10**	**2876.80**	**640.40**	**7.10**	**6.10**
昆明市	Kunming	550.50	276.80	548.70	275.70	5.10	5.60
曲靖市	Qujing	646.50	72.70	634.30	72.70	7.90	0.10
玉溪市	Yuxi	216.00	43.70	234.60	43.50	3.30	5.00
保山市	Baoshan	258.80	92.60	257.90	92.10	6.30	7.40
昭通市	Zhaotong	594.40	87.20	590.50	86.50	11.10	11.70
丽江市	Lijiang	121.20	15.30	120.60	15.20	7.40	4.90
普洱市	Pu'er	253.80	22.70	253.20	22.50	5.00	8.80
临沧市	Lincang	237.80	32.30	237.10	32.20	6.80	6.60
西藏自治区	**Tibet**	**52.70**	**20.80**	**61.40**		**7.00**	
拉萨市	Lasa	52.70	20.80	61.40		7.00	
陕西省	**Shaanxi**	**3921.50**	**1310.70**	**3852.70**	**1297.20**	**4.80**	**7.50**
西安市	Xi'an	815.30	587.20	811.10	583.90	9.30	10.10
铜川市	Tongchuan	84.10	74.80	84.80	75.40	0.80	0.60
宝鸡市	Baoji	383.80	142.20	384.70	142.80	3.90	3.80
咸阳市	Xianyang	526.70	92.00	529.90	92.10	2.20	5.30
渭南市	Weinan	561.40	96.30	530.20	85.40	1.60	8.40
延安市	Yan'an	234.30	46.50	236.10	46.70	4.00	6.50
汉中市	Hanzhong	384.10	57.20	385.20	57.00	2.40	2.90
榆林市	Yulin	373.80	55.50	375.40	55.50	11.90	13.10
安康市	Ankang	306.20	102.60	264.00	102.50	1.60	3.30
商洛市	Shangluo	251.70	56.40	251.20	55.90	2.00	8.50
甘肃省	**Gansu**	**2501.80**	**852.80**	**2446.20**	**817.70**	**8.20**	**7.10**
兰州市	Lanzhou	374.70	240.50	321.50	205.20	8.10	6.60
嘉峪关市	Jiayuguan	24.10	24.10	24.10	24.10	5.40	5.40
金昌市	Jinchang	47.00	23.20	46.90	23.20	5.00	4.70
白银市	Baiyin	177.90	49.20	177.50	49.10	11.00	6.50
天水市	Tianshui	364.50	130.10	363.80	130.00	10.50	8.70
武威市	Wuwei	188.90	102.30	188.70	101.90	4.70	8.90
张掖市	Zhangye	129.70	50.70	130.50	51.30	4.40	3.20
平凉市	Pingliang	233.70	51.30	233.30	51.40	8.60	7.30
酒泉市	Jiuquan	111.20	41.30	111.20	41.00	4.50	3.80
庆阳市	Qingyang	265.50	38.00	264.90	38.20	10.20	11.60
定西市	Dingxi	301.40	45.90	300.80	46.20	5.20	5.00
陇南市	Longnan	283.20	56.30	283.00	56.30	11.00	9.20
青海省	**Qinghai**	**375.00**	**123.40**	**371.90**	**123.40**	**10.70**	**5.60**
西宁市	Xining	202.60	94.10	201.50	94.10	8.20	4.80
海东市	Haidong	172.40	29.40	170.50	29.30	13.70	8.20
宁夏回族自治区	**Ningxia**	**691.60**	**279.30**	**661.20**	**280.70**	**12.20**	**9.90**
银川市	Yinchuan	196.00	106.40	174.30	104.90	9.10	10.40
石嘴山市	Shizuishan	76.50	45.30	76.60	49.20	3.40	3.00
吴忠市	Wuzhong	143.50	40.40	143.60	40.20	18.20	10.10
固原市	Guyuan	153.30	46.60	153.80	46.60	16.10	18.80
中卫市	Zhongwei	122.20	40.60	112.90	39.90	9.80	6.70
新疆维吾尔自治区	**Xinjiang**	**305.90**	**299.60**	**303.40**	**297.20**	**7.40**	**7.30**
乌鲁木齐市	Urumqi	266.90	260.60	264.90	258.70	7.60	7.50
克拉玛依市	Karamay	39.00	39.00	38.50	38.50	6.00	6.00

2-2 劳动力就业状况
Labour Force and Employment

单位：人 (person)

城市	City	从业人员期末人数 Persons Employed in Various Units at Year-end		城镇私营和个体从业人员 Persons Employed in Private Enterprises and Self-Employed Individuals in Urban Areas		城镇登记失业人员数 Registered Unemployed Persons in Urban Areas	
		全市 Total City	市辖区 Districts under City	全市 Total City	市辖区 Districts under City	全市 Total City	市辖区 Districts under City
城市合计	**Prefecture Cities**	**182600721**	**111682912**	**161231096**	**86844897**	**7319618**	**4015314**
北京市	**Beijing**	**7558601**	**7384220**	**8285921**	**8009702**	**74272**	**70170**
天津市	**Tianjin**	**2999600**	**2508000**	**1271234**	**1032878**	**225236**	**24983**
河北省	**Hebei**	**6561583**	**3322777**	**5369177**	**1237628**	**383105**	**160614**
石家庄市	Shijiazhuang	1005628	705232	615190	301443	53409	28225
唐山市	Tangshan	936556	649662	425260	183216	66922	21452
秦皇岛市	Qinhuangdao	338682	249853	165432	96331	23249	18206
邯郸市	Handan	804870	370700	1212700	219000	53508	47762
邢台市	Xingtai	460718	174102	482817	68418	20852	7563
保定市	Baoding	1057012	349843	426396	152630	47966	8048
张家口市	Zhangjiakou	380630	172451	499730	42398	40124	12940
承德市	Chengde	299201	140672	204732	49180	18481	3468
沧州市	Cangzhou	530659	182825	405800	30236	23594	9192
廊坊市	Langfang	452307	223727	430954	94776	10346	3758
衡水市	Hengshui	295320	103710	500166		24654	
山西省	**Shanxi**	**4554001**	**2417187**	**2461073**	**637299**	**188807**	**113216**
太原市	Taiyuan	1078240	1024655	646450		48116	48116
大同市	Datong	419697	342249	302046	200727	58449	34975
阳泉市	Yangquan	285390	180379	144030	99223	9250	5531
长治市	Changzhi	444742	153653	270695	56115	13138	8570
晋城市	Jincheng	377019	185013	160984	81504	4885	2931
朔州市	Shuozhou	202244	113923	376040	62530	6160	1881
晋中市	Jinzhong	352346	109837	189864	33659	9613	3204
运城市	Yuncheng	386021	81900	24778	19270	14579	2690
忻州市	Xinzhou	253964	76506	93505	25167	7280	815
临汾市	Linfen	379500	92500	252681	59104	17337	4503
吕梁市	Lvliang	374838	56572				
内蒙古自治区	**Inner Mongolia**	**2587985**	**1360432**	**3321845**	**1985350**	**207962**	**118670**
呼和浩特市	Hohhot	421500	334700	592714	335809	37003	28922
包头市	Baotou	408433	359603	955464	883281	49604	49604
乌海市	Wuhai	99779	99779	205800	205800	7686	7686
赤峰市	Chifeng	356618	153375	303574	148103	28176	8611
通辽市	Tongliao	291821	110212	172000	68663	17187	5348
鄂尔多斯市	Erdos	311618	88543	174896	67975	19285	5914
呼伦贝尔市	Hulunbuir	381900	79700	370365	101354	30059	6650
巴彦淖尔市	Bayannur	151700	73700	156000	40475	12000	3702
乌兰察布市	Ulanqab	164616	60820	391032	133890	6962	2233
辽宁省	**Liaoning**	**6589379**	**4938442**	**7485998**	**1584941**	**409619**	**293789**
沈阳市	Shenyang	1536601	1430822	1504560		95453	89184
大连市	Dalian	1212869	974482	2479358		91075	60610
鞍山市	Anshan	612985	440188	184395	143654	27813	21820
抚顺市	Fushun	307421	259104	344828		21209	18144
本溪市	Benxi	327044	270233	125439	100351	27526	23397
丹东市	Dandong	287904	172917	335178		15581	
锦州市	Jinzhou	328027	250152	653544	394750	22249	21545
营口市	Yingkou	272361	209215	656760	392424	15538	9496

2-2 续表 1 continued

单位：人 (person)

城 市	City	从业人员期末人数 Persons Employed in Various Units at Year-end		城镇私营和个体从业人员 Persons Employed in Private Enterprises and Self-Employed Individuals in Urban Areas		城镇登记失业人员数 Registered Unemployed Persons in Urban Areas	
		全 市 Total City	市辖区 Districts under City	全 市 Total City	市辖区 Districts under City	全 市 Total City	市辖区 Districts under City
阜新市	Fuxin	214596	160876	232542	215101	16350	14196
辽阳市	Liaoyang	185393	151166	155264	107307	10517	7090
盘锦市	Panjin	483213	245897	232143	155380	13128	13128
铁岭市	Tieling	253571	60084	191359	12773	17305	3439
朝阳市	Chaoyang	302745	127185	155380		18677	5895
葫芦岛市	Huludao	264649	186121	235248	63201	17198	5845
吉林省	**Jilin**	**3002152**	**2014837**	**3274226**	**1678168**	**205254**	**108534**
长春市	Changchun	1268400	1086400	1124324	796775	84478	52146
吉林市	Jilin	432000	284000	499024	255175	31700	18570
四平市	Siping	217800	76800	448096	123651	21786	7821
辽源市	Liaoyuan	130211	96108	164824	98085	11400	8544
通化市	Tonghua	289585	152196	303914	147672	9095	2952
白山市	Baishan	183081	100326	268105	84991	14653	7571
松原市	Songyuan	265151	116696	299505	95886	15381	5564
白城市	Baicheng	215924	102311	166434	75933	16761	5366
黑龙江省	**Heilongjiang**	**4308021**	**2712378**	**3293554**	**2100777**	**308412**	**182883**
哈尔滨市	Harbin	1363026	1097750	1123123	912649	88270	62345
齐齐哈尔市	Qiqihar	415554	295272	374643	225899	39083	3700
鸡西市	Jixi	245359	127973	15588	8717	15661	10445
鹤岗市	Hegang	199587	114481			17016	12903
双鸭山市	Shuangyashan	209345	115646	142558	45543	11111	6901
大庆市	Daqing	530564	464086	440994	353988	39840	36795
伊春市	Yichun	183800	140100	154412	108088	22341	15639
佳木斯市	Jiamusi	177677	88901	220176	96627	19390	11154
七台河市	Qitaihe	126236	111396			7965	6068
牡丹江市	Mudanjiang	263800	95000	393058	275643	20868	13701
黑河市	Heihe	313432	35437	122007	46986	7064	1497
绥化市	Suihua	279641	26336	306995	26637	19803	1735
上海市	**Shanghai**	**7304600**	**7182300**	**5047085**	**4742523**	**256300**	**249000**
江苏省	**Jiangsu**	**16023900**	**9612714**	**17768297**	**11391208**	**365668**	**239765**
南京市	Nanjing	2300000	2300000	2595021	2595021	66532	66532
无锡市	Wuxi	1234900	807632	2273045	1432507	41042	30131
徐州市	Xuzhou	1077100	579582	1097658	620095	31914	15527
常州市	Changzhou	717400	587888	1840437	1403915	32044	24387
苏州市	Suzhou	3154200	1624569	3491137	1887779	32992	20801
南通市	Nantong	2212700	769594	929143	518963	34022	16338
连云港市	Lianyungang	482200	340477	440529	307368	14542	9598
淮安市	Huai'an	742700	510536	683176	423439	20966	12497
盐城市	Yancheng	873200	318427	889576	349599	20119	7289
扬州市	Yangzhou	1132800	766673	1090314	756593	27004	16285
镇江市	Zhenjiang	507300	227046	705382	339876	14668	6783
泰州市	Taizhou	1072600	492827	954946	470373	16692	7594
宿迁市	Suqian	516800	287463	777933	285680	13131	6003
浙江省	**Zhejiang**	**11263197**	**6682962**	**12051027**	**6216330**	**292168**	**168432**
杭州市	Hangzhou	2934420	2719065	2179346	1974631	40307	32233
宁波市	Ningbo	1717057	987798	1869300	1294800	67187	55411

2-2 续表 2 continued

单位：人 (person)

城市	City	从业人员期末人数 Persons Employed in Various Units at Year-end		城镇私营和个体从业人员 Persons Employed in Private Enterprises and Self-Employed Individuals in Urban Areas		城镇登记失业人员数 Registered Unemployed Persons in Urban Areas	
		全市 Total City	市辖区 Districts under City	全市 Total City	市辖区 Districts under City	全市 Total City	市辖区 Districts under City
温州市	Wenzhou	1046909	389997	2185464	912700	26238	8955
嘉兴市	Jiaxing	800755	262369	684883	198759	27074	9791
湖州市	Huzhou	494286	255510	643562	243078	17330	10709
绍兴市	Shaoxing	1397373	901089	1010446	561230	38108	21196
金华市	Jinhua	960001	200532	1768410	250701	26183	6632
衢州市	Quzhou	208262	115408	372807	182088	12926	6292
舟山市	Zhoushan	452000	304400	122054	95379	6147	4002
台州市	Taizhou	1074306	492918	858102	379261	22028	8554
丽水市	Lishui	177828	53876	356653	123703	8640	4657
安徽省	**Anhui**	**5217771**	**3362776**	**5952233**	**1806291**	**314488**	**217780**
合肥市	Hefei	1450120	1147889	1286897		103032	89851
芜湖市	Wuhu	439035	323939	22764	7419	17413	9386
蚌埠市	Bengbu	272903	201115	262173		19228	15095
淮南市	Huainan	325874	266866	224124	216244	24766	24034
马鞍山市	Maanshan	231329	166525	360980	196357	18925	7032
淮北市	Huaibei	275412	225907	305124	263157	20603	17836
铜陵市	Tongling	156911	135484	130782	100703	9481	7226
安庆市	Anqing	353842	143798	353842	143798	24532	13950
黄山市	Huangshan	114072	71643	209174	94758	6004	3171
滁州市	Chuzhou	229535	90249	676541	252976	12156	3060
阜阳市	Fuyang	316194	154940	565486	200229	4772	1545
宿州市	Suzhou	319076	165996	287000		12416	5507
六安市	Lu'an	231760	86664	287020	89025	15737	9520
亳州市	Bozhou	229971	84095	376238		6324	2628
池州市	Chizhou	108932	62393	218128	114125	8558	5470
宣城市	Xuancheng	162805	35273	385960	127500	10541	2469
福建省	**Fujian**	**6508454**	**3563668**	**5415145**	**3137210**	**142605**	**84569**
福州市	Fuzhou	1491695	918558	1053932	777688	33284	23119
厦门市	Xiamen	1339071	1339071	1296189	1296189	26700	26700
莆田市	Putian	490567	405056	274068	224485	6890	4772
三明市	Sanming	240791	82455	352744	103169	8768	2239
泉州市	Quanzhou	1571420	384333	1010495	340528	18992	13664
漳州市	Zhangzhou	529392	159273	364290	122933	10775	1851
南平市	Nanping	245132	80512	344889	51542	15552	4227
龙岩市	Longyan	303530	95090	293004	139980	14937	6800
宁德市	Ningde	296856	99320	425534	80696	6707	1197
江西省	**Jiangxi**	**4535458**	**2053439**	**5154761**	**1293026**	**254859**	**123704**
南昌市	Nanchang	1220981	910288	723499		64619	54968
景德镇市	Jingdezhen	200728	124397	182300	167991	18169	5593
萍乡市	Pingxiang	201976	149994	358625	191750	15800	11700
九江市	Jiujiang	454424	138189	534974	130829	9278	2265
新余市	Xinyu	140700	114700	253726	204338	12408	10032
鹰潭市	Yingtan	139100	41200	175558	49581	9806	3987
赣州市	Ganzhou	553091	183223	716942	221119	37112	11811
吉安市	Ji'an	359557	70385	600157	66723	25000	6307
宜春市	Yichun	432149	71797	461912	94895	27506	11388
抚州市	Fuzhou	382445	165867	697504	113557	21024	3244
上饶市	Shangrao	450307	83399	449564	52243	14137	2409

2-2 续表 3 continued

单位：人 (person)

城市	City	从业人员期末人数 Persons Employed in Various Units at Year-end		城镇私营和个体从业人员 Persons Employed in Private Enterprises and Self-Employed Individuals in Urban Areas		城镇登记失业人员数 Registered Unemployed Persons in Urban Areas	
		全市 Total City	市辖区 Districts under City	全市 Total City	市辖区 Districts under City	全市 Total City	市辖区 Districts under City
山东省	**Shandong**	**12520330**	**6886061**	**10624876**	**6255780**	**421076**	**229192**
济南市	Jinan	1422654	1170306	1488737	1190990	33028	21027
青岛市	Qingdao	1501141	1023748	2598977	1510393	71644	58500
淄博市	Zibo	913787	596236	445230	402715	29275	24353
枣庄市	Zaozhuang	478246	308205	410398	236508	17685	10485
东营市	Dongying	478300	340500	228243	51805	9998	8001
烟台市	Yantai	1097210	590524	929583	580372	51286	33348
潍坊市	Weifang	861500	356900	495367	370232	38681	8237
济宁市	Jining	914694	378774	390501	145200	30683	6547
泰安市	Tai'an	763568	250673	750002	308861	22656	8900
威海市	Weihai	563642	362850	307915	219939	8102	5453
日照市	Rizhao	310572	193859	177200	146598	11256	9003
莱芜市	Laiwu	195210	195210	147406	147406	6097	6097
临沂市	Linyi	949619	415268	479923	322311	16333	8919
德州市	Dezhou	572360	206715	797225	212299	19091	2998
聊城市	Liaocheng	479100	151100	262331	104427	25388	9010
滨州市	Binzhou	515765	179667	312524	175399	11765	5607
菏泽市	Heze	502962	165526	403314	130325	18108	2707
河南省	**Henan**	**10811906**	**4900812**	**6361963**	**2541281**	**438933**	**227802**
郑州市	Zhengzhou	1973600	1403500	1063819	668815	61335	46114
开封市	Kaifeng	473007	225200	176379	113106	21056	13427
洛阳市	Luoyang	726900	410600	712884	341201	44558	23790
平顶山市	Pingdingshan	572470	342151	171790	70846	20692	9541
安阳市	Anyang	588928	207308	247758	133488	32382	17500
鹤壁市	Hebi	235423	155067	124040	65435	6635	2564
新乡市	Xinxiang	723890	216187	291526	104754	36664	20067
焦作市	Jiaozuo	493738	229094	419160	133554	32600	26000
濮阳市	Puyang	409029	238600	281995	150113	15074	9795
许昌市	Xuchang	454800	133400	268712	102694	32624	15290
漯河市	Luohe	309467	213257	105666	68589	7025	5333
三门峡市	Sanmenxia	285323	66308	143916	35296	7484	2826
南阳市	Nanyang	939096	329403	496763	131394	37640	14385
商丘市	Shangqiu	624606	178341	558096	99244	26321	10138
信阳市	Xinyang	621529	207296	411000	130500	9439	4018
周口市	Zhoukou	689300	128900	507762	58478	32985	6256
驻马店市	Zhumadian	690800	216200	380697	133774	14419	758
湖北省	**Hubei**	**7687973**	**4127757**	**8750322**	**4895966**	**342511**	**204626**
武汉市	Wuhan	2023435	1607767	2155600	2155600	101500	89000
黄石市	Huangshi	333700	200100	362300	288365	18836	9346
十堰市	Shiyan	624000	439600	682714	262913	32132	22633
宜昌市	Yichang	877800	349600	1876500	810700	17673	8801
襄阳市	Xiangyang	963460	401700	649111	475601	38919	21443
鄂州市	Ezhou	208196	208196	101033	101033	2598	2598

2-2 续表 4 continued

单位：人 (person)

城市	City	从业人员期末人数 Persons Employed in Various Units at Year-end		城镇私营和个体从业人员 Persons Employed in Private Enterprises and Self-Employed Individuals in Urban Areas		城镇登记失业人员数 Registered Unemployed Persons in Urban Areas	
		全市 Total City	市辖区 Districts under City	全市 Total City	市辖区 Districts under City	全市 Total City	市辖区 Districts under City
荆门市	Jingmen	382962	162110	369910	51081	11017	7111
孝感市	Xiaogan	806182	275691	644877	119174	22553	4105
荆州市	Jingzhou	432695	188676	967800	261400	56424	33537
黄冈市	Huanggang	656600	111425	170506	33150	23578	1035
咸宁市	Xianning	234783	94997	226300	100229	11881	3853
随州市	Suizhou	144160	87895	543671	236720	5400	1164
湖南省	**Hunan**	**5825729**	**2874795**	**7473425**	**3184623**	**414821**	**202263**
长沙市	Changsha	1317973	894542	892900	596800	59065	47227
株洲市	Zhuzhou	452964	270605	744598	459862	19872	10857
湘潭市	Xiangtan	499300	309900	181500	86900	23000	19750
衡阳市	Hengyang	564042	235698	977413	561354	45383	23631
邵阳市	Shaoyang	390800	133700	824200	182100	25448	5431
岳阳市	Yueyang	520400	224100	747765	245014	34593	12020
常德市	Changde	421400	176300	1054957	328452	37869	13738
张家界市	Zhangjiajie	92001	47553	85951	43700	6401	4074
益阳市	Yiyang	287432	152905	300019	156624	24878	6421
郴州市	Chenzhou	365361	146653	485700	175600	32400	10200
永州市	Yongzhou	326500	99900	263250	124390	19895	7463
怀化市	Huaihua	284460	73272	696800	156200	61000	35000
娄底市	Loudi	303096	109667	218372	67627	25017	6451
广东省	**Guangdong**	**19626487**	**16777975**	**12373138**	**10016720**	**570450**	**177878**
广州市	Guangzhou	3263983	3052134			243655	
韶关市	Shaoguan	350300	202100	246591	110966	48900	6657
深圳市	Shenzhen	4584759	4584759	4384270	4384270	38752	38752
珠海市	Zhuhai	752804	752804	335131	335131	11077	11077
汕头市	Shantou	550363	545166			15475	15475
佛山市	Foshan	1735740	1735740	1524288	1524288	21917	21917
江门市	Jiangmen	599186	322253			24833	15119
湛江市	Zhanjiang	516774	235805			20700	6792
茂名市	Maoming	448729	234245	258540	87904	11974	4753
肇庆市	Zhaoqing	417534	145270	447300	159088	12585	5010
惠州市	Huizhou	918445	690600	1165523	550696	18772	
梅州市	Meizhou	294472	112263	152136	94896	13955	6067
汕尾市	Shanwei	240471	82044	207700	57292	12281	3089
河源市	Heyuan	261987	130192			8992	2284
阳江市	Yangjiang	244625	93096	231100	118606	12302	4559
清远市	Qingyuan	324858	192428	482451	200148	11670	4493
东莞市	Dongguan	2387461	2387461	1055165	1055165	9143	9143
中山市	Zhongshan	894564	894564	1027043	1027043	9444	9444
潮州市	Chaozhou	205844	171376	248714	237128	9246	7494
揭阳市	Jieyang	409982	162300	391477		9173	4178
云浮市	Yunfu	223606	51375	215709	74099	5604	1575
广西壮族自治区	**Guangxi**	**3944752**	**2405105**	**3719657**	**1644701**	**169351**	**90238**
南宁市	Nanning	958485	798070	679238	305657	30938	24857
柳州市	Liuzhou	605638	499080	633180	432287	28937	21286

2-2 续表 5 continued

单位：人 (person)

城　　市	City	从业人员期末人数 Persons Employed in Various Units at Year-end		城镇私营和个体从业人员 Persons Employed in Private Enterprises and Self-Employed Individuals in Urban Areas		城镇登记失业人员数 Registered Unemployed Persons in Urban Areas	
		全　市 Total City	市辖区 Districts under City	全　市 Total City	市辖区 Districts under City	全　市 Total City	市辖区 Districts under City
桂林市	Guilin	433886	221451	420858	128553	23950	13870
梧州市	Wuzhou	193900	106300	176000	96218	13085	8073
北海市	Beihai	144100	106400	231759	193874	8617	4813
防城港市	Fangchenggang	96541	67051	116249	72597	3248	2035
钦州市	Qinzhou	202700	121400	113800	85200		
贵港市	Guigang	186694	91028	170873	93291	7205	969
玉林市	Yulin	347201	110510	238855	40738	19034	5451
百色市	Baise	208209	67824	215906	29665	8709	1075
贺州市	Hezhou	101700	56500			9700	2500
河池市	Hechi	193782	50400	362010	48824	3803	795
来宾市	Laibin	135877	72100	232812	93064	7203	3468
崇左市	Chongzuo	136039	36991	128117	24733	4922	1046
海南省	**Hainan**	**632843**	**632843**	**932106**	**932106**	**3301**	**3301**
海口市	Haikou	512765	512765	742487	742487		
三亚市	Sanya	120078	120078	189619	189619	3301	3301
三沙市	Sansa						
重庆市	**Chongqing**	**9543400**		**5296000**		**134243**	**97591**
四川省	**Sichuan**	**7480760**	**4708029**	**7390316**	**4058466**	**516334**	**231671**
成都市	Chengdu	2727641	2327770	2274625	1819700	153300	58201
自贡市	Zigong	224681	167450	379721	216712	23672	11764
攀枝花市	Panzhihua	245165	219795	204366	153325	13019	12297
泸州市	Luzhou	370196	223818	343400	199466	15132	8698
德阳市	Deyang	346902	151720	221366	69246	18025	7726
绵阳市	Mianyang	514331	293452	395317	224228	33915	18641
广元市	Guangyuan	167918	93580	251031	150117	22098	8778
遂宁市	Suining	207802	98218	189923	117356	46669	34703
内江市	Neijiang	307889	85831	342653	39539	17836	6031
乐山市	Leshan	262600	136900	214008	91301	24407	11886
南充市	Nanchong	433100	196500	635502	298686	38129	14531
眉山市	Meishan	201382	66956	245952	135831	13598	4660
宜宾市	Yibin	357380	174397	431818	161553	29524	13402
广安市	Guang'an	139067	54598	268858	40890	11224	2731
达州市	Dazhou	319784	130777	578054	162156	16373	6075
雅安市	Ya'an	110555	52462	44689	12834	5323	2584
巴中市	Bazhong	283123	131542	232524	95693	14396	4524
资阳市	Ziyang	261244	102263	136509	69833	19694	4439
贵州省	**Guizhou**	**2398854**	**1422005**	**1862314**	**643719**	**108688**	**53522**
贵阳市	Guiyang	1038654	939123	459500	336682	34673	27467
六盘水市	Liupanshui	245052	104407	139999		14877	6965
遵义市	Zunyi	433300	148900	199046	43261	22968	7498
安顺市	Anshun	172146	92727	243759	93344	7492	4046
毕节市	Bijie	318085	80448	497638	80448	12905	2910
铜仁市	Tongren	191617	56400	322372	89984	15773	4636

2-2 续表 6 continued

单位：人 (person)

城市	City	从业人员期末人数 Persons Employed in Various Units at Year-end		城镇私营和个体从业人员 Persons Employed in Private Enterprises and Self-Employed Individuals in Urban Areas		城镇登记失业人员数 Registered Unemployed Persons in Urban Areas	
		全市 Total City	市辖区 Districts under City	全市 Total City	市辖区 Districts under City	全市 Total City	市辖区 Districts under City
云南省	**Yunnan**	**2851020**	**1425552**	**3112620**	**1267513**	**119794**	**49244**
昆明市	Kunming	1216100	833900	1263115	750683	44317	25132
曲靖市	Qujing	514600	161500	619161	111530	12107	6283
玉溪市	Yuxi	275400	134300	339742	179994	8629	3828
保山市	Baoshan	181921	84395	120822	78749	7938	1995
昭通市	Zhaotong	224000	64330	249058	21296	6144	
丽江市	Lijiang	107817	46814	49653	12331	6156	1280
普洱市	Pu'er	174800	58036	300063	91646	11067	2840
临沧市	Lincang	156382	42277	171006	42580	8284	1742
西藏自治区	**Tibet**	**468674**					
拉萨市	Lasa	468674					
陕西省	**Shaanxi**	**5006202**	**2976193**	**3043152**	**1602742**	**221909**	**141661**
西安市	Xi'an	1994100	1813547	1178236	1083977	108400	98644
铜川市	Tongchuan	121600	113770	84814	75644	7873	4107
宝鸡市	Baoji	402300	233800	511521	106580	19893	10608
咸阳市	Xianyang	545290	210415	191101	57049	19919	6515
渭南市	Weinan	469020	143600	132162	35921	17398	2833
延安市	Yan'an	348333	114553	250679	69039	10024	4012
汉中市	Hanzhong	308700	108900	227100	96030	14000	6026
榆林市	Yulin	421100	104000	154300	46900	8800	2650
安康市	Ankang	176259	75708	231283	14202	8922	4128
商洛市	Shangluo	219500	57900	81956	17400	6680	2138
甘肃省	**Gansu**	**2377157**	**1448265**	**2014543**	**1203701**	**122472**	**61727**
兰州市	Lanzhou	671100	601700	646589	537082	15186	13985
嘉峪关市	Jiayuguan	69892	69892	42138	42138	2975	2975
金昌市	Jinchang	112888	89599	80027	51170	4825	3648
白银市	Baiyin	180923	116833	63744	36162	6595	3754
天水市	Tianshui	227899	145314	209084	109922	13113	8508
武威市	Wuwei	132789	83031	216923	151813	5767	3506
张掖市	Zhangye	135489	64886	89120	42954	35598	14787
平凉市	Pingliang	182600	59900	177803	37303	9593	3338
酒泉市	Jiuquan	149764	53369	89680	52683	5500	2511
庆阳市	Qingyang	185227	83263	116425	92067	15301	2399
定西市	Dingxi	162786	46478	241710	45332	6119	1296
陇南市	Longnan	165800	34000	41300	5075	1900	1020
青海省	**Qinghai**	**421800**	**289881**	**433052**	**242148**	**25063**	**19500**
西宁市	Xining	349000	276700	295524	223711	21000	17640
海东市	Haidong	72800	13181	137528	18437	4063	1860
宁夏回族自治区	**Ningxia**	**1113253**	**819571**	**741738**	**555923**	**45820**	**32977**
银川市	Yinchuan	784723	647310	419827	370435	26929	22760
石嘴山市	Shizuishan	95101	75065	102134	66515	8924	6189
吴忠市	Wuzhong	104476	39471	90264	58346	3729	1346
固原市	Guyuan	65334	25174	102870	50592	3722	1300
中卫市	Zhongwei	63619	32551	26643	10035	2516	1382
新疆维吾尔自治区	**Xinjiang**	**874879**	**871936**	**950298**	**946177**	**36097**	**36012**
乌鲁木齐市	Urumqi	704300	701357	850534	846413	35044	34959
克拉玛依市	Karamay	170579	170579	99764	99764	1053	1053

2-3 按产业划分的年末单位从业人员
Employed Persons by Three Strata of Industry at Year-end

单位：人 (person)

城市	City	第一产业(农、林、牧、渔业) Primary Industry 全市 Total City	第一产业 市辖区 Districts under City	第二产业 Secondary Industry 全市 Total City	第二产业 市辖区 Districts under City	第三产业 Tertiary Industry 全市 Total City	第三产业 市辖区 Districts under City
城市合计	**Prefecture Cities**	**2456528**	**598185**	**92181165**	**56107093**	**87963028**	**54977634**
北京市	**Beijing**	**32331**	**29543**	**1599439**	**1543178**	**5926831**	**5811499**
天津市	**Tianjin**	**5000**	**3900**	**1658300**	**1243000**	**1336300**	**1261100**
河北省	**Hebei**	**46231**	**28657**	**2829452**	**1547310**	**3685900**	**1746810**
石家庄市	Shijiazhuang	1964	613	361677	251571	641987	453048
唐山市	Tangshan	21315	20925	468636	349144	446605	279593
秦皇岛市	Qinhuangdao	1350	1049	122824	101463	214508	147341
邯郸市	Handan	1700	200	393192	213000	409978	157500
邢台市	Xingtai	811	92	195843	82303	264064	91707
保定市	Baoding	1264	29	558845	197027	496903	152787
张家口市	Zhangjiakou	4349	86	112861	61875	263420	110490
承德市	Chengde	3613	46	97682	51016	197906	89610
沧州市	Cangzhou	7669	5521	196091	73666	326899	103638
廊坊市	Langfang	1112	70	216506	132422	234689	91235
衡水市	Hengshui	1084	26	105295	33823	188941	69861
山西省	**Shanxi**	**20197**	**4933**	**2161874**	**1161334**	**2371930**	**1250920**
太原市	Taiyuan	1958	1485	513016	495076	563266	528094
大同市	Datong	1230	621	216654	197775	201813	143853
阳泉市	Yangquan	371	58	183457	127861	101562	52460
长治市	Changzhi	1492	315	240731	62061	202519	91277
晋城市	Jincheng	1375	124	233812	126096	141832	58793
朔州市	Shuozhou	3051	1351	94542	52099	104651	60473
晋中市	Jinzhong	1264	253	157614	34680	193468	74904
运城市	Yuncheng	2583		144478	13700	238960	68200
忻州市	Xinzhou	2941	490	72621	17557	178402	58459
临汾市	Linfen	3200	200	132500	24700	243800	67600
吕梁市	Lvliang	732	36	172449	9729	201657	46807
内蒙古自治区	**Inner Mongolia**	**204353**	**23929**	**945819**	**529898**	**1437813**	**806605**
呼和浩特市	Hohhot	3500	1700	116700	73100	301300	259900
包头市	Baotou	2686	1730	226321	200928	179426	156945
乌海市	Wuhai	168	168	61577	61577	38034	38034
赤峰市	Chifeng	15931	678	128422	64187	212265	88510
通辽市	Tongliao	56226	11042	85283	39462	150312	59708
鄂尔多斯市	Erdos	2757	708	158352	26435	150509	61400
呼伦贝尔市	Hulunbuir	101000	1800	97600	30800	183300	47100
巴彦淖尔市	Bayannur	19600	6000	38400	21500	93700	46200
乌兰察布市	Ulanqab	2485	103	33164	11909	128967	48808
辽宁省	**Liaoning**	**231340**	**11946**	**3159435**	**2535814**	**3198604**	**2390682**
沈阳市	Shenyang	2915	1227	714355	670313	819331	759282
大连市	Dalian	5234	1938	630646	468633	576989	503911
鞍山市	Anshan	3863	856	326553	268609	282569	170723
抚顺市	Fushun	4318	1322	170334	150950	132769	106832
本溪市	Benxi	843	46	169802	139666	156399	130521
丹东市	Dandong	2828	95	121404	74028	163672	98794
锦州市	Jinzhou	10494	2734	138594	123036	178939	124382
营口市	Yingkou	588	448	126644	106024	145129	102743

2-3 续表 1 continued

单位：人 (person)

城市	City	第一产业(农、林、牧、渔业) Primary Industry 全市 Total City	市辖区 Districts under City	第二产业 Secondary Industry 全市 Total City	市辖区 Districts under City	第三产业 Tertiary Industry 全市 Total City	市辖区 Districts under City
阜新市	Fuxin	4161	447	103520	91852	106915	68577
辽阳市	Liaoyang	3084	2050	87759	77408	94550	71708
盘锦市	Panjin	171347	96	193330	164443	118536	81358
铁岭市	Tieling	16261	56	112211	20513	125099	39515
朝阳市	Chaoyang	2475	291	124393	56223	175877	70671
葫芦岛市	Huludao	2929	340	139890	124116	121830	61665
吉林省	**Jilin**	**103842**	**21664**	**1379349**	**1075699**	**1518961**	**917474**
长春市	Changchun	11900	2400	627600	582900	628900	501100
吉林市	Jilin	9900	800	207900	151000	214200	132200
四平市	Siping	8400	1400	58800	24500	150600	50900
辽源市	Liaoyuan	2830	231	74074	66882	53307	28995
通化市	Tonghua	4229	130	166721	106909	118635	45157
白山市	Baishan	19539	4515	74467	49658	89075	46153
松原市	Songyuan	20454	683	123961	72432	120736	43581
白城市	Baicheng	26590	11505	45826	21418	143508	69388
黑龙江省	**Heilongjiang**	**552837**	**162734**	**1497394**	**1168907**	**2257790**	**1380737**
哈尔滨市	Harbin	50077	14507	481086	418707	831863	664536
齐齐哈尔市	Qiqihar	68364	64150	115519	92035	231671	139087
鸡西市	Jixi	45283	606	94745	79378	105331	47989
鹤岗市	Hegang	41900	2226	87400	74772	70287	37483
双鸭山市	Shuangyashan	9113	2896	79463	69483	120769	43267
大庆市	Daqing	3375	592	273998	257878	253191	205616
伊春市	Yichun	94600	67400	33600	29300	55600	43400
佳木斯市	Jiamusi	20872	4403	47650	28863	109155	55635
七台河市	Qitaihe	4458	2919	81496	77460	40282	31017
牡丹江市	Mudanjiang	42200		78800	28000	142800	67000
黑河市	Heihe	159421	2408	38083	6398	115928	26631
绥化市	Suihua	13174	627	85554	6633	180913	19076
上海市	**Shanghai**	**55600**	**41400**	**2572700**	**2517000**	**4676300**	**4623900**
江苏省	**Jiangsu**	**62900**	**23281**	**10923700**	**6227002**	**5037300**	**3362431**
南京市	Nanjing	1700	1700	1147600	1147600	1150700	1150700
无锡市	Wuxi	1600	318	824100	530071	409200	277243
徐州市	Xuzhou	14300	6181	645300	347675	417500	225726
常州市	Changzhou	600	70	445400	373413	271400	214405
苏州市	Suzhou	200	136	2389800	1192819	764200	431614
南通市	Nantong	6400	1475	1826500	586012	379800	182107
连云港市	Lianyungang	8900	5935	243300	181308	230000	153234
淮安市	Huai'an	6000	2866	493400	349528	243300	158142
盐城市	Yancheng	18700	3263	547700	206208	306800	108956
扬州市	Yangzhou	700	421	863500	587207	268600	179045
镇江市	Zhenjiang	1300	285	318000	119277	188000	107484
泰州市	Taizhou	2000	437	831300	380016	239300	112374
宿迁市	Suqian	500	194	347800	225868	168500	61401
浙江省	**Zhejiang**	**6117**	**5543**	**7038387**	**3873196**	**4218693**	**2804223**
杭州市	Hangzhou	1119	748	1597860	1484262	1335441	1234055
宁波市	Ningbo	500	129	1105748	555421	610809	432248

2-3 续表 2 continued

单位：人 (person)

城 市	City	第一产业(农、林、牧、渔业) Primary Industry 全 市 Total City	市辖区 Districts under City	第二产业 Secondary Industry 全 市 Total City	市辖区 Districts under City	第三产业 Tertiary Industry 全 市 Total City	市辖区 Districts under City
温州市	Wenzhou	583		614526	177453	431800	212544
嘉兴市	Jiaxing	637	227	524140	146994	275978	115148
湖州市	Huzhou	262	140	324665	162038	169359	93332
绍兴市	Shaoxing	268	19	1140423	739519	256682	161551
金华市	Jinhua	381	144	651865	103959	307755	96429
衢州市	Quzhou	247		93045	52790	114970	62618
舟山市	Zhoushan	600	3700	179000	96500	272400	204200
台州市	Taizhou	756	397	762567	345501	310983	147020
丽水市	Lishui	764	39	44548	8759	132516	45078
安徽省	**Anhui**	**45149**	**14252**	**2619335**	**1891960**	**2553287**	**1456564**
合肥市	Hefei	777	100	878341	705037	571002	442752
芜湖市	Wuhu	355	66	242884	190805	195796	133068
蚌埠市	Bengbu	270	141	129370	108827	143263	92147
淮南市	Huainan	2135	1128	197707	160077	126032	105661
马鞍山市	Maanshan	737	51	128930	101338	101662	65136
淮北市	Huaibei	6	6	197142	172886	78264	53015
铜陵市	Tongling	2307	2185	102164	88950	52440	44349
安庆市	Anqing	15952	7948	137915	72044	199975	63806
黄山市	Huangshan	928	294	35103	25413	78041	45936
滁州市	Chuzhou	6815	769	87002	42756	135718	46724
阜阳市	Fuyang	2004	409	93901	56074	220289	98457
宿州市	Suzhou	2914	786	142702	84831	173460	80379
六安市	Lu'an	6605	217	66335	23423	158820	63024
亳州市	Bozhou	223		74129	26789	155619	57306
池州市	Chizhou	901	152	41319	25437	66712	36804
宣城市	Xuancheng	2220		64391	7273	96194	28000
福建省	**Fujian**	**45252**	**6363**	**4117315**	**2146804**	**2345887**	**1410501**
福州市	Fuzhou	2522	146	888061	499822	601112	418590
厦门市	Xiamen	1780	1780	881543	881543	455748	455748
莆田市	Putian	417	234	354870	296235	135280	108587
三明市	Sanming	4453	676	92844	38242	143494	43537
泉州市	Quanzhou	3865	968	1241004	245506	326551	137859
漳州市	Zhangzhou	17062	45	312090	83406	200240	75822
南平市	Nanping	9166	910	81469	33878	154497	45724
龙岩市	Longyan	4063	1281	122957	18734	176510	75075
宁德市	Ningde	1924	323	142477	49438	152455	49559
江西省	**Jiangxi**	**51620**	**6921**	**2441970**	**1121075**	**2041868**	**925443**
南昌市	Nanchang	4554	3807	758794	532149	457633	374332
景德镇市	Jingdezhen	6345	1112	103131	67663	91252	55622
萍乡市	Pingxiang	622	198	117443	96517	83911	53279
九江市	Jiujiang	7556	237	232928	57209	213940	80743
新余市	Xinyu	500	100	90600	75800	49600	38800
鹰潭市	Yingtan	90		84200	17000	54810	24200
赣州市	Ganzhou	6674	457	240710	89900	305707	92866
吉安市	Ji'an	9827	571	168461	24953	181269	44861
宜春市	Yichun	5795	326	226949	15443	199405	56028
抚州市	Fuzhou	3417	113	214538	115331	164490	50423
上饶市	Shangrao	6240		204216	29110	239851	54289

2-3 续表 3 continued

单位：人 (person)

城　市	City	第一产业(农、林、牧、渔业) Primary Industry 全　市 Total City	市辖区 Districts under City	第二产业 Secondary Industry 全　市 Total City	市辖区 Districts under City	第三产业 Tertiary Industry 全　市 Total City	市辖区 Districts under City
山东省	**Shandong**	**15523**	**4080**	**6961459**	**3661436**	**5543348**	**3220545**
济南市	Jinan	837	472	670285	516918	751532	652916
青岛市	Qingdao	1407	323	837504	510109	662230	513316
淄博市	Zibo	700	522	628125	366841	284962	228873
枣庄市	Zaozhuang	406	110	288650	184035	189190	124060
东营市	Dongying	600		307700	212900	170000	127600
烟台市	Yantai	580	31	619823	336686	476807	253807
潍坊市	Weifang	900		446700	193900	413900	163000
济宁市	Jining	1316	527	540777	216590	372601	161657
泰安市	Tai'an	1428	537	475769	111080	286371	139056
威海市	Weihai	651	244	363925	234098	199066	128508
日照市	Rizhao	621	598	174624	104161	135327	89100
莱芜市	Laiwu			127066	127066	68144	68144
临沂市	Linyi	2742	225	492219	227095	454658	187948
德州市	Dezhou	867	165	258260	106159	313233	100391
聊城市	Liaocheng	1000	100	215100	42300	263000	108700
滨州市	Binzhou	79	28	335432	103758	180254	75881
菏泽市	Heze	1389	198	179500	67740	322073	97588
河南省	**Henan**	**52081**	**7658**	**5944116**	**2747248**	**4815709**	**2145906**
郑州市	Zhengzhou	3000	400	1131300	792200	839300	610900
开封市	Kaifeng	2316	200	250787	114400	219904	110600
洛阳市	Luoyang	1400	300	368300	202700	357200	207600
平顶山市	Pingdingshan	736	36	337343	233487	234391	108628
安阳市	Anyang	1324	122	374211	115416	213393	91770
鹤壁市	Hebi	364		165333	110857	69726	44210
新乡市	Xinxiang	1822	84	466617	132240	255451	83863
焦作市	Jiaozuo	1061	75	285454	130307	207223	98712
濮阳市	Puyang	502	100	261488	175500	147039	63000
许昌市	Xuchang	800		267200	82000	186800	51400
漯河市	Luohe	281	18	190171	131866	119015	81373
三门峡市	Sanmenxia	918	83	151085	14489	133320	51736
南阳市	Nanyang	10224	3636	441977	155422	486895	170345
商丘市	Shangqiu	3603	102	305883	94197	315120	84042
信阳市	Xinyang	5130	1002	267167	94967	349232	111327
周口市	Zhoukou	11900		337200	53400	340200	75500
驻马店市	Zhumadian	6700	1500	342600	113800	341500	100900
湖北省	**Hubei**	**76930**	**13468**	**4214502**	**2150812**	**3396541**	**1963477**
武汉市	Wuhan	3571	3066	1039720	740912	980144	863789
黄石市	Huangshi	1400	100	208900	124800	123400	75200
十堰市	Shiyan	7100	4200	313700	234300	303200	201100
宜昌市	Yichang	3400	300	488100	174900	386300	174400
襄阳市	Xiangyang	8200	1900	592800	230700	362460	169100
鄂州市	Ezhou	95	95	141631	141631	66470	66470

2-3 续表 4 continued

单位：人 (person)

城市	City	第一产业(农、林、牧、渔业) Primary Industry		第二产业 Secondary Industry		第三产业 Tertiary Industry	
		全市 Total City	市辖区 Districts under City	全市 Total City	市辖区 Districts under City	全市 Total City	市辖区 Districts under City
荆门市	Jingmen	6998	1012	211991	74004	163973	87094
孝感市	Xiaogan	8019	456	470744	157825	327419	117410
荆州市	Jingzhou	14839	984	199096	108161	218760	79531
黄冈市	Huanggang	22000	1000	382800	71925	251800	38500
咸宁市	Xianning	658	355	95520	40544	138605	54098
随州市	Suizhou	650		69500	51110	74010	36785
湖南省	**Hunan**	**24461**	**5562**	**2569490**	**1254233**	**3231778**	**1615000**
长沙市	Changsha	923	684	632513	337762	684537	556096
株洲市	Zhuzhou	1356	286	252350	150513	199258	119806
湘潭市	Xiangtan	3100	1500	217500	150700	278700	157700
衡阳市	Hengyang	596	202	259314	113799	304132	121697
邵阳市	Shaoyang	3800	300	152900	66900	234100	66500
岳阳市	Yueyang	2600	500	235900	119400	281900	104200
常德市	Changde	1300	1100	186200	75300	233900	99900
张家界市	Zhangjiajie	640	215	24826	8486	66535	38852
益阳市	Yiyang	627	43	123050	74523	163755	78339
郴州市	Chenzhou	1794	298	153856	59078	209711	87277
永州市	Yongzhou	3800	400	111600	30400	211100	69100
怀化市	Huaihua	2921	34	70187	13425	211352	59813
娄底市	Loudi	1004		149294	53947	152798	55720
广东省	**Guangdong**	**56659**	**17180**	**11877217**	**10441118**	**7692611**	**6319677**
广州市	Guangzhou	2578	2266	1209256	1094503	2052149	1955365
韶关市	Shaoguan	1900	300	184500	116900	163900	84900
深圳市	Shenzhen	670	670	2912870	2912870	1671219	1671219
珠海市	Zhuhai	6990	6990	477562	477562	268252	268252
汕头市	Shantou	467	452	327972	327261	221924	217453
佛山市	Foshan	186	186	1293784	1293784	441770	441770
江门市	Jiangmen	556	146	367121	190581	231509	131526
湛江市	Zhanjiang	18124	2239	201092	84859	297558	148707
茂名市	Maoming	8188	1253	194540	107111	246001	125881
肇庆市	Zhaoqing	923	153	225425	74605	191186	70512
惠州市	Huizhou	922	244	653327	515595	264196	174761
梅州市	Meizhou	640	52	115262	46038	178570	66173
汕尾市	Shanwei	4601	39	143691	52119	92179	29886
河源市	Heyuan	896	148	131660	83462	129431	46582
阳江市	Yangjiang	4565	1572	119353	40605	120707	50919
清远市	Qingyuan	1425	161	166695	113395	156738	78872
东莞市	Dongguan	110	110	1991804	1991804	395547	395547
中山市	Zhongshan			696080	696080	198484	198484
潮州市	Chaozhou	182	54	119819	109373	85843	61949
揭阳市	Jieyang	2123	100	234083	90600	173776	71600
云浮市	Yunfu	613	45	111321	22011	111672	29319
广西壮族自治区	**Guangxi**	**82577**	**30543**	**1563303**	**1075603**	**2298872**	**1298959**
南宁市	Nanning	12619	6404	396337	345624	549529	446042
柳州市	Liuzhou	4927	2087	335930	305586	264781	191407

2-3 续表 5 continued

单位：人 (person)

城市	City	第一产业(农、林、牧、渔业) Primary Industry 全市 Total City	市辖区 Districts under City	第二产业 Secondary Industry 全市 Total City	市辖区 Districts under City	第三产业 Tertiary Industry 全市 Total City	市辖区 Districts under City
桂林市	Guilin	3807	457	170383	95215	259696	125779
梧州市	Wuzhou	800	200	79800	47700	113300	58400
北海市	Beihai	5400	4500	57400	46900	81300	55000
防城港市	Fangchenggang	11097	5943	21501	15420	63943	45688
钦州市	Qinzhou	3100	1400	88200	60900	111400	59100
贵港市	Guigang	2288	314	50316	27881	134090	62833
玉林市	Yulin	7136	140	146519	35188	193546	75182
百色市	Baise	3301	524	59693	23813	145215	43487
贺州市	Hezhou	1700	700	22200	13800	77800	42000
河池市	Hechi	3556		52454	16800	137772	33600
来宾市	Laibin	8960	6300	47535	29900	79382	35900
崇左市	Chongzuo	13886	1574	35035	10876	87118	24541
海南省	**Hainan**	**70153**	**70153**	**118764**	**118764**	**443926**	**443926**
海口市	Haikou	65479	65479	106588	106588	340698	340698
三亚市	Sanya	4674	4674	12176	12176	103228	103228
三沙市	Sansa						
重庆市	**Chongqing**	**361200**		**4203900**		**4978300**	
四川省	**Sichuan**	**22810**	**7272**	**3545192**	**2232306**	**3912758**	**2468451**
成都市	Chengdu	1658	856	1210699	1028900	1515284	1298014
自贡市	Zigong	597	379	107524	84863	116560	82208
攀枝花市	Panzhihua	745	250	161652	152340	82768	67205
泸州市	Luzhou	775	14	211381	139144	158040	84660
德阳市	Deyang	423		189655	84473	156824	67247
绵阳市	Mianyang	901	204	246627	137714	266803	155534
广元市	Guangyuan	668	194	48567	33014	118683	60372
遂宁市	Suining	193		104170	46157	103439	52061
内江市	Neijiang	842	258	183480	39376	123567	46197
乐山市	Leshan	2900	1300	118800	65900	140900	69700
南充市	Nanchong	1400	400	192600	86600	239100	109500
眉山市	Meishan	729	23	90135	29351	110518	37582
宜宾市	Yibin	2366	1699	181567	92785	173447	79913
广安市	Guang'an	709	53	36289	13493	102069	41052
达州市	Dazhou	2164	540	139142	57104	178478	73133
雅安市	Ya'an	831	93	34593	12230	75131	40139
巴中市	Bazhong	2319	669	156463	71691	124341	59182
资阳市	Ziyang	2590	340	131848	57171	126806	44752
贵州省	**Guizhou**	**8970**	**2291**	**996353**	**671253**	**1393531**	**748461**
贵阳市	Guiyang	1792	738	539661	496383	497201	442002
六盘水市	Liupanshui	355	50	133704	55218	110993	49139
遵义市	Zunyi	1400		149700	58000	282200	90900
安顺市	Anshun	2199	1009	60389	37376	109558	54342
毕节市	Bijie	1107	294	78199	14376	238779	65778
铜仁市	Tongren	2117	200	34700	9900	154800	46300

2-3 续表 6 continued

单位：人 (person)

城　市	City	第一产业(农、林、牧、渔业) Primary Industry 全市 Total City	市辖区 Districts under City	第二产业 Secondary Industry 全市 Total City	市辖区 Districts under City	第三产业 Tertiary Industry 全市 Total City	市辖区 Districts under City
云南省	**Yunnan**	**26917**	**4977**	**1206859**	**574417**	**1617244**	**846158**
昆明市	Kunming	2600	1300	486200	309800	727300	522800
曲靖市	Qujing	3600	1050	303700	94800	207300	65650
玉溪市	Yuxi	2200	300	132900	65500	140300	68500
保山市	Baoshan	3543	1647	80031	41798	98347	40950
昭通市	Zhaotong	1760	69	52201	16045	170039	48216
丽江市	Lijiang	1018	212	22491	7971	84308	38631
普洱市	Pu'er	1800	36	71600	22600	101400	35400
临沧市	Lincang	10396	363	57736	15903	88250	26011
西藏自治区	**Tibet**	**91334**		**65517**		**311823**	
拉萨市	Lasa	91334		65517		311823	
陕西省	**Shaanxi**	**23523**	**5908**	**2127561**	**1231208**	**2855118**	**1739077**
西安市	Xi'an	1900	1152	779200	734180	1213000	1078215
铜川市	Tongchuan	200	170	56200	54200	65200	59400
宝鸡市	Baoji	3000	300	209100	128400	190200	105100
咸阳市	Xianyang	2200	538	286037	116951	257053	92926
渭南市	Weinan	6400	1400	194000	45200	268620	97000
延安市	Yan'an	2745	264	160068	40077	185520	74212
汉中市	Hanzhong	1400	400	119600	39300	187700	69200
榆林市	Yulin	2800	700	181100	36900	237200	66400
安康市	Ankang	678	84	45256	18000	130325	57624
商洛市	Shangluo	2200	900	97000	18000	120300	39000
甘肃省	**Gansu**	**44601**	**19157**	**1004758**	**695582**	**1327798**	**733526**
兰州市	Lanzhou	700	600	309200	278500	361200	322600
嘉峪关市	Jiayuguan	100	100	43900	43900	25892	25892
金昌市	Jinchang	2160		82527	71604	28201	17995
白银市	Baiyin	2455		87911	72550	90557	44283
天水市	Tianshui	4475	1849	71160	55857	152264	87608
武威市	Wuwei	2149	1722	51349	35310	79291	45999
张掖市	Zhangye	11980	2017	42152	20464	81357	42405
平凉市	Pingliang	1900	100	81200	25200	99500	34600
酒泉市	Jiuquan	7365	1159	68183	21185	74216	31025
庆阳市	Qingyang	513	10	74270	49936	110444	33317
定西市	Dingxi	1404		54406	17276	106976	29202
陇南市	Longnan	9400	11600	38500	3800	117900	18600
青海省	**Qinghai**	**3200**	**793**	**171000**	**114360**	**247600**	**174728**
西宁市	Xining	1100	400	153500	111300	194400	165000
海东市	Haidong	2100	393	17500	3060	53200	9728
宁夏回族自治区	**Ningxia**	**21966**	**13314**	**310640**	**200511**	**780647**	**605746**
银川市	Yinchuan	13821	9154	200930	138601	569972	499555
石嘴山市	Shizuishan	655	540	45005	37331	49441	37194
吴忠市	Wuzhong	2512	1976	39927	10820	62037	26675
固原市	Guyuan	2262	1146	8218	1775	54854	22253
中卫市	Zhongwei	2716	498	16560	11984	44343	20069
新疆维吾尔自治区	**Xinjiang**	**10854**	**10763**	**356065**	**356065**	**507960**	**505108**
乌鲁木齐市	Urumqi	10700	10609	236300	236300	457300	454448
克拉玛依市	Karamay	154	154	119765	119765	50660	50660

2-4 按产业划分的年末单位从业人员构成

Composition of Employed Persons by Three Strata of Industry at Year-end

单位：% (%)

城 市	City	第一产业从业人员比重 Primary Industry		第二产业从业人员比重 Secondary Industry		第三产业从业人员比重 Tertiary Industry	
		全 市 Total City	市辖区 Districts under City	全 市 Total City	市辖区 Districts under City	全 市 Total City	市辖区 Districts under City
城市合计	**Prefecture Cities**	**1.35**	**0.54**	**50.48**	**50.24**	**48.17**	**49.22**
北京市	**Beijing**	**0.43**	**0.40**	**21.16**	**20.90**	**78.41**	**78.70**
天津市	**Tianjin**	**0.17**	**0.16**	**55.28**	**49.56**	**44.55**	**50.28**
河北省	**Hebei**	**0.70**	**0.86**	**43.12**	**46.57**	**56.18**	**52.57**
石家庄市	Shijiazhuang	0.20	0.09	35.97	35.67	63.83	64.24
唐山市	Tangshan	2.28	3.22	50.04	53.74	47.68	43.04
秦皇岛市	Qinhuangdao	0.40	0.42	36.27	40.61	63.33	58.97
邯郸市	Handan	0.21	0.05	48.85	57.46	50.94	42.49
邢台市	Xingtai	0.18	0.05	42.51	47.27	57.31	52.68
保定市	Baoding	0.12	0.01	52.87	56.32	47.01	43.67
张家口市	Zhangjiakou	1.14	0.05	29.65	35.88	69.21	64.07
承德市	Chengde	1.21	0.03	32.65	36.27	66.14	63.70
沧州市	Cangzhou	1.45	3.02	36.95	40.29	61.60	56.69
廊坊市	Langfang	0.25	0.03	47.87	59.19	51.88	40.78
衡水市	Hengshui	0.37	0.03	35.65	32.61	63.98	67.36
山西省	**Shanxi**	**0.44**	**0.20**	**47.47**	**48.04**	**52.09**	**51.76**
太原市	Taiyuan	0.18	0.14	47.58	48.32	52.24	51.54
大同市	Datong	0.29	0.18	51.62	57.79	48.09	42.03
阳泉市	Yangquan	0.13	0.03	64.28	70.88	35.59	29.09
长治市	Changzhi	0.34	0.21	54.13	40.39	45.53	59.40
晋城市	Jincheng	0.36	0.07	62.02	68.16	37.62	31.77
朔州市	Shuozhou	1.51	1.19	46.75	45.73	51.74	53.08
晋中市	Jinzhong	0.36	0.23	44.73	31.57	54.91	68.20
运城市	Yuncheng	0.67		37.43	16.73	61.90	83.27
忻州市	Xinzhou	1.16	0.64	28.59	22.95	70.25	76.41
临汾市	Linfen	0.84	0.22	34.91	26.70	64.25	73.08
吕梁市	Lvliang	0.20	0.06	46.01	17.20	53.79	82.74
内蒙古自治区	**Inner Mongolia**	**7.90**	**1.76**	**36.55**	**38.95**	**55.55**	**59.29**
呼和浩特市	Hohhot	0.83	0.51	27.69	21.84	71.48	77.65
包头市	Baotou	0.66	0.48	55.41	55.87	43.93	43.65
乌海市	Wuhai	0.17	0.17	61.71	61.71	38.12	38.12
赤峰市	Chifeng	4.47	0.44	36.01	41.85	59.52	57.71
通辽市	Tongliao	19.27	10.02	29.22	35.81	51.51	54.17
鄂尔多斯市	Erdos	0.88	0.80	50.82	29.86	48.30	69.34
呼伦贝尔市	Hulunbuir	26.45	2.26	25.56	38.64	47.99	59.10
巴彦淖尔市	Bayannur	12.92	8.14	25.31	29.17	61.77	62.69
乌兰察布市	Ulanqab	1.51	0.17	20.15	19.58	78.34	80.25
辽宁省	**Liaoning**	**3.51**	**0.24**	**47.95**	**51.35**	**48.54**	**48.41**
沈阳市	Shenyang	0.19	0.09	46.49	46.85	53.32	53.06
大连市	Dalian	0.43	0.20	52.00	48.09	47.57	51.71
鞍山市	Anshan	0.63	0.19	53.27	61.02	46.10	38.79
抚顺市	Fushun	1.40	0.51	55.41	58.26	43.19	41.23
本溪市	Benxi	0.26	0.02	51.92	51.68	47.82	48.30
丹东市	Dandong	0.98	0.05	42.17	42.81	56.85	57.14
锦州市	Jinzhou	3.20	1.09	42.25	49.18	54.55	49.73
营口市	Yingkou	0.22	0.21	46.50	50.68	53.28	49.11

2-4 续表 1 continued

单位: % (%)

城 市	City	第一产业从业人员比重 Primary Industry		第二产业从业人员比重 Secondary Industry		第三产业从业人员比重 Tertiary Industry	
		全 市 Total City	市辖区 Districts under City	全 市 Total City	市辖区 Districts under City	全 市 Total City	市辖区 Districts under City
阜新市	Fuxin	1.94	0.28	48.24	57.09	49.82	42.63
辽阳市	Liaoyang	1.66	1.36	47.34	51.21	51.00	47.43
盘锦市	Panjin	35.46	0.04	40.01	66.87	24.53	33.09
铁岭市	Tieling	6.41	0.09	44.25	34.14	49.34	65.77
朝阳市	Chaoyang	0.82	0.23	41.09	44.21	58.09	55.56
葫芦岛市	Huludao	1.11	0.18	52.86	66.69	46.03	33.13
吉林省	**Jilin**	**3.46**	**1.08**	**45.95**	**53.39**	**50.59**	**45.53**
长春市	Changchun	0.94	0.22	49.48	53.65	49.58	46.13
吉林市	Jilin	2.29	0.28	48.13	53.17	49.58	46.55
四平市	Siping	3.86	1.82	27.00	31.90	69.14	66.28
辽源市	Liaoyuan	2.17	0.24	56.89	69.59	40.94	30.17
通化市	Tonghua	1.46	0.09	57.57	70.24	40.97	29.67
白山市	Baishan	10.67	4.50	40.67	49.50	48.66	46.00
松原市	Songyuan	7.71	0.59	46.75	62.07	45.54	37.34
白城市	Baicheng	12.31	11.25	21.22	20.93	66.47	67.82
黑龙江省	**Heilongjiang**	**12.83**	**6.00**	**34.76**	**43.10**	**52.41**	**50.90**
哈尔滨市	Harbin	3.67	1.32	35.30	38.14	61.03	60.54
齐齐哈尔市	Qiqihar	16.45	21.73	27.80	31.17	55.75	47.10
鸡西市	Jixi	18.46	0.47	38.61	62.03	42.93	37.50
鹤岗市	Hegang	20.99	1.94	43.79	65.31	35.22	32.75
双鸭山市	Shuangyashan	4.35	2.50	37.96	60.08	57.69	37.42
大庆市	Daqing	0.64	0.13	51.64	55.57	47.72	44.30
伊春市	Yichun	51.47	48.11	18.28	20.91	30.25	30.98
佳木斯市	Jiamusi	11.75	4.95	26.82	32.47	61.43	62.58
七台河市	Qitaihe	3.53	2.62	64.56	69.54	31.91	27.84
牡丹江市	Mudanjiang	16.00		29.87	29.47	54.13	70.53
黑河市	Heihe	50.86	6.80	12.15	18.05	36.99	75.15
绥化市	Suihua	4.71	2.38	30.59	25.19	64.70	72.43
上海市	**Shanghai**	**0.76**	**0.58**	**35.22**	**35.04**	**64.02**	**64.38**
江苏省	**Jiangsu**	**0.39**	**0.24**	**68.17**	**64.78**	**31.44**	**34.98**
南京市	Nanjing	0.07	0.07	49.90	49.90	50.03	50.03
无锡市	Wuxi	0.13	0.04	66.73	65.63	33.14	34.33
徐州市	Xuzhou	1.33	1.07	59.91	59.99	38.76	38.94
常州市	Changzhou	0.08	0.01	62.09	63.52	37.83	36.47
苏州市	Suzhou	0.01	0.01	75.77	73.42	24.22	26.57
南通市	Nantong	0.29	0.19	82.55	76.15	17.16	23.66
连云港市	Lianyungang	1.85	1.74	50.46	53.25	47.69	45.01
淮安市	Huai'an	0.81	0.56	66.43	68.46	32.76	30.98
盐城市	Yancheng	2.14	1.02	62.72	64.76	35.14	34.22
扬州市	Yangzhou	0.06	0.05	76.23	76.59	23.71	23.36
镇江市	Zhenjiang	0.26	0.13	62.68	52.53	37.06	47.34
泰州市	Taizhou	0.19	0.09	77.50	77.11	22.31	22.80
宿迁市	Suqian	0.10	0.07	67.30	78.57	32.60	21.36
浙江省	**Zhejiang**	**0.05**	**0.08**	**62.49**	**57.96**	**37.46**	**41.96**
杭州市	Hangzhou	0.04	0.03	54.45	54.59	45.51	45.38
宁波市	Ningbo	0.03	0.01	64.40	56.23	35.57	43.76

2-4 续表 2 continued

单位：% (%)

城市	City	第一产业从业人员比重 Primary Industry		第二产业从业人员比重 Secondary Industry		第三产业从业人员比重 Tertiary Industry	
		全市 Total City	市辖区 Districts under City	全市 Total City	市辖区 Districts under City	全市 Total City	市辖区 Districts under City
温州市	Wenzhou	0.06		58.70	45.50	41.24	54.50
嘉兴市	Jiaxing	0.08	0.09	65.46	56.03	34.46	43.88
湖州市	Huzhou	0.05	0.05	65.68	63.42	34.27	36.53
绍兴市	Shaoxing	0.02		81.61	82.07	18.37	17.93
金华市	Jinhua	0.04	0.07	67.90	51.84	32.06	48.09
衢州市	Quzhou	0.12		44.68	45.74	55.20	54.26
舟山市	Zhoushan	0.13	1.22	39.60	31.70	60.27	67.08
台州市	Taizhou	0.07	0.08	70.98	70.09	28.95	29.83
丽水市	Lishui	0.43	0.07	25.05	16.26	74.52	83.67
安徽省	**Anhui**	**0.87**	**0.42**	**50.20**	**56.26**	**48.93**	**43.32**
合肥市	Hefei	0.05	0.01	60.57	61.42	39.38	38.57
芜湖市	Wuhu	0.08	0.02	55.32	58.90	44.60	41.08
蚌埠市	Bengbu	0.10	0.07	47.41	54.11	52.49	45.82
淮南市	Huainan	0.66	0.42	60.67	59.98	38.67	39.60
马鞍山市	Maanshan	0.32	0.03	55.73	60.85	43.95	39.12
淮北市	Huaibei			71.58	76.53	28.42	23.47
铜陵市	Tongling	1.47	1.61	65.11	65.65	33.42	32.74
安庆市	Anqing	4.51	5.53	38.98	50.10	56.51	44.37
黄山市	Huangshan	0.81	0.41	30.77	35.47	68.42	64.12
滁州市	Chuzhou	2.97	0.85	37.90	47.38	59.13	51.77
阜阳市	Fuyang	0.63	0.26	29.70	36.19	69.67	63.55
宿州市	Suzhou	0.91	0.47	44.72	51.10	54.37	48.43
六安市	Lu'an	2.85	0.25	28.62	27.03	68.53	72.72
亳州市	Bozhou	0.10		32.23	31.86	67.67	68.14
池州市	Chizhou	0.83	0.24	37.93	40.77	61.24	58.99
宣城市	Xuancheng	1.36		39.55	20.62	59.09	79.38
福建省	**Fujian**	**0.70**	**0.18**	**63.26**	**60.24**	**36.04**	**39.58**
福州市	Fuzhou	0.17	0.02	59.53	54.41	40.30	45.57
厦门市	Xiamen	0.13	0.13	65.83	65.83	34.04	34.04
莆田市	Putian	0.09	0.06	72.34	73.13	27.57	26.81
三明市	Sanming	1.85	0.82	38.56	46.38	59.59	52.80
泉州市	Quanzhou	0.25	0.25	78.97	63.88	20.78	35.87
漳州市	Zhangzhou	3.22	0.03	58.95	52.37	37.83	47.60
南平市	Nanping	3.74	1.13	33.23	42.08	63.03	56.79
龙岩市	Longyan	1.34	1.35	40.51	19.70	58.15	78.95
宁德市	Ningde	0.65	0.33	48.00	49.78	51.35	49.89
江西省	**Jiangxi**	**1.14**	**0.34**	**53.84**	**54.59**	**45.02**	**45.07**
南昌市	Nanchang	0.37	0.42	62.15	58.46	37.48	41.12
景德镇市	Jingdezhen	3.16	0.89	51.38	54.39	45.46	44.72
萍乡市	Pingxiang	0.31	0.13	58.15	64.35	41.54	35.52
九江市	Jiujiang	1.66	0.17	51.26	41.40	47.08	58.43
新余市	Xinyu	0.36	0.09	64.39	66.09	35.25	33.82
鹰潭市	Yingtan	0.06		60.53	41.26	39.41	58.74
赣州市	Ganzhou	1.21	0.25	43.52	49.07	55.27	50.68
吉安市	Ji'an	2.73	0.81	46.85	35.45	50.42	63.74
宜春市	Yichun	1.34	0.45	52.52	21.51	46.14	78.04
抚州市	Fuzhou	0.89	0.07	56.10	69.53	43.01	30.40
上饶市	Shangrao	1.39		45.35	34.90	53.26	65.10

2-4 续表 3 continued

单位：% (%)

城 市	City	第一产业从业人员比重 Primary Industry		第二产业从业人员比重 Secondary Industry		第三产业从业人员比重 Tertiary Industry	
		全 市 Total City	市辖区 Districts under City	全 市 Total City	市辖区 Districts under City	全 市 Total City	市辖区 Districts under City
山东省	**Shandong**	**0.12**	**0.06**	**55.60**	**53.17**	**44.28**	**46.77**
济南市	Jinan	0.06	0.04	47.12	44.17	52.82	55.79
青岛市	Qingdao	0.09	0.03	55.79	49.83	44.12	50.14
淄博市	Zibo	0.08	0.09	68.74	61.53	31.18	38.38
枣庄市	Zaozhuang	0.08	0.04	60.36	59.71	39.56	40.25
东营市	Dongying	0.13		64.33	62.53	35.54	37.47
烟台市	Yantai	0.05	0.01	56.49	57.01	43.46	42.98
潍坊市	Weifang	0.10		51.85	54.33	48.05	45.67
济宁市	Jining	0.14	0.14	59.12	57.18	40.74	42.68
泰安市	Tai'an	0.19	0.21	62.31	44.31	37.50	55.48
威海市	Weihai	0.12	0.07	64.57	64.52	35.31	35.41
日照市	Rizhao	0.20	0.31	56.23	53.73	43.57	45.96
莱芜市	Laiwu			65.09	65.09	34.91	34.91
临沂市	Linyi	0.29	0.05	51.83	54.69	47.88	45.26
德州市	Dezhou	0.15	0.08	45.12	51.36	54.73	48.56
聊城市	Liaocheng	0.21	0.07	44.90	27.99	54.89	71.94
滨州市	Binzhou	0.02	0.02	65.04	57.75	34.94	42.23
菏泽市	Heze	0.28	0.12	35.69	40.92	64.03	58.96
河南省	**Henan**	**0.48**	**0.16**	**54.98**	**56.06**	**44.54**	**43.78**
郑州市	Zhengzhou	0.15	0.03	57.32	56.44	42.53	43.53
开封市	Kaifeng	0.49	0.09	53.02	50.80	46.49	49.11
洛阳市	Luoyang	0.19	0.07	50.67	49.37	49.14	50.56
平顶山市	Pingdingshan	0.13	0.01	58.93	68.24	40.94	31.75
安阳市	Anyang	0.22	0.06	63.54	55.67	36.24	44.27
鹤壁市	Hebi	0.15		70.23	71.49	29.62	28.51
新乡市	Xinxiang	0.25	0.04	64.46	61.17	35.29	38.79
焦作市	Jiaozuo	0.21	0.03	57.81	56.88	41.98	43.09
濮阳市	Puyang	0.12	0.04	63.93	73.55	35.95	26.41
许昌市	Xuchang	0.18		58.75	61.47	41.07	38.53
漯河市	Luohe	0.09	0.01	61.45	61.83	38.46	38.16
三门峡市	Sanmenxia	0.32	0.13	52.95	21.85	46.73	78.02
南阳市	Nanyang	1.09	1.10	47.06	47.18	51.85	51.72
商丘市	Shangqiu	0.58	0.06	48.97	52.82	50.45	47.12
信阳市	Xinyang	0.83	0.48	42.99	45.81	56.18	53.71
周口市	Zhoukou	1.73		48.92	41.43	49.35	58.57
驻马店市	Zhumadian	0.97	0.69	49.59	52.64	49.44	46.67
湖北省	**Hubei**	**1.00**	**0.33**	**54.82**	**52.11**	**44.18**	**47.56**
武汉市	Wuhan	0.18	0.19	51.38	46.08	48.44	53.73
黄石市	Huangshi	0.42	0.05	62.60	62.37	36.98	37.58
十堰市	Shiyan	1.14	0.96	50.27	53.30	48.59	45.74
宜昌市	Yichang	0.39	0.09	55.60	50.03	44.01	49.88
襄阳市	Xiangyang	0.85	0.47	61.53	57.43	37.62	42.10
鄂州市	Ezhou	0.05	0.05	68.03	68.03	31.92	31.92

2-4 续表 4 continued

单位：% (%)

城　市	City	第一产业从业人员比重 Primary Industry		第二产业从业人员比重 Secondary Industry		第三产业从业人员比重 Tertiary Industry	
		全　市 Total City	市辖区 Districts under City	全　市 Total City	市辖区 Districts under City	全　市 Total City	市辖区 Districts under City
荆门市	Jingmen	1.83	0.62	55.36	45.65	42.81	53.73
孝感市	Xiaogan	0.99	0.17	58.39	57.25	40.62	42.58
荆州市	Jingzhou	3.43	0.52	46.01	57.33	50.56	42.15
黄冈市	Huanggang	3.35	0.90	58.30	64.55	38.35	34.55
咸宁市	Xianning	0.28	0.37	40.68	42.68	59.04	56.95
随州市	Suizhou	0.45		48.21	58.15	51.34	41.85
湖南省	**Hunan**	**0.42**	**0.19**	**44.11**	**43.63**	**55.47**	**56.18**
长沙市	Changsha	0.07	0.08	47.99	37.76	51.94	62.16
株洲市	Zhuzhou	0.30	0.11	55.71	55.62	43.99	44.27
湘潭市	Xiangtan	0.62	0.48	43.56	48.63	55.82	50.89
衡阳市	Hengyang	0.11	0.09	45.97	48.28	53.92	51.63
邵阳市	Shaoyang	0.97	0.22	39.12	50.04	59.91	49.74
岳阳市	Yueyang	0.50	0.22	45.33	53.28	54.17	46.50
常德市	Changde	0.31	0.62	44.19	42.71	55.50	56.67
张家界市	Zhangjiajie	0.70	0.45	26.98	17.85	72.32	81.70
益阳市	Yiyang	0.22	0.03	42.81	48.74	56.97	51.23
郴州市	Chenzhou	0.49	0.20	42.11	40.28	57.40	59.52
永州市	Yongzhou	1.16	0.40	34.18	30.43	64.66	69.17
怀化市	Huaihua	1.03	0.05	24.67	18.32	74.30	81.63
娄底市	Loudi	0.33		49.26	49.19	50.41	50.81
广东省	**Guangdong**	**0.29**	**0.10**	**60.52**	**62.23**	**39.19**	**37.67**
广州市	Guangzhou	0.08	0.07	37.05	35.86	62.87	64.07
韶关市	Shaoguan	0.54	0.15	52.67	57.84	46.79	42.01
深圳市	Shenzhen	0.01	0.01	63.53	63.53	36.46	36.46
珠海市	Zhuhai	0.93	0.93	63.44	63.44	35.63	35.63
汕头市	Shantou	0.08	0.08	59.59	60.03	40.33	39.89
佛山市	Foshan	0.01	0.01	74.54	74.54	25.45	25.45
江门市	Jiangmen	0.09	0.05	61.27	59.14	38.64	40.81
湛江市	Zhanjiang	3.51	0.95	38.91	35.99	57.58	63.06
茂名市	Maoming	1.82	0.53	43.35	45.73	54.83	53.74
肇庆市	Zhaoqing	0.22	0.11	53.99	51.36	45.79	48.53
惠州市	Huizhou	0.10	0.04	71.13	74.66	28.77	25.30
梅州市	Meizhou	0.22	0.05	39.14	41.01	60.64	58.94
汕尾市	Shanwei	1.91	0.05	59.75	63.53	38.34	36.42
河源市	Heyuan	0.34	0.11	50.25	64.11	49.41	35.78
阳江市	Yangjiang	1.87	1.69	48.79	43.62	49.34	54.69
清远市	Qingyuan	0.44	0.08	51.31	58.93	48.25	40.99
东莞市	Dongguan			83.43	83.43	16.57	16.57
中山市	Zhongshan			77.81	77.81	22.19	22.19
潮州市	Chaozhou	0.09	0.03	58.21	63.82	41.70	36.15
揭阳市	Jieyang	0.52	0.06	57.10	55.82	42.38	44.12
云浮市	Yunfu	0.27	0.09	49.78	42.84	49.95	57.07
广西壮族自治区	**Guangxi**	**2.09**	**1.27**	**39.63**	**44.72**	**58.28**	**54.01**
南宁市	Nanning	1.32	0.80	41.35	43.31	57.33	55.89
柳州市	Liuzhou	0.81	0.42	55.47	61.23	43.72	38.35

2-4 续表 5 continued

单位：% (%)

城 市	City	第一产业从业人员比重 Primary Industry		第二产业从业人员比重 Secondary Industry		第三产业从业人员比重 Tertiary Industry	
		全 市 Total City	市辖区 Districts under City	全 市 Total City	市辖区 Districts under City	全 市 Total City	市辖区 Districts under City
桂林市	Guilin	0.88	0.21	39.27	43.00	59.85	56.79
梧州市	Wuzhou	0.41	0.19	41.16	44.87	58.43	54.94
北海市	Beihai	3.75	4.23	39.83	44.08	56.42	51.69
防城港市	Fangchenggang	11.49	8.86	22.27	23.00	66.24	68.14
钦州市	Qinzhou	1.53	1.15	43.51	50.16	54.96	48.69
贵港市	Guigang	1.23	0.34	26.95	30.63	71.82	69.03
玉林市	Yulin	2.06	0.13	42.20	31.84	55.74	68.03
百色市	Baise	1.59	0.77	28.67	35.11	69.74	64.12
贺州市	Hezhou	1.67	1.24	21.83	24.42	76.50	74.34
河池市	Hechi	1.84		27.07	33.33	71.09	66.67
来宾市	Laibin	6.59	8.74	34.98	41.47	58.43	49.79
崇左市	Chongzuo	10.21	4.26	25.75	29.40	64.04	66.34
海南省	**Hainan**	**11.09**	**11.09**	**18.77**	**18.77**	**70.14**	**70.14**
海口市	Haikou	12.77	12.77	20.79	20.79	66.44	66.44
三亚市	Sanya	3.89	3.89	10.14	10.14	85.97	85.97
三沙市	Sansa						
重庆市	**Chongqing**	**3.78**		**44.05**		**52.17**	
四川省	**Sichuan**	**0.30**	**0.15**	**47.39**	**47.41**	**52.31**	**52.44**
成都市	Chengdu	0.06	0.04	44.39	44.20	55.55	55.76
自贡市	Zigong	0.27	0.23	47.86	50.68	51.87	49.09
攀枝花市	Panzhihua	0.30	0.11	65.94	69.31	33.76	30.58
泸州市	Luzhou	0.21	0.01	57.10	62.17	42.69	37.82
德阳市	Deyang	0.12		54.67	55.68	45.21	44.32
绵阳市	Mianyang	0.18	0.07	47.95	46.93	51.87	53.00
广元市	Guangyuan	0.40	0.21	28.92	35.28	70.68	64.51
遂宁市	Suining	0.09		50.13	46.99	49.78	53.01
内江市	Neijiang	0.27	0.30	59.59	45.88	40.14	53.82
乐山市	Leshan	1.10	0.95	45.24	48.14	53.66	50.91
南充市	Nanchong	0.32	0.20	44.47	44.07	55.21	55.73
眉山市	Meishan	0.36	0.03	44.76	43.84	54.88	56.13
宜宾市	Yibin	0.66	0.97	50.81	53.20	48.53	45.83
广安市	Guang'an	0.51	0.10	26.09	24.71	73.40	75.19
达州市	Dazhou	0.68	0.41	43.51	43.67	55.81	55.92
雅安市	Ya'an	0.75	0.18	31.29	23.31	67.96	76.51
巴中市	Bazhong	0.82	0.51	55.26	54.50	43.92	44.99
资阳市	Ziyang	0.99	0.33	50.47	55.91	48.54	43.76
贵州省	**Guizhou**	**0.37**	**0.16**	**41.53**	**47.20**	**58.10**	**52.64**
贵阳市	Guiyang	0.17	0.08	51.96	52.86	47.87	47.06
六盘水市	Liupanshui	0.14	0.05	54.56	52.89	45.30	47.06
遵义市	Zunyi	0.32		34.55	38.95	65.13	61.05
安顺市	Anshun	1.28	1.09	35.08	40.31	63.64	58.60
毕节市	Bijie	0.35	0.37	24.58	17.87	75.07	81.76
铜仁市	Tongren	1.10	0.35	18.11	17.55	80.79	82.10

2-4 续表 6 continued

单位：% (%)

城市	City	第一产业从业人员比重 Primary Industry 全市 Total City	市辖区 Districts under City	第二产业从业人员比重 Secondary Industry 全市 Total City	市辖区 Districts under City	第三产业从业人员比重 Tertiary Industry 全市 Total City	市辖区 Districts under City
云南省	**Yunnan**	**0.94**	**0.35**	**42.33**	**40.29**	**56.73**	**59.36**
昆明市	Kunming	0.21	0.16	39.98	37.15	59.81	62.69
曲靖市	Qujing	0.70	0.65	59.02	58.70	40.28	40.65
玉溪市	Yuxi	0.80	0.22	48.26	48.77	50.94	51.01
保山市	Baoshan	1.95	1.95	43.99	49.53	54.06	48.52
昭通市	Zhaotong	0.79	0.11	23.30	24.94	75.91	74.95
丽江市	Lijiang	0.94	0.45	20.86	17.03	78.20	82.52
普洱市	Pu'er	1.03	0.06	40.96	38.94	58.01	61.00
临沧市	Lincang	6.65	0.86	36.92	37.62	56.43	61.52
西藏自治区	**Tibet**	**19.49**		**13.98**		**66.53**	**100.00**
拉萨市	Lasa	19.49		13.98		66.53	100.00
陕西省	**Shaanxi**	**0.47**	**0.20**	**42.50**	**41.37**	**57.03**	**58.43**
西安市	Xi'an	0.10	0.06	39.08	40.48	60.82	59.46
铜川市	Tongchuan	0.16	0.15	46.22	47.64	53.62	52.21
宝鸡市	Baoji	0.75	0.13	51.98	54.92	47.27	44.95
咸阳市	Xianyang	0.40	0.26	52.46	55.58	47.14	44.16
渭南市	Weinan	1.36	0.97	41.36	31.48	57.28	67.55
延安市	Yan'an	0.79	0.23	45.95	34.99	53.26	64.78
汉中市	Hanzhong	0.45	0.37	38.74	36.09	60.81	63.54
榆林市	Yulin	0.66	0.67	43.01	35.48	56.33	63.85
安康市	Ankang	0.38	0.11	25.68	23.78	73.94	76.11
商洛市	Shangluo	1.00	1.55	44.19	31.09	54.81	67.36
甘肃省	**Gansu**	**1.88**	**1.32**	**42.27**	**48.03**	**55.85**	**50.65**
兰州市	Lanzhou	0.10	0.10	46.07	46.29	53.83	53.61
嘉峪关市	Jiayuguan	0.14	0.14	62.81	62.81	37.05	37.05
金昌市	Jinchang	1.91		73.11	79.92	24.98	20.08
白银市	Baiyin	1.36		48.59	62.10	50.05	37.90
天水市	Tianshui	1.96	1.27	31.22	38.44	66.82	60.29
武威市	Wuwei	1.62	2.07	38.67	42.53	59.71	55.40
张掖市	Zhangye	8.84	3.11	31.11	31.54	60.05	65.35
平凉市	Pingliang	1.04	0.17	44.47	42.07	54.49	57.76
酒泉市	Jiuquan	4.92	2.17	45.53	39.70	49.55	58.13
庆阳市	Qingyang	0.28	0.01	40.10	59.97	59.62	40.02
定西市	Dingxi	0.86		33.42	37.17	65.72	62.83
陇南市	Longnan	5.67	34.12	23.22	11.18	71.11	54.70
青海省	**Qinghai**	**0.76**	**0.27**	**40.54**	**39.45**	**58.70**	**60.28**
西宁市	Xining	0.32	0.14	43.98	40.22	55.70	59.64
海东市	Haidong	2.88	2.98	24.04	23.22	73.08	73.80
宁夏回族自治区	**Ningxia**	**1.97**	**1.62**	**27.90**	**24.47**	**70.13**	**73.91**
银川市	Yinchuan	1.76	1.41	25.61	21.41	72.63	77.18
石嘴山市	Shizuishan	0.69	0.72	47.32	49.73	51.99	49.55
吴忠市	Wuzhong	2.40	5.01	38.22	27.41	59.38	67.58
固原市	Guyuan	3.46	4.55	12.58	7.05	83.96	88.40
中卫市	Zhongwei	4.27	1.53	26.03	36.82	69.70	61.65
新疆维吾尔自治区	**Xinjiang**	**1.24**	**1.23**	**40.70**	**40.84**	**58.06**	**57.93**
乌鲁木齐市	Urumqi	1.52	1.51	33.55	33.69	64.93	64.80
克拉玛依市	Karamay	0.09	0.09	70.21	70.21	29.70	29.70

2-5 按行业分组的单位从业人员(一)

Persons Employed in Various Units by Sector in Detail(I)

单位：人 (person)

城市	City	第一产业(农、林、牧、渔业) Primary Industry		第二产业(1)采矿业 Secondary Industry: Mining		(2)制造业 Manufacturing	
		全市 Total City	市辖区 Districts under City	全市 Total City	市辖区 Districts under City	全市 Total City	市辖区 Districts under City
城市合计	**Prefecture Cities**	**2455928**	**594485**	**5708444**	**2979081**	**53434770**	**34001011**
北京市	**Beijing**	**32331**	**29543**	**61051**	**56208**	**1000347**	**963953**
天津市	**Tianjin**	**5000**	**3900**	**66400**	**65900**	**1189900**	**1108800**
河北省	**Hebei**	**46231**	**28657**	**270901**	**206868**	**1475867**	**812178**
石家庄市	Shijiazhuang	1964	613	4828	4798	239441	158385
唐山市	Tangshan	21315	20925	116166	105261	252903	175540
秦皇岛市	Qinhuangdao	1350	1049	834		79750	66636
邯郸市	Handan	1700	200	68726	61900	159440	60900
邢台市	Xingtai	811	92	27907	26370	99349	26050
保定市	Baoding	1264	29	966		241456	113539
张家口市	Zhangjiakou	4349	86	19046	5278	56660	36833
承德市	Chengde	3613	46	7313	3261	49064	26895
沧州市	Cangzhou	7669	5521	25115		85800	34620
廊坊市	Langfang	1112	70			155139	95104
衡水市	Hengshui	1084	26			56865	17676
山西省	**Shanxi**	**20197**	**4933**	**985728**	**426592**	**692203**	**370522**
太原市	Taiyuan	1958	1485	101381	99005	202971	191270
大同市	Datong	1230	621	143132	136068	43926	35937
阳泉市	Yangquan	371	58	123855	83271	26781	17088
长治市	Changzhi	1492	315	129037	4290	84411	38821
晋城市	Jincheng	1375	124	144875	64063	65696	46420
朔州市	Shuozhou	3051	1351	54027	27318	11934	4465
晋中市	Jinzhong	1264	253	93596	3170	34742	13955
运城市	Yuncheng	2583		1598		100569	4500
忻州市	Xinzhou	2941	490	31976	356	15622	7827
临汾市	Linfen	3200	200	63400	3700	44000	9400
吕梁市	Lvliang	732	36	98851	5351	61551	839
内蒙古自治区	**Inner Mongolia**	**204353**	**23929**	**181302**	**66595**	**424469**	**245061**
呼和浩特市	Hohhot	3500	1700	400	400	56400	19400
包头市	Baotou	2686	1730	7342	1285	151470	142872
乌海市	Wuhai	168	168	24232	24232	10841	10841
赤峰市	Chifeng	15931	678	27188	20226	49766	26841
通辽市	Tongliao	56226	11042	13468	814	44272	20935
鄂尔多斯市	Erdos	2757	708	76608	7138	54435	11709
呼伦贝尔市	Hulunbuir	101000	1800	29200	12500	30400	6600
巴彦淖尔市	Bayannur	19600	6000	2300		11700	2500
乌兰察布市	Ulanqab	2485	103	564		15185	3363
辽宁省	**Liaoning**	**231340**	**11946**	**312887**	**235996**	**1669770**	**1351908**
沈阳市	Shenyang	2915	1227	26954	26190	339867	317604
大连市	Dalian	5234	1938	2050	55	488288	362490
鞍山市	Anshan	3863	856	3222	2658	214458	182080
抚顺市	Fushun	4318	1322	36451	30943	66088	59175
本溪市	Benxi	843	46	13641	10685	84078	74484
丹东市	Dandong	2828	95	3386	414	55976	32631
锦州市	Jinzhou	10494	2734	4458	3539	66448	58192
营口市	Yingkou	588	448	1136	515	78054	64966

2-5 续表 1 continued

单位：人 (person)

城 市	City	第一产业(农、林、牧、渔业) Primary Industry		第二产业(1)采矿业 Secondary Industry: Mining		(2)制造业 Manufacturing	
		全 市 Total City	市辖区 Districts under City	全 市 Total City	市辖区 Districts under City	全 市 Total City	市辖区 Districts under City
阜新市	Fuxin	4161	447	52416	51553	17551	11793
辽阳市	Liaoyang	3084	2050	1161	1007	59225	54088
盘锦市	Panjin	171347	96	101839	101839	40169	33834
铁岭市	Tieling	16261	56	49420		31717	9937
朝阳市	Chaoyang	2475	291	7690	3	45212	12668
葫芦岛市	Huludao	2929	340	9063	6595	82639	77966
吉林省	**Jilin**	**103842**	**21664**	**130983**	**101275**	**811493**	**652741**
长春市	Changchun	11900	2400	4000	2200	395000	369700
吉林市	Jilin	9900	800	12100		131500	106100
四平市	Siping	8400	1400	1200	800	33500	15000
辽源市	Liaoyuan	2830	231	21942	21641	39471	34657
通化市	Tonghua	4229	130	8698	541	117639	92929
白山市	Baishan	19539	4515	31619	27338	24481	10981
松原市	Songyuan	20454	683	50823	48712	44838	12100
白城市	Baicheng	26590	11505	601	43	25064	11274
黑龙江省	**Heilongjiang**	**552837**	**162734**	**360020**	**344414**	**634317**	**462883**
哈尔滨市	Harbin	50077	14507	4719	278	278153	245380
齐齐哈尔市	Qiqihar	68364	64150	113	51	82109	67531
鸡西市	Jixi	45283	606	58990	58196	15021	6130
鹤岗市	Hegang	41900	2226	52600	52409	20600	12256
双鸭山市	Shuangyashan	9113	2896	44915	44575	14760	9763
大庆市	Daqing	3375	592	119654	119512	69909	61433
伊春市	Yichun	94600	67400	800	400	23000	20100
佳木斯市	Jiamusi	20872	4403	330		16484	13151
七台河市	Qitaihe	4458	2919	67492	67458	7934	5335
牡丹江市	Mudanjiang	42200		2900		40300	15000
黑河市	Heihe	159421	2408	4041	1531	19025	1085
绥化市	Suihua	13174	627	3466	4	47022	5719
上海市	**Shanghai**	**55600**	**41400**	**400**	**400**	**2155300**	**2108100**
江苏省	**Jiangsu**	**62900**	**23281**	**117600**	**84573**	**6123000**	**3588191**
南京市	Nanjing	1700	1700	6600	6600	557100	557100
无锡市	Wuxi	1600	318			708000	477223
徐州市	Xuzhou	14300	6181	82000	53455	233800	151128
常州市	Changzhou	600	70			324600	279453
苏州市	Suzhou	200	136	1000	1026	2194300	1082666
南通市	Nantong	6400	1475			465400	199640
连云港市	Lianyungang	8900	5935	7000	6460	116700	75126
淮安市	Huai'an	6000	2866	4200	2842	234300	148745
盐城市	Yancheng	18700	3263	2200	737	261100	89421
扬州市	Yangzhou	700	421	10100	9554	309800	203042
镇江市	Zhenjiang	1300	285	2300	1978	253400	81377
泰州市	Taizhou	2000	437		44	295300	140989
宿迁市	Suqian	500	194	2200	1877	169200	102281
浙江省	**Zhejiang**	**5517**	**1843**	**8857**	**4264**	**3560429**	**1921004**
杭州市	Hangzhou	1119	748	1507	888	706516	623003
宁波市	Ningbo	500	129	48	48	765100	474804

2-5 续表 2 continued

单位：人 (person)

城 市	City	第一产业(农、林、牧、渔业) Primary Industry		第二产业(1)采矿业 Secondary Industry: Mining		(2)制造业 Manufacturing	
		全 市 Total City	市辖区 Districts under City	全 市 Total City	市辖区 Districts under City	全 市 Total City	市辖区 Districts under City
温州市	Wenzhou	583		1227	75	327648	87739
嘉兴市	Jiaxing	637	227			482690	130857
湖州市	Huzhou	262	140	1797	722	189901	73437
绍兴市	Shaoxing	268	19	2008	1731	371866	233280
金华市	Jinhua	381	144	378		157463	40809
衢州市	Quzhou	247		326		67911	41818
舟山市	Zhoushan			1000	800	102100	58700
台州市	Taizhou	756	397	95		358688	150408
丽水市	Lishui	764	39	471		30546	6149
安徽省	**Anhui**	**45149**	**14252**	**313318**	**262853**	**1226767**	**839727**
合肥市	Hefei	777	100	1094		363098	265931
芜湖市	Wuhu	355	66	251	216	172040	144354
蚌埠市	Bengbu	270	141			64141	51973
淮南市	Huainan	2135	1128	123953	99838	32776	32538
马鞍山市	Maanshan	737	51	24389	23744	67890	59162
淮北市	Huaibei	6	6	115156	113986	48568	29656
铜陵市	Tongling	2307	2185	1181	1005	64707	61347
安庆市	Anqing	15952	7948	994	62	85567	42759
黄山市	Huangshan	928	294			17122	12025
滁州市	Chuzhou	6815	769	1103	1077	65200	30224
阜阳市	Fuyang	2004	409	11911	4357	44013	25469
宿州市	Suzhou	2914	786	17435	17325	51266	29716
六安市	Lu'an	6605	217	3389		35257	16001
亳州市	Bozhou	223		11013		44989	21333
池州市	Chizhou	901	152	1410	1243	21965	14461
宣城市	Xuancheng	2220		39		48168	2778
福建省	**Fujian**	**45252**	**6363**	**25788**	**6251**	**2453057**	**1154480**
福州市	Fuzhou	2522	146	1176	964	395979	184665
厦门市	Xiamen	1780	1780	30	30	519133	519133
莆田市	Putian	417	234	1219	1150	207665	178851
三明市	Sanming	4453	676	9763	129	44787	19947
泉州市	Quanzhou	3865	968	4714	1206	886196	158434
漳州市	Zhangzhou	17062	45	609		208173	50710
南平市	Nanping	9166	910	1545		48664	16610
龙岩市	Longyan	4063	1281	6722	2762	56331	9180
宁德市	Ningde	1924	323	10	10	86129	16950
江西省	**Jiangxi**	**51620**	**6921**	**77632**	**22020**	**1387554**	**546732**
南昌市	Nanchang	4554	3807	309	241	324038	229757
景德镇市	Jingdezhen	6345	1112	5397	258	71125	52755
萍乡市	Pingxiang	622	198	17371	16927	70186	54877
九江市	Jiujiang	7556	237	3668		148888	24386
新余市	Xinyu	500	100	2900	1600	68300	58400
鹰潭市	Yingtan	90		1000		48100	13300
赣州市	Ganzhou	6674	457	10634	1648	180283	65244
吉安市	Ji'an	9827	571	3018		124286	14293
宜春市	Yichun	5795	326	25321	1339	155507	10401
抚州市	Fuzhou	3417	113	2431		85146	7099
上饶市	Shangrao	6240		5583	7	111695	16220

2-5 续表 3 continued

单位：人 (person)

城市	City	第一产业(农、林、牧、渔业) Primary Industry 全市 Total City	市辖区 Districts under City	第二产业(1)采矿业 Secondary Industry: Mining 全市 Total City	市辖区 Districts under City	(2)制造业 Manufacturing 全市 Total City	市辖区 Districts under City
山东省	**Shandong**	**15523**	**4080**	**711553**	**338390**	**4250177**	**2273913**
济南市	Jinan	837	472	6327	593	301318	210454
青岛市	Qingdao	1407	323	1183	342	700843	408204
淄博市	Zibo	700	522	40741	38161	303169	219820
枣庄市	Zaozhuang	406	110	90395	81272	104392	61371
东营市	Dongying	600		134300	133800	105900	40400
烟台市	Yantai	580	31	45792	143	487044	305479
潍坊市	Weifang	900		3500	2300	330700	140500
济宁市	Jining	1316	527	201288	38082	183588	115504
泰安市	Tai'an	1428	537	119977	1008	192196	71451
威海市	Weihai	651	244	411		316051	202654
日照市	Rizhao	621	598	328	267	119955	64773
莱芜市	Laiwu			21316	21316	81376	81376
临沂市	Linyi	2742	225	27786	20765	320641	151073
德州市	Dezhou	867	165	3505		181798	69821
聊城市	Liaocheng	1000	100			164600	23200
滨州市	Binzhou	79	28	2285	241	279195	82332
菏泽市	Heze	1389	198	12419	100	77411	25501
河南省	**Henan**	**52081**	**7658**	**557814**	**334191**	**3279773**	**1307128**
郑州市	Zhengzhou	3000	400	67800	40000	698000	472000
开封市	Kaifeng	2316	200			145772	49100
洛阳市	Luoyang	1400	300	23300	3400	233800	119800
平顶山市	Pingdingshan	736	36	132701	113708	128501	58405
安阳市	Anyang	1324	122	10379	7586	138107	47584
鹤壁市	Hebi	364		41894	41894	94176	44486
新乡市	Xinxiang	1822	84	3844	54	240538	74151
焦作市	Jiaozuo	1061	75	43328	42154	190658	52367
濮阳市	Puyang	502	100	55905	55900	93776	25800
许昌市	Xuchang	800		13600	400	191400	48600
漯河市	Luohe	281	18	40		157521	105832
三门峡市	Sanmenxia	918	83	82007		42455	2671
南阳市	Nanyang	10224	3636	31469	27845	248515	53770
商丘市	Shangqiu	3603	102	45085		147274	52497
信阳市	Xinyang	5130	1002	6062	1150	130780	48565
周口市	Zhoukou	11900				214900	11200
驻马店市	Zhumadian	6700	1500	400	100	183600	40300
湖北省	**Hubei**	**76930**	**13468**	**81988**	**21015**	**2528670**	**1314860**
武汉市	Wuhan	3571	3066	662	534	529808	466954
黄石市	Huangshi	1400	100	14300	3200	119400	91500
十堰市	Shiyan	7100	4200	3900	500	230600	186400
宜昌市	Yichang	3400	300	27100	8000	340400	99500
襄阳市	Xiangyang	8200	1900	900	310	430200	147490
鄂州市	Ezhou	95	95	3771	3771	86133	86133

2-5 续表 4 continued

单位：人 (person)

城市	City	第一产业(农、林、牧、渔业) Primary Industry 全市 Total City	市辖区 Districts under City	第二产业(1)采矿业 Secondary Industry: Mining 全市 Total City	市辖区 Districts under City	(2)制造业 Manufacturing 全市 Total City	市辖区 Districts under City
荆门市	Jingmen	6998	1012	12688	4000	142749	51003
孝感市	Xiaogan	8019	456	6503		271789	42492
荆州市	Jingzhou	14839	984	525		123333	76959
黄冈市	Huanggang	22000	1000	9600	700	150000	12000
咸宁市	Xianning	658	355	539		58208	21429
随州市	Suizhou	650		1500		46050	33000
湖南省	**Hunan**	**24461**	**5562**	**125652**	**11047**	**1280753**	**585140**
长沙市	Changsha	923	684	4888	207	390304	131575
株洲市	Zhuzhou	1356	286	12324	500	148903	96072
湘潭市	Xiangtan	3100	1500	1500	200	98900	74000
衡阳市	Hengyang	596	202	17371	1093	113994	57053
邵阳市	Shaoyang	3800	300	10100	100	52400	20100
岳阳市	Yueyang	2600	500	3400	100	128800	63800
常德市	Changde	1300	1100	4200		78700	31900
张家界市	Zhangjiajie	640	215	1794	332	4766	1262
益阳市	Yiyang	627	43	2066	100	63590	38174
郴州市	Chenzhou	1794	298	33730	5756	59245	24755
永州市	Yongzhou	3800	400	2200	50	52700	13200
怀化市	Huaihua	2921	34	4196		25840	4669
娄底市	Loudi	1004		27883	2609	62611	28580
广东省	**Guangdong**	**56659**	**17180**	**29872**	**15164**	**10146448**	**9109839**
广州市	Guangzhou	2578	2266			921279	822809
韶关市	Shaoguan	1900	300	6400	2000	95100	58900
深圳市	Shenzhen	670	670	3848	3848	2587983	2587983
珠海市	Zhuhai	6990	6990	470	470	399141	399141
汕头市	Shantou	467	452	265	265	183295	183265
佛山市	Foshan	186	186	358	358	1218800	1218800
江门市	Jiangmen	556	146	40	40	307854	178182
湛江市	Zhanjiang	18124	2239	6491	3044	75860	40790
茂名市	Maoming	8188	1253	1783	851	73503	30798
肇庆市	Zhaoqing	923	153	2008		194706	63268
惠州市	Huizhou	922	244	514	166	615454	486527
梅州市	Meizhou	640	52	1962	737	64203	32137
汕尾市	Shanwei	4601	39	306	306	132124	48733
河源市	Heyuan	896	148	1130	23	113637	78128
阳江市	Yangjiang	4565	1572	156		63333	14622
清远市	Qingyuan	1425	161	479	237	133865	93892
东莞市	Dongguan	110	110			1941158	1941158
中山市	Zhongshan					657191	657191
潮州市	Chaozhou	182	54	23	23	91982	84737
揭阳市	Jieyang	2123	100			185847	73200
云浮市	Yunfu	613	45	3639	2796	90133	15578
广西壮族自治区	**Guangxi**	**82577**	**30543**	**37878**	**13554**	**776581**	**468990**
南宁市	Nanning	12619	6404	183	37	141732	101756
柳州市	Liuzhou	4927	2087	1672	1216	163253	140252

2-5 续表 5 continued

单位：人 (person)

城市	City	第一产业(农、林、牧、渔业) Primary Industry		第二产业(1)采矿业 Secondary Industry: Mining		(2)制造业 Manufacturing	
		全市 Total City	市辖区 Districts under City	全市 Total City	市辖区 Districts under City	全市 Total City	市辖区 Districts under City
桂林市	Guilin	3807	457	5187		94185	44829
梧州市	Wuzhou	800	200	1200		63800	39200
北海市	Beihai	5400	4500	900	500	38800	34900
防城港市	Fangchenggang	11097	5943	789	486	5760	3866
钦州市	Qinzhou	3100	1400	1600	1400	32000	14800
贵港市	Guigang	2288	314	337		29501	14134
玉林市	Yulin	7136	140	178	36	90998	21513
百色市	Baise	3301	524	10766	5864	26897	8923
贺州市	Hezhou	1700	700	900	300	15100	10300
河池市	Hechi	3556		7626		28189	12400
来宾市	Laibin	8960	6300	2312		26023	16500
崇左市	Chongzuo	13886	1574	4228	3715	20343	5617
海南省	**Hainan**	**70153**	**70153**	**130**	**130**	**56848**	**56848**
海口市	Haikou	65479	65479	130	130	52218	52218
三亚市	Sanya	4674	4674			4630	4630
三沙市	Sansa						
重庆市	**Chongqing**	**361200**		**240800**		**2008100**	
四川省	**Sichuan**	**22810**	**7272**	**122995**	**56549**	**1703349**	**1153662**
成都市	Chengdu	1658	856	1155	1155	622250	529250
自贡市	Zigong	597	379	4665	4249	50753	39142
攀枝花市	Panzhihua	745	250	20890	20447	89600	87274
泸州市	Luzhou	775	14	1978		62153	42343
德阳市	Deyang	423		4539	1725	126877	50685
绵阳市	Mianyang	901	204	828		144460	89912
广元市	Guangyuan	668	194	10561	8870	13540	10235
遂宁市	Suining	193		942		46799	28249
内江市	Neijiang	842	258	6274		82990	13555
乐山市	Leshan	2900	1300	11200	5800	69100	34100
南充市	Nanchong	1400	400	1700		84100	47200
眉山市	Meishan	729	23	1468		52870	19832
宜宾市	Yibin	2366	1699	16894	169	102887	78835
广安市	Guang'an	709	53	9450	1386	6932	4371
达州市	Dazhou	2164	540	20408	12566	30741	11281
雅安市	Ya'an	831	93	2741		13751	8173
巴中市	Bazhong	2319	669	7302	182	40157	21188
资阳市	Ziyang	2590	340			63389	38037
贵州省	**Guizhou**	**8970**	**2291**	**153024**	**37340**	**359414**	**228724**
贵阳市	Guiyang	1792	738	9580	6254	171264	141554
六盘水市	Liupanshui	355	50	83250	24740	29210	20260
遵义市	Zunyi	1400		12300		82500	32000
安顺市	Anshun	2199	1009	7996	5573	38077	22857
毕节市	Bijie	1107	294	36798	73	22163	8653
铜仁市	Tongren	2117	200	3100	700	16200	3400

2-5 续表 6 continued

单位：人 (person)

城市	City	第一产业(农、林、牧、渔业) Primary Industry 全市 Total City	市辖区 Districts under City	第二产业(1)采矿业 Secondary Industry: Mining 全市 Total City	市辖区 Districts under City	(2)制造业 Manufacturing 全市 Total City	市辖区 Districts under City
云南省	**Yunnan**	**26917**	**4977**	**154607**	**26268**	**464098**	**186387**
昆明市	Kunming	2600	1300	23000	12900	166100	81600
曲靖市	Qujing	3600	1050	95800	10500	98900	32900
玉溪市	Yuxi	2200	300	8900	500	78700	36500
保山市	Baoshan	3543	1647	4328	787	31959	9647
昭通市	Zhaotong	1760	69	13352	1009	16146	6700
丽江市	Lijiang	1018	212	2569		6288	2434
普洱市	Pu'er	1800	36	3500	500	37200	12700
临沧市	Lincang	10396	363	3158	72	28805	3906
西藏自治区	**Tibet**	**91334**		**5042**		**16343**	
拉萨市	Lasa	91334		5042		16343	
陕西省	**Shaanxi**	**23523**	**5908**	**304653**	**40438**	**1047149**	**678507**
西安市	Xi'an	1900	1152	500	435	443600	427300
铜川市	Tongchuan	200	170	30000	28700	15700	15200
宝鸡市	Baoji	3000	300	8300	100	143300	91200
咸阳市	Xianyang	2200	538	27875		165097	78066
渭南市	Weinan	6400	1400	47200		84000	22900
延安市	Yan'an	2745	264	84967	703	25300	2341
汉中市	Hanzhong	1400	400	12200	200	63600	15000
榆林市	Yulin	2800	700	75000	9600	62400	12500
安康市	Ankang	678	84	4311	400	17352	5000
商洛市	Shangluo	2200	900	14300	300	26800	9000
甘肃省	**Gansu**	**44601**	**19157**	**127622**	**63508**	**366134**	**275116**
兰州市	Lanzhou	700	600	13000	12900	114900	92100
嘉峪关市	Jiayuguan	100	100	400	400	36300	36300
金昌市	Jinchang	2160		269		50871	43353
白银市	Baiyin	2455		22235	21662	33907	30303
天水市	Tianshui	4475	1849	1078	319	37820	33312
武威市	Wuwei	2149	1722	4317	136	17333	12144
张掖市	Zhangye	11980	2017	4991		14084	6186
平凉市	Pingliang	1900	100	33700	100	6600	5500
酒泉市	Jiuquan	7365	1159	7780	67	28354	8446
庆阳市	Qingyang	513	10	29093	27724	4356	2259
定西市	Dingxi	1404		659		10609	2813
陇南市	Longnan	9400	11600	10100	200	11000	2400
青海省	**Qinghai**	**3200**	**793**	**6400**	**3940**	**80300**	**40598**
西宁市	Xining	1100	400	6000	3900	69200	38100
海东市	Haidong	2100	393	400	40	11100	2498
宁夏回族自治区	**Ningxia**	**21966**	**13314**	**39417**	**37208**	**153935**	**82794**
银川市	Yinchuan	13821	9154	34615	34393	83511	42752
石嘴山市	Shizuishan	655	540	2146	2146	32410	25534
吴忠市	Wuzhong	2512	1976			24423	5521
固原市	Guyuan	2262	1146	2656	669	2170	463
中卫市	Zhongwei	2716	498			11421	8524
新疆维吾尔自治区	**Xinjiang**	**10854**	**10763**	**96130**	**96130**	**112225**	**112225**
乌鲁木齐市	Urumqi	10700	10609	21500	21500	82400	82400
克拉玛依市	Karamay	154	154	74630	74630	29825	29825

2-6 按行业分组的单位从业人员(二)

Persons Employed in Various Units by Sector in Detail(II)

单位：人 (person)

城市	City	(3)电力、燃气及水的生产和供应业 Production and Distribution of Electricity, Gas and Water		(4)建筑业 Construction		第三产业 (1)批发和零售业 Wholesale and Retail Trades	
		全市 Total City	市辖区 Districts under City	全市 Total City	市辖区 Districts under City	全市 Total City	市辖区 Districts under City
城市合计	**Prefecture Cities**	**3349141**	**1945942**	**29688424**	**17180479**	**10106271**	**7013767**
北京市	**Beijing**	**82010**	**79201**	**456031**	**443816**	**722818**	**714504**
天津市	**Tianjin**	**44600**	**40300**	**357400**	**28000**	**172700**	**168100**
河北省	**Hebei**	**192037**	**96964**	**890647**	**431300**	**283906**	**182191**
石家庄市	Shijiazhuang	23540	18365	93868	70023	58724	48773
唐山市	Tangshan	25124	18589	74443	49754	50919	23756
秦皇岛市	Qinhuangdao	12969	9769	29271	25058	12491	11109
邯郸市	Handan	26491	11100	138535	79100	27600	15600
邢台市	Xingtai	18855	4492	49732	25391	18817	12756
保定市	Baoding	23359	6012	293064	77476	38928	21484
张家口市	Zhangjiakou	15236	10265	21919	9499	17932	10327
承德市	Chengde	7962	6159	33343	14701	11551	7640
沧州市	Cangzhou	16245	4221	68931	34825	18002	12032
廊坊市	Langfang	11300	3997	50067	33321	11925	7944
衡水市	Hengshui	10956	3995	37474	12152	17017	10770
山西省	**Shanxi**	**118490**	**78191**	**365453**	**286029**	**190522**	**109615**
太原市	Taiyuan	27562	26533	181102	178268	45140	41814
大同市	Datong	11853	10369	17743	15401	16399	13014
阳泉市	Yangquan	8034	3986	24787	23516	12826	6461
长治市	Changzhi	11828	7564	15455	11386	12850	5976
晋城市	Jincheng	9492	4167	13749	11446	19397	8462
朔州市	Shuozhou	10708	8655	17873	11661	11585	6599
晋中市	Jinzhong	9673	6044	19603	11511	12215	6581
运城市	Yuncheng	7347	3800	34964	5400	15261	6500
忻州市	Xinzhou	7122	848	17901	8526	15455	6344
临汾市	Linfen	10600	5600	14500	6000	11900	4300
吕梁市	Lvliang	4271	625	7776	2914	17494	3564
内蒙古自治区	**Inner Mongolia**	**123064**	**70231**	**216984**	**148011**	**92496**	**74293**
呼和浩特市	Hohhot	22900	18000	37000	35300	26500	25900
包头市	Baotou	15479	12909	52030	43862	17838	16879
乌海市	Wuhai	6317	6317	20187	20187	1369	1369
赤峰市	Chifeng	12612	6156	38856	10964	11659	7575
通辽市	Tongliao	12093	6589	15450	11124	7117	4944
鄂尔多斯市	Erdos	17388	5195	9921	2393	6975	3654
呼伦贝尔市	Hulunbuir	17000	6000	21000	5700	10000	5600
巴彦淖尔市	Bayannur	7400	3600	17000	15400	5300	3900
乌兰察布市	Ulanqab	11875	5465	5540	3081	5738	4472
辽宁省	**Liaoning**	**158588**	**132422**	**1018190**	**815488**	**267121**	**221201**
沈阳市	Shenyang	33860	30400	313674	296119	86756	82729
大连市	Dalian	15861	13534	124447	92554	52047	51022
鞍山市	Anshan	12997	9798	95876	74073	35237	12525
抚顺市	Fushun	11732	11060	56063	49772	11591	10841
本溪市	Benxi	10984	9965	61099	44532	6655	5617
丹东市	Dandong	11793	8744	50249	32239	7151	5416
锦州市	Jinzhou	12640	11065	55048	50240	14536	11992
营口市	Yingkou	8118	7435	39336	33108	7731	4484

2-6 续表 1 continued

单位：人 (person)

城市	City	(3)电力、燃气及水的生产和供应业 Production and Distribution of Electricity, Gas and Water		(4)建筑业 Construction		第三产业 (1)批发和零售业 Wholesale and Retail Trades	
		全市 Total City	市辖区 Districts under City	全市 Total City	市辖区 Districts under City	全市 Total City	市辖区 Districts under City
阜新市	Fuxin	8008	6911	25545	21595	5481	3818
辽阳市	Liaoyang	3352	2899	24021	19414	3567	3141
盘锦市	Panjin	4942	3956	46380	24814	9191	7865
铁岭市	Tieling	8550	5868	22524	4708	10169	7705
朝阳市	Chaoyang	9408	6776	62083	36776	11691	9879
葫芦岛市	Huludao	6343	4011	41845	35544	5318	4167
吉林省	**Jilin**	**125052**	**89848**	**311821**	**231835**	**115988**	**77811**
长春市	Changchun	66700	61400	161900	149600	58500	52100
吉林市	Jilin	15400	10400	48900	34500	11200	8100
四平市	Siping	8100	3900	16000	4800	19700	4000
辽源市	Liaoyuan	4691	3622	7970	6962	2574	1480
通化市	Tonghua	8116	3962	32268	9477	7881	3145
白山市	Baishan	7111	3168	11256	8171	3029	2184
松原市	Songyuan	9182	1416	19118	10204	6845	3139
白城市	Baicheng	5752	1980	14409	8121	6259	3663
黑龙江省	**Heilongjiang**	**174912**	**134333**	**328145**	**227277**	**219329**	**134744**
哈尔滨市	Harbin	71668	64334	126546	108715	96112	88934
齐齐哈尔市	Qiqihar	13886	9424	19411	15029	10849	7612
鸡西市	Jixi	7041	4420	13693	10632	8134	2719
鹤岗市	Hegang	4100	2577	10100	7530	7900	2580
双鸭山市	Shuangyashan	7273	4559	12515	10586	28274	3329
大庆市	Daqing	30763	28655	53672	48278	19243	13579
伊春市	Yichun	4900	4800	4900	4000	1800	1700
佳木斯市	Jiamusi	6466	3881	24370	11831	10483	4638
七台河市	Qitaihe	2260	1915	3810	2752	1219	950
牡丹江市	Mudanjiang	10900	7000	24700	6000	11000	4000
黑河市	Heihe	7319	2684	7698	1098	10483	727
绥化市	Suihua	8336	84	26730	826	13832	3976
上海市	**Shanghai**	**42700**	**40400**	**374300**	**368100**	**936300**	**933700**
江苏省	**Jiangsu**	**181200**	**135300**	**4501900**	**2418938**	**593300**	**427712**
南京市	Nanjing	57200	57200	526700	526700	184900	184900
无锡市	Wuxi	13800	6913	102300	45935	56200	43213
徐州市	Xuzhou	18600	14237	310900	128855	37500	21599
常州市	Changzhou	7600	6031	113200	87929	23000	19001
苏州市	Suzhou	17000	7781	177500	101346	119900	52143
南通市	Nantong	11300	6531	1349800	379841	39200	23463
连云港市	Lianyungang	8700	7758	110900	91964	13600	10056
淮安市	Huai'an	8800	6964	246100	190977	20000	13518
盐城市	Yancheng	10000	5773	274400	110277	26400	10931
扬州市	Yangzhou	7500	5916	536100	368695	19400	14165
镇江市	Zhenjiang	8800	6228	53500	29694	15800	9826
泰州市	Taizhou	7600	3161	528400	235822	24700	16347
宿迁市	Suqian	4300	807	172100	120903	12700	8550
浙江省	**Zhejiang**	**125021**	**65763**	**3344080**	**1882165**	**464286**	**363515**
杭州市	Hangzhou	20637	15681	869200	844690	183780	174918
宁波市	Ningbo	17600	8432	323000	72137	70300	58202

2-6 续表 2 continued

单位：人 (person)

城 市	City	(3)电力、燃气及水的生产和供应业 Production and Distribution of Electricity, Gas and Water		(4)建筑业 Construction		第三产业 (1)批发和零售业 Wholesale and Retail Trades	
		全 市 Total City	市辖区 Districts under City	全 市 Total City	市辖区 Districts under City	全 市 Total City	市辖区 Districts under City
温州市	Wenzhou	18022	11026	267629	78613	27723	16765
嘉兴市	Jiaxing	11598	2793	29852	13344	24982	13143
湖州市	Huzhou	7630	3276	125337	84603	5062	2577
绍兴市	Shaoxing	12990	9643	753559	494865	25538	16761
金华市	Jinhua	9363	2586	484661	60564	20323	10362
衢州市	Quzhou	4787	1998	20021	8974	6096	4379
舟山市	Zhoushan	5000	5100	70900	31900	70100	48100
台州市	Taizhou	10202	3478	393582	191615	26046	15717
丽水市	Lishui	7192	1750	6339	860	4336	2591
安徽省	**Anhui**	**108415**	**59138**	**970835**	**730242**	**234479**	**179839**
合肥市	Hefei	29105	23438	485044	415668	83906	75839
芜湖市	Wuhu	5422	3188	65171	43047	18525	15105
蚌埠市	Bengbu	4356	2052	60873	54802	12158	9889
淮南市	Huainan	19081	8437	21897	19264	10288	9062
马鞍山市	Maanshan	4573	2932	32078	15500	6199	4567
淮北市	Huaibei	3305	2336	30113	26908	4474	3302
铜陵市	Tongling	1907	1745	34369	24853	4324	4293
安庆市	Anqing	9288	4624	42066	24599	14687	8063
黄山市	Huangshan	2057	1073	15924	12315	3599	2716
滁州市	Chuzhou	3232	927	17467	10528	7350	4614
阜阳市	Fuyang	8416	2915	29561	23333	19089	12346
宿州市	Suzhou	5416	2912	68585	34878	14405	7788
六安市	Lu'an	6410	1255	21279	6167	9298	5769
亳州市	Bozhou	1667	311	16460	5145	14671	7523
池州市	Chizhou	1511	867	16433	8866	3496	2927
宣城市	Xuancheng	2669	126	13515	4369	8010	6036
福建省	**Fujian**	**90840**	**32192**	**1547630**	**953881**	**269863**	**204468**
福州市	Fuzhou	18022	7856	472884	306337	71044	59401
厦门市	Xiamen	7511	7511	354869	354869	72245	72245
莆田市	Putian	4775	3319	141211	112915	18575	16121
三明市	Sanming	9937	1650	28357	16516	8206	4865
泉州市	Quanzhou	15228	2746	334866	83120	41495	21470
漳州市	Zhangzhou	9949	2750	93359	29946	16673	8409
南平市	Nanping	6504	927	24756	16341	10000	5515
龙岩市	Longyan	7344	1872	52560	4920	17889	9215
宁德市	Ningde	11570	3561	44768	28917	13736	7227
江西省	**Jiangxi**	**85189**	**30924**	**891595**	**521399**	**173004**	**109853**
南昌市	Nanchang	17713	12368	416734	289783	73215	59066
景德镇市	Jingdezhen	4507	2198	22102	12452	12595	10691
萍乡市	Pingxiang	4682	3560	25204	21153	3532	3365
九江市	Jiujiang	11629	4548	68743	28275	13060	6521
新余市	Xinyu	2900	1700	16500	14100	2700	2100
鹰潭市	Yingtan	3100	400	32000	3300	2500	1600
赣州市	Ganzhou	10000	1944	39793	21064	12025	7528
吉安市	Ji'an	8432	1498	32725	9162	9359	5015
宜春市	Yichun	8974	824	37147	2879	15824	3817
抚州市	Fuzhou	5114	1079	121847	107153	10354	3287
上饶市	Shangrao	8138	805	78800	12078	17840	6863

2-6 续表 3 continued

单位：人 (person)

城市	City	(3)电力、燃气及水的生产和供应业 Production and Distribution of Electricity, Gas and Water		(4)建筑业 Construction		第三产业 (1)批发和零售业 Wholesale and Retail Trades	
		全市 Total City	市辖区 Districts under City	全市 Total City	市辖区 Districts under City	全市 Total City	市辖区 Districts under City
山东省	**Shandong**	**228983**	**116124**	**1770746**	**933009**	**627209**	**436747**
济南市	Jinan	17464	12171	345176	293700	112855	100387
青岛市	Qingdao	22918	16304	112560	85259	86394	74917
淄博市	Zibo	20407	17668	263808	91192	34503	28370
枣庄市	Zaozhuang	8218	5769	85645	35623	19235	10199
东营市	Dongying	3600	2000	63900	36700	15400	13200
烟台市	Yantai	18788	8080	68199	22984	34428	21926
潍坊市	Weifang	18500	5600	94000	45500	48300	32200
济宁市	Jining	19338	7864	136563	55140	37625	23458
泰安市	Tai'an	12240	3499	151356	35122	39515	17301
威海市	Weihai	13022	9167	34441	22277	22670	19349
日照市	Rizhao	4692	2275	49649	36846	17978	11729
莱芜市	Laiwu	3745	3745	20629	20629	8130	8130
临沂市	Linyi	17384	4698	126408	50559	58704	25818
德州市	Dezhou	14502	5081	58455	31257	35634	14757
聊城市	Liaocheng	10700	3200	39800	15900	20200	14100
滨州市	Binzhou	10742	4564	43210	16621	17896	9650
菏泽市	Heze	12723	4439	76947	37700	17742	11256
河南省	**Henan**	**229153**	**110361**	**1877376**	**995568**	**540942**	**286730**
郑州市	Zhengzhou	34500	14400	331000	265800	98600	78900
开封市	Kaifeng	8826	4100	96189	61200	34625	22100
洛阳市	Luoyang	15200	8000	96000	71500	35900	27300
平顶山市	Pingdingshan	31058	27744	45083	33630	23523	15300
安阳市	Anyang	8943	4975	216782	55271	19439	6846
鹤壁市	Hebi	3559	2389	25704	22088	6932	5007
新乡市	Xinxiang	11905	1534	210330	56501	23214	10814
焦作市	Jiaozuo	10311	5691	41157	30095	16383	10174
濮阳市	Puyang	24053	20200	87754	73600	13716	7200
许昌市	Xuchang	7900	1800	54300	31200	15400	7200
漯河市	Luohe	3539	2440	29071	23594	10658	6778
三门峡市	Sanmenxia	7346		19277	11818	24672	11196
南阳市	Nanyang	18267	5474	143726	68333	53278	16759
商丘市	Shangqiu	8412	2097	105112	39603	30166	16830
信阳市	Xinyang	12634	3117	117691	42135	45136	21126
周口市	Zhoukou	10500	1600	111800	40600	37800	5500
驻马店市	Zhumadian	12200	4800	146400	68600	51500	17700
湖北省	**Hubei**	**95260**	**42942**	**1508584**	**771995**	**566699**	**378526**
武汉市	Wuhan	16560	14173	492690	259251	163149	154398
黄石市	Huangshi	4000	3000	71200	27100	12100	8400
十堰市	Shiyan	14500	4200	64700	43200	101800	89500
宜昌市	Yichang	13300	6200	107300	61200	95600	41500
襄阳市	Xiangyang	13300	4500	148400	78400	59000	17500
鄂州市	Ezhou	1461	1461	50266	50266	10757	10757

2-6 续表 4 continued

单位：人 (person)

城市	City	(3)电力、燃气及水的生产和供应业 Production and Distribution of Electricity, Gas and Water		(4)建筑业 Construction		第三产业 (1)批发和零售业 Wholesale and Retail Trades	
		全市 Total City	市辖区 Districts under City	全市 Total City	市辖区 Districts under City	全市 Total City	市辖区 Districts under City
荆门市	Jingmen	8696	4500	47858	14501	35686	10054
孝感市	Xiaogan	6534	962	185918	114371	30201	23408
荆州市	Jingzhou	5516	1754	69722	29448	15027	8105
黄冈市	Huanggang	7000	425	216200	58800	27500	6200
咸宁市	Xianning	2893	857	33880	18258	8338	3004
随州市	Suizhou	1500	910	20450	17200	7541	5700
湖南省	**Hunan**	**95034**	**31265**	**1068051**	**626781**	**216637**	**160185**
长沙市	Changsha	7625	6199	229696	199781	77914	68860
株洲市	Zhuzhou	6701	3213	84422	50728	7896	6249
湘潭市	Xiangtan	4100	3100	113000	73400	26800	20000
衡阳市	Hengyang	8566	2194	119383	53459	15909	10556
邵阳市	Shaoyang	10500	1700	79900	45000	12400	4600
岳阳市	Yueyang	7000	3200	96700	52300	16800	8100
常德市	Changde	6400	1500	96900	41900	16500	12700
张家界市	Zhangjiajie	2118	457	16148	6435	2501	2090
益阳市	Yiyang	3587	1390	53807	34859	6162	4241
郴州市	Chenzhou	13913	5368	46968	23199	13601	9612
永州市	Yongzhou	8100	1900	48600	15250	7600	5500
怀化市	Huaihua	12389	418	27762	8338	6195	4194
娄底市	Loudi	4035	626	54765	22132	6359	3483
广东省	**Guangdong**	**206862**	**136391**	**1494035**	**1179724**	**958384**	**863987**
广州市	Guangzhou	27983	25686	259994	246008	270520	263596
韶关市	Shaoguan	11500	4300	71500	51700	11600	9100
深圳市	Shenzhen	17417	17417	303622	303622	257536	257536
珠海市	Zhuhai	5911	5911	72040	72040	31650	31650
汕头市	Shantou	9027	8454	135385	135277	24374	24051
佛山市	Foshan	14462	14462	60164	60164	60372	60372
江门市	Jiangmen	7585	4137	51642	8222	24598	19506
湛江市	Zhanjiang	10436	4831	108305	36194	26329	13569
茂名市	Maoming	11470	7216	107784	68246	27181	18813
肇庆市	Zhaoqing	6746	1574	21965	9763	15586	10762
惠州市	Huizhou	9758	5599	27601	23303	27303	20764
梅州市	Meizhou	11459	3519	37638	9645	10153	5520
汕尾市	Shanwei	4583	943	6678	2137	7734	2945
河源市	Heyuan	5902	1088	10991	4223	6797	4089
阳江市	Yangjiang	5598	1680	50266	24303	9471	5641
清远市	Qingyuan	8824	1887	23527	17379	8584	5649
东莞市	Dongguan	8987	8987	41659	41659	61359	61359
中山市	Zhongshan	7598	7598	31291	31291	32265	32265
潮州市	Chaozhou	8827	6267	18987	18346	5642	4393
揭阳市	Jieyang	8882	3600	39354	13800	25246	9200
云浮市	Yunfu	3907	1235	13642	2402	14084	3207
广西壮族自治区	**Guangxi**	**140585**	**85694**	**608259**	**507365**	**132543**	**102402**
南宁市	Nanning	56812	51478	197610	192353	46202	44377
柳州市	Liuzhou	8555	5077	162450	159041	16634	14737

2-6 续表 5 continued

单位：人 (person)

城 市	City	(3)电力、燃气及水的生产和供应业 Production and Distribution of Electricity, Gas and Water		(4)建筑业 Construction		第三产业 (1)批发和零售业 Wholesale and Retail Trades	
		全 市 Total City	市辖区 Districts under City	全 市 Total City	市辖区 Districts under City	全 市 Total City	市辖区 Districts under City
桂林市	Guilin	12663	3372	58348	47014	17488	11920
梧州市	Wuzhou	7000	3000	7800	5500	4600	3200
北海市	Beihai	2700	1800	15000	9700	3000	2700
防城港市	Fangchenggang	2902	1785	12050	9283	1808	1129
钦州市	Qinzhou	3900	2300	50700	42400	5400	4000
贵港市	Guigang	4955	2662	15523	11085	4936	3831
玉林市	Yulin	7805	3268	47538	10371	9308	5449
百色市	Baise	10042	2617	11988	6409	7516	3652
贺州市	Hezhou	4500	2600	1700	600	2300	1600
河池市	Hechi	7907	1700	8732	2700	6234	3000
来宾市	Laibin	6315	3300	12885	10100	3389	1200
崇左市	Chongzuo	4529	735	5935	809	3728	1607
海南省	**Hainan**	**7115**	**7115**	**54671**	**54671**	**46782**	**46782**
海口市	Haikou	4695	4695	49545	49545	40546	40546
三亚市	Sanya	2420	2420	5126	5126	6236	6236
三沙市	Sansa						
重庆市	**Chongqing**	**93600**		**1861400**		**1105200**	
四川省	**Sichuan**	**162050**	**76252**	**1556798**	**945843**	**311037**	**253077**
成都市	Chengdu	28325	18534	558969	479961	173014	165958
自贡市	Zigong	3642	2545	48464	38927	5323	4336
攀枝花市	Panzhihua	10494	4767	40668	39852	5760	5123
泸州市	Luzhou	6046	2755	141204	94046	11779	8029
德阳市	Deyang	4103	2367	54136	29696	11250	4770
绵阳市	Mianyang	14073	8218	87266	39584	18769	15610
广元市	Guangyuan	4629	1838	19837	12071	4999	3215
遂宁市	Suining	5355	2176	51074	15732	7583	4057
内江市	Neijiang	4184	2329	90032	23492	5258	2605
乐山市	Leshan	10000	4000	28500	22000	8900	6500
南充市	Nanchong	16600	6700	90200	32700	10900	7900
眉山市	Meishan	6186	2691	29611	6828	5910	3013
宜宾市	Yibin	11358	3056	50428	10725	6682	5451
广安市	Guang'an	5904	3646	14003	4090	2732	1509
达州市	Dazhou	14172	5449	73821	27808	12493	6143
雅安市	Ya'an	5945	1780	12156	2277	3624	2779
巴中市	Bazhong	7153	2306	101851	48015	6116	3622
资阳市	Ziyang	3881	1095	64578	18039	9945	2457
贵州省	**Guizhou**	**109327**	**72345**	**374588**	**332844**	**117220**	**92675**
贵阳市	Guiyang	68481	63749	290336	284826	61380	58583
六盘水市	Liupanshui	7830	2371	13414	7847	7938	5241
遵义市	Zunyi	11100	1300	43800	24700	22000	12400
安顺市	Anshun	4826	1444	9490	7502	7354	5782
毕节市	Bijie	10690	1981	8548	3669	13248	6969
铜仁市	Tongren	6400	1500	9000	4300	5300	3700

2-6 续表 6 continued

单位：人 (person)

城市	City	(3)电力、燃气及水的生产和供应业 Production and Distribution of Electricity, Gas and Water		(4)建筑业 Construction		第三产业 (1)批发和零售业 Wholesale and Retail Trades	
		全市 Total City	市辖区 Districts under City	全市 Total City	市辖区 Districts under City	全市 Total City	市辖区 Districts under City
云南省	**Yunnan**	**59217**	**24775**	**528937**	**336987**	**192097**	**143004**
昆明市	Kunming	16100	9700	281000	205600	102700	84100
曲靖市	Qujing	13000	4000	96000	47400	26200	17100
玉溪市	Yuxi	5800	1500	39500	27000	28700	19800
保山市	Baoshan	3808	3326	39936	28038	6972	4856
昭通市	Zhaotong	7756	1625	14947	6711	8188	5446
丽江市	Lijiang	3342	832	10292	4705	6820	5086
普洱市	Pu'er	6100	2200	24800	7200	5400	3000
临沧市	Lincang	3311	1592	22462	10333	7117	3616
西藏自治区	**Tibet**	**12942**		**31190**		**98171**	
拉萨市	Lasa	12942		31190		98171	
陕西省	**Shaanxi**	**87206**	**38051**	**688553**	**474212**	**266595**	**201649**
西安市	Xi'an	25300	21245	309800	285200	127400	122308
铜川市	Tongchuan	1900	1900	8600	8400	6800	6500
宝鸡市	Baoji	5400	2500	52100	34600	25800	17500
咸阳市	Xianyang	9822	5860	83243	33025	17768	9674
渭南市	Weinan	12000	700	50800	21600	22900	14000
延安市	Yan'an	9897	3246	39904	33787	13444	10567
汉中市	Hanzhong	4100	500	39700	23600	15500	7800
榆林市	Yulin	14700	1400	29000	13400	20000	4600
安康市	Ankang	2587	400	21006	12200	9483	6000
商洛市	Shangluo	1500	300	54400	8400	7500	2700
甘肃省	**Gansu**	**85589**	**53400**	**425413**	**303558**	**88949**	**60181**
兰州市	Lanzhou	25000	22400	156300	151100	29400	27000
嘉峪关市	Jiayuguan	3400	3400	3800	3800	1500	1500
金昌市	Jinchang	2685	658	28702	27593	1918	1478
白银市	Baiyin	6959	5786	24810	14799	2354	1900
天水市	Tianshui	6372	2922	25890	19304	13867	11269
武威市	Wuwei	4826	3323	24873	19707	2839	2169
张掖市	Zhangye	6860	3987	16217	10291	4285	2894
平凉市	Pingliang	6000	3700	34900	15900	4600	2700
酒泉市	Jiuquan	5882	898	26167	11774	6091	3946
庆阳市	Qingyang	6183	4028	34638	15925	5744	3874
定西市	Dingxi	4322	1198	38816	13265	2451	1251
陇南市	Longnan	7100	1100	10300	100	13900	200
青海省	**Qinghai**	**15100**	**9085**	**69200**	**60737**	**35400**	**26836**
西宁市	Xining	14500	9000	63800	60300	33900	26600
海东市	Haidong	600	85	5400	437	1500	236
宁夏回族自治区	**Ningxia**	**37887**	**25822**	**79015**	**54107**	**32352**	**25498**
银川市	Yinchuan	24469	18580	58335	42876	24722	20333
石嘴山市	Shizuishan	5088	4780	5361	4871	2196	2082
吴忠市	Wuzhong	6021	1213	9097	3506	2267	1714
固原市	Guyuan	516	223	2876	420	1507	321
中卫市	Zhongwei	1793	1026	3346	2434	1660	1048
新疆维吾尔自治区	**Xinjiang**	**31113**	**31113**	**116597**	**116597**	**33942**	**33942**
乌鲁木齐市	Urumqi	30500	30500	101900	101900	31800	31800
克拉玛依市	Karamay	613	613	14697	14697	2142	2142

2-7 按行业分组的单位从业人员(三)

Persons Employed in Various Units by Sector in Detail(Ⅲ)

单位：人 (person)

城 市	City	(2)交通运输、仓储和邮政业 Traffic,Transport, Storage and Post		(3)住宿和餐饮业 Hotels and Catering Services		(4)信息传输、计算机服务和软件业 Information Transmission, Computer Services and Software	
		全 市 Total City	市辖区 Districts under City	全 市 Total City	市辖区 Districts under City	全 市 Total City	市辖区 Districts under City
城市合计	**Prefecture Cities**	**7995389**	**6019821**	**3790702**	**2608717**	**3470587**	**3024485**
北京市	**Beijing**	**602262**	**598896**	**302501**	**298549**	**611106**	**610875**
天津市	**Tianjin**	**143400**	**140500**	**59600**	**56900**	**38500**	**38400**
河北省	**Hebei**	**289626**	**221118**	**62642**	**41966**	**85443**	**74119**
石家庄市	Shijiazhuang	80127	64217	13186	10376	19142	17877
唐山市	Tangshan	46077	40049	5616	4073	7187	5357
秦皇岛市	Qinhuangdao	33399	30912	4722	4339	5813	5351
邯郸市	Handan	32400	21500	6200	3300	6300	5500
邢台市	Xingtai	9160	6781	4429	2565	4526	4197
保定市	Baoding	23780	16058	7256	3825	8564	7724
张家口市	Zhangjiakou	13405	9015	6810	4791	5831	3241
承德市	Chengde	11478	8695	3707	2706	4666	4458
沧州市	Cangzhou	18527	11105	3852	2012	4890	4255
廊坊市	Langfang	8703	4521	4236	2523	14122	13225
衡水市	Hengshui	12570	8265	2628	1456	4402	2934
山西省	**Shanxi**	**267251**	**207401**	**50443**	**37719**	**55031**	**47148**
太原市	Taiyuan	136408	135831	21354	21139	18717	18673
大同市	Datong	16952	15963	6626	6301	4236	4101
阳泉市	Yangquan	8622	4464	2416	732	1867	1214
长治市	Changzhi	13263	10283	2659	1072	3337	3044
晋城市	Jincheng	13585	8788	2644	1285	2613	2048
朔州市	Shuozhou	4024	2251	1243	1192	2285	2178
晋中市	Jinzhong	11292	8187	2256	1177	3775	3495
运城市	Yuncheng	10668	7100	2472	700	5089	600
忻州市	Xinzhou	9714	6723	4093	2372	3990	3562
临汾市	Linfen	30700	5700	1400	500	5200	4600
吕梁市	Lvliang	12023	2111	3280	1249	3922	3633
内蒙古自治区	**Inner Mongolia**	**118075**	**74594**	**37469**	**26816**	**43558**	**38036**
呼和浩特市	Hohhot	33400	31600	11700	10800	12100	11800
包头市	Baotou	11405	10373	7389	7311	4221	4067
乌海市	Wuhai	2370	2370	370	370	1432	1432
赤峰市	Chifeng	11924	7409	3624	1977	5988	4455
通辽市	Tongliao	8413	2004	2355	1573	5002	3582
鄂尔多斯市	Erdos	14704	8772	3293	541	3821	2967
呼伦贝尔市	Hulunbuir	23700	3600	5000	2200	5300	4700
巴彦淖尔市	Bayannur	4400	2600	700	450	2300	2200
乌兰察布市	Ulanqab	7759	5866	3038	1594	3394	2833
辽宁省	**Liaoning**	**320353**	**264269**	**73164**	**66428**	**129648**	**124336**
沈阳市	Shenyang	104490	100332	30426	30078	25684	25360
大连市	Dalian	65221	61670	20446	19471	60006	59938
鞍山市	Anshan	30994	13829	4314	3206	3612	3439
抚顺市	Fushun	10082	7583	1856	1497	2567	2379
本溪市	Benxi	15452	14613	1462	1234	4799	3967
丹东市	Dandong	12416	9682	2616	2127	4117	3197
锦州市	Jinzhou	16000	10822	1160	969	6597	5865
营口市	Yingkou	26969	23265	2543	2287	3014	2510

2-7 续表 1 continued

单位：人 (person)

城市	City	(2)交通运输、仓储和邮政业 Traffic,Transport, Storage and Post 全市 Total City	市辖区 Districts under City	(3)住宿和餐饮业 Hotels and Catering Services 全市 Total City	市辖区 Districts under City	(4)信息传输、计算机服务和软件业 Information Transmission, Computer Services and Software 全市 Total City	市辖区 Districts under City
阜新市	Fuxin	4313	2825	952	727	5237	4757
辽阳市	Liaoyang	5159	4898	1231	1192	2572	2572
盘锦市	Panjin	7042	3557	2826	2113	2196	2084
铁岭市	Tieling	6967	2800	261	17	3144	2549
朝阳市	Chaoyang	7760	3727	1207	747	3191	2827
葫芦岛市	Huludao	7488	4666	1864	763	2912	2892
吉林省	**Jilin**	**90714**	**66025**	**26567**	**22511**	**62153**	**53500**
长春市	Changchun	49200	44800	18200	17900	35900	33700
吉林市	Jilin	10800	6900	1600	1300	6300	5800
四平市	Siping	6000	2800	800	600	5300	3500
辽源市	Liaoyuan	2948	2167	341	215	1795	1467
通化市	Tonghua	6210	3575	1304	504	4603	2775
白山市	Baishan	3954	2633	656	509	2176	2034
松原市	Songyuan	6503	1816	2210	698	3152	2523
白城市	Baicheng	5099	1334	1456	785	2927	1701
黑龙江省	**Heilongjiang**	**239494**	**174215**	**52009**	**36716**	**76011**	**65302**
哈尔滨市	Harbin	100032	89040	31159	30666	37214	35716
齐齐哈尔市	Qiqihar	48751	43753	562	391	5256	4805
鸡西市	Jixi	10730	4067	1232	242	4219	2318
鹤岗市	Hegang	5100	2264	2900	211	1460	1021
双鸭山市	Shuangyashan	9299	3279	3828	368	3206	2599
大庆市	Daqing	15259	13828	2723	1961	7383	7305
伊春市	Yichun	4000	2800	600	500	2600	2600
佳木斯市	Jiamusi	8172	3699	981	674	3235	2934
七台河市	Qitaihe	3094	2485	94	94	1090	989
牡丹江市	Mudanjiang	8500	4000	2300	1000	3600	3000
黑河市	Heihe	14396	4190	4741	322	2386	2015
绥化市	Suihua	12161	810	889	287	4362	
上海市	**Shanghai**	**620700**	**617800**	**244200**	**242500**	**270200**	**269900**
江苏省	**Jiangsu**	**497800**	**369621**	**197600**	**169312**	**290400**	**250829**
南京市	Nanjing	145400	145400	72200	72200	148900	148900
无锡市	Wuxi	33800	24523	22100	18112	24700	22397
徐州市	Xuzhou	48400	34627	5400	4187	9100	6110
常州市	Changzhou	19900	16507	17300	16094	6200	5116
苏州市	Suzhou	69500	38494	38200	30896	44800	30070
南通市	Nantong	29500	19386	5200	2294	11100	6500
连云港市	Lianyungang	30800	26423	2500	1975	5800	4351
淮安市	Huai'an	20500	13291	5400	3147	6000	4614
盐城市	Yancheng	26800	9133	8000	3875	6800	3972
扬州市	Yangzhou	24200	17328	8900	7680	11100	8992
镇江市	Zhenjiang	12800	9274	5700	4730	4400	2573
泰州市	Taizhou	27100	10382	4400	2690	7200	4528
宿迁市	Suqian	9100	4853	2300	1432	4300	2706
浙江省	**Zhejiang**	**355216**	**273048**	**181617**	**124367**	**177943**	**155954**
杭州市	Hangzhou	115465	109364	68087	63411	107464	106118
宁波市	Ningbo	62200	52343	17100	13063	13800	11578

2-7 续表 2 continued

单位：人 (person)

城市	City	(2)交通运输、仓储和邮政业 Traffic,Transport, Storage and Post		(3)住宿和餐饮业 Hotels and Catering Services		(4)信息传输、计算机服务和软件业 Information Transmission, Computer Services and Software	
		全市 Total City	市辖区 Districts under City	全市 Total City	市辖区 Districts under City	全市 Total City	市辖区 Districts under City
温州市	Wenzhou	33745	22328	10379	5595	5876	5337
嘉兴市	Jiaxing	19136	10256	8023	3275	5264	3916
湖州市	Huzhou	21417	13648	4219	3644	8953	6447
绍兴市	Shaoxing	15494	11982	7182	5196	5103	4559
金华市	Jinhua	25883	11295	7853	1471	8578	5018
衢州市	Quzhou	6056	4410	2000	828	2843	2653
舟山市	Zhoushan	32100	25300	47700	24000	11300	3300
台州市	Taizhou	17879	9596	6649	2643	5826	5009
丽水市	Lishui	5841	2526	2425	1241	2936	2019
安徽省	**Anhui**	**217086**	**163121**	**59880**	**48802**	**73792**	**63502**
合肥市	Hefei	64374	56826	24480	22082	28782	26823
芜湖市	Wuhu	26241	22955	6804	5793	3503	3183
蚌埠市	Bengbu	14779	12612	1953	1474	2501	1854
淮南市	Huainan	9150	7745	1443	1408	1426	1346
马鞍山市	Maanshan	6960	5486	672	520	3507	3184
淮北市	Huaibei	5340	4215	942	907	2190	2098
铜陵市	Tongling	5149	5046	1738	1738	949	928
安庆市	Anqing	10699	6757	4361	2315	5982	4078
黄山市	Huangshan	3805	2741	5980	5161	2047	1754
滁州市	Chuzhou	10413	6520	1416	949	4593	4417
阜阳市	Fuyang	18924	13053	1465	1071	3456	2837
宿州市	Suzhou	10653	6696	2221	1870	3795	2700
六安市	Lu'an	5927	3134	1272	740	4168	3445
亳州市	Bozhou	15249	4156	1947	954	2733	1674
池州市	Chizhou	4735	3110	2128	1164	1469	1179
宣城市	Xuancheng	4688	2069	1058	656	2691	2002
福建省	**Fujian**	**201631**	**151176**	**99160**	**72285**	**70972**	**64010**
福州市	Fuzhou	50211	37007	24103	19273	17572	17023
厦门市	Xiamen	63600	63600	34854	34854	20477	20477
莆田市	Putian	8206	7066	4807	4318	3249	3249
三明市	Sanming	10143	4850	1633	465	3388	3029
泉州市	Quanzhou	23179	13148	15898	6859	9649	6802
漳州市	Zhangzhou	11044	7072	5336	2184	3645	3142
南平市	Nanping	12014	5045	4298	285	6183	5369
龙岩市	Longyan	11992	8070	4641	1990	3269	2470
宁德市	Ningde	11242	5318	3590	2057	3540	2449
江西省	**Jiangxi**	**147877**	**84054**	**41546**	**26793**	**65178**	**55713**
南昌市	Nanchang	32580	28496	14559	13020	31246	30980
景德镇市	Jingdezhen	8266	4747	2524	1733	2507	2287
萍乡市	Pingxiang	4974	4337	389	351	1513	1368
九江市	Jiujiang	16432	9536	4835	2111	4725	3238
新余市	Xinyu	3800	3100	1500	1400	1100	900
鹰潭市	Yingtan	7500	4300	1700	1200	1400	1100
赣州市	Ganzhou	14199	7129	4823	2932	6884	5234
吉安市	Ji'an	18828	7039	2830	809	4068	2953
宜春市	Yichun	18989	8440	2584	1002	3775	1859
抚州市	Fuzhou	13865	3115	1936	1031	2690	2314
上饶市	Shangrao	8444	3815	3866	1204	5270	3480

2-7 续表 3 continued

单位：人 (person)

城 市	City	(2)交通运输、仓储和邮政业 Traffic,Transport, Storage and Post		(3)住宿和餐饮业 Hotels and Catering Services		(4)信息传输、计算机服务和软件业 Information Transmission, Computer Services and Software	
		全 市 Total City	市辖区 Districts under City	全 市 Total City	市辖区 Districts under City	全 市 Total City	市辖区 Districts under City
山东省	**Shandong**	**416584**	**307907**	**154049**	**116422**	**166771**	**155098**
济南市	Jinan	50293	47073	28245	26764	82613	82532
青岛市	Qingdao	80526	75932	28606	25616	13556	12738
淄博市	Zibo	13550	11475	6971	6291	4186	4186
枣庄市	Zaozhuang	10609	7139	3371	1982	1998	1944
东营市	Dongying	5500	4000	8300	7500	3900	3600
烟台市	Yantai	46378	32358	11186	5568	9353	7521
潍坊市	Weifang	25700	16400	10000	5800	8900	7100
济宁市	Jining	20685	11639	8660	4844	4669	3884
泰安市	Tai'an	19038	9918	10868	8240	6077	5758
威海市	Weihai	15820	12144	6763	4214	2885	2478
日照市	Rizhao	24903	22730	3103	2751	1989	1915
莱芜市	Laiwu	7477	7477	1726	1726	1003	1003
临沂市	Linyi	28833	12541	8148	4742	9658	8348
德州市	Dezhou	18413	8649	7121	4143	5235	3131
聊城市	Liaocheng	22800	12400	4400	2400	3500	2600
滨州市	Binzhou	10377	3997	3463	1756	3626	2942
菏泽市	Heze	15682	12035	3118	2085	3623	3418
河南省	**Henan**	**327645**	**201831**	**110796**	**75417**	**97061**	**80758**
郑州市	Zhengzhou	71800	58900	33500	28900	26100	25000
开封市	Kaifeng	11233	7200	6999	6200	5175	4000
洛阳市	Luoyang	21700	15600	8600	6800	5300	5200
平顶山市	Pingdingshan	12905	7017	6025	4729	2842	2412
安阳市	Anyang	15049	10730	4055	2467	4366	3029
鹤壁市	Hebi	3314	1939	1595	1478	1121	1056
新乡市	Xinxiang	16345	11003	5997	2468	5009	4080
焦作市	Jiaozuo	35184	17846	3142	2039	4077	3171
濮阳市	Puyang	6378	4200	1689	1300	3326	2400
许昌市	Xuchang	7200	2700	4200	2500	2800	2700
漯河市	Luohe	9687	9091	1142	1013	1328	1229
三门峡市	Sanmenxia	8238	5175	2319	693	2213	2132
南阳市	Nanyang	26326	12178	9456	4782	5685	4962
商丘市	Shangqiu	19187	9091	3913	2003	5241	3253
信阳市	Xinyang	21599	9861	8064	4645	9178	6034
周口市	Zhoukou	19000	9900	2300	900	8100	6800
驻马店市	Zhumadian	22500	9400	7800	2500	5200	3300
湖北省	**Hubei**	**315445**	**165245**	**142864**	**118452**	**91496**	**61780**
武汉市	Wuhan	99089	87123	54339	51410	30168	29619
黄石市	Huangshi	10400	7100	4100	3400	2100	1800
十堰市	Shiyan	13200	9300	10300	4100	7300	6100
宜昌市	Yichang	51100	16100	24900	17200	7000	4700
襄阳市	Xiangyang	22100	13800	15830	6700	5300	4600
鄂州市	Ezhou	4944	4944	3632	3632	1762	1762

2-7 续表 4 continued

单位：人 (person)

城市	City	(2)交通运输、仓储和邮政业 Traffic,Transport, Storage and Post		(3)住宿和餐饮业 Hotels and Catering Services		(4)信息传输、计算机服务和软件业 Information Transmission, Computer Services and Software	
		全市 Total City	市辖区 Districts under City	全市 Total City	市辖区 Districts under City	全市 Total City	市辖区 Districts under City
荆门市	Jingmen	14112	7105	6795	3540	5822	906
孝感市	Xiaogan	62735	3895	6016	21635	15724	2737
荆州市	Jingzhou	13748	7568	4220	1661	5597	3245
黄冈市	Huanggang	12000	3200	6700	1200	5900	2700
咸宁市	Xianning	8297	2710	3789	2074	3323	2311
随州市	Suizhou	3720	2400	2243	1900	1500	1300
湖南省	**Hunan**	**262959**	**153315**	**94636**	**70526**	**83156**	**65871**
长沙市	Changsha	52197	38977	37750	33278	22423	21886
株洲市	Zhuzhou	3963	3398	11439	8967	4635	3280
湘潭市	Xiangtan	101100	47600	8800	6000	10900	8800
衡阳市	Hengyang	14625	9072	6503	5018	5046	3954
邵阳市	Shaoyang	16600	9100	1600	600	5500	2700
岳阳市	Yueyang	11100	7100	4800	3000	6400	4200
常德市	Changde	9700	5400	5300	2000	5300	4100
张家界市	Zhangjiajie	3259	2488	4523	3761	1967	1784
益阳市	Yiyang	7413	4789	1988	1661	3363	2809
郴州市	Chenzhou	8714	6532	5353	3341	4073	2948
永州市	Yongzhou	10000	5600	2000	800	5100	3000
怀化市	Huaihua	15347	8749	2148	757	4862	3866
娄底市	Loudi	8941	4510	2432	1343	3587	2544
广东省	**Guangdong**	**854017**	**798937**	**370593**	**336043**	**346321**	**329341**
广州市	Guangzhou	316362	313495	98839	94089	97149	96654
韶关市	Shaoguan	10300	6900	5500	2700	3100	2800
深圳市	Shenzhen	256719	256719	103259	103259	132670	132670
珠海市	Zhuhai	25003	25003	23119	23119	20102	20102
汕头市	Shantou	15015	14782	6408	6116	4850	4725
佛山市	Foshan	39695	39695	21528	21528	12986	12986
江门市	Jiangmen	19410	13270	10973	6428	7701	6304
湛江市	Zhanjiang	27314	19912	8904	6647	7048	4424
茂名市	Maoming	12360	6701	4474	2916	4117	2402
肇庆市	Zhaoqing	11046	6987	6251	3226	4069	2962
惠州市	Huizhou	21569	18079	8080	4879	7505	6657
梅州市	Meizhou	9273	5668	3111	1712	4885	3619
汕尾市	Shanwei	4083	2061	1996	1171	4071	2733
河源市	Heyuan	7064	3919	3666	2171	3268	2809
阳江市	Yangjiang	8306	4712	3781	1800	2745	1921
清远市	Qingyuan	6043	3323	6879	4596	4304	3096
东莞市	Dongguan	32061	32061	31031	31031	7926	7926
中山市	Zhongshan	17017	17017	13624	13624	5957	5957
潮州市	Chaozhou	4314	3244	1729	1479	3767	3251
揭阳市	Jieyang	5907	3400	4599	2300	5424	3600
云浮市	Yunfu	5156	1989	2842	1252	2677	1743
广西壮族自治区	**Guangxi**	**150884**	**115415**	**50839**	**44606**	**44351**	**36980**
南宁市	Nanning	47837	45141	19008	18632	15937	15532
柳州市	Liuzhou	18163	16732	4902	4378	2996	2837

2-7 续表 5 continued

单位：人 (person)

城 市	City	(2)交通运输、仓储和邮政业 Traffic,Transport, Storage and Post		(3)住宿和餐饮业 Hotels and Catering Services		(4)信息传输、计算机服务和软件业 Information Transmission, Computer Services and Software	
		全 市 Total City	市辖区 Districts under City	全 市 Total City	市辖区 Districts under City	全 市 Total City	市辖区 Districts under City
桂林市	Guilin	13370	6674	9884	8297	3754	3556
梧州市	Wuzhou	5600	5400	1200	900	2200	1500
北海市	Beihai	4700	4100	2500	2300	1700	1500
防城港市	Fangchenggang	10170	9648	983	919	1500	1477
钦州市	Qinzhou	5800	4000	1400	1400	1300	1300
贵港市	Guigang	10499	3953	1245	809	1797	1368
玉林市	Yulin	10531	5386	2015	1434	3457	3400
百色市	Baise	8771	6988	2004	661	1519	1267
贺州市	Hezhou	2500	1500	700	100	1400	1000
河池市	Hechi	7103	3300	1502	2600	3620	700
来宾市	Laibin	2791	1100	2300	1900	1670	100
崇左市	Chongzuo	3049	1493	1196	276	1501	1443
海南省	**Hainan**	**41748**	**41748**	**51392**	**51392**	**13789**	**13789**
海口市	Haikou	37395	37395	18085	18085	13498	13498
三亚市	Sanya	4353	4353	33307	33307	291	291
三沙市	Sansa						
重庆市	**Chongqing**	**415700**		**645400**		**150900**	
四川省	**Sichuan**	**381299**	**271658**	**113494**	**88984**	**159249**	**146797**
成都市	Chengdu	223046	170417	65846	61038	101674	101208
自贡市	Zigong	15681	12319	4536	4399	3497	3085
攀枝花市	Panzhihua	9667	9315	4670	3079	2289	2289
泸州市	Luzhou	14692	10364	2108	1594	3100	2508
德阳市	Deyang	11550	5696	3753	2011	5054	4843
绵阳市	Mianyang	11488	8556	4733	3230	7158	6312
广元市	Guangyuan	6738	4027	1392	879	3843	3449
遂宁市	Suining	3220	2024	2471	1327	2216	1868
内江市	Neijiang	9064	4062	2029	760	2275	1892
乐山市	Leshan	11200	5900	2500	1800	2600	2400
南充市	Nanchong	12500	8300	3500	1800	5300	2900
眉山市	Meishan	4407	2462	1749	604	2030	1870
宜宾市	Yibin	11932	8933	1461	735	2146	1969
广安市	Guang'an	5277	2315	477	387	2172	1849
达州市	Dazhou	10366	4948	1740	807	4463	2131
雅安市	Ya'an	3023	2078	1033	634	2381	2064
巴中市	Bazhong	8274	6043	8106	3673	4516	2089
资阳市	Ziyang	9174	3899	1390	227	2535	2071
贵州省	**Guizhou**	**99171**	**87985**	**33431**	**30452**	**25849**	**25019**
贵阳市	Guiyang	69635	68247	22082	20389	15058	14749
六盘水市	Liupanshui	3037	2625	1188	5241	1547	1547
遵义市	Zunyi	11800	7800	3500	1400	3600	3400
安顺市	Anshun	4362	3801	1998	1215	1537	1485
毕节市	Bijie	6237	3212	2763	1407	2207	2038
铜仁市	Tongren	4100	2300	1900	800	1900	1800

2-7 续表 6 continued

单位：人 (person)

城市	City	(2)交通运输、仓储和邮政业 Traffic,Transport, Storage and Post		(3)住宿和餐饮业 Hotels and Catering Services		(4)信息传输、计算机服务和软件业 Information Transmission, Computer Services and Software	
		全市 Total City	市辖区 Districts under City	全市 Total City	市辖区 Districts under City	全市 Total City	市辖区 Districts under City
云南省	**Yunnan**	**136590**	**75615**	**62130**	**44169**	**38541**	**23691**
昆明市	Kunming	104000	56600	36800	30100	25300	12500
曲靖市	Qujing	8400	2400	7200	3000	2700	1900
玉溪市	Yuxi	4900	3200	4100	1800	1900	1600
保山市	Baoshan	3486	2319	2822	668	1251	1171
昭通市	Zhaotong	4637	3340	2280	1217	2286	2167
丽江市	Lijiang	3304	2231	6753	6361	1882	1478
普洱市	Pu'er	4400	3000	1100	400	1600	1500
临沧市	Lincang	3463	2525	1075	623	1622	1375
西藏自治区	**Tibet**	**21052**		**33900**		**7272**	
拉萨市	Lasa	21052		33900		7272	
陕西省	**Shaanxi**	**234916**	**204091**	**130192**	**94871**	**108047**	**93408**
西安市	Xi'an	164100	158674	66900	63100	77300	68861
铜川市	Tongchuan	2900	2900	1500	1400	1100	1100
宝鸡市	Baoji	9200	6700	7900	4900	3500	2900
咸阳市	Xianyang	9493	6273	6883	3695	4120	3612
渭南市	Weinan	11700	5800	7200	2100	3800	3100
延安市	Yan'an	11252	7544	7202	5176	2790	2735
汉中市	Hanzhong	9900	7300	4200	2200	3000	2700
榆林市	Yulin	3800	3200	19400	8700	7700	4300
安康市	Ankang	4471	2200	4607	2700	2637	2300
商洛市	Shangluo	8100	3500	4400	900	2100	1800
甘肃省	**Gansu**	**71810**	**46123**	**44877**	**28327**	**26060**	**22015**
兰州市	Lanzhou	21800	19500	14500	13600	9000	8900
嘉峪关市	Jiayuguan	1475	1475	6900	6900	987	987
金昌市	Jinchang	2833	2234	543	469	999	999
白银市	Baiyin	4047	1927	38	38	1256	1256
天水市	Tianshui	5929	4051	3490	2856	2893	2212
武威市	Wuwei	2305	1715	896	733	1496	1392
张掖市	Zhangye	4887	3528	907	636	1375	1101
平凉市	Pingliang	5600	3400	1900	1100	2000	1600
酒泉市	Jiuquan	4574	1592	3040	527	1461	908
庆阳市	Qingyang	3923	1876	1922	836	1856	1423
定西市	Dingxi	3637	2425	1541	532	1237	1237
陇南市	Longnan	10800	2400	9200	100	1500	
青海省	**Qinghai**	**10400**	**6894**	**18000**	**17013**	**4200**	**3670**
西宁市	Xining	8800	6800	17500	16700	3900	3600
海东市	Haidong	1600	94	500	313	300	70
宁夏回族自治区	**Ningxia**	**34392**	**27927**	**233339**	**208007**	**47946**	**45001**
银川市	Yinchuan	22620	19567	228625	205567	44266	41715
石嘴山市	Shizuishan	2566	2448	1913	1608	1019	956
吴忠市	Wuzhong	3150	1897	1755	422	1074	988
固原市	Guyuan	3323	2118	716	80	862	617
中卫市	Zhongwei	2733	1897	330	330	725	725
新疆维吾尔自治区	**Xinjiang**	**109292**	**109292**	**12372**	**12372**	**9643**	**9643**
乌鲁木齐市	Urumqi	106400	106400	11700	11700	8900	8900
克拉玛依市	Karamay	2892	2892	672	672	743	743

2-8 按行业分组的单位从业人员(四)

Persons Employed in Various Units by Sector in Detail(Ⅳ)

单位：人 (person)

城 市	City	(5)金融业 Financial Intermediation		(6)房地产业 Real Estate		(7)租赁和商业服务业 Leasing and Business Services	
		全 市 Total City	市辖区 Districts under City	全 市 Total City	市辖区 Districts under City	全 市 Total City	市辖区 Districts under City
城市合计	**Prefecture Cities**	**5489942**	**4237337**	**4132913**	**3149770**	**4662044**	**3754238**
北京市	**Beijing**	**431574**	**431269**	**410147**	**406095**	**707537**	**693176**
天津市	**Tianjin**	**89100**	**88100**	**66700**	**63600**	**66600**	**64600**
河北省	**Hebei**	**276615**	**190734**	**105426**	**71493**	**138133**	**89174**
石家庄市	Shijiazhuang	50653	40932	16278	13906	32035	30502
唐山市	Tangshan	33681	30441	16127	14006	20002	17283
秦皇岛市	Qinhuangdao	17747	15222	7633	6708	5877	4206
邯郸市	Handan	27149	16200	7988	4600	15070	12100
邢台市	Xingtai	17354	6875	6964	4738	3578	2640
保定市	Baoding	38369	24926	12571	6422	8598	6213
张家口市	Zhangjiakou	15923	8114	10360	6380	6826	5316
承德市	Chengde	20309	16359	3801	2083	4942	2501
沧州市	Cangzhou	26342	22032	7694	5200	29444	3852
廊坊市	Langfang	13506	756	12150	5423	9734	3149
衡水市	Hengshui	15582	8877	3860	2027	2027	1412
山西省	**Shanxi**	**156193**	**110837**	**35925**	**28179**	**79567**	**54861**
太原市	Taiyuan	29938	29938	12702	12389	27459	25518
大同市	Datong	11784	11603	4414	4282	6647	5698
阳泉市	Yangquan	6773	4145	3236	2370	5143	3218
长治市	Changzhi	15815	11671	3626	2179	8684	4873
晋城市	Jincheng	12070	7061	3433	3007	6714	2947
朔州市	Shuozhou	6729	6702	1868	1456	2378	2218
晋中市	Jinzhong	22011	15830	1523	662	5826	3216
运城市	Yuncheng	15501	7100	1029	200	6451	1200
忻州市	Xinzhou	9666	5764	1338	722	4427	2743
临汾市	Linfen	14700	6200	1500	600	4600	3100
吕梁市	Lvliang	11206	4823	1256	312	1238	130
内蒙古自治区	**Inner Mongolia**	**98654**	**67227**	**45643**	**34181**	**37045**	**25742**
呼和浩特市	Hohhot	23100	20700	12000	11200	9100	8600
包头市	Baotou	15396	14020	10731	10376	10634	9986
乌海市	Wuhai	3873	3873	1189	1189	947	947
赤峰市	Chifeng	12141	6193	4725	2896	2213	1708
通辽市	Tongliao	8774	4669	3663	2702	3507	1240
鄂尔多斯市	Erdos	9643	5335	5475	1916	2087	726
呼伦贝尔市	Hulunbuir	11100	3800	4300	1600	4700	900
巴彦淖尔市	Bayannur	6800	4600	2400	1900	1100	800
乌兰察布市	Ulanqab	7827	4037	1160	402	2757	835
辽宁省	**Liaoning**	**244410**	**214660**	**145078**	**128274**	**127100**	**105615**
沈阳市	Shenyang	54047	54047	30215	28992	31381	28894
大连市	Dalian	57636	52109	46959	45655	27421	24333
鞍山市	Anshan	17689	15291	10324	8043	10741	6548
抚顺市	Fushun	10553	9171	4715	4037	7863	7312
本溪市	Benxi	11733	11211	6431	5561	8254	7693
丹东市	Dandong	9791	6688	11577	10049	2570	1245
锦州市	Jinzhou	15177	15177	5668	4718	6254	4417
营口市	Yingkou	11832	11828	4421	3878	4560	3274

2-8 续表 1 continued

单位：人 (person)

城市	City	(5)金融业 Financial Intermediation 全市 Total City	市辖区 Districts under City	(6)房地产业 Real Estate 全市 Total City	市辖区 Districts under City	(7)租赁和商业服务业 Leasing and Business Services 全市 Total City	市辖区 Districts under City
阜新市	Fuxin	8771	7112	4083	3725	2265	1804
辽阳市	Liaoyang	6855	5834	3644	3362	4365	4056
盘锦市	Panjin	9067	8467	5937	5281	10987	9829
铁岭市	Tieling	6809	1219	3812	883	2583	895
朝阳市	Chaoyang	14043	8469	4645	2322	3362	2384
葫芦岛市	Huludao	10407	8037	2647	1768	4494	2931
吉林省	**Jilin**	**101735**	**73500**	**59538**	**42476**	**55078**	**42007**
长春市	Changchun	44000	37600	31700	30000	34500	33400
吉林市	Jilin	12100	9300	7000	4900	8300	2700
四平市	Siping	8500	3600	8600	1100	400	100
辽源市	Liaoyuan	4809	3319	1959	1300	577	549
通化市	Tonghua	9250	5385	4375	2118	2589	1138
白山市	Baishan	6485	4669	1589	1086	5690	2574
松原市	Songyuan	7633	4498	2542	1045	1450	854
白城市	Baicheng	8958	5129	1773	927	1572	692
黑龙江省	**Heilongjiang**	**165119**	**117272**	**68904**	**51354**	**61716**	**38232**
哈尔滨市	Harbin	56206	47629	30324	28723	34103	25059
齐齐哈尔市	Qiqihar	18053	11030	5073	4017	6031	5411
鸡西市	Jixi	9294	7851	1653	976	269	218
鹤岗市	Hegang	5260	3683	1441	1374	278	18
双鸭山市	Shuangyashan	5980	3347	7465	2343	6978	2838
大庆市	Daqing	16230	14589	9268	8480	692	439
伊春市	Yichun	4800	3700	1100	1000	700	700
佳木斯市	Jiamusi	8238	6238	1618	1195	962	692
七台河市	Qitaihe	4412	4000	730	509	511	473
牡丹江市	Mudanjiang	19400	13000	4400	2000	7400	2000
黑河市	Heihe	7098	2205	1265	497	2274	384
绥化市	Suihua	10148		4567	240	1518	
上海市	**Shanghai**	**331600**	**331600**	**292600**	**290500**	**606300**	**599000**
江苏省	**Jiangsu**	**333300**	**239756**	**221400**	**170700**	**312400**	**215063**
南京市	Nanjing	44400	44400	54000	54000	83400	83400
无锡市	Wuxi	30900	21878	20600	16453	15800	12090
徐州市	Xuzhou	22800	15258	11600	7474	18700	12873
常州市	Changzhou	21900	19953	11100	9474	16100	11129
苏州市	Suzhou	63400	44069	54300	39047	53800	32409
南通市	Nantong	35500	23531	13100	5997	32600	12594
连云港市	Lianyungang	17300	12485	4900	3931	17400	14063
淮安市	Huai'an	15700	13145	10200	7389	14500	9680
盐城市	Yancheng	25000	13900	9200	4323	14900	3067
扬州市	Yangzhou	16200	10523	9200	7165	19500	13147
镇江市	Zhenjiang	16500	8757	10100	7197	8900	6418
泰州市	Taizhou	17800	9053	7800	5171	13200	3350
宿迁市	Suqian	5900	2804	5300	3079	3600	843
浙江省	**Zhejiang**	**379813**	**321035**	**202674**	**162538**	**272745**	**202621**
杭州市	Hangzhou	95754	90755	96224	92403	98589	94692
宁波市	Ningbo	71200	61382	25400	21633	60700	49782

2-8 续表 2 continued

单位：人 (person)

城市	City	(5)金融业 Financial Intermediation 全市 Total City	市辖区 Districts under City	(6)房地产业 Real Estate 全市 Total City	市辖区 Districts under City	(7)租赁和商业服务业 Leasing and Business Services 全市 Total City	市辖区 Districts under City
温州市	Wenzhou	43933	38012	16601	10116	24717	14216
嘉兴市	Jiaxing	20688	17207	17197	9251	25048	6809
湖州市	Huzhou	17060	14136	7437	4912	6856	4398
绍兴市	Shaoxing	25090	22674	7756	5006	10055	8014
金华市	Jinhua	29537	12125	6400	2634	13858	3820
衢州市	Quzhou	14129	12232	1151	820	2883	1536
舟山市	Zhoushan	9200	10900	10500	9200	13900	11500
台州市	Taizhou	40622	34318	12804	6172	12190	6210
丽水市	Lishui	12600	7294	1204	391	3949	1644
安徽省	**Anhui**	**176627**	**118616**	**103969**	**76417**	**60030**	**42336**
合肥市	Hefei	32452	27407	32542	27049	19715	16410
芜湖市	Wuhu	13470	10970	8853	6329	3604	2943
蚌埠市	Bengbu	10988	8602	6621	5194	4275	2330
淮南市	Huainan	10703	9612	10638	10328	6393	2626
马鞍山市	Maanshan	9726	7773	2543	1693	4543	4097
淮北市	Huaibei	5718	5219	1881	1617	2422	2053
铜陵市	Tongling	3796	3513	3296	2996	1600	1587
安庆市	Anqing	11346	3467	7361	4524	3105	1280
黄山市	Huangshan	7386	4725	2857	1837	1575	1057
滁州市	Chuzhou	8375	4430	3106	1723	1488	989
阜阳市	Fuyang	18949	11222	3751	2088	2787	1508
宿州市	Suzhou	10317	6741	6457	4472	3335	2660
六安市	Lu'an	8271	2772	3255	1962	1118	765
亳州市	Bozhou	11716	7133	6173	2381	1176	335
池州市	Chizhou	6269	4486	1805	1174	1580	1101
宣城市	Xuancheng	7145	544	2830	1050	1314	595
福建省	**Fujian**	**164797**	**117825**	**143173**	**105784**	**117159**	**88441**
福州市	Fuzhou	34885	28342	38763	30030	39678	32541
厦门市	Xiamen	27852	27852	45650	45650	33414	33414
莆田市	Putian	10496	9713	6421	5218	3375	3264
三明市	Sanming	13424	7679	2687	1006	2911	1230
泉州市	Quanzhou	21962	12749	18224	10108	10349	5896
漳州市	Zhangzhou	13843	8081	14319	6720	6379	5100
南平市	Nanping	13829	6790	4706	885	6861	2161
龙岩市	Longyan	16119	10652	7123	3956	9453	3746
宁德市	Ningde	12387	5967	5280	2211	4739	1089
江西省	**Jiangxi**	**121794**	**78140**	**57212**	**29486**	**47418**	**28245**
南昌市	Nanchang	29967	29967	18014	13234	19811	18250
景德镇市	Jingdezhen	4143	3071	2006	1162	1108	328
萍乡市	Pingxiang	7346	6771	1586	1082	69	52
九江市	Jiujiang	12026	5796	5958	2373	8454	5141
新余市	Xinyu	3900	3400	1400	1200	1000	700
鹰潭市	Yingtan	3600	2200	1800	600	700	300
赣州市	Ganzhou	16935	6625	7533	3423	3403	1286
吉安市	Ji'an	8731	1976	3807	1557	3636	204
宜春市	Yichun	13896	8524	3936	469	1692	335
抚州市	Fuzhou	8269	3883	5395	2684	1071	305
上饶市	Shangrao	12981	5927	5777	1702	6474	1344

2-8 续表 3 continued

单位：人 (person)

城 市	City	(5)金融业 Financial Intermediation 全 市 Total City	市辖区 Districts under City	(6)房地产业 Real Estate 全 市 Total City	市辖区 Districts under City	(7)租赁和商业服务业 Leasing and Business Services 全 市 Total City	市辖区 Districts under City
山东省	**Shandong**	**388247**	**282276**	**255715**	**180350**	**209762**	**169570**
济南市	Jinan	70079	70025	39306	35160	36962	34793
青岛市	Qingdao	49971	41882	36724	29741	24396	22096
淄博市	Zibo	18898	15533	10949	9314	21574	20757
枣庄市	Zaozhuang	8500	7367	7909	3951	4813	3106
东营市	Dongying	8800	5500	5000	3600	39700	39600
烟台市	Yantai	28285	15243	35134	26921	13144	8326
潍坊市	Weifang	18600	8300	18000	10800	9200	6200
济宁市	Jining	38816	27517	12971	6830	8045	3427
泰安市	Tai'an	12514	6759	14229	5788	10616	8041
威海市	Weihai	12773	10263	16399	11269	5299	3913
日照市	Rizhao	8363	6541	5072	3559	1147	946
莱芜市	Laiwu	5519	5519	7129	7129	1071	1071
临沂市	Linyi	33293	20984	14514	7491	10845	8892
德州市	Dezhou	19490	6909	11550	6857	7413	1964
聊城市	Liaocheng	26200	18100	6400	3300	3200	2500
滨州市	Binzhou	11526	8110	7176	4903	9910	2732
菏泽市	Heze	16620	7724	7253	3737	2427	1206
河南省	**Henan**	**238386**	**167034**	**183158**	**118587**	**148846**	**101957**
郑州市	Zhengzhou	46500	42600	50300	41900	40700	32200
开封市	Kaifeng	5025	3000	9521	5600	7238	4400
洛阳市	Luoyang	21600	16200	14400	12200	12400	9900
平顶山市	Pingdingshan	16282	11231	8135	6580	9132	6355
安阳市	Anyang	14220	8530	7519	4620	7163	3358
鹤壁市	Hebi	3489	2492	2904	2233	1911	1549
新乡市	Xinxiang	10720	5525	8511	3872	6978	2427
焦作市	Jiaozuo	15466	11835	4496	3157	3782	2606
濮阳市	Puyang	6731	3800	3974	2800	12983	12600
许昌市	Xuchang	5900	3600	9100	5000	3900	1600
漯河市	Luohe	5779	4890	3423	3141	4165	3838
三门峡市	Sanmenxia	11642	8164	1814	769	3158	1380
南阳市	Nanyang	22284	16490	9289	4164	13894	9099
商丘市	Shangqiu	10674	4481	12574	4870	1977	1144
信阳市	Xinyang	13074	5896	13098	3881	8965	4601
周口市	Zhoukou	18500	13900	8500	5300	2600	200
驻马店市	Zhumadian	10500	4400	15600	8500	7900	4700
湖北省	**Hubei**	**167635**	**126800**	**140541**	**84429**	**112963**	**78546**
武汉市	Wuhan	65154	65022	40926	34432	32896	30450
黄石市	Huangshi	4100	3000	3800	2900	3800	2700
十堰市	Shiyan	15100	11600	16900	9600	9400	6200
宜昌市	Yichang	11800	6600	18600	11900	27100	14100
襄阳市	Xiangyang	14900	10100	17600	7700	6900	4200
鄂州市	Ezhou	2849	2849	3213	3213	2447	2447

2-8 续表 4 continued

单位：人 (person)

城 市	City	(5)金融业 Financial Intermediation 全 市 Total City	市辖区 Districts under City	(6)房地产业 Real Estate 全 市 Total City	市辖区 Districts under City	(7)租赁和商业服务业 Leasing and Business Services 全 市 Total City	市辖区 Districts under City
荆门市	Jingmen	7784	6500	4107	2061	2701	1341
孝感市	Xiaogan	10229	5779	17156	5473	19424	13405
荆州市	Jingzhou	12732	7115	3955	2367	2045	751
黄冈市	Huanggang	14200	2400	9100	1300	2100	200
咸宁市	Xianning	5287	3235	3584	2183	3000	1682
随州市	Suizhou	3500	2600	1600	1300	1150	1070
湖南省	**Hunan**	**218253**	**176045**	**121564**	**83519**	**89403**	**67055**
长沙市	Changsha	61369	58616	48769	39849	26797	24891
株洲市	Zhuzhou	14565	12708	12860	10789	10035	7370
湘潭市	Xiangtan	13200	11000	8500	5200	5300	3500
衡阳市	Hengyang	20963	16600	9887	6223	7360	5433
邵阳市	Shaoyang	16900	10800	5300	2200	2500	600
岳阳市	Yueyang	14900	11400	6000	3500	3600	1300
常德市	Changde	10900	8700	6900	4100	11900	10200
张家界市	Zhangjiajie	3319	2464	1327	862	2359	2278
益阳市	Yiyang	15982	13865	2792	1544	4094	3253
郴州市	Chenzhou	14940	12062	8157	4738	4908	1522
永州市	Yongzhou	13600	6700	2900	1200	3000	1900
怀化市	Huaihua	9373	6402	5379	1665	2402	859
娄底市	Loudi	8242	4728	2793	1649	5148	3949
广东省	**Guangdong**	**431502**	**380101**	**558403**	**514194**	**606019**	**578422**
广州市	Guangzhou	81862	79571	187853	181568	224028	219518
韶关市	Shaoguan	10100	6600	7300	4500	4700	2800
深圳市	Shenzhen	92076	92076	169794	169794	228056	228056
珠海市	Zhuhai	16437	16437	29847	29847	19522	19522
汕头市	Shantou	17405	17189	8192	7807	3916	3847
佛山市	Foshan	29303	29303	30762	30762	20744	20744
江门市	Jiangmen	23659	18122	9801	4092	5408	3221
湛江市	Zhanjiang	16950	11879	8365	5565	13453	9223
茂名市	Maoming	12383	7336	7591	5636	5601	3719
肇庆市	Zhaoqing	10220	4691	7620	3175	4467	2521
惠州市	Huizhou	25058	21140	16330	12479	8148	6042
梅州市	Meizhou	8910	4809	3500	961	1654	1001
汕尾市	Shanwei	3524	1631	884	269	2263	1307
河源市	Heyuan	7025	5230	5701	3512	3226	1523
阳江市	Yangjiang	6395	4077	4414	1304	1977	170
清远市	Qingyuan	10149	7431	9483	7054	1732	1265
东莞市	Dongguan	28933	28933	23331	23331	39325	39325
中山市	Zhongshan	13795	13795	17978	17978	11626	11626
潮州市	Chaozhou	5087	4240	2688	2103	1718	1568
揭阳市	Jieyang	7170	3500	3795	1400	2773	900
云浮市	Yunfu	5061	2111	3174	1057	1682	524
广西壮族自治区	**Guangxi**	**117543**	**86030**	**79189**	**61787**	**109749**	**90253**
南宁市	Nanning	34108	29627	25612	24168	44653	41983
柳州市	Liuzhou	10449	8872	16184	14389	23887	21067

2-8 续表 5 continued

单位：人 (person)

城市	City	(5)金融业 Financial Intermediation		(6)房地产业 Real Estate		(7)租赁和商业服务业 Leasing and Business Services	
		全市 Total City	市辖区 Districts under City	全市 Total City	市辖区 Districts under City	全市 Total City	市辖区 Districts under City
桂林市	Guilin	15043	10767	10038	5604	14017	10767
梧州市	Wuzhou	6600	4400	4800	3500	1700	1000
北海市	Beihai	6600	5500	3600	3200	3000	2300
防城港市	Fangchenggang	1969	1969	2493	1270	1731	1365
钦州市	Qinzhou	3800	1900	2500	1700	2000	1100
贵港市	Guigang	7316	5064	1513	846	1428	594
玉林市	Yulin	8276	5480	3868	2738	6189	4252
百色市	Baise	4937	2436	1811	729	1793	801
贺州市	Hezhou	4400	2900	600	300	1600	1200
河池市	Hechi	6058	2000	1933	1100	2398	600
来宾市	Laibin	3930	2000	2613	1800	2573	2200
崇左市	Chongzuo	4057	3115	1624	443	2780	1024
海南省	**Hainan**	**30712**	**30712**	**50894**	**50894**	**18035**	**18035**
海口市	Haikou	23650	23650	40891	40891	15977	15977
三亚市	Sanya	7062	7062	10003	10003	2058	2058
三沙市	Sansa						
重庆市	**Chongqing**	**150200**		**263100**		**223900**	
四川省	**Sichuan**	**228600**	**164584**	**177059**	**136332**	**111308**	**93860**
成都市	Chengdu	63409	54472	103762	96529	65857	63744
自贡市	Zigong	10954	8880	3708	3558	1954	1789
攀枝花市	Panzhihua	7380	7380	1746	1646	1687	1617
泸州市	Luzhou	8301	5648	5385	3241	3609	2251
德阳市	Deyang	13871	9271	5049	2407	4044	2677
绵阳市	Mianyang	17569	11077	10886	6386	4793	1859
广元市	Guangyuan	8414	5898	1783	1243	1435	916
遂宁市	Suining	6202	3806	6026	3271	2140	1429
内江市	Neijiang	9761	2417	3247	1202	1103	1037
乐山市	Leshan	8200	5300	4500	2800	2600	1900
南充市	Nanchong	18800	13500	7900	2600	7300	5000
眉山市	Meishan	3100	1643	3021	783	702	616
宜宾市	Yibin	13288	9387	5075	2246	3966	2460
广安市	Guang'an	8773	5138	1156	642	1125	782
达州市	Dazhou	11224	6210	2999	1740	2399	2191
雅安市	Ya'an	4586	3284	867	530	1000	815
巴中市	Bazhong	5090	3924	5343	3024	2174	1733
资阳市	Ziyang	9678	7349	4606	2484	3420	1044
贵州省	**Guizhou**	**63747**	**50578**	**64004**	**47885**	**39681**	**31057**
贵阳市	Guiyang	26327	24772	42069	40449	23770	23152
六盘水市	Liupanshui	5225	3816	2274	1229	1609	1087
遵义市	Zunyi	11200	7100	8500	2300	5300	3200
安顺市	Anshun	5832	4507	4384	2518	3663	1600
毕节市	Bijie	8163	5183	4877	589	4739	1618
铜仁市	Tongren	7000	5200	1900	800	600	400

2-8 续表 6 continued

单位：人　　(person)

城　市	City	(5)金融业 Financial Intermediation 全　市 Total City	市辖区 Districts under City	(6)房地产业 Real Estate 全　市 Total City	市辖区 Districts under City	(7)租赁和商业服务业 Leasing and Business Services 全　市 Total City	市辖区 Districts under City
云南省	**Yunnan**	**66560**	**22066**	**79499**	**53968**	**62882**	**50774**
昆明市	Kunming	34000	5900	43700	35900	39100	34400
曲靖市	Qujing	7100	2200	6700	3200	10900	6200
玉溪市	Yuxi	7300	4200	9500	7300	3100	2500
保山市	Baoshan	4084	2283	6025	2507	1147	799
昭通市	Zhaotong	4134	1772	3488	1598	1674	1010
丽江市	Lijiang	3574	2138	3533	1443	2680	2554
普洱市	Pu'er	3800	2500	1900	1200	3500	3200
临沧市	Lincang	2568	1073	4653	820	781	111
西藏自治区	**Tibet**	**9477**		**2177**		**19274**	
拉萨市	Lasa	9477		2177		19274	
陕西省	**Shaanxi**	**160314**	**132853**	**105340**	**77555**	**95934**	**72488**
西安市	Xi'an	67600	61566	68100	56252	69900	58553
铜川市	Tongchuan	4200	4200	2500	2400	2900	2800
宝鸡市	Baoji	10600	7200	5000	4100	3000	2100
咸阳市	Xianyang	15481	12528	7535	3461	4202	2921
渭南市	Weinan	19300	17300	5000	2500	5000	1500
延安市	Yan'an	4163	2259	3520	2742	2355	1814
汉中市	Hanzhong	15200	12100	5200	2100	2000	500
榆林市	Yulin	8400	5100	3700	1800	3100	1300
安康市	Ankang	8470	6300	2885	1600	677	400
商洛市	Shangluo	6900	4300	1900	600	2800	600
甘肃省	**Gansu**	**66877**	**50144**	**42979**	**33234**	**31348**	**26349**
兰州市	Lanzhou	22800	20700	24200	23200	22500	22000
嘉峪关市	Jiayuguan	1400	1400	330	330	800	800
金昌市	Jinchang	1632	1632	636	505	359	169
白银市	Baiyin	5974	5175	1321	973	620	299
天水市	Tianshui	4702	2510	2832	2108	782	351
武威市	Wuwei	4276	4276	1105	831	449	418
张掖市	Zhangye	4149	3074	1518	1177	874	518
平凉市	Pingliang	4300	1900	2700	2400	400	300
酒泉市	Jiuquan	6001	4032	1323	568	2275	846
庆阳市	Qingyang	4810	1798	1046	614	315	182
定西市	Dingxi	3633	2347	2168	528	774	66
陇南市	Longnan	3200	1300	3800		1200	400
青海省	**Qinghai**	**16700**	**12087**	**7200**	**6169**	**6400**	**4400**
西宁市	Xining	14100	11600	6700	6100	5600	4400
海东市	Haidong	2600	487	500	69	800	
宁夏回族自治区	**Ningxia**	**35789**	**27568**	**22649**	**18737**	**52771**	**47443**
银川市	Yinchuan	24591	21712	19480	16146	47420	43852
石嘴山市	Shizuishan	2969	2117	1903	1633	3477	2513
吴忠市	Wuzhong	3517	1592	444	293	1308	787
固原市	Guyuan	2275	822	260	189	400	139
中卫市	Zhongwei	2437	1325	562	476	166	152
新疆维吾尔自治区	**Xinjiang**	**28069**	**27888**	**21053**	**21053**	**34941**	**34916**
乌鲁木齐市	Urumqi	24800	24619	16600	16600	26400	26375
克拉玛依市	Karamay	3269	3269	4453	4453	8541	8541

2-9 按行业分组的单位从业人员(五)

Persons Employed in Various Units by Sector in Detail(Ⅴ)

单位：人 (person)

城市	City	(8)科学研究、技术服务和地质勘查业 Scientific Research, Technical Service and Geologic Prospecting		(9)水利、环境和公共设施管理业 Management of Water Conservancy, Environment		(10)居民服务、修理和其他服务业 Services to Households and Other Services	
		全市 Total City	市辖区 Districts under City	全市 Total City	市辖区 Districts under City	全市 Total City	市辖区 Districts under City
城市合计	**Prefecture Cities**	**4009467**	**3275600**	**2546216**	**1480285**	**1734232**	**692736**
北京市	**Beijing**	**597980**	**595214**	**99202**	**90345**	**88396**	**85853**
天津市	**Tianjin**	**106900**	**105200**	**40700**	**37000**	**110400**	**109200**
河北省	**Hebei**	**144748**	**86702**	**114454**	**62527**	**15439**	**8462**
石家庄市	Shijiazhuang	36929	34633	19281	12764	3168	1753
唐山市	Tangshan	7674	5981	17049	9234	1592	947
秦皇岛市	Qinhuangdao	5881	4792	7208	5875	755	653
邯郸市	Handan	10894	8900	16262	8400	1592	500
邢台市	Xingtai	5524	4632	9096	5843	668	270
保定市	Baoding	44331	5640	8858	2877	2133	848
张家口市	Zhangjiakou	7808	5683	12084	5510	3344	2970
承德市	Chengde	6473	3405	6983	3071	558	282
沧州市	Cangzhou	4827	3222	7790	2911	506	100
廊坊市	Langfang	11432	7620	5439	3524	905	47
衡水市	Hengshui	2975	2194	4404	2518	218	92
山西省	**Shanxi**	**73249**	**59794**	**93772**	**48214**	**13567**	**11596**
太原市	Taiyuan	39836	39249	18587	15576	9809	9727
大同市	Datong	5261	4037	10334	8532	322	304
阳泉市	Yangquan	3455	2442	3244	2487	145	85
长治市	Changzhi	4077	2754	11130	4697	110	85
晋城市	Jincheng	2538	1728	5657	3038	386	215
朔州市	Shuozhou	1636	1139	4726	1952	611	592
晋中市	Jinzhong	4435	2824	9544	3670	78	30
运城市	Yuncheng	3781	1700	7335	2300	568	200
忻州市	Xinzhou	2783	1812	7539	2148	758	135
临汾市	Linfen	4100	1800	9600	2600	500	200
吕梁市	Lvliang	1347	309	6076	1214	280	23
内蒙古自治区	**Inner Mongolia**	**55012**	**44029**	**73168**	**42687**	**7636**	**2961**
呼和浩特市	Hohhot	21000	19800	17600	13800	2400	900
包头市	Baotou	7887	7528	7782	6162	1148	975
乌海市	Wuhai	1414	1414	3493	3493	84	84
赤峰市	Chifeng	4761	3863	8371	5684	468	179
通辽市	Tongliao	4446	2245	6040	1434	642	132
鄂尔多斯市	Erdos	4462	3605	11503	7653	299	147
呼伦贝尔市	Hulunbuir	5900	2700	5800	600	1800	300
巴彦淖尔市	Bayannur	2500	1300	5800	1800	100	50
乌兰察布市	Ulanqab	2642	1574	6779	2061	695	194
辽宁省	**Liaoning**	**168908**	**139518**	**161113**	**120793**	**28236**	**23713**
沈阳市	Shenyang	63845	61950	44299	40436	8481	8015
大连市	Dalian	21256	19356	14623	13239	3189	3055
鞍山市	Anshan	26166	20396	17756	13248	3258	2705
抚顺市	Fushun	5398	4840	8530	7186	1952	1846
本溪市	Benxi	3529	3082	9604	7306	569	525
丹东市	Dandong	10054	5698	11436	7440	856	680
锦州市	Jinzhou	8770	6560	6243	3884	1669	837
营口市	Yingkou	3310	2341	7035	4365	513	331

2-9 续表 1 continued

单位：人 (person)

城市	City	(8)科学研究、技术服务和地质勘查业 Scientific Research, Technical Service and Geologic Prospecting		(9)水利、环境和公共设施管理业 Management of Water Conservancy, Environment		(10)居民服务、修理和其他服务业 Services to Households and Other Services	
		全市 Total City	市辖区 Districts under City	全市 Total City	市辖区 Districts under City	全市 Total City	市辖区 Districts under City
阜新市	Fuxin	3259	2500	6133	4073	606	126
辽阳市	Liaoyang	2916	2296	8743	6831	575	501
盘锦市	Panjin	4873	3708	8485	6039	803	603
铁岭市	Tieling	5770	2064	5837	1814	355	57
朝阳市	Chaoyang	5285	2437	6336	2732	4460	4026
葫芦岛市	Huludao	4477	2290	6053	2200	950	406
吉林省	**Jilin**	**74264**	**58939**	**74357**	**44924**	**15303**	**13389**
长春市	Changchun	40900	38200	28300	21800	7300	7100
吉林市	Jilin	6800	5000	12300	7900	500	300
四平市	Siping	5300	2000	7200	3800	400	
辽源市	Liaoyuan	1389	895	2214	1195	125	70
通化市	Tonghua	3972	1307	4821	1328	1285	764
白山市	Baishan	1998	1116	2713	1958	269	217
松原市	Songyuan	3043	957	6265	2984	1211	918
白城市	Baicheng	10862	9464	10544	3959	4213	4020
黑龙江省	**Heilongjiang**	**114562**	**99636**	**92340**	**47846**	**46438**	**34526**
哈尔滨市	Harbin	42219	39488	32367	23171	7411	7079
齐齐哈尔市	Qiqihar	6194	3917	11329	6462	645	337
鸡西市	Jixi	1255	672	9326	2779	2520	217
鹤岗市	Hegang	721	293	3860	2449	1657	126
双鸭山市	Shuangyashan	2360	1579	4406	1878	1138	617
大庆市	Daqing	47190	46525	5069	4109	25182	25003
伊春市	Yichun	1600	1500	2600	2200	100	100
佳木斯市	Jiamusi	2855	1696	4439	1307	581	186
七台河市	Qitaihe	1387	1132	2150	1527	164	105
牡丹江市	Mudanjiang	3100	2000	4800	1000	500	
黑河市	Heihe	2120	655	5337	473	5763	756
绥化市	Suihua	3561	179	6657	491	777	
上海市	**Shanghai**	**249500**	**248100**	**93600**	**91100**	**86900**	**84000**
江苏省	**Jiangsu**	**215000**	**166043**	**149800**	**84538**	**37600**	**18106**
南京市	Nanjing	72300	72300	20100	20100	7100	7100
无锡市	Wuxi	15400	12577	10300	6200	9200	1230
徐州市	Xuzhou	12400	8239	15100	6446	1100	221
常州市	Changzhou	11600	9491	11200	8296	600	530
苏州市	Suzhou	23200	15696	21400	10146	8500	4749
南通市	Nantong	21400	6840	10500	3863	2400	1350
连云港市	Lianyungang	8100	6494	8400	5317	1900	262
淮安市	Huai'an	6800	4922	11000	7695	1700	458
盐城市	Yancheng	7600	2598	10100	2512	2000	827
扬州市	Yangzhou	17900	16191	7900	4539	1500	465
镇江市	Zhenjiang	9900	6644	8600	3509	500	157
泰州市	Taizhou	6100	3149	7000	3201	1000	713
宿迁市	Suqian	2300	902	8200	2714	100	44
浙江省	**Zhejiang**	**163025**	**135720**	**117531**	**61215**	**35783**	**32065**
杭州市	Hangzhou	85675	83592	32042	26994	14618	14412
宁波市	Ningbo	20000	15939	16200	9678	4200	3427

2-9 续表 2 continued

单位：人 (person)

城市	City	(8)科学研究、技术服务和地质勘查业 Scientific Research, Technical Service and Geologic Prospecting		(9)水利、环境和公共设施管理业 Management of Water Conservancy, Environment		(10)居民服务、修理和其他服务业 Services to Households and Other Services	
		全市 Total City	市辖区 Districts under City	全市 Total City	市辖区 Districts under City	全市 Total City	市辖区 Districts under City
温州市	Wenzhou	10132	6486	6620	2220	1448	385
嘉兴市	Jiaxing	9177	5611	9930	2150	1018	293
湖州市	Huzhou	4425	3030	6177	3019	555	155
绍兴市	Shaoxing	8295	6793	10442	5139	690	263
金华市	Jinhua	5320	2267	15325	2255	1308	605
衢州市	Quzhou	2619	1648	1978	1032	166	64
舟山市	Zhoushan	4700	4600	5200	4400	10000	12000
台州市	Taizhou	9184	3932	9642	3576	1496	407
丽水市	Lishui	3498	1822	3975	752	284	54
安徽省	**Anhui**	**95837**	**73658**	**81613**	**45166**	**9458**	**6322**
合肥市	Hefei	37568	35677	10231	7129	1780	1396
芜湖市	Wuhu	7868	6538	6951	4794	990	844
蚌埠市	Bengbu	7048	6423	6372	4826	352	281
淮南市	Huainan	4255	4086	8100	7069	408	370
马鞍山市	Maanshan	4610	3862	3379	1308	1872	1613
淮北市	Huaibei	1705	1259	1185	827	116	92
铜陵市	Tongling	1612	1472	2149	1888	652	652
安庆市	Anqing	5299	2258	5391	2028	1142	326
黄山市	Huangshan	1670	1370	3165	2805	55	29
滁州市	Chuzhou	4693	1404	5679	827	180	22
阜阳市	Fuyang	2909	1525	4113	1553	203	43
宿州市	Suzhou	6009	3023	4022	1983	574	81
六安市	Lu'an	3390	2147	7382	3957	449	220
亳州市	Bozhou	2676	1037	6357	2192	417	174
池州市	Chizhou	2237	1454	3957	1111	147	147
宣城市	Xuancheng	2288	123	3180	869	121	32
福建省	**Fujian**	**84804**	**71443**	**57720**	**31917**	**14909**	**11505**
福州市	Fuzhou	41107	39901	17477	13920	3619	2806
厦门市	Xiamen	18391	18391	11602	11602	6546	6546
莆田市	Putian	2272	1920	1919	1652	318	254
三明市	Sanming	2974	1286	4999	997	318	108
泉州市	Quanzhou	3570	2865	3058	1241	1795	1308
漳州市	Zhangzhou	5226	1835	5288	600	500	130
南平市	Nanping	4448	771	6173	705	554	68
龙岩市	Longyan	4237	3219	4003	558	496	252
宁德市	Ningde	2579	1255	3201	642	763	33
江西省	**Jiangxi**	**55043**	**43613**	**71450**	**31257**	**8722**	**2782**
南昌市	Nanchang	23503	23327	22017	16231	1449	850
景德镇市	Jingdezhen	3772	3395	3393	1452	636	99
萍乡市	Pingxiang	2223	1924	2393	1863	280	280
九江市	Jiujiang	6867	4708	7510	3590	1050	358
新余市	Xinyu	1300	500	1000	400	200	100
鹰潭市	Yingtan	1600	900	2300	200	10	
赣州市	Ganzhou	5984	4854	8676	3341	1517	581
吉安市	Ji'an	4590	1425	8134	905	735	16
宜春市	Yichun	1916	1010	6764	1511	428	42
抚州市	Fuzhou	2025	1101	4830	994	1871	284
上饶市	Shangrao	1263	469	4433	770	546	172

2-9 续表 3 continued

单位：人 (person)

城 市	City	(8)科学研究、技术服务和地质勘查业 Scientific Research, Technical Service and Geologic Prospecting		(9)水利、环境和公共设施管理业 Management of Water Conservancy, Environment		(10)居民服务、修理和其他服务业 Services to Households and Other Services	
		全 市 Total City	市辖区 Districts under City	全 市 Total City	市辖区 Districts under City	全 市 Total City	市辖区 Districts under City
山东省	**Shandong**	**175438**	**115556**	**167411**	**79192**	**31367**	**23167**
济南市	Jinan	30496	29272	14355	11432	5019	4753
青岛市	Qingdao	26418	22664	18823	14960	8194	7771
淄博市	Zibo	6410	4887	10599	7861	1271	1216
枣庄市	Zaozhuang	4786	3804	5960	4032	1199	941
东营市	Dongying	7700	7400	3700	2900	700	400
烟台市	Yantai	24726	15416	16045	8473	1554	816
潍坊市	Weifang	10900	5700	21900	1800	1300	700
济宁市	Jining	6568	4418	8732	2503	1021	416
泰安市	Tai'an	10031	6559	6456	2500	4101	2539
威海市	Weihai	13866	3589	12618	2481	997	541
日照市	Rizhao	1725	1009	1619	915	132	102
莱芜市	Laiwu	541	541	842	842	722	722
临沂市	Linyi	11867	4098	16687	5610	1543	144
德州市	Dezhou	8051	1329	9993	5213	1933	1302
聊城市	Liaocheng	2900	1900	6000	3500	400	200
滨州市	Binzhou	2668	1258	2451	770	622	467
菏泽市	Heze	5785	1712	10631	3400	659	137
河南省	**Henan**	**163268**	**110009**	**130729**	**53902**	**25024**	**12827**
郑州市	Zhengzhou	56500	52000	19600	11900	5100	4100
开封市	Kaifeng	4643	2400	5387	3800	2277	800
洛阳市	Luoyang	28100	25700	8800	2500	1200	300
平顶山市	Pingdingshan	6344	3400	10656	5144	982	630
安阳市	Anyang	3080	2327	6519	4349	757	391
鹤壁市	Hebi	1339	743	3333	2583	183	173
新乡市	Xinxiang	9410	3289	7008	1596	774	389
焦作市	Jiaozuo	3270	2471	4381	2384	1748	1446
濮阳市	Puyang	2297	2000	3515	1700	1283	1000
许昌市	Xuchang	5300	1500	6600	600	1200	700
漯河市	Luohe	1038	894	3591	3246	112	71
三门峡市	Sanmenxia	2335	1566	2734	1340	241	151
南阳市	Nanyang	15948	5860	16276	4948	2521	1321
商丘市	Shangqiu	3315	617	10049	3590	642	63
信阳市	Xinyang	9549	2142	9880	3022	1004	292
周口市	Zhoukou	4000	1000	4700	400	900	200
驻马店市	Zhumadian	6800	2100	7700	800	4100	800
湖北省	**Hubei**	**148286**	**111775**	**96807**	**53838**	**44639**	**24576**
武汉市	Wuhan	72495	70526	29148	25305	6138	5808
黄石市	Huangshi	5100	3800	2500	1500	500	400
十堰市	Shiyan	4500	1800	5100	2800	9700	9300
宜昌市	Yichang	19900	8700	8500	3200	6500	2400
襄阳市	Xiangyang	19300	14100	15200	8300	9710	1700
鄂州市	Ezhou	1402	1402	2586	2586	2184	2184

2-9 续表 4 continued

单位：人 (person)

城市	City	(8)科学研究、技术服务和地质勘查业 Scientific Research, Technical Service and Geologic Prospecting		(9)水利、环境和公共设施管理业 Management of Water Conservancy, Environment		(10)居民服务、修理和其他服务业 Services to Households and Other Services	
		全市 Total City	市辖区 Districts under City	全市 Total City	市辖区 Districts under City	全市 Total City	市辖区 Districts under City
荆门市	Jingmen	4611	3405	4891	2001	652	641
孝感市	Xiaogan	6088	2937	8044	1801	7299	1787
荆州市	Jingzhou	5298	2211	7363	2718	727	122
黄冈市	Huanggang	5100	1300	6600	400	1000	100
咸宁市	Xianning	3092	944	2575	827	127	39
随州市	Suizhou	1400	650	4300	2400	102	95
湖南省	**Hunan**	**127265**	**85184**	**91458**	**41429**	**27332**	**16572**
长沙市	Changsha	54178	51194	12148	10435	4905	4420
株洲市	Zhuzhou	7928	7149	5933	2183	1606	339
湘潭市	Xiangtan	6100	4600	4300	2800	10100	5700
衡阳市	Hengyang	8189	2640	7841	2423	1367	978
邵阳市	Shaoyang	3700	1900	6200	1200	1300	300
岳阳市	Yueyang	13500	3200	9500	4000	2400	2000
常德市	Changde	13100	3000	6600	2100	900	100
张家界市	Zhangjiajie	879	529	3611	2821	20	20
益阳市	Yiyang	2896	1970	6534	3192	350	232
郴州市	Chenzhou	6266	3233	7604	2748	776	622
永州市	Yongzhou	3300	1400	6800	2300	500	30
怀化市	Huaihua	4434	2619	8051	2929	1102	1009
娄底市	Loudi	2795	1750	6336	2298	2006	822
广东省	**Guangdong**	**319254**	**302238**	**172851**	**129514**	**74907**	**71180**
广州市	Guangzhou	157134	154483	55549	53094	24031	23503
韶关市	Shaoguan	3500	2800	7500	4400	700	400
深圳市	Shenzhen	78117	78117	12336	12336	18941	18941
珠海市	Zhuhai	9428	9428	8961	8961	2579	2579
汕头市	Shantou	3878	3813	6788	6517	523	506
佛山市	Foshan	12323	12323	11105	11105	5114	5114
江门市	Jiangmen	4774	2385	6293	1582	1305	344
湛江市	Zhanjiang	5592	4072	12050	6657	664	445
茂名市	Maoming	3709	2740	6335	3248	429	298
肇庆市	Zhaoqing	3080	1815	4997	2415	748	367
惠州市	Huizhou	4911	3432	7745	4882	724	362
梅州市	Meizhou	3629	2227	7548	2188	273	103
汕尾市	Shanwei	680	300	2190	432	136	28
河源市	Heyuan	1641	1006	2549	466	545	148
阳江市	Yangjiang	1629	302	3824	1772	344	9
清远市	Qingyuan	2412	1819	3579	900	1095	856
东莞市	Dongguan	12424	12424	2052	2052	14467	14467
中山市	Zhongshan	6287	6287	3203	3203	1553	1553
潮州市	Chaozhou	1700	1302	2695	1986	290	290
揭阳市	Jieyang	1468	1000	3633	1200	333	200
云浮市	Yunfu	938	163	1919	118	113	667
广西壮族自治区	**Guangxi**	**96886**	**70280**	**95914**	**57989**	**7849**	**6141**
南宁市	Nanning	36681	33882	23318	17838	1948	1771
柳州市	Liuzhou	15846	12879	17743	15053	1123	1078

2-9 续表 5 continued

单位：人 (person)

城 市	City	(8)科学研究、技术服务和地质勘查业 Scientific Research, Technical Service and Geologic Prospecting		(9)水利、环境和公共设施管理业 Management of Water Conservancy, Environment		(10)居民服务、修理和其他服务业 Services to Households and Other Services	
		全 市 Total City	市辖区 Districts under City	全 市 Total City	市辖区 Districts under City	全 市 Total City	市辖区 Districts under City
桂林市	Guilin	8970	5692	14421	7234	1712	1495
梧州市	Wuzhou	3000	2000	3500	2300		
北海市	Beihai	3000	2100	4300	2800	300	300
防城港市	Fangchenggang	1599	1203	3232	2039	12	12
钦州市	Qinzhou	2600	1300	2200	1400	700	400
贵港市	Guigang	2550	1936	3372	1221	462	374
玉林市	Yulin	5262	2302	6551	2326	451	286
百色市	Baise	3679	2201	5622	2014	174	107
贺州市	Hezhou	2600	1700	2100	1300	600	100
河池市	Hechi	4010	1200	4134	700	226	100
来宾市	Laibin	2991	1400	2331	1000	77	100
崇左市	Chongzuo	4098	485	3090	764	64	18
海南省	**Hainan**	**16818**	**16818**	**14914**	**14914**	**3665**	**3665**
海口市	Haikou	15555	15555	8562	8562	2289	2289
三亚市	Sanya	1263	1263	6352	6352	1376	1376
三沙市	Sansa						
重庆市	**Chongqing**	**102600**		**65300**		**874700**	
四川省	**Sichuan**	**202003**	**178422**	**121711**	**73106**	**17882**	**14252**
成都市	Chengdu	116839	114413	38593	28683	8892	8493
自贡市	Zigong	2896	2096	2895	2205	306	125
攀枝花市	Panzhihua	4041	3948	2505	2303	359	206
泸州市	Luzhou	3270	2530	4900	3252	405	321
德阳市	Deyang	4232	2905	6810	3434	516	288
绵阳市	Mianyang	39064	36787	9641	5439	3378	2740
广元市	Guangyuan	1837	590	7447	5520	155	102
遂宁市	Suining	1128	365	3035	1082	71	10
内江市	Neijiang	1285	699	1845	427	211	98
乐山市	Leshan	6000	2800	6700	2300	1000	700
南充市	Nanchong	5200	1700	9300	5100	500	300
眉山市	Meishan	2716	1156	5069	2570	95	
宜宾市	Yibin	2907	1941	4833	2321	562	139
广安市	Guang'an	1424	409	3061	253	54	25
达州市	Dazhou	4370	2956	5866	3368	515	166
雅安市	Ya'an	720	636	2142	1331	269	222
巴中市	Bazhong	2079	1137	2792	1833	397	254
资阳市	Ziyang	1995	1354	4277	1685	197	63
贵州省	**Guizhou**	**66056**	**41789**	**30318**	**15528**	**11994**	**8873**
贵阳市	Guiyang	32014	30815	6289	5079	8653	7293
六盘水市	Liupanshui	2412	1138	3364	2623	278	184
遵义市	Zunyi	8300	2700	9200	2800	1600	600
安顺市	Anshun	3212	1811	3752	1874	354	198
毕节市	Bijie	15918	3825	4213	1652	909	548
铜仁市	Tongren	4200	1500	3500	1500	200	50

2-9 续表 6 continued

单位：人 (person)

城市	City	(8)科学研究、技术服务和地质勘查业 Scientific Research, Technical Service and Geologic Prospecting		(9)水利、环境和公共设施管理业 Management of Water Conservancy, Environment		(10)居民服务、修理和其他服务业 Services to Households and Other Services	
		全市 Total City	市辖区 Districts under City	全市 Total City	市辖区 Districts under City	全市 Total City	市辖区 Districts under City
云南省	**Yunnan**	**74625**	**54535**	**43920**	**19713**	**10898**	**7792**
昆明市	Kunming	51100	45200	14300	10000	7500	6600
曲靖市	Qujing	3200	1800	4800	2300	1200	400
玉溪市	Yuxi	3600	2100	3400	700	700	400
保山市	Baoshan	2335	1162	3456	850	156	49
昭通市	Zhaotong	4291	1376	5504	1193	487	26
丽江市	Lijiang	3076	774	6579	2518	128	51
普洱市	Pu'er	5800	1700	4000	1500	300	200
临沧市	Lincang	1223	423	1881	652	427	66
西藏自治区	**Tibet**	**7184**		**1205**		**17713**	
拉萨市	Lasa	7184		1205		17713	
陕西省	**Shaanxi**	**176875**	**142038**	**99471**	**46577**	**26834**	**23778**
西安市	Xi'an	127200	117582	28400	21671	22400	16266
铜川市	Tongchuan	1900	1800	2300	2200	100	100
宝鸡市	Baoji	5600	3600	8500	4900	300	200
咸阳市	Xianyang	8725	5281	13418	3989	561	397
渭南市	Weinan	8900	3100	15700	4400	620	5500
延安市	Yan'an	4681	2475	5451	1517	1000	691
汉中市	Hanzhong	6900	2800	8300	2200	700	500
榆林市	Yulin	6800	3100	12600	3200	500	
安康市	Ankang	2669	1400	1502	700	153	24
商洛市	Shangluo	3500	900	3300	1800	500	100
甘肃省	**Gansu**	**66613**	**57258**	**56015**	**26120**	**4487**	**2373**
兰州市	Lanzhou	35000	34100	16400	12800	1100	1100
嘉峪关市	Jiayuguan	700	700	1500	1500	100	100
金昌市	Jinchang	907	742	2416	1048	80	80
白银市	Baiyin	2181	1197	3719	902	85	23
天水市	Tianshui	8872	8411	2701	1049	346	346
武威市	Wuwei	2370	1662	5942	2601	308	308
张掖市	Zhangye	5401	4736	4789	1314	198	146
平凉市	Pingliang	2900	1600	3600	1400	100	100
酒泉市	Jiuquan	2769	2048	5240	1363	36	36
庆阳市	Qingyang	2000	973	2601	1021	28	28
定西市	Dingxi	1813	689	4207	722	106	106
陇南市	Longnan	1700	400	2900	400	2000	
青海省	**Qinghai**	**18500**	**16819**	**7600**	**5583**	**900**	**500**
西宁市	Xining	16500	16500	4900	4800	700	500
海东市	Haidong	2000	319	2700	783	200	
宁夏回族自治区	**Ningxia**	**21083**	**17464**	**22332**	**15911**	**32156**	**29462**
银川市	Yinchuan	15786	14483	9339	8503	32003	29340
石嘴山市	Shizuishan	1408	1080	2977	2836	36	36
吴忠市	Wuzhong	1213	551	3776	1773	92	75
固原市	Guyuan	1811	548	2432	1143	25	11
中卫市	Zhongwei	865	802	3808	1656		
新疆维吾尔自治区	**Xinjiang**	**27881**	**27806**	**7440**	**7440**	**3098**	**3098**
乌鲁木齐市	Urumqi	25800	25725	6000	6000	1500	1500
克拉玛依市	Karamay	2081	2081	1440	1440	1598	1598

2-10 按行业分组的单位从业人员(六)

Persons Employed in Various Units by Sector in Detail(Ⅵ)

单位：人 (person)

城　市	City	(11)教育 Education		(12)卫生、社会保障和社会福利业 Health, Social Security and Social Welfare		(13)文化、体育、娱乐用房屋 Culture, Sports and Entertainment		(14)公共管理和社会组织 Public Management and Social Organization	
		全　市 Total City	市辖区 Districts under City	全　市 Total City	市辖区 Districts under City	全　市 Total City	市辖区 Districts under City	全　市 Total City	市辖区 Districts under City
城市合计	**Prefecture Cities**	**16203554**	**7419909**	**7687697**	**4250277**	**1458972**	**1065873**	**14643018**	**6984719**
北京市	**Beijing**	**458032**	**445017**	**254294**	**247070**	**174448**	**172534**	**466534**	**422102**
天津市	**Tianjin**	**173700**	**151800**	**92800**	**84000**	**20800**	**20000**	**154400**	**133700**
河北省	**Hebei**	**899107**	**258350**	**354525**	**152252**	**52685**	**31183**	**863151**	**276539**
石家庄市	Shijiazhuang	131161	68191	55825	35739	14985	12624	110493	60761
唐山市	Tangshan	92555	45152	42569	22936	6073	4223	99484	56155
秦皇岛市	Qinhuangdao	41192	19376	20684	12108	5010	2589	46096	24101
邯郸市	Handan	114257	24500	41602	16800	4754	1600	97910	18000
邢台市	Xingtai	75049	16089	29005	8052	2210	945	77684	15324
保定市	Baoding	136040	20674	47487	14547	4109	1754	115879	19795
张家口市	Zhangjiakou	58866	18216	25340	11028	3473	1853	75418	18046
承德市	Chengde	46267	10766	20477	7579	3732	2593	52962	17472
沧州市	Cangzhou	88375	10795	32645	11002	4443	1715	79562	13405
廊坊市	Langfang	57626	13312	19324	5532	1815	93	63772	23566
衡水市	Hengshui	57719	11279	19567	6929	2081	1194	43891	9914
山西省	**Shanxi**	**527085**	**193837**	**195136**	**97153**	**48748**	**33750**	**585441**	**210816**
太原市	Taiyuan	81507	69764	40565	37669	17638	17313	63606	53494
大同市	Datong	45906	26359	15858	11017	3983	3201	53091	29441
阳泉市	Yangquan	18988	7665	7660	4338	1279	831	25908	12008
长治市	Changzhi	51476	15792	19313	9925	4564	2022	51615	16904
晋城市	Jincheng	27718	7024	10727	3473	2215	1417	32135	8300
朔州市	Shuozhou	23564	12475	7759	3913	1671	800	34572	17006
晋中市	Jinzhong	49469	10640	17916	4957	3374	965	49754	12670
运城市	Yuncheng	68321	13100	24517	6900	4466	4000	73501	16600
忻州市	Xinzhou	45776	9936	16265	4873	1951	893	54647	10432
临汾市	Linfen	56700	13500	20200	7400	4100	1100	78600	16000
吕梁市	Lvliang	57660	7582	14356	2688	3507	1208	68012	17961
内蒙古自治区	**Inner Mongolia**	**308825**	**133726**	**129051**	**70865**	**30963**	**21163**	**360218**	**150285**
呼和浩特市	Hohhot	50400	38400	19900	17600	11300	10900	50800	37900
包头市	Baotou	31517	25828	16818	15118	3100	2570	33560	25752
乌海市	Wuhai	6907	6907	3677	3677	492	492	10417	10417
赤峰市	Chifeng	65990	19915	22704	8641	2669	1409	55028	16606
通辽市	Tongliao	43582	13354	15566	7588	2485	1272	38720	12969
鄂尔多斯市	Erdos	28008	6578	10815	4333	2919	1675	46505	13498
呼伦贝尔市	Hulunbuir	35900	6800	20200	5100	4300	1100	45300	8100
巴彦淖尔市	Bayannur	19200	8300	10100	5100	1600	700	31400	12500
乌兰察布市	Ulanqab	27321	7644	9271	3708	2098	1045	48488	12543
辽宁省	**Liaoning**	**598578**	**367056**	**344216**	**248637**	**52506**	**44284**	**538173**	**321898**
沈阳市	Shenyang	145840	128925	87201	79060	16453	15640	90213	74824
大连市	Dalian	85159	62136	45919	33987	11117	10255	65990	47685
鞍山市	Anshan	49753	27738	26350	18016	3741	2913	42634	22826
抚顺市	Fushun	25258	16948	14292	11375	2437	2325	25675	19492
本溪市	Benxi	26459	19306	35093	31253	1913	1522	24446	17631
丹东市	Dandong	36396	17906	25320	14714	2072	1212	27300	12740
锦州市	Jinzhou	39108	21915	19056	12952	3511	2852	35190	21422
营口市	Yingkou	23002	12066	13437	8124	2081	1692	34681	22298

2-10 续表 1 continued

单位：人 (person)

城市	City	(11)教育 Education 全市 Total City	市辖区 Districts under City	(12)卫生、社会保障和社会福利业 Health, Social Security and Social Welfare 全市 Total City	市辖区 Districts under City	(13)文化、体育、娱乐用房屋 Culture, Sports and Entertainment 全市 Total City	市辖区 Districts under City	(14)公共管理和社会组织 Public Management and Social Organization 全市 Total City	市辖区 Districts under City
阜新市	Fuxin	27127	15695	13001	8803	1737	1284	23950	11328
辽阳市	Liaoyang	18692	11368	11394	8406	1559	1278	23278	15973
盘锦市	Panjin	17906	8090	8824	5815	1781	1233	28618	16674
铁岭市	Tieling	29698	5267	14125	5003	1514	968	34055	8274
朝阳市	Chaoyang	46535	9539	17008	5398	1650	754	48704	15430
葫芦岛市	Huludao	27645	10157	13196	5731	940	356	33439	15301
吉林省	**Jilin**	**336211**	**161765**	**164894**	**78839**	**30947**	**22501**	**311212**	**159287**
长春市	Changchun	124100	81100	58200	30700	17200	15500	80900	57200
吉林市	Jilin	54000	29000	27200	15900	3000	2300	53100	32800
四平市	Siping	37200	10100	21500	8800	2500	600	27200	9900
辽源市	Liaoyuan	13411	5015	6907	3310	1018	577	13240	7436
通化市	Tonghua	24893	6964	13254	4871	2449	1148	31749	10135
白山市	Baishan	17569	7056	8977	4476	1276	606	32694	15035
松原市	Songyuan	31891	8176	14379	3877	1969	1041	31643	11055
白城市	Baicheng	33147	14354	14477	6905	1535	729	40686	15726
黑龙江省	**Heilongjiang**	**437150**	**222376**	**214354**	**130898**	**41331**	**29605**	**429033**	**198015**
哈尔滨市	Harbin	156729	106443	73740	55227	16109	14564	118138	72797
齐齐哈尔市	Qiqihar	45997	16848	26804	15962	3609	2205	42518	16337
鸡西市	Jixi	19175	8728	8032	2870	1994	1232	27498	13100
鹤岗市	Hegang	11800	6280	10600	7109	1410	949	15900	9126
双鸭山市	Shuangyashan	14015	5388	5542	2013	2136	1139	26142	12550
大庆市	Daqing	41576	26061	21345	16567	5526	4902	36505	22268
伊春市	Yichun	12800	10000	7000	5800	1000	900	14900	9900
佳木斯市	Jiamusi	24299	11811	12475	7241	1544	1001	29273	12323
七台河市	Qitaihe	7728	5505	4910	3770	734	502	12059	8976
牡丹江市	Mudanjiang	28200	13000	17100	11000	2400	1000	30100	10000
黑河市	Heihe	21288	4297	8894	1744	2584	932	27299	7434
绥化市	Suihua	53543	8015	17912	1595	2285	279	48701	3204
上海市	**Shanghai**	**348800**	**340900**	**217200**	**210500**	**65800**	**64700**	**312600**	**299600**
江苏省	**Jiangsu**	**946100**	**523714**	**466600**	**271481**	**77800**	**57750**	**698200**	**397806**
南京市	Nanjing	147400	147400	60400	60400	23600	23600	86600	86600
无锡市	Wuxi	67400	36437	40200	23980	7900	4963	54700	33190
徐州市	Xuzhou	105700	42255	50500	26760	4400	3262	74800	36415
常州市	Changzhou	53300	39261	31900	24231	6600	5761	40700	29561
苏州市	Suzhou	96800	52287	63800	31562	9900	5303	96700	44743
南通市	Nantong	77900	30634	39500	17974	5000	1974	56900	25707
连云港市	Lianyungang	50500	26739	24000	14297	2100	1691	42700	25150
淮安市	Huai'an	65000	38599	24800	16390	2600	1625	39100	23669
盐城市	Yancheng	73800	22733	35000	11884	5300	2461	55900	16740
扬州市	Yangzhou	60600	34820	26400	14925	3700	3048	42100	26057
镇江市	Zhenjiang	38200	18853	21300	11417	2800	2045	32500	16084
泰州市	Taizhou	50900	20676	27200	11165	2300	1374	42600	20575
宿迁市	Suqian	58600	13020	21600	6496	1600	643	32900	13315
浙江省	**Zhejiang**	**701916**	**355710**	**417271**	**233353**	**74668**	**47922**	**674196**	**335160**
杭州市	Hangzhou	174832	151178	104859	91119	22801	21452	135251	113647
宁波市	Ningbo	89600	47212	59700	34528	9500	6313	90900	47168

2-10 续表 2 continued

单位：人 (person)

城市	City	(11)教育 Education		(12)卫生、社会保障和社会福利业 Health, Social Security and Social Welfare		(13)文化、体育、娱乐用房屋 Culture, Sports and Entertainment		(14)公共管理和社会组织 Public Management and Social Organization	
		全市 Total City	市辖区 Districts under City	全市 Total City	市辖区 Districts under City	全市 Total City	市辖区 Districts under City	全市 Total City	市辖区 Districts under City
温州市	Wenzhou	97965	31962	50835	23761	9115	4142	92711	31219
嘉兴市	Jiaxing	54415	16260	31559	12235	4854	1693	44687	13049
湖州市	Huzhou	32227	14261	19410	9590	2250	910	33311	12605
绍兴市	Shaoxing	57225	29805	32644	17939	6543	2488	44625	24932
金华市	Jinhua	61658	17272	38188	11075	5320	1718	68204	14512
衢州市	Quzhou	24488	10309	13647	6246	2084	1133	34830	15328
舟山市	Zhoushan	15300	10700	11700	7400	4900	4800	25800	28000
台州市	Taizhou	62678	19346	36939	12490	4524	2188	64504	25416
丽水市	Lishui	31528	7405	17790	6970	2777	1085	39373	9284
安徽省	**Anhui**	**647011**	**257771**	**281553**	**146122**	**33561**	**23057**	**478391**	**211835**
合肥市	Hefei	103335	60054	48110	34578	11134	10167	72593	41315
芜湖市	Wuhu	45035	22187	21272	13481	1688	1145	30992	16801
蚌埠市	Bengbu	35458	16033	16402	9640	1575	1133	22781	11856
淮南市	Huainan	27943	23041	14776	12553	1540	1254	18969	15161
马鞍山市	Maanshan	22859	11147	10594	6640	1178	709	23020	12537
淮北市	Huaibei	21828	12586	13587	7899	553	466	16323	10475
铜陵市	Tongling	8669	6134	5580	4638	783	696	12143	8768
安庆市	Anqing	62297	9971	22382	6843	2957	979	42966	10917
黄山市	Huangshan	14169	5895	8515	4589	1417	622	21801	10635
滁州市	Chuzhou	40355	7928	15687	4368	619	296	31764	8237
阜阳市	Fuyang	68519	21535	27546	10031	1554	787	47024	18858
宿州市	Suzhou	56518	17565	20807	10085	1254	724	33093	13991
六安市	Lu'an	54051	16886	20610	9068	1689	692	37940	11467
亳州市	Bozhou	49586	14345	16784	5400	1487	661	24647	9341
池州市	Chizhou	13338	5510	6660	3347	2795	2663	16096	7431
宣城市	Xuancheng	23051	6954	12241	2962	1338	63	26239	4045
福建省	**Fujian**	**501074**	**188476**	**209681**	**108790**	**40496**	**29709**	**370448**	**164672**
福州市	Fuzhou	114667	43855	53074	36218	13845	12173	81067	46100
厦门市	Xiamen	53970	53970	25383	25383	8850	8850	32914	32914
莆田市	Putian	39190	26986	13071	9963	1792	1619	21589	17244
三明市	Sanming	36612	5626	15843	3873	1897	828	38459	7695
泉州市	Quanzhou	91602	22928	26840	10306	4442	2590	54488	19589
漳州市	Zhangzhou	53443	12165	21326	7445	2712	1290	40506	11649
南平市	Nanping	34157	5468	17460	3947	2539	449	31275	8266
龙岩市	Longyan	39094	10110	19705	7577	2465	1251	36024	12009
宁德市	Ningde	38339	7368	16979	4078	1954	659	34126	9206
江西省	**Jiangxi**	**508535**	**156724**	**214246**	**87370**	**30364**	**19818**	**499479**	**171595**
南昌市	Nanchang	74685	52285	35735	27026	10311	9656	70541	51944
景德镇市	Jingdezhen	16867	7604	9294	5644	2292	2043	21849	11366
萍乡市	Pingxiang	22063	10095	9502	6775	852	749	27189	14267
九江市	Jiujiang	51308	11741	23740	8767	3630	2060	54345	14803
新余市	Xinyu	11900	9400	5300	4200	800	700	13700	10700
鹰潭市	Yingtan	11600	2900	4500	1700	600	300	15000	6900
赣州市	Ganzhou	96433	19329	42144	12937	3624	1464	81527	16203
吉安市	Ji'an	47339	9117	20687	4327	2703	613	45822	8905
宜春市	Yichun	50590	10151	23636	5877	1562	637	53813	12354
抚州市	Fuzhou	49918	15965	15004	5275	1732	775	45530	9410
上饶市	Shangrao	75832	8137	24704	4842	2258	821	70163	14743

2-10 续表 3 continued

单位：人 (person)

城 市	City	(11)教育 Education		(12)卫生、社会保障和社会福利业 Health, Social Security and Social Welfare		(13)文化、体育、娱乐用房屋 Culture, Sports and Entertainment		(14)公共管理和社会组织 Public Management and Social Organization	
		全 市 Total City	市辖区 Districts under City	全 市 Total City	市辖区 Districts under City	全 市 Total City	市辖区 Districts under City	全 市 Total City	市辖区 Districts under City
山东省	**Shandong**	**1202391**	**511655**	**586937**	**294931**	**71124**	**51658**	**1090343**	**496016**
济南市	Jinan	105571	76782	61858	49730	16377	15863	97503	68350
青岛市	Qingdao	124617	75989	58674	40703	11757	9714	93574	58593
淄博市	Zibo	64557	46016	34573	27465	6515	6270	50406	39232
枣庄市	Zaozhuang	44542	25016	22572	14004	1533	1123	52163	39452
东营市	Dongying	25300	12400	10900	7100	1000	500	34100	19900
烟台市	Yantai	119794	54587	55635	22965	6654	2802	74491	30885
潍坊市	Weifang	107500	24700	50200	13000	3600	1800	79800	28500
济宁市	Jining	85411	23442	43628	19574	3823	1316	91947	28389
泰安市	Tai'an	69587	27453	27034	9528	3207	2656	53098	26016
威海市	Weihai	35477	21834	22118	15775	1931	1722	29450	18936
日照市	Rizhao	28286	13700	14519	7192	1341	890	25150	15121
莱芜市	Laiwu	13011	13011	7380	7380	500	500	13093	13093
临沂市	Linyi	112605	35270	52883	20297	3779	1840	91299	31873
德州市	Dezhou	71062	17130	30335	8464	2024	1023	84979	19520
聊城市	Liaocheng	63700	16500	32600	12800	2900	1400	67800	17000
滨州市	Binzhou	38767	10092	20211	7936	1224	735	50337	20533
菏泽市	Heze	92604	17733	41817	11018	2959	1504	101153	20623
河南省	**Henan**	**1183605**	**326902**	**497773**	**189260**	**74045**	**44137**	**1094431**	**376555**
郑州市	Zhengzhou	148400	74000	82600	57100	24500	22100	135100	81300
开封市	Kaifeng	45139	18600	24591	10700	4078	2100	53973	19700
洛阳市	Luoyang	70500	26600	38000	19200	5500	3800	85200	36300
平顶山市	Pingdingshan	51554	16767	22745	6936	3663	1523	59603	20604
安阳市	Anyang	52504	14352	24395	9914	3007	1447	51320	19410
鹤壁市	Hebi	15754	8208	7542	3856	653	402	19656	12491
新乡市	Xinxiang	65595	16710	28152	6026	2607	1054	65131	14610
焦作市	Jiaozuo	42621	12306	19211	6692	2222	1334	51240	21251
濮阳市	Puyang	37018	8300	9413	2200	1715	600	43001	12900
许昌市	Xuchang	49900	6400	22500	6300	3100	600	49700	10000
漯河市	Luohe	31771	18699	13259	8714	1836	1059	31226	18710
三门峡市	Sanmenxia	27147	5904	12345	3107	1883	570	32579	9589
南阳市	Nanyang	153836	41119	59200	21323	6032	2956	92870	24384
商丘市	Shangqiu	95646	13627	39884	5551	2036	690	79816	18232
信阳市	Xinyang	100220	20210	28336	8341	4213	1402	76916	19874
周口市	Zhoukou	105100	10000	32000	5100	2700	1100	94000	15200
驻马店市	Zhumadian	90900	15100	33600	8200	4300	1400	73100	22000
湖北省	**Hubei**	**636015**	**303449**	**344524**	**179294**	**64499**	**40708**	**524128**	**236059**
武汉市	Wuhan	179104	137291	85968	72513	23542	22492	98028	77400
黄石市	Huangshi	28300	13200	17200	11400	2500	1600	26900	14000
十堰市	Shiyan	38800	16400	27100	15200	3900	2100	40100	17100
宜昌市	Yichang	42300	18400	25000	11100	9300	3800	38700	14700
襄阳市	Xiangyang	73000	31900	38000	16100	4820	2100	60800	30300
鄂州市	Ezhou	12431	12431	6758	6758	972	972	10533	10533

2-10 续表 4 continued

单位：人 (person)

城市	City	(11)教育 Education		(12)卫生、社会保障和社会福利业 Health, Social Security and Social Welfare		(13)文化、体育、娱乐用房屋 Culture, Sports and Entertainment		(14)公共管理和社会组织 Public Management and Social Organization	
		全市 Total City	市辖区 Districts under City	全市 Total City	市辖区 Districts under City	全市 Total City	市辖区 Districts under City	全市 Total City	市辖区 Districts under City
荆门市	Jingmen	27605	17060	16604	8416	2902	2904	29701	21160
孝感市	Xiaogan	58882	14253	29219	7141	7346	1031	49056	12128
荆州市	Jingzhou	53420	15736	31231	10932	3612	2043	59785	14957
黄冈市	Huanggang	66100	6700	34400	4200	3200	600	57900	8000
咸宁市	Xianning	36519	13008	22244	11634	1605	666	36825	9781
随州市	Suizhou	19554	7070	10800	3900	800	400	15800	6000
湖南省	**Hunan**	**702130**	**239642**	**367069**	**156570**	**53190**	**38328**	**776726**	**260759**
长沙市	Changsha	115959	77924	65900	48928	23490	22370	80738	54468
株洲市	Zhuzhou	46801	23627	24497	11507	3115	2117	43985	20123
湘潭市	Xiangtan	30600	16200	17300	9300	4300	2800	31400	14200
衡阳市	Hengyang	76748	17819	38697	15833	4892	2358	86105	22790
邵阳市	Shaoyang	61100	8800	31500	8200	1200	600	68300	14900
岳阳市	Yueyang	61800	18800	29100	11500	1700	900	100300	25200
常德市	Changde	56400	15200	28500	9100	3400	1200	58500	22000
张家界市	Zhangjiajie	15030	6214	7561	3201	973	826	19206	9514
益阳市	Yiyang	41306	14666	23679	8371	2512	1869	44684	15877
郴州市	Chenzhou	47502	11707	25821	9659	1853	832	60143	17721
永州市	Yongzhou	59600	12700	26500	8000	2200	700	68000	19270
怀化市	Huaihua	54103	7973	29039	6760	2111	999	66806	11032
娄底市	Loudi	35181	8012	18975	6211	1444	757	48559	13664
广东省	**Guangdong**	**1244972**	**766915**	**596803**	**432527**	**115270**	**102536**	**1043315**	**713742**
广州市	Guangzhou	226426	196331	112784	102298	38917	37787	160695	139378
韶关市	Shaoguan	38900	14900	18900	9200	2000	1100	39800	16700
深圳市	Shenzhen	92589	92589	61278	61278	25772	25772	142076	142076
珠海市	Zhuhai	30418	30418	16263	16263	3291	3291	31632	31632
汕头市	Shantou	63681	62827	23263	22964	5925	5907	37706	36402
佛山市	Foshan	90329	90329	46495	46495	4246	4246	56768	56768
江门市	Jiangmen	41849	18856	27568	13947	2183	893	45987	22576
湛江市	Zhanjiang	88858	28859	32064	14952	2574	1833	47393	20670
茂名市	Maoming	89890	37554	27077	11844	2169	1343	42685	21331
肇庆市	Zhaoqing	52548	11440	25573	8242	1930	1194	43051	10715
惠州市	Huizhou	48585	24341	26192	16321	4252	2642	57794	32741
梅州市	Meizhou	57031	13297	23608	9017	1904	1165	43091	14886
汕尾市	Shanwei	30683	6073	8164	2597	1198	266	24573	8073
河源市	Heyuan	37921	6507	13592	3827	1854	741	34582	10634
阳江市	Yangjiang	30774	9505	13288	5481	1100	492	32659	13733
清远市	Qingyuan	37653	12844	18305	7697	1607	1172	44913	21170
东莞市	Dongguan	36048	36048	44800	44800	7056	7056	54734	54734
中山市	Zhongshan	29963	29963	18488	18488	3031	3031	23697	23697
潮州市	Chaozhou	27775	18087	11018	7970	1520	1402	15900	10634
揭阳市	Jieyang	60790	21500	15935	6100	1752	1000	34951	16300
云浮市	Yunfu	32261	4647	12148	2746	989	203	28628	8892
广西壮族自治区	**Guangxi**	**618675**	**248204**	**298604**	**145912**	**33397**	**24426**	**462149**	**208434**
南宁市	Nanning	108698	69340	55139	37956	12110	11391	78278	54404
柳州市	Liuzhou	58490	35521	34800	22700	3163	2538	40401	18626

2-10 续表 5 continued

单位：人 (person)

城市	City	(11)教育 Education 全市 Total City	(11)教育 Education 市辖区 Districts under City	(12)卫生、社会保障和社会福利业 Health, Social Security and Social Welfare 全市 Total City	(12) 市辖区 Districts under City	(13)文化、体育、娱乐用房屋 Culture, Sports and Entertainment 全市 Total City	(13) 市辖区 Districts under City	(14)公共管理和社会组织 Public Management and Social Organization 全市 Total City	(14) 市辖区 Districts under City
桂林市	Guilin	62670	21907	31001	12556	5863	3211	51465	16099
梧州市	Wuzhou	35500	10900	18200	9900	1400	1100	25000	12300
北海市	Beihai	21200	10500	10000	5800	1200	1000	16200	10900
防城港市	Fangchenggang	14840	9306	7514	5052	629	442	15463	9857
钦州市	Qinzhou	40400	15900	19300	9700	800	600	22900	14300
贵港市	Guigang	51676	18577	18876	8558	681	424	27739	15278
玉林市	Yulin	73604	18325	28223	10664	1726	924	34085	12216
百色市	Baise	40161	7547	20288	5311	1321	601	45619	9172
贺州市	Hezhou	24300	12400	10700	5600	900	600	23100	11700
河池市	Hechi	40775	5000	21057	4700	1734	900	36988	7700
来宾市	Laibin	22496	8000	11568	5100	1053	400	19600	9600
崇左市	Chongzuo	23865	4981	11938	2315	817	295	25311	6282
海南省	**Hainan**	**55134**	**55134**	**31343**	**31343**	**8958**	**8958**	**59742**	**59742**
海口市	Haikou	46210	46210	25484	25484	7431	7431	45125	45125
三亚市	Sanya	8924	8924	5859	5859	1527	1527	14617	14617
三沙市	Sansa								
重庆市	**Chongqing**	**427000**		**214300**		**57200**		**282800**	
四川省	**Sichuan**	**864944**	**402931**	**418666**	**227008**	**60193**	**46462**	**745313**	**370978**
成都市	Chengdu	222298	175757	129369	103880	29550	27798	173135	125624
自贡市	Zigong	25662	14164	15513	10620	1652	1460	21983	13172
攀枝花市	Panzhihua	14386	9649	8509	6391	1514	1424	18255	12835
泸州市	Luzhou	45333	16808	19884	10452	1554	1203	33720	16459
德阳市	Deyang	36354	10990	19814	6458	1220	426	33307	11071
绵阳市	Mianyang	65349	27204	28066	12029	2332	1836	43577	16469
广元市	Guangyuan	31420	10848	14579	7074	838	575	33803	16036
遂宁市	Suining	30684	12182	12719	6170	1376	756	24568	13714
内江市	Neijiang	35315	11800	16161	3956	1681	642	34332	14600
乐山市	Leshan	29000	9800	16500	7800	2500	2200	38700	17500
南充市	Nanchong	71600	25500	23900	10900	3800	1900	58600	22100
眉山市	Meishan	37637	7787	15661	5285	904	632	27517	9161
宜宾市	Yibin	50516	16394	21855	9552	2361	910	45863	17475
广安市	Guang'an	32043	9615	13035	4502	1020	838	29720	12788
达州市	Dazhou	52756	15670	21043	6660	1799	1152	46445	18991
雅安市	Ya'an	19204	9671	9563	5114	621	377	26098	10604
巴中市	Bazhong	31170	11738	14249	4706	3513	1433	30522	13973
资阳市	Ziyang	34217	7354	18246	5459	1958	900	25168	8406
贵州省	**Guizhou**	**367854**	**114708**	**129405**	**58264**	**15744**	**11853**	**329057**	**131795**
贵阳市	Guiyang	68282	52646	36210	29122	8870	8324	76562	58382
六盘水市	Liupanshui	34938	8347	9990	3259	1121	552	36072	12250
遵义市	Zunyi	85500	14400	36100	12600	2100	1300	73500	18900
安顺市	Anshun	31440	11398	10891	4627	719	334	30060	13192
毕节市	Bijie	89994	18617	21114	4756	1434	643	62963	14721
铜仁市	Tongren	57700	9300	15100	3900	1500	700	49900	14350

2-10 续表 6 continued

单位：人 (person)

城市	City	(11)教育 Education 全市 Total City	市辖区 Districts under City	(12)卫生、社会保障和社会福利业 Health, Social Security and Social Welfare 全市 Total City	市辖区 Districts under City	(13)文化、体育、娱乐用房屋 Culture, Sports and Entertainment 全市 Total City	市辖区 Districts under City	(14)公共管理和社会组织 Public Management and Social Organization 全市 Total City	市辖区 Districts under City
云南省	**Yunnan**	**378577**	**143059**	**151504**	**80693**	**23113**	**14485**	**296308**	**112594**
昆明市	Kunming	116200	86400	61300	51900	12900	10200	78400	53000
曲靖市	Qujing	70900	12000	15300	4500	1600	700	41100	7950
玉溪市	Yuxi	28200	8200	14500	6400	1700	1000	28700	9300
保山市	Baoshan	29383	9790	12535	4830	888	370	23807	9296
昭通市	Zhaotong	64126	11824	20270	5562	1305	744	47369	10941
丽江市	Lijiang	17793	4553	5519	1321	2295	737	20372	7386
普洱市	Pu'er	26400	5400	12300	3600	1600	500	29300	7700
临沧市	Lincang	25575	4892	9780	2580	825	234	27260	7021
西藏自治区	**Tibet**	**14113**		**6709**		**7102**		**34759**	
拉萨市	Lasa	14113		6709		7102		34759	
陕西省	**Shaanxi**	**586209**	**279569**	**253349**	**134139**	**45054**	**20699**	**565988**	**215362**
西安市	Xi'an	182500	166064	79200	65536	19600	10600	112400	91182
铜川市	Tongchuan	12800	10900	5600	4900	900	900	19700	17300
宝鸡市	Baoji	43600	17900	25600	13400	2900	1600	38700	18100
咸阳市	Xianyang	73595	15652	25961	9546	4173	1169	65138	14728
渭南市	Weinan	72400	17800	26300	6700	4200	1200	65600	12000
延安市	Yan'an	37231	8453	19757	9057	3155	1430	69519	17752
汉中市	Hanzhong	43800	9200	23000	8300	2500	900	47500	10600
榆林市	Yulin	51700	11900	19100	5600	3900	1400	76500	12200
安康市	Ankang	34383	12000	15531	6700	1626	900	41231	14400
商洛市	Shangluo	34200	9700	13300	4400	2100	600	29700	7100
甘肃省	**Gansu**	**335405**	**142535**	**125157**	**64034**	**23847**	**14891**	**343374**	**159942**
兰州市	Lanzhou	66100	55700	30100	26200	9800	9400	58500	48400
嘉峪关市	Jiayuguan	2700	2700	1500	1500	500	500	5500	5500
金昌市	Jinchang	4715	1817	3432	2239	419	353	7312	4230
白银市	Baiyin	28775	7875	7912	3377	815	456	31460	18885
天水市	Tianshui	43364	18731	15247	8570	1660	992	45579	24152
武威市	Wuwei	20312	12904	9567	5968	666	387	26760	10635
张掖市	Zhangye	22806	10797	7653	3202	1339	785	21176	8497
平凉市	Pingliang	33000	6800	10800	3200	1400	500	26200	7600
酒泉市	Jiuquan	14203	5509	6162	2314	2204	444	18837	6892
庆阳市	Qingyang	35986	7636	9640	3290	1595	565	38978	9201
定西市	Dingxi	37544	6566	12344	2674	1149	409	34372	9650
陇南市	Longnan	25900	5500	10800	1500	2300	100	28700	6300
青海省	**Qinghai**	**45700**	**26011**	**26500**	**19824**	**5900**	**5230**	**44200**	**23692**
西宁市	Xining	27600	22300	21500	19100	5200	5100	27500	20900
海东市	Haidong	18100	3711	5000	724	700	130	16700	2792
宁夏回族自治区	**Ningxia**	**89028**	**43130**	**44110**	**30293**	**12100**	**10412**	**100600**	**58893**
银川市	Yinchuan	30652	21898	20816	18187	9057	8688	40595	29564
石嘴山市	Shizuishan	8485	5257	6105	4485	628	534	13759	9609
吴忠市	Wuzhong	15194	4635	5582	2091	970	380	21695	9477
固原市	Guyuan	20785	6751	6116	2840	794	413	13548	6261
中卫市	Zhongwei	13912	4589	5491	2690	651	397	11003	3982
新疆维吾尔自治区	**Xinjiang**	**59678**	**58843**	**39123**	**38855**	**13119**	**13114**	**108309**	**106846**
乌鲁木齐市	Urumqi	52400	51565	35700	35432	12600	12595	96700	95237
克拉玛依市	Karamay	7278	7278	3423	3423	519	519	11609	11609

2-11 行政区域土地面积及人口密度
Total Land Area and Population Density of Administrative Region

城　市	City	行政区域土地面积（平方公里）Total Land Area of Administrative region (sq.km)		建成区面积 Area of Built Districts	人口密度（人/平方公里）Population Density (person/sq.km)	
		全　市 Total City	市辖区 Districts under City	市辖区 Districts under City	全　市 Total City	市辖区 Districts under City
城市合计	**Prefecture Cities**	**4795716**	**693040**	**39478**	**268.89**	**619.78**
北京市	**Beijing**	**16411**	**12187**	**1386**	**812.50**	**1035.44**
天津市	**Tianjin**	**11917**	**7399**	**738**	**853.12**	**1125.53**
河北省	**Hebei**	**186661**	**10552**	**1357**	**406.77**	**1461.51**
石家庄市	Shijiazhuang	13109	2243	264	781.85	1818.86
唐山市	Tangshan	13472	3874	249	559.06	850.46
秦皇岛市	Qinhuangdao	7802	513	103	378.17	1745.81
邯郸市	Handan	12065	463	124	853.28	3759.18
邢台市	Xingtai	12433	425	90	621.64	2063.06
保定市	Baoding	22185	327	146	539.37	3377.68
张家口市	Zhangjiakou	36873	376	86	127.07	2411.97
承德市	Chengde	39490	1253	115	96.41	473.02
沧州市	Cangzhou	14035	183	68	547.47	2974.32
廊坊市	Langfang	6382	292	66	705.75	2886.30
衡水市	Hengshui	8815	603	46	513.40	901.16
山西省	**Shanxi**	**156968**	**15991**	**875**	**227.02**	**634.39**
太原市	Taiyuan	6988	1500	330	529.11	1917.47
大同市	Datong	14176	2080	125	239.27	853.51
阳泉市	Yangquan	4570	652	55	291.42	1086.66
长治市	Changzhi	13896	334	59	244.08	2214.67
晋城市	Jincheng	9425	143	45	232.28	2604.20
朔州市	Shuozhou	10674	4107	42	164.32	176.53
晋中市	Jinzhong	16392	1318	53	201.62	464.49
运城市	Yuncheng	14181	1215	52	370.38	571.69
忻州市	Xinzhou	25152	1987	36	124.24	280.37
临汾市	Linfen	20275	1316	54	211.58	612.54
吕梁市	Lvliang	21239	1339	24	183.96	207.17
内蒙古自治区	**Inner Mongolia**	**665523**	**24532**	**1013**	**32.75**	**281.61**
呼和浩特市	Hohhot	17186	2065	230	138.41	618.93
包头市	Baotou	27768	2965	190	80.56	495.72
乌海市	Wuhai	1754	1754	63	315.96	315.96
赤峰市	Chifeng	90021	7077	104	51.74	177.74
通辽市	Tongliao	69625	3640	87	45.88	235.58
鄂尔多斯市	Erdos	86752	2530	113	17.98	108.38
呼伦贝尔市	Hulunbuir	252777	1620	114	10.52	226.73
巴彦淖尔市	Bayannur	65140	2354	52	27.42	226.47
乌兰察布市	Ulanqab	54500	527	60	50.82	600.38
辽宁省	**Liaoning**	**147204**	**18197**	**1953**	**288.32**	**1053.78**
沈阳市	Shenyang	12860	3471	465	568.30	1522.44
大连市	Dalian	12574	2567	396	472.63	1185.31

2-11 续表 1 continued

城市	City	行政区域土地面积(平方公里) Total Land Area of Administrative region (sq.km) 全市 Total City	市辖区 Districts under City	建成区面积 Area of Built Districts 市辖区 Districts under City	人口密度(人/平方公里) Population Density (person/sq.km) 全市 Total City	市辖区 Districts under City
鞍山市	Anshan	9255	792	170	376.23	1908.46
抚顺市	Fushun	11272	1416	136	192.84	1007.27
本溪市	Benxi	8411	1518	109	180.75	614.49
丹东市	Dandong	15290	941	53	156.62	833.58
锦州市	Jinzhou	10047	825	77	303.84	1135.64
营口市	Yingkou	5242	702	110	445.04	1318.95
阜新市	Fuxin	10355	490	77	184.46	1575.92
辽阳市	Liaoyang	4736	1081	104	379.75	810.36
盘锦市	Panjin	4065	251	73	317.93	2561.35
铁岭市	Tieling	12985	659	50	232.61	664.64
朝阳市	Chaoyang	19698	1137	57	172.93	537.91
葫芦岛市	Huludao	10414	2347	76	269.52	421.82
吉林省	**Jilin**	**147563**	**17381**	**1076**	**166.49**	**495.95**
长春市	Changchun	20594	4789	470	366.39	763.96
吉林市	Jilin	27711	3774	259	154.32	481.96
四平市	Siping	14080	1085	55	233.03	541.38
辽源市	Liaoyuan	5140	432	46	236.96	1093.06
通化市	Tonghua	15612	746	82	142.32	593.97
白山市	Baishan	17505	2736	56	72.13	209.28
松原市	Songyuan	21089	1250	59	132.04	455.20
白城市	Baicheng	25832	2569	49	76.55	193.97
黑龙江省	**Heilongjiang**	**390228**	**69858**	**1450**	**94.70**	**193.78**
哈尔滨市	Harbin	53068	7086	401	186.04	668.59
齐齐哈尔市	Qiqihar	42469	4365	140	130.27	316.68
鸡西市	Jixi	22531	2300	79	81.49	367.39
鹤岗市	Hegang	14657	4551	53	73.01	145.11
双鸭山市	Shuangyashan	22619	1760	58	65.87	284.60
大庆市	Daqing	21219	5107	245	130.07	265.22
伊春市	Yichun	32800	19608	171	37.19	39.79
佳木斯市	Jiamusi	32704	1875	97	73.80	421.44
七台河市	Qitaihe	6221	3646	71	141.81	147.72
牡丹江市	Mudanjiang	38827	2360	81	67.98	376.86
黑河市	Heihe	68240	14444	19	24.98	14.91
绥化市	Suihua	34873	2756	35	158.63	305.77
上海市	**Shanghai**	**6340**	**5155**		**2269.23**	**2659.38**
江苏省	**Jiangsu**	**105875**	**35401**	**3027**	**725.83**	**949.44**
南京市	Nanjing	6587	6587	734	984.85	984.85
无锡市	Wuxi	4627	1644	328	1031.21	1494.77
徐州市	Xuzhou	11765	3063	255	869.97	1082.14
常州市	Changzhou	4372	1862	204	843.18	1256.28

2-11 续表 2 continued

城市	City	行政区域土地面积(平方公里) Total Land Area of Administrative region (sq.km)		建成区面积 Area of Built Districts	人口密度(人/平方公里) Population Density (person/sq.km)	
		全市 Total City	市辖区 Districts under City	市辖区 Districts under City	全市 Total City	市辖区 Districts under City
苏州市	Suzhou	8657	4653	447	763.64	725.34
南通市	Nantong	10549	2140	190	727.68	994.53
连云港市	Lianyungang	7615	3012	160	691.42	727.32
淮安市	Huai'an	10030	3203	150	558.57	910.05
盐城市	Yancheng	16931	2123	111	489.36	797.50
扬州市	Yangzhou	6591	2306	136	699.95	1005.38
镇江市	Zhenjiang	3840	1088	134	708.52	950.46
泰州市	Taizhou	5787	1567	99	878.71	1045.44
宿迁市	Suqian	8524	2153	79	681.30	798.89
浙江省	**Zhejiang**	**104442**	**22449**	**1776**	**465.25**	**788.69**
杭州市	Hangzhou	16596	4876	495	431.28	1076.87
宁波市	Ningbo	9816	2462	309	594.72	932.74
温州市	Wenzhou	12065	1138	215	674.42	1339.63
嘉兴市	Jiaxing	3915	968	96	889.25	892.15
湖州市	Huzhou	5820	1565	99	453.23	707.03
绍兴市	Shaoxing	8279	2965	192	535.14	734.50
金华市	Jinhua	10942	2049	78	434.17	464.08
衢州市	Quzhou	8845	2354	69	289.06	357.39
舟山市	Zhoushan	1455	1034	61	670.03	685.69
台州市	Taizhou	9411	1536	128	634.47	1031.71
丽水市	Lishui	17298	1502	34	153.57	266.25
安徽省	**Anhui**	**139942**	**27059**	**1665**	**495.59**	**742.33**
合肥市	Hefei	11445	1127	403	622.81	2177.20
芜湖市	Wuhu	6026	1491	160	638.08	972.37
蚌埠市	Bengbu	5951	611	127	623.59	1839.61
淮南市	Huainan	2584	1736	106	941.76	1052.19
马鞍山市	Maanshan	4049	733	92	561.20	1121.42
淮北市	Huaibei	2741	760	80	785.48	1380.79
铜陵市	Tongling	1201	355	69	614.32	1263.94
安庆市	Anqing	15402	810	85	403.12	907.28
黄山市	Huangshan	9807	2342	63	150.60	189.03
滁州市	Chuzhou	13516	1406	83	332.65	385.49
阜阳市	Fuyang	9776	1924	112	1075.51	1164.19
宿州市	Suzhou	9939	2907	72	646.26	640.63
六安市	Lu'an	18399	3577	72	391.60	528.71
亳州市	Bozhou	8521	2263	54	744.45	738.18
池州市	Chizhou	8272	2432	37	194.20	272.57
宣城市	Xuancheng	12313	2585	50	227.27	335.09

2-11 续表 3 continued

城 市	City	行政区域土地面积(平方公里) Total Land Area of Administrative region (sq.km)		建成区面积 Area of Built Districts	人口密度(人/平方公里) Population Density (person/sq.km)	
		全 市 Total City	市辖区 Districts under City	市辖区 Districts under City	全 市 Total City	市辖区 Districts under City
福建省	**Fujian**	**124425**	**14924**	**1031**	**297.03**	**650.76**
福州市	Fuzhou	13066	1786	254	516.56	1105.43
厦门市	Xiamen	1573	1573	301	1293.32	1293.32
莆田市	Putian	4131	2290	57	825.97	997.51
三明市	Sanming	22965	1151	36	123.67	245.70
泉州市	Quanzhou	11015	855	214	650.22	1244.09
漳州市	Zhangzhou	12880	401	62	386.19	1457.86
南平市	Nanping	26280	2653	30	121.46	189.63
龙岩市	Longyan	19063	2678	50	161.12	188.72
宁德市	Ningde	13452	1537	27	261.85	311.84
江西省	**Jiangxi**	**167297**	**13584**	**969**	**294.28**	**759.13**
南昌市	Nanchang	7402	820	262	699.45	2806.34
景德镇市	Jingdezhen	5261	430	79	319.03	1110.47
萍乡市	Pingxiang	3831	1070	51	517.41	823.27
九江市	Jiujiang	19078	599	103	268.96	1104.34
新余市	Xinyu	3178	1789	74	384.83	495.53
鹰潭市	Yingtan	3560	136	34	356.46	1739.71
赣州市	Ganzhou	39446	2373	137	241.90	647.62
吉安市	Ji'an	25283	1340	53	208.33	430.67
宜春市	Yichun	18668	2532	68	319.06	448.22
抚州市	Fuzhou	18799	2125	58	227.41	564.42
上饶市	Shangrao	22791	370	50	339.21	1134.05
山东省	**Shandong**	**158870**	**42529**	**3257**	**613.53**	**736.88**
济南市	Jinan	7998	3303	383	777.21	1092.92
青岛市	Qingdao	11282	3293	491	691.93	1125.20
淄博市	Zibo	5965	2989	262	717.55	951.96
枣庄市	Zaozhuang	4564	3069	148	879.34	756.01
东营市	Dongying	8243	3445	115	229.39	247.20
烟台市	Yantai	13852	2738	316	471.71	671.00
潍坊市	Weifang	16143	2638	176	550.28	705.00
济宁市	Jining	11311	1644	186	760.42	708.21
泰安市	Tai'an	7762	2087	127	724.45	771.30
威海市	Weihai	5797	2606	190	439.45	505.10
日照市	Rizhao	5359	2043	100	548.46	646.65
莱芜市	Laiwu	2246	2246	120	569.10	569.10
临沂市	Linyi	17191	2294	200	647.56	1126.94
德州市	Dezhou	10358	1751	145	563.04	690.86
聊城市	Liaocheng	8984	1710	91	681.36	706.14
滨州市	Binzhou	9660	3258	112	400.26	325.91
菏泽市	Heze	12155	1415	95	814.94	1099.43

2-11 续表 4 continued

城　市	City	行政区域土地面积(平方公里) Total Land Area of Administrative region (sq.km)		建成区面积 Area of Built Districts	人口密度(人/平方公里) Population Density (person/sq.km)	
		全　市 Total City	市辖区 Districts under City	市辖区 Districts under City	全　市 Total City	市辖区 Districts under City
河南省	**Henan**	**164457**	**15882**	**1877**	**676.23**	**1419.45**
郑州市	Zhengzhou	7446	1010	413	1259.47	5279.21
开封市	Kaifeng	6253	565	113	885.62	1540.18
洛阳市	Luoyang	15236	879	194	456.96	2224.35
平顶山市	Pingdingshan	7882	443	73	706.83	2482.17
安阳市	Anyang	7352	534	110	831.56	2162.92
鹤壁市	Hebi	2182	679	64	764.85	930.93
新乡市	Xinxiang	8666	431	113	727.59	2653.36
焦作市	Jiaozuo	4071	546	114	907.93	1803.48
濮阳市	Puyang	4188	263	54	1013.54	2655.13
许昌市	Xuchang	4979	97	88	1003.90	4271.13
漯河市	Luohe	2692	1116	73	990.60	1202.06
三门峡市	Sanmenxia	10496	185	30	217.03	1627.03
南阳市	Nanyang	26509	2135	149	445.66	875.46
商丘市	Shangqiu	10704	1697	63	887.19	1063.52
信阳市	Xinyang	18757	3604	89	474.72	419.62
周口市	Zhoukou	11961	333	66	1034.10	1793.09
驻马店市	Zhumadian	15083	1365	71	610.34	610.18
湖北省	**Hubei**	**151494**	**24831**	**1484**	**351.49**	**646.15**
武汉市	Wuhan	8569	1738	553	965.47	2962.77
黄石市	Huangshi	4583	237	88	578.53	3544.30
十堰市	Shiyan	23680	5056	96	146.52	233.25
宜昌市	Yichang	21084	4248	162	189.91	301.34
襄阳市	Xiangyang	19727	3671	157	301.85	619.67
鄂州市	Ezhou	1594	1594	64	691.22	691.22
荆门市	Jingmen	12404	2391	55	242.09	282.56
孝感市	Xiaogan	8910	1020	70	590.03	950.39
荆州市	Jingzhou	14099	1689	74	467.02	658.85
黄冈市	Huanggang	17457	362	47	424.72	969.61
咸宁市	Xianning	9751	1503	73	304.03	405.39
随州市	Suizhou	9636	1322	45	266.82	379.12
湖南省	**Hunan**	**197297**	**19597**	**1293**	**350.58**	**710.95**
长沙市	Changsha	11816	1910	336	568.22	1589.06
株洲市	Zhuzhou	11272	863	135	351.39	1416.45
湘潭市	Xiangtan	5008	658	80	582.09	1332.37
衡阳市	Hengyang	15303	697	159	517.22	1346.20
邵阳市	Shaoyang	20830	436	58	393.17	1598.17
岳阳市	Yueyang	14858	1413	93	379.11	776.22
常德市	Changde	18910	2510	87	321.87	557.97
张家界市	Zhangjiajie	9516	2735	33	180.87	194.48
益阳市	Yiyang	12320	1851	71	392.22	735.98
郴州市	Chenzhou	19342	2248	72	268.24	335.94
永州市	Yongzhou	22260	3181	60	283.44	363.78
怀化市	Huaihua	27753	666	62	189.35	562.16
娄底市	Loudi	8109	429	47	548.62	1130.30

2-11 续表 5 continued

城 市	City	行政区域土地面积（平方公里）Total Land Area of Administrative region (sq.km)		建成区面积 Area of Built Districts	人口密度（人/平方公里）Population Density (person/sq.km)	
		全 市 Total City	市辖区 Districts under City	市辖区 Districts under City	全 市 Total City	市辖区 Districts under City
广东省	**Guangdong**	**179650**	**41508**	**5095**	**493.88**	**980.59**
广州市	Guangzhou	7434	3843	1035	1133.20	1808.38
韶关市	Shaoguan	18412	2871	96	178.76	322.85
深圳市	Shenzhen	1997	1997	890	1663.55	1663.55
珠海市	Zhuhai	1724	1724	124	639.33	639.33
汕头市	Shantou	2064	1956	250	2648.11	2755.93
佛山市	Foshan	3798	3798	158	1015.30	1015.30
江门市	Jiangmen	9505	1786	159	413.88	783.31
湛江市	Zhanjiang	13261	1703	108	617.60	948.50
茂名市	Maoming	11427	2715	120	675.93	1049.69
肇庆市	Zhaoqing	14891	706	95	291.27	745.89
惠州市	Huizhou	11346	2697	244	307.17	525.29
梅州市	Meizhou	15865	3047	53	333.21	314.24
汕尾市	Shanwei	4865	421	16	738.11	1252.49
河源市	Heyuan	15654	362	34	233.35	846.69
阳江市	Yangjiang	7956	780	51	363.79	891.54
清远市	Qingyuan	19036	3650	373	216.57	370.96
东莞市	Dongguan	2460	2460	922	778.01	778.01
中山市	Zhongshan	1784	1784	107	874.78	874.78
潮州市	Chaozhou	3146	1414	42	854.39	1156.08
揭阳市	Jieyang	5240	1031	120	1324.73	2019.20
云浮市	Yunfu	7785	763	98	377.93	413.89
广西壮族自治区	**Guangxi**	**238608**	**42263**	**1075**	**229.48**	**346.69**
南宁市	Nanning	22244	6569	285	328.03	432.91
柳州市	Liuzhou	18597	1017	180	203.23	1156.34
桂林市	Guilin	27851	565	71	189.03	1373.27
梧州市	Wuzhou	12588	1793	54	270.31	434.19
北海市	Beihai	3337	957	73	507.34	665.10
防城港市	Fangchenggang	6238	2836	35	151.07	197.25
钦州市	Qinzhou	12154	4852	89	330.76	302.97
贵港市	Guigang	10602	3548	69	512.33	556.37
玉林市	Yulin	12824	1265	67	552.05	850.20
百色市	Baise	36202	3718	41	113.81	95.13
贺州市	Hezhou	11753	5517	24	202.54	212.20
河池市	Hechi	33476	2346	22	125.42	144.12
来宾市	Laibin	13411	4363	37	198.63	258.58
崇左市	Chongzuo	17331	2917	28	143.20	127.43

2-11 续表 6 continued

城市	City	行政区域土地面积(平方公里) Total Land Area of Administrative region (sq.km)		建成区面积 Area of Built Districts	人口密度(人/平方公里) Population Density (person/sq.km)	
		全市 Total City	市辖区 Districts under City	市辖区 Districts under City	全市 Total City	市辖区 Districts under City
海南省	**Hainan**	**4216**	**4216**	**199**	**531.07**	**531.07**
海口市	Haikou	2284	2284	152	723.77	723.77
三亚市	Sanya	1919	1919	47	305.16	305.16
三沙市	Sansa	13	13		23.08	23.08
重庆市	**Chongqing**	**82374**	**29590**	**1231**	**409.74**	**656.93**
四川省	**Sichuan**	**193158**	**36735**	**1859**	**437.40**	**730.67**
成都市	Chengdu	12121	2172	604	998.88	2677.85
自贡市	Zigong	4381	1434	109	753.30	1054.88
攀枝花市	Panzhihua	7401	2017	72	151.17	338.92
泸州市	Luzhou	12236	2133	113	415.89	702.95
德阳市	Deyang	5911	648	72	664.03	1069.75
绵阳市	Mianyang	20248	1570	118	271.03	808.03
广元市	Guangyuan	16311	4580	54	190.14	205.00
遂宁市	Suining	5325	1876	78	714.33	811.99
内江市	Neijiang	5385	1566	66	791.01	913.35
乐山市	Leshan	12723	2506	73	279.60	464.05
南充市	Nanchong	12477	2526	113	608.34	780.32
眉山市	Meishan	7140	1330	45	494.43	658.95
宜宾市	Yibin	13271	1835	80	417.67	692.81
广安市	Guang'an	6341	1534	48	743.84	829.92
达州市	Dazhou	16588	3134	108	414.84	577.50
雅安市	Ya'an	15046	1681	31	104.47	373.35
巴中市	Bazhong	12293	2560	30	311.64	537.89
资阳市	Ziyang	7960	1633	45	637.25	676.97
贵州省	**Guizhou**	**102838**	**11275**	**577**	**301.57**	**586.44**
贵阳市	Guiyang	8043	2525	320	476.08	913.70
六盘水市	Liupanshui	9914	467	39	331.19	1019.06
遵义市	Zunyi	30762	1316	86	255.84	681.46
安顺市	Anshun	9267	1704	48	312.92	523.59
毕节市	Bijie	26849	3411	41	328.05	461.13
铜仁市	Tongren	18003	1852	43	240.12	252.27
云南省	**Yunnan**	**197503**	**22251**	**639**	**145.77**	**289.03**
昆明市	Kunming	21012	4615	407	261.99	599.80
曲靖市	Qujing	28905	1553	66	223.65	467.87
玉溪市	Yuxi	15285	1004	29	141.31	435.16
保山市	Baoshan	19637	5011	31	131.80	184.69
昭通市	Zhaotong	22440	2163	40	264.87	403.10
丽江市	Lijiang	21219	1255	23	57.11	121.67
普洱市	Pu'er	45385	4093	25	55.91	55.34
临沧市	Lincang	23620	2557	18	100.69	126.36

2-11 续表 7 continued

城 市	City	行政区域土地面积（平方公里）Total Land Area of Administrative region (sq.km)		建成区面积 Area of Built Districts	人口密度（人/平方公里）Population Density (person/sq.km)	
		全 市 Total City	市辖区 Districts under City	市辖区 Districts under City	全 市 Total City	市辖区 Districts under City
西藏自治区	**Tibet**	**29518**			**17.86**	**20.75**
拉萨市	Lasa	29518			17.86	20.75
陕西省	**Shaanxi**	**206202**	**28887**	**939**	**190.18**	**453.72**
西安市	Xi'an	10097	3581	440	807.46	1639.65
铜川市	Tongchuan	3937	2406	44	213.49	310.76
宝鸡市	Baoji	18117	3625	87	211.87	392.28
咸阳市	Xianyang	10189	528	89	516.91	1742.99
渭南市	Weinan	13134	1264	71	427.46	761.79
延安市	Yan'an	37037	3556	36	63.27	130.74
汉中市	Hanzhong	27285	556	36	140.78	1028.78
榆林市	Yulin	43578	7053	70	85.79	78.75
安康市	Ankang	23536	3646	40	130.10	281.35
商洛市	Shangluo	19292	2672	26	130.49	211.04
甘肃省	**Gansu**	**415225**	**40890**	**678**	**60.25**	**208.55**
兰州市	Lanzhou	13086	1632	221	286.31	1473.47
嘉峪关市	Jiayuguan	2935	2935	68	82.21	82.21
金昌市	Jinchang	8896	3019	40	52.84	76.81
白银市	Baiyin	21158	3478	61	84.09	141.52
天水市	Tianshui	14277	5858	46	255.31	222.11
武威市	Wuwei	33238	5081	32	56.83	201.24
张掖市	Zhangye	41924	4240	64	30.93	119.46
平凉市	Pingliang	11170	1936	36	209.20	264.98
酒泉市	Jiuquan	193974	3386	49	5.73	121.97
庆阳市	Qingyang	27119	996	24	97.90	381.02
定西市	Dingxi	19609	3646	23	153.69	125.89
陇南市	Longnan	27839	4683	14	101.74	120.18
青海省	**Qinghai**	**20400**	**3560**	**101**	**183.82**	**346.71**
西宁市	Xining	7649	510	90	264.92	1844.12
海东市	Haidong	12751	3050	11	135.17	96.33
宁夏回族自治区	**Ningxia**	**61587**	**17046**	**377**	**112.29**	**163.85**
银川市	Yinchuan	9025	2311	149	217.17	460.23
石嘴山市	Shizuishan	5310	2262	99	144.14	200.27
吴忠市	Wuzhong	16757	1107	50	85.64	364.68
固原市	Guyuan	13047	4489	40	117.52	103.88
中卫市	Zhongwei	17448	6877	39	70.03	59.10
新疆维吾尔自治区	**Xinjiang**	**21523**	**17311**	**481**	**142.12**	**173.08**
乌鲁木齐市	Urumqi	13788	9576	412	193.58	272.18
克拉玛依市	Karamay	7735	7735	69	50.39	50.39

2-12 城市建设用地状况(市辖区)
Land Used for Urban Construction(Districts under City)

城 市	City	城市建设用地面积(平方公里) Area of Land Used for Urban Construction (sq.km)		城市建设用地占市区面积比重(%) Land Used for Urban Construction as Percentage to Urban Area (%)
			居住用地面积 Area of Land Used for Living	
城市合计	**Prefecture Cities**	**37461**	**11509**	**5.41**
北京市	**Beijing**	**1586**	**409**	**13.01**
天津市	**Tianjin**	**780**	**200**	**10.54**
河北省	**Hebei**	**1257**	**415**	**11.91**
石家庄市	Shijiazhuang	263	95	11.73
唐山市	Tangshan	210	71	5.42
秦皇岛市	Qinhuangdao	103	26	20.08
邯郸市	Handan	124	47	26.78
邢台市	Xingtai	90	34	21.18
保定市	Baoding	139	44	42.51
张家口市	Zhangjiakou	85	21	22.61
承德市	Chengde	66	20	5.27
沧州市	Cangzhou	68	25	37.16
廊坊市	Langfang	66	22	22.60
衡水市	Hengshui	43	10	7.13
山西省	**Shanxi**	**825**	**244**	**5.16**
太原市	Taiyuan	309	65	20.60
大同市	Datong	125	43	6.01
阳泉市	Yangquan	44	16	6.75
长治市	Changzhi	59	16	17.66
晋城市	Jincheng	45	12	31.47
朔州市	Shuozhou	40	12	0.97
晋中市	Jinzhong	53	17	4.02
运城市	Yuncheng	41	19	3.37
忻州市	Xinzhou	34	14	1.71
临汾市	Linfen	52	22	3.95
吕梁市	Lvliang	23	8	1.72
内蒙古自治区	**Inner Mongolia**	**994**	**316**	**4.05**
呼和浩特市	Hohhot	265	74	12.83
包头市	Baotou	190	59	6.41
乌海市	Wuhai	57	18	3.25
赤峰市	Chifeng	81	38	1.14
通辽市	Tongliao	76	22	2.09
鄂尔多斯市	Erdos	113	33	4.47
呼伦贝尔市	Hulunbuir	91	26	5.62
巴彦淖尔市	Bayannur	53	20	2.25
乌兰察布市	Ulanqab	68	26	12.90
辽宁省	**Liaoning**	**1940**	**612**	**10.66**
沈阳市	Shenyang	465	156	13.40
大连市	Dalian	378	105	14.73
鞍山市	Anshan	170	58	21.46
抚顺市	Fushun	136	34	9.60
本溪市	Benxi	92	28	6.06
丹东市	Dandong	53	20	5.63
锦州市	Jinzhou	77	35	9.33
营口市	Yingkou	110	33	15.67

2-12 续表 1 continued

城 市	City	城市建设用地面积（平方公里）Area of Land Used for Urban Construction (sq.km)	居住用地面积 Area of Land Used for Living	城市建设用地占市区面积比重（%）Land Used for Urban Construction as Percentage to Urban Area (%)
阜新市	Fuxin	160	43	32.65
辽阳市	Liaoyang	104	37	9.62
盘锦市	Panjin	73	26	29.08
铁岭市	Tieling	43	18	6.53
朝阳市	Chaoyang	53	16	4.66
葫芦岛市	Huludao	26	3	1.11
吉林省	**Jilin**	**1019**	**362**	**5.86**
长春市	Changchun	440	131	9.19
吉林市	Jilin	251	93	6.65
四平市	Siping	55	23	5.07
辽源市	Liaoyuan	46	28	10.65
通化市	Tonghua	80	34	10.72
白山市	Baishan	48	22	1.75
松原市	Songyuan	57	19	4.56
白城市	Baicheng	42	12	1.63
黑龙江省	**Heilongjiang**	**1492**	**516**	**2.14**
哈尔滨市	Harbin	392	123	5.53
齐齐哈尔市	Qiqihar	140	44	3.21
鸡西市	Jixi	79	48	3.43
鹤岗市	Hegang	53	19	1.16
双鸭山市	Shuangyashan	57	30	3.24
大庆市	Daqing	319	82	6.25
伊春市	Yichun	161	65	0.82
佳木斯市	Jiamusi	83	27	4.43
七台河市	Qitaihe	71	27	1.95
牡丹江市	Mudanjiang	81	32	3.43
黑河市	Heihe	29	8	0.20
绥化市	Suihua	27	11	0.98
上海市	**Shanghai**			
江苏省	**Jiangsu**	**3129**	**941**	**8.84**
南京市	Nanjing	726	203	11.02
无锡市	Wuxi	286	89	17.40
徐州市	Xuzhou	234	57	7.64
常州市	Changzhou	204	53	10.96
苏州市	Suzhou	444	126	9.54
南通市	Nantong	222	70	10.37
连云港市	Lianyungang	188	81	6.24
淮安市	Huai'an	225	78	7.02
盐城市	Yancheng	106	36	4.99
扬州市	Yangzhou	135	44	5.85
镇江市	Zhenjiang	134	38	12.32
泰州市	Taizhou	144	45	9.19
宿迁市	Suqian	81	21	3.76
浙江省	**Zhejiang**	**1816**	**482**	**8.09**
杭州市	Hangzhou	447	122	9.17
宁波市	Ningbo	366	81	14.87

2-12 续表 2 continued

城 市	City	城市建设用地面积(平方公里) Area of Land Used for Urban Construction (sq.km)	居住用地面积 Area of Land Used for Living	城市建设用地占市区面积比重(%) Land Used for Urban Construction as Percentage to Urban Area (%)
温州市	Wenzhou	168	41	14.76
嘉兴市	Jiaxing	96	28	9.92
湖州市	Huzhou	113	33	7.22
绍兴市	Shaoxing	216	63	7.28
金华市	Jinhua	78	21	3.81
衢州市	Quzhou	68	15	2.89
舟山市	Zhoushan	57	20	5.51
台州市	Taizhou	170	47	11.07
丽水市	Lishui	37	11	2.46
安徽省	**Anhui**	**1658**	**534**	**6.13**
合肥市	Hefei	372	111	33.01
芜湖市	Wuhu	155	35	10.40
蚌埠市	Bengbu	127	43	20.79
淮南市	Huainan	105	45	6.05
马鞍山市	Maanshan	92	21	12.55
淮北市	Huaibei	88	32	11.58
铜陵市	Tongling	68	18	19.15
安庆市	Anqing	93	32	11.48
黄山市	Huangshan	48	16	2.05
滁州市	Chuzhou	113	34	8.04
阜阳市	Fuyang	107	54	5.56
宿州市	Suzhou	72	25	2.48
六安市	Lu'an	72	24	2.01
亳州市	Bozhou	61	17	2.70
池州市	Chizhou	37	14	1.52
宣城市	Xuancheng	48	13	1.86
福建省	**Fujian**	**1000**	**296**	**6.70**
福州市	Fuzhou	233	98	13.05
厦门市	Xiamen	297	67	18.88
莆田市	Putian	50	16	2.18
三明市	Sanming	34	10	2.95
泉州市	Quanzhou	225	58	26.32
漳州市	Zhangzhou	62	18	15.46
南平市	Nanping	28	7	1.06
龙岩市	Longyan	46	12	1.72
宁德市	Ningde	25	10	1.63
江西省	**Jiangxi**	**888**	**286**	**6.54**
南昌市	Nanchang	229	76	27.93
景德镇市	Jingdezhen	60	17	13.95
萍乡市	Pingxiang	51	16	4.77
九江市	Jiujiang	102	33	17.03
新余市	Xinyu	69	25	3.86
鹰潭市	Yingtan	28	10	20.59
赣州市	Ganzhou	125	37	5.27
吉安市	Ji'an	49	10	3.66
宜春市	Yichun	68	16	2.69
抚州市	Fuzhou	58	18	2.73
上饶市	Shangrao	49	28	13.24

2-12 续表 3 continued

城　市	City	城市建设用地面积（平方公里）Area of Land Used for Urban Construction (sq.km)	居住用地面积 Area of Land Used for Living	城市建设用地占市区面积比重（%）Land Used for Urban Construction as Percentage to Urban Area (%)
山东省	**Shandong**	**3129**	**947**	**7.36**
济南市	Jinan	383	101	11.60
青岛市	Qingdao	469	146	14.24
淄博市	Zibo	257	89	8.60
枣庄市	Zaozhuang	134	52	4.37
东营市	Dongying	112	38	3.25
烟台市	Yantai	318	88	11.61
潍坊市	Weifang	168	63	6.37
济宁市	Jining	177	48	10.77
泰安市	Tai'an	127	44	6.09
威海市	Weihai	186	48	7.14
日照市	Rizhao	100	30	4.89
莱芜市	Laiwu	104	28	4.63
临沂市	Linyi	189	53	8.24
德州市	Dezhou	144	39	8.22
聊城市	Liaocheng	85	27	4.97
滨州市	Binzhou	81	21	2.49
菏泽市	Heze	95	32	6.71
河南省	**Henan**	**1666**	**465**	**10.49**
郑州市	Zhengzhou	371	95	36.73
开封市	Kaifeng	69		12.21
洛阳市	Luoyang	192	65	21.84
平顶山市	Pingdingshan	73	29	16.48
安阳市	Anyang	80	26	14.98
鹤壁市	Hebi	64	15	9.43
新乡市	Xinxiang	105	30	24.36
焦作市	Jiaozuo	106	40	19.41
濮阳市	Puyang	54	18	20.53
许昌市	Xuchang	74	20	76.29
漯河市	Luohe	70	18	6.27
三门峡市	Sanmenxia	30	9	16.22
南阳市	Nanyang	122	35	5.71
商丘市	Shangqiu	62	11	3.65
信阳市	Xinyang	76	24	2.11
周口市	Zhoukou	48	13	14.41
驻马店市	Zhumadian	70	17	5.13
湖北省	**Hubei**	**1831**	**489**	**7.37**
武汉市	Wuhan	989	248	56.90
黄石市	Huangshi	80	21	33.76
十堰市	Shiyan	95	29	1.88
宜昌市	Yichang	148	39	3.48
襄阳市	Xiangyang	158	43	4.30
鄂州市	Ezhou	64	18	4.02

2-12 续表 4 continued

城 市	City	城市建设用地面积（平方公里）Area of Land Used for Urban Construction (sq.km)	居住用地面积 Area of Land Used for Living	城市建设用地占市区面积比重(%) Land Used for Urban Construction as Percentage to Urban Area (%)
荆门市	Jingmen	55	17	2.30
孝感市	Xiaogan	49	4	4.80
荆州市	Jingzhou	74	20	4.38
黄冈市	Huanggang	36	12	9.94
咸宁市	Xianning	44	24	2.93
随州市	Suizhou	39	14	2.95
湖南省	**Hunan**	**1260**	**394**	**6.43**
长沙市	Changsha	269	101	14.08
株洲市	Zhuzhou	115	45	13.33
湘潭市	Xiangtan	80	27	12.16
衡阳市	Hengyang	128	42	18.36
邵阳市	Shaoyang	53	20	12.16
岳阳市	Yueyang	89	25	6.30
常德市	Changde	86	23	3.43
张家界市	Zhangjiajie	34	11	1.24
益阳市	Yiyang	92	28	4.97
郴州市	Chenzhou	145	23	6.45
永州市	Yongzhou	60	15	1.89
怀化市	Huaihua	62	18	9.31
娄底市	Loudi	47	16	10.96
广东省	**Guangdong**	**3596**	**1142**	**8.66**
广州市	Guangzhou			
韶关市	Shaoguan	96	32	3.34
深圳市	Shenzhen	889	240	44.52
珠海市	Zhuhai	124	44	7.19
汕头市	Shantou	245	97	12.53
佛山市	Foshan			
江门市	Jiangmen	185	53	10.36
湛江市	Zhanjiang	99	33	5.81
茂名市	Maoming	120	57	4.42
肇庆市	Zhaoqing	87	26	12.32
惠州市	Huizhou	229	69	8.49
梅州市	Meizhou	50	14	1.64
汕尾市	Shanwei	16	7	3.80
河源市	Heyuan	32	9	8.84
阳江市	Yangjiang	58	21	7.44
清远市	Qingyuan	87	30	2.38
东莞市	Dongguan	922	279	37.48
中山市	Zhongshan	112	40	6.28
潮州市	Chaozhou	115	44	8.13
揭阳市	Jieyang	96	29	9.31
云浮市	Yunfu	34	18	4.46
广西壮族自治区	**Guangxi**	**1047**	**335**	**2.48**
南宁市	Nanning	280	85	4.26
柳州市	Liuzhou	180	47	17.70

2-12 续表 5 continued

城 市	City	城市建设用地面积 (平方公里) Area of Land Used for Urban Construction (sq.km)	居住用地面积 Area of Land Used for Living	城市建设用地占市区面积比重 (%) Land Used for Urban Construction as Percentage to Urban Area (%)
桂林市	Guilin	71	19	12.57
梧州市	Wuzhou	52	18	2.90
北海市	Beihai	70	26	7.31
防城港市	Fangchenggang	22	5	0.78
钦州市	Qinzhou	88	28	1.81
贵港市	Guigang	65	22	1.83
玉林市	Yulin	67	26	5.30
百色市	Baise	37	15	1.00
贺州市	Hezhou	36	20	0.65
河池市	Hechi	22	7	0.94
来宾市	Laibin	40	11	0.92
崇左市	Chongzuo	17	6	0.58
海南省	**Hainan**	**197**	**70**	**4.67**
海口市	Haikou	122	50	5.34
三亚市	Sanya	75	20	3.91
三沙市	Sansa			
重庆市	**Chongqing**	**1029**	**327**	**3.48**
四川省	**Sichuan**	**1764**	**575**	**4.80**
成都市	Chengdu	550	190	25.32
自贡市	Zigong	109	35	7.60
攀枝花市	Panzhihua	72	20	3.57
泸州市	Luzhou	108	30	5.06
德阳市	Deyang	72	21	11.11
绵阳市	Mianyang	110	30	7.01
广元市	Guangyuan	51	13	1.11
遂宁市	Suining	75	24	4.00
内江市	Neijiang	66	25	4.21
乐山市	Leshan	67	22	2.67
南充市	Nanchong	117	42	4.63
眉山市	Meishan	43	16	3.23
宜宾市	Yibin	98	27	5.34
广安市	Guang'an	46	15	3.00
达州市	Dazhou	72	26	2.30
雅安市	Ya'an	25	8	1.49
巴中市	Bazhong	40	20	1.56
资阳市	Ziyang	43	11	2.63
贵州省	**Guizhou**	**451**	**133**	**4.00**
贵阳市	Guiyang	218	55	8.63
六盘水市	Liupanshui	37	11	7.92
遵义市	Zunyi	86	36	6.53
安顺市	Anshun	47	12	2.76
毕节市	Bijie	39	11	1.14
铜仁市	Tongren	24	8	1.30

2-12 续表 6 continued

城市	City	城市建设用地面积（平方公里） Area of Land Used for Urban Construction (sq.km)	居住用地面积 Area of Land Used for Living	城市建设用地占市区面积比重(%) Land Used for Urban Construction as Percentage to Urban Area (%)
云南省	**Yunnan**	**643**	**267**	**2.89**
昆明市	Kunming	407	210	8.82
曲靖市	Qujing	66	18	4.25
玉溪市	Yuxi	25	5	2.49
保山市	Baoshan	22	8	0.44
昭通市	Zhaotong	61	8	2.82
丽江市	Lijiang	21	4	1.67
普洱市	Pu'er	24	5	0.59
临沧市	Lincang	17	9	0.66
西藏自治区	**Tibet**			
拉萨市	Lasa			
陕西省	**Shaanxi**	**941**	**249**	**3.26**
西安市	Xi'an	434	101	12.12
铜川市	Tongchuan	50	20	2.08
宝鸡市	Baoji	86	10	2.37
咸阳市	Xianyang	90	23	17.05
渭南市	Weinan	60	26	4.75
延安市	Yan'an	36	15	1.01
汉中市	Hanzhong	34	6	6.12
榆林市	Yulin	96	32	1.36
安康市	Ankang	39	13	1.07
商洛市	Shangluo	16	3	0.60
甘肃省	**Gansu**	**633**	**183**	**1.55**
兰州市	Lanzhou	208	53	12.75
嘉峪关市	Jiayuguan	65	13	2.21
金昌市	Jinchang	40	7	1.32
白银市	Baiyin	60	17	1.73
天水市	Tianshui	46	9	0.79
武威市	Wuwei	31	20	0.61
张掖市	Zhangye	35	16	0.83
平凉市	Pingliang	33	13	1.70
酒泉市	Jiuquan	43	10	1.27
庆阳市	Qingyang	25	8	2.51
定西市	Dingxi	33	10	0.91
陇南市	Longnan	14	7	0.30
青海省	**Qinghai**	**90**	**47**	**2.53**
西宁市	Xining	84	43	16.47
海东市	Haidong	6	4	0.20
宁夏回族自治区	**Ningxia**	**320**	**107**	**1.88**
银川市	Yinchuan	149	46	6.45
石嘴山市	Shizuishan	51	22	2.25
吴忠市	Wuzhong	46	15	4.16
固原市	Guyuan	36	13	0.80
中卫市	Zhongwei	38	11	0.55
新疆维吾尔自治区	**Xinjiang**	**480**	**166**	**2.77**
乌鲁木齐市	Urumqi	412	142	4.30
克拉玛依市	Karamay	68	24	0.88

2-13 地区生产总值
Gross Regional Product

城市	City	地区生产总值(当年价格)(万元) Gross Regional Product (Current Prices) (100 000 yuan)		人均地区生产总值(元) Per Capita GRP (yuan)		地区生产总值增长率(%) GRP Growth Rate (%)	
		全市 Total City	市辖区 Districts under City	全市 Total City	市辖区 Districts under City	全市 Total City	市辖区 Districts under City
城市合计	**Prefecture Cities**	**6783636354**	**3962681871**				
北京市	**Beijing**	**213308300**	**210191339**	**99995**	**102338**	**7.30**	**7.09**
天津市	**Tianjin**	**157269300**	**142909239**	**105231**	**105231**	**10.00**	**9.66**
河北省	**Hebei**	**295077417**	**105464501**	**436677**	**574744**		
石家庄市	Shijiazhuang	51702653	27347365	48970	58850	7.90	8.15
唐山市	Tangshan	62253023	31727774	80450	96631	5.10	4.50
秦皇岛市	Qinhuangdao	12000219	7314305	39282	67485	5.00	4.09
邯郸市	Handan	30800054	7937317	32943	45463	6.50	4.90
邢台市	Xingtai	16469408	2735261	22758	29667	6.00	-0.62
保定市	Baoding	30352036	5525880	26501	46171	7.10	5.70
张家口市	Zhangjiakou	13489726	4501774	30540	40716	5.24	5.26
承德市	Chengde	13425500	2799078	38128	42871	7.84	6.57
沧州市	Cangzhou	31333822	6412092	42676	101810	8.00	8.69
廊坊市	Langfang	21759631	6564736	48407		8.20	8.30
衡水市	Hengshui	11491345	2598919	26022	45080	8.20	7.82
山西省	**Shanxi**	**127577479**	**54972020**	**407206**	**668270**		
太原市	Taiyuan	25310917	23409457	59023	66884	3.30	3.80
大同市	Datong	10017256	8000129	29607	45064	7.40	7.01
阳泉市	Yangquan	6166154	3662600	44382	165133	3.21	2.30
长治市	Changzhi	13311415	3643301	39196	46149	5.10	6.90
晋城市	Jincheng	10358203	2298829	44943	47219	4.70	5.90
朔州市	Shuozhou	10034100	5524586	57368	168691	4.50	4.60
晋中市	Jinzhong	10413000	2082633	31434	32242	6.80	8.00
运城市	Yuncheng	12017177	2044577	22940	29634	5.00	6.80
忻州市	Xinzhou	6803394	1111831	21796	20009	5.40	5.30
临汾市	Linfen	12132401	2494996	27557	25909	4.60	3.70
吕梁市	Lvliang	11013462	699081	28960	21336	-2.00	-1.80
内蒙古自治区	**Inner Mongolia**	**181154243**	**90534785**	**790196**	**810184**		
呼和浩特市	Hohhot	28940500	21591800	95961	101882	8.00	8.20
包头市	Baotou	36363100	31004800	130676	143120	8.50	7.30
乌海市	Wuhai	6010187	6010187	108556	108556	8.80	8.80
赤峰市	Chifeng	17783716	7621734	41309	55222	7.90	8.00
通辽市	Tongliao	18868000	7319888	60380	66741	8.60	8.30
鄂尔多斯市	Erdos	40554873	9305300	200152	153110	8.00	6.30
呼伦贝尔市	Hulunbuir	15222009	3323964	60152	82730	8.40	8.20
巴彦淖尔市	Bayannur	8674600	2733343	51872	49723	7.80	7.70
乌兰察布市	Ulanqab	8737258	1623769	41138	49100	7.80	7.50
辽宁省	**Liaoning**	**290277800**	**163707206**	**814725**	**948653**		
沈阳市	Shenyang	70987051	57507649	85816	88835	5.95	6.09
大连市	Dalian	76555761	35405836	109939	138099	5.78	5.79
鞍山市	Anshan	23858951	11238300	66860	74286	6.00	5.63
抚顺市	Fushun	12765826	9239425	61183	63492	5.80	4.90
本溪市	Benxi	11712452	8270624	67879	73081	6.29	4.77
丹东市	Dandong	10226035	2304523	42291	29470	5.60	5.10
锦州市	Jinzhou	13639990	6476398	44264	66296	5.96	6.18
营口市	Yingkou	15460811	9372959	63234	88712	6.50	6.59

2-13 续表 1 continued

城 市	City	地区生产总值(当年价格)(万元) Gross Regional Product (Current Prices) (100 000 yuan)		人均地区生产总值(元) Per Capita GRP (yuan)		地区生产总值增长率(%) GRP Growth Rate (%)	
		全 市 Total City	市辖区 Districts under City	全 市 Total City	市辖区 Districts under City	全 市 Total City	市辖区 Districts under City
阜新市	Fuxin	6061578	3362581	33882	43149	3.90	5.40
辽阳市	Liaoyang	10146163	4871823	54800	61950	5.90	4.00
盘锦市	Panjin	13039536	8427500	90615	114714	6.10	8.70
铁岭市	Tieling	8672909	1540954	32562	35161	1.50	2.00
朝阳市	Chaoyang	9935232	2311755	33379	33844	3.90	3.70
葫芦岛市	Huludao	7215505	3376879	28021	37564	4.50	3.00
吉林省	**Jilin**	**135888700**	**71514933**	**409938**	**887957**		
长春市	Changchun	53424262	38184368	70891	110600	6.60	6.70
吉林市	Jilin	23795605	13720032	55548	75426	6.00	7.60
四平市	Siping	12103150	2188281	36900	372525	6.40	5.30
辽源市	Liaoyuan	6903093	3808347	56467	80655	6.55	6.72
通化市	Tonghua	10084958	3330408	45378	75141	6.70	7.70
白山市	Baishan	6752889	3322086	53300	57808	6.70	6.06
松原市	Songyuan	15962932	5239262	56868	81462	6.20	2.40
白城市	Baicheng	6861811	1722149	34586	34340	7.20	7.20
黑龙江省	**Heilongjiang**	**159469549**	**90415901**	**472350**	**618056**		
哈尔滨市	Harbin	53400715	33866861	53872	71495	6.90	5.50
齐齐哈尔市	Qiqihar	12093360	5731460	23099	41441	5.10	2.40
鸡西市	Jixi	5160088	1641091	27881	19334	1.00	-2.90
鹤岗市	Hegang	2594613	1301504	24154	24497	-9.70	-15.90
双鸭山市	Shuangyashan	4326831	1277669	28964	25671	-11.50	-5.60
大庆市	Daqing	40775057	34653144	146518	255966	4.50	3.60
伊春市	Yichun	2560255	1589691	20885	20264	-9.40	-11.60
佳木斯市	Jiamusi	7659799	3870080	32864	48959	6.80	7.10
七台河市	Qitaihe	2142590	1576730	25123	27800	2.40	0.30
牡丹江市	Mudanjiang	12640168	3186038	42792	32862	7.20	5.30
黑河市	Heihe	4213621	289833	24731	23532	8.00	19.30
绥化市	Suihua	11902452	1431800	21467	26235	6.70	8.80
上海市	**Shanghai**	**235677000**	**232920300**	**97370**	**99095**	**7.00**	**7.00**
江苏省	**Jiangsu**	**668142400**	**383591701**	**1049497**	**1166427**		
南京市	Nanjing	88207500	88207500	107545	107545	10.10	10.10
无锡市	Wuxi	82053100	42174700	126389	116861	8.20	8.50
徐州市	Xuzhou	49639100	27929400	57655	87617	10.50	10.00
常州市	Changzhou	49018700	37448100	104423	110921	10.10	10.00
苏州市	Suzhou	137608900	70869200	129925	129425	8.30	8.40
南通市	Nantong	56526900	20937800	77457	89766	10.50	10.20
连云港市	Lianyungang	19658900	10723400	44277	52035	10.20	9.90
淮安市	Huai'an	24553900	14620400	50736	54503	10.90	10.70
盐城市	Yancheng	38356200	10956800	53115	67310	10.90	11.10
扬州市	Yangzhou	36979100	24322801	82654	100661	11.00	11.50
镇江市	Zhenjiang	32524400	14403800	102652	117795	10.90	10.90
泰州市	Taizhou	33708900	14082200	72706	86997	10.80	10.90
宿迁市	Suqian	19306800	6915600	39963	44991	10.80	11.10
浙江省	**Zhejiang**	**404716652**	**218151890**	**773013**	**631086**		
杭州市	Hangzhou	92061633	79773702	103813	112322	8.16	8.15
宁波市	Ningbo	76102816	45893046	98362	128863	7.60	7.40

2-13 续表 2 continued

城 市	City	地区生产总值(当年价格)(万元) Gross Regional Product (Current Prices) (100 000 yuan)		人均地区生产总值(元) Per Capita GRP (yuan)		地区生产总值增长率(%) GRP Growth Rate (%)	
		全 市 Total City	市辖区 Districts under City	全 市 Total City	市辖区 Districts under City	全 市 Total City	市辖区 Districts under City
温州市	Wenzhou	43030460	16996990	47118		7.2	6.7
嘉兴市	Jiaxing	33526045	8379061	73458	68706	7.52	7.38
湖州市	Huzhou	19559985	8654953	66917	66251	8.42	8.29
绍兴市	Shaoxing	42658839	25257127	86136		7.5	6.8
金华市	Jinhua	32082030	6059833	59056	55308	8.34	7.59
衢州市	Quzhou	11150977	4676817	43740	55763	7.2	5.7
舟山市	Zhoushan	10152567	7435391	88746	85567	10.2	10.3
台州市	Taizhou	33873783	12332110	56208		7.5	8.2
丽水市	Lishui	10517517	2692860	49459	58306	7	4.6
安徽省	**Anhui**	**212493101**	**109643920**	**635086**	**830623**		
合肥市	Hefei	51805600	34307638	67689	82956	10	9.9
芜湖市	Wuhu	23095488	13842209	64039	85183	10.7	10.34
蚌埠市	Bengbu	11511949	6245230	35542	55969	10.1	10.6
淮南市	Huainan	7893187	5659339	33361	31290	-0.4	-3.42
马鞍山市	Maanshan	13331200	8233500	60091	88915	9.65	8.39
淮北市	Huaibei	7596370	5561316	35324	51456	9.57	8.33
铜陵市	Tongling	7163100	5930766	97193	132530	10	8.94
安庆市	Anqing	15443170	4045255	28808	55089	9.27	9.62
黄山市	Huangshan	5071697	2316237	37306	50206	7.58	6.61
滁州市	Chuzhou	12144000	2863958	30562	49463	9.4	12.06
阜阳市	Fuyang	11889663	4204140	15303	19110	8.65	8.55
宿州市	Suzhou	11405288	4807739	20895	25710	9.7	9.8
六安市	Lu'an	10958100	3539483	19211	16598	7.9	9.02
亳州市	Bozhou	8836299	2933784	17769	17564	7.8	9.04
池州市	Chizhou	5171690	2636535	36267	39554	9.18	8.7
宣城市	Xuancheng	9176300	2516791	35726	29030	9	8.3
福建省	**Fujian**	**240356030**	**103456605**	**551375**	**678263**		
福州市	Fuzhou	51691647	25703248	69995	85501	10.1	10.7
厦门市	Xiamen	32735772	32735772	86832	86832	9.2	9.2
莆田市	Putian	15020721	12261510	52890	61400	11.12	11.08
三明市	Sanming	16212064	3379890	64590	89415	9.57	7.49
泉州市	Quanzhou	57333576	12597088	68254	83855	10.1	8.8
漳州市	Zhangzhou	25063612	5658749	50685	73643	11.3	9
南平市	Nanping	12325593	2634576	47044	56115	9.6	7.8
龙岩市	Longyan	16212107	6091770	62716	87087	9.74	7.43
宁德市	Ningde	13760938	2394002	48369	54415	10.75	10.75
江西省	**Jiangxi**	**157540401**	**64859593**	**453814**	**659551**		
南昌市	Nanchang	36679635	24499343	70373	86837	9.8	9.7
景德镇市	Jingdezhen	7382137	3838028	45438	78656	8.8	8.8
萍乡市	Pingxiang	8649524	5346077	45867	61042	8.6	8.6
九江市	Jiujiang	17799599	7447664	37097	103417	10.3	9.4
新余市	Xinyu	9002683	7086535	77730	82391	8.8	8.9
鹰潭市	Yingtan	6069809	1770572	53011	81256	9.7	11.5
赣州市	Ganzhou	18435921	5844766	21708	39917	10	11.6
吉安市	Ji'an	12421109	1933496	25486	35412	10.2	10.34
宜春市	Yichun	15229911	2098360	27764	19784	10	9.8
抚州市	Fuzhou	10367713	3233793	26119	29228	9.8	9.5
上饶市	Shangrao	15502360	1760959	23221	41611	9.9	8.8

2-13 续表 3 continued

城 市	City	地区生产总值(当年价格)(万元) Gross Regional Product (Current Prices) (100 000 yuan)		人均地区生产总值(元) Per Capita GRP (yuan)		地区生产总值增长率(%) GRP Growth Rate (%)	
		全 市 Total City	市辖区 Districts under City	全 市 Total City	市辖区 Districts under City	全 市 Total City	市辖区 Districts under City
山东省	**Shandong**	**597643947**	**291938791**	**1135917**	**1396972**		
济南市	Jinan	57705966	43120096	82052	95620	8.76	8.24
青岛市	Qingdao	86921000	55276500	96524	116215	8	8.4
淄博市	Zibo	40297668	31205613	87531	112493	7.4	7.4
枣庄市	Zaozhuang	19801306	9983806	51890	46501	8.97	8.7
东营市	Dongying	34304900	20369131	163982	196461	10	9.4
烟台市	Yantai	60020788	25607462	85795	140198	9.05	9.28
潍坊市	Weifang	47860000	13950000	51826	64880	9.1	11.6
济宁市	Jining	38000607	10986400	46213	67721	9.6	10.63
泰安市	Tai'an	30021852	8968323	53853	50876	9.4	10.1
威海市	Weihai	27903400	14410867	99392	112567	9.81	10.7
日照市	Rizhao	16118700	12261100	56349	88007	10	9.2
莱芜市	Laiwu	6876000	6876000	51352	51352	8.8	8.8
临沂市	Linyi	35698000	14603600	35032	54742	10.1	10.75
德州市	Dezhou	25960800	8121738	45641	63484	10	10.5
聊城市	Liaocheng	25164000	4628541	42482	36663	9.4	9.2
滨州市	Binzhou	22767060	6681934	59557	63487	7.62	6.89
菏泽市	Heze	22221900	4887680	26446	35705	10.2	10.5
河南省	**Henan**	**347630935**	**111243632**	**651664**	**740245**		
郑州市	Zhengzhou	67769890	37025642	72991	70505	9.4	9.8
开封市	Kaifeng	14920564	5402697	32454	33687	9.5	9.2
洛阳市	Luoyang	32845734	13018306	49417	61742	9	8.4
平顶山市	Pingdingshan	16371717	4665290	33014	43600	7.3	6.1
安阳市	Anyang	17918143	4866189	35210	39651	8.7	7.7
鹤壁市	Hebi	6821975	3237581	42550	49327	10.1	9
新乡市	Xinxiang	19179974	6245534	33699	56840	9.3	10.3
焦作市	Jiaozuo	18443139	4119887	52421	41606	8.82	8.52
濮阳市	Puyang	12536056	3674711	34895	53007	10	-0.4
许昌市	Xuchang	20872312	2465545	48471	48735	9.3	6.9
漯河市	Luohe	9411601	5614000	36671	42129	9.1	9.3
三门峡市	Sanmenxia	12400597	1660041	55259	51760	9	8.5
南阳市	Nanyang	26755709	6354650	26651	34783	8.5	6.7
商丘市	Shangqiu	16976370	3515904	23359	20899	9.2	9.7
信阳市	Xinyang	17573375	4657026	27490	34483	8.99	9.34
周口市	Zhoukou	19920815	1877648	22651	26362	9.1	8.1
驻马店市	Zhumadian	16912964	2842981	24461	31129	8.5	8.8
湖北省	**Hubei**	**267296200**	**149607683**	**574641**	**740715**		
武汉市	Wuhan	100694800	81041183	98000	115464	9.7	9.4
黄石市	Huangshi	12185600	5917200	49796	67028	9.1	9.2
十堰市	Shiyan	12008200	7235796	35604	52863	9.5	9.7
宜昌市	Yichang	31322100	13650020	76369	94173	9.8	8.2
襄阳市	Xiangyang	31292600	15707326	55924	69048	13.7	13.94
鄂州市	Ezhou	6866400	6866400	64851	64851	9.7	9.7

2-13 续表 4 continued

城市	City	地区生产总值(当年价格)(万元) Gross Regional Product (Current Prices) (100 000 yuan)		人均地区生产总值(元) Per Capita GRP (yuan)		地区生产总值增长率(%) GRP Growth Rate (%)	
		全市 Total City	市辖区 Districts under City	全市 Total City	市辖区 Districts under City	全市 Total City	市辖区 Districts under City
荆门市	Jingmen	13105900	4442400	45378	66078	9.9	9.6
孝感市	Xiaogan	13547200	2486981	27891	27124	9.7	10.3
荆州市	Jingzhou	14804900	4940477	25774	40379	9.8	9.9
黄冈市	Huanggang	14591500	1739600	23128	47126	9.7	9.5
咸宁市	Xianning	9642500	2251500	38770	43465	9.6	10
随州市	Suizhou	7234500	3328800	33156	53116	9.74	10.32
湖南省	**Hunan**	**276273254**	**125282219**	**535719**	**871599**		
长沙市	Changsha	78248074	49182755	107683	131695	10.5	10
株洲市	Zhuzhou	21610147	10569938	54741	87081	10.5	10.7
湘潭市	Xiangtan	15705611	9738707	55968	91728	10.7	9.9
衡阳市	Hengyang	23965488	6814744	32934	57836	9.9	11.6
邵阳市	Shaoyang	12616104	2622511	17498	34398	10.8	11.6
岳阳市	Yueyang	26693384	11101386	47862	88408	9.3	6.5
常德市	Changde	25141545	12634565	43215	85803	10.55	10.4
张家界市	Zhangjiajie	4100187	2083947	27051	40518	10.7	11.4
益阳市	Yiyang	12531471	5134908	28596	40744	10.8	11.4
郴州市	Chenzhou	18725768	5478152	39999	64494	10.9	11.4
永州市	Yongzhou	13014528	3772343	24295	35622	9.93	11.43
怀化市	Huaihua	11812366	2640065	24368	44008	5.1	4.9
娄底市	Loudi	12108581	3508198	31509	69264	8.1	8.9
广东省	**Guangdong**	**731207891**	**624844759**	**1187295**	**1392938**		
广州市	Guangzhou	167068719	167068719	128478	128478	7.6	7.6
韶关市	Shaoguan	11134897	5314494	38386	52267	9.55	6.64
深圳市	Shenzhen	160018207	160018207	149495	149495	8.8	8.8
珠海市	Zhuhai	18672129	18672129	116537	116537	10.4	10.4
汕头市	Shantou	17165113	17018148	31201	31284	109	109.1
佛山市	Foshan	74415994	74415994	101617	101617	8.3	8.3
江门市	Jiangmen	20827636	11392105	46237	61502	7.8	10.1
湛江市	Zhanjiang	22589897	10773220	31420	64927	10	9.8
茂名市	Maoming	23490313	11756327	38951	47076	10.4	8.2
肇庆市	Zhaoqing	18450647	2719374	45795	66738	10	11.4
惠州市	Huizhou	30003674	19138034	63657	79380	10	7.4
梅州市	Meizhou	8858389	3512114	20529	36822	8.5	7.6
汕尾市	Shanwei	7169931	2126057	23928	40968	8.9	5.16
河源市	Heyuan	7689506	2766406	25208	57538	10.9	14.26
阳江市	Yangjiang	11685491	3808637	46938	54039	10.5	9.3
清远市	Qingyuan	11977408	6392030	31477	41145	7.9	10.09
东莞市	Dongguan	58813173	58813173	70605	70605	7.77	7.77
中山市	Zhongshan	28230069	28230069	88682	88682	8	8
潮州市	Chaozhou	8502208	6696179	31302	36855	8.2	8.5
揭阳市	Jieyang	17804442	8130353	29600	41872	10.7	11.3
云浮市	Yunfu	6640048	6082990	27252	25111	10.3	13.3
广西壮族自治区	**Guangxi**	**158643772**	**82365230**	**480611**	**707874**		
南宁市	Nanning	31482973	23314449	43303	82659	8.5	9.2
柳州市	Liuzhou	22085074	16467303	57049	104148	8.5	8.43

2-13 续表 5 continued

城市	City	地区生产总值(当年价格)(万元) Gross Regional Product (Current Prices) (100 000 yuan)		人均地区生产总值(元) Per Capita GRP (yuan)		地区生产总值增长率(%) GRP Growth Rate (%)	
		全市 Total City	市辖区 Districts under City	全市 Total City	市辖区 Districts under City	全市 Total City	市辖区 Districts under City
桂林市	Guilin	18270531	5151443	37288	49619	8.02	6.96
梧州市	Wuzhou	10648152	5000590	31293	64233	6.2	7.2
北海市	Beihai	8560135	6690569	53603	66243	12.5	14.3
防城港市	Fangchenggang	5889380	4354738	65184	80161	10.36	11.93
钦州市	Qinzhou	8549638	5475089	26971	44225	12.58	8.3
贵港市	Guigang	8053951	3549628	19004	23017	5.22	4.25
玉林市	Yulin	13417462	3496382	23784	31996	8.36	8.84
百色市	Baise	9179154	1761903	25806	45468	8.4	7.5
贺州市	Hezhou	4483807	2384354	22345	23327	6.1	7.1
河池市	Hechi	6013922	988388	17474	29147	8.09	5.37
来宾市	Laibin	5512357	2503985	25563	26579	6.1	3.1
崇左市	Chongzuo	6497236	1226409	31944	37052	8.34	7.23
海南省	**Hainan**	**14939579**	**14939579**	**104527**	**104527**		
海口市	Haikou	10917021	10917021	49943	49943	9.2	9.2
三亚市	Sanya	4022558	4022558	54584	54584	5.5	5.5
三沙市	Sansa						
重庆市	**Chongqing**	**142626000**	**114526900**	**47850**	**58539**	**10.9**	**10.9**
四川省	**Sichuan**	**282990703**	**149590298**	**617992**	**773942**		
成都市	Chengdu	100565926	73326539	70019	88114	8.9	8.6
自贡市	Zigong	10734046	6930941	39145	52440	7.6	7.38
攀枝花市	Panzhihua	8708501	6398820	70646	79985	9.21	9.13
泸州市	Luzhou	12597311	6516182	29655	46127	11	11.4
德阳市	Deyang	15156490	4371039	43091	58838	9	7.6
绵阳市	Mianyang	15798910	7640779	33558	56469	9.1	9.9
广元市	Guangyuan	5661920	2673526	22117	29699	9.2	8.6
遂宁市	Suining	8095540	3262662	24691	24747	9.66	9.6
内江市	Neijiang	11567723	4224514	31024	33084	8.91	8.74
乐山市	Leshan	12075899	5851979	37125	47616	7.05	6.12
南充市	Nanchong	14320202	5105352	22639	26546	7.25	3.72
眉山市	Meishan	9448913	3230734	31664	38715	10.1	10.2
宜宾市	Yibin	14438115	5871822	32318	49441	8.01	5.53
广安市	Guang'an	9196124	2702745	28489	31229	10.2	10.45
达州市	Dazhou	13478324	4165386	24411	23041	8.4	8.1
雅安市	Ya'an	4624143	1859948	30052	29740	11	8.9
巴中市	Bazhong	4566596	1587627	13756	13946	9	9.1
资阳市	Ziyang	11956020	3869703	33592	44165	10	10.6
贵州省	**Guizhou**	**78488536**	**33306046**	**184494**	**243692**		
贵阳市	Guiyang	24972691	18687384	55018	57882	13.9	15
六盘水市	Liupanshui	10427300	3436611	36228	57344	14.1	15.9
遵义市	Zunyi	18743600	5159900	30484	45622	14.4	15.9
安顺市	Anshun	5200600	2013929	22569	26233	14.8	16.2
毕节市	Bijie	12667000	2588974	19369	22812	14	15.4
铜仁市	Tongren	6477345	1419248	20826	33799	14.3	17

2-13 续表 6 continued

城 市	City	地区生产总值(当年价格)(万元) Gross Regional Product (Current Prices) (100 000 yuan)		人均地区生产总值(元) Per Capita GRP (yuan)		地区生产总值增长率(%) GRP Growth Rate (%)	
		全 市 Total City	市辖区 Districts under City	全 市 Total City	市辖区 Districts under City	全 市 Total City	市辖区 Districts under City
云南省	**Yunnan**	**89223425**	**46430311**	**224117**	**420726**		
昆明市	Kunming	37129943	28342258	56236	71916	8.1	8.7
曲靖市	Qujing	16494046	5231002	27529	68603	4	6.2
玉溪市	Yuxi	11847251	6174497	50511	122510	8	7
保山市	Baoshan	5009758	1900187	19566	19869	11.2	13
昭通市	Zhaotong	6703372	2033440	12480	24749	5.3	8.1
丽江市	Lijiang	2618385	891053	20663	54649	4.6	6.1
普洱市	Pu'er	4769455	1092913	18422	35312	8.9	9
临沧市	Lincang	4651215	764961	18710	23118	11.2	13.6
西藏自治区	**Tibet**	**3474500**	**1824600**	**56617**	**99632**	**10.9**	**9.4**
拉萨市	Lasa	3474500	1824600	56617	99632	10.9	9.4
陕西省	**Shaanxi**	**175254210**	**80643315**	**443575**	**487376**		
西安市	Xi'an	54926400	45318200	63794	68600	9.9	10
铜川市	Tongchuan	3253630	2971930	38552	39505	10.5	10.3
宝鸡市	Baoji	16429000	9147900	43824	63080	10.8	9.7
咸阳市	Xianyang	20773400	7414400	41971	69663	10.9	11.8
渭南市	Weinan	14237500	2908000	26675	32728	10.5	11.5
延安市	Yan'an	13860940	2413300	62714	50118	6.2	10.2
汉中市	Hanzhong	9910500	2038940	28908	37874	11.6	12.9
榆林市	Yulin	29205800	5150254	86482	79657	9	11.6
安康市	Ankang	6894370	2103901	26117	24090	11.7	11
商洛市	Shangluo	5762670	1176490	24538	22061	11	10
甘肃省	**Gansu**	**64209693**	**37105502**	**428079**	**524678**		
兰州市	Lanzhou	20009389	16542011	54771	62367	10.4	9.42
嘉峪关市	Jiayuguan	2430618	2430618	101955	101955	10	10
金昌市	Jinchang	2561027	1905176	54565	82297	7.8	7.7
白银市	Baiyin	4476423	2729507	26174	55264	8.8	9.2
天水市	Tianshui	5228228	3085733	15852	25424	8.9	9
武威市	Wuwei	4059679	2586732	22406	25675	9.1	9.3
张掖市	Zhangye	3617771	1481585	29852	28915	8.1	7
平凉市	Pingliang	3505533	1175809	16776	22703	8	8.1
酒泉市	Jiuquan	6105496	1958551	55000	44911	7.8	7.8
庆阳市	Qingyang	6688607	1703000	30087	44576	10.2	7.4
定西市	Dingxi	2901643	657774	10470	15508	9.2	9.2
陇南市	Longnan	2625279	849006	10171	15083	9	9.3
青海省	**Qinghai**	**14314738**	**8484709**	**72208**	**89659**		
西宁市	Xining	10657811	7750847	46762	62266	13.5	13.9
海东市	Haidong	3656927	733862	25446	27393	15.1	15.2
宁夏回族自治区	**Ningxia**	**27379176**	**15333126**	**198137**	**218692**		
银川市	Yinchuan	13886244	8416473	65942	61945	9.5	8.9
石嘴山市	Shizuishan	4672622	3343140	61001	68008	6.7	6
吴忠市	Wuzhong	3834317	1335777	28572	33614	7.6	8.7
固原市	Guyuan	2010289	861561	16268	20630	9.3	9.4
中卫市	Zhongwei	2975704	1376175	26354	34495	5.3	5.7
新疆维吾尔自治区	**Xinjiang**	**33091423**	**32881238**	**223512**	**224017**	**12**	**12.71**
乌鲁木齐市	Urumqi	24614698	24404513	70428	70933	10.5	11.21
克拉玛依市	Karamay	8476725	8476725	153084	153084	1.5	1.5

2-14 地区生产总值构成

Composition of Gross Regional Product

单位：%　　　　(%)

城　市	City	第一产业占GDP的比重 Primary Industry as Percentage to GRP		第二产业占GDP的比重 Secondary Industry as Percentage to GRP		第三产业占GDP的比重 Tertiary Industry as Percentage to GRP	
		全　市 Total City	市辖区 Districts under City	全　市 Total City	市辖区 Districts under City	全　市 Total City	市辖区 Districts under City
城市合计	**Prefecture Cities**	**7.84**	**2.87**	**47.75**	**45.96**	**44.42**	**51.17**
北京市	**Beijing**	**0.75**	**0.63**	**21.31**	**21.55**	**77.95**	**77.82**
天津市	**Tianjin**	**1.28**	**0.82**	**49.38**	**49.50**	**49.34**	**49.68**
河北省	**Hebei**	**11.79**	**3.71**	**50.22**	**47.93**	**37.99**	**48.36**
石家庄市	Shijiazhuang	9.43	4.63	46.76	39.72	43.81	55.66
唐山市	Tangshan	8.97	5.10	57.75	57.92	33.27	36.98
秦皇岛市	Qinhuangdao	14.55	1.83	37.44	33.52	48.01	64.65
邯郸市	Handan	13.09	1.16	50.11	51.83	36.80	47.01
邢台市	Xingtai	16.60	1.96	47.36	44.26	36.04	53.78
保定市	Baoding	14.01	1.65	51.50	60.74	34.48	37.61
张家口市	Zhangjiakou	17.76	2.60	42.66	49.63	39.58	47.77
承德市	Chengde	16.81	1.86	49.98	53.56	33.20	44.58
沧州市	Cangzhou	10.14	0.92	51.97	50.01	37.89	49.07
廊坊市	Langfang	9.45	4.39	48.06	25.79	42.50	69.81
衡水市	Hengshui	14.49	5.44	47.86	59.29	37.65	35.27
山西省	**Shanxi**	**6.27**	**1.90**	**50.01**	**42.17**	**43.72**	**55.92**
太原市	Taiyuan	1.54	0.68	40.00	39.03	58.47	60.30
大同市	Datong	5.70	1.28	44.47	47.41	49.83	51.31
阳泉市	Yangquan	1.79	0.68	54.63	49.73	43.58	49.59
长治市	Changzhi	4.37	0.96	58.33	47.80	37.29	51.24
晋城市	Jincheng	4.22	0.46	58.76	36.76	37.02	62.78
朔州市	Shuozhou	6.12	3.80	54.09	56.65	39.79	39.54
晋中市	Jinzhong	9.92	8.51	47.45	39.69	42.63	51.80
运城市	Yuncheng	16.41	6.20	41.34	30.96	42.25	62.84
忻州市	Xinzhou	9.55	7.26	47.54	29.14	42.91	63.60
临汾市	Linfen	7.82	4.00	54.33	28.72	37.84	67.28
吕梁市	Lvliang	6.24	2.90	62.18	31.07	31.59	66.02
内蒙古自治区	**Inner Mongolia**	**7.92**	**2.72**	**49.18**	**40.96**	**42.90**	**56.31**
呼和浩特市	Hohhot	4.34	1.23	29.31	21.29	66.36	77.48
包头市	Baotou	2.77	0.97	49.29	45.19	47.94	53.83
乌海市	Wuhai	0.79	0.79	63.40	63.40	35.81	35.81
赤峰市	Chifeng	15.43	8.57	48.34	48.40	36.23	43.04
通辽市	Tongliao	14.18	8.13	56.47	52.07	29.35	39.80
鄂尔多斯市	Erdos	2.46	0.17	58.10	36.50	39.44	63.34
呼伦贝尔市	Hulunbuir	17.21	3.20	45.58	47.49	37.21	49.32
巴彦淖尔市	Bayannur	19.42	16.04	55.13	51.27	25.45	32.69
乌兰察布市	Ulanqab	15.10	2.67	49.75	48.67	35.15	48.66
辽宁省	**Liaoning**	**8.03**	**2.16**	**49.44**	**51.30**	**42.53**	**46.53**
沈阳市	Shenyang	4.58	1.54	49.88	47.65	45.53	50.81
大连市	Dalian	5.77	2.41	48.30	53.50	45.93	44.09
鞍山市	Anshan	5.50	0.75	50.56	50.40	43.94	48.85
抚顺市	Fushun	7.29	2.64	54.29	57.01	38.41	40.35
本溪市	Benxi	5.43	1.97	54.80	55.89	39.77	42.14
丹东市	Dandong	14.15	4.34	44.92	38.26	40.93	57.40
锦州市	Jinzhou	14.78	3.15	46.40	46.41	38.82	50.44
营口市	Yingkou	7.15	2.87	50.25	55.43	42.60	41.70

2-14 续表 1 continued

单位：% (%)

城市	City	第一产业占GDP的比重 Primary Industry as Percentage to GRP		第二产业占GDP的比重 Secondary Industry as Percentage to GRP		第三产业占GDP的比重 Tertiary Industry as Percentage to GRP	
		全市 Total City	市辖区 Districts under City	全市 Total City	市辖区 Districts under City	全市 Total City	市辖区 Districts under City
阜新市	Fuxin	19.72	1.75	44.69	61.28	35.60	36.97
辽阳市	Liaoyang	6.58	3.12	58.07	53.68	35.35	43.19
盘锦市	Panjin	8.79	0.43	56.70	58.97	34.51	40.61
铁岭市	Tieling	23.89	5.18	41.69	38.88	34.42	55.93
朝阳市	Chaoyang	21.61	7.99	42.57	45.85	35.82	46.16
葫芦岛市	Huludao	13.18	6.77	44.30	50.40	42.53	42.82
吉林省	**Jilin**	**10.73**	**2.13**	**50.62**	**57.05**	**38.65**	**40.82**
长春市	Changchun	6.21	0.79	52.67	58.22	41.12	40.99
吉林市	Jilin	10.40	3.47	46.95	48.78	42.66	47.75
四平市	Siping	24.12	4.08	46.20	68.61	29.67	27.31
辽源市	Liaoyuan	8.56	1.29	58.45	60.56	33.00	38.14
通化市	Tonghua	8.76	1.41	52.95	68.42	38.29	30.17
白山市	Baishan	8.87	5.22	59.08	58.57	32.05	36.21
松原市	Songyuan	16.58	3.16	45.96	66.76	37.46	30.09
白城市	Baicheng	16.71	12.69	46.47	20.16	36.82	67.15
黑龙江省	**Heilongjiang**	**17.62**	**4.32**	**42.56**	**52.71**	**39.82**	**42.97**
哈尔滨市	Harbin	11.73	3.48	33.41	35.93	54.86	60.58
齐齐哈尔市	Qiqihar	23.98	4.06	32.78	33.71	43.24	62.23
鸡西市	Jixi	34.38	7.37	29.75	45.67	35.87	46.96
鹤岗市	Hegang	35.80	9.71	31.38	42.81	32.82	47.48
双鸭山市	Shuangyashan	37.97	3.39	26.16	42.62	35.87	53.99
大庆市	Daqing	4.70	1.06	75.53	80.07	19.76	18.87
伊春市	Yichun	41.61	34.79	23.48	27.63	34.90	37.58
佳木斯市	Jiamusi	32.52	6.27	22.81	30.28	44.68	63.45
七台河市	Qitaihe	14.58	9.28	40.69	44.26	44.73	46.46
牡丹江市	Mudanjiang	16.12	4.65	37.19	37.15	46.68	58.20
黑河市	Heihe	48.06	30.23	16.09	31.05	35.84	38.72
绥化市	Suihua	39.85	45.82	26.80	26.66	33.35	27.52
上海市	**Shanghai**	**0.53**	**0.41**	**34.66**	**34.69**	**64.82**	**64.90**
江苏省	**Jiangsu**	**5.02**	**2.80**	**47.87**	**47.77**	**47.11**	**49.44**
南京市	Nanjing	2.43	2.43	41.08	41.08	56.49	56.49
无锡市	Wuxi	1.68	1.00	49.92	45.81	48.40	53.19
徐州市	Xuzhou	9.54	3.28	45.25	51.75	45.21	44.97
常州市	Changzhou	2.82	1.71	49.13	50.01	48.05	48.28
苏州市	Suzhou	1.48	1.05	50.09	50.24	48.43	48.71
南通市	Nantong	6.01	2.70	49.75	48.80	44.24	48.50
连云港市	Lianyungang	13.33	9.62	45.26	44.16	41.42	46.22
淮安市	Huai'an	11.69	8.95	44.23	46.62	44.08	44.43
盐城市	Yancheng	12.76	7.01	46.47	55.63	40.77	37.37
扬州市	Yangzhou	6.15	3.34	51.00	51.44	42.86	45.21
镇江市	Zhenjiang	3.73	1.87	50.15	50.87	46.12	47.26
泰州市	Taizhou	6.21	3.79	50.36	54.86	43.44	41.35
宿迁市	Suqian	12.76	8.37	48.34	49.94	38.90	41.69
浙江省	**Zhejiang**	**4.33**	**2.58**	**48.08**	**45.45**	**47.59**	**51.97**
杭州市	Hangzhou	2.98	1.96	41.77	40.14	55.25	57.90
宁波市	Ningbo	3.62	1.31	52.30	50.99	44.07	47.70

2-14 续表 2 continued

单位: % (%)

城市	City	第一产业占GDP的比重 Primary Industry as Percentage to GRP		第二产业占GDP的比重 Secondary Industry as Percentage to GRP		第三产业占GDP的比重 Tertiary Industry as Percentage to GRP	
		全市 Total City	市辖区 Districts under City	全市 Total City	市辖区 Districts under City	全市 Total City	市辖区 Districts under City
温州市	Wenzhou	2.74	0.66	47.17	47.72	50.09	51.62
嘉兴市	Jiaxing	4.32	3.77	54.10	47.25	41.58	48.97
湖州市	Huzhou	6.15	4.92	51.08	49.12	42.77	45.95
绍兴市	Shaoxing	4.55	3.46	51.89	51.30	43.56	45.24
金华市	Jinhua	4.32	5.32	47.02	39.67	48.67	55.01
衢州市	Quzhou	7.41	6.12	50.12	47.11	42.47	46.77
舟山市	Zhoushan	9.94	6.96	41.89	42.18	48.17	50.86
台州市	Taizhou	6.37	3.51	46.61	45.90	47.02	50.58
丽水市	Lishui	8.42	6.30	48.07	38.92	43.51	54.78
安徽省	**Anhui**	**11.20**	**4.56**	**54.02**	**56.35**	**34.78**	**39.09**
合肥市	Hefei	4.87	0.53	55.25	53.62	39.88	45.84
芜湖市	Wuhu	5.11	2.04	63.91	65.30	30.98	32.67
蚌埠市	Bengbu	15.49	3.63	51.90	62.79	32.60	33.58
淮南市	Huainan	8.80	7.09	57.42	54.46	33.78	38.45
马鞍山市	Maanshan	5.78	1.01	62.34	62.33	31.88	36.66
淮北市	Huaibei	7.63	3.24	63.42	66.86	28.95	29.90
铜陵市	Tongling	1.76	0.48	71.26	71.01	26.98	28.51
安庆市	Anqing	13.75	3.29	52.76	47.05	33.49	49.66
黄山市	Huangshan	10.77	6.61	46.17	44.39	43.06	49.00
滁州市	Chuzhou	17.63	6.70	53.62	69.96	28.75	23.34
阜阳市	Fuyang	23.30	13.55	42.44	40.83	34.26	45.63
宿州市	Suzhou	22.77	13.72	41.94	46.68	35.29	39.60
六安市	Lu'an	19.64	17.91	47.47	47.14	32.89	34.95
亳州市	Bozhou	22.01	19.95	39.46	42.90	38.53	37.15
池州市	Chizhou	13.26	11.49	47.14	51.73	39.60	36.78
宣城市	Xuancheng	12.85	15.19	51.40	43.79	35.75	41.02
福建省	**Fujian**	**8.38**	**2.41**	**51.83**	**47.63**	**39.79**	**49.96**
福州市	Fuzhou	8.05	0.51	45.50	36.62	46.45	62.88
厦门市	Xiamen	0.72	0.72	44.61	44.61	54.67	54.67
莆田市	Putian	7.31	6.59	57.70	59.41	34.98	34.00
三明市	Sanming	15.10	4.53	52.49	54.28	32.41	41.19
泉州市	Quanzhou	3.01	1.25	61.98	57.29	35.02	41.46
漳州市	Zhangzhou	13.98	2.15	49.77	48.24	36.24	49.61
南平市	Nanping	22.04	12.65	44.11	52.54	33.86	34.81
龙岩市	Longyan	11.58	3.85	54.05	61.21	34.37	34.93
宁德市	Ningde	17.31	13.27	51.28	45.03	31.41	41.70
江西省	**Jiangxi**	**10.24**	**3.21**	**53.66**	**52.00**	**36.10**	**44.79**
南昌市	Nanchang	4.44	0.54	54.99	51.42	40.57	48.04
景德镇市	Jingdezhen	7.48	1.76	58.10	59.21	34.42	39.04
萍乡市	Pingxiang	6.76	3.96	58.96	59.28	34.28	36.76
九江市	Jiujiang	7.68	1.17	55.34	48.14	36.98	50.69
新余市	Xinyu	6.02	5.21	57.84	58.16	36.15	36.63
鹰潭市	Yingtan	7.84	1.16	61.99	48.25	30.17	50.58
赣州市	Ganzhou	15.33	5.04	45.75	53.34	38.92	41.62
吉安市	Ji'an	16.43	8.79	51.07	47.77	32.51	43.44
宜春市	Yichun	14.72	13.01	54.14	39.77	31.14	47.22
抚州市	Fuzhou	16.76	12.21	51.59	56.50	31.65	31.29
上饶市	Shangrao	13.76	3.61	50.25	24.02	35.99	72.37

2-14 续表 3 continued

单位：% (%)

城　市	City	第一产业占GDP的比重 Primary Industry as Percentage to GRP 全　市 Total City	市辖区 Districts under City	第二产业占GDP的比重 Secondary Industry as Percentage to GRP 全　市 Total City	市辖区 Districts under City	第三产业占GDP的比重 Tertiary Industry as Percentage to GRP 全　市 Total City	市辖区 Districts under City
山东省	**Shandong**	**7.37**	**3.56**	**49.87**	**48.46**	**42.76**	**47.98**
济南市	Jinan	5.03	2.03	39.19	33.42	55.78	64.55
青岛市	Qingdao	4.02	1.49	44.76	40.55	51.22	57.96
淄博市	Zibo	3.48	2.16	55.77	55.84	40.75	42.00
枣庄市	Zaozhuang	7.46	7.89	54.33	55.94	38.21	36.16
东营市	Dongying	3.38	1.41	66.60	68.33	30.02	30.25
烟台市	Yantai	7.11	2.95	52.98	53.15	39.91	43.89
潍坊市	Weifang	9.53	3.23	50.81	52.69	39.66	44.09
济宁市	Jining	11.35	7.37	49.07	48.89	39.58	43.74
泰安市	Tai'an	8.67	7.29	47.63	42.26	43.70	50.45
威海市	Weihai	7.44	6.21	48.56	49.60	44.01	44.19
日照市	Rizhao	8.64	6.02	50.37	57.86	40.99	36.11
莱芜市	Laiwu	7.67	7.67	54.34	54.34	37.99	37.99
临沂市	Linyi	9.55	2.16	46.19	54.51	44.26	43.33
德州市	Dezhou	10.42	5.11	50.31	51.42	39.26	43.47
聊城市	Liaocheng	12.09	10.50	51.86	47.54	36.05	41.96
滨州市	Binzhou	9.26	8.80	50.30	46.20	40.43	45.00
菏泽市	Heze	11.74	6.34	53.58	44.57	34.69	49.09
河南省	**Henan**	**11.98**	**4.09**	**52.21**	**47.87**	**35.81**	**48.04**
郑州市	Zhengzhou	2.17	0.94	51.46	43.56	46.37	55.50
开封市	Kaifeng	19.11	12.72	45.44	40.99	35.45	46.29
洛阳市	Luoyang	7.06	1.44	51.07	48.01	41.87	50.56
平顶山市	Pingdingshan	10.21	1.46	53.72	57.12	36.08	41.42
安阳市	Anyang	11.45	1.76	52.36	51.20	36.19	47.04
鹤壁市	Hebi	9.30	3.84	67.37	67.60	23.33	28.56
新乡市	Xinxiang	11.86	1.53	56.60	47.65	31.55	50.82
焦作市	Jiaozuo	7.42	2.12	61.80	48.30	30.78	49.59
濮阳市	Puyang	12.42	5.05	57.89	49.94	29.70	45.01
许昌市	Xuchang	8.85	0.81	60.76	50.92	30.39	48.27
漯河市	Luohe	11.59	8.92	63.71	64.34	24.70	26.75
三门峡市	Sanmenxia	8.98	2.61	62.52	46.90	28.50	50.49
南阳市	Nanyang	17.52	7.25	46.50	43.43	35.98	49.31
商丘市	Shangqiu	22.08	17.98	43.33	42.11	34.60	39.90
信阳市	Xinyang	25.03	14.71	41.54	47.73	33.43	37.55
周口市	Zhoukou	23.05	4.55	51.52	52.51	25.42	42.94
驻马店市	Zhumadian	23.49	8.89	41.32	50.01	35.19	41.10
湖北省	**Hubei**	**10.84**	**3.38**	**51.00**	**51.70**	**38.16**	**44.92**
武汉市	Wuhan	3.48	0.42	47.53	45.05	49.00	54.53
黄石市	Huangshi	8.62	0.90	59.37	62.24	32.01	36.86
十堰市	Shiyan	12.59	3.70	50.81	56.29	36.60	40.02
宜昌市	Yichang	11.22	4.51	59.31	65.29	29.47	30.20
襄阳市	Xiangyang	12.83	8.00	57.67	64.05	29.50	27.95
鄂州市	Ezhou	11.82	11.82	59.30	59.30	28.88	28.88

2-14 续表 4 continued

单位：% (%)

城 市	City	第一产业占GDP的比重 Primary Industry as Percentage to GRP		第二产业占GDP的比重 Secondary Industry as Percentage to GRP		第三产业占GDP的比重 Tertiary Industry as Percentage to GRP	
		全 市 Total City	市辖区 Districts under City	全 市 Total City	市辖区 Districts under City	全 市 Total City	市辖区 Districts under City
荆门市	Jingmen	15.12	6.40	53.91	56.24	30.98	37.36
孝感市	Xiaogan	18.61	11.15	49.04	46.84	32.35	42.01
荆州市	Jingzhou	23.44	10.30	44.55	53.63	32.01	36.07
黄冈市	Huanggang	24.47	8.04	40.17	47.56	35.36	44.40
咸宁市	Xianning	17.84	11.93	49.43	55.27	32.73	32.81
随州市	Suizhou	17.98	6.77	48.46	49.87	33.56	43.35
湖南省	**Hunan**	**10.68**	**3.23**	**50.76**	**49.97**	**38.56**	**46.80**
长沙市	Changsha	3.99	1.19	54.20	44.09	41.81	54.72
株洲市	Zhuzhou	7.72	2.14	59.24	60.92	33.04	36.94
湘潭市	Xiangtan	8.13	1.92	56.98	60.34	34.88	37.74
衡阳市	Hengyang	14.99	2.69	46.73	59.07	38.28	38.24
邵阳市	Shaoyang	21.54	4.81	38.16	49.42	40.31	45.76
岳阳市	Yueyang	10.79	3.44	53.87	53.08	35.33	43.48
常德市	Changde	13.44	4.73	47.65	55.12	38.91	40.15
张家界市	Zhangjiajie	11.60	7.67	24.31	17.97	64.09	74.36
益阳市	Yiyang	18.49	11.05	44.03	54.17	37.48	34.79
郴州市	Chenzhou	9.55	3.93	56.78	49.14	33.67	46.93
永州市	Yongzhou	21.68	16.66	37.73	43.98	40.59	39.36
怀化市	Huaihua	14.49	3.35	43.66	29.02	41.85	67.63
娄底市	Loudi	14.47	3.09	53.50	61.29	32.03	35.62
广东省	**Guangdong**	**4.37**	**2.01**	**45.27**	**45.84**	**50.36**	**52.14**
广州市	Guangzhou	1.31	1.31	33.47	33.47	65.23	65.23
韶关市	Shaoguan	12.62	5.00	40.56	40.63	46.82	54.37
深圳市	Shenzhen	0.03	0.03	42.57	42.57	57.39	57.39
珠海市	Zhuhai	2.35	2.35	50.27	50.27	47.37	47.37
汕头市	Shantou	5.35	5.18	52.64	52.78	42.01	42.04
佛山市	Foshan	1.80	1.80	61.84	61.84	36.36	36.36
江门市	Jiangmen	8.07	4.34	49.05	57.02	42.88	38.65
湛江市	Zhanjiang	19.01	6.24	39.58	49.31	41.41	44.45
茂名市	Maoming	15.50	10.10	41.50	53.12	43.00	36.78
肇庆市	Zhaoqing	14.74	4.91	50.01	47.62	35.24	47.48
惠州市	Huizhou	4.70	2.01	56.56	61.83	38.74	36.16
梅州市	Meizhou	19.72	13.70	37.31	46.91	42.97	39.39
汕尾市	Shanwei	15.32	10.06	46.47	57.38	38.21	32.56
河源市	Heyuan	11.39	0.95	47.08	54.65	41.53	44.40
阳江市	Yangjiang	16.51	10.74	48.03	53.89	35.45	35.37
清远市	Qingyuan	14.66	8.60	41.17	46.13	44.17	45.27
东莞市	Dongguan	0.35	0.35	47.51	47.51	52.14	52.14
中山市	Zhongshan	2.37	2.37	55.29	55.29	42.34	42.34
潮州市	Chaozhou	7.15	3.46	54.83	59.42	38.02	37.12
揭阳市	Jieyang	8.82	5.45	61.67	64.13	29.50	30.42
云浮市	Yunfu	21.13	21.52	44.11	42.11	34.76	36.37
广西壮族自治区	**Guangxi**	**15.57**	**7.80**	**47.40**	**49.17**	**37.04**	**43.03**
南宁市	Nanning	11.74	5.82	39.75	38.74	48.51	55.45
柳州市	Liuzhou	7.11	0.72	59.43	64.45	33.45	34.84

2-14 续表 5 continued

单位: % (%)

城市	City	第一产业占GDP的比重 Primary Industry as Percentage to GRP		第二产业占GDP的比重 Secondary Industry as Percentage to GRP		第三产业占GDP的比重 Tertiary Industry as Percentage to GRP	
		全市 Total City	市辖区 Districts under City	全市 Total City	市辖区 Districts under City	全市 Total City	市辖区 Districts under City
桂林市	Guilin	17.68	2.01	47.35	38.93	34.97	59.07
梧州市	Wuzhou	11.23	3.10	60.67	67.96	28.10	28.95
北海市	Beihai	17.68	11.55	53.10	59.91	29.22	28.54
防城港市	Fangchenggang	12.03	8.70	57.79	62.26	30.18	29.03
钦州市	Qinzhou	22.68	18.33	39.64	39.70	37.68	41.97
贵港市	Guigang	19.97	16.54	40.42	32.93	39.62	50.53
玉林市	Yulin	18.54	10.61	44.10	38.68	37.36	50.71
百色市	Baise	17.29	13.54	53.38	51.07	29.33	35.39
贺州市	Hezhou	21.85	19.11	42.83	48.75	35.32	32.13
河池市	Hechi	22.83	11.22	34.13	42.73	43.04	46.05
来宾市	Laibin	24.21	21.65	41.40	39.02	34.39	39.33
崇左市	Chongzuo	22.68	18.85	42.70	47.05	34.61	34.11
海南省	**Hainan**	**7.51**	**7.51**	**20.29**	**20.29**	**72.20**	**72.20**
海口市	Haikou	5.23	5.23	19.92	19.92	74.85	74.85
三亚市	Sanya	13.71	13.71	21.27	21.27	65.01	65.01
三沙市	Sansa						
重庆市	**Chongqing**	**7.44**	**5.25**	**45.78**	**45.72**	**46.78**	**49.03**
四川省	**Sichuan**	**11.15**	**5.47**	**52.48**	**52.31**	**36.37**	**42.22**
成都市	Chengdu	3.55	1.36	44.83	43.89	51.62	54.75
自贡市	Zigong	11.34	6.63	59.27	63.05	29.39	30.32
攀枝花市	Panzhihua	3.33	1.51	73.19	73.86	23.47	24.64
泸州市	Luzhou	12.69	7.07	60.25	65.88	27.06	27.05
德阳市	Deyang	13.15	6.06	59.70	62.51	27.15	31.43
绵阳市	Mianyang	15.67	5.92	50.97	60.62	33.35	33.46
广元市	Guangyuan	16.93	10.17	47.67	53.66	35.40	36.17
遂宁市	Suining	17.20	17.08	55.50	49.71	27.30	33.21
内江市	Neijiang	15.79	13.49	61.47	61.53	22.75	24.98
乐山市	Leshan	11.19	6.61	59.65	64.75	29.16	28.64
南充市	Nanchong	21.65	14.55	50.50	52.22	27.85	33.24
眉山市	Meishan	15.81	12.60	56.59	57.59	27.60	29.81
宜宾市	Yibin	14.33	7.05	59.48	63.53	26.19	29.42
广安市	Guang'an	16.94	13.57	52.51	53.44	30.56	32.99
达州市	Dazhou	20.59	15.51	52.35	54.20	27.06	30.29
雅安市	Ya'an	14.40	15.99	57.13	43.66	28.47	40.36
巴中市	Bazhong	17.66	17.12	46.04	36.50	36.30	46.37
资阳市	Ziyang	20.23	13.40	55.99	65.18	23.78	21.42
贵州省	**Guizhou**	**11.88**	**4.47**	**42.17**	**38.32**	**45.95**	**57.21**
贵阳市	Guiyang	4.33	2.00	39.11	35.52	56.57	62.48
六盘水市	Liupanshui	7.26	1.31	54.38	52.72	38.35	45.97
遵义市	Zunyi	14.27	4.33	45.92	39.04	39.81	56.63
安顺市	Anshun	15.11	10.47	36.47	37.55	48.42	51.98
毕节市	Bijie	19.96	18.49	41.27	37.61	38.77	43.90
铜仁市	Tongren	23.11	11.02	29.85	40.06	47.04	48.92

2-14 续表 6 continued

单位：% (%)

城 市	City	第一产业占GDP的比重 Primary Industry as Percentage to GRP		第二产业占GDP的比重 Secondary Industry as Percentage to GRP		第三产业占GDP的比重 Tertiary Industry as Percentage to GRP	
		全 市 Total City	市辖区 Districts under City	全 市 Total City	市辖区 Districts under City	全 市 Total City	市辖区 Districts under City
云南省	**Yunnan**	**13.62**	**3.60**	**45.56**	**48.95**	**40.81**	**47.45**
昆明市	Kunming	4.89	1.03	41.44	42.18	53.67	56.79
曲靖市	Qujing	18.81	4.11	50.89	61.73	30.30	34.16
玉溪市	Yuxi	10.37	2.24	59.63	77.35	30.00	20.41
保山市	Baoshan	27.62	23.91	34.99	34.82	37.38	41.26
昭通市	Zhaotong	20.61	12.27	48.64	50.43	30.75	37.30
丽江市	Lijiang	16.88	5.78	43.06	38.45	40.06	55.76
普洱市	Pu'er	28.84	11.33	35.19	39.35	35.97	49.32
临沧市	Lincang	30.68	19.30	42.73	40.48	26.58	40.22
西藏自治区	**Tibet**	**3.72**	**0.53**	**36.77**	**24.47**	**59.51**	**75.00**
拉萨市	Lasa	3.72	0.53	36.77	24.47	59.51	75.00
陕西省	**Shaanxi**	**8.87**	**3.92**	**54.18**	**49.59**	**36.95**	**46.49**
西安市	Xi'an	3.91	2.59	39.96	42.22	56.14	55.19
铜川市	Tongchuan	6.95	5.55	62.97	63.61	30.08	30.85
宝鸡市	Baoji	9.82	3.33	64.01	67.13	26.17	29.54
咸阳市	Xianyang	15.49	3.86	58.72	68.72	25.79	27.42
渭南市	Weinan	14.55	11.66	52.77	47.59	32.68	40.75
延安市	Yan'an	8.20	5.06	69.90	45.39	21.90	49.55
汉中市	Hanzhong	18.56	8.10	46.21	43.51	35.23	48.39
榆林市	Yulin	4.97	4.73	67.34	56.46	27.69	38.80
安康市	Ankang	13.49	10.54	55.12	44.78	31.39	44.68
商洛市	Shangluo	15.76	11.57	52.00	43.86	32.24	44.57
甘肃省	**Gansu**	**12.11**	**6.00**	**44.01**	**44.50**	**43.88**	**49.50**
兰州市	Lanzhou	2.62	1.16	41.22	37.60	56.15	61.25
嘉峪关市	Jiayuguan	1.63	1.63	69.80	69.80	28.57	28.57
金昌市	Jinchang	6.70	1.75	66.17	76.42	27.13	21.83
白银市	Baiyin	12.63	3.03	50.40	62.03	36.97	34.94
天水市	Tianshui	17.30	7.65	35.55	43.55	47.15	48.81
武威市	Wuwei	23.33	20.96	42.59	44.30	34.09	34.74
张掖市	Zhangye	24.60	22.82	33.04	25.82	42.37	51.36
平凉市	Pingliang	24.18	13.20	35.96	31.04	39.87	55.77
酒泉市	Jiuquan	11.66	11.75	47.84	44.94	40.49	43.31
庆阳市	Qingyang	11.62	6.75	59.77	58.72	28.61	34.53
定西市	Dingxi	25.37	18.10	24.28	29.63	50.35	52.27
陇南市	Longnan	25.23	17.10	26.43	15.73	48.35	67.18
青海省	**Qinghai**	**6.27**	**1.63**	**50.30**	**41.61**	**43.44**	**56.76**
西宁市	Xining	3.51	0.35	49.79	41.06	46.70	58.59
海东市	Haidong	14.32	15.24	51.76	47.37	33.93	37.39
宁夏回族自治区	**Ningxia**	**8.05**	**4.64**	**53.51**	**47.44**	**38.44**	**47.93**
银川市	Yinchuan	3.80	1.92	54.02	41.06	42.17	57.01
石嘴山市	Shizuishan	5.12	1.89	64.98	67.55	29.90	30.56
吴忠市	Wuzhong	14.06	12.67	57.04	57.02	28.90	30.31
固原市	Guyuan	21.80	14.52	27.49	27.03	50.71	58.44
中卫市	Zhongwei	15.40	13.92	46.16	41.01	38.44	45.07
新疆维吾尔自治区	**Xinjiang**	**0.98**	**0.77**	**46.72**	**46.84**	**52.30**	**52.38**
乌鲁木齐市	Urumqi	1.11	0.83	36.81	36.89	62.08	62.28
克拉玛依市	Karamay	0.61	0.61	75.49	75.49	23.91	23.91

2-15 地方公共财政收支状况(全市)

Public Finance Income and Expenditure (Total City)

单位：万元 (10 000 yuan)

城市	City	公共财政收入 Public Finance Income	公共财政支出 Public Finance Expenditure	科学技术支出 Expenditure for Science and Technology	教育支出 Expenditure for Education
城市合计	**Prefecture Cities**	**648553489**	**1034879959**	**24782449**	**177917553**
北京市	**Beijing**	**40271609**	**45246690**	**2827117**	**7420541**
天津市	**Tianjin**	**23903518**	**28846993**	**1089967**	**5170063**
河北省	**Hebei**	**20743668**	**39703865**	**387504**	**7626729**
石家庄市	Shijiazhuang	3434745	5664878	72908	1200899
唐山市	Tangshan	3237498	5246569	81583	1089918
秦皇岛市	Qinhuangdao	1136584	2119627	18960	358495
邯郸市	Handan	1831617	4046724	67640	905431
邢台市	Xingtai	957060	2946228	19207	564415
保定市	Baoding	1924707	4575943	22710	870391
张家口市	Zhangjiakou	1257800	3297137	15201	514549
承德市	Chengde	1075605	2543206	16660	465273
沧州市	Cangzhou	1897102	3812703	34954	752865
廊坊市	Langfang	2504860	3025103	29444	538175
衡水市	Hengshui	1486090	2425747	8237	366318
山西省	**Shanxi**	**12317781**	**23966563**	**282779**	**4293073**
太原市	Taiyuan	2588527	3226934	141469	527157
大同市	Datong	1049451	2217880	12915	386969
阳泉市	Yangquan	470477	869075	8329	192937
长治市	Changzhi	1363251	2440202	14734	392001
晋城市	Jincheng	980305	1617219	19770	322069
朔州市	Shuozhou	865898	1430634	9705	232389
晋中市	Jinzhong	1175158	2168543	19176	411080
运城市	Yuncheng	527871	2387663	18307	517383
忻州市	Xinzhou	808126	2139521	8607	369184
临汾市	Linfen	1182629	2830807	13922	416684
吕梁市	Lvliang	1306088	2638085	15845	525220
内蒙古自治区	**Inner Mongolia**	**13712520**	**28192860**	**215295**	**3631484**
呼和浩特市	Hohhot	2115389	3109084	36005	385566
包头市	Baotou	2343186	3536905	51548	425674
乌海市	Wuhai	751617	947811	14979	99189
赤峰市	Chifeng	980258	3604443	17614	718435
通辽市	Tongliao	1130563	3182044	16102	433874
鄂尔多斯市	Erdos	4300782	5417523	23481	565052
呼伦贝尔市	Hulunbuir	960318	3485100	35378	419538
巴彦淖尔市	Bayannur	620167	1938012	6018	231977
乌兰察布市	Ulanqab	510240	2971938	14170	352179
辽宁省	**Liaoning**	**31092425**	**44401040**	**965857**	**5004839**
沈阳市	Shenyang	7855020	9143712	265649	1174452
大连市	Dalian	7808645	9894552	430258	1049086
鞍山市	Anshan	2417012	3254078	44872	321904
抚顺市	Fushun	1342512	2235027	26845	163819
本溪市	Benxi	1298326	1854923	30196	212238
丹东市	Dandong	1260005	2058998	16876	266686
锦州市	Jinzhou	1368462	2284708	25753	242524
营口市	Yingkou	1603585	2196512	10696	206022

2-15 续表 1 continued

单位：万元 (10 000 yuan)

城　市	City	公共财政收入 Public Finance Income	公共财政支出 Public Finance Expenditure	科学技术支出 Expenditure for Science and Technology	教育支出 Expenditure for Education
阜新市	Fuxin	712144	1752720	4332	202065
辽阳市	Liaoyang	1148000	1640131	21674	169026
盘锦市	Panjin	1511776	2041160	19896	162351
铁岭市	Tieling	933917	2090819	28469	266837
朝阳市	Chaoyang	1017021	2279700	17341	313829
葫芦岛市	Huludao	816000	1674000	23000	254000
吉林省	**Jilin**	**8450566**	**19955380**	**217899**	**2886464**
长春市	Changchun	3973249	6758377	70087	856005
吉林市	Jilin	1311855	3273310	56610	490143
四平市	Siping	578526	1913935	9359	335290
辽源市	Liaoyuan	268211	993453	7655	150643
通化市	Tonghua	837190	2086990	48658	292461
白山市	Baishan	442513	1381508	14574	206346
松原市	Songyuan	625070	1718609	2488	289225
白城市	Baicheng	413952	1829198	8468	266351
黑龙江省	**Heilongjiang**	**9895269**	**25144087**	**181534**	**3766601**
哈尔滨市	Harbin	4235203	7400780	100276	1115150
齐齐哈尔市	Qiqihar	960651	3136822	12913	493776
鸡西市	Jixi	429307	802658	4930	144661
鹤岗市	Hegang	168062	746562	5061	117541
双鸭山市	Shuangyashan	184569	1034518	6013	180289
大庆市	Daqing	1410421	1789269	8309	357130
伊春市	Yichun	146429	1029241	4182	88660
佳木斯市	Jiamusi	420123	1875138	3379	266619
七台河市	Qitaihe	180043	620773	2160	81311
牡丹江市	Mudanjiang	881443	2392674	17817	321895
黑河市	Heihe	263606	1413360	8179	170519
绥化市	Suihua	615412	2902292	8315	429050
上海市	**Shanghai**	**45855536**	**49234377**	**2622913**	**6955284**
江苏省	**Jiangsu**	**66208407**	**75276234**	**3018969**	**12941995**
南京市	Nanjing	9034890	9212047	447152	1368787
无锡市	Wuxi	7680077	7480571	354743	1130273
徐州市	Xuzhou	4723279	6618386	174827	1319474
常州市	Changzhou	4338800	4349289	217044	682014
苏州市	Suzhou	14438174	13048293	757988	2040512
南通市	Nantong	5500019	6495797	217879	1418762
连云港市	Lianyungang	2617723	3759482	100369	665801
淮安市	Huai'an	3085130	4316544	106174	706174
盐城市	Yancheng	4180231	6032064	236313	1039544
扬州市	Yangzhou	2951918	3677273	113031	653748
镇江市	Zhenjiang	2777648	3118458	118714	549167
泰州市	Taizhou	2779543	3712131	76515	592193
宿迁市	Suqian	2100975	3455899	98220	775546
浙江省	**Zhejiang**	**38290091**	**46786630**	**1841893**	**9350547**
杭州市	Hangzhou	10273169	9611771	524082	1826924
宁波市	Ningbo	8606109	10008563	428212	1596238

2-15 续表 2 continued

单位：万元 (10 000 yuan)

城 市	City	公共财政收入 Public Finance Income	公共财政支出 Public Finance Expenditure	科学技术支出 Expenditure for Science and Technology	教育支出 Expenditure for Education
温州市	Wenzhou	3525253	4889810	113033	1249850
嘉兴市	Jiaxing	3070675	3349028	140870	756642
湖州市	Huzhou	1678400	2245670	69814	464525
绍兴市	Shaoxing	3172705	3464437	184555	779332
金华市	Jinhua	2688673	3528648	133838	818413
衢州市	Quzhou	803239	1919400	58557	351888
舟山市	Zhoushan	1010203	1881904	44763	246092
台州市	Taizhou	2652092	3714666	98099	838763
丽水市	Lishui	809573	2172733	46070	421880
安徽省	**Anhui**	**19886436**	**40344963**	**1204677**	**6488435**
合肥市	Hefei	5003420	6987901	290529	1087882
芜湖市	Wuhu	2335357	3469186	342871	508965
蚌埠市	Bengbu	1053415	2085574	76245	354791
淮南市	Huainan	753623	1459783	23349	198921
马鞍山市	Maanshan	1210516	1824561	57483	266454
淮北市	Huaibei	528134	1160077	16653	175319
铜陵市	Tongling	662728	1052923	73924	147545
安庆市	Anqing	1056537	2994597	61902	580668
黄山市	Huangshan	679903	1494172	35777	140731
滁州市	Chuzhou	1236295	2688462	46685	423699
阜阳市	Fuyang	1035094	3533451	16927	650115
宿州市	Suzhou	769444	2472835	22436	450628
六安市	Lu'an	948426	3216049	31524	622111
亳州市	Bozhou	726963	2292171	14418	368394
池州市	Chizhou	684360	1388229	17075	179691
宣城市	Xuancheng	1202221	2224992	76879	332521
福建省	**Fujian**	**21047436**	**28264356**	**571822**	**5743294**
福州市	Fuzhou	5108707	5748081	93278	1206466
厦门市	Xiamen	5437986	5482525	173878	890941
莆田市	Putian	1102982	1579085	35031	477097
三明市	Sanming	909210	1988757	39532	416824
泉州市	Quanzhou	3801056	4767231	105743	1044582
漳州市	Zhangzhou	1689911	2745041	44054	518165
南平市	Nanping	809938	1903858	19173	361748
龙岩市	Longyan	1198424	2050747	48170	431755
宁德市	Ningde	989222	1999031	12963	395716
江西省	**Jiangxi**	**17643271**	**32415875**	**470154**	**6126396**
南昌市	Nanchang	3422065	4731561	79045	814016
景德镇市	Jingdezhen	821539	1495692	11391	175882
萍乡市	Pingxiang	941966	1565483	29969	234927
九江市	Jiujiang	2136608	3835284	47498	715781
新余市	Xinyu	899242	1317360	18818	191222
鹰潭市	Yingtan	733931	1149741	23041	157579
赣州市	Ganzhou	2253118	5362745	60993	1088115
吉安市	Ji'an	1425681	3086929	65637	672139
宜春市	Yichun	1903238	3467136	60430	693012
抚州市	Fuzhou	1163784	2557888	31291	512909
上饶市	Shangrao	1942099	3846056	42041	870814

2-15 续表 3 continued

单位：万元 (10 000 yuan)

城　市	City	公共财政收入 Public Finance Income	公共财政支出 Public Finance Expenditure	科学技术支出 Expenditure for Science and Technology	教育支出 Expenditure for Education
山东省	**Shandong**	**48260059**	**64605272**	**1299136**	**12866592**
济南市	Jinan	5431278	5714138	95983	932184
青岛市	Qingdao	8952450	10747138	270133	1871258
淄博市	Zibo	2925496	3425263	82590	746612
枣庄市	Zaozhuang	1378770	2172070	18973	404153
东营市	Dongying	2062350	2413559	52883	464290
烟台市	Yantai	4901646	5748633	166419	1046156
潍坊市	Weifang	4301789	5277579	133797	1397928
济宁市	Jining	3341968	4668653	80687	1034668
泰安市	Tai'an	1873936	2857756	39537	531279
威海市	Weihai	2207924	2805973	96746	591246
日照市	Rizhao	1110722	1677685	20052	352729
莱芜市	Laiwu	496017	801172	22358	183499
临沂市	Linyi	2510067	4550709	46000	1074817
德州市	Dezhou	1712588	2752649	42081	526040
聊城市	Liaocheng	1561944	2859605	36887	519899
滨州市	Binzhou	1871456	2697848	53697	519503
菏泽市	Heze	1619658	3434842	40313	670331
河南省	**Henan**	**25624553**	**51702399**	**693255**	**10401928**
郑州市	Zhengzhou	8338761	9185111	144942	1244086
开封市	Kaifeng	961869	2231528	24347	416538
洛阳市	Luoyang	2602579	4129882	84721	795392
平顶山市	Pingdingshan	1307155	2415349	28090	476693
安阳市	Anyang	1032639	2342817	41900	530467
鹤壁市	Hebi	471069	940582	10141	202858
新乡市	Xinxiang	1391294	2795059	39964	625636
焦作市	Jiaozuo	1055746	1924798	41304	362530
濮阳市	Puyang	704000	1819485	23160	415022
许昌市	Xuchang	1252246	2211765	41865	509538
漯河市	Luohe	628639	1359360	11240	264163
三门峡市	Sanmenxia	924488	1656362	28669	349039
南阳市	Nanyang	1410248	4513635	66241	968149
商丘市	Shangqiu	1007474	3520995	22843	798039
信阳市	Xinyang	770388	3353735	20183	799433
周口市	Zhoukou	909500	3825196	27769	904290
驻马店市	Zhumadian	856458	3476740	35876	740055
湖北省	**Hubei**	**23084462**	**38923892**	**1082314**	**5719050**
武汉市	Wuhan	11010207	11751039	568956	1442633
黄石市	Huangshi	893786	1671428	19878	258904
十堰市	Shiyan	857668	2581674	35906	353778
宜昌市	Yichang	2715177	4428178	67086	532588
襄阳市	Xiangyang	2492343	4379283	187876	685316
鄂州市	Ezhou	427412	756147	5864	120096

2-15 续表 4 continued

单位：万元 (10 000 yuan)

城 市	City	公共财政收入 Public Finance Income	公共财政支出 Public Finance Expenditure	科学技术支出 Expenditure for Science and Technology	教育支出 Expenditure for Education
荆门市	Jingmen	698227	1789572	28254	251501
孝感市	Xiaogan	1073161	2531799	34671	439498
荆州市	Jingzhou	881683	2762949	38787	440998
黄冈市	Huanggang	960426	3454008	55151	746478
咸宁市	Xianning	707559	1780757	24583	278264
随州市	Suizhou	366813	1037058	15302	168996
湖南省	**Hunan**	**20828832**	**42300253**	**492416**	**6788123**
长沙市	Changsha	6327992	8023838	224570	1260751
株洲市	Zhuzhou	1673823	2920256	43909	413741
湘潭市	Xiangtan	1593745	2036005	25778	263204
衡阳市	Hengyang	1734785	4129846	19703	631807
邵阳市	Shaoyang	797328	3463587	12145	589044
岳阳市	Yueyang	1217404	3161715	35361	503888
常德市	Changde	1349152	3627711	22884	511836
张家界市	Zhangjiajie	412192	1168432	3706	173880
益阳市	Yiyang	594362	2366168	20771	380769
郴州市	Chenzhou	2403763	3515722	44600	644230
永州市	Yongzhou	1133890	3039653	17186	556312
怀化市	Huaihua	1001274	2809030	12369	499971
娄底市	Loudi	589122	2038290	9434	358690
广东省	**Guangdong**	**63241137**	**82953857**	**2804742**	**16254234**
广州市	Guangzhou	12431035	14362226	563212	2290438
韶关市	Shaoguan	820082	1971822	24233	396989
深圳市	Shenzhen	20824400	21661400	946000	3308000
珠海市	Zhuhai	2243064	2758953	125185	490867
汕头市	Shantou	1239747	2137239	20977	570293
佛山市	Foshan	5011922	5250119	153760	1057418
江门市	Jiangmen	1772018	2360956	51532	545150
湛江市	Zhanjiang	1144168	2795321	14416	738280
茂名市	Maoming	1003741	2632379	6800	747486
肇庆市	Zhaoqing	1391326	2417130	40431	553506
惠州市	Huizhou	3007453	3729722	197644	850388
梅州市	Meizhou	852753	2700192	15046	556126
汕尾市	Shanwei	492261	1248517	11276	315052
河源市	Heyuan	604671	2106054	42567	372001
阳江市	Yangjiang	629708	1236039	11568	260781
清远市	Qingyuan	1026461	2139856	23748	480781
东莞市	Dongguan	4552119	4576816	141031	1189383
中山市	Zhongshan	2515973	2612636	128694	719350
潮州市	Chaozhou	412647	1050911	5395	254625
揭阳市	Jieyang	736879	1874139	5841	538482
云浮市	Yunfu	528709	1331430	275386	18838
广西壮族自治区	**Guangxi**	**11157418**	**28464881**	**373613**	**5603363**
南宁市	Nanning	2748517	4657759	72461	754964
柳州市	Liuzhou	1331569	2616050	41670	454396

2-15 续表 5 continued

单位：万元 (10 000 yuan)

城　　市	City	公共财政收入 Public Finance Income	公共财政支出 Public Finance Expenditure	科学技术支出 Expenditure for Science and Technology	教育支出 Expenditure for Education
桂林市	Guilin	1238861	3119982	45641	535160
梧州市	Wuzhou	904545	1890315	25204	379360
北海市	Beihai	472452	1049674	26667	194806
防城港市	Fangchenggang	454522	998322	14488	116839
钦州市	Qinzhou	476391	1419947	16041	344655
贵港市	Guigang	364513	1471404	10702	433407
玉林市	Yulin	888126	2336486	19988	588105
百色市	Baise	709103	2611288	32730	498241
贺州市	Hezhou	406049	1183208	15183	240008
河池市	Hechi	299330	2261880	19644	475890
来宾市	Laibin	379499	1292944	16464	268369
崇左市	Chongzuo	483941	1555622	16730	319163
海南省	**Hainan**	**1778882**	**2557846**	**42718**	**390292**
海口市	Haikou	1001174	1509200	10406	234735
三亚市	Sanya	777708	1048646	32312	155557
三沙市	Sansa				
重庆市	**Chongqing**	**19220159**	**33043884**	**381647**	**4699807**
四川省	**Sichuan**	**21216397**	**50973420**	**622722**	**8145511**
成都市	Chengdu	10251696	13400037	253590	1830552
自贡市	Zigong	424059	1473005	32228	232035
攀枝花市	Panzhihua	629076	1211774	20489	224150
泸州市	Luzhou	1159216	2813002	25454	547076
德阳市	Deyang	835153	1970901	36192	291940
绵阳市	Mianyang	1017482	2946402	76637	453033
广元市	Guangyuan	347836	1923836	12437	337513
遂宁市	Suining	396957	1560932	7773	271036
内江市	Neijiang	450832	1674815	8942	323837
乐山市	Leshan	787878	2154123	18374	321614
南充市	Nanchong	765568	3446815	12303	609369
眉山市	Meishan	751991	1819615	7620	297430
宜宾市	Yibin	1056118	2775160	30468	567783
广安市	Guang'an	459637	1872039	7734	396592
达州市	Dazhou	724120	2873607	14524	582510
雅安市	Ya'an	273788	3121494	33733	136184
巴中市	Bazhong	330371	2049081	6360	373415
资阳市	Ziyang	554619	1886782	17864	349442
贵州省	**Guizhou**	**8447498**	**18598215**	**225706**	**3932726**
贵阳市	Guiyang	3315962	4486298	123754	804652
六盘水市	Liupanshui	1287414	2247939	13476	444960
遵义市	Zunyi	1596526	3963236	35480	871154
安顺市	Anshun	584796	1728224	12198	329684
毕节市	Bijie	1161479	3607689	23213	906833
铜仁市	Tongren	501321	2564829	17585	575443

2-15 续表 6 continued

单位: 万元 (10 000 yuan)

城市	City	公共财政收入 Public Finance Income	公共财政支出 Public Finance Expenditure	科学技术支出 Expenditure for Science and Technology	教育支出 Expenditure for Education
云南省	**Yunnan**	**9337507**	**21770995**	**214613**	**3639244**
昆明市	Kunming	4779736	5936558	125716	855044
曲靖市	Qujing	1156724	3341711	20172	757816
玉溪市	Yuxi	1135897	2073136	25175	322464
保山市	Baoshan	471784	1642377	7707	296217
昭通市	Zhaotong	510201	3308880	9443	594623
丽江市	Lijiang	460701	1280294	7960	198526
普洱市	Pu'er	449892	2243561	12214	283647
临沧市	Lincang	372572	1944478	6226	330907
西藏自治区	**Tibet**	**829378**	**7158535**	**32249**	**644429**
拉萨市	Lasa	829378	7158535	32249	644429
陕西省	**Shaanxi**	**13706346**	**30394304**	**306376**	**5916474**
西安市	Xi'an	5837888	8195366	134866	1115171
铜川市	Tongchuan	220647	829030	4926	172754
宝鸡市	Baoji	780571	2356018	24172	521354
咸阳市	Xianyang	852961	2722712	12936	600643
渭南市	Weinan	674648	2934111	25459	628419
延安市	Yan'an	1681035	3104128	23611	571936
汉中市	Hanzhong	408910	2340003	14659	489027
榆林市	Yulin	2678400	4233196	52237	937142
安康市	Ankang	280886	2047359	6060	483045
商洛市	Shangluo	290400	1632381	7450	396983
甘肃省	**Gansu**	**4769585**	**16786567**	**118296**	**3014616**
兰州市	Lanzhou	1523299	2801041	31618	514802
嘉峪关市	Jiayuguan	158162	220571	1930	31233
金昌市	Jinchang	179917	503214	3244	54967
白银市	Baiyin	259975	1149439	8301	221287
天水市	Tianshui	318260	1793196	11075	390452
武威市	Wuwei	221830	1507620	4691	214253
张掖市	Zhangye	221355	1078852	7382	174520
平凉市	Pingliang	240938	1378902	5636	289849
酒泉市	Jiuquan	322253	1049846	11677	184212
庆阳市	Qingyang	615358	1856788	17076	327259
定西市	Dingxi	215438	1802643	9995	323907
陇南市	Longnan	492800	1644455	5671	287875
青海省	**Qinghai**	**1011441**	**4283871**	**23289**	**622239**
西宁市	Xining	838821	2481367	18640	345903
海东市	Haidong	172620	1802504	4649	276336
宁夏回族自治区	**Ningxia**	**2579578**	**7595104**	**72229**	**1003890**
银川市	Yinchuan	1535998	2639036	37980	265523
石嘴山市	Shizuishan	344611	790531	6537	110879
吴忠市	Wuzhong	351383	1449493	8199	195428
固原市	Guyuan	152950	1654252	6003	256307
中卫市	Zhongwei	194636	1061792	13510	175753
新疆维吾尔自治区	**Xinjiang**	**4141724**	**4986751**	**98748**	**869290**
乌鲁木齐市	Urumqi	3406243	4048053	84677	657723
克拉玛依市	Karamay	735481	938698	14071	211567

2-16 地方公共财政收支状况(市辖区)

Public Finance Income and Expenditure (Districts under City)

单位：万元 (10 000 yuan)

城　市	City	公共财政收入 Public Finance Income	公共财政支出 Public Finance Expenditure	科学技术支出 Expenditure for Science and Technology	教育支出 Expenditure for Education
城市合计	**Prefecture Cities**	**428231203**	**538332490**	**18024579**	**84069046**
北京市	**Beijing**	**39883469**	**43549792**	**2805444**	**7184218**
天津市	**Tianjin**	**4144560**	**16155066**	**555526**	**3007203**
河北省	**Hebei**	**10263490**	**14030623**	**203273**	**2172013**
石家庄市	Shijiazhuang	2639516	3427746	53037	706987
唐山市	Tangshan	2236993	3418586	43044	358823
秦皇岛市	Qinhuangdao	886949	1359293	17833	184277
邯郸市	Handan	853574	1221393	34107	210175
邢台市	Xingtai	271521	210204	678	40101
保定市	Baoding	829032	1179815	15694	139214
张家口市	Zhangjiakou	143113	368489	1332	87048
承德市	Chengde	491301	852470	6644	138061
沧州市	Cangzhou	856028	1310802	24921	200299
廊坊市	Langfang	387081	431030	5414	69291
衡水市	Hengshui	668382	250795	569	37737
山西省	**Shanxi**	**5623880**	**8012864**	**178043**	**1314361**
太原市	Taiyuan	2266106	2774659	138613	442367
大同市	Datong	891410	1354103	9450	216885
阳泉市	Yangquan	358620	555585	5823	111804
长治市	Changzhi	455840	750189	4255	116227
晋城市	Jincheng	489436	625200	10390	109207
朔州市	Shuozhou	628363	809143	3802	113768
晋中市	Jinzhong	112872	206586	877	42189
运城市	Yuncheng	80873	229176	2876	43697
忻州市	Xinzhou	50581	175693	515	31938
临汾市	Linfen	159573	337922	652	50532
吕梁市	Lvliang	130206	194608	790	35747
内蒙古自治区	**Inner Mongolia**	**6036015**	**7717967**	**95031**	**1153536**
呼和浩特市	Hohhot	1049119	764206	9447	179652
包头市	Baotou	1900592	2705738	48964	346678
乌海市	Wuhai	751617	947811	14979	99189
赤峰市	Chifeng	403589	778418	3981	175836
通辽市	Tongliao	496232	524649	601	80278
鄂尔多斯市	Erdos	891720	1059268	10145	120228
呼伦贝尔市	Hulunbuir	202529	318444	4983	63565
巴彦淖尔市	Bayannur	188285	301810	417	49995
乌兰察布市	Ulanqab	152332	317623	1514	38115
辽宁省	**Liaoning**	**21975426**	**28131347**	**816446**	**2782082**
沈阳市	Shenyang	6851862	7652856	261760	854196
大连市	Dalian	6180654	7941677	418580	755668
鞍山市	Anshan	1767738	2259210	39367	193569
抚顺市	Fushun	1027592	1614699	23842	100745
本溪市	Benxi	946587	1304906	22735	129432
丹东市	Dandong	221821	225841	1861	40916
锦州市	Jinzhou	792800	1101716	8335	112362
营口市	Yingkou	1242297	1511691	8053	125389

2-16 续表 1 continued

单位：万元 (10 000 yuan)

城　市	City	公共财政收入 Public Finance Income	公共财政支出 Public Finance Expenditure	科学技术支出 Expenditure for Science and Technology	教育支出 Expenditure for Education
阜新市	Fuxin	500823	1070746	3823	94501
辽阳市	Liaoyang	703039	1054198	8681	99942
盘锦市	Panjin	883386	1107748	8639	102764
铁岭市	Tieling	210378	222006	3237	14263
朝阳市	Chaoyang	277926	627489	5244	79640
葫芦岛市	Huludao	368523	436564	2289	78695
吉林省	**Jilin**	**5620585**	**10531409**	**159127**	**1210872**
长春市	Changchun	3452845	4937358	67891	510444
吉林市	Jilin	898666	1968671	49917	238879
四平市	Siping	257739	643119	7311	105870
辽源市	Liaoyuan	178760	581157	5686	68225
通化市	Tonghua	195459	607358	15976	64181
白山市	Baishan	193244	572192	6516	72615
松原市	Songyuan	314775	588082	1372	90725
白城市	Baicheng	129097	633472	4458	59933
黑龙江省	**Heilongjiang**	**7024832**	**12576264**	**110830**	**1805252**
哈尔滨市	Harbin	3638224	5034040	69282	704091
齐齐哈尔市	Qiqihar	569802	1148977	9308	190769
鸡西市	Jixi	288531	460094	1115	56107
鹤岗市	Hegang	125865	470310	2356	76363
双鸭山市	Shuangyashan	98198	468174	2590	77893
大庆市	Daqing	1193372	1375263	6829	259482
伊春市	Yichun	111267	749968	3372	51731
佳木斯市	Jiamusi	276427	819691	2209	104819
七台河市	Qitaihe	152855	446265	1828	57465
牡丹江市	Mudanjiang	428703	953761	8850	124869
黑河市	Heihe	91211	359848	2491	43924
绥化市	Suihua	50377	289873	600	57739
上海市	**Shanghai**	**45396075**	**47867063**	**2602781**	**6773006**
江苏省	**Jiangsu**	**40554610**	**43100543**	**1913413**	**6639152**
南京市	Nanjing	9034890	9212047	447152	1368787
无锡市	Wuxi	4728958	4604886	274043	627814
徐州市	Xuzhou	2410578	3012921	105360	517355
常州市	Changzhou	3531440	3404648	177847	501600
苏州市	Suzhou	7636194	6933722	399778	1035755
南通市	Nantong	2426245	2608831	92335	498796
连云港市	Lianyungang	1538606	2059322	51916	372288
淮安市	Huai'an	2043903	2603789	71767	381177
盐城市	Yancheng	1395892	1668972	67404	270359
扬州市	Yangzhou	2039371	2333276	72883	368187
镇江市	Zhenjiang	1469726	1585557	65175	219975
泰州市	Taizhou	1418812	1749627	37897	254731
宿迁市	Suqian	879995	1322945	49856	222328
浙江省	**Zhejiang**	**23979931**	**25452013**	**1127546**	**4472606**
杭州市	Hangzhou	9426504	8077961	464837	1494938
宁波市	Ningbo	5975334	6611346	295616	936153

2-16 续表 2 continued

单位：万元 (10 000 yuan)

城市	City	公共财政收入 Public Finance Income	公共财政支出 Public Finance Expenditure	科学技术支出 Expenditure for Science and Technology	教育支出 Expenditure for Education
温州市	Wenzhou	1613144	1653053	50310	404016
嘉兴市	Jiaxing	938112	1088806	37351	180013
湖州市	Huzhou	644229	944538	26026	170930
绍兴市	Shaoxing	2011253	2048234	101809	412695
金华市	Jinhua	636948	915494	27035	158653
衢州市	Quzhou	434912	824201	27291	135368
舟山市	Zhoushan	836590	1385561	35095	188082
台州市	Taizhou	1156668	1405076	46591	294211
丽水市	Lishui	306237	497743	15585	97547
安徽省	**Anhui**	**11801427**	**18967740**	**896323**	**2489123**
合肥市	Hefei	3863031	4811153	239202	675503
芜湖市	Wuhu	1483776	2051795	322801	251971
蚌埠市	Bengbu	723799	1094735	56921	130119
淮南市	Huainan	591237	1098395	17750	150197
马鞍山市	Maanshan	720504	907076	34548	106960
淮北市	Huaibei	385903	743109	12631	103759
铜陵市	Tongling	529007	807454	66399	108175
安庆市	Anqing	418826	566616	52154	10067
黄山市	Huangshan	424744	804587	15743	52586
滁州市	Chuzhou	470055	836356	20325	101947
阜阳市	Fuyang	547356	1357717	9794	218072
宿州市	Suzhou	171353	494290	4142	129713
六安市	Lu'an	469056	1303697	18871	206267
亳州市	Bozhou	360365	916297	5127	107673
池州市	Chizhou	423677	788550	11704	80731
宣城市	Xuancheng	218738	385913	8211	55383
福建省	**Fujian**	**12426314**	**13005758**	**349712**	**2433458**
福州市	Fuzhou	2992262	2468387	52895	452186
厦门市	Xiamen	5437986	5482525	173878	890941
莆田市	Putian	933229	1239056	30817	376744
三明市	Sanming	283411	439860	8418	81003
泉州市	Quanzhou	1103043	1210025	32994	252516
漳州市	Zhangzhou	521859	582573	14632	101950
南平市	Nanping	215047	419293	5739	69841
龙岩市	Longyan	648535	718765	25303	125525
宁德市	Ningde	290942	445274	5036	82752
江西省	**Jiangxi**	**6562580**	**9872145**	**152090**	**1429415**
南昌市	Nanchang	2473014	3147320	61040	454114
景德镇市	Jingdezhen	468416	976169	8277	78310
萍乡市	Pingxiang	652862	967737	19724	123727
九江市	Jiujiang	765277	1167077	14495	186719
新余市	Xinyu	679210	1006844	12602	152066
鹰潭市	Yingtan	287021	441872	7946	48135
赣州市	Ganzhou	574101	918732	7205	159024
吉安市	Ji'an	143598	308818	6193	67739
宜春市	Yichun	156961	367609	3703	75577
抚州市	Fuzhou	221437	378974	8520	49402
上饶市	Shangrao	140683	190993	2385	34602

2-16 续表 3 continued

单位：万元 (10 000 yuan)

城市	City	公共财政收入 Public Finance Income	公共财政支出 Public Finance Expenditure	科学技术支出 Expenditure for Science and Technology	教育支出 Expenditure for Education
山东省	**Shandong**	**27822907**	**33614927**	**877337**	**5644764**
济南市	Jinan	4612482	4460244	82946	669499
青岛市	Qingdao	6618922	7802038	244100	1156954
淄博市	Zibo	1835015	1873890	58848	421180
枣庄市	Zaozhuang	738092	1405072	16769	238976
东营市	Dongying	1336052	1424564	38508	248482
烟台市	Yantai	2374942	2748968	102556	379894
潍坊市	Weifang	1361698	1797145	54957	338404
济宁市	Jining	1577340	1905823	60130	392146
泰安市	Tai'an	901316	1225229	17282	225982
威海市	Weihai	1331231	1641269	63375	283534
日照市	Rizhao	896079	1125482	15199	213987
莱芜市	Laiwu	496017	801172	22358	183499
临沂市	Linyi	1299134	1734168	26224	344215
德州市	Dezhou	596542	597025	10411	118218
聊城市	Liaocheng	615986	1039080	13964	121856
滨州市	Binzhou	740930	1079744	22345	156010
菏泽市	Heze	491129	954014	27365	151928
河南省	**Henan**	**14641263**	**20373012**	**345521**	**3355242**
郑州市	Zhengzhou	6377028	6518982	115490	806909
开封市	Kaifeng	481185	794901	13605	125855
洛阳市	Luoyang	1597310	1950799	51899	290075
平顶山市	Pingdingshan	681932	938081	10391	179697
安阳市	Anyang	568419	906381	24952	182421
鹤壁市	Hebi	351818	549666	6918	115095
新乡市	Xinxiang	673201	982113	13322	203786
焦作市	Jiaozuo	524655	863007	18404	162559
濮阳市	Puyang	452541	691471	11035	144653
许昌市	Xuchang	480602	638484	23156	109362
漯河市	Luohe	479546	879377	8167	165224
三门峡市	Sanmenxia	235208	501463	7413	80319
南阳市	Nanyang	622089	1298232	19199	233999
商丘市	Shangqiu	364736	1129501	8423	194023
信阳市	Xinyang	151856	452486	2510	125302
周口市	Zhoukou	235497	552792	2969	93514
驻马店市	Zhumadian	363640	725276	7668	142449
湖北省	**Hubei**	**15729814**	**19314020**	**788845**	**2418716**
武汉市	Wuhan	9540903	9555189	538403	1063941
黄石市	Huangshi	447482	723658	11432	105050
十堰市	Shiyan	528498	752034	17110	109528
宜昌市	Yichang	1471980	1909786	34551	213643
襄阳市	Xiangyang	1474166	2140840	121369	312739
鄂州市	Ezhou	427412	756147	5864	120096

2-16 续表 4 continued

单位：万元 (10 000 yuan)

城市	City	公共财政收入 Public Finance Income	公共财政支出 Public Finance Expenditure	科学技术支出 Expenditure for Science and Technology	教育支出 Expenditure for Education
荆门市	Jingmen	370425	714933	11637	97968
孝感市	Xiaogan	398873	727982	12138	101433
荆州市	Jingzhou	474978	844077	15950	120364
黄冈市	Huanggang	64044	169611	3336	25886
咸宁市	Xianning	292607	551000	9657	84687
随州市	Suizhou	238446	468763	7398	63381
湖南省	**Hunan**	**11637200**	**16479769**	**308257**	**2256542**
长沙市	Changsha	4806433	5607124	186669	883719
株洲市	Zhuzhou	844446	846559	13507	88629
湘潭市	Xiangtan	1150189	1204985	14662	115905
衡阳市	Hengyang	1084205	1726492	11411	170831
邵阳市	Shaoyang	331671	787141	2813	78290
岳阳市	Yueyang	829914	1266590	23698	175149
常德市	Changde	943928	1594182	13842	204971
张家界市	Zhangjiajie	128400	333143	1161	62652
益阳市	Yiyang	352905	981893	13411	126706
郴州市	Chenzhou	264899	515572	8128	106249
永州市	Yongzhou	220930	496746	1447	88220
怀化市	Huaihua	374330	541693	15416	78150
娄底市	Loudi	304950	577649	2092	77071
广东省	**Guangdong**	**56474744**	**65279119**	**2407820**	**11903865**
广州市	Guangzhou	11464029	13093842	547593	2045849
韶关市	Shaoguan	484440	872306	10216	143529
深圳市	Shenzhen	20824400	21661400	946000	3308000
珠海市	Zhuhai	2243064	2758953	125185	490867
汕头市	Shantou	1220889	2041937	20570	560932
佛山市	Foshan	5011922	5250119	153760	1057418
江门市	Jiangmen	1041633	1257179	37719	267395
湛江市	Zhanjiang	832378	1256490	9199	236535
茂名市	Maoming	689685	1368990	4811	315824
肇庆市	Zhaoqing	522069	839352	14299	126940
惠州市	Huizhou	2265853	2471736	182492	518992
梅州市	Meizhou	500797	1002054	4520	158020
汕尾市	Shanwei	139178	364887	3677	45954
河源市	Heyuan	313836	614005	35181	78198
阳江市	Yangjiang	330992	519376	5309	76700
清远市	Qingyuan	609995	986186	10655	201923
东莞市	Dongguan	4552119	4576816	141031	1189383
中山市	Zhongshan	2515973	2612636	128694	719350
潮州市	Chaozhou	348034	741659	4576	169131
揭阳市	Jieyang	420660	721516	2174	188369
云浮市	Yunfu	142798	267680	20159	4556
广西壮族自治区	**Guangxi**	**6860960**	**11766236**	**206712**	**1814459**
南宁市	Nanning	2317039	3116910	55566	432328
柳州市	Liuzhou	1088944	1513906	30292	215954

2-16 续表 5 continued

单位：万元 (10 000 yuan)

城市	City	公共财政收入 Public Finance Income	公共财政支出 Public Finance Expenditure	科学技术支出 Expenditure for Science and Technology	教育支出 Expenditure for Education
桂林市	Guilin	572284	951995	24105	128839
梧州市	Wuzhou	586394	867565	15982	13829
北海市	Beihai	410751	759341	25716	101954
防城港市	Fangchenggang	298260	619360	9703	64360
钦州市	Qinzhou	361028	805932	11202	165036
贵港市	Guigang	212015	693382	5605	182492
玉林市	Yulin	413248	730954	8294	147098
百色市	Baise	55333	167466	1736	43586
贺州市	Hezhou	172459	486189	4890	98067
河池市	Hechi	24864	128999	832	35848
来宾市	Laibin	238125	570322	8232	119603
崇左市	Chongzuo	110216	353915	4557	65465
海南省	**Hainan**	**1778882**	**2557846**	**42718**	**390292**
海口市	Haikou	1001174	1509200	10406	234735
三亚市	Sanya	777708	1048646	32312	155557
三沙市	Sansa				
重庆市	**Chongqing**	**9732284**	**15781846**	**212308**	**2432997**
四川省	**Sichuan**	**10910204**	**21225287**	**349814**	**3162962**
成都市	Chengdu	5468654	6449569	127120	992008
自贡市	Zigong	315690	913012	30874	121901
攀枝花市	Panzhihua	439063	859604	18136	159810
泸州市	Luzhou	769084	1417977	17976	215478
德阳市	Deyang	358393	683489	22000	76381
绵阳市	Mianyang	634606	1294796	66370	163661
广元市	Guangyuan	222533	867735	6830	136765
遂宁市	Suining	133917	502367	1752	95375
内江市	Neijiang	230513	828818	6659	128992
乐山市	Leshan	457342	957614	12849	126372
南充市	Nanchong	431665	1280922	7046	207713
眉山市	Meishan	150304	346703	2937	79013
宜宾市	Yibin	602909	1101850	14058	182619
广安市	Guang'an	197105	703456	2469	112365
达州市	Dazhou	166334	641546	2199	132682
雅安市	Ya'an	27823	731611	1703	43849
巴中市	Bazhong	81576	973355	1968	104446
资阳市	Ziyang	222693	670863	6868	83532
贵州省	**Guizhou**	**3998708**	**5672702**	**134862**	**1087838**
贵阳市	Guiyang	2955738	3562400	114329	596483
六盘水市	Liupanshui	168543	257602	3069	58364
遵义市	Zunyi	351664	553880	9110	119854
安顺市	Anshun	200665	438453	3623	82923
毕节市	Bijie	196118	479695	807	153972
铜仁市	Tongren	125980	380672	3924	76242

2-16 续表 6 continued

单位：万元 (10 000 yuan)

城市	City	公共财政收入 Public Finance Income	公共财政支出 Public Finance Expenditure	科学技术支出 Expenditure for Science and Technology	教育支出 Expenditure for Education
云南省	**Yunnan**	**2512394**	**3883961**	**47581**	**686431**
昆明市	Kunming	1633963	1840633	35682	308711
曲靖市	Qujing	187070	312689	1558	73081
玉溪市	Yuxi	196271	274775	3919	49606
保山市	Baoshan	129102	390464	2335	78186
昭通市	Zhaotong	106092	434751	379	64186
丽江市	Lijiang	124172	198153	2155	41215
普洱市	Pu'er	71662	174617	1100	24582
临沧市	Lincang	64062	257879	453	46864
西藏自治区	**Tibet**	**81100**	**195872**	**504**	**52906**
拉萨市	Lasa	81100	195872	504	52906
陕西省	**Shaanxi**	**6241349**	**7973719**	**127990**	**1592403**
西安市	Xi'an	4760629	4061193	83358	648413
铜川市	Tongchuan	108470	433155	2881	126229
宝鸡市	Baoji	542808	1168530	16750	202899
咸阳市	Xianyang	200502	343487	1333	89678
渭南市	Weinan	65969	409325	13026	100218
延安市	Yan'an	131976	281407	1914	77800
汉中市	Hanzhong	93427	216580	797	52701
榆林市	Yulin	239352	405025	6481	127996
安康市	Ankang	52206	409899	530	105856
商洛市	Shangluo	46010	245118	920	60613
甘肃省	**Gansu**	**2581904**	**6255236**	**58579**	**1026954**
兰州市	Lanzhou	1417418	2323451	29286	389769
嘉峪关市	Jiayuguan	158162	220571	1930	31233
金昌市	Jinchang	40635	102593	583	9792
白银市	Baiyin	187039	485475	6133	70787
天水市	Tianshui	232729	840025	8866	139679
武威市	Wuwei	141584	726172	1845	102302
张掖市	Zhangye	102029	415853	4326	57898
平凉市	Pingliang	36400	216900	312	39221
酒泉市	Jiuquan	53668	187796	1990	45889
庆阳市	Qingyang	68053	245672	1371	39816
定西市	Dingxi	34018	239814	1628	48046
陇南市	Longnan	110169	250914	309	52522
青海省	**Qinghai**	**323847**	**829878**	**7829**	**124295**
西宁市	Xining	300399	552182	5895	83616
海东市	Haidong	23448	277696	1934	40679
宁夏回族自治区	**Ningxia**	**1523781**	**3300136**	**45244**	**401718**
银川市	Yinchuan	1083394	1636158	25179	159873
石嘴山市	Shizuishan	198436	517078	5912	71102
吴忠市	Wuzhong	124240	481505	3662	55731
固原市	Guyuan	25037	264392	621	57350
中卫市	Zhongwei	92674	401003	9870	57662
新疆维吾尔自治区	**Xinjiang**	**4086668**	**4858330**	**97073**	**850365**
乌鲁木齐市	Urumqi	3351187	3919632	83002	638798
克拉玛依市	Karamay	735481	938698	14071	211567

2-17 年末金融机构存贷款余额

Deposits and Loans of National Banking System at Year-end

单位：万元 (10 000 yuan)

城　市	City	年末金融机构人民币各项存款余额 Deposits of National Banking System at Year-end		居民人民币储蓄存款余额 Household Saving Deposits at Year-end		年末金融机构人民币各项贷款余额 Loans of National Banking System at Year-end	
		全　市 Total City	市辖区 Districts under City	全　市 Total City	市辖区 Districts under City	全　市 Total City	市辖区 Districts under City
城市合计	**Prefecture Cities**	**10824983730**	**7891565512**	**4710967474**	**2896809149**	**7753515652**	**5763958570**
北京市	**Beijing**	**905458756**	**898665718**	**239722163**	**235698322**	**424452990**	**422420240**
天津市	**Tianjin**	**239594223**	**239594223**	**79168974**	**79168974**	**217159863**	**217159863**
河北省	**Hebei**	**429435735**	**214653197**	**257503917**	**101373367**	**252906741**	**139730471**
石家庄市	Shijiazhuang	91246125	63163317	43876724	23543686	50989204	38524845
唐山市	Tangshan	67668536	43471079	39905102	22522607	42785559	25604481
秦皇岛市	Qinhuangdao	22782676	16127724	14476204	8955173	15152243	12575843
邯郸市	Handan	37475742	19296902	22516785	9728003	23648387	14389471
邢台市	Xingtai	26693046	9504490	18590332	5132089	15480846	7179421
保定市	Baoding	50086179	16586289	33889235	8376566	22509211	8739808
张家口市	Zhangjiakou	21137947	7254572	14175021	4265119	14931969	6092352
承德市	Chengde	17555081	7332532	11398186	4107931	12969537	6633426
沧州市	Cangzhou	34388960	9465445	23316767	4776352	18430815	7304285
廊坊市	Langfang	39334670	15321768	20718058	6100739	25273242	8221664
衡水市	Hengshui	21066773	7129079	14641503	3865102	10735728	4464875
山西省	**Shanxi**	**267967636**	**180048016**	**141518725**	**76515829**	**242964314**	**121496511**
太原市	Taiyuan	100112594	96003085	33257782	30237653	79453310	77346652
大同市	Datong	22823664	18137964	14793807	11419713	10327900	8868701
阳泉市	Yangquan	11528578	7944485	6841933	4240535	6493782	4712405
长治市	Changzhi	19459399	10629629	11960718	5641388	10169261	5704927
晋城市	Jincheng	18040781	11843788	8693192	4839572	9207056	6725922
朔州市	Shuozhou	11200456	7047652	7283250	4195977	3029284	2129719
晋中市	Jinzhong	19097968	7208079	13124651	3925808	10280172	5036523
运城市	Yuncheng	15950000	5467100	11050000	2254300	89530000	2492000
忻州市	Xinzhou	15433494	4607642	11080103	3307239	6443533	1689820
临汾市	Linfen	18536202	7510592	12526889	4508144	9434016	4461042
吕梁市	Lvliang	15784500	3648000	10906400	1945500	8596000	2328800
内蒙古自治区	**Inner Mongolia**	**150122373**	**111821503**	**73633582**	**49565714**	**137580250**	**107916317**
呼和浩特市	Hohhot	47237518	44298319	14808828	14131153	51458935	49267403
包头市	Baotou	24935956	23439435	12182671	11065257	18340852	17112271
乌海市	Wuhai	6004330	6004330	3220947	3220947	5400922	5400922
赤峰市	Chifeng	13664721	7825115	9317957	4909154	10480711	6341726
通辽市	Tongliao	7111156	4654008	4590267	4579000	7358748	4514200
鄂尔多斯市	Erdos	24943000	14487000	12684000	5860400	25887000	16484200
呼伦贝尔市	Hulunbuir	11565350	4263596	7094333	2197831	7332173	2959895
巴彦淖尔市	Bayannur	7458242	4209600	4580979	1701100	6377109	3784800
乌兰察布市	Ulanqab	7202100	2640100	5153600	1900872	4943800	2050900
辽宁省	**Liaoning**	**412308280**	**336214675**	**212343525**	**151372902**	**313738423**	**269441242**
沈阳市	Shenyang	123095522	117357641	51476332	47365048	100269468	97789286
大连市	Dalian	116137779	101767375	46667061	35774573	99263729	90067585
鞍山市	Anshan	28412370	20713297	17436949	10642040	16547207	13014682
抚顺市	Fushun	13504218	10910407	9848141	7841099	6642608	5315614
本溪市	Benxi	10591564	8257075	6847919	5080402	7295068	6234320
丹东市	Dandong	14883139	7659442	10839883	4887343	9236400	4822848
锦州市	Jinzhou	17170172	11699951	10902089	6231309	11187082	8290249
营口市	Yingkou	17277058	12190832	10183115	6339765	15113662	11899419

2-17 续表 1 continued

单位：万元 (10 000 yuan)

城市	City	年末金融机构人民币各项存款余额 Deposits of National Banking System at Year-end 全市 Total City	市辖区 Districts under City	居民人民币储蓄存款余额 Household Saving Deposits at Year-end 全市 Total City	市辖区 Districts under City	年末金融机构人民币各项贷款余额 Loans of National Banking System at Year-end 全市 Total City	市辖区 Districts under City
阜新市	Fuxin	8346368	6173771	5522274	3788234	6994871	5253643
辽阳市	Liaoyang	14081856	10452951	8154462	5321162	9115441	6895349
盘锦市	Panjin	13067206	10609196	8531712	6583180	7997416	6128703
铁岭市	Tieling	10248135	4915662	7905599	3585383	7737348	3888257
朝阳市	Chaoyang	12457893	5848650	9178366	3947740	8289123	4856074
葫芦岛市	Huludao	13035000	7658425	8849623	3985624	8049000	4985213
吉林省	**Jilin**	**151146793**	**112906542**	**76992356**	**49138799**	**119160783**	**91304116**
长春市	Changchun	87233897	79221771	33801096	27424812	74754472	68870912
吉林市	Jilin	21764727	15615147	14130496	9632120	13664670	9507517
四平市	Siping	9258778	3556815	6970094	2630573	7305163	2875705
辽源市	Liaoyuan	4021294	2437812	3050706	1763195	3241034	1983553
通化市	Tonghua	9109506	3253631	6372275	1950119	5804153	2271357
白山市	Baishan	5704489	2956837	3961639	2051579	3940886	2464144
松原市	Songyuan	8309748	3521457	5259898	2211656	6007425	1866753
白城市	Baicheng	5744354	2343072	3446152	1474745	4442980	1464175
黑龙江省	**Heilongjiang**	**190741361**	**136409874**	**108105147**	**67649512**	**133814885**	**96561033**
哈尔滨市	Harbin	88839790	79549510	37688193	30514290	72574525	66642783
齐齐哈尔市	Qiqihar	14347447	8743694	9761616	5716680	11642889	6925209
鸡西市	Jixi	8557048	4730047	6272591	3383619	4534587	2252126
鹤岗市	Hegang	4871343	3505584	3530874	2599759	3535531	1491143
双鸭山市	Shuangyashan	6227036	3037393	4524493	1979296	5274242	3067595
大庆市	Daqing	20465564	18107728	12311800	10506853	8756645	6858676
伊春市	Yichun	5217242		3688141		1404903	
佳木斯市	Jiamusi	10229208	5061488	7034328	3691774	7885461	1608008
七台河市	Qitaihe	3532126	2842339	2387564	1883445	2037897	1571626
牡丹江市	Mudanjiang	12054164	6319654	8799401	4241682	6003600	3410199
黑河市	Heihe	5961193	1813549	4015146	1198804	3316105	920773
绥化市	Suihua	10439200	2698888	8091000	1933310	6848500	1812895
上海市	**Shanghai**	**738824500**	**738824500**	**219955400**	**219955400**	**479158100**	**479158100**
江苏省	**Jiangsu**	**937356135**	**640408537**	**365805920**	**211690820**	**695726695**	**479089485**
南京市	Nanjing	201618645	201618645	50557718	50557718	156285338	156285338
无锡市	Wuxi	118490262	73288937	43414531	25831629	86696180	51454754
徐州市	Xuzhou	42864617	28455976	23774417	12970158	27247917	17965025
常州市	Changzhou	67585745	53653331	29341866	22211493	47897396	37666943
苏州市	Suzhou	214281958	127832839	67534428	34328749	172479352	105325123
南通市	Nantong	83395377	38311644	46028671	17182104	51303751	24046538
连云港市	Lianyungang	18526663	12967036	9240273	5601294	15493353	11250645
淮安市	Huai'an	20057228	12425650	10445155	6112694	16175512	10048707
盐城市	Yancheng	36927460	15177031	20623925	5556952	25679840	10978984
扬州市	Yangzhou	42697506	30716708	21170920	13713008	27324173	20032570
镇江市	Zhenjiang	35362727	18030429	15694030	6401130	26798280	12400971
泰州市	Taizhou	39558366	20104641	19848014	8460912	27515061	14615575
宿迁市	Suqian	15989581	7825670	8131972	2762979	14830542	7018312
浙江省	**Zhejiang**	**771453761**	**507661311**	**306664120**	**164969647**	**685663235**	**445172150**
杭州市	Hangzhou	239500462	226419846	66945512	60042569	203561710	192783793
宁波市	Ningbo	133074057	91311400	47803126	26554803	136106069	89379874

2-17 续表 2 continued

单位：万元 (10 000 yuan)

城市	City	年末金融机构人民币各项存款余额 Deposits of National Banking System at Year-end		居民人民币储蓄存款余额 Household Saving Deposits at Year-end		年末金融机构人民币各项贷款余额 Loans of National Banking System at Year-end	
		全市 Total City	市辖区 Districts under City	全市 Total City	市辖区 Districts under City	全市 Total City	市辖区 Districts under City
温州市	Wenzhou	79371557	43911440	38831144	17886015	72236337	36054968
嘉兴市	Jiaxing	55138654	19229593	27015761	7730122	43931643	15171024
湖州市	Huzhou	27560543	14259438	13699495	7173907	23249508	10818216
绍兴市	Shaoxing	65542219	45104814	28061541	17285944	58233946	40418570
金华市	Jinhua	65487835	13939909	32125785	5633660	56471812	11959858
衢州市	Quzhou	16242871	7763791	7900575	3193316	14544620	7131253
舟山市	Zhoushan	16027038	13572112	5980044	4775918	14160290	12634591
台州市	Taizhou	56090430	26226783	28924078	12357799	49122356	23484160
丽水市	Lishui	17418095	5922185	9377059	2335594	14044944	5335843
安徽省	**Anhui**	**294726534**	**184321583**	**146330133**	**68779409**	**216666470**	**156153558**
合肥市	Hefei	91426847	76705245	25394998	16652435	81696401	72064642
芜湖市	Wuhu	22429978	14820715	11215917	5486808	21671404	15847053
蚌埠市	Bengbu	14334560	9619659	6818561	3722791	6626216	5088406
淮南市	Huainan	12287446	10310844	6910089	5661386	8962406	7702552
马鞍山市	Maanshan	14756215	9861687	8193658	4586120	11033404	8184451
淮北市	Huaibei	9481679	6823404	5317396	3385428	6653180	5272486
铜陵市	Tongling	6762905	5397261	3389099	2457079	6381834	5425566
安庆市	Anqing	22376259	7894735	14271549	3507159	12596902	5732465
黄山市	Huangshan	8214777	4275986	5046270	2180901	5262013	2909262
滁州市	Chuzhou	14218278	5150657	8285494	2140521	10378523	4015292
阜阳市	Fuyang	20475273	7899870	14469678	4984562	9612135	5367199
宿州市	Suzhou	13145908	6319893	8834111	3606618	6866982	4445407
六安市	Lu'an	17155758	7284574	10221891	3855880	9581490	4476315
亳州市	Bozhou	10607977	4436815	7416124	2555040	6417441	3469168
池州市	Chizhou	6685770	3650047	4270563	1990245	4618414	2973461
宣城市	Xuancheng	10366904	3870191	6274735	2006436	8307725	3179833
福建省	**Fujian**	**309901393**	**200955603**	**126502771**	**64410661**	**287846340**	**198638632**
福州市	Fuzhou	97310294	71088237	34837219	21003583	97668509	76984035
厦门市	Xiamen	70646124	70646124	19720201	19720201	66439811	66439811
莆田市	Putian	14322972	11567938	8585695	6529368	13153225	11063490
三明市	Sanming	12057316	3768886	6302771	1505511	11936828	4237411
泉州市	Quanzhou	57785320	20474393	28208857	6887555	46736402	17198014
漳州市	Zhangzhou	20666780	8952882	10362498	3246640	15693169	7680236
南平市	Nanping	12574700	3700015	6852092	1606324	10120416	3648049
龙岩市	Longyan	13766247	7086770	6551325	2892320	12919033	7567651
宁德市	Ningde	10771640	3670358	5082113	1019159	13178947	3819935
江西省	**Jiangxi**	**215142382**	**120212118**	**107920033**	**43437887**	**153015074**	**99253018**
南昌市	Nanchang	72962276	62078948	21493277	15339633	63292628	56533427
景德镇市	Jingdezhen	7442451	4785160	4422299	2446137	4237557	2940781
萍乡市	Pingxiang	6815791	5021275	4079434	2902701	4517111	3686698
九江市	Jiujiang	18785788	8175006	10487218	3324628	12305792	5832514
新余市	Xinyu	6987413	5934971	3627036	2945716	5987515	5319757
鹰潭市	Yingtan	5501274	2741696	2908231	1193649	3777709	1707985
赣州市	Ganzhou	28817659	12061186	17279990	5694355	19239812	9471504
吉安市	Ji'an	16963441	4468653	11191692	2285412	8768584	3124217
宜春市	Yichun	19158963	5018413	11695933	2201718	10988169	2876114
抚州市	Fuzhou	12643677	5078731	8326235	2953161	7559238	3326027
上饶市	Shangrao	19063649	4848079	12408688	2150777	12340959	4433994

2-17 续表 3 continued

单位：万元 (10 000 yuan)

城 市	City	年末金融机构人民币各项存款余额 Deposits of National Banking System at Year-end		居民人民币储蓄存款余额 Household Saving Deposits at Year-end		年末金融机构人民币各项贷款余额 Loans of National Banking System at Year-end	
		全 市 Total City	市辖区 Districts under City	全 市 Total City	市辖区 Districts under City	全 市 Total City	市辖区 Districts under City
山东省	**Shandong**	**671690603**	**344457531**	**331917095**	**143878352**	**500279742**	**248497489**
济南市	Jinan	117443944	108619524	35413602	29350279	85082896	79958847
青岛市	Qingdao	113703085		44358964		97200532	
淄博市	Zibo	35942552	29759527	20385812	16846342	24905194	18953614
枣庄市	Zaozhuang	13261100	8763989	8654600	5270786	10147800	6088962
东营市	Dongying	32073968	22055857	11850421	7943723	25237825	13576803
烟台市	Yantai	61358198	31917959	34018981	14294668	40264603	21911163
潍坊市	Weifang	55362034	22110734	31623103	9609709	44504609	16755159
济宁市	Jining	36433073	16711567	21385493	8117007	24918027	12898092
泰安市	Tai'an	24583947	11888238	15307134	6535805	15916058	7672118
威海市	Weihai	25271043	16935928	14669561	8827475	16585614	10968056
日照市	Rizhao	18806226	13603110	8563727	5125000	15582418	12163361
莱芜市	Laiwu	7882468	7882468	4586224	4586224	6035272	6035272
临沂市	Linyi	42253059	22171042	25838240	10769993	29923414	18056279
德州市	Dezhou	21527831	8707816	14854290	5157394	14448507	6304460
聊城市	Liaocheng	22704275	8964589	14097405	4301545	16742200	6686522
滨州市	Binzhou	20801039	7587117	9678308	3312679	18314325	5741980
菏泽市	Heze	22282761	6778066	16631230	3829723	14470448	4726801
河南省	**Henan**	**409880931**	**243605579**	**222585001**	**98730173**	**266811671**	**183298056**
郑州市	Zhengzhou	139555891	121821479	48392619	36699503	108683497	98946360
开封市	Kaifeng	12740808	6823511	8559086	3811430	8644139	5552176
洛阳市	Luoyang	37445812	25523468	17849303	10385486	22999569	17183045
平顶山市	Pingdingshan	18153219	10265654	11113434	4991244	12423075	7686315
安阳市	Anyang	17939428	8069427	12087341	4167689	8788261	4783357
鹤壁市	Hebi	4776967	3045842	2795759	1582042	4383415	2324013
新乡市	Xinxiang	18984693	8599531	12066040	4262784	11750697	6119906
焦作市	Jiaozuo	12643217	6606000	7945039	3256000	8539799	4810000
濮阳市	Puyang	10591386	5789722	7642540	3767850	4613586	2643666
许昌市	Xuchang	15332652	6287411	9598009	2723152	11662012	5326619
漯河市	Luohe	7536413	5301218	4948469	3191014	4201775	3385565
三门峡市	Sanmenxia	9423250	3067777	5825159	1562864	5870400	1966014
南阳市	Nanyang	27567750	10600600	17771929	5369700	15525250	7199800
商丘市	Shangqiu	17598779	6223906	12331998	3866040	10071910	4042956
信阳市	Xinyang	20949576	7170182	14884255	4390947	11077450	4544456
周口市	Zhoukou	18812184	3176381	14960329	1923182	8183383	2694381
驻马店市	Zhumadian	19828906	5233470	13813692	2779246	9393453	4089427
湖北省	**Hubei**	**332516491**	**233674136**	**158113467**	**89506590**	**240974966**	**194660635**
武汉市	Wuhan	162687073	150863454	53521348	46311486	144633962	137647567
黄石市	Huangshi	12455235	7276941	6610304	3607261	8389620	5405443
十堰市	Shiyan	16518030	9935218	8944222	4886573	8822112	5665298
宜昌市	Yichang	25832455	15585022	13230735	6597467	19675111	13582111
襄阳市	Xiangyang	24839596	15061736	15413900	8106210	15075993	10329797
鄂州市	Ezhou	4492000	4492000	2676000	2676000	3035100	3035100

2-17 续表 4 continued

单位：万元 (10 000 yuan)

城市	City	年末金融机构人民币各项存款余额 Deposits of National Banking System at Year-end 全市 Total City	市辖区 Districts under City	居民人民币储蓄存款余额 Household Saving Deposits at Year-end 全市 Total City	市辖区 Districts under City	年末金融机构人民币各项贷款余额 Loans of National Banking System at Year-end 全市 Total City	市辖区 Districts under City
荆门市	Jingmen	12570056	5304638	8362473	2968710	6532540	3828060
孝感市	Xiaogan	16135450	5555268	10831626	3110171	7855633	2895667
荆州市	Jingzhou	19670198	7755723	13452373	4736377	9545016	5043926
黄冈市	Huanggang	19940488	2893306	14049853	1503720	8111025	1534142
咸宁市	Xianning	8917240	3562055	5163354	1502397	5333028	2537839
随州市	Suizhou	8458670	5388775	5857279	3500218	3965826	3155685
湖南省	**Hunan**	**292461163**	**179430352**	**161800702**	**76368135**	**196714249**	**142974725**
长沙市	Changsha	111194866	95024200	38667891	29838600	103374785	90854400
株洲市	Zhuzhou	20575657	13684925	12241113	7040167	11092680	7509295
湘潭市	Xiangtan	15393495	10156031	9229225	4911484	11128052	8214240
衡阳市	Hengyang	23907842	10572997	17187964	6088327	9555451	5370291
邵阳市	Shaoyang	17361574	4594893	12687344	2717227	7519952	2519114
岳阳市	Yueyang	14713524	7792533	9583427	4369980	7719736	4203579
常德市	Changde	19236577	9134077	12684985	4618603	9240319	5288668
张家界市	Zhangjiajie	4618987	2418298	3077281	1392319	3389607	2217733
益阳市	Yiyang	11564817	5295843	8376024	3495551	5492274	3107514
郴州市	Chenzhou	16803671	7764102	11283523	4220079	7803600	4076718
永州市	Yongzhou	13365680	4411719	9910511	2774542	6399387	2794368
怀化市	Huaihua	12463427	4237842	9182776	2515303	6956818	3257462
娄底市	Loudi	11261046	4342892	7688638	2385953	7041588	3561343
广东省	**Guangdong**	**1223957799**	**1124376822**	**529750629**	**453839801**	**790109160**	**743717193**
广州市	Guangzhou	354692862	354692862	128256427	128256427	242317131	242317131
韶关市	Shaoguan	13942006	7958499	8595152	4190778	6711563	4066278
深圳市	Shenzhen	324977500	324977500	99740100	99740100	226711000	226711000
珠海市	Zhuhai	45706700	45706700	14230100	14230100	24262400	24262400
汕头市	Shantou	26644609	26375483	18330772	18171902	10728302	10660881
佛山市	Foshan	112756317	112756317	58069393	58069393	75957941	75957941
江门市	Jiangmen	34612216	20571161	21741662	10993750	18794090	12090781
湛江市	Zhanjiang	24217583	14509523	15145082	7312612	13530494	9609136
茂名市	Maoming	17662903	9093977	12712020	5798956	7489352	4183486
肇庆市	Zhaoqing	16792576	7978750	10750183	3954727	11725091	6433067
惠州市	Huizhou	31495471	23589454	16401679	10691857	21768038	17675193
梅州市	Meizhou	14118846	6435596	9854618	3851102	6354630	3407543
汕尾市	Shanwei	5457410	1968753	3763436	988010	2696063	1333826
河源市	Heyuan	8759215	3663497	5314910	1601472	6990064	4208592
阳江市	Yangjiang	9071070	4246813	6078680	2454617	6947924	4464184
清远市	Qingyuan	15226648	8801616	9242332	4526462	9408415	6250359
东莞市	Dongguan	93232801	93232801	46482691	46482691	55623579	55623579
中山市	Zhongshan	39264526	39264526	20390928	20390928	24525150	24525150
潮州市	Chaozhou	10042961	8240437	6983907	5614451	3572060	3026266
揭阳市	Jieyang	17020619	7310930	11936510	4925698	8662953	4385079
云浮市	Yunfu	8262960	3001627	5730047	1593768	5332920	2525321
广西壮族自治区	**Guangxi**	**201188208**	**133117039**	**102765002**	**52518612**	**156202022**	**115277719**
南宁市	Nanning	70644876	63248364	25298556	19747219	70914611	66757985
柳州市	Liuzhou	25536641	20133615	10610122	6927762	17702627	14035991

2-17 续表 5 continued

单位：万元 (10 000 yuan)

城 市	City	年末金融机构人民币各项存款余额 Deposits of National Banking System at Year-end		居民人民币储蓄存款余额 Household Saving Deposits at Year-end		年末金融机构人民币各项贷款余额 Loans of National Banking System at Year-end	
		全 市 Total City	市辖区 Districts under City	全 市 Total City	市辖区 Districts under City	全 市 Total City	市辖区 Districts under City
桂林市	Guilin	22697554	12020777	13342165	5465470	13895533	6772569
梧州市	Wuzhou	8556463	4052430	5307723	1975393	6223239	3191110
北海市	Beihai	7175513	5315657	4340241	2800546	4575190	3519107
防城港市	Fangchenggang	4702399	3166554	2666560	1551961	3802057	2866579
钦州市	Qinzhou	7680989	4745640	4863458	2486056	5243737	3900824
贵港市	Guigang	9057492	4298332	6641356	2838285	5469159	3143872
玉林市	Yulin	13024548	5011196	10077327	3158984	7478692	3161828
百色市	Baise	8805556	2701754	5286736	1284629	6733287	1926634
贺州市	Hezhou	4598451	2632694	2845294	1491938	2790032	1745869
河池市	Hechi	8143876	2078275	5071657	1119542	4715197	1281906
来宾市	Laibin	4948374	2328111	2854720	1121090	3301498	1900764
崇左市	Chongzuo	5615476	1383640	3559087	549737	3357163	1072681
海南省	**Hainan**	**41326924**	**41326924**	**14860081**	**14860081**	**37038368**	**37038368**
海口市	Haikou	31525878	31525878	11194789	11194789	29496253	29496253
三亚市	Sanya	9777625	9777625	3663311	3663311	7542115	7542115
三沙市	Sansa	23421	23421	1981	1981		
重庆市	**Chongqing**	**245015418**	**210484646**	**107741199**	**83825240**	**200114985**	**182750497**
四川省	**Sichuan**	**507836751**	**122190832**	**242819256**	**63640467**	**324883868**	**70668856**
成都市	Chengdu	267975023		89769401		197789312	
自贡市	Zigong	10752004	6752653	7142243	3836052	5208133	3518425
攀枝花市	Panzhihua	8039863	6798174	4117542	3335612	6613789	5715428
泸州市	Luzhou	16129804	10223258	9976790	5338523	9207784	6232208
德阳市	Deyang	19185417	7684156	11681585	3594907	10658069	4930641
绵阳市	Mianyang	26217206	15189365	14644578	6617588	13985038	8171348
广元市	Guangyuan	10066438	4919477	6393606	2756357	4863270	2829767
遂宁市	Suining	9894366	5083944	6468662	2912559	6150110	3681008
内江市	Neijiang	11343551	5439600	8347386	3293647	6080748	2958863
乐山市	Leshan	17134740	9901017	10504486	4804820	10886135	6573786
南充市	Nanchong	21544642	9932599	14466888	5547577	10380655	5796894
眉山市	Meishan	12552235	4869055	9058527	2974431	6265205	2714370
宜宾市	Yibin	16852277	9419720	8823864	3599042	9007879	4537679
广安市	Guang'an	12651891	4920700	9025304	3122060	5149718	2196496
达州市	Dazhou	17523738	7928795	13021077	5058656	8017122	4067335
雅安市	Ya'an	9742467	5015181	4454179	2090242	4749763	2466491
巴中市	Bazhong	7772688	3854254	5570045	2295346	3450334	1709739
资阳市	Ziyang	12458401	4258884	9353093	2463048	6420804	2568378
贵州省	**Guizhou**	**127081003**	**91537405**	**51242596**	**29093289**	**105995296**	**81074307**
贵阳市	Guiyang	69921960	66289650	20105843	17959860	65605063	62725613
六盘水市	Liupanshui	8170912	5046200	4168784	2241000	7011963	4525300
遵义市	Zunyi	25676005	10622679	13082270	4319061	15277415	6923153
安顺市	Anshun	6602775	3567371	3440826	1740425	5189487	2511523
毕节市	Bijie	9167916	3291168	5687247	1569616	6894820	2377364
铜仁市	Tongren	7541435	2720337	4757626	1263327	6016548	2011354

2-17 续表 6 continued

单位：万元 (10 000 yuan)

城市	City	年末金融机构人民币各项存款余额 Deposits of National Banking System at Year-end		居民人民币储蓄存款余额 Household Saving Deposits at Year-end		年末金融机构人民币各项贷款余额 Loans of National Banking System at Year-end	
		全市 Total City	市辖区 Districts under City	全市 Total City	市辖区 Districts under City	全市 Total City	市辖区 Districts under City
云南省	**Yunnan**	**167925768**	**123139465**	**67051724**	**40556037**	**143325652**	**114974080**
昆明市	Kunming	105822157	96106676	34958025	29405563	102013233	94868807
曲靖市	Qujing	17023400	7669000	8748400	3066201	11369900	5453422
玉溪市	Yuxi	11955901	6282422	6189650	2538286	7771682	3606348
保山市	Baoshan	6382316	2797765	3805522	1444519	4473871	2011526
昭通市	Zhaotong	10432856	3663472	4884764	1325550	5337696	1999602
丽江市	Lijiang	5184361	2728653	2749785	1200485	3829545	2646835
普洱市	Pu'er	6670124	2349080	3355215	980025	4756667	2510076
临沧市	Lincang	4454653	1542397	2360363	595408	3773058	1877464
西藏自治区	**Tibet**	**30823846**		**5592769**		**16187241**	
拉萨市	Lasa	30823846		5592769		16187241	
陕西省	**Shaanxi**	**277472365**	**199950614**	**133424548**	**81339332**	**182330365**	**145550652**
西安市	Xi'an	150640969	143407977	56874866	52283764	115762960	113134154
铜川市	Tongchuan	4118508	3490948	2676838	2079256	1241830	995323
宝鸡市	Baoji	18442310	11516034	11637594	6495130	8896736	6392933
咸阳市	Xianyang	19653092	9661042	12857896	5133651	9018157	5150349
渭南市	Weinan	16645771	5116281	11104819	2538200	8113953	2159747
延安市	Yan'an	12323141	5797205	6241885	2531414	6796428	3221410
汉中市	Hanzhong	13906665	5041315	9443304	2882874	5548472	2088660
榆林市	Yulin	26182400	9164077	12336500	3536323	19357100	8580007
安康市	Ankang	8845109	4090822	5614046	2335279	4743529	2495071
商洛市	Shangluo	6714400	2664913	4636800	1523441	2851200	1332998
甘肃省	**Gansu**	**132789912**	**89694297**	**63139038**	**38934870**	**102301845**	**63302294**
兰州市	Lanzhou	66175146	55363928	22629407	19852392	56127233	37933906
嘉峪关市	Jiayuguan	3308700	3308700	1260600	1260600	3573200	3573200
金昌市	Jinchang	2977783	2141840	1765008	1206999	2238381	1440984
白银市	Baiyin	5789735	3681774	3391033	1983772	4073075	2334246
天水市	Tianshui	8973126	5660277	5939744	3527886	4737240	3217593
武威市	Wuwei	7043375	4620300	4532960	2874875	5276139	3359509
张掖市	Zhangye	5005079	2809310	2940882	1616904	3907206	2200356
平凉市	Pingliang	6240300	2498200	4028700	1410700	3983600	1749100
酒泉市	Jiuquan	8407300	3585093	4655200	1891979	5856200	2691817
庆阳市	Qingyang	6693094	2557320	4491289	1446664	4475428	2048840
定西市	Dingxi	5920874	1784518	3621415	932659	4288943	1393047
陇南市	Longnan	6255400	1683037	3882800	929440	3765200	1359696
青海省	**Qinghai**	**35499562**	**29691976**	**13211461**	**10101097**	**35412255**	**32230967**
西宁市	Xining	31047613	28756633	10930883	9559992	33282190	31758170
海东市	Haidong	4451949	935343	2280578	541105	2130065	472797
宁夏回族自治区	**Ningxia**	**42090636**	**31358196**	**20673223**	**13949503**	**45784920**	**35517146**
银川市	Yinchuan	26089685	22475394	10898949	8395593	31859330	27455950
石嘴山市	Shizuishan	4818580	3630000	3345123	2422526	4186253	3190000
吴忠市	Wuzhong	4748770	2240337	2817044	1377416	4304836	2088015
固原市	Guyuan	3041836	1356656	1667487	776986	1874134	1121409
中卫市	Zhongwei	3391765	1655809	1944620	976982	3560367	1661772
新疆维吾尔自治区	**Xinjiang**	**71246488**	**70832298**	**22112917**	**21940327**	**49194884**	**48930850**
乌鲁木齐市	Urumqi	62339700	61925510	19748400	19575810	45023300	44759266
克拉玛依市	Karamay	8906788	8906788	2364517	2364517	4171584	4171584

2-18 规模以上工业企业数

Number of Industrial Enterprises above Designated Size

单位：个 (unit)

城市	City	工业企业数 Number of Industrial Enterprises		内资企业 Domestic Funded		港、澳、台商投资企业 Enterprises with Funds from Hong Kong, Macao and Taiwan		外商投资企业 Foreign Funded Enterprises	
		全市 Total City	市辖区 Districts under City	全市 Total City	市辖区 Districts under City	全市 Total City	市辖区 Districts under City	全市 Total City	市辖区 Districts under City
城市合计	**Prefecture Cities**	**367632**	**165760**	**312687**	**129034**	**25304**	**16533**	**29641**	**20193**
北京市	**Beijing**	**3686**	**3504**	**2834**	**2693**	**209**	**196**	**643**	**615**
天津市	**Tianjin**	**5501**	**4486**	**3924**	**3016**	**323**	**294**	**1254**	**1176**
河北省	**Hebei**	**14792**	**3408**	**13924**	**3007**	**269**	**114**	**599**	**287**
石家庄市	Shijiazhuang	2594	994	2497	940	40	18	57	36
唐山市	Tangshan	1598	775	1487	707	37	16	74	52
秦皇岛市	Qinhuangdao	481	259	392	184	19	16	70	59
邯郸市	Handan	1277	226	1238	206	20	10	19	10
邢台市	Xingtai	1242	84	1199	79	16	1	27	4
保定市	Baoding	1814	215	1699	182	30	11	85	22
张家口市	Zhangjiakou	582	158	553	152	7	1	22	5
承德市	Chengde	572	112	562	109	3		7	3
沧州市	Cangzhou	2199	194	2100	171	36	11	63	12
廊坊市	Langfang	1252	221	1074	121	40	21	138	79
衡水市	Hengshui	1181	170	1123	156	21	9	37	5
山西省	**Shanxi**	**3904**	**897**	**3756**	**837**	**49**	**17**	**99**	**43**
太原市	Taiyuan	404	294	380	272	4	4	20	18
大同市	Datong	173	84	161	76	3		9	8
阳泉市	Yangquan	144	67	136	61	3	3	5	3
长治市	Changzhi	344	59	332	56	5	2	7	1
晋城市	Jincheng	244	44	227	38	4	1	13	5
朔州市	Shuozhou	280	88	275	85	1	1	4	2
晋中市	Jinzhong	529	85	501	77	14	4	14	4
运城市	Yuncheng	500	70	484	69	2		14	1
忻州市	Xinzhou	355	32	354	32			1	
临汾市	Linfen	364	50	352	47	8	2	4	1
吕梁市	Lvliang	567	24	554	24	5		8	
内蒙古自治区	**Inner Mongolia**	**3717**	**1329**	**3564**	**1268**	**60**	**25**	**93**	**36**
呼和浩特市	Hohhot	277	87	248	81	14	3	15	3
包头市	Baotou	660	447	628	420	10	8	22	19
乌海市	Wuhai	154	154	151	151	3	3		
赤峰市	Chifeng	569	196	558	187	4	3	7	6
通辽市	Tongliao	593	195	575	191	6	2	12	2
鄂尔多斯市	Erdos	372	52	355	50	7	1	10	1
呼伦贝尔市	Hulunbuir	423	81	402	76	8	2	13	3
巴彦淖尔市	Bayannur	286	77	276	74	3	2	7	1
乌兰察布市	Ulanqab	383	40	371	38	5	1	7	1
辽宁省	**Liaoning**	**15706**	**6966**	**13983**	**5757**	**435**	**304**	**1288**	**905**
沈阳市	Shenyang	3635	2138	3237	1763	110	107	288	268
大连市	Dalian	2844	1205	2135	705	122	81	587	419
鞍山市	Anshan	1247	313	1182	284	24	13	41	16
抚顺市	Fushun	966	506	911	459	19	16	36	31
本溪市	Benxi	614	427	578	407	17	12	19	8
丹东市	Dandong	752	131	666	105	12	6	74	20
锦州市	Jinzhou	821	193	758	144	26	20	37	29
营口市	Yingkou	1375	888	1221	793	43	28	111	67

2-18 续表 1 continued

单位：个 (unit)

城 市	City	工业企业数 Number of Industrial Enterprises		内资企业 Domestic Funded		港、澳、台商投资企业 Enterprises with Funds from Hong Kong, Macao and Taiwan		外商投资企业 Foreign Funded Enterprises	
		全 市 Total City	市辖区 Districts under City	全 市 Total City	市辖区 Districts under City	全 市 Total City	市辖区 Districts under City	全 市 Total City	市辖区 Districts under City
阜新市	Fuxin	659	425	635	412	12	4	12	9
辽阳市	Liaoyang	606	262	572	242	14	5	20	15
盘锦市	Panjin	507	185	473	166	11	6	23	13
铁岭市	Tieling	631	100	602	91	10	3	19	6
朝阳市	Chaoyang	708	107	686	104	13	2	9	1
葫芦岛市	Huludao	341	86	327	82	2	1	12	3
吉林省	**Jilin**	**4844**	**2187**	**4564**	**1978**	**65**	**45**	**215**	**164**
长春市	Changchun	1132	813	970	660	27	25	135	128
吉林市	Jilin	1041	476	1008	453	11	7	22	16
四平市	Siping	492	198	478	189	9	7	5	2
辽源市	Liaoyuan	305	157	299	152	2	1	4	4
通化市	Tonghua	549	129	528	125	4	1	17	3
白山市	Baishan	392	157	373	153	6	1	13	3
松原市	Songyuan	612	161	605	156	2	1	5	4
白城市	Baicheng	321	96	303	90	4	2	14	4
黑龙江省	**Heilongjiang**	**4120**	**1719**	**3856**	**1594**	**67**	**35**	**197**	**90**
哈尔滨市	Harbin	1397	599	1304	528	23	19	70	52
齐齐哈尔市	Qiqihar	341	172	323	166	7	3	11	3
鸡西市	Jixi	114	54	106	52	5	2	3	
鹤岗市	Hegang	119	72	115	71	2		2	1
双鸭山市	Shuangyashan	158	56	105	55			53	1
大庆市	Daqing	452	310	426	293	9	5	17	12
伊春市	Yichun	120	83	112	78	2		6	5
佳木斯市	Jiamusi	363	142	352	133	2	2	9	7
七台河市	Qitaihe	95	65	94	64			1	1
牡丹江市	Mudanjiang	505	106	480	97	8	2	17	7
黑河市	Heihe	90	24	84	22	5	1	1	1
绥化市	Suihua	366	36	355	35	4	1	7	
上海市	**Shanghai**	**9253**	**9121**	**5155**	**5034**	**1133**	**1129**	**2965**	**2958**
江苏省	**Jiangsu**	**48723**	**22929**	**37604**	**16833**	**3996**	**2046**	**7123**	**4050**
南京市	Nanjing	2748	2748	2099	2099	199	199	450	450
无锡市	Wuxi	5163	2809	3870	1945	494	296	799	568
徐州市	Xuzhou	2861	804	2672	719	86	33	103	52
常州市	Changzhou	4350	3506	3496	2811	324	261	530	434
苏州市	Suzhou	10432	4690	5809	2421	1398	701	3225	1568
南通市	Nantong	5081	1580	3846	1155	491	111	744	314
连云港市	Lianyungang	1649	752	1440	621	69	36	140	95
淮安市	Huai'an	2474	1105	2261	979	106	57	107	69
盐城市	Yancheng	3002	697	2655	574	126	31	221	92
扬州市	Yangzhou	2799	1484	2387	1223	203	124	209	137
镇江市	Zhenjiang	2938	1071	2327	821	298	114	313	136
泰州市	Taizhou	2709	1062	2352	903	140	58	217	101
宿迁市	Suqian	2517	621	2390	562	62	25	65	34
浙江省	**Zhejiang**	**40852**	**16953**	**34611**	**13570**	**3145**	**1661**	**3096**	**1722**
杭州市	Hangzhou	6169	4716	5035	3713	503	431	631	572
宁波市	Ningbo	7383	3461	5496	2331	1002	592	885	538

2-18 续表 2 continued

单位：个 (unit)

城市	City	工业企业数 Number of Industrial Enterprises		内资企业 Domestic Funded		港、澳、台商投资企业 Enterprises with Funds from Hong Kong, Macao and Taiwan		外商投资企业 Foreign Funded Enterprises	
		全市 Total City	市辖区 Districts under City	全市 Total City	市辖区 Districts under City	全市 Total City	市辖区 Districts under City	全市 Total City	市辖区 Districts under City
温州市	Wenzhou	4897	1648	4664	1518	91	43	142	87
嘉兴市	Jiaxing	5005	1000	3915	742	522	106	568	152
湖州市	Huzhou	2719	996	2233	834	239	78	247	84
绍兴市	Shaoxing	4231	2446	3451	1949	494	316	286	181
金华市	Jinhua	4065	664	3794	581	132	42	139	41
衢州市	Quzhou	1025	325	970	301	21	5	34	19
舟山市	Zhoushan	393	320	368	303	8	7	17	10
台州市	Taizhou	3804	1159	3556	1086	118	37	130	36
丽水市	Lishui	1161	218	1129	212	15	4	17	2
安徽省	**Anhui**	**17651**	**6228**	**16852**	**5754**	**310**	**193**	**489**	**281**
合肥市	Hefei	2306	812	2120	697	69	42	117	73
芜湖市	Wuhu	1973	723	1824	610	57	42	92	71
蚌埠市	Bengbu	880	415	843	391	22	14	15	10
淮南市	Huainan	561	422	543	406	7	6	11	10
马鞍山市	Maanshan	1035	411	975	374	22	14	38	23
淮北市	Huaibei	766	505	741	491	12	6	13	8
铜陵市	Tongling	260	187	235	166	14	12	11	9
安庆市	Anqing	1791	238	1745	220	17	3	29	15
黄山市	Huangshan	516	223	499	212	8	5	9	6
滁州市	Chuzhou	1382	354	1301	309	26	23	55	22
阜阳市	Fuyang	1317	404	1295	396	11	5	11	3
宿州市	Suzhou	1129	417	1101	407	13	6	15	4
六安市	Lu'an	1086	371	1061	360	9	5	16	6
亳州市	Bozhou	775	230	770	227			5	3
池州市	Chizhou	525	221	503	209	8	6	14	6
宣城市	Xuancheng	1349	295	1296	279	15	4	38	12
福建省	**Fujian**	**16744**	**5294**	**12650**	**3578**	**2604**	**1019**	**1490**	**697**
福州市	Fuzhou	2275	754	1610	484	349	146	316	124
厦门市	Xiamen	1701	1701	924	924	396	396	381	381
莆田市	Putian	1175	885	961	696	150	134	64	55
三明市	Sanming	1753	274	1676	263	59	9	18	2
泉州市	Quanzhou	4438	680	2819	365	1158	241	461	74
漳州市	Zhangzhou	2006	330	1487	232	358	62	161	36
南平市	Nanping	997	122	939	112	25	2	33	8
龙岩市	Longyan	1034	380	906	343	91	24	37	13
宁德市	Ningde	1365	168	1328	159	18	5	19	4
江西省	**Jiangxi**	**8824**	**2558**	**7965**	**2267**	**537**	**146**	**322**	**145**
南昌市	Nanchang	1211	611	1060	508	66	42	85	61
景德镇市	Jingdezhen	305	117	281	104	10	5	14	8
萍乡市	Pingxiang	660	353	639	340	18	11	3	2
九江市	Jiujiang	1121	206	1010	179	74	13	37	14
新余市	Xinyu	352	274	325	249	14	14	13	11
鹰潭市	Yingtan	234	88	220	80	6	4	8	4
赣州市	Ganzhou	1164	352	924	290	172	34	68	28
吉安市	Ji'an	1046	122	942	112	67	5	37	5
宜春市	Yichun	1081	153	1010	143	42	6	29	4
抚州市	Fuzhou	823	222	769	208	40	7	14	7
上饶市	Shangrao	827	60	785	54	28	5	14	1

2-18 续表 3 continued

单位：个 (unit)

城市	City	工业企业数 Number of Industrial Enterprises		内资企业 Domestic Funded		港、澳、台商投资企业 Enterprises with Funds from Hong Kong, Macao and Taiwan		外商投资企业 Foreign Funded Enterprises	
		全市 Total City	市辖区 Districts under City	全市 Total City	市辖区 Districts under City	全市 Total City	市辖区 Districts under City	全市 Total City	市辖区 Districts under City
山东省	**Shandong**	**40553**	**13678**	**36395**	**11684**	**1070**	**494**	**3088**	**1500**
济南市	Jinan	1985	848	1812	760	50	21	123	67
青岛市	Qingdao	4790	1690	3345	1064	280	131	1165	495
淄博市	Zibo	2981	2399	2794	2253	74	58	113	88
枣庄市	Zaozhuang	1464	986	1391	928	32	25	41	33
东营市	Dongying	984	374	939	343	17	13	28	18
烟台市	Yantai	2722	798	2043	461	184	67	495	270
潍坊市	Weifang	4000	672	3664	572	114	38	222	62
济宁市	Jining	2333	718	2208	659	48	20	77	39
泰安市	Tai'an	2017	442	1941	408	19	5	57	29
威海市	Weihai	1670	806	1219	559	56	29	395	218
日照市	Rizhao	629	259	547	197	20	16	62	46
莱芜市	Laiwu	609	609	581	581	13	13	15	15
临沂市	Linyi	3934	1366	3727	1278	78	32	129	56
德州市	Dezhou	3387	572	3299	534	24	8	64	30
聊城市	Liaocheng	2830	399	2788	385	11	3	31	11
滨州市	Binzhou	1422	322	1367	298	22	11	33	13
菏泽市	Heze	2796	418	2730	404	28	4	38	10
河南省	**Henan**	**21483**	**4663**	**20945**	**4387**	**260**	**122**	**278**	**154**
郑州市	Zhengzhou	2763	638	2651	565	51	35	61	38
开封市	Kaifeng	1302	207	1274	190	15	7	13	10
洛阳市	Luoyang	1779	528	1733	508	20	6	26	14
平顶山市	Pingdingshan	854	217	837	209	9	3	8	5
安阳市	Anyang	978	149	961	138	9	7	8	4
鹤壁市	Hebi	583	317	569	307	8	4	6	6
新乡市	Xinxiang	1285	299	1229	273	16	10	40	16
焦作市	Jiaozuo	1214	197	1187	188	13	4	14	5
濮阳市	Puyang	988	184	968	180	13	1	7	3
许昌市	Xuchang	1499	175	1473	164	11	4	15	7
漯河市	Luohe	665	429	644	414	12	7	9	8
三门峡市	Sanmenxia	637	97	627	95	5	1	5	1
南阳市	Nanyang	1899	306	1845	282	30	13	24	11
商丘市	Shangqiu	1066	338	1048	326	9	4	9	8
信阳市	Xinyang	1264	325	1245	312	8	6	11	7
周口市	Zhoukou	1200	66	1179	59	10	4	11	3
驻马店市	Zhumadian	1507	191	1475	177	21	6	11	8
湖北省	**Hubei**	**14350**	**5354**	**13564**	**4841**	**344**	**186**	**442**	**327**
武汉市	Wuhan	2442	1455	2104	1168	83	71	255	216
黄石市	Huangshi	730	274	697	256	21	9	12	9
十堰市	Shiyan	973	437	946	419	11	7	16	11
宜昌市	Yichang	1464	404	1396	367	45	24	23	13
襄阳市	Xiangyang	1773	689	1706	646	34	17	33	26
鄂州市	Ezhou	492	492	472	472	8	8	12	12

2-18 续表 4 continued

单位：个 (unit)

城　　市	City	工业企业数 Number of Industrial Enterprises		内资企业 Domestic Funded		港、澳、台商投资企业 Enterprises with Funds from Hong Kong, Macao and Taiwan		外商投资企业 Foreign Funded Enterprises	
		全　市 Total City	市辖区 Districts under City	全　市 Total City	市辖区 Districts under City	全　市 Total City	市辖区 Districts under City	全　市 Total City	市辖区 Districts under City
荆门市	Jingmen	1097	324	1063	309	24	11	10	4
孝感市	Xiaogan	1242	214	1187	192	27	8	28	14
荆州市	Jingzhou	1149	447	1113	422	18	14	18	11
黄冈市	Huanggang	1413	137	1365	126	32	8	16	3
咸宁市	Xianning	896	249	861	236	20	7	15	6
随州市	Suizhou	679	232	654	228	21	2	4	2
湖南省	**Hunan**	**13411**	**3888**	**12828**	**3647**	**327**	**125**	**256**	**116**
长沙市	Changsha	2593	861	2443	810	65	26	85	25
株洲市	Zhuzhou	1499	370	1443	349	20	3	36	18
湘潭市	Xiangtan	910	424	878	399	14	10	18	15
衡阳市	Hengyang	997	307	952	286	27	7	18	14
邵阳市	Shaoyang	934	195	903	182	17	6	14	7
岳阳市	Yueyang	1350	325	1307	303	20	13	23	9
常德市	Changde	944	293	909	278	26	11	9	4
张家界市	Zhangjiajie	150	55	144	50	4	4	2	1
益阳市	Yiyang	931	430	891	407	29	18	11	5
郴州市	Chenzhou	1105	186	1049	170	44	11	12	5
永州市	Yongzhou	705	218	646	197	46	13	13	8
怀化市	Huaihua	553	53	541	53	6		6	
娄底市	Loudi	740	171	722	163	9	3	9	5
广东省	**Guangdong**	**41051**	**32800**	**27246**	**20837**	**9281**	**7868**	**4524**	**4095**
广州市	Guangzhou	4774	3487	3111	2114	931	723	732	650
韶关市	Shaoguan	622	177	541	146	61	21	20	10
深圳市	Shenzhen	6355	6355	3591	3591	2034	2034	730	730
珠海市	Zhuhai	1008	1008	475	475	333	333	200	200
汕头市	Shantou	1808	1803	1554	1553	165	163	89	87
佛山市	Foshan	5883	5883	4601	4601	804	804	478	478
江门市	Jiangmen	1961	1063	1216	669	545	291	200	103
湛江市	Zhanjiang	789	245	709	193	44	24	36	28
茂名市	Maoming	850	341	772	327	62	8	16	6
肇庆市	Zhaoqing	1083	196	789	127	203	54	91	15
惠州市	Huizhou	1815	1063	892	467	677	409	246	187
梅州市	Meizhou	396	132	325	112	51	13	20	7
汕尾市	Shanwei	246	51	179	30	62	20	5	1
河源市	Heyuan	513	178	347	90	134	68	32	20
阳江市	Yangjiang	567	188	476	162	67	13	24	13
清远市	Qingyuan	580	345	399	238	141	76	40	31
东莞市	Dongguan	5377	5377	2372	2372	1914	1914	1091	1091
中山市	Zhongshan	2963	2963	1939	1939	663	663	361	361
潮州市	Chaozhou	871	750	700	594	122	109	49	47
揭阳市	Jieyang	1858	968	1638	851	173	92	47	25
云浮市	Yunfu	732	227	620	186	95	36	17	5
广西壮族自治区	**Guangxi**	**5461**	**2275**	**4990**	**2020**	**270**	**137**	**201**	**118**
南宁市	Nanning	946	518	857	459	35	27	54	32
柳州市	Liuzhou	825	541	793	515	10	10	22	16

2-18 续表 5 continued

单位：个 (unit)

城市	City	工业企业数 Number of Industrial Enterprises		内资企业 Domestic Funded		港、澳、台商投资企业 Enterprises with Funds from Hong Kong, Macao and Taiwan		外商投资企业 Foreign Funded Enterprises	
		全市 Total City	市辖区 Districts under City	全市 Total City	市辖区 Districts under City	全市 Total City	市辖区 Districts under City	全市 Total City	市辖区 Districts under City
桂林市	Guilin	640	132	608	115	9	5	23	12
梧州市	Wuzhou	411	175	355	139	42	26	14	10
北海市	Beihai	190	128	153	99	24	20	13	9
防城港市	Fangchenggang	162	113	147	100	6	5	9	8
钦州市	Qinzhou	285	132	255	111	19	11	11	10
贵港市	Guigang	409	188	372	171	24	13	13	4
玉林市	Yulin	614	88	538	81	57	3	19	4
百色市	Baise	256	47	244	43	12	4		
贺州市	Hezhou	178	91	159	81	15	8	4	2
河池市	Hechi	189	31	182	30	5		2	1
来宾市	Laibin	209	60	197	54	6	2	6	4
崇左市	Chongzuo	147	31	130	22	6	3	11	6
海南省	**Hainan**	**178**	**178**	**131**	**131**	**17**	**17**	**30**	**30**
海口市	Haikou	154	154	110	110	17	17	27	27
三亚市	Sanya	24	24	21	21			3	3
三沙市	Sansa								
重庆市	**Chongqing**	**6158**	**4825**	**5787**	**4477**	**147**	**133**	**224**	**215**
四川省	**Sichuan**	**12684**	**5060**	**12096**	**4712**	**198**	**111**	**390**	**237**
成都市	Chengdu	3248	1543	2917	1333	96	63	235	147
自贡市	Zigong	554	355	543	345	1		10	10
攀枝花市	Panzhihua	342	265	335	259	3	2	4	4
泸州市	Luzhou	620	331	605	322	6	4	9	5
德阳市	Deyang	1297	359	1250	344	15	3	32	12
绵阳市	Mianyang	779	304	740	279	17	9	22	16
广元市	Guangyuan	398	199	388	192	2		8	7
遂宁市	Suining	466	209	447	195	6	5	13	9
内江市	Neijiang	434	128	417	119	7	4	10	5
乐山市	Leshan	614	248	598	241	9	2	7	5
南充市	Nanchong	621	234	609	227	7	4	5	3
眉山市	Meishan	607	194	588	186	3	1	16	7
宜宾市	Yibin	592	147	586	144	3	2	3	1
广安市	Guang'an	487	113	478	108	6	4	3	1
达州市	Dazhou	487	116	482	113	5	3		
雅安市	Ya'an	304	83	297	81	5	2	2	
巴中市	Bazhong	217	89	213	88	2	1	2	
资阳市	Ziyang	617	143	603	136	5	2	9	5
贵州省	**Guizhou**	**2628**	**748**	**2566**	**713**	**30**	**15**	**32**	**20**
贵阳市	Guiyang	511	325	472	297	15	11	24	17
六盘水市	Liupanshui	313	76	310	74			3	2
遵义市	Zunyi	686	92	677	89	4	2	5	1
安顺市	Anshun	289	124	284	123	5	1		
毕节市	Bijie	366	46	362	46	4			
铜仁市	Tongren	463	85	461	84	2	1		

2-18 续表 6 continued

单位：个 (unit)

城 市	City	工业企业数 Number of Industrial Enterprises		内资企业 Domestic Funded		港、澳、台商投资企业 Enterprises with Funds from Hong Kong, Macao and Taiwan		外商投资企业 Foreign Funded Enterprises	
		全 市 Total City	市辖区 Districts under City	全 市 Total City	市辖区 Districts under City	全 市 Total City	市辖区 Districts under City	全 市 Total City	市辖区 Districts under City
云南省	**Yunnan**	**2400**	**809**	**2277**	**728**	**58**	**38**	**65**	**43**
昆明市	Kunming	770	445	698	390	34	27	38	28
曲靖市	Qujing	547	113	535	108	5	3	7	2
玉溪市	Yuxi	333	87	316	76	8	4	9	7
保山市	Baoshan	192	68	186	65	3	1	3	2
昭通市	Zhaotong	189	27	185	24	4	3		
丽江市	Lijiang	75	12	72	12	1		2	
普洱市	Pu'er	148	29	143	27	2		3	2
临沧市	Lincang	146	28	142	26	1		3	2
西藏自治区	**Tibet**	**63**	**14**	**61**	**13**			**2**	**1**
拉萨市	Lasa	63	14	61	13			2	1
陕西省	**Shaanxi**	**4932**	**1925**	**4722**	**1783**	**57**	**35**	**153**	**107**
西安市	Xi'an	1146	878	1025	769	25	24	96	85
铜川市	Tongchuan	154	145	151	142			3	3
宝鸡市	Baoji	541	219	524	209	8	3	9	7
咸阳市	Xianyang	776	257	738	245	14	5	24	7
渭南市	Weinan	450	103	437	100	2		11	3
延安市	Yan'an	109	20	107	20			2	
汉中市	Hanzhong	379	85	372	83	4	1	3	1
榆林市	Yulin	710	97	706	95	1	1	3	1
安康市	Ankang	460	101	457	100	1	1	2	
商洛市	Shangluo	207	20	205	20	2			
甘肃省	**Gansu**	**1946**	**829**	**1898**	**798**	**18**	**11**	**30**	**20**
兰州市	Lanzhou	383	243	366	230	8	5	9	8
嘉峪关市	Jiayuguan	49	49	49	49				
金昌市	Jinchang	71	30	71	30				
白银市	Baiyin	150	79	143	73	4	3	3	3
天水市	Tianshui	151	88	148	84			3	4
武威市	Wuwei	209	107	207	105	2	2		
张掖市	Zhangye	203	70	198	67			5	3
平凉市	Pingliang	126	27	126	27				
酒泉市	Jiuquan	291	60	278	58	4	1	9	1
庆阳市	Qingyang	105	25	104	24			1	1
定西市	Dingxi	119	39	119	39				
陇南市	Longnan	89	12	89	12				
青海省	**Qinghai**	**351**	**176**	**336**	**165**	**4**	**2**	**11**	**9**
西宁市	Xining	246	154	232	143	3	2	11	9
海东市	Haidong	105	22	104	22	1			
宁夏回族自治区	**Ningxia**	**1195**	**491**	**1151**	**463**	**14**	**8**	**30**	**20**
银川市	Yinchuan	449	134	420	113	11	6	18	15
石嘴山市	Shizuishan	256	144	244	138	2	1	10	5
吴忠市	Wuzhong	320	123	319	122	1	1		
固原市	Guyuan	46	21	46	21				
中卫市	Zhongwei	124	69	122	69			2	
新疆维吾尔自治区	**Xinjiang**	**471**	**468**	**452**	**449**	**7**	**7**	**12**	**12**
乌鲁木齐市	Urumqi	391	388	374	371	6	6	11	11
克拉玛依市	Karamay	80	80	78	78	1	1	1	1

2-19 规模以上工业总产值(全市)

Gross Industrial Output Value above Designated Size(Total City)

单位: 万元 (10 000 yuan)

城　市	City	工业总产值(当年价格) Gross Industrial Output Value (current price)	内资企业 Domestic Funded	港、澳、台商投资企业 Enterprises with Funds from Hong Kong, Macao and Taiwan	外商投资企业 Foreign Funded Enterprises
城市合计	**Prefecture Cities**	**10988044433**	**8444092061**	**963233458**	**1580718914**
北京市	**Beijing**	**184528984**	**112021231**	**18105818**	**54401935**
天津市	**Tianjin**	**280350275**	**172275359**	**31358181**	**76716735**
河北省	**Hebei**	**476698165**	**424229715**	**20918771**	**31549679**
石家庄市	Shijiazhuang	90224126	84446162	3480654	2297310
唐山市	Tangshan	103374648	89448415	4842444	9083789
秦皇岛市	Qinhuangdao	15584853	9686294	2234440	3664119
邯郸市	Handan	51937435	46798170	3056551	2082714
邢台市	Xingtai	27203561	23026812	1822693	2354056
保定市	Baoding	45785466	41827698	1513566	2444202
张家口市	Zhangjiakou	14019052	12746371	173371	1099310
承德市	Chengde	17955130	17713256	148849	93025
沧州市	Cangzhou	56804836	51543692	1670147	3590997
廊坊市	Langfang	36412710	30814494	1479742	4118474
衡水市	Hengshui	17396348	16178351	496314	721683
山西省	**Shanxi**	**151539705**	**138493296**	**7520435**	**5525974**
太原市	Taiyuan	24310043	18624871	4083799	1601373
大同市	Datong	10810774	10058572	36639	715563
阳泉市	Yangquan	6568790	6390228	66902	111660
长治市	Changzhi	18784595	17924176	72895	787524
晋城市	Jincheng	9252056	7193974	1198042	860040
朔州市	Shuozhou	11592713	11247191	105221	240301
晋中市	Jinzhong	12538596	11650895	484897	402804
运城市	Yuncheng	16293259	15951975	89179	252105
忻州市	Xinzhou	7628243	7615751		12492
临汾市	Linfen	16945250	16501455	377547	66248
吕梁市	Lvliang	16815386	15334208	1005314	475864
内蒙古自治区	**Inner Mongolia**	**178698217**	**166613668**	**2726001**	**9358548**
呼和浩特市	Hohhot	16426371	13134339	1079263	2212769
包头市	Baotou	33205186	31748135	239552	1217499
乌海市	Wuhai	7398107	7353164	2114	42829
赤峰市	Chifeng	20569413	20008219	156295	404899
通辽市	Tongliao	24790693	22956356	248327	1586010
鄂尔多斯市	Erdos	43757272	40685485	217574	2854213
呼伦贝尔市	Hulunbuir	12956536	12247251	279994	429291
巴彦淖尔市	Bayannur	9482171	8583006	470435	428730
乌兰察布市	Ulanqab	10112468	9897713	32447	182308
辽宁省	**Liaoning**	**491315108**	**402085565**	**21602964**	**67626579**
沈阳市	Shenyang	137591451	105137335	4485285	27968831
大连市	Dalian	106519903	72759379	6693485	27067039
鞍山市	Anshan	35996721	34388932	522477	1085312
抚顺市	Fushun	27948364	26718227	490809	739328
本溪市	Benxi	24306959	20836564	3180435	289960
丹东市	Dandong	13149134	11380984	292324	1475826
锦州市	Jinzhou	28981941	25763135	1437464	1781342
营口市	Yingkou	27826343	22533333	1314608	3978402

2-19 续表 1 continued

单位：万元 (10 000 yuan)

城　市	City	工业总产值（当年价格） Gross Industrial Output Value (current price)	内资企业 Domestic Funded	港、澳、台商投资企业 Enterprises with Funds from Hong Kong, Macao and Taiwan	外商投资企业 Foreign Funded Enterprises
阜新市	Fuxin	8745600	8065086	236413	444101
辽阳市	Liaoyang	18932002	16215108	1911533	805361
盘锦市	Panjin	29203728	27484636	490240	1228852
铁岭市	Tieling	9143713	8395218	376611	371884
朝阳市	Chaoyang	12613990	12334844	152416	126730
葫芦岛市	Huludao	10355259	10072784	18864	263611
吉林省	**Jilin**	**222429649**	**197673233**	**8238094**	**16518322**
长春市	Changchun	97566386	80329945	5626659	11609782
吉林市	Jilin	31602551	29663821	893437	1045293
四平市	Siping	20432280	19154939	707993	569348
辽源市	Liaoyuan	13247607	12821054	230936	195617
通化市	Tonghua	19156226	17451705	297709	1406812
白山市	Baishan	13198727	12323610	398679	476438
松原市	Songyuan	20933206	20601161	21745	310300
白城市	Baicheng	6292666	5326998	60936	904732
黑龙江省	**Heilongjiang**	**128333334**	**116103421**	**3170019**	**9059894**
哈尔滨市	Harbin	36500529	30523722	904724	5072083
齐齐哈尔市	Qiqihar	9872508	8448485	327345	1096678
鸡西市	Jixi	2504468	2364386	102700	37382
鹤岗市	Hegang	1895990	1873120	10772	12098
双鸭山市	Shuangyashan	2962367	2873044	89323	
大庆市	Daqing	45062411	42176521	1374937	1510953
伊春市	Yichun	1285376	1213167	14864	57345
佳木斯市	Jiamusi	6610636	6222497	6380	381759
七台河市	Qitaihe	1882100	1879000		3100
牡丹江市	Mudanjiang	9748289	9019429	236264	492596
黑河市	Heihe	1302803	1292543	4890	5370
绥化市	Suihua	8705857	8217507	97820	390530
上海市	**Shanghai**	**322371864**	**122687679**	**48540662**	**151143523**
江苏省	**Jiangsu**	**1403726800**	**899869900**	**158588700**	**345268200**
南京市	Nanjing	131996700	76475900	8388700	47132100
无锡市	Wuxi	144256600	92607400	17643300	34005900
徐州市	Xuzhou	113906400	103007700	6376900	4521800
常州市	Changzhou	110374600	75754300	15035100	19585200
苏州市	Suzhou	303221700	111422200	49024700	142774800
南通市	Nantong	124997000	82339400	15631100	27026500
连云港市	Lianyungang	48650000	37798600	2075700	8775700
淮安市	Huai'an	56437700	42709600	10799300	2928800
盐城市	Yancheng	72380200	53564400	3550400	15265400
扬州市	Yangzhou	88409900	65643500	9801900	12964500
镇江市	Zhenjiang	80844700	54617800	12004700	14222200
泰州市	Taizhou	94563600	73167600	6352200	15043800
宿迁市	Suqian	33687700	30761500	1904700	1021500
浙江省	**Zhejiang**	**666856286**	**506919948**	**78536307**	**81400031**
杭州市	Hangzhou	128530518	89637166	14368148	24525204
宁波市	Ningbo	140280501	89452568	30705908	20122025

2-19 续表 2 continued

单位：万元 (10 000 yuan)

城 市	City	工业总产值（当年价格）Gross Industrial Output Value (current price)	内资企业 Domestic Funded	港、澳、台商投资企业 Enterprises with Funds from Hong Kong, Macao and Taiwan	外商投资企业 Foreign Funded Enterprises
温州市	Wenzhou	48440187	44455028	1332253	2652906
嘉兴市	Jiaxing	74637540	51052256	8938494	14646790
湖州市	Huzhou	42013960	32221513	5199902	4592545
绍兴市	Shaoxing	97353042	77026463	12960163	7366416
金华市	Jinhua	45858726	41637051	2543908	1677767
衢州市	Quzhou	15846638	14640041	290123	916474
舟山市	Zhoushan	14977609	13648901	109354	1219354
台州市	Taizhou	40525239	35344587	1736385	3444267
丽水市	Lishui	18392326	17804374	351669	236283
安徽省	**Anhui**	**372790607**	**323532517**	**22216003**	**27042087**
合肥市	Hefei	84478356	63682537	9711094	11084725
芜湖市	Wuhu	54541590	44781949	2261956	7497685
蚌埠市	Bengbu	22155370	20720260	1123346	311764
淮南市	Huainan	9539209	8934945	535652	68612
马鞍山市	Maanshan	25602135	23019870	574701	2007564
淮北市	Huaibei	18164522	17322605	474581	367336
铜陵市	Tongling	19117598	14753494	3857832	506272
安庆市	Anqing	30114562	28962604	705398	446560
黄山市	Huangshan	5654499	5538746	70469	45284
滁州市	Chuzhou	22792259	19988843	1219706	1583710
阜阳市	Fuyang	16817062	16157691	448249	211122
宿州市	Suzhou	14245712	13332090	689750	223872
六安市	Lu'an	17510224	15594299	202149	1713776
亳州市	Bozhou	8444142	8400155		43987
池州市	Chizhou	6558186	6265012	107194	185980
宣城市	Xuancheng	17055181	16077417	233926	743838
福建省	**Fujian**	**384053245**	**236059911**	**83190092**	**64803242**
福州市	Fuzhou	74952563	43544659	16588369	14819535
厦门市	Xiamen	48949307	13579993	13539011	21830303
莆田市	Putian	23150127	16385908	3993019	2771200
三明市	Sanming	30166416	28678511	994288	493617
泉州市	Quanzhou	106994303	55792568	32649006	18552729
漳州市	Zhangzhou	40421381	23941536	12868962	3610883
南平市	Nanping	15376113	13852617	486599	1036897
龙岩市	Longyan	16823144	14158062	1416452	1248630
宁德市	Ningde	27219891	26126057	654386	439448
江西省	**Jiangxi**	**290603653**	**247820270**	**23295901**	**19487482**
南昌市	Nanchang	50749558	40870194	3503357	6376007
景德镇市	Jingdezhen	10835305	10270321	211038	353946
萍乡市	Pingxiang	16422110	15796737	400508	224865
九江市	Jiujiang	45601572	39200778	4413102	1987692
新余市	Xinyu	15963200	12348100	826200	2788900
鹰潭市	Yingtan	20739230	20401003	72137	266090
赣州市	Ganzhou	29983797	22762314	4236241	2985242
吉安市	Ji'an	27747405	22882087	2394167	2471151
宜春市	Yichun	31802999	28252680	2084398	1465921
抚州市	Fuzhou	14641030	13756710	685348	198972
上饶市	Shangrao	26117447	21279346	4469405	368696

2-19 续表 3 continued

单位：万元 (10 000 yuan)

城　市	City	工业总产值（当年价格） Gross Industrial Output Value (current price)	内资企业 Domestic Funded	港、澳、台商投资企业 Enterprises with Funds from Hong Kong, Macao and Taiwan	外商投资企业 Foreign Funded Enterprises
山东省	**Shandong**	**1412717422**	**1217358379**	**42173557**	**153185486**
济南市	Jinan	52498529	47732530	1258730	3507269
青岛市	Qingdao	167613801	121745856	9259762	36608183
淄博市	Zibo	114822312	101135757	2993847	10692708
枣庄市	Zaozhuang	34403908	32098223	874506	1431179
东营市	Dongying	135847729	126675572	4312663	4859494
烟台市	Yantai	146179233	95414933	7433249	43331051
潍坊市	Weifang	125170424	113475400	5616344	6078680
济宁市	Jining	53543389	47642099	882466	5018824
泰安市	Tai'an	64762743	62373501	400291	1988951
威海市	Weihai	65024932	46269626	1385653	17369653
日照市	Rizhao	25801989	20286267	283792	5231930
莱芜市	Laiwu	16835767	16502215	93964	239588
临沂市	Linyi	100359190	88993091	3044916	8321183
德州市	Dezhou	87915841	83297582	548407	4069852
聊城市	Liaocheng	86636309	84476993	773048	1386268
滨州市	Binzhou	71865170	69663023	743408	1458739
菏泽市	Heze	63436156	59575711	2268511	1591934
河南省	**Henan**	**665128698**	**609861224**	**35560836**	**19706638**
郑州市	Zhengzhou	123747017	94637863	23697332	5411822
开封市	Kaifeng	20460554	19929633	211378	319543
洛阳市	Luoyang	63737694	61539342	868036	1330316
平顶山市	Pingdingshan	25461450	24387673	651881	421896
安阳市	Anyang	35246500	34790108	225811	230581
鹤壁市	Hebi	17726354	17119824	376202	230328
新乡市	Xinxiang	40051784	36895965	608448	2547371
焦作市	Jiaozuo	47444097	45661994	643176	1138927
濮阳市	Puyang	30693256	29463745	719986	509525
许昌市	Xuchang	52174808	50170329	256110	1748369
漯河市	Luohe	24932254	19973061	3254641	1704552
三门峡市	Sanmenxia	34424779	32079486	1175291	1170002
南阳市	Nanyang	40070782	38367950	973775	729057
商丘市	Shangqiu	26633397	26033928	509471	89998
信阳市	Xinyang	22280826	21462640	606972	211214
周口市	Zhoukou	35067521	33562987	351853	1152681
驻马店市	Zhumadian	24975625	23784696	430473	760456
湖北省	**Hubei**	**397063490**	**332524293**	**19222709**	**45316488**
武汉市	Wuhan	119478700	83788400	7095800	28594500
黄石市	Huangshi	21906100	17343700	2607600	1954800
十堰市	Shiyan	18710709	13220162	78536	5412011
宜昌市	Yichang	49704083	45942996	2895989	865098
襄阳市	Xiangyang	51204000	46002000	1382000	3820000
鄂州市	Ezhou	13623795	12540985	584616	498194

2-19 续表 4 continued

单位：万元 (10 000 yuan)

城 市	City	工业总产值（当年价格）Gross Industrial Output Value (current price)	内资企业 Domestic Funded	港、澳、台商投资企业 Enterprises with Funds from Hong Kong, Macao and Taiwan	外商投资企业 Foreign Funded Enterprises
荆门市	Jingmen	29251251	27655851	646179	949221
孝感市	Xiaogan	24387097	22378922	1023245	984930
荆州市	Jingzhou	21835020	20323142	741404	770474
黄冈市	Huanggang	17574600	16357900	772900	443800
咸宁市	Xianning	17013400	15371500	942600	699300
随州市	Suizhou	12374735	11598735	451840	324160
湖南省	**Hunan**	**350152092**	**324301681**	**13377896**	**12472515**
长沙市	Changsha	95447616	85588855	4552198	5306563
株洲市	Zhuzhou	30096384	28440735	721959	933690
湘潭市	Xiangtan	28331365	25963114	834439	1533812
衡阳市	Hengyang	23439642	21237279	646760	1555603
邵阳市	Shaoyang	17037900	16346164	295185	396551
岳阳市	Yueyang	47952196	46224371	623644	1104181
常德市	Changde	23102678	21361969	1367843	372866
张家界市	Zhangjiajie	1336428	1261836		74592
益阳市	Yiyang	18394460	17340350	758927	295183
郴州市	Chenzhou	30984615	28574724	2195574	214317
永州市	Yongzhou	8339600	7527100	634500	178000
怀化市	Huaihua	8564135	8121311	69267	373557
娄底市	Loudi	17125073	16313873	677600	133600
广东省	**Guangdong**	**1198867059**	**650797736**	**263101808**	**284967515**
广州市	Guangzhou	181935543	71728012	32252048	77955483
韶关市	Shaoguan	12867004	10761712	1493690	611602
深圳市	Shenzhen	247775911	127044006	57216233	63515672
珠海市	Zhuhai	37022580	16141159	8189922	12691499
汕头市	Shantou	27716777	22374538	2501823	2840416
佛山市	Foshan	187966473	128953258	34056136	24957079
江门市	Jiangmen	36254924	17907738	13223576	5123610
湛江市	Zhanjiang	22573335	14855913	6816299	901123
茂名市	Maoming	24018489	23050946	668281	299262
肇庆市	Zhaoqing	38635012	24561167	8291909	5781936
惠州市	Huizhou	69013471	25146307	18893185	24973979
梅州市	Meizhou	6510310	5253854	795702	460754
汕尾市	Shanwei	10951481	6922601	3139110	889770
河源市	Heyuan	14023038	9109988	3216770	1696280
阳江市	Yangjiang	18619427	13978999	2307909	2332519
清远市	Qingyuan	16697585	10911658	4603699	1182228
东莞市	Dongguan	121337147	44099172	41905530	35332445
中山市	Zhongshan	60320925	25772450	14431175	20117300
潮州市	Chaozhou	12219874	9562519	1730359	926996
揭阳市	Jieyang	42687530	35454943	5247193	1985394
云浮市	Yunfu	9720223	7206796	2121259	392168
广西壮族自治区	**Guangxi**	**204697120**	**168835046**	**14080294**	**21781780**
南宁市	Nanning	28566304	22787342	3731908	2047054
柳州市	Liuzhou	43239443	33566875	405304	9267264

2-19 续表 5 continued

单位：万元 (10 000 yuan)

城市	City	工业总产值(当年价格) Gross Industrial Output Value (current price)	内资企业 Domestic Funded	港、澳、台商投资企业 Enterprises with Funds from Hong Kong, Macao and Taiwan	外商投资企业 Foreign Funded Enterprises
桂林市	Guilin	21255615	19520203	257217	1478195
梧州市	Wuzhou	19248538	17204184	1331229	713125
北海市	Beihai	15955100	12134800	3164100	656200
防城港市	Fangchenggang	11410845	8440488	515902	2454455
钦州市	Qinzhou	12834867	11013934	991023	829910
贵港市	Guigang	7986651	6688137	821268	477246
玉林市	Yulin	14299752	11256599	1163658	1879495
百色市	Baise	11152967	10554826	598141	
贺州市	Hezhou	3833689	3235187	546347	52155
河池市	Hechi	3831087	3633311	59148	138628
来宾市	Laibin	5204661	4482147	364078	358436
崇左市	Chongzuo	5877601	4317013	130971	1429617
海南省	**Hainan**	**5536878**	**4469974**	**267307**	**799597**
海口市	Haikou	4929392	3902465	267307	759620
三亚市	Sanya	607486	567509		39977
三沙市	Sansa				
重庆市	**Chongqing**	**187823331**	**137490626**	**16728918**	**33603787**
四川省	**Sichuan**	**496430681**	**441373007**	**22986309**	**32071365**
成都市	Chengdu	103806294	60147244	18686280	24972770
自贡市	Zigong	16180730	15705835	210	474685
攀枝花市	Panzhihua	153678749	151710114	173698	1794937
泸州市	Luzhou	15779539	15506373	103028	170138
德阳市	Deyang	29198263	26705800	1460996	1031467
绵阳市	Mianyang	21902909	20851271	401801	649837
广元市	Guangyuan	6875486	6455241	45886	374359
遂宁市	Suining	12976623	12292628	249730	434265
内江市	Neijiang	16544858	15888460	225482	430916
乐山市	Leshan	16837645	16341951	292212	203482
南充市	Nanchong	19359608	18974838	212603	172167
眉山市	Meishan	12259995	11302717	256489	700789
宜宾市	Yibin	18236404	17780532	355410	100462
广安市	Guang'an	12911573	12685234	166319	60020
达州市	Dazhou	10657170	10545504	111666	
雅安市	Ya'an	4484400	4293200	167500	23700
巴中市	Bazhong	4688425	4656577	18710	13138
资阳市	Ziyang	20052010	19529488	58289	464233
贵州省	**Guizhou**	**69816833**	**67781862**	**765444**	**1269527**
贵阳市	Guiyang	22291542	20859327	437522	994693
六盘水市	Liupanshui	14376566	14313506		63060
遵义市	Zunyi	17026081	16734510	79797	211774
安顺市	Anshun	4713200	4520400	192800	
毕节市	Bijie	6636200	6615800	20400	
铜仁市	Tongren	4773244	4738319	34925	

2-19 续表 6 continued

单位：万元 (10 000 yuan)

城市	City	工业总产值（当年价格） Gross Industrial Output Value (current price)	内资企业 Domestic Funded	港、澳、台商投资企业 Enterprises with Funds from Hong Kong, Macao and Taiwan	外商投资企业 Foreign Funded Enterprises
云南省	**Yunnan**	**67440115**	**64439363**	**1648007**	**1352745**
昆明市	Kunming	25463067	23711427	910775	840865
曲靖市	Qujing	15851066	15432014	355041	64011
玉溪市	Yuxi	13409963	13008537	157988	243438
保山市	Baoshan	3180738	3044738	83148	52852
昭通市	Zhaotong	3641388	3566928	74460	
丽江市	Lijiang	1282768	1243799	2632	36337
普洱市	Pu'er	2176105	2042631	63963	69511
临沧市	Lincang	2435020	2389289		45731
西藏自治区	**Tibet**	**851604**	**800967**		**50637**
拉萨市	Lasa	851604	800967		50637
陕西省	**Shaanxi**	**200425234**	**186322661**	**2448718**	**11653855**
西安市	Xi'an	49611218	40979349	882458	7749411
铜川市	Tongchuan	5589129	5357281		231848
宝鸡市	Baoji	22749700	21138900	546000	1064800
咸阳市	Xianyang	30020533	27584551	632223	1803759
渭南市	Weinan	19593220	19158361	23389	411470
延安市	Yan'an	15334774	15324079		10695
汉中市	Hanzhong	10038322	9857637	97812	82873
榆林市	Yulin	33984800	33733000	35000	216800
安康市	Ankang	7450938	7366503	2236	82199
商洛市	Shangluo	6052600	5823000	229600	
甘肃省	**Gansu**	**81096507**	**79326593**	**664576**	**1105338**
兰州市	Lanzhou	25552600	24329300	557000	666300
嘉峪关市	Jiayuguan	9290693	9290693		
金昌市	Jinchang	8151119	8151119		
白银市	Baiyin	7088143	6858593	34052	195498
天水市	Tianshui	3342674	3265568		77106
武威市	Wuwei	5005721	4960911	44810	
张掖市	Zhangye	2806962	2724005		82957
平凉市	Pingliang	2534914	2534914		
酒泉市	Jiuquan	6995438	6896101	28708	70629
庆阳市	Qingyang	7486017	7473169		12848
定西市	Dingxi	1425920	1425920		
陇南市	Longnan	1416306	1416300	6	
青海省	**Qinghai**	**16766275**	**16020158**	**404939**	**341178**
西宁市	Xining	13322699	12886105	95416	341178
海东市	Haidong	3443576	3134053	309523	
宁夏回族自治区	**Ningxia**	**36405037**	**33925748**	**1630582**	**848707**
银川市	Yinchuan	18203451	16124387	1464254	614810
石嘴山市	Shizuishan	8035278	7863012	26013	146253
吴忠市	Wuzhong	5886895	5746580	140315	
固原市	Guyuan	491716	491716		
中卫市	Zhongwei	3787697	3700053		87644
新疆维吾尔自治区	**Xinjiang**	**42530165**	**42077030**	**163610**	**289525**
乌鲁木齐市	Urumqi	25521885	25086585	157013	278287
克拉玛依市	Karamay	17008280	16990445	6597	11238

2-20 规模以上工业总产值(市辖区)

Gross Industrial Output Value above Designated Size(Districts under City)

单位：万元 (10 000 yuan)

城　市	City	工业总产值(当年价格) Gross Industrial Output Value (current price)	内资企业 Domestic Funded	港、澳、台商投资企业 Enterprises with Funds from Hong Kong, Macao and Taiwan	外商投资企业 Foreign Funded Enterprises
城市合计	**Prefecture Cities**	**6098237344**	**4188298553**	**672963030**	**1236975761**
北京市	**Beijing**	**180746159**	**109743363**	**17567311**	**53435485**
天津市	**Tianjin**	**253729599**	**147946417**	**30187068**	**75596114**
河北省	**Hebei**	**178027182**	**152817661**	**10857339**	**14352182**
石家庄市	Shijiazhuang	38463236	34590830	2270785	1601621
唐山市	Tangshan	57671908	53032068	3264473	1375367
秦皇岛市	Qinhuangdao	9613101	4657781	2223178	2732142
邯郸市	Handan	14889611	13210175	224974	1454462
邢台市	Xingtai	5046260	4190408	775621	80231
保定市	Baoding	13547835	12005976	248845	1293014
张家口市	Zhangjiakou	7304921	7047512	4580	252829
承德市	Chengde	5554103	5513887		40216
沧州市	Cangzhou	13739448	10772094	480942	2486412
廊坊市	Langfang	6775873	2895834	984906	2895133
衡水市	Hengshui	5420886	4901096	379035	140755
山西省	**Shanxi**	**56199394**	**48020077**	**5376975**	**2802342**
太原市	Taiyuan	21501582	15990968	4083799	1426815
大同市	Datong	9628240	8916648		711592
阳泉市	Yangquan	3817893	3673289	66901	77703
长治市	Changzhi	4946091	4890359	32533	23199
晋城市	Jincheng	3468227	2416623	911611	139993
朔州市	Shuozhou	6527707	6226661	105221	195825
晋中市	Jinzhong	2051736	1756540	129878	165318
运城市	Yuncheng	1235554	1206436		29118
忻州市	Xinzhou	934094	934094		
临汾市	Linfen	1589545	1509734	47032	32779
吕梁市	Lvliang	498725	498725		
内蒙古自治区	**Inner Mongolia**	**64342972**	**60264821**	**946440**	**3131711**
呼和浩特市	Hohhot	5953380	5678903	197425	77052
包头市	Baotou	24189341	22811847	196533	1180961
乌海市	Wuhai	7398107	7353164	2114	42829
赤峰市	Chifeng	7998007	7507475	98500	392032
通辽市	Tongliao	8469488	7891996	102210	475282
鄂尔多斯市	Erdos	4125375	3364119	3396	757860
呼伦贝尔市	Hulunbuir	1987052	1888981	3771	94300
巴彦淖尔市	Bayannur	2996435	2573127	333260	90048
乌兰察布市	Ulanqab	1225787	1195209	9231	21347
辽宁省	**Liaoning**	**274055598**	**200337158**	**17836554**	**55881886**
沈阳市	Shenyang	95729137	64011913	4293901	27423323
大连市	Dalian	58490514	31427725	5417452	21645337
鞍山市	Anshan	12433961	11987351	211604	235006
抚顺市	Fushun	18152825	17105041	387708	660076
本溪市	Benxi	19569712	16441780	3111635	16297
丹东市	Dandong	1685504	1328686	88985	267833
锦州市	Jinzhou	10452145	7828055	1310765	1313325
营口市	Yingkou	17491064	14119413	849263	2522388

2-20 续表 1 continued

单位：万元 (10 000 yuan)

城　市	City	工业总产值(当年价格) Gross Industrial Output Value (current price)	内资企业 Domestic Funded	港、澳、台商投资企业 Enterprises with Funds from Hong Kong, Macao and Taiwan	外商投资企业 Foreign Funded Enterprises
阜新市	Fuxin	6118674	5585216	127707	405751
辽阳市	Liaoyang	8317174	6033479	1612007	671688
盘锦市	Panjin	16637458	15969432	98526	569500
铁岭市	Tieling	1582222	1200291	309768	72163
朝阳市	Chaoyang	2822834	2803090	17233	2511
葫芦岛市	Huludao	4572374	4495686		76688
吉林省	**Jilin**	**151010779**	**131375559**	**6448875**	**13186345**
长春市	Changchun	90995827	74714649	5073198	11207980
吉林市	Jilin	20076592	18891763	739653	445176
四平市	Siping	7687162	7214934	193891	278337
辽源市	Liaoyuan	8453578	8046235	211725	195618
通化市	Tonghua	9121182	8979990	114744	26448
白山市	Baishan	5983793	5764574	96453	122766
松原市	Songyuan	6760642	6471547	13297	275798
白城市	Baicheng	1932003	1291867	5914	634222
黑龙江省	**Heilongjiang**	**76039821**	**69684582**	**1050919**	**5304320**
哈尔滨市	Harbin	20627859	16506344	734098	3387417
齐齐哈尔市	Qiqihar	5417645	5101853	78000	237792
鸡西市	Jixi	1482702	1435482	47220	
鹤岗市	Hegang	1242365	1234835		7530
双鸭山市	Shuangyashan	1682345	1641659	40686	
大庆市	Daqing	37987008	36977455	54863	954690
伊春市	Yichun	1002665	952732		49933
佳木斯市	Jiamusi	2475520	2116639	6380	352501
七台河市	Qitaihe	1586300	1583200		3100
牡丹江市	Mudanjiang	1568257	1182806	77068	308383
黑河市	Heihe	401183	396862	1347	2974
绥化市	Suihua	565972	554715	11257	
上海市	**Shanghai**	**319187915**	**119825718**	**48298344**	**151063853**
江苏省	**Jiangsu**	**726498227**	**420470032**	**83567114**	**222461081**
南京市	Nanjing	131996700	76475900	8388700	47132100
无锡市	Wuxi	59841319	26516379	7145477	26179463
徐州市	Xuzhou	52876893	45941338	4089524	2846031
常州市	Changzhou	84844291	56313138	10646332	17884821
苏州市	Suzhou	118560214	32943071	22554767	63062376
南通市	Nantong	42042108	22615238	3876182	15550688
连云港市	Lianyungang	29332315	19990743	1251892	8089680
淮安市	Huai'an	33861723	22256093	9239396	2366234
盐城市	Yancheng	25614700	12686398	931442	11996860
扬州市	Yangzhou	61543553	44250669	7780616	9512268
镇江市	Zhenjiang	32053276	17746240	4263862	10043174
泰州市	Taizhou	42549294	33200811	2076351	7272132
宿迁市	Suqian	11381841	9534014	1322573	525254
浙江省	**Zhejiang**	**360813131**	**255820190**	**52488495**	**52504446**
杭州市	Hangzhou	110230328	73355861	13225794	23648673
宁波市	Ningbo	91816608	53406237	23795387	14614984

2-20 续表 2 continued

单位：万元 (10 000 yuan)

城市	City	工业总产值（当年价格） Gross Industrial Output Value (current price)	内资企业 Domestic Funded	港、澳、台商投资企业 Enterprises with Funds from Hong Kong, Macao and Taiwan	外商投资企业 Foreign Funded Enterprises
温州市	Wenzhou	16992341	15527588	477746	987007
嘉兴市	Jiaxing	17335563	11464468	1667179	4203916
湖州市	Huzhou	15528915	12467683	1479495	1581737
绍兴市	Shaoxing	64135779	49399124	9858991	4877664
金华市	Jinhua	6891081	5463156	1038926	388999
衢州市	Quzhou	7361167	6605739	170028	585400
舟山市	Zhoushan	11779046	11283337	103737	391972
台州市	Taizhou	14770257	12942320	647514	1180423
丽水市	Lishui	3972046	3904677	23698	43671
安徽省	**Anhui**	**193202681**	**155905056**	**16780573**	**20517052**
合肥市	Hefei	51323109	35185696	6642288	9495125
芜湖市	Wuhu	32189864	23290884	1987381	6911599
蚌埠市	Bengbu	12360352	11275334	899680	185338
淮南市	Huainan	8499892	7903093	531040	65759
马鞍山市	Maanshan	14402877	12775292	460395	1167190
淮北市	Huaibei	13421135	13052937	126231	241967
铜陵市	Tongling	16101838	11803687	3850469	447682
安庆市	Anqing	8234614	7892141	46839	295634
黄山市	Huangshan	2509470	2425147	51100	33223
滁州市	Chuzhou	6989500	4698991	1057609	1232900
阜阳市	Fuyang	5378932	5039877	290897	48158
宿州市	Suzhou	5697710	5046121	609518	42071
六安市	Lu'an	5861178	5657088	118875	85215
亳州市	Bozhou	3669121	3631877		37244
池州市	Chizhou	3427989	3297281	80728	49980
宣城市	Xuancheng	3135100	2929610	27523	177967
福建省	**Fujian**	**146674210**	**70015033**	**34759096**	**41900081**
福州市	Fuzhou	23829694	12539011	4733138	6557545
厦门市	Xiamen	48949307	13579993	13539011	21830303
莆田市	Putian	19228842	12754732	3802489	2671621
三明市	Sanming	6510909	6318649	177235	15025
泉州市	Quanzhou	25665705	8391684	8206677	9067344
漳州市	Zhangzhou	7903819	3945478	3413263	545078
南平市	Nanping	3119544	2765179	16910	337455
龙岩市	Longyan	7387724	6209741	472739	705244
宁德市	Ningde	4078666	3510566	397634	170466
江西省	**Jiangxi**	**102389868**	**83619141**	**6732883**	**12037844**
南昌市	Nanchang	32119575	24034072	2517522	5567981
景德镇市	Jingdezhen	5141245	4928406	33563	179276
萍乡市	Pingxiang	10444694	9891234	348144	205316
九江市	Jiujiang	12170275	9979194	1267773	923308
新余市	Xinyu	12945978	9530514	826200	2589264
鹰潭市	Yingtan	5047189	4958821	43283	45085
赣州市	Ganzhou	11466471	8393279	1214573	1858619
吉安市	Ji'an	4125668	3503870	85293	536505
宜春市	Yichun	2869904	2704780	122247	42877
抚州市	Fuzhou	5185206	4891888	219127	74191
上饶市	Shangrao	873663	803083	55158	15422

2-20 续表 3 continued

单位：万元 (10 000 yuan)

城 市	City	工业总产值(当年价格) Gross Industrial Output Value (current price)	内资企业 Domestic Funded	港、澳、台商投资企业 Enterprises with Funds from Hong Kong, Macao and Taiwan	外商投资企业 Foreign Funded Enterprises
山东省	**Shandong**	**578505923**	**458458686**	**22672503**	**97374734**
济南市	Jinan	30281119	27936049	581305	1763765
青岛市	Qingdao	89367133	65782758	4529063	19055312
淄博市	Zibo	89681894	81840637	2203484	5637773
枣庄市	Zaozhuang	20699947	19089881	604240	1005826
东营市	Dongying	55974622	47755865	4227957	3990800
烟台市	Yantai	58691469	19528345	3651159	35511965
潍坊市	Weifang	25773590	22219837	1566033	1987720
济宁市	Jining	27261897	22342062	510632	4409203
泰安市	Tai'an	11104082	10017562	81162	1005358
威海市	Weihai	32019218	23346241	863209	7809768
日照市	Rizhao	16183943	11069502	192651	4921790
莱芜市	Laiwu	16835767	16502215	93964	239588
临沂市	Linyi	45222803	36953310	1697010	6572483
德州市	Dezhou	21282423	19391709	261492	1629222
聊城市	Liaocheng	10790177	10238963	45991	505223
滨州市	Binzhou	13571142	12657514	352965	560663
菏泽市	Heze	13764697	11786236	1210186	768275
河南省	**Henan**	**184763340**	**146438433**	**28331664**	**9993243**
郑州市	Zhengzhou	48354045	22783281	23247401	2323363
开封市	Kaifeng	4711411	4397959	102894	210558
洛阳市	Luoyang	23995140	23126255	103923	764962
平顶山市	Pingdingshan	8731411	8115221	420374	195816
安阳市	Anyang	8726695	8435211	159916	131568
鹤壁市	Hebi	7565443	7185212	149903	230328
新乡市	Xinxiang	12239328	9964087	457338	1817903
焦作市	Jiaozuo	9106257	8744958	215607	145692
濮阳市	Puyang	7043315	6977399	5258	60658
许昌市	Xuchang	6801932	6498284	55318	248330
漯河市	Luohe	14065661	10270503	2219698	1575460
三门峡市	Sanmenxia	4489674	4362481	120342	6851
南阳市	Nanyang	8849042	7905911	362681	580450
商丘市	Shangqiu	5110839	4979463	43619	87757
信阳市	Xinyang	7613210	7028469	405652	179089
周口市	Zhoukou	3068117	2261772	105679	700666
驻马店市	Zhumadian	4291820	3401967	156061	733792
湖北省	**Hubei**	**207778977**	**154056586**	**12336624**	**41385767**
武汉市	Wuhan	96361900	63854300	5493600	27014000
黄石市	Huangshi	11355300	7045600	2406700	1903000
十堰市	Shiyan	12606107	7177590	44146	5384371
宜昌市	Yichang	18966602	16991679	1301750	673173
襄阳市	Xiangyang	23457000	19122000	653000	3682000
鄂州市	Ezhou	13623795	12540985	584616	498194

2-20 续表 4 continued

单位：万元 (10 000 yuan)

城市	City	工业总产值（当年价格） Gross Industrial Output Value (current price)	内资企业 Domestic Funded	港、澳、台商投资企业 Enterprises with Funds from Hong Kong, Macao and Taiwan	外商投资企业 Foreign Funded Enterprises
荆门市	Jingmen	9469964	8773231	441801	254932
孝感市	Xiaogan	2623589	1959040	89560	574989
荆州市	Jingzhou	8300304	7013845	597451	689008
黄冈市	Huanggang	1431200	1123900	280900	26400
咸宁市	Xianning	4816800	4102000	226100	488700
随州市	Suizhou	4766416	4352416	217000	197000
湖南省	**Hunan**	**146382995**	**133881207**	**6331868**	**6169920**
长沙市	Changsha	43047449	40214386	1918576	914487
株洲市	Zhuzhou	14797107	13927153	282876	587078
湘潭市	Xiangtan	16777596	14558475	740485	1478636
衡阳市	Hengyang	9386652	7628552	238900	1519200
邵阳市	Shaoyang	4336259	3896285	143578	296396
岳阳市	Yueyang	17927351	16908453	360679	658219
常德市	Changde	11172637	10358596	573870	240171
张家界市	Zhangjiajie	423863	411564		12299
益阳市	Yiyang	9706086	8945184	563186	197716
郴州市	Chenzhou	8257152	7187939	993468	75745
永州市	Yongzhou	2988437	2789327	104650	94460
怀化市	Huaihua	831033	774320		56713
娄底市	Loudi	6731373	6280973	411600	38800
广东省	**Guangdong**	**1028128125**	**537205779**	**222856652**	**268065694**
广州市	Guangzhou	161314664	59534849	27266622	74513193
韶关市	Shaoguan	6779857	5747787	842686	189384
深圳市	Shenzhen	247775911	127044006	57216233	63515672
珠海市	Zhuhai	37022580	16141159	8189922	12691499
汕头市	Shantou	27691858	22368567	2494045	2829246
佛山市	Foshan	187966473	128953258	34056136	24957079
江门市	Jiangmen	21053439	10309653	8100497	2643289
湛江市	Zhanjiang	13263667	8638635	3929686	695346
茂名市	Maoming	18326811	18031925	64638	230248
肇庆市	Zhaoqing	6855218	4064639	2079653	710926
惠州市	Huizhou	52415435	16038427	12704414	23672594
梅州市	Meizhou	3358863	2637176	347259	374428
汕尾市	Shanwei	4321538	2479129	1716904	125505
河源市	Heyuan	7077931	3528656	2008230	1541045
阳江市	Yangjiang	7676900	5858542	248054	1570304
清远市	Qingyuan	11543675	8938795	1647573	957307
东莞市	Dongguan	121337147	44099172	41905530	35332445
中山市	Zhongshan	60320925	25772450	14431175	20117300
潮州市	Chaozhou	9616782	7569566	1542868	504348
揭阳市	Jieyang	20144489	17609771	1695329	839389
云浮市	Yunfu	2263962	1839617	369198	55147
广西壮族自治区	**Guangxi**	**122942760**	**95651896**	**9828836**	**17462028**
南宁市	Nanning	19989566	15312979	3469873	1206714
柳州市	Liuzhou	37474629	27861657	405304	9207668

2-20 续表 5 continued

单位：万元 (10 000 yuan)

城 市	City	工业总产值(当年价格) Gross Industrial Output Value (current price)	内资企业 Domestic Funded	港、澳、台商投资企业 Enterprises with Funds from Hong Kong, Macao and Taiwan	外商投资企业 Foreign Funded Enterprises
桂林市	Guilin	5063046	4610685	166664	285697
梧州市	Wuzhou	11274594	10023559	727356	523679
北海市	Beihai	14646600	11110300	3041500	494800
防城港市	Fangchenggang	9314961	6608986	277508	2428467
钦州市	Qinzhou	9389430	7793543	769990	825897
贵港市	Guigang	3366818	2704518	642520	19780
玉林市	Yulin	3146719	1634961	31990	1479768
百色市	Baise	2043145	1916057	127088	
贺州市	Hezhou	2299751	2241130	36120	22501
河池市	Hechi	962971	933744		29227
来宾市	Laibin	2454085	2159588	11195	283302
崇左市	Chongzuo	1516445	740189	121728	654528
海南省	**Hainan**	**5536878**	**4469974**	**267307**	**799597**
海口市	Haikou	4929392	3902465	267307	759620
三亚市	Sanya	607486	567509		39977
三沙市	Sansa				
重庆市	**Chongqing**	**166835865**	**116909273**	**16530446**	**33396146**
四川省	**Sichuan**	**297212997**	**254013019**	**17030553**	**26169425**
成都市	Chengdu	67591124	31352108	15296286	20942730
自贡市	Zigong	12127001	11652316		474685
攀枝花市	Panzhihua	123354996	121429832	130227	1794937
泸州市	Luzhou	10177997	9992573	55431	129993
德阳市	Deyang	7705712	7332692	212029	160991
绵阳市	Mianyang	13823226	12910450	316986	595790
广元市	Guangyuan	4057671	3698546		359125
遂宁市	Suining	5784937	5256301	243979	284657
内江市	Neijiang	4959836	4453624	210343	295869
乐山市	Leshan	8494565	8305622	64609	124334
南充市	Nanchong	8568922	8303565	133784	131573
眉山市	Meishan	4493707	4017072	44498	432137
宜宾市	Yibin	8665310	8531999	129542	3769
广安市	Guang'an	3844168	3723906	85403	34859
达州市	Dazhou	3355118	3335332	19786	
雅安市	Ya'an	1452900	1390900	62000	
巴中市	Bazhong	1452607	1445506	7101	
资阳市	Ziyang	7303200	6880675	18549	403976
贵州省	**Guizhou**	**25902656**	**24900711**	**336284**	**665661**
贵阳市	Guiyang	13011173	12091961	306810	612402
六盘水市	Liupanshui	4337916	4301172		36744
遵义市	Zunyi	4098654	4068902	13237	16515
安顺市	Anshun	2475300	2465200	10100	
毕节市	Bijie	1222300	1222300		
铜仁市	Tongren	757313	751176	6137	

2-20 续表 6 continued

单位：万元 (10 000 yuan)

城　市	City	工业总产值(当年价格) Gross Industrial Output Value (current price)	内资企业 Domestic Funded	港、澳、台商投资企业 Enterprises with Funds from Hong Kong, Macao and Taiwan	外商投资企业 Foreign Funded Enterprises
云南省	**Yunnan**	**38743602**	**36594791**	**1116195**	**1032616**
昆明市	Kunming	20696418	19175627	843590	677201
曲靖市	Qujing	6339754	6215643	68245	55866
玉溪市	Yuxi	8620200	8333206	112850	174144
保山市	Baoshan	1111068	1038671	41547	30850
昭通市	Zhaotong	1055251	1005288	49963	
丽江市	Lijiang	201665	201665		
普洱市	Pu'er	299126	233437		65689
临沧市	Lincang	420120	391254		28866
西藏自治区	**Tibet**	**373103**	**335968**		**37135**
拉萨市	Lasa	373103	335968		37135
陕西省	**Shaanxi**	**92681224**	**82840149**	**1662516**	**8178559**
西安市	Xi'an	38812087	31259922	876894	6675271
铜川市	Tongchuan	5284960	5053112		231848
宝鸡市	Baoji	11972500	10603100	357000	1012400
咸阳市	Xianyang	13285172	12700064	388812	196296
渭南市	Weinan	2574007	2514291		59716
延安市	Yan'an	13029855	13029855		
汉中市	Hanzhong	1640155	1634553	2574	3028
榆林市	Yulin	3396000	3361000	35000	
安康市	Ankang	1437688	1435452	2236	
商洛市	Shangluo	1248800	1248800		
甘肃省	**Gansu**	**53884894**	**52729371**	**281281**	**874242**
兰州市	Lanzhou	19100700	18333800	204600	562300
嘉峪关市	Jiayuguan	9290693	9290693		
金昌市	Jinchang	7004817	7004817		
白银市	Baiyin	6015827	5792565	27765	195497
天水市	Tianshui	2614587	2537481		77106
武威市	Wuwei	3403920	3359110	44810	
张掖市	Zhangye	728720	704723		23997
平凉市	Pingliang	376394	376394		
酒泉市	Jiuquan	2264355	2257755	4106	2494
庆阳市	Qingyang	2534448	2521600		12848
定西市	Dingxi	449097	449097		
陇南市	Longnan	101336	101336		
青海省	**Qinghai**	**8216271**	**7797333**	**85410**	**333528**
西宁市	Xining	7344421	6925483	85410	333528
海东市	Haidong	871850	871850		
宁夏回族自治区	**Ningxia**	**14942431**	**14135937**	**233295**	**573199**
银川市	Yinchuan	5950349	5368393	81066	500890
石嘴山市	Shizuishan	5165816	5081593	11914	72309
吴忠市	Wuzhong	1887362	1747047	140315	
固原市	Guyuan	208170	208170		
中卫市	Zhongwei	1730734	1730734		
新疆维吾尔自治区	**Xinjiang**	**42487767**	**42034632**	**163610**	**289525**
乌鲁木齐市	Urumqi	25479487	25044187	157013	278287
克拉玛依市	Karamay	17008280	16990445	6597	11238

2-21 规模以上工业企业资产状况

Assets of Industrial Enterprises above Designated Size

单位：万元 (10 000 yuan)

城　市	City	流动资产合计 Total Current Assets		固定资产合计 Total Fixed Assets	
		全　市 Total City	市辖区 Districts under City	全　市 Total City	市辖区 Districts under City
城市合计	**Prefecture Cities**	**4383149920**	**2783380472**	**3395897610**	**1876551992**
北京市	**Beijing**	**140424729**	**137103035**	**62778442**	**61730127**
天津市	**Tianjin**	**127624551**	**117977593**	**82482191**	**76670004**
河北省	**Hebei**	**163692981**	**84428355**	**198044530**	**79758055**
石家庄市	Shijiazhuang	18805036	13193940	24787096	12482672
唐山市	Tangshan	37191816	23644019	51493933	30712437
秦皇岛市	Qinhuangdao	9391032	6995238	6310128	3876559
邯郸市	Handan	21032001	9527950	18651138	8113635
邢台市	Xingtai	10617380	2608644	9433182	3327461
保定市	Baoding	19544735	9719316	12144456	4751985
张家口市	Zhangjiakou	7554674	3428024	9958149	3312595
承德市	Chengde	8762707	2997862	10167269	4099955
沧州市	Cangzhou	11625060	5152461	38758257	4771916
廊坊市	Langfang	11952464	3978506	12007282	2662375
衡水市	Hengshui	7216076	3182395	4333640	1646465
山西省	**Shanxi**	**119821155**	**49460751**	**119525870**	**50557581**
太原市	Taiyuan	19489785	16699423	15478431	14079585
大同市	Datong	7207409	6291328	12546467	11025736
阳泉市	Yangquan	10011302	8654315	8044217	6419657
长治市	Changzhi	13292646	2092683	11709863	2346112
晋城市	Jincheng	11682644	6406456	10082842	3684541
朔州市	Shuozhou	6532599	3323635	12819944	8914931
晋中市	Jinzhong	9987908	974800	10347650	1003118
运城市	Yuncheng	9556429	1006878	8034734	729640
忻州市	Xinzhou	5526855	931075	6702342	319459
临汾市	Linfen	9519914	1274003	8555613	1309445
吕梁市	Lvliang	17013664	1806155	15203767	725357
内蒙古自治区	**Inner Mongolia**	**85482477**	**36447735**	**109437293**	**39968554**
呼和浩特市	Hohhot	9417605	2284810	8584841	3389245
包头市	Baotou	19296109	16277705	16102152	12609465
乌海市	Wuhai	6923010	6923010	8170897	8170897
赤峰市	Chifeng	4850447	2591868	8413847	3983176
通辽市	Tongliao	3853845	988996	11164662	1913200
鄂尔多斯市	Erdos	28145543	4542477	33326263	4194964
呼伦贝尔市	Hulunbuir	5358770	1387649	10549641	3494354
巴彦淖尔市	Bayannur	3965630	1009415	5844111	1674184
乌兰察布市	Ulanqab	3671518	441805	7280879	539069
辽宁省	**Liaoning**	**173333067**	**131494185**	**142979568**	**92975794**
沈阳市	Shenyang	38361572	35943574	34719124	25828373
大连市	Dalian	50404091	40278113	29815746	17551957
鞍山市	Anshan	17611970	12598992	9279100	5629084
抚顺市	Fushun	6904588	5884737	8475843	7477431
本溪市	Benxi	8202236	7142170	8394478	7541695
丹东市	Dandong	3885473	881628	2566627	781850
锦州市	Jinzhou	5102839	3219737	5830608	2049981
营口市	Yingkou	10034970	6960583	8463666	6832580

2-21 续表 1 continued

单位：万元 (10 000 yuan)

城 市	City	流动资产合计 Total Current Assets		固定资产合计 Total Fixed Assets	
		全 市 Total City	市辖区 Districts under City	全 市 Total City	市辖区 Districts under City
阜新市	Fuxin	3974075	3008785	3558439	2702891
辽阳市	Liaoyang	7741445	5904661	5489548	3414554
盘锦市	Panjin	8788298	6315563	11388403	8687201
铁岭市	Tieling	3583112	726234	6383508	1495493
朝阳市	Chaoyang	4128608	993208	5131047	1561004
葫芦岛市	Huludao	4609790	1636200	3483431	1421700
吉林省	**Jilin**	**69216003**	**53905685**	**72639210**	**52797782**
长春市	Changchun	40124850	38839563	28446565	27103331
吉林市	Jilin	9674496	4426527	13089499	8692243
四平市	Siping	3325928	1332409	4829995	1467112
辽源市	Liaoyuan	2473402	1670792	3947677	2867845
通化市	Tonghua	5885020	3264224	4047189	2540445
白山市	Baishan	2048911	1049395	3530678	2110149
松原市	Songyuan	3907615	2677581	12052102	7164022
白城市	Baicheng	1775781	645194	2695505	852635
黑龙江省	**Heilongjiang**	**54028636**	**47906699**	**61492121**	**48529183**
哈尔滨市	Harbin	24139429	20695607	12758300	9387920
齐齐哈尔市	Qiqihar	780582	6132548	4859353	3649079
鸡西市	Jixi	1968207	1139149	2185932	1668644
鹤岗市	Hegang	1237939	990504	1343783	1049024
双鸭山市	Shuangyashan	1566565	946465	3425784	2776193
大庆市	Daqing	14029358	12933701	27202696	25713826
伊春市	Yichun	1084229	906354	1651397	1131432
佳木斯市	Jiamusi	2121897	1239918	2001472	976917
七台河市	Qitaihe	1701900	1421100	2063700	1905900
牡丹江市	Mudanjiang	2336076	1166139		
黑河市	Heihe	626825	207731	809709	194680
绥化市	Suihua	2435629	127483	3189995	75568
上海市	**Shanghai**	**205398154**	**201997708**	**82879093**	**81023840**
江苏省	**Jiangsu**	**537709400**	**294276908**	**326021300**	**176899608**
南京市	Nanjing	54320800	54320800	32287700	32287700
无锡市	Wuxi	88878400	35253200	36647300	16857045
徐州市	Xuzhou	25204700	19185488	28799000	18571978
常州市	Changzhou	48824200	38809192	22882800	17869546
苏州市	Suzhou	156862500	69696903	75525700	29096766
南通市	Nantong	36843100	14680114	26341600	11554484
连云港市	Lianyungang	11627100	8748597	12221600	8584392
淮安市	Huai'an	10252200	5669189	11960000	7481339
盐城市	Yancheng	17353500	6552358	19049000	5248578
扬州市	Yangzhou	21749600	13832122	16988400	10429418
镇江市	Zhenjiang	26617400	10215819	18411200	9019977
泰州市	Taizhou	27122700	11200694	14093700	5729082
宿迁市	Suqian	12053200	6112432	10813300	4169303
浙江省	**Zhejiang**	**360653413**	**194982093**	**170711116**	**90872554**
杭州市	Hangzhou	79385120	70389317	31660955	27659502
宁波市	Ningbo	70776014	40925468	34694550	22457251

2-21 续表 2 continued

单位：万元 (10 000 yuan)

城 市	City	流动资产合计 Total Current Assets		固定资产合计 Total Fixed Assets	
		全 市 Total City	市辖区 Districts under City	全 市 Total City	市辖区 Districts under City
温州市	Wenzhou	27375525	8450909	10263040	3510062
嘉兴市	Jiaxing	38908657	9032801	27527998	5486051
湖州市	Huzhou	17776984	7675505	9528253	3427749
绍兴市	Shaoxing	52140047	32304333	20217774	14853464
金华市	Jinhua	27168860	4705502	11254878	1765092
衢州市	Quzhou	8167476	4078340	5588648	2960781
舟山市	Zhoushan	8021112	5580735	5589044	4130153
台州市	Taizhou	23436114	9201052	10450996	3617818
丽水市	Lishui	7497504	2638131	3934980	1004631
安徽省	**Anhui**	**138624236**	**80354884**	**111687140**	**74161769**
合肥市	Hefei	32110705	20180725	21756415	14623456
芜湖市	Wuhu	22677048	16317106	14312936	9241208
蚌埠市	Bengbu	5726860	4336139	3870132	2999764
淮南市	Huainan	5116564	4968745	14447448	14322459
马鞍山市	Maanshan	9471382	6993918	9298390	7003447
淮北市	Huaibei	7088806	5915046	8678759	7622869
铜陵市	Tongling	8344677	7426404	5198589	4195724
安庆市	Anqing	15698660	2065940	6254765	2530886
黄山市	Huangshan	2025760	986325	1082013	488012
滁州市	Chuzhou	7640550	2293095	6005207	1818949
阜阳市	Fuyang	4598308	1922402	3838059	1855304
宿州市	Suzhou	2687386	1289389	3366055	1877528
六安市	Lu'an	4945270	1744461	4605854	1691004
亳州市	Bozhou	2581815	1624309	2549923	865765
池州市	Chizhou	2060452	1208591	2656695	1998587
宣城市	Xuancheng	5849993	1082289	3765900	1026807
福建省	**Fujian**	**141896359**	**61342348**	**92466199**	**37912761**
福州市	Fuzhou	26309802	8705257	18976252	4570140
厦门市	Xiamen	27328520	27328520	11619149	11619149
莆田市	Putian	6905172	5510803	4827647	4084070
三明市	Sanming	5918170	1606426	6154820	1910918
泉州市	Quanzhou	39385180	8214638	23514610	6286249
漳州市	Zhangzhou	15940660	3005941	10714172	1704609
南平市	Nanping	4433668	1174363	3603407	1135994
龙岩市	Longyan	8425786	3904048	5707961	2276466
宁德市	Ningde	7249401	1892352	7348181	4325166
江西省	**Jiangxi**	**70874338**	**31474757**	**69411951**	**28857019**
南昌市	Nanchang	17202585	13237415	13675065	9134568
景德镇市	Jingdezhen	3107835	2460091	3237682	1725259
萍乡市	Pingxiang	1956114	1251407	4857232	3452056
九江市	Jiujiang	6348378	1968859	8955400	2769500
新余市	Xinyu	6196100	5218371	6464500	4760538
鹰潭市	Yingtan	9623814	840938	7901241	2126613
赣州市	Ganzhou	7007916	2701056	5274847	2060344
吉安市	Ji'an	3434335	708726	4754320	796244
宜春市	Yichun	6701514	996272	6820683	586220
抚州市	Fuzhou	3070747	1448922	3349481	1211277
上饶市	Shangrao	6225000	642700	4121500	234400

2-21 续表 3 continued

单位：万元 (10 000 yuan)

城市	City	流动资产合计 Total Current Assets 全市 Total City	流动资产合计 Total Current Assets 市辖区 Districts under City	固定资产合计 Total Fixed Assets 全市 Total City	固定资产合计 Total Fixed Assets 市辖区 Districts under City
山东省	**Shandong**	**425669751**	**213556507**	**353148019**	**149884848**
济南市	Jinan	26404347	20293979	15436790	10725240
青岛市	Qingdao	61883820	46794578	33981366	19012954
淄博市	Zibo	29128191	21353366	23185201	17570017
枣庄市	Zaozhuang	8005260	5838467	12444923	8013640
东营市	Dongying	39493484	16300962	40389474	19910329
烟台市	Yantai	42205501	23307539	32412374	10223670
潍坊市	Weifang	39484539	12303356	33151723	7466716
济宁市	Jining	29170047	11630314	19656280	7923354
泰安市	Tai'an	17854900	5240114	15646581	3125060
威海市	Weihai	18047816	10620383	18262473	11148338
日照市	Rizhao	15526031	12227395	9557986	6973651
莱芜市	Laiwu	4899581	4899581	5222001	5222001
临沂市	Linyi	21498968	10330513	18630591	8197460
德州市	Dezhou	13570870	4006334	21621447	5147218
聊城市	Liaocheng	19345707	2754959	17234255	2462776
滨州市	Binzhou	26708048	3665764	21198327	3660503
菏泽市	Heze	12442641	1988903	15116227	3101921
河南省	**Henan**	**217419737**	**85160914**	**216037840**	**61763341**
郑州市	Zhengzhou	55061818	28665106	33606802	9685594
开封市	Kaifeng	5837853	2865305	10029315	2629783
洛阳市	Luoyang	24323349	10057827	21306307	7300168
平顶山市	Pingdingshan	13591610	5650090	11859935	5315224
安阳市	Anyang	9890430	3975227	10782130	3865112
鹤壁市	Hebi	3994606	1821294	6526953	2513269
新乡市	Xinxiang	12144109	4748227	10811233	3963383
焦作市	Jiaozuo	11566325	3572503	14259078	4253657
濮阳市	Puyang	7389781	2784259	8993208	3223325
许昌市	Xuchang	16159980	5273859	16542982	1747335
漯河市	Luohe	6211387	3809097	6274456	3834095
三门峡市	Sanmenxia	10597128	973551	11969081	1436088
南阳市	Nanyang	16191638	4779847	14449371	4959076
商丘市	Shangqiu	4435608	1266419	7728674	819709
信阳市	Xinyang	4712279	1765036	8319405	2458453
周口市	Zhoukou	9382052	1299815	12422755	1023721
驻马店市	Zhumadian	5929784	1853452	10156155	2735349
湖北省	**Hubei**	**132068451**	**89013794**	**152183718**	**76374609**
武汉市	Wuhan	54484800	46914700	37205500	32680300
黄石市	Huangshi	9229400	5567400	7077400	5240600
十堰市	Shiyan	11057415	8861551	4888497	2307418
宜昌市	Yichang	14349760	8074616	25367852	18421134
襄阳市	Xiangyang	13982000	8504000	10168000	5560000
鄂州市	Ezhou	1985003	1985003	2967210	2967210

2-21 续表 4 continued

单位：万元 (10 000 yuan)

城 市	City	流动资产合计 Total Current Assets		固定资产合计 Total Fixed Assets	
		全 市 Total City	市辖区 Districts under City	全 市 Total City	市辖区 Districts under City
荆门市	Jingmen	4767158	2037658	5476468	2283146
孝感市	Xiaogan	5393480	1146621	5382833	724022
荆州市	Jingzhou	6577135	1951145	5826747	1991979
黄冈市	Huanggang	4194200	616800	38641511	425800
咸宁市	Xianning	3753200	1806000	3594400	758400
随州市	Suizhou	2294900	1548300	5587300	3014600
湖南省	**Hunan**	**95891486**	**59312614**	**92964470**	**45297220**
长沙市	Changsha	41059381	23312982	23249698	13566894
株洲市	Zhuzhou	9289396	7548701	8185089	4161943
湘潭市	Xiangtan	7810479	7129191	6026689	4896498
衡阳市	Hengyang	4947929	3175867	6651240	3088435
邵阳市	Shaoyang	1861263	918798	4429484	1497741
岳阳市	Yueyang	5386912	3020307	11485515	6160711
常德市	Changde	8964547	5926548	5525325	2443678
张家界市	Zhangjiajie	262900	108400	590600	181500
益阳市	Yiyang	2920519	1343949	4749632	2006385
郴州市	Chenzhou	5622383	3332379	7930263	2212343
永州市	Yongzhou	1956772	927800	3259716	1206800
怀化市	Huaihua	1802957	465844	4346899	281172
娄底市	Loudi	4006048	2101848	6534320	3593120
广东省	**Guangdong**	**511283914**	**466052845**	**253383157**	**213708140**
广州市	Guangzhou	74764969	67805659	50789603	47684254
韶关市	Shaoguan	4796153	2927170	5468542	3136086
深圳市	Shenzhen	164102745	164102745	38628025	38628025
珠海市	Zhuhai	29730500	29730500	11709586	11709586
汕头市	Shantou	9575056	9555126	8377451	8286591
佛山市	Foshan	54817599	54817599	34035132	34035132
江门市	Jiangmen	16013405	10481368	8877901	5106487
湛江市	Zhanjiang	8718038	3832743	4496171	3262768
茂名市	Maoming	3136892	2494299	4918058	3352069
肇庆市	Zhaoqing	7538675	1869983	9610554	1641631
惠州市	Huizhou	24209000	20394615	14683282	11473506
梅州市	Meizhou	3149859	1995741	2446903	1511909
汕尾市	Shanwei	1874979	1032482	2587436	1802623
河源市	Heyuan	3707266	1998193	3249582	1753516
阳江市	Yangjiang	3461886	1122801	6648151	1745601
清远市	Qingyuan	7259529	4589548	4843289	3293052
东莞市	Dongguan	56997425	56997425	22510815	22510815
中山市	Zhongshan	23868591	23868591	8179214	8179214
潮州市	Chaozhou	3518888	2888219	2844193	1748085
揭阳市	Jieyang	7044329	2980765	5964963	2075312
云浮市	Yunfu	2998130	567273	2514306	771878
广西壮族自治区	**Guangxi**	**65788705**	**43496529**	**55703439**	**31427711**
南宁市	Nanning	8743405	6204019	7759440	4931862
柳州市	Liuzhou	17310531	15437587	8811810	7228802

2-21 续表 5 continued

单位：万元 (10 000 yuan)

城 市	City	流动资产合计 Total Current Assets		固定资产合计 Total Fixed Assets	
		全 市 Total City	市辖区 Districts under City	全 市 Total City	市辖区 Districts under City
桂林市	Guilin	5523140	2376704	4715991	1416874
梧州市	Wuzhou	3456455	2521215	3482464	1986052
北海市	Beihai	3205000	2693200	2338300	2074100
防城港市	Fangchenggang	3857512	3456941	2962451	2607836
钦州市	Qinzhou	3165671	2275383	4021854	3701500
贵港市	Guigang	3390398	1910560	2359769	1589919
玉林市	Yulin	3744193	1663998	2429463	924157
百色市	Baise	4111154	724461	6307621	1226215
贺州市	Hezhou	1303624	754356	1586145	651598
河池市	Hechi	3408202	1385796	4083179	654911
来宾市	Laibin	2270010	1464119	2799830	1612937
崇左市	Chongzuo	2299410	628190	2045122	820948
海南省	**Hainan**	**4164587**	**4164587**	**2551985**	**2551985**
海口市	Haikou	3726759	3726759	2094236	2094236
三亚市	Sanya	437828	437828	457749	457749
三沙市	Sansa				
重庆市	**Chongqing**	**71747271**	**66089573**	**61139731**	**51275590**
四川省	**Sichuan**	**213582369**	**89816979**	**178135251**	**93619922**
成都市	Chengdu	51115810	36059597	34044409	19241407
自贡市	Zigong	6829281	5324341	2742452	2184864
攀枝花市	Panzhihua	77425065	5977944	64988164	42882954
泸州市	Luzhou	5075792	3066691	3816982	2187103
德阳市	Deyang	15005592	6473133	6287910	2392896
绵阳市	Mianyang	12237004	9729766	5491865	2278406
广元市	Guangyuan	1452213	884641	3902282	1777541
遂宁市	Suining	2665772	828354	4105795	1540623
内江市	Neijiang	4248429	793366	4062494	1272977
乐山市	Leshan	7317744	4215327	10030146	5458256
南充市	Nanchong	4425299	2698703	6242212	2878865
眉山市	Meishan	3357749	1279430	3454933	1299511
宜宾市	Yibin	10714656	7797470	10455685	3201965
广安市	Guang'an	2071878	915587	3016329	1657791
达州市	Dazhou	2703083	951273	5104519	1273114
雅安市	Ya'an	1857900	624200	6564800	852400
巴中市	Bazhong	665495	222059	766631	202895
资阳市	Ziyang	4413607	1975097	3057643	1036354
贵州省	**Guizhou**	**36546822**	**15983477**	**31127155**	**9985947**
贵阳市	Guiyang	12439839	10212708	8312793	5688502
六盘水市	Liupanshui	6563319	2038888	7429421	1909211
遵义市	Zunyi	10067500	1244400	6865000	838200
安顺市	Anshun	3018800	1719300	2050300	914100
毕节市	Bijie	3172900	479800	5375100	455900
铜仁市	Tongren	1284464	288381	1094541	180034

2-21 续表 6 continued

单位：万元 (10 000 yuan)

城　市	City	流动资产合计 Total Current Assets		固定资产合计 Total Fixed Assets	
		全　市 Total City	市辖区 Districts under City	全　市 Total City	市辖区 Districts under City
云南省	**Yunnan**	**36374140**	**20795040**	**52844511**	**17816639**
昆明市	Kunming	16915207	13770478	12271270	9212877
曲靖市	Qujing	7842138	2934305	9024356	3096804
玉溪市	Yuxi	3603585	1698607	3051791	1408204
保山市	Baoshan	1818531	928525	2511085	1015916
昭通市	Zhaotong	1912712	607862	10852504	1070706
丽江市	Lijiang	1543350	389655	4518912	738862
普洱市	Pu'er	1368488	318320	7001649	740803
临沧市	Lincang	1370129	147288	3612944	532467
西藏自治区	**Tibet**	**1308850**	**666502**	**3013484**	**2371**
拉萨市	Lasa	1308850	666502	3013484	2371
陕西省	**Shaanxi**	**91743414**	**46855045**	**115178932**	**51381203**
西安市	Xi'an	31778991	27014686	19760762	17833422
铜川市	Tongchuan	1977648	1908860	1846658	1734200
宝鸡市	Baoji	8454500	5891300	8224400	4314900
咸阳市	Xianyang	7354270	268650	11081126	463889
渭南市	Weinan	8864298	1090354	8945659	815758
延安市	Yan'an	9275937	7482618	23874483	20394070
汉中市	Hanzhong	4060314	746700	4911802	673600
榆林市	Yulin	16701600	1412200	32606400	4251100
安康市	Ankang	1282156	326677	2378042	369864
商洛市	Shangluo	1993700	713000	1549600	530400
甘肃省	**Gansu**	**39496632**	**28800725**	**56621308**	**33110301**
兰州市	Lanzhou	9431600	7681800	7839600	5522300
嘉峪关市	Jiayuguan	5906150	5906150	5461518	5461518
金昌市	Jinchang	7408187	6761694	16754794	14914820
白银市	Baiyin	3894862	3732058	3321586	2498301
天水市	Tianshui	1490753	1308106	1546644	1187892
武威市	Wuwei	1774266	1143227	1896503	1040024
张掖市	Zhangye	1554743	513827	1639391	634994
平凉市	Pingliang	1149138	109960	2844396	482611
酒泉市	Jiuquan	3786628	940196	6610482	629930
庆阳市	Qingyang	1388700	396834	6224932	498794
定西市	Dingxi	746005	233048	1081062	120424
陇南市	Longnan	965600	73825	1400400	118693
青海省	**Qinghai**	**7321595**	**3144197**	**11112784**	**4899006**
西宁市	Xining	5896061	2917663	10145055	4639444
海东市	Haidong	1425534	226534	967729	259562
宁夏回族自治区	**Ningxia**	**25943682**	**9332204**	**26908868**	**9640293**
银川市	Yinchuan	11704320	3299362	13605884	3055426
石嘴山市	Shizuishan	4995962	3348545	5125399	3898015
吴忠市	Wuzhong	3235588	1140415	4253378	1001558
固原市	Guyuan	218291	72170	845262	177268
中卫市	Zhongwei	5789521	1471712	3078945	1508026
新疆维吾尔自治区	**Xinjiang**	**18019015**	**17986204**	**31286934**	**31098235**
乌鲁木齐市	Urumqi	12831571	12798760	17266020	17077321
克拉玛依市	Karamay	5187444	5187444	14020914	14020914

2-22 规模以上工业企业主要财务指标
Main Financial Indicators of Industrial Enterprises above Designated Size

单位：万元 (10 000 yuan)

城　市	city	主营业务税金及附加 Tax and Extra Charges from Principal Business		本年应交增值税 Value-added Tax Payable		利润总额 Total Profits	
		全　市 Total City	市辖区 Districts under City	全　市 Total City	市辖区 Districts under City	全　市 Total City	市辖区 Districts under City
城市合计	**Prefecture Cities**	**163633842**	**123463733**	**332076974**	**186092773**	**684646887**	**354541262**
北京市	**Beijing**	**3051352**	**3022086**	**5615607**	**5491168**	**15157524**	**14768622**
天津市	**Tianjin**	**3325917**	**3260556**	**9923712**	**9252548**	**22618329**	**20964088**
河北省	**Hebei**	**4675146**	**2490252**	**11608732**	**4422161**	**28692580**	**8004147**
石家庄市	Shijiazhuang	946068	741967	2135899	1041651	7508303	3239854
唐山市	Tangshan	555607	317503	2763580	1119699	5882111	1084464
秦皇岛市	Qinhuangdao	79260	57347	329266	218405	291646	291088
邯郸市	Handan	175224	55651	1023138	345526	1933745	594589
邢台市	Xingtai	82609	20079	586513	180462	1314530	134175
保定市	Baoding	563930	371837	1309684	431133	3989029	914202
张家口市	Zhangjiakou	461645	404452	398185	222436	660570	297423
承德市	Chengde	229618	21421	635638	157743	992675	179289
沧州市	Cangzhou	1329021	413836	1254508	341964	3318583	349650
廊坊市	Langfang	157186	42765	834716	227122	1768806	476970
衡水市	Hengshui	94978	43394	337605	136020	1032582	442443
山西省	**Shanxi**	**1461275**	**635069**	**5835181**	**2033292**	**2216411**	**784054**
太原市	Taiyuan	320115	309765	583441	533881	217580	306413
大同市	Datong	85000	76876	437366	400323	107205	139445
阳泉市	Yangquan	68413	34996	275584	205128	-23442	2764
长治市	Changzhi	114239	16118	654472	126578	446250	73081
晋城市	Jincheng	106789	55937	579913	217968	560197	358388
朔州市	Shuozhou	173961	108928	781132	385470	612288	164371
晋中市	Jinzhong	112990	7129	464097	38935	-225075	-17255
运城市	Yuncheng	46995	6934	322970	22518	320204	-13599
忻州市	Xinzhou	75965	1387	354745	17786	360316	47297
临汾市	Linfen	113980	8027	576137	46339	-62239	-136467
吕梁市	Lvliang	242828	8972	805324	38366	-96873	-140384
内蒙古自治区	**Inner Mongolia**	**2229242**	**1095704**	**7084741**	**1466541**	**22746394**	**2569517**
呼和浩特市	Hohhot	806243	732233	582349	194009	1563702	268176
包头市	Baotou	156259	74762	897064	390287	1319494	567481
乌海市	Wuhai	51448	51448	282271	282271	506185	506185
赤峰市	Chifeng	127764	39519	332447	140200	9464431	202065
通辽市	Tongliao	205115	73536	666276	44000	1451279	441491
鄂尔多斯市	Erdos	684909	92640	2921393	285074	6074850	375308
呼伦贝尔市	Hulunbuir	115485	23108	908056	83611	1877484	85639
巴彦淖尔市	Bayannur	49988	5581	181568	36000	462711	113998
乌兰察布市	Ulanqab	32031	2877	313317	11089	26258	9174
辽宁省	**Liaoning**	**9253561**	**7148296**	**11360410**	**6709493**	**20957891**	**10271720**
沈阳市	Shenyang	1652028	1420068	2555233	1826073	7470761	5080915
大连市	Dalian	2409038	2002658	2311262	1298215	4266292	2219108
鞍山市	Anshan	844953	213546	800892	371013	1288372	376108
抚顺市	Fushun	651146	601091	635052	578242	1092419	397069
本溪市	Benxi	208290	140416	578127	378370	985243	609327
丹东市	Dandong	76672	8236	335501	37960	493519	47260
锦州市	Jinzhou	568821	437600	653169	262039	1719491	408320
营口市	Yingkou	413717	323865	1073549	605774	1628946	885952

2-22 续表 1 continued

单位：万元 (10 000 yuan)

城市	city	主营业务税金及附加 Tax and Extra Charges from Principal Business		本年应交增值税 Value-added Tax Payable		利润总额 Total Profits	
		全市 Total City	市辖区 Districts under City	全市 Total City	市辖区 Districts under City	全市 Total City	市辖区 Districts under City
阜新市	Fuxin	49009	39776	182710	157393	346316	241980
辽阳市	Liaoyang	506638	447831	419178	274314	770440	-41537
盘锦市	Panjin	1101284	1024309	933474	695871	136332	25011
铁岭市	Tieling	62752	7175	210203	28707	304447	27897
朝阳市	Chaoyang	213720	8225	442154	45922	281775	30710
葫芦岛市	Huludao	495493	473500	229906	149600	173538	-36400
吉林省	**Jilin**	**4967996**	**4389315**	**6273114**	**4966344**	**13883067**	**10637840**
长春市	Changchun	2910888	2812791	3544118	3498230	9519239	9213069
吉林市	Jilin	860570	766417	935219	531605	649498	104516
四平市	Siping	156763	116482	228467	111020	546617	163130
辽源市	Liaoyuan	41650	26444	126685	100899	260211	154307
通化市	Tonghua	150781	22378	509915	112401	1017613	330334
白山市	Baishan	80203	38835	256290	139843	270257	110428
松原市	Songyuan	723570	601099	543272	406626	1391009	469573
白城市	Baicheng	43571	4869	129148	65720	228623	92483
黑龙江省	**Heilongjiang**	**6081890**	**5789700**	**5394873**	**4276620**	**10318063**	**6835528**
哈尔滨市	Harbin	1002797	906566	883491	659763	1304358	468737
齐齐哈尔市	Qiqihar	52766	30257	325924	207204	492064	124214
鸡西市	Jixi	19744	16637	111654	88584	-96334	-178276
鹤岗市	Hegang	15166	12382	69279	63444	-121927	-134852
双鸭山市	Shuangyashan	25692	13856	130563	86246	-24392	-48858
大庆市	Daqing	4766585	4740390	2980565	2909060	7205268	6706480
伊春市	Yichun	7538	4456	18487	14744	-110374	-122432
佳木斯市	Jiamusi	21386	9190	142442	39622	294361	-1358
七台河市	Qitaihe	28100	26600	115300	106300	-180400	-170900
牡丹江市	Mudanjiang	41081	16417	379865	69269	517996	81302
黑河市	Heihe	14901	12319	40605	31257	92589	88693
绥化市	Suihua	86134	630	196698	1127	944854	22778
上海市	**Shanghai**	**9653134**	**9648863**	**8925778**	**8884560**	**26611306**	**26673771**
江苏省	**Jiangsu**	**12356800**	**9043017**	**45370700**	**23781100**	**90258400**	**48057018**
南京市	Nanjing	3538100	3538100	4912900	4912900	8793900	8793900
无锡市	Wuxi	551100	246602	3337300	1325095	8731400	4115138
徐州市	Xuzhou	2072700	1593325	5320400	2466393	8997300	4244899
常州市	Changzhou	422600	290980	3453800	2577917	6184900	4546649
苏州市	Suzhou	911900	403476	5219900	1839048	14601300	6447043
南通市	Nantong	529100	172219	4866400	1384549	9378500	2934076
连云港市	Lianyungang	431100	265410	1964200	1319601	3722900	2421179
淮安市	Huai'an	1060900	917284	1367300	810394	3046400	1843463
盐城市	Yancheng	813400	549332	3094500	1303462	5093200	2166684
扬州市	Yangzhou	826200	571819	3622000	2513908	6068200	3967972
镇江市	Zhenjiang	284900	99917	2585000	987005	5165800	2386882
泰州市	Taizhou	655600	327033	4409600	1943969	7138700	2877532
宿迁市	Suqian	259200	67520	1217400	396859	3335900	1311601
浙江省	**Zhejiang**	**7182599**	**5657877**	**18279943**	**9481113**	**37341785**	**19908985**
杭州市	Hangzhou	2329796	2237746	3989767	3419162	9046043	7892992
宁波市	Ningbo	3021154	2716797	3533825	2162975	6882464	4497107

2-22 续表 2 continued

单位：万元 (10 000 yuan)

城市	city	主营业务税金及附加 Tax and Extra Charges from Principal Business		本年应交增值税 Value-added Tax Payable		利润总额 Total Profits	
		全市 Total City	市辖区 Districts under City	全市 Total City	市辖区 Districts under City	全市 Total City	市辖区 Districts under City
温州市	Wenzhou	239589	83049	1540261	521027	2786332	739492
嘉兴市	Jiaxing	314494	72967	2194056	354256	3748437	801713
湖州市	Huzhou	256345	96900	1129392	391947	2403265	849980
绍兴市	Shaoxing	388722	258833	2213463	1446873	5475273	3503661
金华市	Jinhua	234527	29709	1283390	173150	2537450	238431
衢州市	Quzhou	74872	35251	546651	291951	919274	293954
舟山市	Zhoushan	38289	32286	178289	160895	34289	109470
台州市	Taizhou	204325	73589	1237491	429580	2061537	635462
丽水市	Lishui	80486	20750	433358	129297	1447421	346723
安徽省	**Anhui**	**4766535**	**3762835**	**9682286**	**5532069**	**19376897**	**8792031**
合肥市	Hefei	882714	765895	1804781	1168489	4613509	2764787
芜湖市	Wuhu	884758	741111	1934010	1236623	3068278	1926959
蚌埠市	Bengbu	578778	538547	296703	243117	645110	413266
淮南市	Huainan	82525	80716	487956	483935	-50146	-82606
马鞍山市	Maanshan	105594	64033	671258	351323	979591	463459
淮北市	Huaibei	176846	124530	589341	514707	567327	327750
铜陵市	Tongling	45442	39753	253738	212746	367583	264228
安庆市	Anqing	864305	727286	703202	238813	1993510	274015
黄山市	Huangshan	24384	10805	105413	49235	246181	130321
滁州市	Chuzhou	302254	227993	770545	262475	2393965	764176
阜阳市	Fuyang	358279	241051	638335	142780	782129	193374
宿州市	Suzhou	85553	42399	233048	140726	581626	255061
六安市	Lu'an	132853	29112	274942	91313	809407	291608
亳州市	Bozhou	116660	86036	206727	128673	653552	332021
池州市	Chizhou	34544	18369	228391	169085	526841	282085
宣城市	Xuancheng	91046	25199	483896	98029	1198434	191527
福建省	**Fujian**	**4353997**	**2745508**	**10752198**	**3727311**	**23442688**	**8106012**
福州市	Fuzhou	399789	133124	2061830	624339	4063654	1040131
厦门市	Xiamen	745219	745219	844777	844777	2375472	2375472
莆田市	Putian	133085	118770	537688	448433	1959087	1688053
三明市	Sanming	141492	40761	646625	167107	807359	176838
泉州市	Quanzhou	1655223	795659	2666582	681520	7556960	1165411
漳州市	Zhangzhou	165252	36446	2310955	432373	3263469	677739
南平市	Nanping	95243	10054	431086	62372	744038	57612
龙岩市	Longyan	921631	847330	616984	353375	1128797	465794
宁德市	Ningde	97063	18145	635671	113015	1543852	458962
江西省	**Jiangxi**	**3194669**	**1887704**	**10063394**	**3212650**	**20858246**	**6484020**
南昌市	Nanchang	1159140	1034829	1450493	1087401	3167045	2075456
景德镇市	Jingdezhen	123753	67532	327209	146495	464248	134175
萍乡市	Pingxiang	181490	71015	573712	346620	2028062	1278411
九江市	Jiujiang	579974	482715	1201847	274222	3073195	463106
新余市	Xinyu	81200	60687	302000	218856	655500	518902
鹰潭市	Yingtan	116760	16615	620962	114256	1063278	291103
赣州市	Ganzhou	195761	81621	1218241	396710	2029011	665907
吉安市	Ji'an	231351	29724	1234193	192824	2281976	523479
宜春市	Yichun	248197	12272	1239842	144732	2827509	193799
抚州市	Fuzhou	79023	26450	631404	253363	888079	331349
上饶市	Shangrao	198020	4244	1263491	37171	2380343	8333

2-22 续表 3 continued

单位：万元 (10 000 yuan)

城市	city	主营业务税金及附加 Tax and Extra Charges from Principal Business		本年应交增值税 Value-added Tax Payable		利润总额 Total Profits	
		全市 Total City	市辖区 Districts under City	全市 Total City	市辖区 Districts under City	全市 Total City	市辖区 Districts under City
山东省	**Shandong**	**14811228**	**8550763**	**39793604**	**16252215**	**87941203**	**34361698**
济南市	Jinan	1643847	1413166	1613612	789672	3578229	1740882
青岛市	Qingdao	2603271	1729538	5034158	2280690	8433193	3725828
淄博市	Zibo	1261525	1064945	3711802	3224279	6847633	5493488
枣庄市	Zaozhuang	272254	183789	1322357	716647	1884569	1087237
东营市	Dongying	2920072	2392341	4132800	2379300	12586789	5420482
烟台市	Yantai	637993	373913	3034890	1224432	10630644	3981654
潍坊市	Weifang	673845	187795	3096409	719672	6934428	1719925
济宁市	Jining	383657	108323	1953728	720942	3397018	1358388
泰安市	Tai'an	783956	91176	2304358	329892	4587278	971598
威海市	Weihai	431103	192836	1658893	721922	3592151	1920941
日照市	Rizhao	97813	68523	454241	190341	901564	387923
莱芜市	Laiwu	52627	52627	209320	209320	231342	231342
临沂市	Linyi	566716	179871	2240343	884329	5240616	2076868
德州市	Dezhou	1007123	244820	3136002	800906	5410261	1432806
聊城市	Liaocheng	464456	24022	2021388	176145	5774980	745034
滨州市	Binzhou	367647	117386	1298037	383218	2811248	523819
菏泽市	Heze	643323	125692	2571266	500508	5099260	1543483
河南省	**Henan**	**6824390**	**3335332**	**17388694**	**5471471**	**48541415**	**8587590**
郑州市	Zhengzhou	1288004	515804	4834345	2221176	10330443	2814650
开封市	Kaifeng	171589	18011	573857	102868	2149470	139138
洛阳市	Luoyang	887011	676712	1052380	443567	2287978	509031
平顶山市	Pingdingshan	176421	51944	916636	328504	1627740	337639
安阳市	Anyang	461553	342085	883467	270063	2333927	214870
鹤壁市	Hebi	92237	44149	306933	123031	966541	182552
新乡市	Xinxiang	155615	43963	637496	190801	2339456	615512
焦作市	Jiaozuo	290547	45698	1275957	257430	3492063	287486
濮阳市	Puyang	477933	310506	672770	305317	2525960	-88119
许昌市	Xuchang	1045634	548452	1533401	289868	4349898	685375
漯河市	Luohe	258179	215935	414254	315355	2797159	1358984
三门峡市	Sanmenxia	162590	6238	505208	51135	2646674	145961
南阳市	Nanyang	530111	401619	1016947	311869	2388532	452247
商丘市	Shangqiu	157424	33342	730037	44085	1353811	132532
信阳市	Xinyang	174966	31194	451850	118952	1354434	342207
周口市	Zhoukou	257710	25290	736173	51378	3875577	310966
驻马店市	Zhumadian	236866	24390	846983	46072	1721752	146559
湖北省	**Hubei**	**7844388**	**6335903**	**12032557**	**6409330**	**23059154**	**11761022**
武汉市	Wuhan	5306500	5188500	4264000	3965100	4681700	3951800
黄石市	Huangshi	151800	55000	506500	275600	956300	456900
十堰市	Shiyan	126305	74776	444075	255868	1573874	1251392
宜昌市	Yichang	455334	171059	1731546	651903	4152382	2030898
襄阳市	Xiangyang	346000	200000	1017000	421000	4804000	2043000
鄂州市	Ezhou	81474	81474	249460	249460	385746	385746

2-22 续表 4 continued

单位：万元 (10 000 yuan)

城市	city	主营业务税金及附加 Tax and Extra Charges from Principal Business		本年应交增值税 Value-added Tax Payable		利润总额 Total Profits	
		全市 Total City	市辖区 Districts under City	全市 Total City	市辖区 Districts under City	全市 Total City	市辖区 Districts under City
荆门市	Jingmen	581669	460639	571907	267163	1382340	478980
孝感市	Xiaogan	330745	10132	497212	41220	1145159	122249
荆州市	Jingzhou	119518	29042	547057	106116	1270862	363489
黄冈市	Huanggang	123800	6600	379300	45000	836800	90400
咸宁市	Xianning	136100	48100	1591000	81500	1062400	453500
随州市	Suizhou	85143	10581	233500	49400	807591	132668
湖南省	**Hunan**	**13029152**	**10423603**	**13134491**	**5650392**	**18164355**	**7331398**
长沙市	Changsha	5950556	5143546	3719432	1939436	6549215	3020108
株洲市	Zhuzhou	327303	83018	1228057	569050	1412785	747227
湘潭市	Xiangtan	217540	125834	580331	349302	685743	385095
衡阳市	Hengyang	162279	40392	664890	203961	952827	278660
邵阳市	Shaoyang	143124	54068	573611	135948	617097	217475
岳阳市	Yueyang	1343602	903800	1829575	700210	1250349	357321
常德市	Changde	3326178	3224937	1199823	835974	1819426	1171571
张家界市	Zhangjiajie	61700	4300	77900	24700	262500	50900
益阳市	Yiyang	188812	90890	690560	342817	642820	231743
郴州市	Chenzhou	710732	376035	1358516	275843	1986909	417020
永州市	Yongzhou	412301	336800	316738	66600	411200	151100
怀化市	Huaihua	61524	10482	298252	3845	654998	19192
娄底市	Loudi	123501	29501	596806	202706	918486	283986
广东省	**Guangdong**	**12079267**	**11046229**	**34315690**	**29655796**	**70262842**	**59865668**
广州市	Guangzhou	3655250	3551645	4882891	4457008	10879853	10059524
韶关市	Shaoguan	386388	318032	449715	222949	613690	122477
深圳市	Shenzhen	1633212	1633212	7434596	7434596	14961649	14961649
珠海市	Zhuhai	250614	250614	1177181	1177181	2939595	2939595
汕头市	Shantou	247569	247167	620156	616611	2134216	2129698
佛山市	Foshan	788664	788664	4558822	4558822	13653263	13653263
江门市	Jiangmen	183987	128344	1051452	697560	1708394	1139678
湛江市	Zhanjiang	939017	838061	895280	743096	1275639	1040595
茂名市	Maoming	1386222	1298017	2065443	1795902	1675170	1096433
肇庆市	Zhaoqing	252297	35004	1249696	195699	2160492	205447
惠州市	Huizhou	766963	711561	2459129	2033340	3060016	1780406
梅州市	Meizhou	389644	371222	281620	166657	426612	325491
汕尾市	Shanwei	40637	10962	105927	70755	339169	274063
河源市	Heyuan	78380	32580	282134	129030	645970	239521
阳江市	Yangjiang	58806	19422	598531	235527	1651917	536164
清远市	Qingyuan	63958	45961	497633	314182	1045605	1017028
东莞市	Dongguan	387342	387342	2054065	2054065	3659798	3659798
中山市	Zhongshan	208618	208618	1959191	1959191	2911481	2911481
潮州市	Chaozhou	65136	52841	430623	330287	1152658	839306
揭阳市	Jieyang	232076	105375	950986	389091	2612542	826968
云浮市	Yunfu	64487	11585	310619	74247	755113	107083
广西壮族自治区	**Guangxi**	**3483023**	**2983882**	**6947160**	**4282583**	**10985437**	**5066934**
南宁市	Nanning	675884	621403	940760	705210	1955367	1415228
柳州市	Liuzhou	966427	943500	879273	755618	1367880	1154039

2-22 续表 5 continued

单位：万元 (10 000 yuan)

城市	city	主营业务税金及附加 Tax and Extra Charges from Principal Business		本年应交增值税 Value-added Tax Payable		利润总额 Total Profits	
		全市 Total City	市辖区 Districts under City	全市 Total City	市辖区 Districts under City	全市 Total City	市辖区 Districts under City
桂林市	Guilin	158376	58858	670149	127717	1717257	289172
梧州市	Wuzhou	102186	51409	1222206	652953	1734972	786858
北海市	Beihai	533600	524900	684100	669200	1010400	980200
防城港市	Fangchenggang	20409	14357	92568	65990	273099	166010
钦州市	Qinzhou	737378	700085	917273	851769	-90362	-220251
贵港市	Guigang	65696	11991	220663	81423	652476	137603
玉林市	Yulin	67618	19345	379124	97003	848792	196024
百色市	Baise	52944	7952	281173	50830	165321	10690
贺州市	Hezhou	17294	8043	103536	43764	436827	70076
河池市	Hechi	35318	6482	208921	47579	194107	-45264
来宾市	Laibin	22118	7391	148563	82580	-21840	-65965
崇左市	Chongzuo	27775	8166	198851	50947	741141	192514
海南省	**Hainan**	**180816**	**180816**	**226541**	**226541**	**366624**	**366624**
海口市	Haikou	177633	177633	197591	197591	328058	328058
三亚市	Sanya	3183	3183	28950	28950	38566	38566
三沙市	Sansa						
重庆市	**Chongqing**	**2658617**	**2399517**	**7203582**	**6177127**	**12296456**	**10639050**
四川省	**Sichuan**	**7440617**	**4548272**	**15777205**	**9297309**	**24568655**	**12021841**
成都市	Chengdu	3013249	2382378	3787224	2473660	6987033	5907762
自贡市	Zigong	108897	84705	602122	484516	756139	559300
攀枝花市	Panzhihua	1235026	823816	4791217	3585250	4556783	1357547
泸州市	Luzhou	453532	318042	401702	298954	875569	582017
德阳市	Deyang	705031	66683	865834	237405	911247	-512859
绵阳市	Mianyang	273799	219935	672188	309217	991795	621440
广元市	Guangyuan	54904	32679	136650	74538	308559	218600
遂宁市	Suining	183056	49269	461095	225983	760788	366053
内江市	Neijiang	135268	45242	599778	256055	752209	285348
乐山市	Leshan	76845	31420	330211	132226	384186	63661
南充市	Nanchong	295598	143470	677965	332721	1334861	592278
眉山市	Meishan	61633	13508	428979	81517	708091	122155
宜宾市	Yibin	347500	221933	718472	352535	1871817	1065984
广安市	Guang'an	112264	21887	284433	107129	546429	122231
达州市	Dazhou	111078	18126	42123	81102	957839	117527
雅安市	Ya'an	28900	6600	214100	52200	305700	82000
巴中市	Bazhong	91235	17173	146908	32257	138447	60987
资阳市	Ziyang	152802	51406	616204	180044	1421163	409810
贵州省	**Guizhou**	**2074085**	**1263863**	**2609535**	**1010887**	**6233336**	**2543395**
贵阳市	Guiyang	1202720	1145370	822374	637828	2169960	1858261
六盘水市	Liupanshui	124060	34612	375702	112903	216814	189321
遵义市	Zunyi	505900	17600	886500	61800	2857300	94800
安顺市	Anshun	42400	21700	130300	56500	457800	357200
毕节市	Bijie	156700	28000	310100	99800	358000	25000
铜仁市	Tongren	42305	16581	84559	42056	173462	18813

2-22 续表 6 continued

单位：万元 (10 000 yuan)

城市	city	主营业务税金及附加 Tax and Extra Charges from Principal Business		本年应交增值税 Value-added Tax Payable		利润总额 Total Profits	
		全市 Total City	市辖区 Districts under City	全市 Total City	市辖区 Districts under City	全市 Total City	市辖区 Districts under City
云南省	**Yunnan**	**3555537**	**3026336**	**2694548**	**1490708**	**3316613**	**1963036**
昆明市	Kunming	1885119	1842817	1109229	948849	1526724	1353536
曲靖市	Qujing	1105814	753433	599953	298725	64324	189145
玉溪市	Yuxi	47512	6355	193100	60078	222581	51710
保山市	Baoshan	29353	11848	135754	37569	321442	120858
昭通市	Zhaotong	432978	404672	316014	103325	438325	107207
丽江市	Lijiang	16844	3693	91585	18707	288005	32363
普洱市	Pu'er	18727	1093	162464	12179	150907	29648
临沧市	Lincang	19190	2425	86449	11276	304305	78569
西藏自治区	**Tibet**	**10742**	**2933**	**46597**	**12203**	**46255**	**-39888**
拉萨市	Lasa	10742	2933	46597	12203	46255	-39888
陕西省	**Shaanxi**	**6069331**	**2733545**	**8322588**	**3133007**	**19029028**	**4204701**
西安市	Xi'an	333161	307496	1412039	1178471	2261733	1814429
铜川市	Tongchuan	44692	38988	198145	185853	157144	143702
宝鸡市	Baoji	612300	490400	534500	459000	983400	302900
咸阳市	Xianyang	857287	3097	1350597	26145	3216082	19878
渭南市	Weinan	89128	3477	461212	18512	492658	121336
延安市	Yan'an	1934695	1798521	1061724	892541	955331	761785
汉中市	Hanzhong	338528	4949	184327	41680	274250	54900
榆林市	Yulin	1729500	70100	2493200	237900	9606700	770300
安康市	Ankang	82040	14817	397044	52205	849630	117271
商洛市	Shangluo	48000	1700	229800	40700	232100	98200
甘肃省	**Gansu**	**3079266**	**2276116**	**2263826**	**1396395**	**2252484**	**546272**
兰州市	Lanzhou	1776600	1768800	661400	602100	-80600	49600
嘉峪关市	Jiayuguan	41445	41445	243794	243794	126746	126746
金昌市	Jinchang	36769	35336	235627	183085	42839	44925
白银市	Baiyin	38414	34493	171312	156351	57649	18913
天水市	Tianshui	11102	7098	59070	40073	76233	79955
武威市	Wuwei	10295	7202	34489	21755	53992	37230
张掖市	Zhangye	11694	2178	45782	14556	49529	12271
平凉市	Pingliang	23983	1810	140248	10911	76592	13566
酒泉市	Jiuquan	259717	4672	116328	13122	121525	31508
庆阳市	Qingyang	829347	370672	436392	97278	1595149	116391
定西市	Dingxi	3900	1449	30284	9398	28530	8131
陇南市	Longnan	36000	961	89100	3972	104300	7036
青海省	**Qinghai**	**68990**	**28637**	**239893**	**63494**	**-66562**	**64493**
西宁市	Xining	42408	27541	194812	67941	-164971	73850
海东市	Haidong	26582	1096	45081	-4447	98409	-9357
宁夏回族自治区	**Ningxia**	**713968**	**595773**	**983824**	**403435**	**1016430**	**258688**
银川市	Yinchuan	576542	487535	527287	173142	706925	67228
石嘴山市	Shizuishan	43835	40660	204940	171842	148762	126657
吴忠市	Wuzhong	82449	63851	139547	35008	104683	95175
固原市	Guyuan	4195	372	15880	1491	33242	5773
中卫市	Zhongwei	6947	3355	96170	21952	22818	-36145
新疆维吾尔自治区	**Xinjiang**	**3156312**	**3155431**	**1925970**	**1922910**	**2153581**	**2141387**
乌鲁木齐市	Urumqi	1196678	1195797	773898	770838	1186017	1173823
克拉玛依市	Karamay	1959634	1959634	1152072	1152072	967564	967564

2-23 按运输方式分类的客运量(全市)

Passenger Traffic by Mode of Transport (Total City)

单位：万人 (10 000 persons)

城市	City	客运总量 Total Passenger Traffic	铁路旅客运量 Railway Passenger Traffic	公路客运量 Highway Passenger Traffic	水运客运量 Waterway Passenger Traffic	民用航空客运量 Civil Aviation Passenger Traffic
城市合计	**Prefecture Cities**	**2237666**	**240227**	**1907743**	**24808**	**64888**
北京市	**Beijing**	**71715**	**12609**	**52354**		**6752**
天津市	**Tianjin**	**19600**	**3687**	**14530**		**1383**
河北省	**Hebei**	**58116**	**6558**	**51150**	**34**	**374**
石家庄市	Shijiazhuang	8032	1100	6641		291
唐山市	Tangshan	4267	839	3407		21
秦皇岛市	Qinhuangdao	3002	910	2068	4	20
邯郸市	Handan	8921	870	7994	30	27
邢台市	Xingtai	4469	465	4004		
保定市	Baoding	10730	1207	9523		
张家口市	Zhangjiakou	3521	457	3050		14
承德市	Chengde	2831	382	2449		
沧州市	Cangzhou	4979	212	4767		
廊坊市	Langfang	5392	117	5275		
衡水市	Hengshui	1973		1973		
山西省	**Shanxi**	**37281**	**6659**	**29615**	**17**	**990**
太原市	Taiyuan	4441	2621	1027		793
大同市	Datong	3416	580	2795		41
阳泉市	Yangquan	2301	259	2042		
长治市	Changzhi	3619	118	3431	8	62
晋城市	Jincheng	2053	70	1983		
朔州市	Shuozhou	3790	514	3276		
晋中市	Jinzhong	4049	633	3416		
运城市	Yuncheng	4311	433	3784		94
忻州市	Xinzhou	2557	807	1750		
临汾市	Linfen	4444	558	3886		
吕梁市	Lvliang	2299	66	2224	9	
内蒙古自治区	**Inner Mongolia**	**18495**	**4237**	**12996**		**1262**
呼和浩特市	Hohhot	2256	910	699		647
包头市	Baotou	1736	743	902		91
乌海市	Wuhai	428	188	194		46
赤峰市	Chifeng	4356	396	3872		88
通辽市	Tongliao	901	651	179		71
鄂尔多斯市	Erdos	1288	75	1063		150
呼伦贝尔市	Hulunbuir	4689	854	3686		149
巴彦淖尔市	Bayannur	2100	161	1919		20
乌兰察布市	Ulanqab	743	260	483		
辽宁省	**Liaoning**	**95121**	**12756**	**80790**	**542**	**1033**
沈阳市	Shenyang	25397	4145	20801		451
大连市	Dalian	13580	2214	10354	430	582
鞍山市	Anshan	8705	776	7929		
抚顺市	Fushun	3108	176	2932		
本溪市	Benxi	4201	1325	2876		
丹东市	Dandong	5836	392	5392	52	
锦州市	Jinzhou	7002	941	6061		
营口市	Yingkou	4506	619	3887		

2-23 续表 1 continued

单位：万人 (10 000 persons)

城市	City	客运总量 Total Passenger Traffic	铁路旅客运量 Railway Passenger Traffic	公路客运量 Highway Passenger Traffic	水运客运量 Waterway Passenger Traffic	民用航空客运量 Civil Aviation Passenger Traffic
阜新市	Fuxin	1773	212	1561		
辽阳市	Liaoyang	4545	340	4205		
盘锦市	Panjin	3576	206	3370		
铁岭市	Tieling	5389	574	4815		
朝阳市	Chaoyang	3246	246	3000		
葫芦岛市	Huludao	4257	590	3607	60	
吉林省	**Jilin**	**31310**	**6458**	**24256**	**198**	**398**
长春市	Changchun	12377	3078	8883	41	375
吉林市	Jilin	5506	1214	4213	79	
四平市	Siping	2854	803	2030	21	
辽源市	Liaoyuan	1234	63	1171		
通化市	Tonghua	2397	353	2020	23	1
白山市	Baishan	1854	175	1648	10	21
松原市	Songyuan	3092	347	2724	21	
白城市	Baicheng	1996	426	1567	3	
黑龙江省	**Heilongjiang**	**41130**	**8640**	**31555**	**162**	**773**
哈尔滨市	Harbin	13989	4141	9228		620
齐齐哈尔市	Qiqihar	6037	1656	4365		16
鸡西市	Jixi	4352	402	3929		21
鹤岗市	Hegang	930	111	794	25	
双鸭山市	Shuangyashan	2097	105	1992		
大庆市	Daqing	2626	599	1970	5	52
伊春市	Yichun	976		969		7
佳木斯市	Jiamusi	3016	411	2446	112	47
七台河市	Qitaihe	861	50	811		
牡丹江市	Mudanjiang					
黑河市	Heihe	1150	307	812	20	11
绥化市	Suihua	5097	858	4239		
上海市	**Shanghai**	**20761**	**9194**	**3754**	**367**	**7446**
江苏省	**Jiangsu**	**161040**	**18522**	**137270**	**2564**	**2684**
南京市	Nanjing	16088	3844	10596	20	1628
无锡市	Wuxi	9987	1900	7222	447	418
徐州市	Xuzhou	17283	2093	15063		127
常州市	Changzhou	8777	1333	6769	489	186
苏州市	Suzhou	46947	6919	39432	596	
南通市	Nantong	10925	253	9998	581	93
连云港市	Lianyungang	5817	294	5433	33	57
淮安市	Huai'an	8690	200	8435	3	52
盐城市	Yancheng	9712	220	9440		52
扬州市	Yangzhou	5027	142	4792	22	71
镇江市	Zhenjiang	5490	1029	4461		
泰州市	Taizhou	9508	240	8895	373	
宿迁市	Suqian	6789	55	6734		
浙江省	**Zhejiang**	**133501**	**14492**	**112917**	**3538**	**2554**
杭州市	Hangzhou	24070	4689	17431	616	1334
宁波市	Ningbo	16722	3771	12144	171	636

2-23 续表 2 continued

单位：万人 (10 000 persons)

城 市	City	客运总量 Total Passenger Traffic	铁路旅客运量 Railway Passenger Traffic	公路客运量 Highway Passenger Traffic	水运客运量 Waterway Passenger Traffic	民用航空客运量 Civil Aviation Passenger Traffic
温州市	Wenzhou	22338	1542	20385	56	355
嘉兴市	Jiaxing	10780	1149	9594	37	
湖州市	Huzhou	6307		6244	63	
绍兴市	Shaoxing	10658	834	9721	103	
金华市	Jinhua	13560	1460	11980		120
衢州市	Quzhou	5397	259	5112	4	22
舟山市	Zhoushan	5171		2895	2222	54
台州市	Taizhou	13868	695	12931	209	33
丽水市	Lishui	4628	92	4479	57	
安徽省	**Anhui**	**141853**	**9296**	**131406**	**696**	**455**
合肥市	Hefei	20095	2905	16841	20	329
芜湖市	Wuhu	7942	496	7439	7	
蚌埠市	Bengbu	8037	1423	6614		
淮南市	Huainan	4648	382	4266		
马鞍山市	Maanshan	5188	109	5079		
淮北市	Huaibei	4013	542	3471		
铜陵市	Tongling	2386	59	1809	518	
安庆市	Anqing	16419	459	15922	28	10
黄山市	Huangshan	6207	124	5928	91	64
滁州市	Chuzhou	8689	135	8554		
阜阳市	Fuyang	13790	1063	12697		30
宿州市	Suzhou	8209	490	7719		
六安市	Lu'an	15930	604	15298	28	
亳州市	Bozhou	9174	247	8927		
池州市	Chizhou	4028	53	3953		22
宣城市	Xuancheng	7099	206	6889	4	
福建省	**Fujian**	**59134**	**5612**	**48378**	**1794**	**3350**
福州市	Fuzhou	13785		12700	150	935
厦门市	Xiamen	7916	1853	3327	650	2086
莆田市	Putian	6870	458	6169	243	
三明市	Sanming	3414	541	2833	40	
泉州市	Quanzhou	9892	894	8706	14	278
漳州市	Zhangzhou	3546	399	2885	262	
南平市	Nanping	3013	437	2525	4	47
龙岩市	Longyan	2557	427	2078	49	3
宁德市	Ningde	8141	604	7155	382	
江西省	**Jiangxi**	**68050**	**6984**	**59808**	**327**	**931**
南昌市	Nanchang	6970	2415	3831		724
景德镇市	Jingdezhen	2081	139	1896		46
萍乡市	Pingxiang	7775	276	7499		
九江市	Jiujiang	10694	989	9651	42	12
新余市	Xinyu	1594	241	1313	40	
鹰潭市	Yingtan	2258	533	1679	46	
赣州市	Ganzhou	9637	792	8629	137	79
吉安市	Ji'an	6908	709	6143	13	43
宜春市	Yichun	5349	248	5074		27
抚州市	Fuzhou	4566	136	4430		
上饶市	Shangrao	10218	505	9663	50	

2-23 续表 3 continued

单位：万人 (10 000 persons)

城市	City	客运总量 Total Passenger Traffic	铁路旅客运量 Railway Passenger Traffic	公路客运量 Highway Passenger Traffic	水运客运量 Waterway Passenger Traffic	民用航空客运量 Civil Aviation Passenger Traffic
山东省	**Shandong**	**77268**	**6464**	**66243**	**1965**	**2596**
济南市	Jinan	4241		3729	24	488
青岛市	Qingdao	9854	2301	5588	324	1641
淄博市	Zibo	1477	720	757		
枣庄市	Zaozhuang	3841	626	3173	42	
东营市	Dongying	909	9	810	61	29
烟台市	Yantai	7972	438	6704	626	204
潍坊市	Weifang	8108	632	7437		39
济宁市	Jining	5516		5281	190	45
泰安市	Tai'an	3743		3687	56	
威海市	Weihai	4086	323	3226	482	55
日照市	Rizhao	3267	136	3024	107	
莱芜市	Laiwu	155		155		
临沂市	Linyi	6614	408	6057	54	95
德州市	Dezhou	2575	304	2271		
聊城市	Liaocheng	2313	165	2148		
滨州市	Binzhou	6004	2	6002		
菏泽市	Heze	6593	399	6194		
河南省	**Henan**	**142981**	**11544**	**130660**	**254**	**523**
郑州市	Zhengzhou	18413	4134	13839		440
开封市	Kaifeng	8871	528	8343		
洛阳市	Luoyang	12791	1039	11687	6	59
平顶山市	Pingdingshan	12258	180	12078		
安阳市	Anyang	4221	468	3753		
鹤壁市	Hebi	1850	150	1700		
新乡市	Xinxiang	6382	586	5796		
焦作市	Jiaozuo	4476	128	4348		
濮阳市	Puyang	4502		4417	85	
许昌市	Xuchang	3397	330	3067		
漯河市	Luohe	2610	452	2155	3	
三门峡市	Sanmenxia	3270	430	2840		
南阳市	Nanyang	11370	699	10586	60	25
商丘市	Shangqiu	11734	988	10746		
信阳市	Xinyang	10254	879	9336	39	
周口市	Zhoukou	7216	56	7110	50	
驻马店市	Zhumadian	19366	496	18859	11	
湖北省	**Hubei**	**104849**	**20763**	**82319**	**489**	**1278**
武汉市	Wuhan	28146	14300	12748		1098
黄石市	Huangshi	3434	246	3188		
十堰市	Shiyan	3897	344	3524	29	
宜昌市	Yichang	11688	1829	9536	210	113
襄阳市	Xiangyang	10735	1043	9602	22	68
鄂州市	Ezhou	2714	231	2404	79	

2-23 续表 4 continued

单位：万人 (10 000 persons)

城 市	City	客运总量 Total Passenger Traffic	铁路旅客运量 Railway Passenger Traffic	公路客运量 Highway Passenger Traffic	水运客运量 Waterway Passenger Traffic	民用航空客运量 Civil Aviation Passenger Traffic
荆门市	Jingmen	4218	265	3945	8	
孝感市	Xiaogan	7428	955	6473		
荆州市	Jingzhou	9209		9158	51	
黄冈市	Huanggang	10608	1015	9593		
咸宁市	Xianning	6542	344	6132	66	
随州市	Suizhou	6231	191	6016	24	
湖南省	**Hunan**	**156405**	**8999**	**145085**	**1359**	**962**
长沙市	Changsha	12745	2188	9765		792
株洲市	Zhuzhou	16100	1089	15006	5	
湘潭市	Xiangtan	3359	203	3144	12	
衡阳市	Hengyang	21675	1398	20252	25	
邵阳市	Shaoyang	17937	133	17740	64	
岳阳市	Yueyang	12553	700	11844	9	
常德市	Changde	11294	275	10984		35
张家界市	Zhangjiajie	6681	189	6216	167	109
益阳市	Yiyang	11316	159	11075	82	
郴州市	Chenzhou	11230	612	10415	203	
永州市	Yongzhou	9618	734	8650	229	5
怀化市	Huaihua	12459	798	11099	541	21
娄底市	Loudi	9436	520	8894	22	
广东省	**Guangdong**	**204389**	**32969**	**157232**	**2783**	**11405**
广州市	Guangzhou	98061	12107	78690	280	6984
韶关市	Shaoguan	5791	759	5032		
深圳市	Shenzhen	15113	4744	6370	461	3538
珠海市	Zhuhai	5094	1211	3104	621	158
汕头市	Shantou	2076		1766		310
佛山市	Foshan	5976	196	5692	76	12
江门市	Jiangmen	9546		9325	221	
湛江市	Zhanjiang	15802	7977	7132	592	101
茂名市	Maoming	5838	174	5604	60	
肇庆市	Zhaoqing	3114		3114		
惠州市	Huizhou	7033	622	6411		
梅州市	Meizhou	2789	148	2615	12	14
汕尾市	Shanwei	1279	108	1171		
河源市	Heyuan	6640	3718	2893	29	
阳江市	Yangjiang	1572		1566	6	
清远市	Qingyuan	2878	210	2473	195	
东莞市	Dongguan	5555		5524	31	
中山市	Zhongshan	2851	595	2068	188	
潮州市	Chaozhou	2330	343	1975	12	
揭阳市	Jieyang	2289	58	1944		287
云浮市	Yunfu	2762		2762		
广西壮族自治区	**Guangxi**	**52304**	**4161**	**46625**	**512**	**1006**
南宁市	Nanning	8697	1502	6702		493
柳州市	Liuzhou	3553	804	2677	37	35

2-23 续表 5 continued

单位：万人 (10 000 persons)

城市	City	客运总量 Total Passenger Traffic	铁路旅客运量 Railway Passenger Traffic	公路客运量 Highway Passenger Traffic	水运客运量 Waterway Passenger Traffic	民用航空客运量 Civil Aviation Passenger Traffic
桂林市	Guilin	10462	827	9037	223	375
梧州市	Wuzhou	2102	115	1984		3
北海市	Beihai	2723	21	2393	209	100
防城港市	Fangchenggang	1071	46	1009	16	
钦州市	Qinzhou	1947	76	1864	7	
贵港市	Guigang	3596	269	3325	2	
玉林市	Yulin	3690	24	3666		
百色市	Baise	4833	72	4759	2	
贺州市	Hezhou	1465	62	1402	1	
河池市	Hechi	4454	130	4309	14	1
来宾市	Laibin	2073	105	1968		
崇左市	Chongzuo	1639	109	1530		
海南省	**Hainan**	**9069**	**1976**	**3188**	**1401**	**2504**
海口市	Haikou	6898	1582	2100	1007	2209
三亚市	Sanya	2171	394	1087	395	295
三沙市	Sansa					
重庆市	**Chongqing**	**70056**	**4057**	**63630**	**712**	**1657**
四川省	**Sichuan**	**135802**	**8707**	**121766**	**3110**	**2219**
成都市	Chengdu	21523	4420	15179	47	1877
自贡市	Zigong	6156	52	6000	104	
攀枝花市	Panzhihua	3191	195	2946	34	16
泸州市	Luzhou	8533		8447	15	71
德阳市	Deyang	7464	196	7268		
绵阳市	Mianyang	7957	572	7251	25	109
广元市	Guangyuan	2419	214	2101	87	17
遂宁市	Suining	4534	313	4120	101	
内江市	Neijiang	10364	239	9940	185	
乐山市	Leshan	6042	93	5703	246	
南充市	Nanchong	9465	592	8115	715	43
眉山市	Meishan	6999		6543	456	
宜宾市	Yibin	7417	232	6939	189	57
广安市	Guang'an	7700	170	7277	253	
达州市	Dazhou	8047	921	6715	381	30
雅安市	Ya'an	2987		2987		
巴中市	Bazhong	7465	450	6832	183	
资阳市	Ziyang	7541	50	7402	89	
贵州省	**Guizhou**	**143172**	**3262**	**137334**	**1188**	**1388**
贵阳市	Guiyang	72527	1575	69659	40	1253
六盘水市	Liupanshui	4490	783	3707		
遵义市	Zunyi	50294	345	49757	125	67
安顺市	Anshun	8313	253	7845	203	12
毕节市	Bijie	503	306		160	37
铜仁市	Tongren	7044		6366	660	18

2-23 续表 6 continued

单位：万人 (10 000 persons)

城市	City	客运总量 Total Passenger Traffic	铁路旅客运量 Railway Passenger Traffic	公路客运量 Highway Passenger Traffic	水运客运量 Waterway Passenger Traffic	民用航空客运量 Civil Aviation Passenger Traffic
云南省	**Yunnan**	**35464**	**2652**	**28701**	**263**	**3848**
昆明市	Kunming	13237	1671	8173	170	3223
曲靖市	Qujing	7003	657	6346		
玉溪市	Yuxi	2133	36	2097		
保山市	Baoshan	2326		2248		78
昭通市	Zhaotong	2267	155	2102		10
丽江市	Lijiang	4011	133	3393		485
普洱市	Pu'er	3474		3358	93	23
临沧市	Lincang	1013		984		29
西藏自治区	**Tibet**	**724**	**123**	**601**		
拉萨市	Lasa	724	123	601		
陕西省	**Shaanxi**	**73355**	**4580**	**65366**	**320**	**3089**
西安市	Xi'an	25719	3511	19282		2926
铜川市	Tongchuan	1823		1823		
宝鸡市	Baoji	7939		7939		
咸阳市	Xianyang	7575		7575		
渭南市	Weinan	9184		9169	15	
延安市	Yan'an	3372	332	3020		20
汉中市	Hanzhong	4454	199	4252		3
榆林市	Yulin	3961	538	3284		139
安康市	Ankang	5160		4855	305	
商洛市	Shangluo	4167		4167		
甘肃省	**Gansu**	**54601**	**2152**	**51638**	**58**	**753**
兰州市	Lanzhou	5672	1084	3871	58	659
嘉峪关市	Jiayuguan	6249	188	6030		31
金昌市	Jinchang	1461	48	1406		7
白银市	Baiyin	4973	32	4941		
天水市	Tianshui	4623	310	4310		3
武威市	Wuwei	5036	144	4892		
张掖市	Zhangye	5034	123	4905		6
平凉市	Pingliang	3504	97	3407		
酒泉市	Jiuquan	8029		7996		33
庆阳市	Qingyang	2786		2771		15
定西市	Dingxi	4306	126	4180		
陇南市	Longnan	2929		2929		
青海省	**Qinghai**	**3915**	**444**	**3270**		**201**
西宁市	Xining	2232	444	1587		201
海东市	Haidong	1683		1683		
宁夏回族自治区	**Ningxia**	**13016**	**496**	**12139**	**154**	**227**
银川市	Yinchuan	4063	407	3366	76	214
石嘴山市	Shizuishan	1519		1519		
吴忠市	Wuzhong	1353	25	1328		
固原市	Guyuan	3115	64	3047		4
中卫市	Zhongwei	2967		2879	79	9
新疆维吾尔自治区	**Xinjiang**	**3186**	**1173**	**1167**		**846**
乌鲁木齐市	Urumqi	3030	1137	1055		838
克拉玛依市	Karamay	157	36	112		9

2-24 按运输方式分类的货运量(全市)
Freight Traffic by Mode of Transport (Total City)

单位：万吨 (10 000 tons)

城　市	City	货运总量 Total Freight Traffic	铁路货物运量 Railway Freight Traffic	公路货运量 Highway Freight Traffic	水运货运量 waterway Freight Traffic	民用航空货邮运量 Civil Aviation Freight Traffic
城市合计	**Prefecture Cities**	**4110874**	**375414**	**3166150**	**568428**	**882**
北京市	**Beijing**	**26697**	**1132**	**25416**		**149**
天津市	**Tianjin**	**49751**	**8872**	**31130**	**9749**	
河北省	**Hebei**	**202685**	**13351**	**185287**	**4044**	**3**
石家庄市	Shijiazhuang	25938	1400	24536		2
唐山市	Tangshan	38207	3474	33479	1254	
秦皇岛市	Qinhuangdao	7611	1415	4773	1423	
邯郸市	Handan	37209	1974	35235		
邢台市	Xingtai	11614	132	11482		
保定市	Baoding	21726	810	20916		
张家口市	Zhangjiakou	7122	2520	4602		
承德市	Chengde	7865	623	7242		
沧州市	Cangzhou	29219	374	27478	1367	
廊坊市	Langfang	10513	629	9884		
衡水市	Hengshui	5660		5660		
山西省	**Shanxi**	**163388**	**75971**	**87412**		**5**
太原市	Taiyuan	18540	4330	14206		4
大同市	Datong	21967	13345	8622		
阳泉市	Yangquan	8543	4054	4489		
长治市	Changzhi	12370	4285	8085		
晋城市	Jincheng	12812	7770	5042		
朔州市	Shuozhou	24072	21901	2171		
晋中市	Jinzhong	13397	4245	9152		
运城市	Yuncheng	10538	1681	8857		
忻州市	Xinzhou	14307	6876	7431		
临汾市	Linfen	15343	2466	12877		
吕梁市	Lvliang	11498	5018	6480		
内蒙古自治区	**Inner Mongolia**	**176433**	**61800**	**114627**		**6**
呼和浩特市	Hohhot	20598	4268	16326		4
包头市	Baotou	38089	9257	28832		
乌海市	Wuhai	8109	2358	5751		
赤峰市	Chifeng	15391	2274	13117		
通辽市	Tongliao	14538	5554	8984		
鄂尔多斯市	Erdos	46597	29600	16996		1
呼伦贝尔市	Hulunbuir	18060	8290	9769		1
巴彦淖尔市	Bayannur	8720	69	8651		
乌兰察布市	Ulanqab	6331	130	6201		
辽宁省	**Liaoning**	**223013**	**19983**	**189210**	**13810**	**10**
沈阳市	Shenyang	23488	544	22940		4
大连市	Dalian	43676	2343	28800	12527	6
鞍山市	Anshan	21707	1191	20516		
抚顺市	Fushun	10452	1067	9385		
本溪市	Benxi	11844	3496	8348		
丹东市	Dandong	8493	670	7296	527	
锦州市	Jinzhou	20311	2758	17398	155	
营口市	Yingkou	18947	1925	16489	533	

2-24 续表 1 continued

单位：万吨 (10 000 tons)

城 市	City	货运总量 Total Freight Traffic	铁路货物运量 Railway Freight Traffic	公路货运量 Highway Freight Traffic	水运货运量 waterway Freight Traffic	民用航空货邮运量 Civil Aviation Freight Traffic
阜新市	Fuxin	5978	1099	4879		
辽阳市	Liaoyang	15904	1520	14384		
盘锦市	Panjin	14307	492	13800	15	
铁岭市	Tieling	9011	1345	7666		
朝阳市	Chaoyang	6203	978	5225		
葫芦岛市	Huludao	12692	555	12084	53	
吉林省	**Jilin**	**42493**	**4739**	**37338**	**411**	**5**
长春市	Changchun	10544	612	9712	215	5
吉林市	Jilin	9298	2003	7295		
四平市	Siping	6553	315	6238		
辽源市	Liaoyuan	1944	315	1629		
通化市	Tonghua	2963	738	2225		
白山市	Baishan	1677	243	1434		
松原市	Songyuan	8096	270	7695	131	
白城市	Baicheng	1418	243	1110	65	
黑龙江省	**Heilongjiang**	**52753**	**9709**	**41980**	**1060**	**4**
哈尔滨市	Harbin	10169	1105	8577	483	4
齐齐哈尔市	Qiqihar	12656	1449	11207		
鸡西市	Jixi	5482	1627	3855		
鹤岗市	Hegang	2490	846	1566	78	
双鸭山市	Shuangyashan	2504	1218	1286		
大庆市	Daqing	5361	1122	4089	150	
伊春市	Yichun	775		775		
佳木斯市	Jiamusi	5103	221	4548	334	
七台河市	Qitaihe	2473	1240	1233		
牡丹江市	Mudanjiang					
黑河市	Heihe	1555	546	994	15	
绥化市	Suihua	4185	335	3850		
上海市	**Shanghai**	**90128**	**549**	**42848**	**46583**	**148**
江苏省	**Jiangsu**	**198308**	**8485**	**114448**	**75328**	**47**
南京市	Nanjing	30904	1523	12143	17208	30
无锡市	Wuxi	15323	72	12885	2356	10
徐州市	Xuzhou	22927	944	16967	5015	1
常州市	Changzhou	12837	122	10705	2008	2
苏州市	Suzhou	13175	222	11855	1098	
南通市	Nantong	18410	93	11129	7185	3
连云港市	Lianyungang	15015	4926	8406	1683	
淮安市	Huai'an	11487	144	5572	5771	
盐城市	Yancheng	15017	163	5093	9761	
扬州市	Yangzhou	11596		6504	5092	
镇江市	Zhenjiang	8431	216	6905	1310	
泰州市	Taizhou	17255	18	2487	14750	
宿迁市	Suqian	5930	42	3797	2091	
浙江省	**Zhejiang**	**189371**	**4101**	**117068**	**68161**	**41**
杭州市	Hangzhou	29335	312	23202	5797	24
宁波市	Ningbo	40406	2364	21918	16113	11

2-24 续表 2 continued

单位：万吨 (10 000 tons)

城 市	City	货运总量 Total Freight Traffic	铁路货物运量 Railway Freight Traffic	公路货运量 Highway Freight Traffic	水运货运量 waterway Freight Traffic	民用航空货邮运量 Civil Aviation Freight Traffic
温州市	Wenzhou	11740	720	7681	3335	4
嘉兴市	Jiaxing	18185	28	9861	8296	
湖州市	Huzhou	13202		7463	5739	
绍兴市	Shaoxing	11583	102	10091	1390	
金华市	Jinhua	7965	115	7811	38	1
衢州市	Quzhou	9201	320	8877	4	
舟山市	Zhoushan	22283		5621	16662	
台州市	Taizhou	20222	29	9628	10565	
丽水市	Lishui	5248	111	4915	222	
安徽省	**Anhui**	**435957**	**12615**	**315157**	**108182**	**3**
合肥市	Hefei	42194	99	36208	5884	3
芜湖市	Wuhu	31240	157	12078	19005	
蚌埠市	Bengbu	39446	397	24221	14828	
淮南市	Huainan	21041	4541	12361	4139	
马鞍山市	Maanshan	16752	297	8414	8041	
淮北市	Huaibei	19051	4578	14473		
铜陵市	Tongling	5920	292	3533	2095	
安庆市	Anqing	25201	271	18690	6240	
黄山市	Huangshan	7885	96	7779	10	
滁州市	Chuzhou	28094		25446	2648	
阜阳市	Fuyang	67842		53818	14024	
宿州市	Suzhou	30115	1406	27383	1326	
六安市	Lu'an	40925	232	28460	12233	
亳州市	Bozhou	30746	10	27036	3700	
池州市	Chizhou	8971	6	4420	4545	
宣城市	Xuancheng	20534	233	10837	9464	
福建省	**Fujian**	**111427**	**2997**	**82600**	**25783**	**47**
福州市	Fuzhou	23093		14917	8164	12
厦门市	Xiamen	23545	982	16285	6247	31
莆田市	Putian	4504	56	3865	583	
三明市	Sanming	11514	854	10660		
泉州市	Quanzhou	20423	580	11905	7934	4
漳州市	Zhangzhou	11000	55	9058	1887	
南平市	Nanping	3611	206	3301	104	
龙岩市	Longyan	9320	264	9056		
宁德市	Ningde	4417		3553	864	
江西省	**Jiangxi**	**150469**	**4157**	**137052**	**9254**	**6**
南昌市	Nanchang	12709	183	11734	787	5
景德镇市	Jingdezhen	2146	254	1872	20	
萍乡市	Pingxiang	5806	561	5245		
九江市	Jiujiang	13922	1248	11415	1259	
新余市	Xinyu	16662	423	16156	83	
鹰潭市	Yingtan	11733	396	10881	456	
赣州市	Ganzhou	18829	172	17089	1567	1
吉安市	Ji'an	12345	391	10205	1749	
宜春市	Yichun	20092	73	17608	2411	
抚州市	Fuzhou	15304	125	15031	148	
上饶市	Shangrao	20921	331	19816	774	

2-24 续表 3 continued

单位：万吨 (10 000 tons)

城　市	City	货运总量 Total Freight Traffic	铁路货物运量 Railway Freight Traffic	公路货运量 Highway Freight Traffic	水运货运量 waterway Freight Traffic	民用航空货邮运量 Civil Aviation Freight Traffic
山东省	**Shandong**	**262574**	**18142**	**230018**	**14385**	**29**
济南市	Jinan	19558		19359	195	4
青岛市	Qingdao	26061	5564	19043	1434	20
淄博市	Zibo	16997	1041	15956		
枣庄市	Zaozhuang	7104	1478	4554	1072	
东营市	Dongying	4932	13	4706	213	
烟台市	Yantai	20566	1069	16028	3467	2
潍坊市	Weifang	23695	145	22145	1403	2
济宁市	Jining	26152		22397	3755	
泰安市	Tai'an	6298		6213	85	
威海市	Weihai	7930	54	6345	1531	
日照市	Rizhao	13919	5978	7096	845	
莱芜市	Laiwu	6518		6518		
临沂市	Linyi	29148	1609	27539		
德州市	Dezhou	12081	170	11911		
聊城市	Liaocheng	16027	136	15891		
滨州市	Binzhou	11851	476	11202	173	
菏泽市	Heze	13736	409	13115	212	
河南省	**Henan**	**204945**	**15402**	**179446**	**10087**	**10**
郑州市	Zhengzhou	22737	3018	19709		10
开封市	Kaifeng	9523	222	9301		
洛阳市	Luoyang	17360	847	16478	35	
平顶山市	Pingdingshan	12202	2914	9288		
安阳市	Anyang	9655	75	9580		
鹤壁市	Hebi	6052	252	5800		
新乡市	Xinxiang	16304	254	16050		
焦作市	Jiaozuo	16309	1014	15295		
濮阳市	Puyang	5419	763	4350	306	
许昌市	Xuchang	6041	44	5997		
漯河市	Luohe	5737	250	5322	165	
三门峡市	Sanmenxia	5537	1113	4424		
南阳市	Nanyang	14841	987	13081	773	
商丘市	Shangqiu	15398	156	15083	159	
信阳市	Xinyang	11404	944	6610	3850	
周口市	Zhoukou	17861	2151	13409	2301	
驻马店市	Zhumadian	12565	398	9669	2498	
湖北省	**Hubei**	**149064**	**14208**	**105248**	**29597**	**11**
武汉市	Wuhan	48530	7686	28083	12751	10
黄石市	Huangshi	7123	452	5365	1306	
十堰市	Shiyan	5954	257	5306	391	
宜昌市	Yichang	14051	994	8510	4546	1
襄阳市	Xiangyang	26164	346	24842	976	
鄂州市	Ezhou	2823	680	1614	529	

2-24 续表 4 continued

单位：万吨 (10 000 tons)

城市	City	货运总量 Total Freight Traffic	铁路货物运量 Railway Freight Traffic	公路货运量 Highway Freight Traffic	水运货运量 waterway Freight Traffic	民用航空货邮运量 Civil Aviation Freight Traffic
荆门市	Jingmen	7383	529	6790	64	
孝感市	Xiaogan	6033	2650	3058	325	
荆州市	Jingzhou	12649	137	7085	5427	
黄冈市	Huanggang	10268	121	6897	3250	
咸宁市	Xianning	4624	305	4310	9	
随州市	Suizhou	3462	51	3388	23	
湖南省	**Hunan**	**205336**	**10376**	**169506**	**25448**	**6**
长沙市	Changsha	30251	133	27098	3014	6
株洲市	Zhuzhou	18309	1002	16434	873	
湘潭市	Xiangtan	7058	1166	4880	1012	
衡阳市	Hengyang	18971	972	16733	1266	
邵阳市	Shaoyang	23927	255	23061	611	
岳阳市	Yueyang	26772	1098	15010	10664	
常德市	Changde	13341	376	10062	2903	
张家界市	Zhangjiajie	3149	12	2426	711	
益阳市	Yiyang	11248	51	8320	2877	
郴州市	Chenzhou	24697	724	23766	207	
永州市	Yongzhou	7435	519	6334	582	
怀化市	Huaihua	5568	268	4997	303	
娄底市	Loudi	14610	3800	10385	425	
广东省	**Guangdong**	**360955**	**30855**	**257136**	**72766**	**198**
广州市	Guangzhou	95645	5324	66040	24167	114
韶关市	Shaoguan	14843	2005	12838		
深圳市	Shenzhen	29384	123	20990	8193	78
珠海市	Zhuhai	11175	300	9241	1633	1
汕头市	Shantou	6057		5051	1004	2
佛山市	Foshan	29098	342	24712	4044	
江门市	Jiangmen	13926		9995	3931	
湛江市	Zhanjiang	32847	18690	11191	2966	
茂名市	Maoming	9463	603	8344	516	
肇庆市	Zhaoqing	6382		5002	1380	
惠州市	Huizhou	21765	220	9595	11950	
梅州市	Meizhou	7524	364	7102	57	1
汕尾市	Shanwei	2432		2425	7	
河源市	Heyuan	7656	1900	5742	14	
阳江市	Yangjiang	11029	689	9347	993	
清远市	Qingyuan	14125	136	11746	2243	
东莞市	Dongguan	15375		10915	4460	
中山市	Zhongshan	18864		15545	3319	
潮州市	Chaozhou	4419	6	3571	842	
揭阳市	Jieyang	3702	153	3517	30	2
云浮市	Yunfu	5244		4227	1017	
广西壮族自治区	**Guangxi**	**167456**	**11091**	**134339**	**22018**	**8**
南宁市	Nanning	33582	828	30035	2714	5
柳州市	Liuzhou	14687	575	13306	806	

2-24 续表 5 continued

单位：万吨 (10 000 tons)

城市	City	货运总量 Total Freight Traffic	铁路货物运量 Railway Freight Traffic	公路货运量 Highway Freight Traffic	水运货运量 waterway Freight Traffic	民用航空货邮运量 Civil Aviation Freight Traffic
桂林市	Guilin	9173	140	8997	34	2
梧州市	Wuzhou	7431	31	5229	2171	
北海市	Beihai	6824	315	5853	656	
防城港市	Fangchenggang	8737	3563	3888	1286	
钦州市	Qinzhou	17502	4338	10956	2208	
贵港市	Guigang	20071	202	8971	10898	
玉林市	Yulin	21606	327	21149	130	
百色市	Baise	9716	327	9076	313	
贺州市	Hezhou	4395	62	4283	50	
河池市	Hechi	6736	237	6474	25	
来宾市	Laibin	2552		1853	699	
崇左市	Chongzuo	4443	146	4269	28	
海南省	**Hainan**	**14354**	**874**	**5434**	**8017**	**29**
海口市	Haikou	12346	870	3448	8001	27
三亚市	Sanya	2008	4	1986	16	2
三沙市	Sansa					
重庆市	**Chongqing**	**97287**	**1952**	**81206**	**14117**	**12**
四川省	**Sichuan**	**147132**	**9196**	**129819**	**8087**	**30**
成都市	Chengdu	28051	932	27092		27
自贡市	Zigong	4802	25	4538	239	
攀枝花市	Panzhihua	13936	2963	10957	16	
泸州市	Luzhou	9106	307	6819	1980	
德阳市	Deyang	10583	834	9749		
绵阳市	Mianyang	4843	109	4733		1
广元市	Guangyuan	6327	324	4933	1070	
遂宁市	Suining	3947	24	3648	275	
内江市	Neijiang	3078	261	2498	319	
乐山市	Leshan	12340	1484	10592	264	
南充市	Nanchong	6789	125	5231	1433	
眉山市	Meishan	5526		5526		
宜宾市	Yibin	7204	739	5823	642	
广安市	Guang'an	3991	162	3496	333	
达州市	Dazhou	12325	490	11331	504	
雅安市	Ya'an	5058		5058		
巴中市	Bazhong	3714	355	3000	359	
资阳市	Ziyang	5510	62	4795	653	
贵州省	**Guizhou**	**70178**	**3415**	**65871**	**884**	**8**
贵阳市	Guiyang	26421	1402	25007	4	8
六盘水市	Liupanshui	10218	1270	8948		
遵义市	Zunyi	25446	286	24430	730	
安顺市	Anshun	5451	141	5307	3	
毕节市	Bijie	322	316		6	
铜仁市	Tongren	2320		2179	141	

2-24 续表 6 continued

单位：万吨 (10 000 tons)

城 市	City	货运总量 Total Freight Traffic	铁路货物运量 Railway Freight Traffic	公路货运量 Highway Freight Traffic	水运货运量 waterway Freight Traffic	民用航空货邮运量 Civil Aviation Freight Traffic
云南省	**Yunnan**	**58204**	**4274**	**53547**	**351**	**32**
昆明市	Kunming	27703	2141	25467	63	32
曲靖市	Qujing	2293	983	1310		
玉溪市	Yuxi	10473	696	9777		
保山市	Baoshan	3625		3625		
昭通市	Zhaotong	4340	230	3831	279	
丽江市	Lijiang	2770	224	2545		1
普洱市	Pu'er	3892		3883	9	
临沧市	Lincang	3109		3109		
西藏自治区	**Tibet**	**1010**	**37**	**973**		
拉萨市	Lasa	1010	37	973		
陕西省	**Shaanxi**	**137436**	**19296**	**117872**	**249**	**19**
西安市	Xi'an	42039	900	41120		19
铜川市	Tongchuan	4598		4598		
宝鸡市	Baoji	10055		10055		
咸阳市	Xianyang	11188		11188		
渭南市	Weinan	13204		13133	71	
延安市	Yan'an	7793	2006	5787		
汉中市	Hanzhong	7227	317	6910		
榆林市	Yulin	31181	16073	15108		
安康市	Ankang	6712		6534	178	
商洛市	Shangluo	3439		3439		
甘肃省	**Gansu**	**62029**	**4322**	**57695**	**7**	**5**
兰州市	Lanzhou	11147	936	10199	7	5
嘉峪关市	Jiayuguan	7412	56	7356		
金昌市	Jinchang	3028	358	2670		
白银市	Baiyin	12393	1158	11235		
天水市	Tianshui	2717	35	2682		
武威市	Wuwei	4004	89	3915		
张掖市	Zhangye	3547	48	3499		
平凉市	Pingliang	5305	1418	3887		
酒泉市	Jiuquan	3090		3090		
庆阳市	Qingyang	3102		3102		
定西市	Dingxi	4830	224	4606		
陇南市	Longnan	1454		1454		
青海省	**Qinghai**	**8713**	**458**	**8255**		
西宁市	Xining	6219	458	5761		
海东市	Haidong	2494		2494		
宁夏回族自治区	**Ningxia**	**34100**	**621**	**33428**	**50**	**1**
银川市	Yinchuan	15711	396	15314		1
石嘴山市	Shizuishan	3515		3515		
吴忠市	Wuzhong	7922	123	7799		
固原市	Guyuan	4726	102	4624		
中卫市	Zhongwei	2226		2176	50	
新疆维吾尔自治区	**Xinjiang**	**17225**	**2434**	**14784**		**7**
乌鲁木齐市	Urumqi	13688	2316	11365		7
克拉玛依市	Karamay	3537	118	3419		

2-25 邮政局(所)数及邮政、电信业务收入(全市)

Number of Post Offices and Revenue from Postal and Telecommunication Services (Total City)

城市	City	年末邮政局(所)数(处) Number of Post Offices at Year-end (unit)	邮政业务收入(万元) Revenue from Postal Services (10 000 yuan)	电信业务收入(万元) Revenue from Telecommunication Services (10 000 yuan)
城市合计	**Prefecture Cities**	**47847**	**23070219**	**122608171**
北京市	**Beijing**	**953**	**637602**	**6873707**
天津市	**Tianjin**	**876**	**360800**	**134868**
河北省	**Hebei**	**2211**	**638165**	**4778326**
石家庄市	Shijiazhuang	259	218261	856924
唐山市	Tangshan	214	95369	592559
秦皇岛市	Qinhuangdao	111	39502	266378
邯郸市	Handan	238	41105	455411
邢台市	Xingtai	113	22428	341323
保定市	Baoding	314	68911	695609
张家口市	Zhangjiakou	262	20762	269152
承德市	Chengde	214	28820	221472
沧州市	Cangzhou	227	49050	425180
廊坊市	Langfang	128	33982	440415
衡水市	Hengshui	131	19975	213903
山西省	**Shanxi**	**1436**	**285177**	**3053752**
太原市	Taiyuan	140	60088	594645
大同市	Datong	140	28986	222202
阳泉市	Yangquan	67	11907	150584
长治市	Changzhi	154	24519	203582
晋城市	Jincheng	113	12705	209659
朔州市	Shuozhou	66	11497	121580
晋中市	Jinzhong	133	21792	231714
运城市	Yuncheng	107	43800	403000
忻州市	Xinzhou	199	24000	181000
临汾市	Linfen	157	25047	408910
吕梁市	Lvliang	160	20836	326876
内蒙古自治区	**Inner Mongolia**	**1270**	**176064**	**1918443**
呼和浩特市	Hohhot	111	77948	476957
包头市	Baotou	95	11129	277760
乌海市	Wuhai	37	4419	70636
赤峰市	Chifeng	297	18751	313509
通辽市	Tongliao	129	8500	189600
鄂尔多斯市	Erdos	118	11000	219000
呼伦贝尔市	Hulunbuir	188	17494	205083
巴彦淖尔市	Bayannur	128	13823	142598
乌兰察布市	Ulanqab	167	13000	23300
辽宁省	**Liaoning**	**1675**	**623058**	**3985638**
沈阳市	Shenyang	226	174867	1065340
大连市	Dalian	240	163000	894465
鞍山市	Anshan	102	36500	285000
抚顺市	Fushun	81	20100	156608
本溪市	Benxi	69	13104	153344
丹东市	Dandong	95	27242	179842
锦州市	Jinzhou	96	24500	188272
营口市	Yingkou	70	21800	206224

2-25 续表 1 continued

城　市	City	年末邮政局(所)数(处) Number of Post Offices at Year-end (unit)	邮政业务收入(万元) Revenue from Postal Services (10 000 yuan)	电信业务收入(万元) Revenue from Telecommunication Services (10 000 yuan)
阜新市	Fuxin	95	11200	112648
辽阳市	Liaoyang	99	19645	133992
盘锦市	Panjin	77	31000	124326
铁岭市	Tieling	143	24500	160305
朝阳市	Chaoyang	172	26400	169506
葫芦岛市	Huludao	110	29200	155766
吉林省	**Jilin**	**866**	**305861**	**1542115**
长春市	Changchun	205	136785	654391
吉林市	Jilin	143	46085	257782
四平市	Siping	109	23575	156150
辽源市	Liaoyuan	49	12167	62410
通化市	Tonghua	115	29286	116485
白山市	Baishan	62	20318	68541
松原市	Songyuan	96	20890	130671
白城市	Baicheng	87	16755	95685
黑龙江省	**Heilongjiang**	**1988**	**362347**	**2699339**
哈尔滨市	Harbin	368	124538	961068
齐齐哈尔市	Qiqihar	253	30507	392100
鸡西市	Jixi	116	23710	125000
鹤岗市	Hegang	72	9637	88917
双鸭山市	Shuangyashan	111	18398	104104
大庆市	Daqing	182	39092	315517
伊春市	Yichun	84	10610	84882
佳木斯市	Jiamusi	205	26000	180000
七台河市	Qitaihe	45	5952	56063
牡丹江市	Mudanjiang	187	28543	176700
黑河市	Heihe	120	13746	167980
绥化市	Suihua	245	31614	47008
上海市	**Shanghai**	**537**	**527300**	**5969900**
江苏省	**Jiangsu**	**2399**	**2994967**	**8482670**
南京市	Nanjing	179	548713	1222323
无锡市	Wuxi	141	299828	966620
徐州市	Xuzhou	235	121718	581325
常州市	Changzhou	150	197201	609534
苏州市	Suzhou	244	791144	2009871
南通市	Nantong	312	228356	645196
连云港市	Lianyungang	132	73275	302164
淮安市	Huai'an	174	78024	297084
盐城市	Yancheng	229	99267	467918
扬州市	Yangzhou	187	124492	417571
镇江市	Zhenjiang	109	81586	299035
泰州市	Taizhou	173	98788	364022
宿迁市	Suqian	134	252575	300007
浙江省	**Zhejiang**	**1829**	**1964132**	**7675372**
杭州市	Hangzhou	281	1176704	1700825
宁波市	Ningbo	271	82629	1204763

2-25 续表 2 continued

城 市	City	年末邮政局(所)数 (处) Number of Post Offices at Year-end (unit)	邮政业务收入 (万元) Revenue from Postal Services (10 000 yuan)	电信业务收入 (万元) Revenue from Telecommunication Services (10 000 yuan)
温州市	Wenzhou	206	326197	1186395
嘉兴市	Jiaxing	148	44190	810134
湖州市	Huzhou	74	21097	308693
绍兴市	Shaoxing	154	50696	557053
金华市	Jinhua	203	110476	732874
衢州市	Quzhou	106	14949	151148
舟山市	Zhoushan	54	25187	143283
台州市	Taizhou	138	56866	698860
丽水市	Lishui	194	55141	181344
安徽省	**Anhui**	**1884**	**604257**	**3342043**
合肥市	Hefei	188	183374	815300
芜湖市	Wuhu	96	26248	324500
蚌埠市	Bengbu	89	19175	189646
淮南市	Huainan	84	12475	156338
马鞍山市	Maanshan	70	15204	15789
淮北市	Huaibei	47	11852	123979
铜陵市	Tongling	35	6771	69956
安庆市	Anqing	203	47154	260558
黄山市	Huangshan	119	9818	91763
滁州市	Chuzhou	157	16708	310319
阜阳市	Fuyang	165	47787	83573
宿州市	Suzhou	114	44200	228749
六安市	Lu'an	208	26666	264012
亳州市	Bozhou	100	25689	220000
池州市	Chizhou	72	87581	12274
宣城市	Xuancheng	137	23555	175287
福建省	**Fujian**	**1401**	**1091580**	**5015802**
福州市	Fuzhou	237	278400	1080969
厦门市	Xiamen	91	268400	1139900
莆田市	Putian	66	25634	349960
三明市	Sanming	175	42270	199447
泉州市	Quanzhou	220	334007	1012228
漳州市	Zhangzhou	142	42644	462335
南平市	Nanping	193	34574	207246
龙岩市	Longyan	141	20321	288791
宁德市	Ningde	136	45330	274926
江西省	**Jiangxi**	**1852**	**420981**	**2698787**
南昌市	Nanchang	161	162800	657300
景德镇市	Jingdezhen	95	11600	102535
萍乡市	Pingxiang	68	12157	113889
九江市	Jiujiang	215	22710	271670
新余市	Xinyu	65	12400	118000
鹰潭市	Yingtan	44	12887	64205
赣州市	Ganzhou	349	44532	440715
吉安市	Ji'an	244	50082	192153
宜春市	Yichun	191	39079	182600
抚州市	Fuzhou	191	23569	162720
上饶市	Shangrao	229	29165	393000

2-25 续表 3 continued

城　市	City	年末邮政局(所)数(处) Number of Post Offices at Year-end (unit)	邮政业务收入(万元) Revenue from Postal Services (10 000 yuan)	电信业务收入(万元) Revenue from Telecommunication Services (10 000 yuan)
山东省	**Shandong**	**2888**	**1034744**	**8541868**
济南市	Jinan	216	57359	698309
青岛市	Qingdao	270	308638	2306237
淄博市	Zibo	141	64897	421500
枣庄市	Zaozhuang	100	20403	578247
东营市	Dongying	85	16290	219773
烟台市	Yantai	268	53200	556000
潍坊市	Weifang	267	55322	735270
济宁市	Jining	210	80400	499000
泰安市	Tai'an	136	52021	313054
威海市	Weihai	101	23753	359900
日照市	Rizhao	76	24002	189828
莱芜市	Laiwu	45	15913	68441
临沂市	Linyi	252	54166	595900
德州市	Dezhou	235	54377	202533
聊城市	Liaocheng	172	45417	160017
滨州市	Binzhou	127	39000	178217
菏泽市	Heze	187	69586	459642
河南省	**Henan**	**2548**	**987657**	**6452723**
郑州市	Zhengzhou	238	328010	1736000
开封市	Kaifeng	116	24407	270920
洛阳市	Luoyang	192	48285	441331
平顶山市	Pingdingshan	132	29640	366584
安阳市	Anyang	120	42943	351939
鹤壁市	Hebi	25	7801	113546
新乡市	Xinxiang	169	63190	337294
焦作市	Jiaozuo	113	29012	189784
濮阳市	Puyang	99	30806	322800
许昌市	Xuchang	112	26037	230114
漯河市	Luohe	60	19112	125729
三门峡市	Sanmenxia	83	24235	137239
南阳市	Nanyang	272	82300	546500
商丘市	Shangqiu	210	71580	345163
信阳市	Xinyang	225	45217	292258
周口市	Zhoukou	186	60138	344818
驻马店市	Zhumadian	196	54944	300704
湖北省	**Hubei**	**1500**	**721105**	**3692629**
武汉市	Wuhan	261	397400	1455441
黄石市	Huangshi	66	30600	187200
十堰市	Shiyan	145	22960	194122
宜昌市	Yichang	136	26761	284514
襄阳市	Xiangyang	182	31917	275690
鄂州市	Ezhou	37	29256	72638

2-25 续表 4 continued

城　市	City	年末邮政局(所)数(处) Number of Post Offices at Year-end (unit)	邮政业务收入(万元) Revenue from Postal Services (10 000 yuan)	电信业务收入(万元) Revenue from Telecommunication Services (10 000 yuan)
荆门市	Jingmen	83	22251	172500
孝感市	Xiaogan	134	41252	206964
荆州市	Jingzhou	166	39149	312400
黄冈市	Huanggang	150	45200	269300
咸宁市	Xianning	88	16495	147564
随州市	Suizhou	52	17864	114296
湖南省	**Hunan**	**2115**	**631478**	**4807981**
长沙市	Changsha	235	221701	994611
株洲市	Zhuzhou	102	36975	385627
湘潭市	Xiangtan	86	16900	329100
衡阳市	Hengyang	182	56539	501091
邵阳市	Shaoyang	240	39960	398663
岳阳市	Yueyang	182	30522	374200
常德市	Changde	235	33915	308649
张家界市	Zhangjiajie	72	10697	161001
益阳市	Yiyang	112	34419	207416
郴州市	Chenzhou	140	72234	394316
永州市	Yongzhou	217	27872	155718
怀化市	Huaihua	216	30382	382225
娄底市	Loudi	96	19362	215364
广东省	**Guangdong**	**3833**	**6330997**	**17680588**
广州市	Guangzhou	244	1812758	3239835
韶关市	Shaoguan	136	61247	196732
深圳市	Shenzhen	687	2976800	4643100
珠海市	Zhuhai	69		
汕头市	Shantou	71	26306	532369
佛山市	Foshan	345	255584	
江门市	Jiangmen	121	90660	738899
湛江市	Zhanjiang	141	62878	929284
茂名市	Maoming	125	49602	634808
肇庆市	Zhaoqing	135	42058	514495
惠州市	Huizhou	164	26423	596051
梅州市	Meizhou	159	45608	200869
汕尾市	Shanwei	70	21839	285584
河源市	Heyuan	116	14748	172232
阳江市	Yangjiang	57	24524	177693
清远市	Qingyuan	121	20569	256861
东莞市	Dongguan	711	108193	1586444
中山市	Zhongshan	139	226071	1012399
潮州市	Chaozhou	53	171324	1940656
揭阳市	Jieyang	87		
云浮市	Yunfu	82	293805	22277
广西壮族自治区	**Guangxi**	**1456**	**267349**	**3000417**
南宁市	Nanning	193	50771	766662
柳州市	Liuzhou	121	16679	276757

2-25 续表 5 continued

城 市	City	年末邮政局(所)数(处) Number of Post Offices at Year-end (unit)	邮政业务收入(万元) Revenue from Postal Services (10 000 yuan)	电信业务收入(万元) Revenue from Telecommunication Services (10 000 yuan)
桂林市	Guilin	183	24261	305577
梧州市	Wuzhou	73	20000	214000
北海市	Beihai	34	7739	137381
防城港市	Fangchenggang	32	5327	79269
钦州市	Qinzhou	70	16487	144299
贵港市	Guigang	83	28007	163374
玉林市	Yulin	106	30334	244322
百色市	Baise	172	19697	178924
贺州市	Hezhou	69	7623	118900
河池市	Hechi	159	17783	159857
来宾市	Laibin	77	9269	99668
崇左市	Chongzuo	84	13372	111427
海南省	**Hainan**	**92**	**44619**	**564477**
海口市	Haikou	58	38119	436327
三亚市	Sanya	33	6490	128120
三沙市	Sansa	1	10	30
重庆市	**Chongqing**	**1720**	**477171**	**2218948**
四川省	**Sichuan**	**4922**	**540358**	**6549194**
成都市	Chengdu	480	90961	3100859
自贡市	Zigong	174	21655	139948
攀枝花市	Panzhihua	67	12898	98396
泸州市	Luzhou	254	42540	257389
德阳市	Deyang	178	21402	390151
绵阳市	Mianyang	448	35261	328181
广元市	Guangyuan	287	22736	177566
遂宁市	Suining	135	18428	140860
内江市	Neijiang	214	24826	172176
乐山市	Leshan	264	17310	218711
南充市	Nanchong	531	48860	305332
眉山市	Meishan	232	25675	159143
宜宾市	Yibin	253	31239	284701
广安市	Guang'an	202	25692	142234
达州市	Dazhou	426	36305	235227
雅安市	Ya'an	123	6968	97604
巴中市	Bazhong	300	24401	150072
资阳市	Ziyang	354	33201	150644
贵州省	**Guizhou**	**951**	**155682**	**1762342**
贵阳市	Guiyang	185	33458	563400
六盘水市	Liupanshui	114	15800	254771
遵义市	Zunyi	310	53831	402171
安顺市	Anshun	109	13042	123268
毕节市	Bijie	129	18251	255132
铜仁市	Tongren	104	21300	163600

2-25 续表 6 continued

城 市	City	年末邮政局(所)数(处) Number of Post Offices at Year-end (unit)	邮政业务收入(万元) Revenue from Postal Services (10 000 yuan)	电信业务收入(万元) Revenue from Telecommunication Services (10 000 yuan)
云南省	**Yunnan**	**1063**	**231546**	**2596826**
昆明市	Kunming	301	169000	930200
曲靖市	Qujing	162	15200	773100
玉溪市	Yuxi	83	7990	271741
保山市	Baoshan	91	6903	55387
昭通市	Zhaotong	151	13693	216649
丽江市	Lijiang	70	5518	19424
普洱市	Pu'er	125	7115	213427
临沧市	Lincang	80	6127	116898
西藏自治区	**Tibet**	**44**	**6377**	**229920**
拉萨市	Lasa	44	6377	229920
陕西省	**Shaanxi**	**1596**	**435030**	**3099401**
西安市	Xi'an	280	213893	1356705
铜川市	Tongchuan	47	5557	14795
宝鸡市	Baoji	169	34900	229500
咸阳市	Xianyang	155	30346	296020
渭南市	Weinan	176	36300	306000
延安市	Yan'an	135	15074	46188
汉中市	Hanzhong	223	41259	241423
榆林市	Yulin	165	24300	363700
安康市	Ankang	164	20401	147070
商洛市	Shangluo	82	13000	98000
甘肃省	**Gansu**	**1251**	**103045**	**1550329**
兰州市	Lanzhou	150	22556	465286
嘉峪关市	Jiayuguan	13	4564	55000
金昌市	Jinchang	18	2261	60415
白银市	Baiyin	112	6199	107735
天水市	Tianshui	153	17392	150226
武威市	Wuwei	100	7900	116623
张掖市	Zhangye	93	5785	68514
平凉市	Pingliang	135	5547	159700
酒泉市	Jiuquan	83	7074	29865
庆阳市	Qingyang	124	9865	57442
定西市	Dingxi	150	8997	110787
陇南市	Longnan	120	4905	168736
青海省	**Qinghai**	**133**	**31394**	**395990**
西宁市	Xining	105	27547	331007
海东市	Haidong	28	3847	64983
宁夏回族自治区	**Ningxia**	**336**	**28518**	**645003**
银川市	Yinchuan	97	12832	352591
石嘴山市	Shizuishan	46	4243	69595
吴忠市	Wuzhong	51	4300	122604
固原市	Guyuan	90	4375	15588
中卫市	Zhongwei	52	2768	84625
新疆维吾尔自治区	**Xinjiang**	**222**	**50858**	**648773**
乌鲁木齐市	Urumqi	188	44300	587300
克拉玛依市	Karamay	34	6558	61473

2-26 电话及互联网用户数(全市)
Number of Subscribers of Telephone and Internet Services (Total City)

单位：万户 (10 000 households)

城　市	City	固定电话年末用户数 Number of Subscribers of Local Telephones at Year-end	移动电话年末用户数 Number of Subscribers of Mobile Telephones at Year-end	互联网宽带接入用户数 Number of Subscribers of Internet Services
城市合计	**Prefecture Cities**	**23349**	**132373**	**24197**
北京市	**Beijing**	**831**	**4076**	**553**
天津市	**Tianjin**	**361**	**1352**	**1014**
河北省	**Hebei**	**1080**	**6278**	**1135**
石家庄市	Shijiazhuang	151	1038	214
唐山市	Tangshan	148	734	138
秦皇岛市	Qinhuangdao	65	326	61
邯郸市	Handan	81	717	108
邢台市	Xingtai	87	483	92
保定市	Baoding	163	905	174
张家口市	Zhangjiakou	54	334	56
承德市	Chengde	37	285	46
沧州市	Cangzhou	115	605	92
廊坊市	Langfang	98	511	91
衡水市	Hengshui	81	341	64
山西省	**Shanxi**	**543**	**3648**	**621**
太原市	Taiyuan	121	743	151
大同市	Datong	39	342	50
阳泉市	Yangquan	20	152	31
长治市	Changzhi	42	299	55
晋城市	Jincheng	39	225	39
朔州市	Shuozhou	17	182	21
晋中市	Jinzhong	56	296	51
运城市	Yuncheng	58	426	72
忻州市	Xinzhou	60	271	37
临汾市	Linfen	53	397	64
吕梁市	Lvliang	38	316	50
内蒙古自治区	**Inner Mongolia**	**335**	**2772**	**282**
呼和浩特市	Hohhot	83	390	45
包头市	Baotou	42	415	42
乌海市	Wuhai	16	90	11
赤峰市	Chifeng	40	340	39
通辽市	Tongliao	36	483	45
鄂尔多斯市	Erdos	22	250	19
呼伦贝尔市	Hulunbuir	44	329	40
巴彦淖尔市	Bayannur	26	251	19
乌兰察布市	Ulanqab	26	223	22
辽宁省	**Liaoning**	**1165**	**4602**	**797**
沈阳市	Shenyang	251	1044	161
大连市	Dalian	240	849	132
鞍山市	Anshan	86	354	65
抚顺市	Fushun	57	204	41
本溪市	Benxi	37	173	35
丹东市	Dandong	71	224	42
锦州市	Jinzhou	82	273	57
营口市	Yingkou	55	237	46

2-26 续表 1 continued

单位：万户 (10 000 households)

城 市	City	固定电话年末用户数 Number of Subscribers of Local Telephones at Year-end	移动电话年末用户数 Number of Subscribers of Mobile Telephones at Year-end	互联网宽带接入用户数 Number of Subscribers of Internet Services
阜新市	Fuxin	44	174	35
辽阳市	Liaoyang	45	186	42
盘锦市	Panjin	35	156	25
铁岭市	Tieling	44	231	35
朝阳市	Chaoyang	66	255	40
葫芦岛市	Huludao	54	242	40
吉林省	**Jilin**	**394**	**2414**	**368**
长春市	Changchun	182	881	135
吉林市	Jilin	93	414	72
四平市	Siping	14	287	38
辽源市	Liaoyuan	21	109	17
通化市	Tonghua	23	193	33
白山市	Baishan	29	114	20
松原市	Songyuan	13	241	27
白城市	Baicheng	19	175	28
黑龙江省	**Heilongjiang**	**613**	**3619**	**493**
哈尔滨市	Harbin	225	1251	163
齐齐哈尔市	Qiqihar	66	427	54
鸡西市	Jixi	30	180	25
鹤岗市	Hegang	10	116	14
双鸭山市	Shuangyashan	26	163	22
大庆市	Daqing	50	403	53
伊春市	Yichun	18	98	17
佳木斯市	Jiamusi	39	238	33
七台河市	Qitaihe	5	87	11
牡丹江市	Mudanjiang	49	247	36
黑河市	Heihe	22	117	22
绥化市	Suihua	71	292	44
上海市	**Shanghai**	**840**	**3293**	**672**
江苏省	**Jiangsu**	**2134**	**8070**	**1523**
南京市	Nanjing	283	1042	227
无锡市	Wuxi	213	833	153
徐州市	Xuzhou	146	751	108
常州市	Changzhou	152	520	117
苏州市	Suzhou	341	1469	296
南通市	Nantong	235	645	129
连云港市	Lianyungang	95	367	68
淮安市	Huai'an	89	376	59
盐城市	Yancheng	145	570	92
扬州市	Yangzhou	134	422	83
镇江市	Zhenjiang	97	317	62
泰州市	Taizhou	131	383	75
宿迁市	Suqian	73	376	55
浙江省	**Zhejiang**	**1581**	**8041**	**1799**
杭州市	Hangzhou	311	1562	279
宁波市	Ningbo	270	1267	281

2-26 续表 2 continued

单位：万户 (10 000 households)

城　　市	City	固定电话年末用户数 Number of Subscribers of Local Telephones at Year-end	移动电话年末用户数 Number of Subscribers of Mobile Telephones at Year-end	互联网宽带接入用户数 Number of Subscribers of Internet Services
温州市	Wenzhou	210	1113	261
嘉兴市	Jiaxing	135	615	142
湖州市	Huzhou	91	383	88
绍兴市	Shaoxing	151	692	154
金华市	Jinhua	136	918	195
衢州市	Quzhou	48	280	51
舟山市	Zhoushan	41	163	130
台州市	Taizhou	141	759	168
丽水市	Lishui	47	289	51
安徽省	**Anhui**	**860**	**4551**	**753**
合肥市	Hefei	171	782	111
芜湖市	Wuhu	61	306	63
蚌埠市	Bengbu	48	244	41
淮南市	Huainan	32	171	37
马鞍山市	Maanshan	44	177	38
淮北市	Huaibei	35	173	35
铜陵市	Tongling	17	71	18
安庆市	Anqing	82	418	54
黄山市	Huangshan	23	109	22
滁州市	Chuzhou	57	297	52
阜阳市	Fuyang	58	400	60
宿州市	Suzhou	64	488	96
六安市	Lu'an	61	317	37
亳州市	Bozhou	34	292	35
池州市	Chizhou	25	110	19
宣城市	Xuancheng	46	198	36
福建省	**Fujian**	**920**	**4330**	**1061**
福州市	Fuzhou	195	945	208
厦门市	Xiamen	136	564	146
莆田市	Putian	65	269	188
三明市	Sanming	50	244	55
泉州市	Quanzhou	226	991	185
漳州市	Zhangzhou	91	493	97
南平市	Nanping	54	239	53
龙岩市	Longyan	50	298	63
宁德市	Ningde	52	288	65
江西省	**Jiangxi**	**555**	**3135**	**573**
南昌市	Nanchang	112	601	120
景德镇市	Jingdezhen	25	131	24
萍乡市	Pingxiang	26	145	24
九江市	Jiujiang	74	327	69
新余市	Xinyu	17	105	22
鹰潭市	Yingtan	12	83	18
赣州市	Ganzhou	91	567	100
吉安市	Ji'an	46	282	53
宜春市	Yichun	55	333	55
抚州市	Fuzhou	27	220	43
上饶市	Shangrao	72	341	44

2-26 续表 3 continued

单位：万户 (10 000 households)

城市	City	固定电话年末用户数 Number of Subscribers of Local Telephones at Year-end	移动电话年末用户数 Number of Subscribers of Mobile Telephones at Year-end	互联网宽带接入用户数 Number of Subscribers of Internet Services
山东省	**Shandong**	**1386**	**10319**	**2481**
济南市	Jinan	177	1178	203
青岛市	Qingdao	207	1301	697
淄博市	Zibo	78	526	85
枣庄市	Zaozhuang	53	317	61
东营市	Dongying	41	280	54
烟台市	Yantai	129	820	134
潍坊市	Weifang	145	930	539
济宁市	Jining	69	734	103
泰安市	Tai'an	91	585	80
威海市	Weihai	61	317	72
日照市	Rizhao	39	277	52
莱芜市	Laiwu	22	134	21
临沂市	Linyi	73	920	129
德州市	Dezhou	55	484	56
聊城市	Liaocheng	51	436	63
滨州市	Binzhou	55	389	56
菏泽市	Heze	40	691	76
河南省	**Henan**	**1075**	**8000**	**1281**
郑州市	Zhengzhou	225	1310	208
开封市	Kaifeng	44	341	56
洛阳市	Luoyang	110	647	150
平顶山市	Pingdingshan	53	441	56
安阳市	Anyang	70	484	84
鹤壁市	Hebi	26	134	30
新乡市	Xinxiang	91	576	93
焦作市	Jiaozuo	43	318	51
濮阳市	Puyang	33	321	41
许昌市	Xuchang	53	331	53
漯河市	Luohe	20	189	30
三门峡市	Sanmenxia	25	204	118
南阳市	Nanyang	74	666	72
商丘市	Shangqiu	65	616	71
信阳市	Xinyang	61	405	45
周口市	Zhoukou	41	543	62
驻马店市	Zhumadian	40	476	63
湖北省	**Hubei**	**797**	**4896**	**937**
武汉市	Wuhan	255	1644	390
黄石市	Huangshi	39	234	43
十堰市	Shiyan	49	301	63
宜昌市	Yichang	58	384	72
襄阳市	Xiangyang	62	442	48
鄂州市	Ezhou	22	100	17

2-26 续表 4 continued

单位：万户 (10 000 households)

城市	City	固定电话年末用户数 Number of Subscribers of Local Telephones at Year-end	移动电话年末用户数 Number of Subscribers of Mobile Telephones at Year-end	互联网宽带接入用户数 Number of Subscribers of Internet Services
荆门市	Jingmen	36	212	35
孝感市	Xiaogan	47	308	44
荆州市	Jingzhou	63	386	83
黄冈市	Huanggang	85	378	65
咸宁市	Xianning	43	248	43
随州市	Suizhou	38	259	34
湖南省	**Hunan**	**770**	**4952**	**729**
长沙市	Changsha	195	1118	153
株洲市	Zhuzhou	59	306	57
湘潭市	Xiangtan	32	256	36
衡阳市	Hengyang	77	419	66
邵阳市	Shaoyang	63	414	52
岳阳市	Yueyang	63	404	59
常德市	Changde	60	444	75
张家界市	Zhangjiajie	12	103	20
益阳市	Yiyang	35	262	41
郴州市	Chenzhou	60	362	49
永州市	Yongzhou	32	269	38
怀化市	Huaihua	50	338	40
娄底市	Loudi	33	257	44
广东省	**Guangdong**	**2882**	**16675**	**3034**
广州市	Guangzhou	503	3224	645
韶关市	Shaoguan	52	283	161
深圳市	Shenzhen	530	3377	442
珠海市	Zhuhai	78	364	73
汕头市	Shantou	131	642	96
佛山市	Foshan	295	1490	248
江门市	Jiangmen	138	595	121
湛江市	Zhanjiang	68	656	78
茂名市	Maoming	71	371	65
肇庆市	Zhaoqing	61	344	268
惠州市	Huizhou	120	698	123
梅州市	Meizhou	58	374	51
汕尾市	Shanwei		189	26
河源市	Heyuan	44	216	36
阳江市	Yangjiang	45	229	34
清远市	Qingyuan	42	342	44
东莞市	Dongguan	327	1763	205
中山市	Zhongshan	112	610	109
潮州市	Chaozhou	61	248	39
揭阳市	Jieyang	105	531	78
云浮市	Yunfu	38	128	91
广西壮族自治区	**Guangxi**	**471**	**3638**	**610**
南宁市	Nanning	103	821	178
柳州市	Liuzhou	35	370	74

2-26 续表 5 continued

单位：万户 (10 000 households)

城市	City	固定电话年末用户数 Number of Subscribers of Local Telephones at Year-end	移动电话年末用户数 Number of Subscribers of Mobile Telephones at Year-end	互联网宽带接入用户数 Number of Subscribers of Internet Services
桂林市	Guilin	61	388	70
梧州市	Wuzhou	10	154	28
北海市	Beihai	23	169	28
防城港市	Fangchenggang	13	90	14
钦州市	Qinzhou	30	186	28
贵港市	Guigang	40	240	34
玉林市	Yulin	63	341	46
百色市	Baise	26	239	31
贺州市	Hezhou	13	134	20
河池市	Hechi	26	215	28
来宾市	Laibin	14	141	17
崇左市	Chongzuo	15	151	16
海南省	**Hainan**	**81**	**549**	**71**
海口市	Haikou	57	425	55
三亚市	Sanya	24	124	16
三沙市	Sansa			
重庆市	**Chongqing**	**583**	**2590**	**540**
四川省	**Sichuan**	**1186**	**6823**	**989**
成都市	Chengdu	438	2203	288
自贡市	Zigong	43	207	35
攀枝花市	Panzhihua	31	116	27
泸州市	Luzhou	50	346	53
德阳市	Deyang	48	349	67
绵阳市	Mianyang	73	407	79
广元市	Guangyuan	35	219	34
遂宁市	Suining	30	213	32
内江市	Neijiang	50	246	37
乐山市	Leshan	59	306	43
南充市	Nanchong	74	406	55
眉山市	Meishan	39	244	41
宜宾市	Yibin	53	364	42
广安市	Guang'an	31	233	30
达州市	Dazhou	48	351	49
雅安市	Ya'an	23	144	24
巴中市	Bazhong	28	229	24
资阳市	Ziyang	33	238	29
贵州省	**Guizhou**	**267**	**2361**	**496**
贵阳市	Guiyang	103	810	105
六盘水市	Liupanshui	29	262	23
遵义市	Zunyi	68	545	59
安顺市	Anshun	19	182	19
毕节市	Bijie	29	352	266
铜仁市	Tongren	19	211	24

2-26 续表 6 continued

单位：万户 (10 000 households)

城 市	City	固定电话年末用户数 Number of Subscribers of Local Telephones at Year-end	移动电话年末用户数 Number of Subscribers of Mobile Telephones at Year-end	互联网宽带接入用户数 Number of Subscribers of Internet Services
云南省	**Yunnan**	**254**	**2654**	**286**
昆明市	Kunming	126	974	132
曲靖市	Qujing	31	496	38
玉溪市	Yuxi	15	211	29
保山市	Baoshan	14	189	17
昭通市	Zhaotong	17	305	22
丽江市	Lijiang	10	95	14
普洱市	Pu'er	25	205	20
临沧市	Lincang	16	180	13
西藏自治区	**Tibet**	**21**	**94**	
拉萨市	Lasa	21	94	
陕西省	**Shaanxi**	**711**	**4680**	**632**
西安市	Xi'an	307	2025	278
铜川市	Tongchuan	12	88	13
宝鸡市	Baoji	59	341	60
咸阳市	Xianyang	58	446	64
渭南市	Weinan	77	438	64
延安市	Yan'an	33	268	28
汉中市	Hanzhong	51	289	32
榆林市	Yulin	52	421	44
安康市	Ankang	36	211	27
商洛市	Shangluo	25	153	22
甘肃省	**Gansu**	**319**	**2260**	**237**
兰州市	Lanzhou	80	529	73
嘉峪关市	Jiayuguan	10	44	7
金昌市	Jinchang	4	48	8
白银市	Baiyin	21	158	16
天水市	Tianshui	66	296	36
武威市	Wuwei	18	153	15
张掖市	Zhangye	27	119	16
平凉市	Pingliang	22	175	16
酒泉市	Jiuquan	17	120	12
庆阳市	Qingyang	21	227	16
定西市	Dingxi	14	192	12
陇南市	Longnan	18	198	11
青海省	**Qinghai**	**75**	**395**	**47**
西宁市	Xining	64	278	42
海东市	Haidong	11	117	5
宁夏回族自治区	**Ningxia**	**100**	**781**	**81**
银川市	Yinchuan	53	380	44
石嘴山市	Shizuishan	14	82	12
吴忠市	Wuzhong	12	115	11
固原市	Guyuan	10	115	5
中卫市	Zhongwei	12	89	9
新疆维吾尔自治区	**Xinjiang**	**161**	**525**	**103**
乌鲁木齐市	Urumqi	145	463	92
克拉玛依市	Karamay	16	62	12

2-27 社会消费品零售总额及批发零售贸易业情况

Total Retail Sales of Consumer Goods and Basic Conditions

城　市	City	限额以上批发零售贸易业商品销售总额(万元) Total Sales of Commodities of Enterprises above Designated Size in Wholesale and Retail Trades (10 000 yuan)		社会消费品零售总额(万元) Total Retail Sales of Consumer Goods (10 000 yuan)		限额以上批发零售贸易企业数(法人数)(个) Number of Enterprises above Designated Size of Wholesale and Retail Trades (Number of Legal Entities) (unit)	
		全　市 Total City	市辖区 Districts under City	全　市 Total City	市辖区 Districts under City	全　市 Total City	市辖区 Districts under City
城市合计	**Prefecture Cities**	**5490101346**	**4808402278**	**2622385592**	**1693909848**	**176836**	**114033**
北京市	**Beijing**	**600655245**	**598519444**	**96379959**	**94524961**	**8590**	**8432**
天津市	**Tianjin**	**326018304**	**311521718**	**47386543**	**43656440**	**5197**	**4749**
河北省	**Hebei**	**102681566**	**86261927**	**117871782**	**46546618**	**3934**	**1892**
石家庄市	Shijiazhuang	24824430	23399857	24234663	13647256	446	331
唐山市	Tangshan	4888183	12729908	19571127	9870084	439	329
秦皇岛市	Qinhuangdao	10313301	9258313	5775688	3941674	285	221
邯郸市	Handan	17858500	12630934	12423665	3941842	447	154
邢台市	Xingtai	3870677	2930280	7961821	1944479	338	119
保定市	Baoding	14631048	10442951	15018000	3951027	516	154
张家口市	Zhangjiakou	3409605	2057766	5622033	2610917	204	100
承德市	Chengde	2640676	1923637	4418912	1278892	170	69
沧州市	Cangzhou	7632264	4873924	10078974	1619688	438	176
廊坊市	Langfang	8425350	3836531	7236964	2094742	265	113
衡水市	Hengshui	4187532	2177826	5529935	1646017	386	126
山西省	**Shanxi**	**122173983**	**88740990**	**56060747**	**31303115**	**3179**	**1443**
太原市	Taiyuan	45810931	45557595	14501658	13490652	643	577
大同市	Datong	17939486	16535107	5414288	4244590	219	175
阳泉市	Yangquan	11267372	10659044	2762979	2008710	143	109
长治市	Changzhi	15364543	4024524	4768848	3148505	386	200
晋城市	Jincheng	4284134	2283316	3412124	1799210	282	120
朔州市	Shuozhou	3396854		2187619		190	
晋中市	Jinzhong	4910046	3487556	4842576	833466	270	35
运城市	Yuncheng	4332705	1922785	6262424	2015629	312	61
忻州市	Xinzhou	3369042	1137509	2571412	1080267	254	45
临汾市	Linfen	7301635	2240728	5450084	2080113	272	84
吕梁市	Lvliang	4197235	892826	3886735	601973	208	37
内蒙古自治区	**Inner Mongolia**	**44297570**	**29041970**	**51894256**	**34586382**	**1849**	**1175**
呼和浩特市	Hohhot	11391869	10392837	12560778	11301009	377	330
包头市	Baotou	9559560	8362522	11846690	11064613	289	263
乌海市	Wuhai	1783376	1783376	1270207	1270207	132	132
赤峰市	Chifeng	2922255	2270345	5873891	2922255	234	128
通辽市	Tongliao	2385926	508941	4354447	1694000	290	92
鄂尔多斯市	Erdos	8039514	2932712	6094847	2952829	162	90
呼伦贝尔市	Hulunbuir	2873780	613972	5040647	1660409	248	72
巴彦淖尔市	Bayannur	1029649	979954	2160879	996049	80	39
乌兰察布市	Ulanqab	4311641	1197311	2691870	725011	37	29
辽宁省	**Liaoning**	**178147611**	**155491021**	**117931138**	**85697331**	**6699**	**4924**
沈阳市	Shenyang	91930168	88859152	35701083	32461671	2029	1740
大连市	Dalian	37691790	34279495	28284239	22778915	1515	1237

2-27 续表 1 continued

城　市	City	限额以上批发零售贸易业商品销售总额(万元) Total Sales of Commodities of Enterprises above Designated Size in Wholesale and Retail Trades (10 000 yuan)		社会消费品零售总额(万元) Total Retail Sales of Consumer Goods (10 000 yuan)		限额以上批发零售贸易企业数(法人数)(个) Number of Enterprises above Designated Size of Wholesale and Retail Trades (Number of Legal Entities) (unit)	
		全　市 Total City	市辖区 Districts under City	全　市 Total City	市辖区 Districts under City	全　市 Total City	市辖区 Districts under City
鞍山市	Anshan	13628404	7659617	8973356	4601923	769	426
抚顺市	Fushun	3800485	3090967	5809793	5018771	220	174
本溪市	Benxi	1872143	1754368	3338265	2424541	303	257
丹东市	Dandong	1853589	1527048	4784252	2138412	183	106
锦州市	Jinzhou	4449438	3113477	5549961	3312366	263	170
营口市	Yingkou	4146339	2948659	4365120	2228963	361	214
阜新市	Fuxin	2911205	2488065	2588517	1979915	222	151
辽阳市	Liaoyang	4410767	3786442	3616370	2163016	115	80
盘锦市	Panjin	4338237	2700807	3209563	2432675	224	170
铁岭市	Tieling	1750404	985018	3914175	824134	119	35
朝阳市	Chaoyang	2882333	1197952	3760552	1037716	214	79
葫芦岛市	Huludao	2482309	1099954	4035892	2294313	162	85
吉林省	**Jilin**	**33286072**	**27691398**	**56318240**	**35142596**	**1279**	**743**
长春市	Changchun	15314524	14976435	22175471	18566767	358	319
吉林市	Jilin	7761858	6985712	11971119	8471755	376	194
四平市	Siping	2823133	1121830	5038242	1539608	157	56
辽源市	Liaoyuan	722295	398557	1890505	1242727	65	46
通化市	Tonghua	2975053	2024138	4397449	1219674	177	65
白山市	Baishan	471134	391450	2442124	1053471	35	20
松原市	Songyuan	1943041	785473	5564555	1458060	77	28
白城市	Baicheng	1275034	1007803	2838775	1590534	34	15
黑龙江省	**Heilongjiang**	**52844954**	**42718790**	**66400908**	**48518661**	**2014**	**1339**
哈尔滨市	Harbin	21878869	20883380	30708871	24760648	864	730
齐齐哈尔市	Qiqihar	2985443	2033523	6184202	5447129	117	93
鸡西市	Jixi	2043176	1286258	1383922	979899	97	47
鹤岗市	Hegang	425385	398168	1084719	883218	76	56
双鸭山市	Shuangyashan	590499	351826	1097298	567082	52	15
大庆市	Daqing	14876710	14518950	10109134	9339555	284	255
伊春市	Yichun	8553	3987	979495	713185	29	22
佳木斯市	Jiamusi	1248109	1038492	3612327	1898013	51	24
七台河市	Qitaihe	319193	289400	890581	667936	19	16
牡丹江市	Mudanjiang	5927424	1162914	4771146	2440900	289	51
黑河市	Heihe	548743	273555	952127	60059	50	15
绥化市	Suihua	1992850	478337	4627086	761037	86	15
上海市	**Shanghai**	**718126572**	**716910684**	**93034907**	**92167635**	**6123**	**6063**
江苏省	**Jiangsu**	**557071282**	**395358551**	**234580704**	**147122605**	**19535**	**11605**
南京市	Nanjing	173377090	173377090	41671947	41671947	2585	2585
无锡市	Wuxi	67085488	34774163	26078967	15004067	1690	1125
徐州市	Xuzhou	52938782	34463698	20991974	13157745	2017	881
常州市	Changzhou	38760444	34325942	18053977	13485751	2226	1884

2-27 续表 2 continued

城市	City	限额以上批发零售贸易业商品销售总额(万元) Total Sales of Commodities of Enterprises above Designated Size in Wholesale and Retail Trades (10 000 yuan)		社会消费品零售总额(万元) Total Retail Sales of Consumer Goods (10 000 yuan)		限额以上批发零售贸易企业数(法人数)(个) Number of Enterprises above Designated Size of Wholesale and Retail Trades (Number of Legal Entities) (unit)	
		全市 Total City	市辖区 Districts under City	全市 Total City	市辖区 Districts under City	全市 Total City	市辖区 Districts under City
苏州市	Suzhou	126089905	51341632	40950948	21337066	3640	1685
南通市	Nantong	25392022	16452935	21660973	8566028	2057	772
连云港市	Lianyungang	8481102	6847459	7393991	4309012	564	346
淮安市	Huai'an	7857469	5373587	8647989	5147346	1030	617
盐城市	Yancheng	11613220	5402094	13126983	4487129	1281	374
扬州市	Yangzhou	11137771	7562016	11280986	7745609	754	510
镇江市	Zhenjiang	14841654	10949071	10037987	5177911	586	329
泰州市	Taizhou	13087123	9760812	9035989	4480300	642	344
宿迁市	Suqian	6409212	4728052	5647993	2552694	463	153
浙江省	**Zhejiang**	**435558811**	**363698104**	**179049682**	**101029088**	**15792**	**10213**
杭州市	Hangzhou	165053508	161842736	42014577	37855210	3887	3531
宁波市	Ningbo	126455459	112218703	29920297	16197618	3311	2569
温州市	Wenzhou	25994980	18027144	24103624	12487093	2049	1087
嘉兴市	Jiaxing	21317202	9400799	13470432	3701410	1511	443
湖州市	Huzhou	20045370	9086948	8711964	4521114	644	299
绍兴市	Shaoxing	21758441	15801458	14871391	8395942	1465	991
金华市	Jinhua	14742172	6276031	15926986	4639520	1091	323
衢州市	Quzhou	4459999	2884579	5037864	1963081	313	155
舟山市	Zhoushan	12786420	12508354	3765820	2922388	332	285
台州市	Taizhou	17814105	12863433	16463225	6644874	894	417
丽水市	Lishui	5131155	2787919	4763502	1700838	295	113
安徽省	**Anhui**	**90458903**	**73849183**	**76080666**	**43039266**	**6115**	**3263**
合肥市	Hefei	37704147	36046934	16667504	13277112	1022	817
芜湖市	Wuhu	9745486	8650034	6536172	4300402	709	438
蚌埠市	Bengbu	3785990	3124029	5065648	3184891	371	211
淮南市	Huainan	2873258	2597727	3483816	2948705	308	230
马鞍山市	Maanshan	4069012	3390197	3735329	2281473	288	194
淮北市	Huaibei	1923008	1549034	2197808	1596381	230	141
铜陵市	Tongling	1554677	1506615	1891830	1626046	172	152
安庆市	Anqing	3392685	2032571	6001602	2262948	478	135
黄山市	Huangshan	1413641	1045703	2533962	1414233	165	83
滁州市	Chuzhou	3564466	2045551	4063976	1032762	450	123
阜阳市	Fuyang	8779336	5649468	5984073	2480690	467	193
宿州市	Suzhou	4809326	1642440	3442356	776406	382	104
六安市	Lu'an	1683944	1352162	5074919	2034984	256	118
亳州市	Bozhou	1435322	670977	3884077	1405837	369	141
池州市	Chizhou	1010852	790826	1763730	989962	173	92
宣城市	Xuancheng	2713753	1754915	3753864	1426434	275	91

2-27 续表 3 continued

城　市	City	限额以上批发零售贸易业商品销售总额(万元) Total Sales of Commodities of Enterprises above Designated Size in Wholesale and Retail Trades (10 000 yuan)		社会消费品零售总额(万元) Total Retail Sales of Consumer Goods (10 000 yuan)		限额以上批发零售贸易企业数(法人数)(个) Number of Enterprises above Designated Size of Wholesale and Retail Trades (Number of Legal Entities) (unit)	
		全　市 Total City	市辖区 Districts under City	全　市 Total City	市辖区 Districts under City	全　市 Total City	市辖区 Districts under City
福建省	**Fujian**	**187282244**	**152039129**	**93467365**	**50460911**	**9230**	**5254**
福州市	Fuzhou	49289860	44392979	30629431	21724226	1768	1319
厦门市	Xiamen	73311234	73311234	10722833	10722833	1492	1492
莆田市	Putian	8249025	6910619	4980264	4196397	703	628
三明市	Sanming	6345141	3945471	4048452	983200	560	268
泉州市	Quanzhou	28644373	9849844	21894296	6131825	1984	483
漳州市	Zhangzhou	7623588	5590543	6921977	2304775	665	279
南平市	Nanping	2800041	922908	4519974	1012441	264	79
龙岩市	Longyan	7684228	5169295	5599920	2385048	1378	557
宁德市	Ningde	3334754	1946236	4150218	1000166	416	149
江西省	**Jiangxi**	**38224664**	**30667981**	**50206954**	**25947792**	**1959**	**965**
南昌市	Nanchang	19113256	18162495	13048814	11030761	580	471
景德镇市	Jingdezhen	929384	860806	2398830	1558178	61	36
萍乡市	Pingxiang	896108	816214	2665530	1762275	63	41
九江市	Jiujiang	2539297	1924521	5122203	2267197	191	62
新余市	Xinyu	1016734	963468	1911083	1509389	60	47
鹰潭市	Yingtan	887736	652924	1506535	690055	49	26
赣州市	Ganzhou	3285257	2149237	6295865	2585038	229	75
吉安市	Ji'an	1774660	952845	3407844	642888	173	41
宜春市	Yichun	3871366	1790711	4573288	1494781	215	97
抚州市	Fuzhou	1441228	1107628	3794962	1364098	132	30
上饶市	Shangrao	2469638	1287132	5482000	1043132	206	39
山东省	**Shandong**	**321767473**	**205486737**	**250824787**	**127141241**	**17370**	**7865**
济南市	Jinan	43768171	41604163	30876494	25226448	1690	1307
青岛市	Qingdao	52377079	47172467	33617217	21676081	1679	1121
淄博市	Zibo	15169327	13035397	17631802	14109096	764	615
枣庄市	Zaozhuang	7315666	3855416	7266823	3985245	815	503
东营市	Dongying	12337557	5875669	6682430	4259429	510	240
烟台市	Yantai	26877417	15918081	24167527	10122571	1266	680
潍坊市	Weifang	26210985	11405191	20601093	6577406	2026	377
济宁市	Jining	20129020	8576419	17297112	7284591	1532	465
泰安市	Tai'an	23481189	8002027	12023523	4360560	1244	469
威海市	Weihai	10219537	6073883	11818695	4152949	424	188
日照市	Rizhao	17028999	11455849	5476312	3351441	204	119
莱芜市	Laiwu	3810995	3810995	2903597	2903597	322	322
临沂市	Linyi	24520050	14721380	20084374	8286140	1300	592
德州市	Dezhou	11620913	3911902	11167947	3372256	1325	325
聊城市	Liaocheng	10716600	4344264	9595582	2227885	646	188
滨州市	Binzhou	5876353	2292099	7462093	2745231	386	134
菏泽市	Heze	10307615	3431535	12152166	2500315	1237	220

2-27 续表 4 continued

城 市	City	限额以上批发零售贸易业商品销售总额（万元）Total Sales of Commodities of Enterprises above Designated Size in Wholesale and Retail Trades (10 000 yuan)		社会消费品零售总额（万元）Total Retail Sales of Consumer Goods (10 000 yuan)		限额以上批发零售贸易企业数(法人数)（个）Number of Enterprises above Designated Size of Wholesale and Retail Trades (Number of Legal Entities) (unit)	
		全 市 Total City	市辖区 Districts under City	全 市 Total City	市辖区 Districts under City	全 市 Total City	市辖区 Districts under City
河南省	**Henan**	**120202113**	**80111386**	**136692410**	**58801076**	**8852**	**3811**
郑州市	Zhengzhou	43080822	32873512	29136117	19085466	2004	1512
开封市	Kaifeng	3540323	2247878	5883150	2723915	383	122
洛阳市	Luoyang	11254945	9330703	14292067	7396516	756	472
平顶山市	Pingdingshan	6542124	4379538	6100913	2949315	567	188
安阳市	Anyang	4656579	3326971	5984567	2834272	295	103
鹤壁市	Hebi	1843707	759321	1634438	874667	130	82
新乡市	Xinxiang	4932313	2841272	6437764	3494833	403	126
焦作市	Jiaozuo	2967243	1698657	5580081	1887209	260	110
濮阳市	Puyang	2846145	2125163	4122918	1033927	254	74
许昌市	Xuchang	4605315	2177259	6189020	1450888	643	79
漯河市	Luohe	2892078	1948655	3864000	2382427	207	139
三门峡市	Sanmenxia	3111510	1415877	3507881	835139	281	74
南阳市	Nanyang	8003433	4664346	13900512	4028927	1071	293
商丘市	Shangqiu	7908930	4223195	7080785	2930011	309	143
信阳市	Xinyang	4034928	2279856	7783548	2325237	521	130
周口市	Zhoukou	3910539	1724117	8528980	1195109	309	61
驻马店市	Zhumadian	4071179	2095066	6665669	1373218	459	103
湖北省	**Hubei**	**161112035**	**127916309**	**110673920**	**67386339**	**8613**	**4283**
武汉市	Wuhan	106133834	98864974	43693155	38154748	1948	1622
黄石市	Huangshi	5168000	3695000	5197000	3515300	454	310
十堰市	Shiyan	6986429	5170151	5486532	3516546	604	373
宜昌市	Yichang	10470819	5183889	9645296	5204429	1086	461
襄阳市	Xiangyang	8860812	3733898	10305652	5212791	1531	605
鄂州市	Ezhou	805939	805939	2302823	2302823	84	84
荆门市	Jingmen	4203243	2710490	4517795	1769258	542	248
孝感市	Xiaogan	3514035	1568638	6893302	1251000	378	79
荆州市	Jingzhou	4373790	2373935	8314421	2964380	765	257
黄冈市	Huanggang	4004216	1597458	7156522	951500	519	68
咸宁市	Xianning	3757923	994148	3617722	948787	467	78
随州市	Suizhou	2832995	1217789	3543700	1594777	235	98
湖南省	**Hunan**	**87363104**	**60350748**	**101724956**	**55204639**	**5422**	**2542**
长沙市	Changsha	38529509	31745038	31620746	24716956	1294	908
株洲市	Zhuzhou	5791962	4030828	7491789	4043078	431	149
湘潭市	Xiangtan	3346539	3089243	4499723	2910083	285	187
衡阳市	Hengyang	5262001	3373617	8255147	3597152	519	290
邵阳市	Shaoyang	3075327	1955233	6613038	1509748	459	83
岳阳市	Yueyang	6210360	3381550	9056089	4941342	465	233
常德市	Changde	3308755	2589143	8197938	3281105	472	163
张家界市	Zhangjiajie	614678	503871	1572559	887308	64	28
益阳市	Yiyang	2845953	1878341	4541763	1777040	302	103
郴州市	Chenzhou	7148335	3431201	7218366	3502840	453	169
永州市	Yongzhou	8214724	3600730	4232660	1581613	223	59
怀化市	Huaihua			4510783	1564055	139	72
娄底市	Loudi	3014961	771953	3914355	892319	316	98

2-27 续表 5 continued

城市	City	限额以上批发零售贸易业商品销售总额(万元) Total Sales of Commodities of Enterprises above Designated Size in Wholesale and Retail Trades (10 000 yuan)		社会消费品零售总额(万元) Total Retail Sales of Consumer Goods (10 000 yuan)		限额以上批发零售贸易企业数(法人数)(个) Number of Enterprises above Designated Size of Wholesale and Retail Trades (Number of Legal Entities) (unit)	
		全市 Total City	市辖区 Districts under City	全市 Total City	市辖区 Districts under City	全市 Total City	市辖区 Districts under City
广东省	**Guangdong**	**724069254**	**760835354**	**283963450**	**232637918**	**20585**	**17996**
广州市	Guangzhou	316876519	309342293	71444503	67626609	6368	6028
韶关市	Shaoguan	3086221	2562348	5226841	3337228	297	140
深圳市	Shenzhen	182459711	182459711	48439983	48439983	3301	3301
珠海市	Zhuhai	27537686	27537686	8157145	8157145	893	893
汕头市	Shantou	11284082	11248271	11860433	11682525	709	701
佛山市	Foshan	46021708	46021708	24005844	24005844	1817	1817
江门市	Jiangmen	10091175	79178812	9235509	4082134	720	432
湛江市	Zhanjiang	12162955	10851395	11620971	6680820	587	353
茂名市	Maoming	18654800	17343101	10938995	6073150	841	602
肇庆市	Zhaoqing	10911391	4361601	5598970	205678	228	123
惠州市	Huizhou	10218937	7746176	9687020	5975555	491	310
梅州市	Meizhou	2298110	1716081	4999686	2220643	147	88
汕尾市	Shanwei	1001926	678125	4401124	940308	63	24
河源市	Heyuan	1348478	1218502	4350078	1402361	162	87
阳江市	Yangjiang	1536934	994220	5318994	2405959	144	62
清远市	Qingyuan	2932959	1800137	5202809	3092111	230	150
东莞市	Dongguan	29033764	29033764	19422889	19422889	1346	1346
中山市	Zhongshan	15678956	15678956	9817958	9817958	892	892
潮州市	Chaozhou	7324074	5179769	3958609	3113240	152	123
揭阳市	Jieyang	10911948	5103693	7590155	3134840	934	440
云浮市	Yunfu	2696920	779005	2684934	820938	263	84
广西壮族自治区	**Guangxi**	**67449803**	**61685013**	**57733610**	**36322301**	**2687**	**1917**
南宁市	Nanning	24646949	24270518	16169020	13429421	772	677
柳州市	Liuzhou	9419171	9077394	8582017	7010346	507	438
桂林市	Guilin	3460910	2816405	6828748	3650579	269	140
梧州市	Wuzhou	952803	912666	3283015	1706648	99	71
北海市	Beihai	14766397	14723453	1858142	1197655	81	66
防城港市	Fangchenggang	1274786	707119	916681	549287	70	41
钦州市	Qinzhou	1887672	1795388	3032483	1581739	150	115
贵港市	Guigang	1303392	1171608	3595589	1951812	94	65
玉林市	Yulin	2920507	2263743	5457089	2515859	231	133
百色市	Baise	1471731	1149206	2010582	627896	139	45
贺州市	Hezhou	2769731	1391668	1336315	722696	59	44
河池市	Hechi	1077507	898466	2237899	555262	95	35
来宾市	Laibin	558224	49998	1341676	596836	51	29
崇左市	Chongzuo	940023	457381	1084354	226265	70	18

2-27 续表 6 continued

城 市	City	限额以上批发零售贸易业商品销售总额(万元) Total Sales of Commodities of Enterprises above Designated Size in Wholesale and Retail Trades (10 000 yuan)		社会消费品零售总额(万元) Total Retail Sales of Consumer Goods (10 000 yuan)		限额以上批发零售贸易企业数(法人数)(个) Number of Enterprises above Designated Size of Wholesale and Retail Trades (Number of Legal Entities) (unit)	
		全 市 Total City	市辖区 Districts under City	全 市 Total City	市辖区 Districts under City	全 市 Total City	市辖区 Districts under City
海南省	**Hainan**	**1559270**	**1559270**	**6827229**	**6827229**	**324**	**324**
海口市	Haikou	1751	1751	5412718	5412718	284	284
三亚市	Sanya	1557519	1557519	1414511	1414511	40	40
三沙市	Sansa						
重庆市	**Chongqing**	**96431972**	**87161153**	**57106660**	**46994632**	**5147**	**3688**
四川省	**Sichuan**	**121625934**	**97525355**	**117897001**	**70486126**	**6336**	**3527**
成都市	Chengdu	72701114	65970755	44688846	37694709	1864	1558
自贡市	Zigong	3340950	2824554	4476763	2962589	230	139
攀枝花市	Panzhihua	2773165	2372155	2455517	2069082	221	195
泸州市	Luzhou	5175553	3558074	4913963	2452611	464	231
德阳市	Deyang	3991318	1646646	5448356	1505814	333	93
绵阳市	Mianyang	6832341	5602149	7782856	3712210	459	228
广元市	Guangyuan	1411131	1281968	2642250	1378041	133	82
遂宁市	Suining	2126997	1171341	3664807	1734412	194	94
内江市	Neijiang	2387509	1302501	3562244	1519115	282	99
乐山市	Leshan	2540634	1662084	4873824	2228592	243	109
南充市	Nanchong	2696658	1928940	6242112	2662913	371	159
眉山市	Meishan	2066640	1406053	3454790	1199789	224	90
宜宾市	Yibin	3644131	1954034	6003863	2543983	355	113
广安市	Guang'an	2089531	1329335	3670594	1337560	246	88
达州市	Dazhou	3910794	1879739	5926019	2197426	268	94
雅安市	Ya'an	865418	405184	1777624	855887	65	33
巴中市	Bazhong	883999	396745	2241153	1403378	185	75
资阳市	Ziyang	2188051	833098	4071420	1028015	199	47
贵州省	**Guizhou**	**34785695**	**26288712**	**22127957**	**13523979**	**1687**	**972**
贵阳市	Guiyang	18453268	17593357	8885848	7856201	618	536
六盘水市	Liupanshui	2622972	608753	2613754	1315075	171	116
遵义市	Zunyi	8989256	4048462	5333997	2524351	486	171
安顺市	Anshun	1319659	1210954	1257942	496095	110	60
毕节市	Bijie	2120575	1777463	2693804	923522	143	45
铜仁市	Tongren	1279965	1049723	1342612	408735	159	44
云南省	**Yunnan**	**63650569**	**57718631**	**32939366**	**22028362**	**1910**	**1117**
昆明市	Kunming	46136000	45564373	19058927	16559321	848	728
曲靖市	Qujing	5925356	3974695	4273210	1307255	263	76
玉溪市	Yuxi	3781898	2800934	2591042	1246268	220	109
保山市	Baoshan	1758831	1539627	1586968	906666	146	55
昭通市	Zhaotong	1894612	1504270	1900615	767309	119	35
丽江市	Lijiang	1012511	878283	843239	406869	74	38
普洱市	Pu'er	1725098	553349	1312944	422273	99	39
临沧市	Lincang	1416263	903100	1372421	412401	141	37

2-27 续表 7 continued

城　市	City	限额以上批发零售贸易业商品销售总额(万元) Total Sales of Commodities of Enterprises above Designated Size in Wholesale and Retail Trades (10 000 yuan)		社会消费品零售总额(万元) Total Retail Sales of Consumer Goods (10 000 yuan)		限额以上批发零售贸易企业数(法人数)(个) Number of Enterprises above Designated Size of Wholesale and Retail Trades (Number of Legal Entities) (unit)	
		全　市 Total City	市辖区 Districts under City	全　市 Total City	市辖区 Districts under City	全　市 Total City	市辖区 Districts under City
西藏自治区	**Tibet**	**1514651**		**1803277**		**60**	
拉萨市	Lasa	1514651		1803277		60	
陕西省	**Shaanxi**	**82476918**	**66891728**	**58770667**	**41257224**	**3348**	**1670**
西安市	Xi'an	47647200	46957531	30938909	29117825	803	749
铜川市	Tongchuan	467718	426250	966407	905699	97	92
宝鸡市	Baoji	7319953	6478661	5396667	3614204	426	235
咸阳市	Xianyang	4557928	1747036	5252183	1953035	387	124
渭南市	Weinan	2712000	2147976	4419777	1196605	328	75
延安市	Yan'an	2249168	1639790	1931804	898005	225	104
汉中市	Hanzhong	3050319	1669329	2816481	1127389	267	75
榆林市	Yulin	12018531	4045820	3747362	1177959	411	103
安康市	Ankang	1674576	1180094	1931831	895950	314	88
商洛市	Shangluo	779525	599241	1369246	370553	90	25
甘肃省	**Gansu**	**48282626**	**39894598**	**23787953**	**16108598**	**1471**	**922**
兰州市	Lanzhou	31506796	30973129	9448645	8988167	514	454
嘉峪关市	Jiayuguan	224000	224000	425300	425300	65	65
金昌市	Jinchang	470586	400361	699887	479602	47	30
白银市	Baiyin	1145670	861363	1523545	978303	89	35
天水市	Tianshui	4781874	2796262	2242882	1403982	139	99
武威市	Wuwei	2188650	1098968	1316600	778300	94	51
张掖市	Zhangye	843179	534472	1355538	829640	93	38
平凉市	Pingliang	2491308	585115	1628415	599080	62	14
酒泉市	Jiuquan	2347648	981187	1568181	688119	150	61
庆阳市	Qingyang	801115	657889	1871156	587851	94	39
定西市	Dingxi	887792	574059	985119	323551	64	17
陇南市	Longnan	594008	207793	722685	26703	60	19
青海省	**Qinghai**	**11441845**	**9863234**	**4858851**	**3921046**	**223**	**212**
西宁市	Xining	11218545	9851987	4140886	3776488	218	211
海东市	Haidong	223300	11247	717965	144558	5	1
宁夏回族自治区	**Ningxia**	**14567402**	**7630259**	**6732199**	**4268289**	**473**	**294**
银川市	Yinchuan	12858402	6396491	3824721	2544526	290	173
石嘴山市	Shizuishan	223839	171806	907532	697492	40	33
吴忠市	Wuzhong	799177	683215	875668	444940	70	44
固原市	Guyuan	128107	79932	557297	271595	23	14
中卫市	Zhongwei	557877	298815	566981	309736	50	30
新疆维吾尔自治区	**Xinjiang**	**44972901**	**44972901**	**11257448**	**11257448**	**833**	**833**
乌鲁木齐市	Urumqi	43727100	43727100	10699649	10699649	756	756
克拉玛依市	Karamay	1245801	1245801	557799	557799	77	77

2-28 利用外资情况

Utilization of Foreign Capital

城 市	City	外商直接投资合同项目（个）Number of Projects for Contracted Foreign Direct Investment (unit)		当年实际使用外资金额（万美元）Amount of Foreign Capital Actually Utilized (USD 10000)	
		全 市 Total City	市辖区 Districts under City	全 市 Total City	市辖区 Districts under City
城市合计	**Prefecture Cities**	**25448**	**19290**	**28650055**	**20098946**
北京市	**Beijing**	**1318**	**1298**	**904085**	**901839**
天津市	**Tianjin**	**674**	**663**	**1886676**	**1818486**
河北省	**Hebei**	**817**	**317**	**700859**	**384966**
石家庄市	Shijiazhuang	37		102189	78959
唐山市	Tangshan	20	17	140687	89279
秦皇岛市	Qinhuangdao	10	8	81211	64894
邯郸市	Handan	47	9	92540	34391
邢台市	Xingtai	14		48600	5211
保定市	Baoding	22	5	60585	34646
张家口市	Zhangjiakou	27	7	32518	12339
承德市	Chengde	3		14940	602
沧州市	Cangzhou	15	5	34242	16012
廊坊市	Langfang	535	245	71719	47914
衡水市	Hengshui	87	21	21628	719
山西省	**Shanxi**	**47**	**31**	**292186**	**197211**
太原市	Taiyuan	20	19	107673	104473
大同市	Datong	1	1	18159	6482
阳泉市	Yangquan	1	1	27600	19395
长治市	Changzhi	4		34402	9426
晋城市	Jincheng	1	1	28429	28429
朔州市	Shuozhou	1		15420	
晋中市	Jinzhong	10	5	35303	19548
运城市	Yuncheng	3	3	1658	1658
忻州市	Xinzhou	2		4320	
临汾市	Linfen	2	1	14913	7800
吕梁市	Lvliang	2		4309	
内蒙古自治区	**Inner Mongolia**	**53**	**22**	**385024**	**201213**
呼和浩特市	Hohhot	11		58847	
包头市	Baotou	11	11	111900	111900
乌海市	Wuhai	6	6	5800	5800
赤峰市	Chifeng	2		2112	
通辽市	Tongliao	4		2215	
鄂尔多斯市	Erdos	6	1	168500	68601
呼伦贝尔市	Hulunbuir	2		5981	
巴彦淖尔市	Bayannur	7	3	10044	6200
乌兰察布市	Ulanqab	4	1	19625	8712
辽宁省	**Liaoning**	**526**	**442**	**2517676**	**1859343**
沈阳市	Shenyang	145	128	227403	223802
大连市	Dalian	223	212	1400453	1062260
鞍山市	Anshan	61	39	159010	119825
抚顺市	Fushun	11	10	35731	27263
本溪市	Benxi	11	9	60084	42075
丹东市	Dandong	19	12	72670	63690
锦州市	Jinzhou	7	3	125457	65180
营口市	Yingkou	15	12	140134	100923

2-28 续表 1 continued

城　市	City	外商直接投资合同项目（个）Number of Projects for Contracted Foreign Direct Investment (unit)		当年实际使用外资金额（万美元）Amount of Foreign Capital Actually Utilized (USD 10000)	
		全　市 Total City	市辖区 Districts under City	全　市 Total City	市辖区 Districts under City
阜新市	Fuxin	8	4	25106	20294
辽阳市	Liaoyang	6	6	60003	60003
盘锦市	Panjin	7	3	74895	33519
铁岭市	Tieling	7	2	55894	17346
朝阳市	Chaoyang			25032	3991
葫芦岛市	Huludao	6	2	55804	19172
吉林省	**Jilin**	**72**	**46**	**728213**	**102572**
长春市	Changchun	41	36	500293	33821
吉林市	Jilin	7	2	93602	26389
四平市	Siping	3	2	30407	7756
辽源市	Liaoyuan	2		26334	5500
通化市	Tonghua	5		8113	462
白山市	Baishan	5	2	23970	7026
松原市	Songyuan	6	1	31285	13029
白城市	Baicheng	3	3	14209	8589
黑龙江省	**Heilongjiang**	**286**	**71**	**518699**	**365960**
哈尔滨市	Harbin	64	53	272125	239416
齐齐哈尔市	Qiqihar	3	3	47783	47783
鸡西市	Jixi	6	2	10100	7200
鹤岗市	Hegang	1		7000	
双鸭山市	Shuangyashan			2669	869
大庆市	Daqing	6	4	68000	46000
伊春市	Yichun			948	
佳木斯市	Jiamusi	43	4	23000	2578
七台河市	Qitaihe			1160	1160
牡丹江市	Mudanjiang	6	5	49707	19958
黑河市	Heihe	153		13098	
绥化市	Suihua	4		23109	996
上海市	**Shanghai**	**4697**	**4697**	**1816593**	**1816593**
江苏省	**Jiangsu**	**3352**	**2101**	**2817416**	**1974312**
南京市	Nanjing	504	504	329070	329070
无锡市	Wuxi	237	173	290438	210761
徐州市	Xuzhou	189	79	165786	114164
常州市	Changzhou	332	274	240919	262064
苏州市	Suzhou	905	454	811978	471602
南通市	Nantong	305	119	230479	110765
连云港市	Lianyungang	166	114	95438	77717
淮安市	Huai'an	179	108	119867	88271
盐城市	Yancheng	126	48	104732	35781
扬州市	Yangzhou	101	73	138776	125806
镇江市	Zhenjiang	120	61	129508	57468
泰州市	Taizhou	117	62	93945	55868
宿迁市	Suqian	71	32	66480	34975
浙江省	**Zhejiang**	**1628**	**1000**	**1604721**	**1129251**
杭州市	Hangzhou	408	368	633460	587798
宁波市	Ningbo	468	311	402514	286706

2-28 续表 2 continued

城 市	City	外商直接投资合同项目（个）Number of Projects for Contracted Foreign Direct Investment (unit)		当年实际使用外资金额（万美元）Amount of Foreign Capital Actually Utilized (USD 10000)	
		全 市 Total City	市辖区 Districts under City	全 市 Total City	市辖区 Districts under City
温州市	Wenzhou	43	17	53267	28395
嘉兴市	Jiaxing	246	80	249577	74605
湖州市	Huzhou	157	57	98419	45717
绍兴市	Shaoxing	141	113	67130	54670
金华市	Jinhua	70	13	27840	12750
衢州市	Quzhou	14	6	7009	3362
舟山市	Zhoushan	14	13	19962	15981
台州市	Taizhou	40	17	27705	13648
丽水市	Lishui	27	5	17838	5619
安徽省	**Anhui**	**345**	**209**	**1230181**	**749862**
合肥市	Hefei	85	78	218177	177814
芜湖市	Wuhu	126	71	200340	130540
蚌埠市	Bengbu	17	7	125007	79960
淮南市	Huainan	5	5	20095	17179
马鞍山市	Maanshan	15	12	176131	143323
淮北市	Huaibei	5	4	54431	54431
铜陵市	Tongling	6	4	19577	14335
安庆市	Anqing	13	4	26666	16416
黄山市	Huangshan	7	7	27837	15280
滁州市	Chuzhou	16	7	92353	34922
阜阳市	Fuyang	5	2	16461	9978
宿州市	Suzhou	10		58966	7900
六安市	Lu'an	9	4	35191	6775
亳州市	Bozhou	4	1	59687	15401
池州市	Chizhou	8	2	30260	17181
宣城市	Xuancheng	14	1	69002	8427
福建省	**Fujian**	**816**	**501**	**703579**	**389139**
福州市	Fuzhou	135	85	154651	84011
厦门市	Xiamen	331	331	197101	197101
莆田市	Putian	25	23	34092	30010
三明市	Sanming	40	10	14033	2539
泉州市	Quanzhou	126	26	148950	40356
漳州市	Zhangzhou	94	15	101207	14735
南平市	Nanping	26	2	12000	940
龙岩市	Longyan	18	4	24082	10397
宁德市	Ningde	21	5	17463	9050
江西省	**Jiangxi**	**834**	**325**	**935175**	**381537**
南昌市	Nanchang	189	142	321418	225056
景德镇市	Jingdezhen	18	8	15507	7400
萍乡市	Pingxiang	36	19	28012	13073
九江市	Jiujiang	144	44	145006	36893
新余市	Xinyu	29	19	34561	26261
鹰潭市	Yingtan	55	22	21566	7516
赣州市	Ganzhou	103	32	122204	36384
吉安市	Ji'an	120	21	78585	10109
宜春市	Yichun	32	1	59300	4671
抚州市	Fuzhou	38	10	25104	7629
上饶市	Shangrao	70	7	83912	6545

2-28 续表 3 continued

城 市	City	外商直接投资合同项目(个) Number of Projects for Contracted Foreign Direct Investment (unit)		当年实际使用外资金额(万美元) Amount of Foreign Capital Actually Utilized (USD 10000)	
		全 市 Total City	市辖区 Districts under City	全 市 Total City	市辖区 Districts under City
山东省	**Shandong**	**1352**	**924**	**2327934**	**942065**
济南市	Jinan	78	63	143497	109239
青岛市	Qingdao	619	471	608100	397358
淄博市	Zibo	35	27	54419	44560
枣庄市	Zaozhuang	12	8	10455	4235
东营市	Dongying	9	7	21510	14315
烟台市	Yantai	220	146	176903	93581
潍坊市	Weifang	40	16	898031	35207
济宁市	Jining	27	14	88648	45235
泰安市	Tai'an	78	20	41314	15062
威海市	Weihai	129	86	101220	81117
日照市	Rizhao	26	23	57301	52694
莱芜市	Laiwu	5	5	6123	6123
临沂市	Linyi	24	17	34027	14935
德州市	Dezhou	11	6	15655	5652
聊城市	Liaocheng	13	4	10629	1305
滨州市	Binzhou	10	5	38254	5174
菏泽市	Heze	16	6	21848	16273
河南省	**Henan**	**367**	**177**	**1464873**	**689722**
郑州市	Zhengzhou	66	53	363002	269503
开封市	Kaifeng	13	6	49728	27309
洛阳市	Luoyang	39	34	241025	125351
平顶山市	Pingdingshan	5	4	36493	10824
安阳市	Anyang	22	14	42839	25776
鹤壁市	Hebi	20	15	66785	49121
新乡市	Xinxiang	15	3	86988	34354
焦作市	Jiaozuo	11	11	72850	18610
濮阳市	Puyang	10		48717	9738
许昌市	Xuchang	10	3	59725	14540
漯河市	Luohe	21	15	78897	54720
三门峡市	Sanmenxia	26	3	95679	7800
南阳市	Nanyang	24	6	63144	12232
商丘市	Shangqiu	54	3	30897	8594
信阳市	Xinyang	8	4	47822	7489
周口市	Zhoukou	8	2	44890	8858
驻马店市	Zhumadian	15	1	35392	4903
湖北省	**Hubei**	**291**	**208**	**899444**	**715098**
武汉市	Wuhan	137	121	619858	547979
黄石市	Huangshi	14	10	55000	53247
十堰市	Shiyan	14	8	18047	13604
宜昌市	Yichang	8	4	31151	17351
襄阳市	Xiangyang	31	25	56946	35444
鄂州市	Ezhou	7	7	21094	21094

2-28 续表 4 continued

城市	City	外商直接投资合同项目(个) Number of Projects for Contracted Foreign Direct Investment (unit)		当年实际使用外资金额(万美元) Amount of Foreign Capital Actually Utilized (USD 10000)	
		全市 Total City	市辖区 Districts under City	全市 Total City	市辖区 Districts under City
荆门市	Jingmen	10	7	29559	4894
孝感市	Xiaogan	29	5	31061	7231
荆州市	Jingzhou	9	5	12200	5628
黄冈市	Huanggang	8	2	8690	1186
咸宁市	Xianning	15	8	5880	2395
随州市	Suizhou	9	6	9958	5045
湖南省	**Hunan**	**543**	**250**	**1025874**	**574801**
长沙市	Changsha	123	98	396910	297218
株洲市	Zhuzhou	87	43	82403	54604
湘潭市	Xiangtan	22	16	82823	65431
衡阳市	Hengyang	114	20	89960	13638
邵阳市	Shaoyang	22	8	18427	3870
岳阳市	Yueyang	21	11	32918	18560
常德市	Changde	32	10	60649	21942
张家界市	Zhangjiajie	8	6	8100	8100
益阳市	Yiyang	11	7	20826	13072
郴州市	Chenzhou	54	17	117706	47482
永州市	Yongzhou	21	7	75060	15520
怀化市	Huaihua	19	7	10906	2068
娄底市	Loudi	9		29186	13296
广东省	**Guangdong**	**6015**	**5368**	**2687132**	**2406911**
广州市	Guangzhou	1155	1104	510707	494340
韶关市	Shaoguan	88	12	19061	6442
深圳市	Shenzhen	2490	2490	580469	580469
珠海市	Zhuhai	330	330	193099	193099
汕头市	Shantou	23	23	17813	17803
佛山市	Foshan	235	235	265588	265588
江门市	Jiangmen	168	107	85377	39968
湛江市	Zhanjiang	12	9	15027	12636
茂名市	Maoming	69	13	15574	6353
肇庆市	Zhaoqing	107	47	133317	62146
惠州市	Huizhou	314	230	196582	140607
梅州市	Meizhou	139	62	14711	8844
汕尾市	Shanwei	27	2	16282	4510
河源市	Heyuan	97	33	22619	8010
阳江市	Yangjiang	40	14	11720	5627
清远市	Qingyuan	29	20	22747	14947
东莞市	Dongguan	465	465	452919	452919
中山市	Zhongshan	124	124	68079	68079
潮州市	Chaozhou	46	14	10920	8822
揭阳市	Jieyang	29	18	23888	11027
云浮市	Yunfu	28	16	10633	4675
广西壮族自治区	**Guangxi**	**139**	**94**	**116581**	**71041**
南宁市	Nanning	59	52	25187	22198
柳州市	Liuzhou	6	5	9986	9976

2-28 续表 5 continued

城 市	City	外商直接投资合同项目（个）Number of Projects for Contracted Foreign Direct Investment (unit)		当年实际使用外资金额（万美元）Amount of Foreign Capital Actually Utilized (USD 10000)	
		全 市 Total City	市辖区 Districts under City	全 市 Total City	市辖区 Districts under City
桂林市	Guilin	18	13	14487	14207
梧州市	Wuzhou	6	6	1078	1078
北海市	Beihai	9	7	14901	14901
防城港市	Fangchenggang	2	2	2331	2331
钦州市	Qinzhou	10		16437	
贵港市	Guigang	6	3	2200	1450
玉林市	Yulin	7	3	2968	1708
百色市	Baise	3	1	201	5
贺州市	Hezhou	4		9018	115
河池市	Hechi	2		10616	2213
来宾市	Laibin	2	2	842	146
崇左市	Chongzuo	5		6329	713
海南省	**Hainan**	**44**	**44**	**55990**	**55990**
海口市	Haikou	33	33	32979	32979
三亚市	Sanya	11	11	23011	23011
三沙市	Sansa				
重庆市	**Chongqing**	**203**	**189**	**1062946**	**948764**
四川省	**Sichuan**	**316**	**47**	**1027113**	**858515**
成都市	Chengdu	226		876000	768000
自贡市	Zigong	4	4	2218	2144
攀枝花市	Panzhihua			11139	11130
泸州市	Luzhou	9	4	6302	3642
德阳市	Deyang	7	4	20700	8150
绵阳市	Mianyang	7	7	22982	19028
广元市	Guangyuan	1		5608	2708
遂宁市	Suining	5	2	6008	5510
内江市	Neijiang	29	16	7115	3815
乐山市	Leshan	3	1	10624	6486
南充市	Nanchong	1	1	8032	7948
眉山市	Meishan	4		20514	6013
宜宾市	Yibin	3	1	5055	4050
广安市	Guang'an	3	2	4194	1836
达州市	Dazhou	2		6000	
雅安市	Ya'an	1	1	2066	200
巴中市	Bazhong	7	2	2076	408
资阳市	Ziyang	4	2	10480	7447
贵州省	**Guizhou**	**61**	**30**	**158449**	**78199**
贵阳市	Guiyang	24	15	76174	65493
六盘水市	Liupanshui	1		39014	
遵义市	Zunyi	8	1	12603	2276
安顺市	Anshun	17	7	10002	4133
毕节市	Bijie	7	4	14156	4882
铜仁市	Tongren	4	3	6500	1415

2-28 续表 6 continued

城市	City	外商直接投资合同项目(个) Number of Projects for Contracted Foreign Direct Investment (unit)		当年实际使用外资金额(万美元) Amount of Foreign Capital Actually Utilized (USD 10000)	
		全市 Total City	市辖区 Districts under City	全市 Total City	市辖区 Districts under City
云南省	**Yunnan**	**94**	**61**	**256320**	**76427**
昆明市	Kunming	73	54	223714	69384
曲靖市	Qujing	6	1	6024	880
玉溪市	Yuxi	2		7438	3177
保山市	Baoshan	2	1	11800	1167
昭通市	Zhaotong				
丽江市	Lijiang	2	2	783	783
普洱市	Pu'er			61	61
临沧市	Lincang	9	3	6500	975
西藏自治区	**Tibet**				
拉萨市	Lasa				
陕西省	**Shaanxi**	**495**	**139**	**483081**	**381353**
西安市	Xi'an	103	101	370310	365923
铜川市	Tongchuan	1	1	2100	2100
宝鸡市	Baoji	13	3	80028	1402
咸阳市	Xianyang	1	1	10356	3730
渭南市	Weinan	335	19	1216	456
延安市	Yan'an	3			
汉中市	Hanzhong	34	12	4005	2500
榆林市	Yulin	3	1	7266	5000
安康市	Ankang	1		3000	
商洛市	Shangluo	1	1	4800	242
甘肃省	**Gansu**	**11**	**4**	**9777**	**1976**
兰州市	Lanzhou	5	2	5447	1906
嘉峪关市	Jiayuguan				
金昌市	Jinchang				
白银市	Baiyin				
天水市	Tianshui				
武威市	Wuwei	1	1		
张掖市	Zhangye	2	1	70	70
平凉市	Pingliang				
酒泉市	Jiuquan	3		4260	
庆阳市	Qingyang				
定西市	Dingxi				
陇南市	Longnan				
青海省	**Qinghai**	**6**		**1091**	
西宁市	Xining	6		1091	
海东市	Haidong				
宁夏回族自治区	**Ningxia**	**14**		**6567**	
银川市	Yinchuan	14		6567	
石嘴山市	Shizuishan				
吴忠市	Wuzhong				
固原市	Guyuan				
中卫市	Zhongwei				
新疆维吾尔自治区	**Xinjiang**	**32**	**32**	**25800**	**25800**
乌鲁木齐市	Urumqi	32	32	25800	25800
克拉玛依市	Karamay				

2-29 固定资产投资情况
Basic Conditions of Investment in Fixed Assets

单位：万元 (10 000 yuan)

城 市	City	固定资产投资(不含农户) Investment in Fixed Assets (Excluding Rural Households)		房地产开发投资 Investment in Real Estate Development		住宅 Residential Buildings	
		全 市 Total City	市辖区 Districts under City	全 市 Total City	市辖区 Districts under City	全 市 Total City	市辖区 Districts under City
城市合计	**Prefecture Cities**	**4749732095**	**2450686800**	**922499092**	**687066300**	**621465958**	**450421281**
北京市	**Beijing**	**75114785**	**72743232**	**39113411**	**38407726**	**19620321**	**19215056**
天津市	**Tianjin**	**116262649**	**52557673**	**16996496**	**15905936**	**11222553**	**10351569**
河北省	**Hebei**	**247548752**	**90416493**	**40524502**	**25460476**	**30037431**	**17774606**
石家庄市	Shijiazhuang	48839608	28805725	10180594	9163628	6788859	6034360
唐山市	Tangshan	41462408	23401179	6092982	4851206	4683727	3688910
秦皇岛市	Qinhuangdao	7916533	4590962	2687979	1911676	2125059	1714620
邯郸市	Handan	30907369	8289585	3770938	2619693	2201403	1338317
邢台市	Xingtai	16470795	2883289	1518321	980355	1141338	652128
保定市	Baoding	23864816	4525290	4563094	1178919	3941481	896966
张家口市	Zhangjiakou	14020061	3324505	1764333	896226	1223559	537840
承德市	Chengde	14027065	2703028	1390767	846475	977303	579955
沧州市	Cangzhou	27289276	6557928	2019066	1079156	1561217	834649
廊坊市	Langfang	13299134	3137803	5222496	1223550	4369394	945310
衡水市	Hengshui	9451687	2197199	1313932	709592	1024091	551551
山西省	**Shanxi**	**118921525**	**43264185**	**14035549**	**10662586**	**10106898**	**7470589**
太原市	Taiyuan	17460868	15565304	4832293	4555391	3526689	3310404
大同市	Datong	10724080	5012125	2373245	2030029	1516049	1268366
阳泉市	Yangquan	5173685	2331267	527008	342389	433968	299852
长治市	Changzhi	12456466	3152121	752331	426679	581678	335602
晋城市	Jincheng	9747818	3315092	581820	409019	440804	327704
朔州市	Shuozhou	8152983	4549279	771700	579983	556112	327174
晋中市	Jinzhong	11060072	2297972	1129026	714781	743506	407147
运城市	Yuncheng	12027349	2524748	1177222	701069	867190	499550
忻州市	Xinzhou	9654225	969950	617376	267172	489402	193292
临汾市	Linfen	12294284	2675255	842011	570658	649271	450443
吕梁市	Lvliang	10169695	871072	431517	65416	302229	51055
内蒙古自治区	**Inner Mongolia**	**142337873**	**54773621**	**12824944**	**10318158**	**8832730**	**7049579**
呼和浩特市	Hohhot	17364557	8871123	5631305	5197526	4100748	3803190
包头市	Baotou	34405627	24620963	1978681	1864922	1327232	1244884
乌海市	Wuhai	3522030	3522030	487262	487262	267266	267266
赤峰市	Chifeng	11012770	4415176	1285905	736944	803980	378659
通辽市	Tongliao	18663619	681474	887106	513354	513317	228335
鄂尔多斯市	Erdos	34225280	6576164	834954	549801	645163	461973
呼伦贝尔市	Hulunbuir	8030000	2429188	1029100	497368	702300	341289
巴彦淖尔市	Bayannur	9412372	2322142	439032	342116	293826	236897
乌兰察布市	Ulanqab	5701618	1335361	251599	128865	178898	87086
辽宁省	**Liaoning**	**244268339**	**145579677**	**53013051**	**43902971**	**38443122**	**31751781**
沈阳市	Shenyang	65640596	51085702	19758182	18818861	14163406	13311177
大连市	Dalian	67736333	45114727	14293353	13098386	10647027	9659116
鞍山市	Anshan	19066701	7619715	2529523	1876887	1851424	1330451
抚顺市	Fushun	9199862	6199966	1248594	1060542	861638	716305
本溪市	Benxi	8852030	6201696	1126002	733197	850712	668256
丹东市	Dandong	9125974	2805238	1411256	773112	1083955	624303
锦州市	Jinzhou	9709623	5171746	2011821	1440012	1624464	1192841
营口市	Yingkou	11612587	8247410	1545606	1273223	1167478	957087

2-29 续表 1 continued

单位：万元 (10 000 yuan)

城市	City	固定资产投资(不含农户) Investment in Fixed Assets (Excluding Rural Households)		房地产开发投资 Investment in Real Estate Development		住宅 Residential Buildings	
		全市 Total City	市辖区 Districts under City	全市 Total City	市辖区 Districts under City	全市 Total City	市辖区 Districts under City
阜新市	Fuxin	4340733	2444455	1217045	852080	700399	561783
辽阳市	Liaoyang	7148333	3855065	1148637	866738	735942	533826
盘锦市	Panjin	11574017	2535895	2837162	1655505	1916011	1126268
铁岭市	Tieling	6462606	1182924	1311961	394912	1040267	384972
朝阳市	Chaoyang	8350033	1527394	1219016	326182	872065	261443
葫芦岛市	Huludao	5448911	1587744	1354893	733334	928334	423953
吉林省	**Jilin**	**103927910**	**57137030**	**9596441**	**7351400**	**6861464**	**5074823**
长春市	Changchun	37463792	29548805	5343977	4955077	3605481	3289082
吉林市	Jilin	22583884	14088907	1424628	939960	992764	629707
四平市	Siping	7103143	2253753	480451	94194	424662	80580
辽源市	Liaoyuan	5313782	2937492	199859	121394	178561	108363
通化市	Tonghua	8538657	1695820	854434	333895	674096	249985
白山市	Baishan	5608031	1212914	240847	159000	150026	104347
松原市	Songyuan	11445246	3984940	802765	576105	622947	470122
白城市	Baicheng	5871375	1414399	249480	171775	212927	142637
黑龙江省	**Heilongjiang**	**90314018**	**48551229**	**13314919**	**9943092**	**9546008**	**7066441**
哈尔滨市	Harbin	41759761	29629225	6735677	6225813	4892971	4546093
齐齐哈尔市	Qiqihar	7551019	2802916	1299771	848643	975651	662180
鸡西市	Jixi	2078051	1122637	272849	190905	154963	91161
鹤岗市	Hegang	859970	667768	67815	57230	59564	51304
双鸭山市	Shuangyashan	1500099	518316	164120	62454	117984	51977
大庆市	Daqing	9195635	7443887	1573794	1397511	1107852	972975
伊春市	Yichun	1326112	955163	86048	56746	69026	46181
佳木斯市	Jiamusi	4831163	1622763	548408	387426	295727	162916
七台河市	Qitaihe	1056134	873658	51211	40189		
牡丹江市	Mudanjiang	11567196	1774614	1575240	530833	1138864	379999
黑河市	Heihe	2255898	439439	194092	37021	135601	20415
绥化市	Suihua	6332980	700843	745894	108321	597805	81240
上海市	**Shanghai**	**60129660**	**58776193**	**32064773**	**31698588**	**17246467**	**17002058**
江苏省	**Jiangsu**	**415527517**	**250242167**	**82402300**	**55979537**	**59245200**	**39385671**
南京市	Nanjing	54307699	54307699	11254900	11254900	7962700	7962700
无锡市	Wuxi	46107671	29860872	12522200	8061415	8459800	5336531
徐州市	Xuzhou	36715594	19315592	4688800	2996808	3169500	1802242
常州市	Changzhou	33100503	26030559	6815300	6086138	4610500	4088686
苏州市	Suzhou	60539991	33070160	17644400	10273585	13035000	7425391
南通市	Nantong	38963893	15896124	6789200	4457029	4926700	3094109
连云港市	Lianyungang	17165737	10893727	1892800	1280534	1508900	1017155
淮安市	Huai'an	17957309	10583015	3576600	2246468	2701800	1703642
盐城市	Yancheng	27513537	8575113	3796400	1957236	2746000	1365566
扬州市	Yangzhou	24166627	12244957	3604400	2476040	2869900	1942165
镇江市	Zhenjiang	21423427	12813688	3190500	1674973	2429700	1265639
泰州市	Taizhou	21973367	10550883	2855400	1582131	2211000	1252298
宿迁市	Suqian	15592162	6099778	3771400	1632280	2613700	1129547
浙江省	**Zhejiang**	**235325637**	**123252993**	**72623829**	**47588515**	**45941730**	**29017634**
杭州市	Hangzhou	49527010	42572154	23010823	21128840	13370216	11996009
宁波市	Ningbo	39894626	22452497	13281390	8485334	7732540	4685346

2-29 续表 2 continued

单位：万元 (10 000 yuan)

城市	City	固定资产投资(不含农户) Investment in Fixed Assets (Excluding Rural Households) 全市 Total City	市辖区 Districts under City	房地产开发投资 Investment in Real Estate Development 全市 Total City	市辖区 Districts under City	住宅 Residential Buildings 全市 Total City	市辖区 Districts under City
温州市	Wenzhou	30528120	10407507	8088763	3100269	5515295	2217925
嘉兴市	Jiaxing	22212077	5847672	5257184	1914859	3415237	1031323
湖州市	Huzhou	12429184	5390651	3427487	1714949	2332812	1089426
绍兴市	Shaoxing	23046833	14115194	6135118	3825276	4656949	3115691
金华市	Jinhua	15947862	3519063	3676682	1331340	2403139	903681
衢州市	Quzhou	7821018	3273527	951665	491260	711330	385932
舟山市	Zhoushan	9608783	7777748	2257982	2149708	1362518	1286811
台州市	Taizhou	17659343	6015251	4960473	2689148	3328394	1791722
丽水市	Lishui	6650781	1881729	1576262	757532	1113300	513768
安徽省	**Anhui**	**212562939**	**113943206**	**43389403**	**28533163**	**28476344**	**18242088**
合肥市	Hefei	53026372	35233100	11273561	8682283	7150365	5197841
芜湖市	Wuhu	23926406	14712150	4790128	3985418	3250495	2638038
蚌埠市	Bengbu	12441839	7609366	4069641	3118441	2655278	1934219
淮南市	Huainan	7552729	5740207	1105001	935015	710887	601995
马鞍山市	Maanshan	16747414	9043012	2455835	1529168	1782796	1093771
淮北市	Huaibei	8408397	6238662	1524034	1352236	984234	881492
铜陵市	Tongling	7675973	5935389	1327634	1034986	720129	569273
安庆市	Anqing	13947517	3724416	1469427	539315	1064741	406812
黄山市	Huangshan	5516702	2933560	1367274	1010322	926358	688045
滁州市	Chuzhou	12481572	3394767	3054657	177545	1943576	114577
阜阳市	Fuyang	8051320	3729963	2156656	1325325	1427770	810194
宿州市	Suzhou	9457973	2860470	1823318	1033326	1149393	663318
六安市	Lu'an	10038153	3730289	1822747	1167954	1389191	939026
亳州市	Bozhou	6508985	2739582	2090596	952702	1232050	482700
池州市	Chizhou	5380392	3331694	1041175	781015	711327	541475
宣城市	Xuancheng	11401195	2986579	2017719	908112	1377754	679312
福建省	**Fujian**	**180744245**	**71732684**	**45674028**	**24391486**	**29171687**	**14781890**
福州市	Fuzhou	43886168	18310023	14550729	7233294	9265800	4346157
厦门市	Xiamen	15621577	15621577	7040636	7040636	3846244	3846244
莆田市	Putian	14236819	12021082	3468656	2631540	2006248	1595053
三明市	Sanming	16030831	3501398	1767649	457082	1242845	341097
泉州市	Quanzhou	28743268	5961582	7759511	2415110	5133949	1455999
漳州市	Zhangzhou	20818569	3507720	4722441	1375077	3361762	966016
南平市	Nanping	14510679	2027988	1500248	370004	999449	304603
龙岩市	Longyan	15584504	7644088	2120886	1553798	1328374	947424
宁德市	Ningde	11311830	3137226	2743272	1314945	1987016	979297
江西省	**Jiangxi**	**145223633**	**57100507**	**13224909**	**7011095**	**9675383**	**5105062**
南昌市	Nanchang	34342514	23772826	4140682	3046738	3000034	2081223
景德镇市	Jingdezhen	6225413	2642716	369684	208430	308048	190318
萍乡市	Pingxiang	9060922	5593003	371730	231921	276645	185824
九江市	Jiujiang	18122162	4990825	1291834	642759	909151	465735
新余市	Xinyu	7481948	5959866	286231	241255	217231	175314
鹰潭市	Yingtan	4642315	907771	449443	193721	342329	151657
赣州市	Ganzhou	16087685	5956598	2303368	1087216	1514536	828056
吉安市	Ji'an	12706414	1622827	661003	262152	487701	190445
宜春市	Yichun	13548527	2027922	1107259	412512	851485	290792
抚州市	Fuzhou	9572481	2391866	988831	391158	802684	307529
上饶市	Shangrao	13433252	1234287	1254844	293233	965539	238169

2-29 续表 3 continued

单位：万元 (10 000 yuan)

城市	City	固定资产投资(不含农户) Investment in Fixed Assets (Excluding Rural Households)		房地产开发投资 Investment in Real Estate Development		住宅 Residential Buildings	
		全市 Total City	市辖区 Districts under City	全市 Total City	市辖区 Districts under City	全市 Total City	市辖区 Districts under City
山东省	**Shandong**	**415991321**	**196133750**	**58179538**	**41257375**	**41843316**	**28822736**
济南市	Jinan	30634425	20480384	9173706	7858899	6136895	5153537
青岛市	Qingdao	57660308	31325540	11177297	9821031	7311090	6240320
淄博市	Zibo	24045893	17784909	2361984	2034804	1890076	1596370
枣庄市	Zaozhuang	14300088	9031217	2157016	1343196	1583752	1086232
东营市	Dongying	27082022	15112331	1984505	1450627	1479275	1001379
烟台市	Yantai	41010599	18659569	6117950	4577553	4539859	3417956
潍坊市	Weifang	39690837	11350244	4500121	2074600	3222207	1491009
济宁市	Jining	25381801	9053824	3561244	1908136	2401651	1236521
泰安市	Tai'an	22989585	7688972	1430883	1036476	1069976	738866
威海市	Weihai	22293655	11643088	3572274	2529764	2925541	2009520
日照市	Rizhao	12347482	9162743	919291	727992	641528	479060
莱芜市	Laiwu	5454332	5454332	292489	292489	170587	170587
临沂市	Linyi	28259900	12792498	3709192	2214904	2685513	1591175
德州市	Dezhou	19613424	3854846	2097871	1144010	1568054	819948
聊城市	Liaocheng	18331313	4208932	1699704	977854	1286709	697073
滨州市	Binzhou	17488622	6166626	1120744	439662	905909	348827
菏泽市	Heze	9407035	2363695	2303267	825378	2024694	744356
河南省	**Henan**	**295997928**	**95922834**	**43501351**	**31074783**	**32697825**	**21972032**
郑州市	Zhengzhou	52596482	30688743	17435127	15025225	11769295	10005722
开封市	Kaifeng	11356337	3638742	1359778	1126386	1029646	1019730
洛阳市	Luoyang	29810966	8863029	3026067	2431466	2186912	1754040
平顶山市	Pingdingshan	14491677	2782383	1558193	1286540	1181477	952542
安阳市	Anyang	15725776	3932632	1756600	1221676	1308137	904415
鹤壁市	Hebi	5885029	3621055	641346	452141	552962	388273
新乡市	Xinxiang	18419300	6800794	2674900	2046762	2219200	1702995
焦作市	Jiaozuo	16235342	3889383	1172471	993590	891861	749599
濮阳市	Puyang	11157830	3182947	847731	564453	738636	480952
许昌市	Xuchang	16372267	2736407	1377766	720444	1086423	572221
漯河市	Luohe	7732958	4697171	388479	267591	357649	237295
三门峡市	Sanmenxia	13275671	2685900	978740	525161	575692	305175
南阳市	Nanyang	24869136	5037069	1566045	984180	1312378	829505
商丘市	Shangqiu	14938866	3941165	2113705	734331	1565859	571222
信阳市	Xinyang	17231747	4744084	2484299	811857	2200214	719002
周口市	Zhoukou	13754367	1956189	2098674	1177442	1968068	178226
驻马店市	Zhumadian	12144177	2725141	2021430	705538	1753416	601118
湖北省	**Hubei**	**225780742**	**115716709**	**38175372**	**28372726**	**26400707**	**19553495**
武汉市	Wuhan	69625338	51675683	23536263	20024748	15605526	13252325
黄石市	Huangshi	11494951	4865142	1157665	872278	781197	552838
十堰市	Shiyan	10403233	5235011	908044	492037	597067	441718
宜昌市	Yichang	24710429	9040941	1945976	1417795	1522045	1116691
襄阳市	Xiangyang	24482900	14938982	3309413	1987792	2218621	1321400
鄂州市	Ezhou	6870800	6870800	199113	199113	155481	155481

2-29 续表 4 continued

单位：万元 (10 000 yuan)

城　市	City	固定资产投资(不含农户) Investment in Fixed Assets (Excluding Rural Households) 全　市 Total City	市辖区 Districts under City	房地产开发投资 Investment in Real Estate Development 全　市 Total City	市辖区 Districts under City	住宅 Residential Buildings 全　市 Total City	市辖区 Districts under City
荆门市	Jingmen	11901452	4691441	1239792	694770	835296	464614
孝感市	Xiaogan	14829271	3267154	1363527	878152	1116138	719172
荆州市	Jingzhou	15710897	6770440	1341739	827225	1124809	741533
黄冈市	Huanggang	16575874	2140200	1742698	261013	1355000	232303
咸宁市	Xianning	11487500	3071141	1091371	420198	829623	260875
随州市	Suizhou	7688097	3149774	339771	297605	259904	294545
湖南省	**Hunan**	**212457749**	**91937945**	**28435538**	**19825575**	**18742944**	**12726709**
长沙市	Changsha	54357478	30635115	13104995	10446355	8556727	6770706
株洲市	Zhuzhou	18370955	10136663	2353310	1692375	1656169	1184003
湘潭市	Xiangtan	15033511	11041023	1471285	1132805	1070293	818507
衡阳市	Hengyang	17670126	6852367	1382922	984668	1049119	738231
邵阳市	Shaoyang	12677749	2199301	1300072	618473	992522	419723
岳阳市	Yueyang	17901290	5170350	1317790	875559	911601	616883
常德市	Changde	15477200	5937200	1240500	765000	1040803	655597
张家界市	Zhangjiajie	2508977	1402994	587502	450204	390608	291927
益阳市	Yiyang	10306416	4807390	1011242	506432	737283	331018
郴州市	Chenzhou	18145593	5319067	1620306	1005497	196087	21091
永州市	Yongzhou	12105533	3280679	929817	276730	729179	201887
怀化市	Huaihua	8513543	1484852	1018686	532708	714191	341349
娄底市	Loudi	9389378	3670944	1097111	538769	698362	335787
广东省	**Guangdong**	**258462689**	**209577378**	**76384530**	**65284428**	**50537879**	**42738011**
广州市	Guangzhou	48895026	43718233	18161529	15350408	9949024	7941464
韶关市	Shaoguan	7467416	3075821	1194202	695202	836787	482659
深圳市	Shenzhen	27174226	27174226	10694855	10694855	7302764	7302764
珠海市	Zhuhai	11350492	11350492	3882999	3882999	2683439	2683439
汕头市	Shantou	10027279	9856915	2020509	1977215	1380792	1352869
佛山市	Foshan	26124462	26124462	8327010	8327010	5837625	5837625
江门市	Jiangmen	11116497	4983921	3130059	1940628	2430959	1503383
湛江市	Zhanjiang	10207624	4390519	1773450	1386946	1166645	860176
茂名市	Maoming	8505521	4410559	950648	585984	701348	378666
肇庆市	Zhaoqing	11387298	2249301	1888868	910250	49192	8438
惠州市	Huizhou	16067089	10235011	6672975	4618434	5128362	3444357
梅州市	Meizhou	4075124	1674604	1282935	863543	987486	655154
汕尾市	Shanwei	5009699	875277	116089	50463		
河源市	Heyuan	4532859	1494750	1008317	566206	693841	368080
阳江市	Yangjiang	6620110	21310180	946580	560530	728091	405627
清远市	Qingyuan	5963469	3389701	2190646	1614982	1762122	1285521
东莞市	Dongguan	14271099	14271099	5880630	5880630	4184338	4184338
中山市	Zhongshan	9036570	9036570	4296557	4296557	3198979	3198979
潮州市	Chaozhou	3130138	2599891	467012	424311	341912	307011
揭阳市	Jieyang	10938001	4604322	676957	369658	599875	314308
云浮市	Yunfu	6562690	2751524	821703	287617	574298	223153
广西壮族自治区	**Guangxi**	**134079658**	**67750182**	**18384942**	**13011727**	**12632033**	**8489789**
南宁市	Nanning	28866773	20860810	5518214	4909850	3682290	3205022
柳州市	Liuzhou	17654893	11436700	2775238	2238233	1482862	1168315

2-29 续表 5 continued

单位：万元 (10 000 yuan)

城市	City	固定资产投资(不含农户) Investment in Fixed Assets (Excluding Rural Households) 全市 Total City	市辖区 Districts under City	房地产开发投资 Investment in Real Estate Development 全市 Total City	市辖区 Districts under City	住宅 Residential Buildings 全市 Total City	市辖区 Districts under City
桂林市	Guilin	15368807	3344756	2152274	706298	1655541	462372
梧州市	Wuzhou	8760440	4072858	880466	386924	657702	203354
北海市	Beihai	7861616	6283840	1574879	1411299	1263207	1139572
防城港市	Fangchenggang	4783089	3307295	892565	659631	648211	465771
钦州市	Qinzhou	6589726	3799679	761769	598364	518821	397250
贵港市	Guigang	5471688	2830534	778823	452898	592733	332415
玉林市	Yulin	11237128	3701441	963258	543193	737013	386124
百色市	Baise	8952252	1215086	543607	236831	356333	189962
贺州市	Hezhou	5302796	2996393	178158	108315	142685	90664
河池市	Hechi	3432247	765669	271289	129851	177281	84668
来宾市	Laibin	4311816	2276200	747771	536525	454863	303295
崇左市	Chongzuo	5486387	858921	346631	93515	262491	61005
海南省	**Hainan**	**14510853**	**14510853**	**6789883**	**6789883**	**4795088**	**4795088**
海口市	Haikou	8215298	8215298	2989725	2989725	2063974	2063974
三亚市	Sanya	6295555	6295555	3800158	3800158	2731114	2731114
三沙市	Sansa						
重庆市	**Chongqing**	**131062188**	**99203709**	**36302331**	**32399553**	**24513660**	**21559929**
四川省	**Sichuan**	**210226810**	**100532199**	**43550147**	**26612050**	**28319468**	**16579040**
成都市	Chengdu	66203700	41342434	22208023	15323007	13533974	8803074
自贡市	Zigong	5693128	3832207	1012275	681112	742702	486713
攀枝花市	Panzhihua	5827486	3987867	751962	570677	497680	348717
泸州市	Luzhou	11769910	5833826	1925603	1331661	1305807	876769
德阳市	Deyang	8711400	2557174	952305	553507	633224	370662
绵阳市	Mianyang	10338708	5236010	2107355	1286085	1362998	843069
广元市	Guangyuan	5244356	2966598	833224	672006	485929	380017
遂宁市	Suining	8901844	4725382	863555	398839	623729	279703
内江市	Neijiang	5823416	2813397	1154264	486203	841841	367774
乐山市	Leshan	8324078	4467354	1260719	750657	999320	641561
南充市	Nanchong	12205371	4809389	2291398	1027711	1740108	813982
眉山市	Meishan	9092834	2944722	1511190	478267	1006075	351736
宜宾市	Yibin	11099641	2974854	1718572	850890	1120710	563355
广安市	Guang'an	7965772	3091946	1221080	583184	747409	286426
达州市	Dazhou	11487020	2757520	949806	378427	636358	234521
雅安市	Ya'an	3998270	1081633	254579	170775	148611	90758
巴中市	Bazhong	8457659	2294879	886528	369722	641044	287358
资阳市	Ziyang	9082217	2815007	1647709	699320	1251949	552845
贵州省	**Guizhou**	**83684078**	**29386747**	**18004087**	**12435982**	**11076035**	**7701179**
贵阳市	Guiyang	23360600	14218624	10176000	9844706	6333600	6106190
六盘水市	Liupanshui	13362721	3239893	879100	407375	483900	248816
遵义市	Zunyi	20522967	4930980	3166212	883797	2060607	564370
安顺市	Anshun	4273161	1968616	954984	605004	547354	339633
毕节市	Bijie	11287740	2537000	1826445	536700	1034293	314187
铜仁市	Tongren	10876889	2491634	1001346	158400	616281	127983

2-29 续表 6 continued

单位：万元 (10 000 yuan)

城 市	City	固定资产投资(不含农户) Investment in Fixed Assets (Excluding Rural Households)		房地产开发投资 Investment in Real Estate Development		住宅 Residential Buildings	
		全 市 Total City	市辖区 Districts under City	全 市 Total City	市辖区 Districts under City	全 市 Total City	市辖区 Districts under City
云南省	**Yunnan**	**70144807**	**32738777**	**21433992**	**15319988**	**13551367**	**9501053**
昆明市	Kunming	31381657	21858658	14926246	12120259	9349316	7490033
曲靖市	Qujing	11645360	3317122	1631752	628673	1116321	417228
玉溪市	Yuxi	5119163	1810912	1114551	663864	835047	491119
保山市	Baoshan	3838676	1226166	712991	243650	466960	154037
昭通市	Zhaotong	5504760	1201288	756032	410736	513770	292889
丽江市	Lijiang	2831435	807727	557247	329839	287695	161473
普洱市	Pu'er	4175846	1425529	487021	335174	286904	185408
临沧市	Lincang	5647910	1091375	1248152	587793	695354	308866
西藏自治区	**Tibet**	**4553866**		**190223**		**17490**	
拉萨市	Lasa	4553866		190223		17490	
陕西省	**Shaanxi**	**167570828**	**89001541**	**24185002**	**21586187**	**18637315**	**16482891**
西安市	Xi'an	58245332	49792823	17618818	16913331	13344332	12732733
铜川市	Tongchuan	3241600	2955276	316585	302585	206448	198848
宝鸡市	Baoji	19791700	8000148	931400	833857	662936	605481
咸阳市	Xianyang	24413518	11579556	1959505	1689628	1818377	1587963
渭南市	Weinan	16463784	3708456	813537	470718	627743	343946
延安市	Yan'an	13000000	3030000	266600	201200	219100	168100
汉中市	Hanzhong	7054871	1986192	820995	366304	604177	268134
榆林市	Yulin	13964998	4910446	739283	470323	521776	288775
安康市	Ankang	5417825	1765984	534816	265033	470016	232527
商洛市	Shangluo	5977200	1272660	183463	73208	162410	56384
甘肃省	**Gansu**	**71354314**	**26621807**	**6728433**	**4619737**	**4722211**	**3195341**
兰州市	Lanzhou	12741436	7110244	3365382	2444092	2239667	1630504
嘉峪关市	Jiayuguan	1252400	1252400	226540	226540	176300	176300
金昌市	Jinchang	2471611	1740780	97679	72262	56190	34603
白银市	Baiyin	4284437	2116545	270092	180145	259986	158617
天水市	Tianshui	5377632	2597973	349947	239625	270755	182257
武威市	Wuwei	5497620	2805023	240939	212338	156388	128295
张掖市	Zhangye	2756915	970247	465697	205059	339947	158594
平凉市	Pingliang	5375566	1107100	384048	216807	268591	130348
酒泉市	Jiuquan	10036555	2428530	383499	224491	281416	176499
庆阳市	Qingyang	11225717	2395260	396028	309089	269838	202509
定西市	Dingxi	5005912	1093098	441931	185855	333164	148137
陇南市	Longnan	5328513	1004607	106651	103434	69969	68678
青海省	**Qinghai**	**15965858**	**8937038**	**2933249**	**2513683**	**1828415**	**1565286**
西宁市	Xining	11520755	7964738	2468649	2417503	1516744	1498259
海东市	Haidong	4445103	972300	464600	96180	311671	67027
宁夏回族自治区	**Ningxia**	**31068243**	**14468237**	**6547995**	**4860670**	**4115773**	**2869461**
银川市	Yinchuan	13719186	6004939	3888952	3069929	2390099	1854281
石嘴山市	Shizuishan	4980113	3468430	787171	725665	525537	315452
吴忠市	Wuzhong	6020683	2341576	684075	241361	391913	138724
固原市	Guyuan	3008010	1231120	703339	546302	437829	338318
中卫市	Zhongwei	3340251	1422172	484458	277413	370395	222686
新疆维吾尔自治区	**Xinjiang**	**18610681**	**18176204**	**3973924**	**3947224**	**2607094**	**2580394**
乌鲁木齐市	Urumqi	15263119	14828642	3594372	3567672	2320162	2293462
克拉玛依市	Karamay	3347562	3347562	379552	379552	286932	286932

2-30 学校数(一)

Number of Schools (Ⅰ)

单位：所 (unit)

城市	City	普通高等学校 Regular Institutions of Higher Education	中等职业教育学校 Vocational Secondary Schools	
		全市 Total City	全市 Total City	市辖区 Districts under City
城市合计	**Prefecture Cities**	**2483**	**9154**	**5363**
北京市	**Beijing**	**89**	**123**	**123**
天津市	**Tianjin**	**55**	**90**	**90**
河北省	**Hebei**	**126**	**688**	**358**
石家庄市	Shijiazhuang	48	172	116
唐山市	Tangshan	8	66	46
秦皇岛市	Qinhuangdao	13	41	30
邯郸市	Handan	5	68	41
邢台市	Xingtai	4	65	21
保定市	Baoding	17	82	26
张家口市	Zhangjiakou	5	52	19
承德市	Chengde	5	30	16
沧州市	Cangzhou	7	45	18
廊坊市	Langfang	12	30	9
衡水市	Hengshui	2	37	16
山西省	**Shanxi**	**89**	**465**	**214**
太原市	Taiyuan	43	58	55
大同市	Datong	1	47	25
阳泉市	Yangquan	2	19	15
长治市	Changzhi	6	45	21
晋城市	Jincheng	2	16	7
朔州市	Shuozhou	3	21	10
晋中市	Jinzhong	16	23	7
运城市	Yuncheng	7	57	24
忻州市	Xinzhou	4	90	19
临汾市	Linfen	4	52	20
吕梁市	Lvliang	1	37	11
内蒙古自治区	**Inner Mongolia**	**47**	**219**	**107**
呼和浩特市	Hohhot	23	57	40
包头市	Baotou	5	20	16
乌海市	Wuhai	1	1	1
赤峰市	Chifeng	4	43	18
通辽市	Tongliao	3	26	1
鄂尔多斯市	Erdos	3	6	6
呼伦贝尔市	Hulunbuir	3	28	3
巴彦淖尔市	Bayannur	2	14	9
乌兰察布市	Ulanqab	3	24	13
辽宁省	**Liaoning**	**122**	**369**	**307**
沈阳市	Shenyang	47	112	108
大连市	Dalian	30	79	71
鞍山市	Anshan	3	23	13
抚顺市	Fushun	5	16	13
本溪市	Benxi	8	13	11
丹东市	Dandong	3	17	11
锦州市	Jinzhou	9	13	9
营口市	Yingkou	3	15	13

2-30 续表 1 continued

单位：所 (unit)

城　市	City	普通高等学校 Regular Institutions of Higher Education	中等职业教育学校 Vocational Secondary Schools	
		全　市 Total City	全　市 Total City	市辖区 Districts under City
阜新市	Fuxin	2	17	15
辽阳市	Liaoyang	3	12	10
盘锦市	Panjin	2	6	3
铁岭市	Tieling	5	20	14
朝阳市	Chaoyang	1	14	6
葫芦岛市	Huludao	1	12	10
吉林省	**Jilin**	**56**	**293**	**191**
长春市	Changchun	37	104	89
吉林市	Jilin	8	44	31
四平市	Siping	4	39	18
辽源市	Liaoyuan	1	13	8
通化市	Tonghua	1	28	13
白山市	Baishan	1	23	13
松原市	Songyuan	1	20	8
白城市	Baicheng	3	22	11
黑龙江省	**Heilongjiang**	**80**	**275**	**159**
哈尔滨市	Harbin	50	92	79
齐齐哈尔市	Qiqihar	6	40	21
鸡西市	Jixi	1	11	6
鹤岗市	Hegang	1	7	7
双鸭山市	Shuangyashan	1	7	4
大庆市	Daqing	7	22	14
伊春市	Yichun	1	7	7
佳木斯市	Jiamusi	3	15	8
七台河市	Qitaihe	1	3	2
牡丹江市	Mudanjiang	7	21	6
黑河市	Heihe	1	24	4
绥化市	Suihua	1	26	1
上海市	**Shanghai**	**68**	**89**	**86**
江苏省	**Jiangsu**	**134**	**386**	**276**
南京市	Nanjing	44	57	57
无锡市	Wuxi	12	41	26
徐州市	Xuzhou	9	36	28
常州市	Changzhou	9	20	16
苏州市	Suzhou	21	40	24
南通市	Nantong	8	30	14
连云港市	Lianyungang	3	27	20
淮安市	Huai'an	6	24	16
盐城市	Yancheng	5	28	16
扬州市	Yangzhou	6	28	24
镇江市	Zhenjiang	5	18	13
泰州市	Taizhou	3	15	10
宿迁市	Suqian	3	22	12
浙江省	**Zhejiang**	**100**	**333**	**153**
杭州市	Hangzhou	38	63	50
宁波市	Ningbo	14	52	21

2-30 续表 2 continued

单位：所 (unit)

城市	City	普通高等学校 Regular Institutions of Higher Education	中等职业教育学校 Vocational Secondary Schools	
		全市 Total City	全市 Total City	市辖区 Districts under City
温州市	Wenzhou	8	45	17
嘉兴市	Jiaxing	6	19	5
湖州市	Huzhou	3	12	4
绍兴市	Shaoxing	9	20	11
金华市	Jinhua	9	43	14
衢州市	Quzhou	2	17	7
舟山市	Zhoushan	4	7	5
台州市	Taizhou	4	37	13
丽水市	Lishui	3	18	6
安徽省	**Anhui**	**110**	**437**	**215**
合肥市	Hefei	50	78	46
芜湖市	Wuhu	8	30	20
蚌埠市	Bengbu	5	26	13
淮南市	Huainan	5	23	20
马鞍山市	Maanshan	6	11	4
淮北市	Huaibei	3	13	11
铜陵市	Tongling	3	6	4
安庆市	Anqing	5	43	16
黄山市	Huangshan	2	20	9
滁州市	Chuzhou	4	25	6
阜阳市	Fuyang	4	46	22
宿州市	Suzhou	3	24	5
六安市	Lu'an	5	40	18
亳州市	Bozhou	2	28	9
池州市	Chizhou	3	10	6
宣城市	Xuancheng	2	14	6
福建省	**Fujian**	**87**	**240**	**127**
福州市	Fuzhou	32	53	35
厦门市	Xiamen	17	21	21
莆田市	Putian	2	20	13
三明市	Sanming	3	14	4
泉州市	Quanzhou	18	43	22
漳州市	Zhangzhou	7	30	11
南平市	Nanping	4	24	5
龙岩市	Longyan	2	23	13
宁德市	Ningde	2	12	3
江西省	**Jiangxi**	**96**	**384**	**191**
南昌市	Nanchang	55	55	40
景德镇市	Jingdezhen	4	18	13
萍乡市	Pingxiang	3	25	17
九江市	Jiujiang	7	28	11
新余市	Xinyu	5	19	19
鹰潭市	Yingtan	1	13	5
赣州市	Ganzhou	8	61	32
吉安市	Ji'an	2	51	13
宜春市	Yichun	4	36	12
抚州市	Fuzhou	4	36	15
上饶市	Shangrao	3	42	14

2-30 续表 3 continued

单位：所 (unit)

城市	City	普通高等学校 Regular Institutions of Higher Education	中等职业教育学校 Vocational Secondary Schools	
		全市 Total City	全市 Total City	市辖区 Districts under City
山东省	**Shandong**	**177**	**557**	**355**
济南市	Jinan	71	78	62
青岛市	Qingdao	22	83	69
淄博市	Zibo	8	18	15
枣庄市	Zaozhuang	3	18	15
东营市	Dongying	4	10	7
烟台市	Yantai	10	58	29
潍坊市	Weifang	14	47	22
济宁市	Jining	7	23	8
泰安市	Tai'an	8	18	10
威海市	Weihai	8	22	17
日照市	Rizhao	2	14	11
莱芜市	Laiwu	3	8	8
临沂市	Linyi	3	45	26
德州市	Dezhou	4	24	12
聊城市	Liaocheng	3	38	16
滨州市	Binzhou	3	16	7
菏泽市	Heze	4	37	21
河南省	**Henan**	**130**	**753**	**341**
郑州市	Zhengzhou	56	131	85
开封市	Kaifeng	5	37	17
洛阳市	Luoyang	7	93	57
平顶山市	Pingdingshan	5	31	13
安阳市	Anyang	6	23	9
鹤壁市	Hebi	3	13	7
新乡市	Xinxiang	10	42	14
焦作市	Jiaozuo	7	30	12
濮阳市	Puyang	1	23	10
许昌市	Xuchang	4	28	11
漯河市	Luohe	3	24	14
三门峡市	Sanmenxia	1	21	8
南阳市	Nanyang	6	88	35
商丘市	Shangqiu	6	39	11
信阳市	Xinyang	5	44	12
周口市	Zhoukou	3	52	15
驻马店市	Zhumadian	2	34	11
湖北省	**Hubei**	**119**	**335**	**249**
武汉市	Wuhan	80	141	141
黄石市	Huangshi	3	18	12
十堰市	Shiyan	7	20	10
宜昌市	Yichang	5	15	7
襄阳市	Xiangyang	5	30	25
鄂州市	Ezhou	1	9	9

2-30 续表 4 continued

单位：所 (unit)

城 市	City	普通高等学校 Regular Institutions of Higher Education	中等职业教育学校 Vocational Secondary Schools	
		全 市 Total City	全 市 Total City	市辖区 Districts under City
荆门市	Jingmen	1	12	5
孝感市	Xiaogan	2	16	8
荆州市	Jingzhou	8	21	7
黄冈市	Huanggang	4	29	14
咸宁市	Xianning	2	16	6
随州市	Suizhou	1	8	5
湖南省	**Hunan**	**110**	**498**	**231**
长沙市	Changsha	50	76	47
株洲市	Zhuzhou	12	22	12
湘潭市	Xiangtan	10	24	9
衡阳市	Hengyang	9	40	19
邵阳市	Shaoyang	3	62	26
岳阳市	Yueyang	5	35	17
常德市	Changde	5	51	22
张家界市	Zhangjiajie	1	15	9
益阳市	Yiyang	4	23	14
郴州市	Chenzhou	2	29	14
永州市	Yongzhou	3	41	11
怀化市	Huaihua	3	44	17
娄底市	Loudi	3	36	14
广东省	**Guangdong**	**141**	**528**	**363**
广州市	Guangzhou	80	86	82
韶关市	Shaoguan	2	22	15
深圳市	Shenzhen	10	16	16
珠海市	Zhuhai	10	6	6
汕头市	Shantou	1	25	24
佛山市	Foshan	3	48	48
江门市	Jiangmen	3	24	13
湛江市	Zhanjiang	3	56	36
茂名市	Maoming	2	29	12
肇庆市	Zhaoqing	5	20	13
惠州市	Huizhou	3	33	
梅州市	Meizhou	1	29	13
汕尾市	Shanwei	1	14	7
河源市	Heyuan	1	15	7
阳江市	Yangjiang	1	7	3
清远市	Qingyuan	1	16	9
东莞市	Dongguan	6	25	25
中山市	Zhongshan	4	11	11
潮州市	Chaozhou	1	12	8
揭阳市	Jieyang	2	20	12
云浮市	Yunfu	1	14	3
广西壮族自治区	**Guangxi**	**73**	**272**	**173**
南宁市	Nanning	32	60	52
柳州市	Liuzhou	6	29	22

2-30 续表 5 continued

单位：所 (unit)

城市	City	普通高等学校 Regular Institutions of Higher Education	中等职业教育学校 Vocational Secondary Schools	
		全市 Total City	全市 Total City	市辖区 Districts under City
桂林市	Guilin	9	33	20
梧州市	Wuzhou	2	19	15
北海市	Beihai	5	7	7
防城港市	Fangchenggang	1	3	1
钦州市	Qinzhou	2	9	5
贵港市	Guigang		12	7
玉林市	Yulin	1	25	16
百色市	Baise	6	19	1
贺州市	Hezhou		15	10
河池市	Hechi	2	17	6
来宾市	Laibin	2	10	5
崇左市	Chongzuo	5	14	6
海南省	**Hainan**	**23**	**59**	**59**
海口市	Haikou	18	54	54
三亚市	Sanya	5	5	5
三沙市	Sansa			
重庆市	**Chongqing**	**63**	**219**	**98**
四川省	**Sichuan**	**105**	**453**	**236**
成都市	Chengdu	56	84	53
自贡市	Zigong	3	18	14
攀枝花市	Panzhihua	2	4	3
泸州市	Luzhou	5	22	12
德阳市	Deyang	5	19	12
绵阳市	Mianyang	10	32	21
广元市	Guangyuan	2	2	7
遂宁市	Suining	1	15	4
内江市	Neijiang	3	25	14
乐山市	Leshan	3	24	13
南充市	Nanchong	4	45	25
眉山市	Meishan	2	17	7
宜宾市	Yibin	2	28	12
广安市	Guang'an	1	23	5
达州市	Dazhou	2	36	10
雅安市	Ya'an	2	8	4
巴中市	Bazhong	1	31	15
资阳市	Ziyang	1	20	5
贵州省	**Guizhou**	**44**	**149**	**88**
贵阳市	Guiyang	29	66	60
六盘水市	Liupanshui	2	21	7
遵义市	Zunyi	6	20	8
安顺市	Anshun	2	13	5
毕节市	Bijie	2	17	5
铜仁市	Tongren	3	12	3

2-30 续表 6 continued

单位：所 (unit)

城　市	City	普通高等学校 Regular Institutions of Higher Education	中等职业教育学校 Vocational Secondary Schools	
		全　市 Total City	全　市 Total City	市辖区 Districts under City
云南省	**Yunnan**	**54**	**214**	**83**
昆明市	Kunming	41	86	40
曲靖市	Qujing	3	22	12
玉溪市	Yuxi	2	12	2
保山市	Baoshan	2	7	2
昭通市	Zhaotong	1	29	9
丽江市	Lijiang	2	11	3
普洱市	Pu'er	2	26	8
临沧市	Lincang	1	21	7
西藏自治区	**Tibet**	**5**	**3**	**3**
拉萨市	Lasa	5	3	3
陕西省	**Shaanxi**	**91**	**399**	**281**
西安市	Xi'an	63	199	185
铜川市	Tongchuan	1	5	4
宝鸡市	Baoji	2	28	17
咸阳市	Xianyang	13	33	19
渭南市	Weinan	1	52	24
延安市	Yan'an	2	15	3
汉中市	Hanzhong	3	13	3
榆林市	Yulin	2	28	16
安康市	Ankang	2	16	6
商洛市	Shangluo	2	10	4
甘肃省	**Gansu**	**36**	**222**	**131**
兰州市	Lanzhou	19	67	56
嘉峪关市	Jiayuguan	1	3	3
金昌市	Jinchang	1	2	1
白银市	Baiyin	1	16	9
天水市	Tianshui	4	27	17
武威市	Wuwei	4	18	12
张掖市	Zhangye	1	11	5
平凉市	Pingliang	1	11	5
酒泉市	Jiuquan	1	8	4
庆阳市	Qingyang	1	12	9
定西市	Dingxi	1	26	8
陇南市	Longnan	1	21	2
青海省	**Qinghai**	**10**	**25**	**12**
西宁市	Xining	10	19	12
海东市	Haidong		6	
宁夏回族自治区	**Ningxia**	**18**	**33**	**19**
银川市	Yinchuan	15	18	13
石嘴山市	Shizuishan	1	4	3
吴忠市	Wuzhong	1	3	
固原市	Guyuan	1	5	2
中卫市	Zhongwei		3	1
新疆维吾尔自治区	**Xinjiang**	**25**	**44**	**44**
乌鲁木齐市	Urumqi	24	43	43
克拉玛依市	Karamay	1	1	1

2-31 学校数(二)

Number of Schools (Ⅱ)

单位：所 (unit)

城　市	City	普通中学 Regular Secondary Schools		小学 Primary Schools	
		全　市 Total City	市辖区 Districts under City	全　市 Total City	市辖区 Districts under City
城市合计	**Prefecture Cities**	**60700**	**20518**	**187816**	**42309**
北京市	**Beijing**	**643**	**599**	**1040**	**972**
天津市	**Tianjin**	**507**	**368**	**842**	**576**
河北省	**Hebei**	**2925**	**642**	**12446**	**1802**
石家庄市	Shijiazhuang	382	153	1295	447
唐山市	Tangshan	329	132	1123	419
秦皇岛市	Qinhuangdao	161	51	436	96
邯郸市	Handan	383	78	1970	164
邢台市	Xingtai	275	42	1394	126
保定市	Baoding	441	43	2186	116
张家口市	Zhangjiakou	169	43	542	105
承德市	Chengde	122	23	487	57
沧州市	Cangzhou	313	26	1318	74
廊坊市	Langfang	174	27	820	142
衡水市	Hengshui	176	24	875	56
山西省	**Shanxi**	**2418**	**617**	**6941**	**1216**
太原市	Taiyuan	228	169	423	183
大同市	Datong	219	94	469	166
阳泉市	Yangquan	81	38	255	78
长治市	Changzhi	218	47	659	89
晋城市	Jincheng	157	28	545	68
朔州市	Shuozhou	96	32	316	104
晋中市	Jinzhong	221	31	673	100
运城市	Yuncheng	337	47	842	87
忻州市	Xinzhou	281	48	841	101
临汾市	Linfen	288	61	1051	195
吕梁市	Lvliang	292	22	867	45
内蒙古自治区	**Inner Mongolia**	**867**	**328**	**1962**	**561**
呼和浩特市	Hohhot	110	70	218	115
包头市	Baotou	94	81	153	122
乌海市	Wuhai	23	23	25	25
赤峰市	Chifeng	151	52	501	117
通辽市	Tongliao	138	22	495	75
鄂尔多斯市	Erdos	66	20	122	35
呼伦贝尔市	Hulunbuir	163	24	185	22
巴彦淖尔市	Bayannur	51	19	93	26
乌兰察布市	Ulanqab	71	17	170	24
辽宁省	**Liaoning**	**1928**	**880**	**4492**	**1224**
沈阳市	Shenyang	299	218	295	231
大连市	Dalian	287	156	551	237
鞍山市	Anshan	163	67	566	82
抚顺市	Fushun	103	60	129	61
本溪市	Benxi	56	36	72	43
丹东市	Dandong	125	36	456	66
锦州市	Jinzhou	131	45	395	73
营口市	Yingkou	101	39	164	51

2-31 续表 1 continued

单位：所 (unit)

城市	City	普通中学 Regular Secondary Schools		小学 Primary Schools	
		全市 Total City	市辖区 Districts under City	全市 Total City	市辖区 Districts under City
阜新市	Fuxin	95	37	81	38
辽阳市	Liaoyang	81	38	199	61
盘锦市	Panjin	74	38	51	48
铁岭市	Tieling	110	19	320	31
朝阳市	Chaoyang	171	31	668	96
葫芦岛市	Huludao	132	60	545	106
吉林省	**Jilin**	**1280**	**380**	**4628**	**789**
长春市	Changchun	338	149	1197	291
吉林市	Jilin	180	69	620	140
四平市	Siping	184	28	889	83
辽源市	Liaoyuan	64	19	319	36
通化市	Tonghua	133	21	250	35
白山市	Baishan	110	36	192	49
松原市	Songyuan	148	27	722	90
白城市	Baicheng	123	31	439	65
黑龙江省	**Heilongjiang**	**1789**	**661**	**3158**	**806**
哈尔滨市	Harbin	463	206	608	187
齐齐哈尔市	Qiqihar	250	73	840	114
鸡西市	Jixi	95	62	69	24
鹤岗市	Hegang	46	31	85	52
双鸭山市	Shuangyashan	80	29	109	35
大庆市	Daqing	146	80	389	144
伊春市	Yichun	53	31	65	37
佳木斯市	Jiamusi	114	35	209	55
七台河市	Qitaihe	48	30	51	25
牡丹江市	Mudanjiang	130	41	292	63
黑河市	Heihe	98	7	184	10
绥化市	Suihua	266	36	257	60
上海市	**Shanghai**	**768**	**732**	**757**	**728**
江苏省	**Jiangsu**	**2644**	**1181**	**4023**	**1696**
南京市	Nanjing	223	223	346	346
无锡市	Wuxi	180	91	185	91
徐州市	Xuzhou	319	106	906	245
常州市	Changzhou	158	98	187	119
苏州市	Suzhou	276	136	383	197
南通市	Nantong	215	60	321	87
连云港市	Lianyungang	173	73	449	178
淮安市	Huai'an	176	96	283	135
盐城市	Yancheng	273	58	318	61
扬州市	Yangzhou	168	85	208	99
镇江市	Zhenjiang	112	43	113	46
泰州市	Taizhou	188	62	158	50
宿迁市	Suqian	183	50	166	42
浙江省	**Zhejiang**	**2280**	**857**	**3344**	**1106**
杭州市	Hangzhou	313	225	421	289
宁波市	Ningbo	292	124	457	179

2-31 续表 2 continued

单位：所 (unit)

城市	City	普通中学 Regular Secondary Schools		小学 Primary Schools	
		全市 Total City	市辖区 Districts under City	全市 Total City	市辖区 Districts under City
温州市	Wenzhou	464	98	568	125
嘉兴市	Jiaxing	175	57	170	39
湖州市	Huzhou	123	51	128	49
绍兴市	Shaoxing	180	82	359	167
金华市	Jinhua	240	61	418	76
衢州市	Quzhou	94	35	201	52
舟山市	Zhoushan	43	33	58	38
台州市	Taizhou	259	69	343	74
丽水市	Lishui	97	22	221	18
安徽省	**Anhui**	**3599**	**1017**	**10547**	**2461**
合肥市	Hefei	362	116	613	152
芜湖市	Wuhu	211	73	412	149
蚌埠市	Bengbu	169	51	685	135
淮南市	Huainan	129	98	362	233
马鞍山市	Maanshan	104	31	274	59
淮北市	Huaibei	129	74	345	140
铜陵市	Tongling	43	23	85	45
安庆市	Anqing	368	43	1222	114
黄山市	Huangshan	118	36	139	34
滁州市	Chuzhou	289	30	396	45
阜阳市	Fuyang	459	104	2050	361
宿州市	Suzhou	250	71	882	251
六安市	Lu'an	413	121	1336	238
亳州市	Bozhou	291	58	1270	317
池州市	Chizhou	105	41	292	130
宣城市	Xuancheng	159	47	184	58
福建省	**Fujian**	**1754**	**438**	**5121**	**1232**
福州市	Fuzhou	321	84	905	199
厦门市	Xiamen	90	90	296	296
莆田市	Putian	147	91	491	340
三明市	Sanming	155	19	230	24
泉州市	Quanzhou	324	45	1347	151
漳州市	Zhangzhou	209	30	882	89
南平市	Nanping	164	26	321	53
龙岩市	Longyan	169	25	370	52
宁德市	Ningde	175	28	279	28
江西省	**Jiangxi**	**2460**	**497**	**9269**	**1475**
南昌市	Nanchang	275	122	927	166
景德镇市	Jingdezhen	100	31	450	63
萍乡市	Pingxiang	106	40	384	146
九江市	Jiujiang	283	34	959	69
新余市	Xinyu	39	33	101	87
鹰潭市	Yingtan	80	17	259	46
赣州市	Ganzhou	458	63	2039	257
吉安市	Ji'an	304	30	802	92
宜春市	Yichun	241	46	918	197
抚州市	Fuzhou	218	56	986	280
上饶市	Shangrao	356	25	1444	72

2-31 续表 3 continued

单位：所 (unit)

城市	City	普通中学 Regular Secondary Schools		小学 Primary Schools	
		全市 Total City	市辖区 Districts under City	全市 Total City	市辖区 Districts under City
山东省	**Shandong**	**3467**	**1169**	**10770**	**2876**
济南市	Jinan	209	129	588	353
青岛市	Qingdao	295	148	794	291
淄博市	Zibo	189	131	317	199
枣庄市	Zaozhuang	126	78	538	327
东营市	Dongying	95	48	126	61
烟台市	Yantai	259	69	316	116
潍坊市	Weifang	316	72	831	184
济宁市	Jining	285	64	1085	135
泰安市	Tai'an	172	59	555	162
威海市	Weihai	106	49	90	62
日照市	Rizhao	100	45	310	121
莱芜市	Laiwu	51	51	134	134
临沂市	Linyi	339	55	1370	113
德州市	Dezhou	190	38	937	199
聊城市	Liaocheng	203	46	760	149
滨州市	Binzhou	166	31	387	41
菏泽市	Heze	366	56	1632	229
河南省	**Henan**	**5302**	**1044**	**25711**	**2896**
郑州市	Zhengzhou	397	172	935	311
开封市	Kaifeng	287	41	1552	83
洛阳市	Luoyang	431	101	1446	230
平顶山市	Pingdingshan	247	57	1409	153
安阳市	Anyang	296	52	1308	139
鹤壁市	Hebi	86	34	356	76
新乡市	Xinxiang	391	59	1557	134
焦作市	Jiaozuo	215	55	573	92
濮阳市	Puyang	211	64	1165	109
许昌市	Xuchang	239	26	1008	42
漯河市	Luohe	111	47	494	185
三门峡市	Sanmenxia	128	16	271	30
南阳市	Nanyang	503	93	3447	271
商丘市	Shangqiu	436	84	2179	474
信阳市	Xinyang	379	66	1899	234
周口市	Zhoukou	600	36	3828	137
驻马店市	Zhumadian	345	41	2284	196
湖北省	**Hubei**	**2253**	**779**	**4812**	**1352**
武汉市	Wuhan	365	268	588	317
黄石市	Huangshi	134	35	482	60
十堰市	Shiyan	171	59	437	149
宜昌市	Yichang	173	58	266	77
襄阳市	Xiangyang	237	89	459	158
鄂州市	Ezhou	49	49	241	241

2-31 续表 4 continued

单位：所 (unit)

城市	City	普通中学 Regular Secondary Schools		小学 Primary Schools	
		全市 Total City	市辖区 Districts under City	全市 Total City	市辖区 Districts under City
荆门市	Jingmen	122	32	222	64
孝感市	Xiaogan	218	44	473	93
荆州市	Jingzhou	241	54	395	61
黄冈市	Huanggang	304	25	714	32
咸宁市	Xianning	143	34	345	57
随州市	Suizhou	96	32	190	43
湖南省	**Hunan**	**3703**	**652**	**9482**	**1406**
长沙市	Changsha	292	108	937	344
株洲市	Zhuzhou	201	53	327	87
湘潭市	Xiangtan	175	42	428	68
衡阳市	Hengyang	427	49	1561	149
邵阳市	Shaoyang	461	35	1201	93
岳阳市	Yueyang	305	53	810	124
常德市	Changde	292	68	539	101
张家界市	Zhangjiajie	87	25	144	66
益阳市	Yiyang	228	58	452	131
郴州市	Chenzhou	281	47	471	50
永州市	Yongzhou	321	60	455	92
怀化市	Huaihua	350	28	1368	56
娄底市	Loudi	283	26	789	45
广东省	**Guangdong**	**4399**	**2411**	**10631**	**4607**
广州市	Guangzhou	500	421	938	778
韶关市	Shaoguan	154	45	184	62
深圳市	Shenzhen	325	325	331	331
珠海市	Zhuhai	67	67	115	115
汕头市	Shantou	287	282	750	746
佛山市	Foshan	193	193	406	406
江门市	Jiangmen	185	77	313	124
湛江市	Zhanjiang	316	87	835	74
茂名市	Maoming	268	49	1746	274
肇庆市	Zhaoqing	174	36	219	36
惠州市	Huizhou	234	108	453	236
梅州市	Meizhou	229	46	444	63
汕尾市	Shanwei	171	28	650	109
河源市	Heyuan	180	26	318	48
阳江市	Yangjiang	106	33	137	34
清远市	Qingyuan	176	61	320	122
东莞市	Dongguan	212	212	320	320
中山市	Zhongshan	102	102	206	206
潮州市	Chaozhou	139	97	640	243
揭阳市	Jieyang	278	102	1247	257
云浮市	Yunfu	103	14	59	23
广西壮族自治区	**Guangxi**	**2268**	**636**	**13644**	**2198**
南宁市	Nanning	342	178	1451	458
柳州市	Liuzhou	163	64	670	129

2-31 续表 5 continued

单位：所 (unit)

城 市	City	普通中学 Regular Secondary Schools		小 学 Primary Schools	
		全 市 Total City	市辖区 Districts under City	全 市 Total City	市辖区 Districts under City
桂林市	Guilin	219	37	1138	79
梧州市	Wuzhou	133	33	894	141
北海市	Beihai	70	42	392	125
防城港市	Fangchenggang	46	26	518	198
钦州市	Qinzhou	121	9	1522	18
贵港市	Guigang	226	88	1139	428
玉林市	Yulin	290	58	1475	239
百色市	Baise	188	16	1278	103
贺州市	Hezhou	107	7	692	
河池市	Hechi	197	22	1370	44
来宾市	Laibin	83	41	400	172
崇左市	Chongzuo	83	15	705	64
海南省	**Hainan**	**145**	**145**	**308**	**308**
海口市	Haikou	100	100	170	170
三亚市	Sanya	45	45	137	137
三沙市	Sansa			1	1
重庆市	**Chongqing**	**1179**	**674**	**4586**	**1722**
四川省	**Sichuan**	**4315**	**1324**	**6171**	**1697**
成都市	Chengdu	497	238	522	299
自贡市	Zigong	138	53	170	61
攀枝花市	Panzhihua	54	40	64	34
泸州市	Luzhou	221	62	279	48
德阳市	Deyang	149	27	355	36
绵阳市	Mianyang	235	59	414	72
广元市	Guangyuan	177	51	255	89
遂宁市	Suining	167	60	216	81
内江市	Neijiang	182	59	296	105
乐山市	Leshan	214	74	347	69
南充市	Nanchong	508	120	260	92
眉山市	Meishan	216	43	210	51
宜宾市	Yibin	291	64	320	46
广安市	Guang'an	276	76	228	55
达州市	Dazhou	382	103	1603	352
雅安市	Ya'an	87	37	161	37
巴中市	Bazhong	210	86	210	47
资阳市	Ziyang	311	72	261	123
贵州省	**Guizhou**	**1843**	**529**	**7193**	**1142**
贵阳市	Guiyang	306	239	558	347
六盘水市	Liupanshui	225	48	673	83
遵义市	Zunyi	448	69	1369	132
安顺市	Anshun	146	52	683	152
毕节市	Bijie	466	88	2170	315
铜仁市	Tongren	252	33	1740	113

2-31 续表 6 continued

单位：所 (unit)

城市	City	普通中学 Regular Secondary Schools 全市 Total City	普通中学 Regular Secondary Schools 市辖区 Districts under City	小学 Primary Schools 全市 Total City	小学 Primary Schools 市辖区 Districts under City
云南省	**Yunnan**	**1299**	**313**	**7953**	**1199**
昆明市	Kunming	281	146	958	349
曲靖市	Qujing	242	32	1709	110
玉溪市	Yuxi	111	24	537	77
保山市	Baoshan	121	35	928	324
昭通市	Zhaotong	220	32	1846	176
丽江市	Lijiang	76	9	480	45
普洱市	Pu'er	127	13	582	40
临沧市	Lincang	121	22	913	78
西藏自治区	**Tibet**	**25**	**13**	**78**	**19**
拉萨市	Lasa	25	13	78	19
陕西省	**Shaanxi**	**2165**	**722**	**6550**	**1821**
西安市	Xi'an	421	286	1257	708
铜川市	Tongchuan	49	46	100	71
宝鸡市	Baoji	212	72	633	131
咸阳市	Xianyang	297	59	1026	81
渭南市	Weinan	329	59	937	174
延安市	Yan'an	121	33	307	67
汉中市	Hanzhong	212	28	700	94
榆林市	Yulin	215	21	438	42
安康市	Ankang	196	76	639	280
商洛市	Shangluo	113	42	513	173
甘肃省	**Gansu**	**1768**	**553**	**8769**	**1738**
兰州市	Lanzhou	204	121	570	247
嘉峪关市	Jiayuguan	11	11	18	18
金昌市	Jinchang	21	10	53	13
白银市	Baiyin	144	35	698	91
天水市	Tianshui	260	81	1403	251
武威市	Wuwei	139	75	661	320
张掖市	Zhangye	65	38	278	104
平凉市	Pingliang	170	31	963	150
酒泉市	Jiuquan	59	20	158	42
庆阳市	Qingyang	172	27	1054	107
定西市	Dingxi	290	64	1210	151
陇南市	Longnan	233	40	1703	244
青海省	**Qinghai**	**240**	**63**	**668**	**106**
西宁市	Xining	140	50	170	75
海东市	Haidong	100	13	498	31
宁夏回族自治区	**Ningxia**	**295**	**131**	**1759**	**429**
银川市	Yinchuan	70	48	200	100
石嘴山市	Shizuishan	36	23	67	43
吴忠市	Wuzhong	58	19	321	61
固原市	Guyuan	67	16	850	161
中卫市	Zhongwei	64	25	321	64
新疆维吾尔自治区	**Xinjiang**	**172**	**163**	**161**	**149**
乌鲁木齐市	Urumqi	153	144	133	121
克拉玛依市	Karamay	19	19	28	28

2-32 专任教师数(一)

Number of Full-time Teachers (Ⅰ)

单位：人 (person)

城　　市	City	普通高等学校 Regular Institutions of Higher Education		中等职业教育学校 Vocational Secondary Schools	
		全　市 Total City	市辖区 Districts under City	全　市 Total City	市辖区 Districts under City
城市合计	**Prefecture Cities**	**1532203**	**1351154**	**701953**	**401518**
北京市	**Beijing**	**67549**	**67549**	**10756**	**10756**
天津市	**Tianjin**	**31008**	**31008**	**8189**	**8189**
河北省	**Hebei**	**67433**	**63518**	**50954**	**24119**
石家庄市	Shijiazhuang	23342	22446	10087	6902
唐山市	Tangshan	5282	5282	7307	5190
秦皇岛市	Qinhuangdao	7288	7288	3446	1989
邯郸市	Handan	3480	3480	5189	2141
邢台市	Xingtai	2480	2480	4214	1493
保定市	Baoding	10498	10498	6679	1811
张家口市	Zhangjiakou	2750	2750	3199	1161
承德市	Chengde	2597	2597	1992	800
沧州市	Cangzhou	3626	1965	3306	941
廊坊市	Langfang	5359	4001	2550	360
衡水市	Hengshui	731	731	2985	1331
山西省	**Shanxi**	**41764**	**39099**	**27491**	**13657**
太原市	Taiyuan	22739	22739	4659	4510
大同市	Datong	1671	1671	3201	1222
阳泉市	Yangquan	542	328	1129	867
长治市	Changzhi	2054	2054	2695	1490
晋城市	Jincheng	457	457	1489	757
朔州市	Shuozhou	782	782	1595	914
晋中市	Jinzhong	5887	3843	2768	746
运城市	Yuncheng	2085	2085	2787	1129
忻州市	Xinzhou	1899	1492	2521	611
临汾市	Linfen	2958	2958	2402	716
吕梁市	Lvliang	690	690	2245	695
内蒙古自治区	**Inner Mongolia**	**31278**	**21760**	**12300**	**4961**
呼和浩特市	Hohhot	12247	12247	2095	1087
包头市	Baotou	4517	4517	1331	1140
乌海市	Wuhai	219	219	166	166
赤峰市	Chifeng	1798	1798	2798	938
通辽市	Tongliao	1689		1100	68
鄂尔多斯市	Erdos	475	475	701	701
呼伦贝尔市	Hulunbuir	967	662	1536	273
巴彦淖尔市	Bayannur	603	603	1188	588
乌兰察布市	Ulanqab	8763	1239	1385	
辽宁省	**Liaoning**	**65494**	**65494**	**24324**	**19651**
沈阳市	Shenyang	26806	26806	6606	6357
大连市	Dalian	18281	18281	4275	3681
鞍山市	Anshan	2128	2128	1572	946
抚顺市	Fushun	2427	2427	1158	964
本溪市	Benxi	2306	2306	2315	1955
丹东市	Dandong	1556	1556	1033	569
锦州市	Jinzhou	4901	4901	1208	861
营口市	Yingkou	1066	1066	1375	1049

2-32 续表 1 continued

单位：人 (person)

城　　市	City	普通高等学校 Regular Institutions of Higher Education		中等职业教育学校 Vocational Secondary Schools	
		全　市 Total City	市辖区 Districts under City	全　市 Total City	市辖区 Districts under City
阜新市	Fuxin	2262	2262	1053	865
辽阳市	Liaoyang	1114	1114	728	552
盘锦市	Panjin	491	491	573	355
铁岭市	Tieling	1163	1163	236	229
朝阳市	Chaoyang	499	499	1386	723
葫芦岛市	Huludao	494	494	806	545
吉林省	**Jilin**	**36493**	**36493**	**15790**	**9917**
长春市	Changchun	25836	25836	5203	4069
吉林市	Jilin	5483	5483	3040	2368
四平市	Siping	2204	2204	1846	745
辽源市	Liaoyuan	328	328	610	420
通化市	Tonghua	781	781	1596	759
白山市	Baishan	252	252	975	582
松原市	Songyuan	521	521	1170	475
白城市	Baicheng	1088	1088	1350	499
黑龙江省	**Heilongjiang**	**46902**	**46369**	**14053**	**8248**
哈尔滨市	Harbin	32480	31947	5391	4545
齐齐哈尔市	Qiqihar	3593	3593	1960	1006
鸡西市	Jixi	498	498	354	219
鹤岗市	Hegang	208	208	547	547
双鸭山市	Shuangyashan	220	220	352	148
大庆市	Daqing	3758	3758	1221	731
伊春市	Yichun	210	210	280	280
佳木斯市	Jiamusi	1482	1482	635	253
七台河市	Qitaihe	462	462	66	28
牡丹江市	Mudanjiang	2968	2968	914	144
黑河市	Heihe	498	498	795	226
绥化市	Suihua	525	525	1538	121
上海市	**Shanghai**	**40558**	**40558**	**8186**	**7848**
江苏省	**Jiangsu**	**105315**	**101926**	**55336**	**36550**
南京市	Nanjing	47749	47749	6359	6359
无锡市	Wuxi	6053	5339	5981	3480
徐州市	Xuzhou	7734	7734	5416	3875
常州市	Changzhou	5256	5256	3744	2928
苏州市	Suzhou	11316	8678	6174	3423
南通市	Nantong	4939	4902	4635	1628
连云港市	Lianyungang	1916	1916	3807	2980
淮安市	Huai'an	3382	3382	3377	2233
盐城市	Yancheng	3023	3023	4412	2599
扬州市	Yangzhou	4883	4883	3783	2457
镇江市	Zhenjiang	5324	5324	2063	1246
泰州市	Taizhou	2801	2801	2102	991
宿迁市	Suqian	939	939	3483	2351
浙江省	**Zhejiang**	**59031**	**47090**	**36098**	**16615**
杭州市	Hangzhou	28265	27191	6339	5280
宁波市	Ningbo	7808		5647	2445

2-32 续表 2 continued

单位：人 (person)

城市	City	普通高等学校 Regular Institutions of Higher Education		中等职业教育学校 Vocational Secondary Schools	
		全市 Total City	市辖区 Districts under City	全市 Total City	市辖区 Districts under City
温州市	Wenzhou	5057	5057	4192	1375
嘉兴市	Jiaxing	2989	2457	2820	734
湖州市	Huzhou	1463	1463	2093	696
绍兴市	Shaoxing	3912	3563	2772	1574
金华市	Jinhua	4909	3692	4524	1703
衢州市	Quzhou	599	599	1633	764
舟山市	Zhoushan	1094	1094	569	472
台州市	Taizhou	1645	684	3601	1107
丽水市	Lishui	1290	1290	1908	465
安徽省	**Anhui**	**56358**	**53878**	**32027**	**14396**
合肥市	Hefei	24515	23430	3664	2182
芜湖市	Wuhu	6643	6643	1890	1082
蚌埠市	Bengbu	3005	2956	1979	824
淮南市	Huainan	3162	3162	1495	1350
马鞍山市	Maanshan	3066	3066	737	405
淮北市	Huaibei	1850	1850	842	724
铜陵市	Tongling	1412	1412	290	225
安庆市	Anqing	2320	2078	4665	862
黄山市	Huangshan	941	941	542	177
滁州市	Chuzhou	2271	1282	2250	464
阜阳市	Fuyang	1760	1739	3446	2119
宿州市	Suzhou	1185	1185	2036	576
六安市	Lu'an	1959	1865	2014	773
亳州市	Bozhou	729	729	3148	1062
池州市	Chizhou	1255	1255	1371	917
宣城市	Xuancheng	285	285	1658	654
福建省	**Fujian**	**44599**	**40037**	**17952**	**9514**
福州市	Fuzhou	19639	19639	4690	3241
厦门市	Xiamen	9825	9825	1966	1966
莆田市	Putian	791	606	1134	768
三明市	Sanming	1155	895	1312	238
泉州市	Quanzhou	6641	3254	3086	994
漳州市	Zhangzhou	3773	3773	1421	678
南平市	Nanping	1246	516	1350	449
龙岩市	Longyan	988	988	1641	839
宁德市	Ningde	541	541	1352	341
江西省	**Jiangxi**	**53241**	**21166**	**14808**	**6639**
南昌市	Nanchang	31666		2025	
景德镇市	Jingdezhen	1580	1580	523	445
萍乡市	Pingxiang	926	926	1041	630
九江市	Jiujiang	5214	4950	1219	498
新余市	Xinyu	1768	1768	1068	1068
鹰潭市	Yingtan	338	338	368	188
赣州市	Ganzhou	5532	5532	3563	1812
吉安市	Ji'an	1086	1086	1466	649
宜春市	Yichun	1970	1825	1473	347
抚州市	Fuzhou	1506	1506	725	281
上饶市	Shangrao	1655	1655	1337	721

2-32 续表 3 continued

单位：人 (person)

城 市	City	普通高等学校 Regular Institutions of Higher Education		中等职业教育学校 Vocational Secondary Schools	
		全 市 Total City	市辖区 Districts under City	全 市 Total City	市辖区 Districts under City
山东省	**Shandong**	**103876**	**92445**	**61029**	**31184**
济南市	Jinan	30778	29487	7425	5634
青岛市	Qingdao	18587	18587	8205	5515
淄博市	Zibo	5335	4826	2547	2034
枣庄市	Zaozhuang	1434	1026	1600	946
东营市	Dongying	1673	1561	1124	604
烟台市	Yantai	8904	7189	7978	3681
潍坊市	Weifang	8217	5645	6032	1448
济宁市	Jining	5234	2050	3161	972
泰安市	Tai'an	5409	5409	2190	913
威海市	Weihai	3413	2559	1905	1287
日照市	Rizhao	1349	1349	2067	1469
莱芜市	Laiwu	705	705	395	395
临沂市	Linyi	3344	3344	3972	1484
德州市	Dezhou	2798	2230	2867	1303
聊城市	Liaocheng	1988	1988	4750	1412
滨州市	Binzhou	2787	2787	1907	643
菏泽市	Heze	1921	1703	2904	1444
河南省	**Henan**	**109017**	**82916**	**58065**	**28125**
郑州市	Zhengzhou	55040	30219	13141	9714
开封市	Kaifeng	5425	5425	2365	1006
洛阳市	Luoyang	5777	5777	4651	2592
平顶山市	Pingdingshan	3175	3175	3010	1897
安阳市	Anyang	3729	3729	2448	937
鹤壁市	Hebi	1026	1026	1087	764
新乡市	Xinxiang	7828	7614	4054	1820
焦作市	Jiaozuo	5944	5344	2555	1300
濮阳市	Puyang	642	642	1848	765
许昌市	Xuchang	2097	2058	2285	711
漯河市	Luohe	1812	1812	1389	993
三门峡市	Sanmenxia	847	847	1393	512
南阳市	Nanyang	4079	3992	4875	1607
商丘市	Shangqiu	4601	4261	2734	719
信阳市	Xinyang	3509	3509	4255	858
周口市	Zhoukou	2292	2292	3094	951
驻马店市	Zhumadian	1194	1194	2881	979
湖北省	**Hubei**	**82042**	**82022**	**23485**	**15289**
武汉市	Wuhan	57313	57313	7979	7979
黄石市	Huangshi	2231	2231	1130	746
十堰市	Shiyan	2822	2822	1958	1079
宜昌市	Yichang	3621	3621	1827	670
襄阳市	Xiangyang	2558	2558	2052	1124
鄂州市	Ezhou	685	685	176	176

2-32 续表 4 continued

单位：人 (person)

城市	City	普通高等学校 Regular Institutions of Higher Education 全市 Total City	市辖区 Districts under City	中等职业教育学校 Vocational Secondary Schools 全市 Total City	市辖区 Districts under City
荆门市	Jingmen	856	856	1095	508
孝感市	Xiaogan	1936	1936	1052	345
荆州市	Jingzhou	4499	4499	1755	915
黄冈市	Huanggang	3345	3345	3379	1130
咸宁市	Xianning	1735	1715	695	357
随州市	Suizhou	441	441	387	260
湖南省	**Hunan**	**66369**	**60081**	**26099**	**11751**
长沙市	Changsha	32691	26841	4198	2111
株洲市	Zhuzhou	4376	4376	1652	1157
湘潭市	Xiangtan	7131	7131	1318	738
衡阳市	Hengyang	5992	5992	2210	1465
邵阳市	Shaoyang	1482	1482	2331	735
岳阳市	Yueyang	3189	3189	2488	997
常德市	Changde	2407	2238	2191	562
张家界市	Zhangjiajie	428	428	532	202
益阳市	Yiyang	1819	1819	1390	500
郴州市	Chenzhou	1413	1144	1674	940
永州市	Yongzhou	1635	1635	2180	456
怀化市	Huaihua	1542	1542	2371	1019
娄底市	Loudi	2264	2264	1564	869
广东省	**Guangdong**	**92489**	**85155**	**49100**	**34112**
广州市	Guangzhou	57196	50739	7970	7396
韶关市	Shaoguan	1693	1693	1662	1052
深圳市	Shenzhen	4462	4462	2279	2279
珠海市	Zhuhai	5500	5500	908	908
汕头市	Shantou	887	887	2011	1998
佛山市	Foshan	1810	1810	4706	4706
江门市	Jiangmen	1761	1761	2660	1534
湛江市	Zhanjiang	3998	3998	3348	2168
茂名市	Maoming	1357	1127	2475	910
肇庆市	Zhaoqing	2801	2801	2513	1327
惠州市	Huizhou	1518	1518	3042	
梅州市	Meizhou	1215	1215	1817	962
汕尾市	Shanwei	277	277	752	312
河源市	Heyuan	443	443	1638	966
阳江市	Yangjiang	406	406	609	259
清远市	Qingyuan	578	578	1947	888
东莞市	Dongguan	3148	3148	2861	2861
中山市	Zhongshan	1643	1643	1486	1486
潮州市	Chaozhou	795	795	1013	810
揭阳市	Jieyang	549	354	2348	985
云浮市	Yunfu	452		1055	305
广西壮族自治区	**Guangxi**	**38373**	**36679**	**19825**	**12962**
南宁市	Nanning	18441	18250	5593	4962
柳州市	Liuzhou	3354	3354	2534	2074

2-32 续表 5 continued

单位：人 (person)

城　市	City	普通高等学校 Regular Institutions of Higher Education		中等职业教育学校 Vocational Secondary Schools	
		全　市 Total City	市辖区 Districts under City	全　市 Total City	市辖区 Districts under City
桂林市	Guilin	7167	7130	1827	1023
梧州市	Wuzhou	646	646	1230	635
北海市	Beihai	1930	1930	841	697
防城港市	Fangchenggang	161	161	134	67
钦州市	Qinzhou	969	969	922	357
贵港市	Guigang			1030	560
玉林市	Yulin	858	858	1496	961
百色市	Baise	1571	1420	973	48
贺州市	Hezhou	549	549	926	513
河池市	Hechi	746	198	1122	521
来宾市	Laibin	542	542	564	315
崇左市	Chongzuo	1439	672	633	229
海南省	**Hainan**	**11103**	**11103**	**3076**	**3076**
海口市	Haikou	8894	8894	2596	2596
三亚市	Sanya	2209	2209	480	480
三沙市	Sansa				
重庆市	**Chongqing**	**38944**	**38944**	**20029**	**11071**
四川省	**Sichuan**	**80016**	**29086**	**40401**	**18668**
成都市	Chengdu	47643		9727	4880
自贡市	Zigong	1965	1965	1137	759
攀枝花市	Panzhihua	1222	1222	1976	1930
泸州市	Luzhou	2278	2078	2170	967
德阳市	Deyang	3318	1753	1450	527
绵阳市	Mianyang	7203	6795	1906	961
广元市	Guangyuan	507	507	1187	498
遂宁市	Suining	635	635	1694	706
内江市	Neijiang	1549	1365	1559	888
乐山市	Leshan	2359	2359	1548	788
南充市	Nanchong	3954	3954	3689	2127
眉山市	Meishan	1241	340	1360	447
宜宾市	Yibin	1291	1291	2647	1192
广安市	Guang'an	440	440	1280	169
达州市	Dazhou	1227	1198	3528	749
雅安市	Ya'an	2740	2740	412	206
巴中市	Bazhong	60	60	1770	466
资阳市	Ziyang	384	384	1361	408
贵州省	**Guizhou**	**23576**	**22406**	**12467**	**7084**
贵阳市	Guiyang	16595	15826	5121	4657
六盘水市	Liupanshui	691		893	262
遵义市	Zunyi	3004	3004	2270	592
安顺市	Anshun	1053	1053	644	279
毕节市	Bijie	930	1220	2199	802
铜仁市	Tongren	1303	1303	1340	492

2-32 续表 6 continued

单位：人 (person)

城市	City	普通高等学校 Regular Institutions of Higher Education		中等职业教育学校 Vocational Secondary Schools	
		全市 Total City	市辖区 Districts under City	全市 Total City	市辖区 Districts under City
云南省	**Yunnan**	**30875**	**29551**	**14194**	**7763**
昆明市	Kunming	25895	25895	5872	4241
曲靖市	Qujing	1346	1346	2379	1341
玉溪市	Yuxi	812	812	1330	246
保山市	Baoshan	627	627	976	305
昭通市	Zhaotong	384		1249	604
丽江市	Lijiang	940		495	247
普洱市	Pu'er	514	514	1204	532
临沧市	Lincang	357	357	689	247
西藏自治区	**Tibet**	**1872**	**1872**	**303**	**303**
拉萨市	Lasa	1872	1872	303	303
陕西省	**Shaanxi**	**61985**	**59433**	**23590**	**15911**
西安市	Xi'an	46766	45509	11191	10610
铜川市	Tongchuan	226	226	165	140
宝鸡市	Baoji	1843	1843	2798	2161
咸阳市	Xianyang	5615	5615	1570	392
渭南市	Weinan	1276	1276	1923	653
延安市	Yan'an	1589	1589	867	262
汉中市	Hanzhong	2093	1703	997	292
榆林市	Yulin	860	860	2374	1012
安康市	Ankang	905		729	249
商洛市	Shangluo	812	812	976	140
甘肃省	**Gansu**	**21623**	**21075**	**14486**	**7644**
兰州市	Lanzhou	15345	15345	3587	3028
嘉峪关市	Jiayuguan	114	114	296	296
金昌市	Jinchang	131	131	235	89
白银市	Baiyin	163	163	1228	550
天水市	Tianshui	1751	1751	1978	1191
武威市	Wuwei	808	808	142	142
张掖市	Zhangye	865	865	756	332
平凉市	Pingliang	438	438	1544	495
酒泉市	Jiuquan	349	348	598	254
庆阳市	Qingyang	766	738	1312	713
定西市	Dingxi	299	299	1717	470
陇南市	Longnan	594	75	1093	84
青海省	**Qinghai**	**3881**	**3881**	**1908**	**1029**
西宁市	Xining	3881	3881	1495	1029
海东市	Haidong			413	
宁夏回族自治区	**Ningxia**	**7755**	**7176**	**2591**	**1445**
银川市	Yinchuan	6606	6027	1100	852
石嘴山市	Shizuishan	360	360	292	204
吴忠市	Wuzhong	374	374	169	
固原市	Guyuan	415	415	681	217
中卫市	Zhongwei			349	172
新疆维吾尔自治区	**Xinjiang**	**11384**	**11384**	**3041**	**3041**
乌鲁木齐市	Urumqi	11097	11097	2823	2823
克拉玛依市	Karamay	287	287	218	218

2-33 专任教师数(二)

Number of Full-time Teachers (Ⅱ)

单位：人 (person)

城市	City	普通中学 Regular Secondary Schools		小学 Primary Schools	
		全市 Total City	市辖区 Districts under City	全市 Total City	市辖区 Districts under City
城市合计	**Prefecture Cities**	**4893246**	**1848311**	**5037170**	**1710308**
北京市	**Beijing**	**61043**	**57815**	**49434**	**46892**
天津市	**Tianjin**	**42140**	**32968**	**38968**	**31101**
河北省	**Hebei**	**255550**	**68944**	**323810**	**63461**
石家庄市	Shijiazhuang	33704	16554	40817	15699
唐山市	Tangshan	29139	12498	31281	12736
秦皇岛市	Qinhuangdao	12023	4369	14296	4799
邯郸市	Handan	32719	9034	44105	6789
邢台市	Xingtai	23763	4834	34708	4141
保定市	Baoding	38189	3540	44290	3307
张家口市	Zhangjiakou	16483	4844	18939	3755
承德市	Chengde	12001	2621	16613	2237
沧州市	Cangzhou	23267	2945	37474	3248
廊坊市	Langfang	15373	3152	22403	3860
衡水市	Hengshui	18889	4553	18884	2890
山西省	**Shanxi**	**178972**	**55034**	**174457**	**47543**
太原市	Taiyuan	18477	14108	16691	12256
大同市	Datong	16221	8468	18189	9632
阳泉市	Yangquan	5864	2910	5732	2783
长治市	Changzhi	15503	4295	15928	3318
晋城市	Jincheng	11439	2861	10313	1928
朔州市	Shuozhou	10819	3819	9711	3524
晋中市	Jinzhong	15075	2618	14950	2612
运城市	Yuncheng	29775	4955	24140	3160
忻州市	Xinzhou	14845	3462	16568	2269
临汾市	Linfen	21480	5610	21426	4250
吕梁市	Lvliang	19474	1928	20809	1811
内蒙古自治区	**Inner Mongolia**	**84061**	**35540**	**91548**	**30411**
呼和浩特市	Hohhot	10617	7114	8902	5225
包头市	Baotou	10339	8719	8727	6730
乌海市	Wuhai	2581	2581	2243	2243
赤峰市	Chifeng	17843	6115	21085	5734
通辽市	Tongliao	12112	3100	16172	3751
鄂尔多斯市	Erdos	7558	2507	7588	2105
呼伦贝尔市	Hulunbuir	11062	2060	11847	1329
巴彦淖尔市	Bayannur	5175	1993	6221	2055
乌兰察布市	Ulanqab	6774	1351	8763	1239
辽宁省	**Liaoning**	**153036**	**71835**	**138522**	**58013**
沈阳市	Shenyang	23860	17874	22085	14689
大连市	Dalian	21942	12576	18009	10093
鞍山市	Anshan	12877	5848	10148	3626
抚顺市	Fushun	7202	4746	6803	3945
本溪市	Benxi	6444	4014	6163	3542
丹东市	Dandong	8220	2497	8030	1802
锦州市	Jinzhou	9273	3200	10022	2905
营口市	Yingkou	7980	3672	7524	2971

2-33 续表 1 continued

单位：人 (person)

城 市	City	普通中学 Regular Secondary Schools 全 市 Total City	市辖区 Districts under City	小 学 Primary Schools 全 市 Total City	市辖区 Districts under City
阜新市	Fuxin	6675	1581	4953	2154
辽阳市	Liaoyang	6094	3134	5505	2630
盘锦市	Panjin	5854	3471	5121	2549
铁岭市	Tieling	10709	2361	10479	1000
朝阳市	Chaoyang	14778	2809	13262	2209
葫芦岛市	Huludao	11128	4052	10418	3898
吉林省	**Jilin**	**98113**	**34779**	**92675**	**27134**
长春市	Changchun	30872	15435	27424	10908
吉林市	Jilin	15444	6352	14771	5093
四平市	Siping	11443	2229	13097	2382
辽源市	Liaoyuan	4470	1720	5416	1579
通化市	Tonghua	9935	1743	7295	1448
白山市	Baishan	7110	2651	4148	1571
松原市	Songyuan	10194	2658	11986	2422
白城市	Baicheng	8645	1991	8538	1731
黑龙江省	**Heilongjiang**	**135818**	**59332**	**114633**	**39786**
哈尔滨市	Harbin	37434	21762	29686	11985
齐齐哈尔市	Qiqihar	17591	5769	13388	3771
鸡西市	Jixi	7420	4539	3837	1772
鹤岗市	Hegang	3210	2366	2822	1717
双鸭山市	Shuangyashan	4537	1915	4435	1578
大庆市	Daqing	13375	8416	11175	5529
伊春市	Yichun	4545	2953	3859	1858
佳木斯市	Jiamusi	7825	2946	9471	3153
七台河市	Qitaihe	3134	2195	2582	1637
牡丹江市	Mudanjiang	8856	3052	8797	3052
黑河市	Heihe	6728	1093	7003	715
绥化市	Suihua	21163	2326	17578	3019
上海市	**Shanghai**	**54114**	**51887**	**51481**	**49650**
江苏省	**Jiangsu**	**271323**	**124672**	**270190**	**122406**
南京市	Nanjing	22414	22414	21823	21823
无锡市	Wuxi	19415	9934	19483	10735
徐州市	Xuzhou	34013	11124	38210	11821
常州市	Changzhou	13991	8953	13053	8858
苏州市	Suzhou	26337	14171	31985	16343
南通市	Nantong	24408	6972	19289	6010
连云港市	Lianyungang	20430	9920	21326	9121
淮安市	Huai'an	18883	10161	20370	10525
盐城市	Yancheng	27092	6184	25194	5120
扬州市	Yangzhou	16626	8677	13536	7538
镇江市	Zhenjiang	9915	3557	9255	3476
泰州市	Taizhou	19491	6718	14560	4932
宿迁市	Suqian	18308	5887	22106	6104
浙江省	**Zhejiang**	**186339**	**75552**	**188779**	**76701**
杭州市	Hangzhou	28049	21432	30139	24146
宁波市	Ningbo	23309	10434	24916	11165

2-33 续表 2 continued

单位：人 (person)

城市	City	普通中学 Regular Secondary Schools		小学 Primary Schools	
		全市 Total City	市辖区 Districts under City	全市 Total City	市辖区 Districts under City
温州市	Wenzhou	31215	7704	33561	8567
嘉兴市	Jiaxing	14446	4067	13738	3625
湖州市	Huzhou	10078	4214	8556	3775
绍兴市	Shaoxing	18320	9094	15647	7958
金华市	Jinhua	18567	4254	19451	3985
衢州市	Quzhou	8580	3217	8401	2936
舟山市	Zhoushan	3254	2429	3362	2546
台州市	Taizhou	22296	6818	21318	6197
丽水市	Lishui	8225	1889	9690	1801
安徽省	**Anhui**	**230448**	**74634**	**237902**	**71355**
合肥市	Hefei	29190	10847	24412	9266
芜湖市	Wuhu	12635	4499	11542	4398
蚌埠市	Bengbu	11489	3640	13132	4067
淮南市	Huainan	9067	6890	9106	6642
马鞍山市	Maanshan	8499	3326	7806	2890
淮北市	Huaibei	8715	4624	7979	4242
铜陵市	Tongling	3253	2067	2909	1709
安庆市	Anqing	24640	3491	20764	2486
黄山市	Huangshan	5073	1729	5240	1592
滁州市	Chuzhou	15939	2431	14824	2152
阜阳市	Fuyang	26643	7198	35774	8501
宿州市	Suzhou	18713	5383	22028	5784
六安市	Lu'an	24003	7767	22682	6169
亳州市	Bozhou	17329	5240	24865	6372
池州市	Chizhou	5907	2329	5591	2245
宣城市	Xuancheng	9353	3173	9248	2840
福建省	**Fujian**	**147842**	**45943**	**156111**	**48781**
福州市	Fuzhou	24177	8478	26303	9482
厦门市	Xiamen	9961	9961	13169	13169
莆田市	Putian	14349	9669	13636	9413
三明市	Sanming	11442	1502	11903	1279
泉州市	Quanzhou	30426	6380	31839	5953
漳州市	Zhangzhou	19906	3593	20087	2736
南平市	Nanping	11625	1997	13411	2191
龙岩市	Longyan	13048	2275	12002	2498
宁德市	Ningde	12908	2088	13761	2060
江西省	**Jiangxi**	**170136**	**41877**	**194455**	**39666**
南昌市	Nanchang	18860	7905	17293	6960
景德镇市	Jingdezhen	7437	3006	6450	1685
萍乡市	Pingxiang	7541	3440	8088	3480
九江市	Jiujiang	17357	3580	20748	2529
新余市	Xinyu	4400	3586	5002	3674
鹰潭市	Yingtan	4481	1104	5621	1263
赣州市	Ganzhou	34411	5801	40320	6506
吉安市	Ji'an	20115	2631	18814	2389
宜春市	Yichun	18736	3890	24670	4066
抚州市	Fuzhou	15273	5026	19891	5417
上饶市	Shangrao	21525	1908	27558	1697

2-33 续表 3 continued

单位：人 (person)

城 市	City	普通中学 Regular Secondary Schools		小 学 Primary Schools	
		全 市 Total City	市辖区 Districts under City	全 市 Total City	市辖区 Districts under City
山东省	**Shandong**	**391230**	**134491**	**382106**	**123258**
济南市	Jinan	23443	15776	25870	12812
青岛市	Qingdao	31999	14451	32181	15656
淄博市	Zibo	21975	14725	15362	10659
枣庄市	Zaozhuang	13796	8198	17507	11398
东营市	Dongying	11079	5213	8222	4055
烟台市	Yantai	32682	8210	15412	5470
潍坊市	Weifang	40608	8649	37141	8484
济宁市	Jining	31389	8260	33148	6535
泰安市	Tai'an	22265	6674	19331	4603
威海市	Weihai	12843	6844	7451	4382
日照市	Rizhao	11751	5619	11175	5094
莱芜市	Laiwu	5889	5889	4436	4436
临沂市	Linyi	40524	8163	42607	8973
德州市	Dezhou	20400	4538	26448	5220
聊城市	Liaocheng	20877	4852	24825	5256
滨州市	Binzhou	16362	2767	16245	3012
菏泽市	Heze	33348	5663	44745	7213
河南省	**Henan**	**410078**	**94193**	**475870**	**89764**
郑州市	Zhengzhou	35261	15812	34860	15299
开封市	Kaifeng	21540	3469	23569	2990
洛阳市	Luoyang	31234	10022	28476	7555
平顶山市	Pingdingshan	17365	4325	25984	5838
安阳市	Anyang	21353	4761	23691	5050
鹤壁市	Hebi	6275	3008	7605	3158
新乡市	Xinxiang	23094	4355	25665	4108
焦作市	Jiaozuo	16419	4734	14141	3609
濮阳市	Puyang	18026	5232	19426	3871
许昌市	Xuchang	17595	1911	23106	1726
漯河市	Luohe	9844	5064	10730	5527
三门峡市	Sanmenxia	10328	1441	10221	1369
南阳市	Nanyang	39666	8163	50600	7707
商丘市	Shangqiu	34722	7517	47680	9328
信阳市	Xinyang	34916	7334	40303	5895
周口市	Zhoukou	39713	3062	49948	2940
驻马店市	Zhumadian	32727	3983	39865	3794
湖北省	**Hubei**	**187462**	**73670**	**167183**	**54039**
武汉市	Wuhan	31523	26287	26931	17938
黄石市	Huangshi	8551	2655	11527	2323
十堰市	Shiyan	11617	5919	12722	4490
宜昌市	Yichang	13275	5242	11127	3977
襄阳市	Xiangyang	21046	9708	18778	7219
鄂州市	Ezhou	3800	3800	5047	5047

2-33 续表 4 continued

单位：人 (person)

城 市	City	普通中学 Regular Secondary Schools		小 学 Primary Schools	
		全 市 Total City	市辖区 Districts under City	全 市 Total City	市辖区 Districts under City
荆门市	Jingmen	9807	2956	8832	2444
孝感市	Xiaogan	19016	3842	16852	3028
荆州市	Jingzhou	21505	4512	14198	2493
黄冈市	Huanggang	30156	2376	23455	1245
咸宁市	Xianning	9185	2411	10766	1789
随州市	Suizhou	7981	3962	6948	2046
湖南省	**Hunan**	**237328**	**59843**	**227909**	**51751**
长沙市	Changsha	25370	12965	22286	11511
株洲市	Zhuzhou	13705	6186	10720	3522
湘潭市	Xiangtan	10313	3128	7662	2149
衡阳市	Hengyang	27593	4658	25412	4792
邵阳市	Shaoyang	25278	2315	27253	2645
岳阳市	Yueyang	23238	5570	17188	4279
常德市	Changde	20974	5213	16913	4166
张家界市	Zhangjiajie	5297	1181	4836	1914
益阳市	Yiyang	15208	4588	14477	4424
郴州市	Chenzhou	15862	3255	23577	3534
永州市	Yongzhou	20115	5230	24050	4764
怀化市	Huaihua	17412	2446	20352	2083
娄底市	Loudi	16963	3108	13183	1968
广东省	**Guangdong**	**434746**	**227629**	**443118**	**241931**
广州市	Guangzhou	41501	34030	47379	39906
韶关市	Shaoguan	12918	3939	12990	3640
深圳市	Shenzhen	28320	28320	39115	39115
珠海市	Zhuhai	6374	6374	6613	6613
汕头市	Shantou	29801	29725	21987	21618
佛山市	Foshan	22178	22178	22421	22421
江门市	Jiangmen	18229	7997	14289	5875
湛江市	Zhanjiang	34499	9233	34574	7552
茂名市	Maoming	36266	6165	33275	5990
肇庆市	Zhaoqing	21169	3629	16835	2469
惠州市	Huizhou	19154	9380	23755	11503
梅州市	Meizhou	23128	5022	19526	3709
汕尾市	Shanwei	14741	2755	15536	2481
河源市	Heyuan	17870	3311	14815	2178
阳江市	Yangjiang	11104	3118	10610	2500
清远市	Qingyuan	16499	6163	16603	6103
东莞市	Dongguan	17148	17148	28679	28679
中山市	Zhongshan	10627	10627	13133	13133
潮州市	Chaozhou	11447	7208	10158	6437
揭阳市	Jieyang	30232	9735	29128	8401
云浮市	Yunfu	11541	1572	11697	1608
广西壮族自治区	**Guangxi**	**168796**	**48580**	**229292**	**55379**
南宁市	Nanning	23776	11025	28561	13101
柳州市	Liuzhou	12097	5426	13431	4384

2-33 续表 5 continued

单位：人 (person)

城 市	City	普通中学 Regular Secondary Schools		小 学 Primary Schools	
		全 市 Total City	市辖区 Districts under City	全 市 Total City	市辖区 Districts under City
桂林市	Guilin	15620	3482	19531	3734
梧州市	Wuzhou	12166	3039	15069	3314
北海市	Beihai	6414	1311	7233	3061
防城港市	Fangchenggang	2849	1684	4349	2380
钦州市	Qinzhou	11143	1926	29039	4234
贵港市	Guigang	18902	8362	20419	7222
玉林市	Yulin	22256	4449	28774	4547
百色市	Baise	11156	796	15886	1700
贺州市	Hezhou	7046	890	9411	49
河池市	Hechi	11859	1428	18204	1476
来宾市	Laibin	7832	3933	9891	4433
崇左市	Chongzuo	5680	829	9494	1744
海南省	**Hainan**	**13330**	**13330**	**11396**	**11396**
海口市	Haikou	10508	10508	7729	7729
三亚市	Sanya	2822	2822	3667	3667
三沙市	Sansa				
重庆市	**Chongqing**	**114076**	**68727**	**116360**	**63297**
四川省	**Sichuan**	**279488**	**98848**	**257956**	**89218**
成都市	Chengdu	46359	23020	40320	23180
自贡市	Zigong	8014	3503	8486	4199
攀枝花市	Panzhihua	5061	3377	5004	2859
泸州市	Luzhou	14811	5032	17242	5094
德阳市	Deyang	11014	2471	10877	2301
绵阳市	Mianyang	19331	7603	16234	4596
广元市	Guangyuan	11041	3694	11957	3995
遂宁市	Suining	14978	6099	9050	3755
内江市	Neijiang	13690	4463	10275	3603
乐山市	Leshan	10942	3897	9639	2771
南充市	Nanchong	25184	7576	23100	6527
眉山市	Meishan	10506	2545	9510	2346
宜宾市	Yibin	18644	5666	20026	4881
广安市	Guang'an	15098	4491	13413	3577
达州市	Dazhou	20048	4544	23044	6245
雅安市	Ya'an	5027	2010	6072	1968
巴中市	Bazhong	13257	5245	13952	4499
资阳市	Ziyang	16483	3612	9755	2822
贵州省	**Guizhou**	**128033**	**37092**	**133722**	**31165**
贵阳市	Guiyang	19914	15130	14730	9509
六盘水市	Liupanshui	13534	3111	13734	2746
遵义市	Zunyi	31284	6125	31237	4492
安顺市	Anshun	9318	3554	13148	4417
毕节市	Bijie	36187	6364	40219	7431
铜仁市	Tongren	17796	2808	20654	2570

2-33 续表 6 continued

单位：人 (person)

城 市	City	普通中学 Regular Secondary Schools		小 学 Primary Schools	
		全 市 Total City	市辖区 Districts under City	全 市 Total City	市辖区 Districts under City
云南省	**Yunnan**	**106617**	**27092**	**139206**	**29917**
昆明市	Kunming	22302	10685	26286	12194
曲靖市	Qujing	24469	3425	31051	3282
玉溪市	Yuxi	9149	2134	10892	1982
保山市	Baoshan	10521	3633	11181	3849
昭通市	Zhaotong	19272	3404	28478	4687
丽江市	Lijiang	5296	1005	6744	968
普洱市	Pu'er	7929	1251	11603	1211
临沧市	Lincang	7679	1555	12971	1744
西藏自治区	**Tibet**	**3530**	**2369**	**3820**	**1746**
拉萨市	Lasa	3530	2369	3820	1746
陕西省	**Shaanxi**	**169052**	**57425**	**149113**	**46649**
西安市	Xi'an	32615	23273	28395	19939
铜川市	Tongchuan	4040	3648	3284	2882
宝鸡市	Baoji	16803	5058	14244	4246
咸阳市	Xianyang	26505	4266	22479	3537
渭南市	Weinan	26700	4888	18861	3025
延安市	Yan'an	10216	2678	11975	2753
汉中市	Hanzhong	15290	2481	12819	2116
榆林市	Yulin	18421	3321	15781	2308
安康市	Ankang	11209	5062	12107	3701
商洛市	Shangluo	7253	2750	9168	2142
甘肃省	**Gansu**	**120570**	**40339**	**119837**	**37721**
兰州市	Lanzhou	14173	9189	14259	8815
嘉峪关市	Jiayuguan	1074	1074	934	934
金昌市	Jinchang	2331	994	1860	674
白银市	Baiyin	11829	3223	10275	2391
天水市	Tianshui	17923	6210	17509	5971
武威市	Wuwei	8939	4628	10221	5547
张掖市	Zhangye	5845	2629	5900	2301
平凉市	Pingliang	11463	1356	12200	2462
酒泉市	Jiuquan	5267	2058	4589	1689
庆阳市	Qingyang	12259	2880	14451	2335
定西市	Dingxi	17824	3270	13329	2005
陇南市	Longnan	11643	2828	14310	2597
青海省	**Qinghai**	**15501**	**5509**	**11885**	**4856**
西宁市	Xining	8915	4204	5034	3506
海东市	Haidong	6586	1305	6851	1350
宁夏回族自治区	**Ningxia**	**30005**	**14113**	**32517**	**12801**
银川市	Yinchuan	8182	5366	8049	4799
石嘴山市	Shizuishan	3356	2512	3320	2073
吴忠市	Wuzhong	5966	1877	7103	1913
固原市	Guyuan	6940	2359	8416	2430
中卫市	Zhongwei	5561	1999	5629	1586
新疆维吾尔自治区	**Xinjiang**	**14469**	**14249**	**12915**	**12520**
乌鲁木齐市	Urumqi	11997	11777	11049	10654
克拉玛依市	Karamay	2472	2472	1866	1866

2-34 在校学生数(一)

Number of Students Enrollment (Ⅰ)

单位：人 (person)

城 市	City	普通高等学校 Regular Institutions of Higher Education		高中阶段在校学生数 Students Enrollment of Senior Secondary Schools	
		全 市 Total City	市辖区 Districts under City	全 市 Total City	市辖区 Districts under City
城市合计	**Prefecture Cities**	**26351291**	**23528563**	**31345518**	**14240915**
北京市	**Beijing**	**594614**	**594614**	**344654**	**344654**
天津市	**Tianjin**	**505795**	**505795**	**276607**	**242729**
河北省	**Hebei**	**1207622**	**1123382**	**1697503**	**655078**
石家庄市	Shijiazhuang	393559	381271	295176	198027
唐山市	Tangshan	110646	110646	194953	92392
秦皇岛市	Qinhuangdao	155020	155020	70580	23694
邯郸市	Handan	58793	58793	209387	75381
邢台市	Xingtai	46696	46696	154348	45726
保定市	Baoding	161180	161180	266396	44161
张家口市	Zhangjiakou	46448	46448	66238	38678
承德市	Chengde	40567	40567	97588	31616
沧州市	Cangzhou	80535	34935	149800	43140
廊坊市	Langfang	89021	62669	69692	14401
衡水市	Hengshui	25157	25157	123345	47862
山西省	**Shanxi**	**768735**	**721443**	**1004091**	**406814**
太原市	Taiyuan	400915	400915	86437	74664
大同市	Datong	29962	29962	95442	55950
阳泉市	Yangquan	13787	10303	41519	24642
长治市	Changzhi	41161	41161	114339	52391
晋城市	Jincheng	6376	6376	84882	30485
朔州市	Shuozhou	8916	8916	76816	29379
晋中市	Jinzhong	139785	98386	58321	10350
运城市	Yuncheng	42914	42914	166994	48457
忻州市	Xinzhou	18930	16521	63368	19936
临汾市	Linfen	44305	44305	96647	32831
吕梁市	Lvliang	21684	21684	119326	27729
内蒙古自治区	**Inner Mongolia**	**420836**	**372783**	**500462**	**232716**
呼和浩特市	Hohhot	232481	232481	60930	40867
包头市	Baotou	70342	70342	52286	47041
乌海市	Wuhai	2821	2821	10935	10935
赤峰市	Chifeng	19710	19710	143134	57086
通辽市	Tongliao	44617		64800	24829
鄂尔多斯市	Erdos	5725	5725	32131	13932
呼伦贝尔市	Hulunbuir	15819	12383	60103	15151
巴彦淖尔市	Bayannur	8581	8581	30147	18002
乌兰察布市	Ulanqab	20740	20740	45996	4873
辽宁省	**Liaoning**	**1026186**	**1026186**	**980649**	**586120**
沈阳市	Shenyang	399694	399694	179359	159084
大连市	Dalian	286224	286224	165032	95018
鞍山市	Anshan	36235	36235	69204	40052
抚顺市	Fushun	44369	44369	44548	33951
本溪市	Benxi	21411	21411	36307	27132
丹东市	Dandong	29636	29636	41530	13446
锦州市	Jinzhou	86219	86219	68751	35975
营口市	Yingkou	22248	22248	51832	33340

2-34 续表 1 continued

单位：人 (person)

城　　市	City	普通高等学校 Regular Institutions of Higher Education		高中阶段在校学生数 Students Enrollment of Senior Secondary Schools	
		全　市 Total City	市辖区 Districts under City	全　市 Total City	市辖区 Districts under City
阜新市	Fuxin	45017	45017	48574	29694
辽阳市	Liaoyang	17281	17281	40657	26016
盘锦市	Panjin	7056	7056	40311	23993
铁岭市	Tieling	16626	16626	62090	25772
朝阳市	Chaoyang	5470	5470	87750	26626
葫芦岛市	Huludao	8700	8700	44704	16021
吉林省	**Jilin**	**597725**	**597725**	**526962**	**264871**
长春市	Changchun	414582	414582	177346	112942
吉林市	Jilin	103565	103565	93680	55886
四平市	Siping	37323	37323	77259	25182
辽源市	Liaoyuan	6086	6086	21884	10458
通化市	Tonghua	12418	12418	39426	11602
白山市	Baishan	1150	1150	25789	11457
松原市	Songyuan	2950	2950	54427	24055
白城市	Baicheng	19651	19651	37151	13289
黑龙江省	**Heilongjiang**	**755460**	**747675**	**606483**	**301301**
哈尔滨市	Harbin	506425	498533	194017	134879
齐齐哈尔市	Qiqihar	54815	54815	69147	25162
鸡西市	Jixi	8812	8812	26900	15506
鹤岗市	Hegang	1854	1854	16424	13103
双鸭山市	Shuangyashan	3490	3490	20433	8501
大庆市	Daqing	62407	62407	68339	40674
伊春市	Yichun	1060	1060	18669	12867
佳木斯市	Jiamusi	44716	44716	36075	15970
七台河市	Qitaihe	2337	2337	14651	10465
牡丹江市	Mudanjiang	48091	48091	35987	16904
黑河市	Heihe	11348	11348	38214	4329
绥化市	Suihua	10105	10212	67627	2941
上海市	**Shanghai**	**506644**	**506644**	**289018**	**271098**
江苏省	**Jiangsu**	**1849326**	**1773072**	**1034205**	**449298**
南京市	Nanjing	805338	805338	77468	77468
无锡市	Wuxi	114240	100432	65702	34374
徐州市	Xuzhou	137239	137239	141964	45312
常州市	Changzhou	108557	107817	53291	35142
苏州市	Suzhou	209479	153516	78879	41692
南通市	Nantong	80895	80895	90933	27935
连云港市	Lianyungang	38119	38042	80525	39804
淮安市	Huai'an	67289	67289	79530	19661
盐城市	Yancheng	56080	56080	104217	27855
扬州市	Yangzhou	80955	75289	70500	36759
镇江市	Zhenjiang	84214	84214	34028	12881
泰州市	Taizhou	49305	49305	66981	25043
宿迁市	Suqian	17616	17616	90187	25372
浙江省	**Zhejiang**	**1075713**	**862762**	**1307612**	**554648**
杭州市	Hangzhou	474700	459200	222597	177893
宁波市	Ningbo	150854		90298	39467

2-34 续表 2 continued

单位：人 (person)

城 市	City	普通高等学校 Regular Institutions of Higher Education		高中阶段在校学生数 Students Enrollment of Senior Secondary Schools	
		全 市 Total City	市辖区 Districts under City	全 市 Total City	市辖区 Districts under City
温州市	Wenzhou	81612	81612	184932	49570
嘉兴市	Jiaxing	65722	55821	112666	33978
湖州市	Huzhou	26988	26988	77884	26324
绍兴市	Shaoxing	80348	74184	154988	74385
金华市	Jinhua	86725	63712	150102	47255
衢州市	Quzhou	13664	13664	66196	28079
舟山市	Zhoushan	22731	22731	19954	16398
台州市	Taizhou	32631	25112	163839	46632
丽水市	Lishui	39738	39738	64156	14667
安徽省	**Anhui**	**1130782**	**1079748**	**2069521**	**795458**
合肥市	Hefei	497305	471967	287552	154486
芜湖市	Wuhu	126455	126455	118452	45915
蚌埠市	Bengbu	61033	59876	122181	38056
淮南市	Huainan	79193	79193	78065	65789
马鞍山市	Maanshan	54157	54157	81677	41689
淮北市	Huaibei	34736	34736	47693	28155
铜陵市	Tongling	33971	33971	15010	11004
安庆市	Anqing	41794	38202	223706	36216
黄山市	Huangshan	20952	20952	40782	15250
滁州市	Chuzhou	46548	26970	147620	28364
阜阳市	Fuyang	34840	34456	265794	96287
宿州市	Suzhou	19887	19887	165127	55321
六安市	Lu'an	41229	40244	205975	85641
亳州市	Bozhou	11932	11932	156416	49631
池州市	Chizhou	21024	21024	36693	15775
宣城市	Xuancheng	5726	5726	76778	27879
福建省	**Fujian**	**766514**	**682138**	**1004298**	**450897**
福州市	Fuzhou	320844	320844	224212	133938
厦门市	Xiamen	158346	158346	86129	86129
莆田市	Putian	20644	15638	103455	71499
三明市	Sanming	24318	18625	48298	9602
泉州市	Quanzhou	122159	63434	207904	68035
漳州市	Zhangzhou	69525	69525	127140	38614
南平市	Nanping	23664	8712	82668	13741
龙岩市	Longyan	17146	17146	54366	15589
宁德市	Ningde	9868	9868	70126	13750
江西省	**Jiangxi**	**917842**	**358542**	**983059**	**291446**
南昌市	Nanchang	554360		101908	47430
景德镇市	Jingdezhen	26164	26164	37666	16032
萍乡市	Pingxiang	11252	11252	34284	16713
九江市	Jiujiang	83172	78690	135066	37010
新余市	Xinyu	32495	32495	25441	20413
鹰潭市	Yingtan	6038	6038	28827	12022
赣州市	Ganzhou	87434	87434	180166	45607
吉安市	Ji'an	19037	19037	94825	11892
宜春市	Yichun	44718	44260	131052	16718
抚州市	Fuzhou	28728	28728	80867	33699
上饶市	Shangrao	24444	24444	132957	33910

2-34 续表 3 continued

单位：人 (person)

城市	City	普通高等学校 Regular Institutions of Higher Education		高中阶段在校学生数 Students Enrollment of Senior Secondary Schools	
		全市 Total City	市辖区 Districts under City	全市 Total City	市辖区 Districts under City
山东省	**Shandong**	**2010750**	**1785829**	**2668144**	**1143659**
济南市	Jinan	700394	664741	191148	124410
青岛市	Qingdao	313486	313486	247445	139413
淄博市	Zibo	95870	77967	148077	104021
枣庄市	Zaozhuang	25492	19190	122946	78727
东营市	Dongying	27213	24825	70073	36765
烟台市	Yantai	173193	140865	213755	92409
潍坊市	Weifang	140591	99935	331957	91274
济宁市	Jining	95491	36204	190682	53042
泰安市	Tai'an	105210	105210	105360	35652
威海市	Weihai	64338	46992	61503	37728
日照市	Rizhao	25632	25632	84824	55361
莱芜市	Laiwu	7557	7557	46966	46966
临沂市	Linyi	65209	65209	290000	100364
德州市	Dezhou	43116	34204	90166	25232
聊城市	Liaocheng	41991	41991	129557	38017
滨州市	Binzhou	49447	49447	125247	34137
菏泽市	Heze	36520	32374	218438	50141
河南省	**Henan**	**1773455**	**1559594**	**2800888**	**926910**
郑州市	Zhengzhou	783240	575385	177000	87103
开封市	Kaifeng	120078	120078	152098	50767
洛阳市	Luoyang	124241	124241	229530	134079
平顶山市	Pingdingshan	56458	56458	130182	48489
安阳市	Anyang	67227	67227	120172	39093
鹤壁市	Hebi	11370	11370	60098	35991
新乡市	Xinxiang	143053	141995	191291	59583
焦作市	Jiaozuo	93824	93050	71934	18551
濮阳市	Puyang	8110	8110	117086	47197
许昌市	Xuchang	34647	34315	123229	28104
漯河市	Luohe	25646	25646	74219	48412
三门峡市	Sanmenxia	12767	12767	71332	23081
南阳市	Nanyang	70399	69246	260216	89006
商丘市	Shangqiu	77593	74904	238464	69121
信阳市	Xinyang	76776	76776	276698	45522
周口市	Zhoukou	34815	34815	287074	50611
驻马店市	Zhumadian	33211	33211	220265	52200
湖北省	**Hubei**	**1439431**	**1439431**	**994430**	**509177**
武汉市	Wuhan	962106	962106	225266	225266
黄石市	Huangshi	36944	36944	42207	14646
十堰市	Shiyan	49675	49675	51257	25941
宜昌市	Yichang	59173	59173	87157	39643
襄阳市	Xiangyang	52559	52559	116845	63420
鄂州市	Ezhou	14800	14800	18319	18319

2-34 续表 4 continued

单位：人 (person)

城市	City	普通高等学校 Regular Institutions of Higher Education		高中阶段在校学生数 Students Enrollment of Senior Secondary Schools	
		全市 Total City	市辖区 Districts under City	全市 Total City	市辖区 Districts under City
荆门市	Jingmen	20409	20409	58590	22050
孝感市	Xiaogan	39230	39230	70393	19577
荆州市	Jingzhou	111829	111829	103186	27179
黄冈市	Huanggang	46365	46365	121249	13434
咸宁市	Xianning	40191	40191	58438	18995
随州市	Suizhou	6150	6150	41523	20707
湖南省	**Hunan**	**1140070**	**1032550**	**1317689**	**507863**
长沙市	Changsha	547514	445893	260154	154978
株洲市	Zhuzhou	89289	87915	54306	36907
湘潭市	Xiangtan	122716	122716	48795	23841
衡阳市	Hengyang	105260	105260	123218	24917
邵阳市	Shaoyang	27553	27553	118908	13741
岳阳市	Yueyang	48701	48701	133771	48234
常德市	Changde	41761	39412	138321	41921
张家界市	Zhangjiajie	11920	11920	24111	6619
益阳市	Yiyang	31568	31568	89066	38026
郴州市	Chenzhou	23942	21766	64356	39709
永州市	Yongzhou	24916	24916	127996	35699
怀化市	Huaihua	36614	36614	60146	12409
娄底市	Loudi	28316	28316	74541	30862
广东省	**Guangdong**	**1801405**	**1625280**	**2697980**	**1493543**
广州市	Guangzhou	1019291	863934	178106	144491
韶关市	Shaoguan	36768	36768	91809	40848
深圳市	Shenzhen	87674	87674	114797	114797
珠海市	Zhuhai	132000	132000	30008	30008
汕头市	Shantou	9845	9845	261314	258814
佛山市	Foshan	46706	46706	208318	208318
江门市	Jiangmen	38722	38722	81702	33536
湛江市	Zhanjiang	76448	76448	193675	59296
茂名市	Maoming	33600	28374	301632	96522
肇庆市	Zhaoqing	75810	75810	152386	62846
惠州市	Huizhou	30183	30183	94257	52406
梅州市	Meizhou	23519	23549	115909	29156
汕尾市	Shanwei	5095	5095	104300	21900
河源市	Heyuan	12686	12686	70632	10766
阳江市	Yangjiang	8956	8956	56507	15986
清远市	Qingyuan	14072	14072	75688	27865
东莞市	Dongguan	69866	69866	78053	78053
中山市	Zhongshan	39964	39964	46957	46957
潮州市	Chaozhou	17210	17210	86668	59918
揭阳市	Jieyang	12242	7418	299764	93142
云浮市	Yunfu	10748		55498	7918
广西壮族自治区	**Guangxi**	**785562**	**742897**	**1167885**	**485324**
南宁市	Nanning	356236	351690	121357	59281
柳州市	Liuzhou	69018	69018	136825	95862

2-34 续表 5 continued

单位：人 (person)

城 市	City	普通高等学校 Regular Institutions of Higher Education		高中阶段在校学生数 Students Enrollment of Senior Secondary Schools	
		全 市 Total City	市辖区 Districts under City	全 市 Total City	市辖区 Districts under City
桂林市	Guilin	186725	186147	120624	46296
梧州市	Wuzhou	14240	14240	53447	15674
北海市	Beihai	21800	21800	61791	31924
防城港市	Fangchenggang	3352	3352	14340	9874
钦州市	Qinzhou	17749	14869	73487	24814
贵港市	Guigang			154484	81823
玉林市	Yulin	17418	17418	193296	59008
百色市	Baise	27648	23977	58638	1578
贺州市	Hezhou	10049	10049	30359	11390
河池市	Hechi	15174	4054	67664	9753
来宾市	Laibin	7267	7267	55433	32087
崇左市	Chongzuo	38886	19016	26140	5960
海南省	**Hainan**	**226283**	**226283**	**45097**	**45097**
海口市	Haikou	180565	180565	31024	31024
三亚市	Sanya	45718	45718	14073	14073
三沙市	Sansa				
重庆市	**Chongqing**	**740534**	**740534**	**1127025**	**653264**
四川省	**Sichuan**	**1333606**	**543315**	**2013649**	**838513**
成都市	Chengdu	729338		436467	215574
自贡市	Zigong	44011	44011	42491	17308
攀枝花市	Panzhihua	29085	29085	41297	41297
泸州市	Luzhou	44684	41843	157951	60690
德阳市	Deyang	67148	37927	90629	28729
绵阳市	Mianyang	119261	109482	174978	89181
广元市	Guangyuan	14656	14656	99072	41194
遂宁市	Suining	14012	14012	57022	26466
内江市	Neijiang	26661	24511	56651	19215
乐山市	Leshan	48704	48704	92601	47903
南充市	Nanchong	70068	70068	144022	48804
眉山市	Meishan	23261	6359	53133	15932
宜宾市	Yibin	24531	24531	158317	57969
广安市	Guang'an	8590	8590	91990	32171
达州市	Dazhou	22210	22150	100302	19953
雅安市	Ya'an	44273	44273	21717	9180
巴中市	Bazhong	811	811	82196	36443
资阳市	Ziyang	2302	2302	112813	30504
贵州省	**Guizhou**	**486888**	**468541**	**688214**	**221517**
贵阳市	Guiyang	359318	335822	87563	55960
六盘水市	Liupanshui	10220	10220	86299	27014
遵义市	Zunyi	67048	67048	184896	56272
安顺市	Anshun	13134	13134	48446	23173
毕节市	Bijie	13405	18554	176041	38320
铜仁市	Tongren	23763	23763	104969	20778

2-34 续表 6 continued

单位：人 (person)

城市	City	普通高等学校 Regular Institutions of Higher Education 全市 Total City	市辖区 Districts under City	高中阶段在校学生数 Students Enrollment of Senior Secondary Schools 全市 Total City	市辖区 Districts under City
云南省	**Yunnan**	**510755**	**475590**	**606431**	**317867**
昆明市	Kunming	409933	409933	273875	194033
曲靖市	Qujing	24356	24356	8895	20452
玉溪市	Yuxi	18442	14585	38954	10482
保山市	Baoshan	11671	11671	51011	19278
昭通市	Zhaotong	7576		130023	36256
丽江市	Lijiang	23732		23603	5023
普洱市	Pu'er	9750	9750	50243	21888
临沧市	Lincang	5295	5295	29827	10455
西藏自治区	**Tibet**	**24936**	**24936**	**17479**	**7126**
拉萨市	Lasa	24936	24936	17479	7126
陕西省	**Shaanxi**	**1061213**	**1027118**	**1282607**	**554161**
西安市	Xi'an	766373	742781	355687	304145
铜川市	Tongchuan	2415	2415	18672	17986
宝鸡市	Baoji	32731	32731	81229	27462
咸阳市	Xianyang	121895	121895	178613	42009
渭南市	Weinan	15000	15000	154298	35723
延安市	Yan'an	25786	25786	79288	24753
汉中市	Hanzhong	42310	31807	79632	12218
榆林市	Yulin	16644	16644	201692	55048
安康市	Ankang	20894	20894	83184	22414
商洛市	Shangluo	17165	17165	50312	12403
甘肃省	**Gansu**	**541178**	**537927**	**762477**	**301882**
兰州市	Lanzhou	414182	414182	142497	108893
嘉峪关市	Jiayuguan	2867	2867	6231	6231
金昌市	Jinchang	2943	2943	11666	5567
白银市	Baiyin	2641	2641	62201	17348
天水市	Tianshui	38047	38047	117693	46419
武威市	Wuwei	19457	19457	53307	25762
张掖市	Zhangye	20139	20139	39224	17213
平凉市	Pingliang	5917	5917	85967	10288
酒泉市	Jiuquan	7797	7797	24469	19624
庆阳市	Qingyang	16235	15715	60106	8623
定西市	Dingxi	5222	5222	108103	24411
陇南市	Longnan	5731	3000	51013	11503
青海省	**Qinghai**	**67257**	**67257**	**77844**	**24074**
西宁市	Xining	67257	67257	45233	24074
海东市	Haidong			32611	
宁夏回族自治区	**Ningxia**	**111697**	**106495**	**204033**	**115655**
银川市	Yinchuan	93508	88306	95722	69985
石嘴山市	Shizuishan	7802	7802	16251	11227
吴忠市	Wuzhong	3567	3567	30163	10614
固原市	Guyuan	6820	6820	36028	13733
中卫市	Zhongwei			25869	10096
新疆维吾尔自治区	**Xinjiang**	**172477**	**172477**	**248522**	**248155**
乌鲁木齐市	Urumqi	167580	167580	238733	238366
克拉玛依市	Karamay	4897	4897	9789	9789

2-35 在校学生数(二)

Number of Students Enrollment (II)

城　市	City	中等职业教育学校（人）Vocational Secondary Schools (person)		普通中学（万人）Regular Secondary Schools (10 000 persons)	
		全　市 Total City	市辖区 Districts under City	全　市 Total City	市辖区 Districts under City
城市合计	**Prefecture Cities**	**14220120**	**8425361**	**6205.60**	**2321.35**
北京市	**Beijing**	**167100**	**167100**	**48.43**	**45.82**
天津市	**Tianjin**	**107001**	**107001**	**43.86**	**34.06**
河北省	**Hebei**	**706449**	**344925**	**336.02**	**87.90**
石家庄市	Shijiazhuang	155443	125638	44.22	21.17
唐山市	Tangshan	77555	45621	33.33	13.69
秦皇岛市	Qinhuangdao	32951	15739	12.80	4.60
邯郸市	Handan	87693	36690	47.23	11.15
邢台市	Xingtai	47103	14670	34.07	7.45
保定市	Baoding	100081	22118	53.54	5.99
张家口市	Zhangjiakou	39910	22465	19.75	5.86
承德市	Chengde	39343	15952	16.21	3.23
沧州市	Cangzhou	58238	20406	30.77	4.69
廊坊市	Langfang	38035	9086	20.37	4.12
衡水市	Hengshui	30097	16540	23.73	5.95
山西省	**Shanxi**	**392557**	**236570**	**205.06**	**70.80**
太原市	Taiyuan	100846	98505	21.79	17.56
大同市	Datong	35338	19663	17.50	9.46
阳泉市	Yangquan	11434	7539	7.26	3.96
长治市	Changzhi	21739	10260	19.64	6.34
晋城市	Jincheng	27269	18651	14.77	4.08
朔州市	Shuozhou	17355	5922	14.09	4.80
晋中市	Jinzhong	47245	13515	16.16	2.84
运城市	Yuncheng	40036	18788	29.99	6.60
忻州市	Xinzhou	33487	17010	17.00	4.54
临汾市	Linfen	29160	14697	24.28	7.18
吕梁市	Lvliang	28648	12020	22.58	3.44
内蒙古自治区	**Inner Mongolia**	**192438**	**98263**	**100.37**	**43.85**
呼和浩特市	Hohhot	43771	23973	15.08	10.45
包头市	Baotou	27543	24940	12.54	10.80
乌海市	Wuhai	5596	5596	3.64	3.64
赤峰市	Chifeng	44436	20923	22.15	7.75
通辽市	Tongliao	15900	677	15.85	2.61
鄂尔多斯市	Erdos	8059	8059	5.16	1.61
呼伦贝尔市	Hulunbuir	18263	2406	9.81	2.22
巴彦淖尔市	Bayannur	17882	11689	7.55	2.96
乌兰察布市	Ulanqab	10988		8.59	1.81
辽宁省	**Liaoning**	**364037**	**303031**	**157.16**	**75.59**
沈阳市	Shenyang	93292	88048	27.52	20.60
大连市	Dalian	70015	63818	24.39	14.47
鞍山市	Anshan	17944	13302	13.68	5.40
抚顺市	Fushun	16054	14108	6.86	4.47
本溪市	Benxi	15476	13760	5.09	3.17
丹东市	Dandong	17119	10035	9.93	2.73
锦州市	Jinzhou	23179	18267	11.63	4.10
营口市	Yingkou	18901	17096	9.50	4.40

2-35 续表 1 continued

城市	City	中等职业教育学校（人）Vocational Secondary Schools (person)		普通中学（万人）Regular Secondary Schools (10 000 persons)	
		全市 Total City	市辖区 Districts under City	全市 Total City	市辖区 Districts under City
阜新市	Fuxin	16945	15056	4.75	1.76
辽阳市	Liaoyang	15933	13335	7.20	2.90
盘锦市	Panjin	10360	6662	7.23	4.57
铁岭市	Tieling	15312	8711	7.11	1.36
朝阳市	Chaoyang	22761	11868	9.84	1.68
葫芦岛市	Huludao	10746	8965	12.43	3.98
吉林省	**Jilin**	**139792**	**106604**	**96.76**	**37.29**
长春市	Changchun	47905	45375	31.50	15.80
吉林市	Jilin	31854	27649	15.14	6.61
四平市	Siping	28991	13609	13.00	2.76
辽源市	Liaoyuan	4150	3316	4.58	1.71
通化市	Tonghua	6342	6342	8.33	1.84
白山市	Baishan	5821	2882	4.61	1.97
松原市	Songyuan	6738	4305	12.00	4.21
白城市	Baicheng	7991	3126	7.60	2.39
黑龙江省	**Heilongjiang**	**213119**	**134448**	**138.20**	**59.46**
哈尔滨市	Harbin	100967	94187	36.45	21.28
齐齐哈尔市	Qiqihar	25291	6785	17.52	5.47
鸡西市	Jixi	4563	2710	7.20	3.60
鹤岗市	Hegang	2197	2197	3.45	2.54
双鸭山市	Shuangyashan	6645	1585	2.83	0.96
大庆市	Daqing	7786	7016	15.58	9.81
伊春市	Yichun	1388	1388	3.95	2.51
佳木斯市	Jiamusi	17188	14183	8.92	3.62
七台河市	Qitaihe	626	296	3.88	2.84
牡丹江市	Mudanjiang	7472	1712	8.91	3.73
黑河市	Heihe	18947	2135	8.46	0.83
绥化市	Suihua	20049	254	21.05	2.27
上海市	**Shanghai**	**112379**	**106759**	**58.42**	**56.63**
江苏省	**Jiangsu**	**956090**	**650768**	**288.63**	**134.13**
南京市	Nanjing	119012	119012	22.28	22.28
无锡市	Wuxi	70621	49140	20.94	11.19
徐州市	Xuzhou	115573	69284	35.93	11.96
常州市	Changzhou	61848	52112	16.25	11.57
苏州市	Suzhou	81779	51141	27.96	13.85
南通市	Nantong	78691	36219	24.74	7.74
连云港市	Lianyungang	64504	38879	22.53	10.34
淮安市	Huai'an	74491	42585	21.54	11.58
盐城市	Yancheng	80559	55599	27.19	6.83
扬州市	Yangzhou	72277	51653	18.42	9.94
镇江市	Zhenjiang	30998	20398	9.59	3.65
泰州市	Taizhou	33383	18489	17.74	6.60
宿迁市	Suqian	72354	46257	23.52	6.60
浙江省	**Zhejiang**	**579427**	**279924**	**228.55**	**89.87**
杭州市	Hangzhou	112119	96940	32.44	24.90
宁波市	Ningbo	69268	31378	28.01	12.23

2-35 续表 2 continued

城　市	City	中等职业教育学校（人）Vocational Secondary Schools (person) 全　市 Total City	市辖区 Districts under City	普通中学（万人）Regular Secondary Schools (10 000 persons) 全　市 Total City	市辖区 Districts under City
温州市	Wenzhou	59982	19209	36.71	8.43
嘉兴市	Jiaxing	51027	14333	17.02	5.03
湖州市	Huzhou	32341	10146	12.20	4.93
绍兴市	Shaoxing	53624	31039	24.61	11.80
金华市	Jinhua	70845	29790	24.21	5.34
衢州市	Quzhou	28386	13633	11.20	4.08
舟山市	Zhoushan	8045	7280	3.36	2.64
台州市	Taizhou	63905	18580	28.23	8.17
丽水市	Lishui	29885	7596	10.56	2.32
安徽省	**Anhui**	**900761**	**402488**	**312.56**	**102.05**
合肥市	Hefei	121177	82440	36.70	14.85
芜湖市	Wuhu	52781	23273	15.78	5.71
蚌埠市	Bengbu	60487	20468	16.61	4.93
淮南市	Huainan	34689	31988	11.27	8.04
马鞍山市	Maanshan	17798	10411	10.85	4.34
淮北市	Huaibei	28207	24327	11.27	5.55
铜陵市	Tongling	14072	12359	3.54	2.47
安庆市	Anqing	94410	15970	29.87	4.22
黄山市	Huangshan	17045	5770	5.71	2.15
滁州市	Chuzhou	65630	15172	21.53	3.27
阜阳市	Fuyang	118635	51891	44.92	11.60
宿州市	Suzhou	58484	24891	27.52	8.03
六安市	Lu'an	82608	31766	31.20	11.40
亳州市	Bozhou	74148	24249	26.62	8.07
池州市	Chizhou	23752	14532	8.38	3.58
宣城市	Xuancheng	36838	12981	10.79	3.84
福建省	**Fujian**	**335600**	**255757**	**173.28**	**58.60**
福州市	Fuzhou	12277	91497	29.81	12.07
厦门市	Xiamen	35330	35330	13.64	13.64
莆田市	Putian	38945	27974	16.43	11.06
三明市	Sanming	40802	10429	12.48	2.11
泉州市	Quanzhou	82021	37027	36.74	7.71
漳州市	Zhangzhou	39596	19086	24.75	5.05
南平市	Nanping	29231	3909	13.65	2.24
龙岩市	Longyan	38067	24810	12.67	2.75
宁德市	Ningde	19331	5695	13.11	1.97
江西省	**Jiangxi**	**444275**	**214205**	**256.48**	**62.74**
南昌市	Nanchang	112448		29.62	12.34
景德镇市	Jingdezhen	7826	7065	8.73	3.49
萍乡市	Pingxiang	25245	16979	9.81	4.26
九江市	Jiujiang	34790	17065	25.82	4.53
新余市	Xinyu	21764	21764	6.43	4.99
鹰潭市	Yingtan	8871	5578	5.85	1.85
赣州市	Ganzhou	112588	78771	58.94	10.20
吉安市	Ji'an	35608	17817	25.85	3.23
宜春市	Yichun	28280	13219	30.93	5.99
抚州市	Fuzhou	14576	7223	23.08	9.20
上饶市	Shangrao	42279	28724	31.42	2.66

2-35 续表 3 continued

城 市	City	中等职业教育学校 (人) Vocational Secondary Schools (person)		普通中学 (万人) Regular Secondary Schools (10 000 persons)	
		全 市 Total City	市辖区 Districts under City	全 市 Total City	市辖区 Districts under City
山东省	**Shandong**	**1105188**	**623700**	**486.26**	**171.73**
济南市	Jinan	122684	90469	30.80	17.71
青岛市	Qingdao	127232	82830	36.26	16.80
淄博市	Zibo	48263	36432	27.58	18.22
枣庄市	Zaozhuang	46520	33875	19.78	11.78
东营市	Dongying	25590	15335	13.50	6.55
烟台市	Yantai	110634	59524	30.85	9.38
潍坊市	Weifang	142814	54972	44.82	9.28
济宁市	Jining	53406	18027	40.26	10.57
泰安市	Tai'an	55290	30414	32.00	10.72
威海市	Weihai	25315	18270	11.52	6.59
日照市	Rizhao	40391	35301	14.07	7.11
莱芜市	Laiwu	12650	12650	8.72	8.72
临沂市	Linyi	66820	39634	50.70	11.51
德州市	Dezhou	65933	36256	28.12	7.04
聊城市	Liaocheng	48385	13990	28.06	7.36
滨州市	Binzhou	52974	21893	19.67	3.63
菏泽市	Heze	60287	23828	49.55	8.76
河南省	**Henan**	**1176756**	**625125**	**583.22**	**136.62**
郑州市	Zhengzhou	258000	200962	49.31	24.47
开封市	Kaifeng	48962	27084	27.94	6.08
洛阳市	Luoyang	101447	64088	40.02	11.88
平顶山市	Pingdingshan	50977	29275	24.13	5.75
安阳市	Anyang	34993	19078	29.07	6.76
鹤壁市	Hebi	30808	19473	10.62	4.83
新乡市	Xinxiang	63909	16781	34.62	6.95
焦作市	Jiaozuo	54099	21396	21.91	5.84
濮阳市	Puyang	51547	19471	24.10	8.98
许昌市	Xuchang	50627	16261	22.90	3.24
漯河市	Luohe	27172	21790	13.77	8.04
三门峡市	Sanmenxia	27513	13896	12.16	2.18
南阳市	Nanyang	102184	52195	55.64	11.74
商丘市	Shangqiu	67373	25391	51.74	11.64
信阳市	Xinyang	87030	20464	48.18	8.04
周口市	Zhoukou	62292	36898	68.60	4.00
驻马店市	Zhumadian	57823	20622	48.51	6.20
湖北省	**Hubei**	**351530**	**233849**	**184.53**	**77.28**
武汉市	Wuhan	113181	113181	30.66	25.69
黄石市	Huangshi	16129	10709	10.60	3.35
十堰市	Shiyan	28013	17622	13.42	6.12
宜昌市	Yichang	27380	11744	13.71	5.82
襄阳市	Xiangyang	24853	16028	22.80	10.79
鄂州市	Ezhou	3622	3622	4.56	4.56

2-35 续表 4 continued

城 市	City	中等职业教育学校（人）Vocational Secondary Schools (person)		普通中学（万人）Regular Secondary Schools (10 000 persons)	
		全 市 Total City	市辖区 Districts under City	全 市 Total City	市辖区 Districts under City
荆门市	Jingmen	14141	5676	10.39	3.52
孝感市	Xiaogan	21762	10284	17.57	4.30
荆州市	Jingzhou	29187	17363	23.64	5.30
黄冈市	Huanggang	50119	17726	17.18	1.19
咸宁市	Xianning	15709	5353	11.61	3.24
随州市	Suizhou	7434	4541	8.39	3.40
湖南省	**Hunan**	**646981**	**338411**	**290.43**	**75.17**
长沙市	Changsha	128658	84227	36.47	19.27
株洲市	Zhuzhou	43548	30704	9.45	5.09
湘潭市	Xiangtan	22345	12895	12.33	3.98
衡阳市	Hengyang	74536	45371	41.20	5.93
邵阳市	Shaoyang	71252	23224	39.84	4.37
岳阳市	Yueyang	49522	25101	24.67	6.21
常德市	Changde	52304	17788	21.41	5.40
张家界市	Zhangjiajie	11251	6345	5.05	1.90
益阳市	Yiyang	27015	14538	17.57	5.87
郴州市	Chenzhou	35109	24056	18.88	4.80
永州市	Yongzhou	48704	15089	27.21	5.77
怀化市	Huaihua	52346	23391	14.79	2.25
娄底市	Loudi	30391	15682	21.56	4.33
广东省	**Guangdong**	**1365640**	**930438**	**579.19**	**310.05**
广州市	Guangzhou	244585	231200	53.29	44.19
韶关市	Shaoguan	27892	18641	16.07	5.33
深圳市	Shenzhen	36870	36870	37.87	37.87
珠海市	Zhuhai	21756	21756	9.05	9.05
汕头市	Shantou	100521	99747	41.30	41.01
佛山市	Foshan	94571	94571	30.78	30.78
江门市	Jiangmen	62143	44530	22.30	9.40
湛江市	Zhanjiang	103765	59643	54.08	13.92
茂名市	Maoming	63589	24199	53.00	8.48
肇庆市	Zhaoqing	64359	44125	26.62	4.35
惠州市	Huizhou	82943		27.63	14.68
梅州市	Meizhou	55795	29430	14.80	2.93
汕尾市	Shanwei	21500	4000	22.28	4.07
河源市	Heyuan	41832	32060	18.54	3.40
阳江市	Yangjiang	17585	6253	13.80	3.92
清远市	Qingyuan	40580	22337	20.38	8.22
东莞市	Dongguan	64412	64412	28.46	28.46
中山市	Zhongshan	25327	25327	14.75	14.75
潮州市	Chaozhou	20446	15036	15.76	10.63
揭阳市	Jieyang	139706	40633	43.79	12.74
云浮市	Yunfu	35463	15668	14.64	1.87
广西壮族自治区	**Guangxi**	**685960**	**396292**	**278.87**	**80.98**
南宁市	Nanning	193502	158734	38.29	18.42
柳州市	Liuzhou	79792	66802	17.64	8.19

2-35 续表 5 continued

城市	City	中等职业教育学校（人）Vocational Secondary Schools (person)		普通中学（万人）Regular Secondary Schools (10 000 persons)	
		全市 Total City	市辖区 Districts under City	全市 Total City	市辖区 Districts under City
桂林市	Guilin	51542	28023	20.36	4.87
梧州市	Wuzhou	41772	13789	18.75	4.35
北海市	Beihai	27393	21527	10.11	4.82
防城港市	Fangchenggang	9055	4538	5.04	2.99
钦州市	Qinzhou	22859	8343	21.52	3.16
贵港市	Guigang	20877	13052	35.32	14.10
玉林市	Yulin	80737	30059	39.96	7.23
百色市	Baise	58236	3152	19.98	1.43
贺州市	Hezhou	39319	22354	10.77	1.27
河池市	Hechi	36341	13837	20.36	2.07
来宾市	Laibin	17010	7844	11.97	6.43
崇左市	Chongzuo	7525	4238	8.80	1.65
海南省	**Hainan**	**89139**	**89139**	**16.12**	**16.12**
海口市	Haikou	82198	82198	11.85	11.85
三亚市	Sanya	6941	6941	4.27	4.27
三沙市	Sansa				
重庆市	**Chongqing**	**479110**	**264161**	**162.73**	**92.00**
四川省	**Sichuan**	**1049428**	**495214**	**372.81**	**138.35**
成都市	Chengdu	230578	123953	57.73	30.30
自贡市	Zigong	30614	22740	11.92	5.05
攀枝花市	Panzhihua	18592	16128	6.92	4.62
泸州市	Luzhou	79938	34280	24.88	7.61
德阳市	Deyang	35780	13684	13.88	3.50
绵阳市	Mianyang	55147	27169	26.01	11.97
广元市	Guangyuan	36119	19065	14.16	5.12
遂宁市	Suining	39068	18115	14.69	6.55
内江市	Neijiang	43033	26843	16.03	5.57
乐山市	Leshan	41683	26668	12.91	4.82
南充市	Nanchong	87309	52823	33.14	10.89
眉山市	Meishan	46828	17381	7.39	3.48
宜宾市	Yibin	73905	29066	26.00	7.24
广安市	Guang'an	51902	17166	23.97	7.58
达州市	Dazhou	78958	13701	31.74	7.56
雅安市	Ya'an	14217	9331	6.34	2.48
巴中市	Bazhong	34753	10628	22.48	8.56
资阳市	Ziyang	51004	16473	22.62	5.45
贵州省	**Guizhou**	**379954**	**211579**	**212.04**	**54.31**
贵阳市	Guiyang	156000	138900	25.52	18.93
六盘水市	Liupanshui	34057	8110	16.80	4.08
遵义市	Zunyi	69409	13758	53.15	7.74
安顺市	Anshun	19062	10337	16.60	6.53
毕节市	Bijie	62976	25743	68.10	12.38
铜仁市	Tongren	38450	14731	31.87	4.65

2-35 续表 6 continued

城 市	City	中等职业教育学校（人） Vocational Secondary Schools (person)		普通中学（万人） Regular Secondary Schools (10 000 persons)	
		全 市 Total City	市辖区 Districts under City	全 市 Total City	市辖区 Districts under City
云南省	**Yunnan**	**364138**	**263536**	**173.05**	**42.06**
昆明市	Kunming	175786	140542	31.84	15.58
曲靖市	Qujing	73971	60138	42.84	5.88
玉溪市	Yuxi	22603	7391	13.01	3.00
保山市	Baoshan	25869	9469	15.64	5.59
昭通市	Zhaotong	21026	12648	39.99	6.39
丽江市	Lijiang	8165	6063	7.00	1.36
普洱市	Pu'er	21431	14189	11.35	1.97
临沧市	Lincang	15287	13096	11.38	2.29
西藏自治区	**Tibet**	**4294**	**4294**	**3.52**	**1.09**
拉萨市	Lasa	4294	4294	3.52	1.09
陕西省	**Shaanxi**	**441153**	**250902**	**187.93**	**72.06**
西安市	Xi'an	188306	161002	42.57	30.67
铜川市	Tongchuan			4.00	3.74
宝鸡市	Baoji	57222	36483	19.10	6.53
咸阳市	Xianyang	49939	11950	28.13	6.14
渭南市	Weinan	25803	9166	26.73	5.69
延安市	Yan'an	22626	4764	13.12	4.04
汉中市	Hanzhong	23800	2913	10.81	2.77
榆林市	Yulin	27028	13156	17.47	4.19
安康市	Ankang	24448	7422	14.47	5.61
商洛市	Shangluo	21981	4046	11.53	2.68
甘肃省	**Gansu**	**256307**	**144887**	**147.36**	**48.63**
兰州市	Lanzhou	69636	61481	17.82	11.95
嘉峪关市	Jiayuguan	5624	5624	1.51	1.51
金昌市	Jinchang	2803	923	2.90	1.31
白银市	Baiyin	16919	6185	13.02	3.66
天水市	Tianshui	39238	21176	22.56	7.06
武威市	Wuwei	16245	9369	11.93	5.86
张掖市	Zhangye	9016	4431	7.42	3.09
平凉市	Pingliang	28200	7383	14.87	2.89
酒泉市	Jiuquan	8790	7095	6.43	2.73
庆阳市	Qingyang	17371	11665	14.34	3.40
定西市	Dingxi	21827	7391	19.32	3.06
陇南市	Longnan	20638	2164	15.24	2.11
青海省	**Qinghai**	**57659**	**22910**	**20.67**	**6.27**
西宁市	Xining	41186	22910	12.19	6.16
海东市	Haidong	16473		8.48	0.11
宁夏回族自治区	**Ningxia**	**87149**	**54327**	**43.46**	**20.38**
银川市	Yinchuan	41065	29957	13.06	8.68
石嘴山市	Shizuishan	10423	6794	4.48	2.90
吴忠市	Wuzhong	7992	2908	9.22	2.87
固原市	Guyuan	18977	9561	9.39	3.38
中卫市	Zhongwei	8692	5107	7.31	2.55
新疆维吾尔自治区	**Xinjiang**	**68709**	**68709**	**19.63**	**19.46**
乌鲁木齐市	Urumqi	67917	67917	17.08	16.91
克拉玛依市	Karamay	792	792	2.55	2.55

2-36 在校学生数(三)

Number of Students Enrollment (Ⅲ)

城　市	City	小学在校学生数(万人) Primary Schools (10 000 persons)		成人高等学校在校学生数(人) Students Enrollment of Adult Institutions of Higher Education (person)	
		全　市 Total City	市辖区 Districts under City	全　市 Total City	市辖区 Districts under City
城市合计	**Prefecture Cities**	**8740.04**	**3117.94**	**6344546**	**5842149**
北京市	**Beijing**	**82.12**	**78.79**	**237644**	**237644**
天津市	**Tianjin**	**57.32**	**44.17**	**73279**	**73279**
河北省	**Hebei**	**560.28**	**111.26**	**357539**	**353050**
石家庄市	Shijiazhuang	68.10	28.52	97272	97272
唐山市	Tangshan	47.98	19.82	32257	32257
秦皇岛市	Qinhuangdao	18.80	6.60	42384	42384
邯郸市	Handan	92.30	13.67	23296	23296
邢台市	Xingtai	58.66	8.00	7500	7500
保定市	Baoding	90.92	8.20	92633	92633
张家口市	Zhangjiakou	29.11	6.59	20767	20767
承德市	Chengde	26.23	3.91	21405	21405
沧州市	Cangzhou	58.98	5.02	933	933
廊坊市	Langfang	36.56	6.25	19092	14603
衡水市	Hengshui	32.64	4.68		
山西省	**Shanxi**	**225.12**	**72.78**	**210704**	**185478**
太原市	Taiyuan	26.13	20.81	116170	116170
大同市	Datong	19.68	11.12	17998	17418
阳泉市	Yangquan	8.37	4.11	9925	9925
长治市	Changzhi	20.49	5.59	16013	16013
晋城市	Jincheng	12.81	3.61	3347	3347
朔州市	Shuozhou	13.81	5.80	1294	456
晋中市	Jinzhong	22.73	3.96	15770	
运城市	Yuncheng	28.75	4.50	984	984
忻州市	Xinzhou	18.94	3.63	16798	8760
临汾市	Linfen	27.42	6.06	10461	10461
吕梁市	Lvliang	25.99	3.59	1944	1944
内蒙古自治区	**Inner Mongolia**	**114.44**	**48.63**	**104093**	**86590**
呼和浩特市	Hohhot	16.87	11.97	52308	52308
包头市	Baotou	13.17	11.07	20892	20892
乌海市	Wuhai	3.01	3.01	4230	4230
赤峰市	Chifeng	24.73	7.77		
通辽市	Tongliao	18.37	4.67	17328	
鄂尔多斯市	Erdos	11.61	3.56		
呼伦贝尔市	Hulunbuir	10.62	1.61	5355	5180
巴彦淖尔市	Bayannur	7.45	2.85		
乌兰察布市	Ulanqab	8.61	2.12	3980	3980
辽宁省	**Liaoning**	**197.29**	**91.09**	**214608**	**212183**
沈阳市	Shenyang	35.11	26.03	83388	83388
大连市	Dalian	28.76	18.16	56288	56288
鞍山市	Anshan	16.82	5.57	13982	13982
抚顺市	Fushun	7.47	4.52	2385	2385
本溪市	Benxi	5.43	3.18	4835	4835
丹东市	Dandong	9.88	2.38	3610	3610
锦州市	Jinzhou	13.24	4.39	22484	22484
营口市	Yingkou	11.18	5.00	3825	3825

2-36 续表 1 continued

城 市	City	小学在校学生数（万人）Primary Schools (10 000 persons)		成人高等学校在校学生数（人）Students Enrollment of Adult Institutions of Higher Education (person)	
		全 市 Total City	市辖区 Districts under City	全 市 Total City	市辖区 Districts under City
阜新市	Fuxin	8.47	3.14	4710	3102
辽阳市	Liaoyang	7.60	3.70	201	201
盘锦市	Panjin	6.66	3.89	1600	1600
铁岭市	Tieling	12.96	2.36	5453	5453
朝阳市	Chaoyang	19.08	3.91	11392	10721
葫芦岛市	Huludao	14.63	4.86	455	309
吉林省	**Jilin**	**117.64**	**39.27**	**177165**	**174160**
长春市	Changchun	38.40	18.10	110125	110125
吉林市	Jilin	18.15	7.08	34885	34885
四平市	Siping	17.13	2.53	19268	17970
辽源市	Liaoyuan	5.20	1.71	286	286
通化市	Tonghua	9.33	1.64	7102	7102
白山市	Baishan	4.71	1.89	3617	1910
松原市	Songyuan	15.67	3.82	378	378
白城市	Baicheng	9.05	2.50	1504	1504
黑龙江省	**Heilongjiang**	**142.72**	**52.54**	**100210**	**94367**
哈尔滨市	Harbin	40.43	19.18	22940	22940
齐齐哈尔市	Qiqihar	21.50	5.93	19942	19942
鸡西市	Jixi	5.10	2.20	614	
鹤岗市	Hegang	2.99	1.94	1648	1648
双鸭山市	Shuangyashan	5.03	1.51	733	733
大庆市	Daqing	12.68	6.90	13309	13309
伊春市	Yichun	3.08	1.60	920	920
佳木斯市	Jiamusi	9.76	3.20	12853	12853
七台河市	Qitaihe	3.63	2.36		
牡丹江市	Mudanjiang	10.48	3.34	11161	11161
黑河市	Heihe	8.79	0.96	6215	986
绥化市	Suihua	19.25	3.42	9875	9875
上海市	**Shanghai**	**80.30**	**78.49**	**168378**	**168378**
江苏省	**Jiangsu**	**471.49**	**214.83**	**438799**	**423302**
南京市	Nanjing	33.93	33.93	183440	183440
无锡市	Wuxi	33.62	18.48	21564	17955
徐州市	Xuzhou	75.45	23.87	42395	42395
常州市	Changzhou	25.33	18.95	38070	38070
苏州市	Suzhou	60.63	30.31	33166	25254
南通市	Nantong	32.04	11.12	25589	21613
连云港市	Lianyungang	38.42	15.98	8071	8071
淮安市	Huai'an	33.66	17.06	12249	12249
盐城市	Yancheng	42.57	9.23	13568	13568
扬州市	Yangzhou	21.88	12.65	18458	18458
镇江市	Zhenjiang	13.76	5.28	28215	28215
泰州市	Taizhou	21.94	7.90	8285	8285
宿迁市	Suqian	38.26	10.07	5729	5729
浙江省	**Zhejiang**	**354.51**	**142.55**	**330509**	**215607**
杭州市	Hangzhou	50.27	41.33	111411	105629
宁波市	Ningbo	48.26	21.16	55048	

2-36 续表 2 continued

城　市	City	小学在校学生数（万人）Primary Schools (10 000 persons)		成人高等学校在校学生数（人）Students Enrollment of Adult Institutions of Higher Education (person)	
		全　市 Total City	市辖区 Districts under City	全　市 Total City	市辖区 Districts under City
温州市	Wenzhou	62.11	16.59	28967	28967
嘉兴市	Jiaxing	24.54	7.20	36960	14219
湖州市	Huzhou	15.61	6.89	5699	5699
绍兴市	Shaoxing	28.86	15.34	15822	11802
金华市	Jinhua	41.06	7.71	3435	3435
衢州市	Quzhou	14.30	5.10	15065	7829
舟山市	Zhoushan	4.71	3.74	4631	4631
台州市	Taizhou	48.16	14.08	33284	13209
丽水市	Lishui	16.63	3.41	20187	20187
安徽省	**Anhui**	**415.13**	**128.22**	**254639**	**247415**
合肥市	Hefei	44.25	21.28	106436	106031
芜湖市	Wuhu	18.81	7.18	28150	28150
蚌埠市	Bengbu	23.51	7.19	26809	26809
淮南市	Huainan	14.93	10.09	12854	12854
马鞍山市	Maanshan	12.08	4.67	9761	9761
淮北市	Huaibei	13.63	6.59	9234	9234
铜陵市	Tongling	3.87	2.58	8504	8504
安庆市	Anqing	30.86	3.78	6695	6695
黄山市	Huangshan	6.76	2.49	9180	9180
滁州市	Chuzhou	24.13	3.23	9449	2630
阜阳市	Fuyang	73.81	16.79	11329	11329
宿州市	Suzhou	40.09	11.68	5382	5382
六安市	Lu'an	38.70	10.70	8547	8547
亳州市	Bozhou	47.34	11.88		
池州市	Chizhou	9.02	3.86	2309	2309
宣城市	Xuancheng	13.34	4.23		
福建省	**Fujian**	**271.85**	**92.85**	**175182**	**155096**
福州市	Fuzhou	49.93	19.99	101092	101092
厦门市	Xiamen	26.02	26.02	25233	25233
莆田市	Putian	23.13	15.93	11862	11663
三明市	Sanming	16.82	2.36	8461	1520
泉州市	Quanzhou	65.17	10.86	16821	5930
漳州市	Zhangzhou	34.01	6.14	4610	4610
南平市	Nanping	19.29	3.23	3326	1271
龙岩市	Longyan	17.28	4.72	2144	2144
宁德市	Ningde	20.20	3.60	1633	1633
江西省	**Jiangxi**	**398.36**	**84.51**	**273098**	**163458**
南昌市	Nanchang	39.73	15.16	102940	
景德镇市	Jingdezhen	14.36	4.44	2671	2671
萍乡市	Pingxiang	14.67	5.15	15428	15428
九江市	Jiujiang	38.62	4.89	31035	31035
新余市	Xinyu	9.88	7.29	49207	49207
鹰潭市	Yingtan	10.82	3.04	3179	3179
赣州市	Ganzhou	90.31	15.67	34273	34273
吉安市	Ji'an	43.16	4.94	10553	3853
宜春市	Yichun	47.71	10.27	4116	4116
抚州市	Fuzhou	34.10	9.82	6700	6700
上饶市	Shangrao	55.00	3.84	12996	12996

2-36 续表 3 continued

城 市	City	小学在校学生数（万人） Primary Schools (10 000 persons)		成人高等学校在校学生数（人） Students Enrollment of Adult Institutions of Higher Education (person)	
		全 市 Total City	市辖区 Districts under City	全 市 Total City	市辖区 Districts under City
山东省	**Shandong**	**648.78**	**214.12**	**462828**	**434390**
济南市	Jinan	40.51	25.74	144622	139254
青岛市	Qingdao	51.65	25.76	107095	107095
淄博市	Zibo	21.81	15.34	28879	28858
枣庄市	Zaozhuang	29.71	20.23	11758	7564
东营市	Dongying	12.00	6.46		
烟台市	Yantai	26.25	8.65	33726	31713
潍坊市	Weifang	58.38	13.46		
济宁市	Jining	60.22	12.03	28038	11220
泰安市	Tai'an	30.33	9.30	38963	38963
威海市	Weihai	10.69	6.71		
日照市	Rizhao	19.31	9.09	5112	5112
莱芜市	Laiwu	5.89	5.89	869	869
临沂市	Linyi	83.40	18.63	9632	9632
德州市	Dezhou	41.34	9.11	13443	13419
聊城市	Liaocheng	46.62	10.32	18261	18261
滨州市	Binzhou	24.36	4.76	19213	19213
菏泽市	Heze	86.31	12.64	3217	3217
河南省	**Henan**	**930.94**	**188.70**	**324019**	**315447**
郑州市	Zhengzhou	75.12	35.95	104056	95629
开封市	Kaifeng	51.08	6.06	26622	26622
洛阳市	Luoyang	58.95	16.26	2843	2843
平顶山市	Pingdingshan	49.59	9.15	22917	22917
安阳市	Anyang	54.78	10.95	13885	13885
鹤壁市	Hebi	14.88	5.57	680	680
新乡市	Xinxiang	58.72	9.23	49888	49884
焦作市	Jiaozuo	25.08	6.87	22783	22695
濮阳市	Puyang	37.74	8.27		
许昌市	Xuchang	39.66	4.19	9150	9150
漯河市	Luohe	19.28	10.29	3213	3213
三门峡市	Sanmenxia	14.35	2.45	1136	1136
南阳市	Nanyang	118.76	21.97	26365	26312
商丘市	Shangqiu	76.84	15.54	7717	7717
信阳市	Xinyang	67.23	11.27	17818	17818
周口市	Zhoukou	92.30	5.70	11662	11662
驻马店市	Zhumadian	76.58	8.98	3284	3284
湖北省	**Hubei**	**277.23**	**99.05**	**276695**	**289739**
武汉市	Wuhan	44.45	34.58	163786	163786
黄石市	Huangshi	18.64	4.15	15361	15361
十堰市	Shiyan	20.96	8.92	15011	15011
宜昌市	Yichang	15.82	6.40	21175	21175
襄阳市	Xiangyang	33.10	13.87	14030	27074
鄂州市	Ezhou	6.72	6.72	605	605

2-36 续表 4 continued

城 市	City	小学在校学生数（万人）Primary Schools (10 000 persons)		成人高等学校在校学生数（人）Students Enrollment of Adult Institutions of Higher Education (person)	
		全 市 Total City	市辖区 Districts under City	全 市 Total City	市辖区 Districts under City
荆门市	Jingmen	12.37	3.75	4104	4104
孝感市	Xiaogan	23.91	5.10	1925	1925
荆州市	Jingzhou	29.43	4.91	34212	34212
黄冈市	Huanggang	39.64	2.08	4650	4650
咸宁市	Xianning	20.39	4.93		
随州市	Suizhou	11.80	3.64	1836	1836
湖南省	**Hunan**	**454.00**	**104.48**	**284486**	**255518**
长沙市	Changsha	48.13	24.19	113446	104971
株洲市	Zhuzhou	23.77	7.44	6499	6499
湘潭市	Xiangtan	14.05	5.69	3920	3920
衡阳市	Hengyang	55.33	8.51	37403	37403
邵阳市	Shaoyang	61.61	6.04	3515	3515
岳阳市	Yueyang	33.17	7.74	9493	9493
常德市	Changde	27.24	6.29	16563	14804
张家界市	Zhangjiajie	10.72	3.95	2412	2412
益阳市	Yiyang	23.45	7.28	59789	41055
郴州市	Chenzhou	45.59	8.09	7880	7880
永州市	Yongzhou	47.68	9.00	10488	10488
怀化市	Huaihua	32.35	4.87	8781	8781
娄底市	Loudi	30.91	5.39	4297	4297
广东省	**Guangdong**	**831.94**	**501.08**	**596817**	**557175**
广州市	Guangzhou	90.01	78.50	365358	365358
韶关市	Shaoguan	21.05	6.76	22010	18142
深圳市	Shenzhen	79.32	79.32	24430	24430
珠海市	Zhuhai	14.06	14.06	8576	8576
汕头市	Shantou	48.72	48.44		
佛山市	Foshan	47.44	47.44	9503	9503
江门市	Jiangmen	29.93	13.58	13636	
湛江市	Zhanjiang	54.95	13.15		
茂名市	Maoming	56.32	10.14	25481	25481
肇庆市	Zhaoqing	33.25	5.92	9082	9082
惠州市	Huizhou	47.22	24.77	14068	8822
梅州市	Meizhou	29.90	6.12	27098	27098
汕尾市	Shanwei	24.04	3.64	9009	3189
河源市	Heyuan	26.05	5.68	9282	3738
阳江市	Yangjiang	19.21	5.64	9603	6707
清远市	Qingyuan	28.22	12.17	297	297
东莞市	Dongguan	68.73	68.73	17476	17476
中山市	Zhongshan	26.79	26.79	22052	22052
潮州市	Chaozhou	18.75	13.13		
揭阳市	Jieyang	48.48	14.17	5348	2716
云浮市	Yunfu	19.50	2.93	4508	4508
广西壮族自治区	**Guangxi**	**431.82**	**111.45**	**246743**	**241542**
南宁市	Nanning	56.70	29.45	115087	115087
柳州市	Liuzhou	28.71	11.26	26377	26377

2-36 续表 5 continued

城市	City	小学在校学生数（万人）Primary Schools (10 000 persons) 全市 Total City	市辖区 Districts under City	成人高等学校在校学生数（人）Students Enrollment of Adult Institutions of Higher Education (person) 全市 Total City	市辖区 Districts under City
桂林市	Guilin	33.75	7.28	51828	51828
梧州市	Wuzhou	28.21	5.10	9557	6698
北海市	Beihai	15.30	7.09	3100	3100
防城港市	Fangchenggang	8.77	4.89	3925	2874
钦州市	Qinzhou	34.26	3.03		
贵港市	Guigang	44.22	15.75	6316	6316
玉林市	Yulin	59.80	10.60	11335	11335
百色市	Baise	34.24	3.14	13308	13284
贺州市	Hezhou	18.27	0.07	2469	2469
河池市	Hechi	34.72	2.69		
来宾市	Laibin	17.87	8.40		
崇左市	Chongzuo	17.00	2.70	3441	2174
海南省	**Hainan**	**23.67**	**23.67**		
海口市	Haikou	17.36	17.36		
三亚市	Sanya	6.31	6.31		
三沙市	Sansa				
重庆市	**Chongqing**	**203.42**	**111.54**	**155517**	**155517**
四川省	**Sichuan**	**461.20**	**164.43**	**423633**	**395300**
成都市	Chengdu	74.57	46.05	245259	233236
自贡市	Zigong	17.34	7.77	31336	31336
攀枝花市	Panzhihua	7.67	4.62	9433	9433
泸州市	Luzhou	40.88	11.40	30157	30157
德阳市	Deyang	16.29	3.47	6313	4990
绵阳市	Mianyang	24.06	8.32	10745	9274
广元市	Guangyuan	14.26	4.56	6450	6450
遂宁市	Suining	15.47	6.71	1002	1002
内江市	Neijiang	23.10	8.14	6600	4633
乐山市	Leshan	17.04	5.03	6099	6099
南充市	Nanchong	35.78	10.13	37264	37264
眉山市	Meishan	13.88	3.47		
宜宾市	Yibin	36.86	8.55	16180	9791
广安市	Guang'an	24.82	6.66	3562	3562
达州市	Dazhou	42.09	12.59	4593	3000
雅安市	Ya'an	9.49	3.49	3029	3029
巴中市	Bazhong	20.34	7.09		
资阳市	Ziyang	27.26	6.38	5611	2044
贵州省	**Guizhou**	**251.41**	**65.52**	**35537**	**32991**
贵阳市	Guiyang	31.65	24.49	9468	8522
六盘水市	Liupanshui	25.53	6.62	3590	3590
遵义市	Zunyi	53.06	8.25	16116	16116
安顺市	Anshun	22.74	7.48	4894	3294
毕节市	Bijie	84.02	14.56	1022	1022
铜仁市	Tongren	34.41	4.12	447	447

2-36 续表 6 continued

城　市	City	小学在校学生数（万人） Primary Schools (10 000 persons)		成人高等学校在校学生数（人） Students Enrollment of Adult Institutions of Higher Education (person)	
		全　市 Total City	市辖区 Districts under City	全　市 Total City	市辖区 Districts under City
云南省	**Yunnan**	**242.11**	**57.67**	**172142**	**168262**
昆明市	Kunming	48.34	25.54	149563	149563
曲靖市	Qujing	56.96	6.98	11258	9201
玉溪市	Yuxi	16.21	4.00	3242	3242
保山市	Baoshan	19.00	6.25	5248	5248
昭通市	Zhaotong	56.94	8.26	828	
丽江市	Lijiang	8.89	1.53	1815	820
普洱市	Pu'er	17.41	2.46	188	188
临沧市	Lincang	18.36	2.65		
西藏自治区	**Tibet**	**5.21**	**2.69**		
拉萨市	Lasa	5.21	2.69		
陕西省	**Shaanxi**	**225.43**	**83.15**	**98299**	**71861**
西安市	Xi'an	53.79	40.69	17092	15942
铜川市	Tongchuan	3.59	3.19	4973	4973
宝鸡市	Baoji	19.54	6.54	6288	6288
咸阳市	Xianyang	30.67	5.94	6770	6770
渭南市	Weinan	27.21	4.87	2150	2150
延安市	Yan'an	17.55	5.30	23475	23475
汉中市	Hanzhong	19.52	2.91	23686	6145
榆林市	Yulin	22.86	4.75	11306	2359
安康市	Ankang	17.56	6.35	659	1859
商洛市	Shangluo	13.14	2.61	1900	1900
甘肃省	**Gansu**	**155.95**	**54.63**	**53917**	**41110**
兰州市	Lanzhou	20.35	14.60	6909	6909
嘉峪关市	Jiayuguan	1.62	1.62	2762	2762
金昌市	Jinchang	2.90	1.29	3533	3533
白银市	Baiyin	10.22	3.16	5841	1170
天水市	Tianshui	26.32	8.78	4492	4492
武威市	Wuwei	10.63	6.25	10045	10045
张掖市	Zhangye	7.39	3.02	2592	2592
平凉市	Pingliang	15.21	3.48	5096	2180
酒泉市	Jiuquan	7.13	3.12	283	283
庆阳市	Qingyang	17.02	2.90	2845	1254
定西市	Dingxi	17.75	2.10	5320	5320
陇南市	Longnan	19.41	4.31	4199	570
青海省	**Qinghai**	**26.83**	**9.24**		
西宁市	Xining	15.00	7.46		
海东市	Haidong	11.83	1.78		
宁夏回族自治区	**Ningxia**	**58.99**	**24.39**	**44127**	**39351**
银川市	Yinchuan	15.69	9.41	27167	25695
石嘴山市	Shizuishan	5.40	3.27	7760	5428
吴忠市	Wuzhong	13.67	4.02	9200	8228
固原市	Guyuan	13.49	4.53		
中卫市	Zhongwei	10.74	3.16		
新疆维吾尔自治区	**Xinjiang**	**22.54**	**22.15**	**53939**	**53939**
乌鲁木齐市	Urumqi	20.23	19.84	53939	53939
克拉玛依市	Karamay	2.31	2.31		

2-37 在校学生数(四)

Number of Students Enrollment (Ⅳ)

单位：人 (person)

城市	City	每万人在校大学生数 Students Enrollment of Regular Institutions of Higher Education Per 10 000 persons		每万人在校中等职业学生数 Students Enrollment of Vocational Secondary Schools Per 10 000 persons	
		全市 Total City	市辖区 Districts under City	全市 Total City	市辖区 Districts under City
城市合计	**Prefecture Cities**	**204.35**	**547.77**	**110.28**	**196.15**
北京市	**Beijing**	**445.93**	**471.19**	**125.32**	**132.42**
天津市	**Tianjin**	**497.49**	**607.35**	**105.24**	**128.48**
河北省	**Hebei**	**159.05**	**728.44**	**93.04**	**223.64**
石家庄市	Shijiazhuang	384.04	934.56	151.62	307.84
唐山市	Tangshan	146.84	335.66	103.03	138.39
秦皇岛市	Qinhuangdao	525.25	1729.91	111.83	175.22
邯郸市	Handan	57.12	337.74	85.19	210.80
邢台市	Xingtai	60.42	532.50	60.94	167.62
保定市	Baoding	134.72	1458.82	83.65	200.00
张家口市	Zhangjiakou	99.02	511.58	85.15	248.07
承德市	Chengde	106.65	684.65	103.23	269.81
沧州市	Cangzhou	104.76	641.54	75.74	375.00
廊坊市	Langfang	197.60	743.77	84.37	107.95
衡水市	Hengshui	55.68	464.09	66.50	303.87
山西省	**Shanxi**	**215.71**	**711.09**	**110.17**	**233.22**
太原市	Taiyuan	1084.39	1393.95	272.65	342.49
大同市	Datong	88.44	169.01	104.07	110.99
阳泉市	Yangquan	103.60	145.28	85.59	105.78
长治市	Changzhi	121.46	556.76	63.97	139.19
晋城市	Jincheng	29.24	172.04	124.71	502.69
朔州市	Shuozhou	50.74	122.76	99.20	81.38
晋中市	Jinzhong	423.00	1607.84	142.81	220.59
运城市	Yuncheng	81.68	617.27	76.16	270.50
忻州市	Xinzhou	60.48	296.23	107.20	305.21
临汾市	Linfen	103.26	549.63	68.07	182.38
吕梁市	Lvliang	55.54	783.39	73.20	433.21
内蒙古自治区	**Inner Mongolia**	**193.05**	**539.59**	**88.27**	**142.28**
呼和浩特市	Hohhot	977.30	1819.25	184.11	187.79
包头市	Baotou	314.26	478.23	122.93	169.39
乌海市	Wuhai	50.54	50.54	101.08	101.08
赤峰市	Chifeng	42.29	156.60	95.32	166.14
通辽市	Tongliao	139.64		49.78	8.16
鄂尔多斯市	Erdos	36.54	208.03	51.92	295.62
呼伦贝尔市	Hulunbuir	59.42	337.87	68.82	65.40
巴彦淖尔市	Bayannur	48.15	161.35	100.22	219.51
乌兰察布市	Ulanqab	74.73	655.06	39.71	
辽宁省	**Liaoning**	**241.79**	**535.15**	**85.76**	**158.01**
沈阳市	Shenyang	546.93	756.43	127.67	166.54
大连市	Dalian	481.57	940.52	117.79	209.66
鞍山市	Anshan	103.96	239.42	51.41	87.96
抚顺市	Fushun	204.23	311.36	74.06	98.88
本溪市	Benxi	140.79	229.37	101.97	147.91
丹东市	Dandong	123.59	377.55	71.40	127.55
锦州市	Jinzhou	282.35	919.96	75.99	195.30

2-37 续表 1 continued

单位：人 (person)

城市	City	每万人在校大学生数 Students Enrollment of Regular Institutions of Higher Education Per 10 000 persons		每万人在校中等职业学生数 Students Enrollment of Vocational Secondary Schools Per 10 000 persons	
		全市 Total City	市辖区 Districts under City	全市 Total City	市辖区 Districts under City
营口市	Yingkou	95.16	239.74	81.01	184.67
阜新市	Fuxin	235.60	582.90	88.48	195.60
辽阳市	Liaoyang	96.16	197.49	88.38	151.83
盘锦市	Panjin	54.95	110.42	80.50	104.20
铁岭市	Tieling	54.97	379.00	50.66	198.63
朝阳市	Chaoyang	16.15	89.87	66.94	194.44
葫芦岛市	Huludao	30.99	87.88	38.12	90.91
吉林省	**Jilin**	**243.28**	**693.39**	**56.90**	**123.67**
长春市	Changchun	549.43	1133.10	63.48	124.08
吉林市	Jilin	242.23	569.54	74.58	151.73
四平市	Siping	113.68	635.43	88.39	231.69
辽源市	Liaoyuan	50.08	129.24	34.48	69.92
通化市	Tonghua	55.81	279.91	28.35	142.21
白山市	Baishan	9.50	20.94	45.92	50.61
松原市	Songyuan	10.77	52.72	24.06	75.57
白城市	Baicheng	99.60	395.58	40.44	62.25
黑龙江省	**Heilongjiang**	**204.45**	**552.34**	**57.67**	**99.28**
哈尔滨市	Harbin	512.91	1052.13	102.30	198.82
齐齐哈尔市	Qiqihar	99.06	396.53	45.73	49.20
鸡西市	Jixi	47.93	104.14	25.05	31.95
鹤岗市	Hegang	17.76	28.79	20.56	33.33
双鸭山市	Shuangyashan	23.49	69.86	44.30	31.94
大庆市	Daqing	226.09	460.52	28.26	51.66
伊春市	Yichun	9.02	14.10	11.48	17.95
佳木斯市	Jiamusi	185.17	565.82	71.25	179.75
七台河市	Qitaihe	26.08	42.67	6.80	5.57
牡丹江市	Mudanjiang	182.20	541.06	28.41	19.12
黑河市	Heihe	66.28	525.58	110.85	97.67
绥化市	Suihua	18.26	121.00	36.15	3.56
上海市	**Shanghai**	**352.12**	**369.54**	**78.13**	**77.91**
江苏省	**Jiangsu**	**240.65**	**527.54**	**124.42**	**193.63**
南京市	Nanjing	1241.41	1241.41	183.44	183.44
无锡市	Wuxi	239.36	408.63	147.98	199.84
徐州市	Xuzhou	134.05	413.88	112.95	209.05
常州市	Changzhou	294.63	460.88	167.66	222.74
苏州市	Suzhou	316.90	454.81	123.73	151.41
南通市	Nantong	105.39	380.17	102.53	170.11
连云港市	Lianyungang	72.36	173.44	122.51	177.54
淮安市	Huai'an	120.11	230.87	132.96	146.14
盐城市	Yancheng	67.71	331.36	97.28	328.41
扬州市	Yangzhou	175.59	324.85	156.73	223.04
镇江市	Zhenjiang	309.45	814.31	113.93	197.29
泰州市	Taizhou	96.95	300.98	65.68	112.94
宿迁市	Suqian	30.31	102.33	124.68	269.19

2-37 续表 2 continued

单位：人 (person)

城　市	City	每万人在校大学生数 Students Enrollment of Regular Institutions of Higher Education Per 10 000 persons		每万人在校中等职业学生数 Students Enrollment of Vocational Secondary Schools Per 10 000 persons	
		全　市 Total City	市辖区 Districts under City	全　市 Total City	市辖区 Districts under City
浙江省	**Zhejiang**	**221.37**	**487.32**	**119.24**	**158.09**
杭州市	Hangzhou	663.17	874.50	156.61	184.54
宁波市	Ningbo	258.48		118.71	136.76
温州市	Wenzhou	100.28	535.08	73.74	125.90
嘉兴市	Jiaxing	188.74	645.83	146.51	165.51
湖州市	Huzhou	102.35	243.90	122.44	91.24
绍兴市	Shaoxing	181.26	340.68	120.99	142.33
金华市	Jinhua	182.49	669.82	149.02	313.35
衢州市	Quzhou	53.58	162.90	111.07	161.71
舟山市	Zhoushan	232.82	320.17	82.05	102.96
台州市	Taizhou	54.60	158.36	107.02	117.35
丽水市	Lishui	149.42	992.50	112.53	190.00
安徽省	**Anhui**	**163.05**	**537.51**	**129.89**	**200.38**
合肥市	Hefei	697.67	1923.39	170.03	335.78
芜湖市	Wuhu	329.00	872.41	137.32	160.69
蚌埠市	Bengbu	164.38	532.92	163.03	182.38
淮南市	Huainan	325.39	433.50	142.56	175.15
马鞍山市	Maanshan	238.56	659.37	78.35	126.52
淮北市	Huaibei	161.17	330.79	130.98	231.65
铜陵市	Tongling	460.70	757.24	191.06	276.17
安庆市	Anqing	67.32	519.73	152.04	217.69
黄山市	Huangshan	142.18	474.04	115.10	130.93
滁州市	Chuzhou	103.43	498.15	145.91	280.44
阜阳市	Fuyang	33.10	154.02	112.80	231.70
宿州市	Suzhou	30.98	106.87	91.08	133.73
六安市	Lu'an	57.18	212.59	114.64	168.16
亳州市	Bozhou	18.76	71.21	116.80	144.82
池州市	Chizhou	130.76	316.74	148.19	218.70
宣城市	Xuancheng	20.37	65.82	131.52	150.12
福建省	**Fujian**	**207.40**	**702.33**	**90.81**	**263.39**
福州市	Fuzhou	475.33	1625.13	18.22	463.53
厦门市	Xiamen	778.27	778.27	173.55	173.55
莆田市	Putian	60.38	68.30	114.01	122.59
三明市	Sanming	85.56	657.24	143.66	367.49
泉州市	Quanzhou	170.62	595.86	114.49	347.74
漳州市	Zhangzhou	139.73	1188.03	79.61	326.50
南平市	Nanping	74.25	172.96	91.48	77.53
龙岩市	Longyan	55.68	338.61	124.06	491.09
宁德市	Ningde	28.11	206.68	54.80	119.00
江西省	**Jiangxi**	**186.42**	**347.65**	**90.24**	**207.72**
南昌市	Nanchang	1070.89		217.11	
景德镇市	Jingdezhen	156.14	548.12	46.48	148.54
萍乡市	Pingxiang	57.01	128.26	127.14	192.96
九江市	Jiujiang	162.15	1188.82	67.82	258.31
新余市	Xinyu	265.74	366.40	178.25	245.77
鹰潭市	Yingtan	47.28	253.16	70.13	236.29
赣州市	Ganzhou	91.60	568.64	118.00	512.69
吉安市	Ji'an	36.07	329.29	67.59	308.49
宜春市	Yichun	75.05	390.31	47.52	116.30
抚州市	Fuzhou	67.13	239.37	34.15	60.05
上饶市	Shangrao	31.56	580.95	54.71	683.33

2-37 续表 3 continued

单位：人 (person)

城市	City	每万人在校大学生数 Students Enrollment of Regular Institutions of Higher Education Per 10 000 persons		每万人在校中等职业学生数 Students Enrollment of Vocational Secondary Schools Per 10 000 persons	
		全市 Total City	市辖区 Districts under City	全市 Total City	市辖区 Districts under City
山东省	**Shandong**	**206.30**	**569.83**	**113.39**	**199.02**
济南市	Jinan	1126.77	1841.27	197.39	250.69
青岛市	Qingdao	401.61	846.15	162.95	223.48
淄博市	Zibo	224.07	274.17	112.85	127.94
枣庄市	Zaozhuang	63.54	82.76	115.87	146.12
东营市	Dongying	143.84	291.08	135.38	179.58
烟台市	Yantai	265.07	767.01	169.27	323.90
潍坊市	Weifang	158.28	537.10	160.76	295.70
济宁市	Jining	111.03	311.00	62.09	154.64
泰安市	Tai'an	187.09	653.42	98.35	188.82
威海市	Weihai	252.35	357.14	99.29	139.06
日照市	Rizhao	87.10	193.79	137.46	267.22
莱芜市	Laiwu	59.47	59.47	99.37	99.37
临沂市	Linyi	58.57	252.22	60.01	153.19
德州市	Dezhou	73.90	282.64	113.00	300.00
聊城市	Liaocheng	68.62	347.68	79.07	115.89
滨州市	Binzhou	127.75	465.16	137.06	206.21
菏泽市	Heze	36.85	208.23	60.87	152.96
河南省	**Henan**	**159.47**	**691.80**	**105.82**	**277.28**
郑州市	Zhengzhou	835.15	1079.14	275.11	376.97
开封市	Kaifeng	216.87	1380.46	88.48	311.49
洛阳市	Luoyang	178.40	635.29	145.65	327.88
平顶山市	Pingdingshan	101.42	513.64	91.55	266.36
安阳市	Anyang	109.91	581.82	57.25	165.37
鹤壁市	Hebi	68.30	180.38	184.54	308.54
新乡市	Xinxiang	226.96	1241.26	101.35	146.85
焦作市	Jiaozuo	253.79	945.18	146.37	217.26
濮阳市	Puyang	19.08	116.05	121.32	279.37
许昌市	Xuchang	69.23	828.50	101.24	393.72
漯河市	Luohe	95.99	190.76	101.99	162.44
三门峡市	Sanmenxia	56.19	425.25	120.72	461.79
南阳市	Nanyang	59.59	370.25	86.51	279.29
商丘市	Shangqiu	81.71	414.96	70.97	140.72
信阳市	Xinyang	86.25	507.94	97.71	135.58
周口市	Zhoukou	28.13	582.91	50.37	618.09
驻马店市	Zhumadian	36.06	398.56	62.79	247.30
湖北省	**Hubei**	**270.31**	**897.10**	**66.01**	**145.72**
武汉市	Wuhan	1162.94	1868.52	136.83	219.85
黄石市	Huangshi	139.19	439.29	60.73	127.38
十堰市	Shiyan	143.23	421.54	80.69	149.28
宜昌市	Yichang	147.85	462.50	68.43	91.41
襄阳市	Xiangyang	88.33	231.21	41.81	70.33
鄂州市	Ezhou	134.30	134.30	32.67	32.67

2-37 续表 4 continued

单位：人 (person)

城　市	City	每万人在校大学生数 Students Enrollment of Regular Institutions of Higher Education Per 10 000 persons		每万人在校中等职业学生数 Students Enrollment of Vocational Secondary Schools Per 10 000 persons	
		全　市 Total City	市辖区 Districts under City	全　市 Total City	市辖区 Districts under City
荆门市	Jingmen	67.93	301.78	46.95	84.32
孝感市	Xiaogan	74.57	404.54	41.47	106.30
荆州市	Jingzhou	169.78	1004.49	44.34	156.33
黄冈市	Huanggang	62.58	1321.94	67.57	504.27
咸宁市	Xianning	135.58	660.10	52.95	88.67
随州市	Suizhou	24.12	123.75	28.78	89.82
湖南省	**Hunan**	**164.83**	**741.12**	**93.54**	**242.88**
长沙市	Changsha	815.46	1469.19	191.69	277.43
株洲市	Zhuzhou	225.45	719.31	109.82	251.23
湘潭市	Xiangtan	420.93	1399.09	76.50	147.09
衡阳市	Hengyang	133.04	1122.60	94.13	484.01
邵阳市	Shaoyang	33.70	395.98	87.06	332.86
岳阳市	Yueyang	86.45	443.94	87.88	228.81
常德市	Changde	68.67	281.23	85.92	127.05
张家界市	Zhangjiajie	69.15	223.68	65.66	118.42
益阳市	Yiyang	65.40	232.01	55.88	106.46
郴州市	Chenzhou	46.07	288.74	67.66	319.21
永州市	Yongzhou	39.47	215.21	77.19	130.51
怀化市	Huaihua	69.65	978.61	99.52	625.67
娄底市	Loudi	63.61	583.51	68.33	323.71
广东省	**Guangdong**	**203.03**	**399.31**	**153.91**	**228.58**
广州市	Guangzhou	1210.00	1243.02	290.36	332.66
韶关市	Shaoguan	111.82	396.98	84.78	200.65
深圳市	Shenzhen	264.00	264.00	111.08	111.08
珠海市	Zhuhai	1197.82	1197.82	197.82	197.82
汕头市	Shantou	17.93	18.18	183.86	184.94
佛山市	Foshan	121.11	121.11	245.33	245.33
江门市	Jiangmen	98.37	276.63	157.85	318.08
湛江市	Zhanjiang	93.28	473.07	126.74	369.04
茂名市	Maoming	43.50	99.65	82.34	84.91
肇庆市	Zhaoqing	174.78	1438.33	148.49	836.81
惠州市	Huizhou	86.66	213.13	237.88	
梅州市	Meizhou	44.46	245.30	105.56	306.89
汕尾市	Shanwei	14.20	96.77	59.87	75.90
河源市	Heyuan	34.77	413.68	114.43	1045.60
阳江市	Yangjiang	31.10	129.50	60.82	90.65
清远市	Qingyuan	34.20	104.14	98.47	164.70
东莞市	Dongguan	365.20	365.20	336.47	336.47
中山市	Zhongshan	256.25	256.25	162.08	162.08
潮州市	Chaozhou	63.99	105.20	75.89	91.74
揭阳市	Jieyang	17.57	35.54	201.24	195.00
云浮市	Yunfu	36.37		120.67	496.84
广西壮族自治区	**Guangxi**	**143.48**	**507.03**	**125.29**	**270.48**
南宁市	Nanning	488.15	1236.64	265.18	558.02
柳州市	Liuzhou	182.59	586.73	211.17	568.03
桂林市	Guilin	354.61	2398.20	97.82	360.82

2-37 续表 5 continued

单位：人 (person)

城　市	City	每万人在校大学生数 Students Enrollment of Regular Institutions of Higher Education Per 10 000 persons		每万人在校中等职业学生数 Students Enrollment of Vocational Secondary Schools Per 10 000 persons	
		全　市 Total City	市辖区 Districts under City	全　市 Total City	市辖区 Districts under City
梧州市	Wuzhou	41.73	182.28	122.83	177.15
北海市	Beihai	128.77	342.23	161.84	337.52
防城港市	Fangchenggang	36.09	60.82	96.60	80.50
钦州市	Qinzhou	44.03	101.36	56.97	56.46
贵港市	Guigang			38.48	66.36
玉林市	Yulin	24.58	161.71	113.98	279.74
百色市	Baise	66.99	677.97	141.26	90.40
贺州市	Hezhou	42.00	85.40	165.06	191.29
河池市	Hechi	36.20	121.30	86.45	408.28
来宾市	Laibin	27.40	64.72	63.81	69.15
崇左市	Chongzuo	156.73	510.75	30.22	112.90
海南省	**Hainan**	**1010.72**	**1010.72**	**397.95**	**397.95**
海口市	Haikou	1092.56	1092.56	497.28	497.28
三亚市	Sanya	779.86	779.86	117.75	117.75
三沙市	Sansa				
重庆市	**Chongqing**	**219.39**	**380.94**	**141.95**	**135.91**
四川省	**Sichuan**	**157.85**	**202.41**	**124.21**	**184.49**
成都市	Chengdu	602.38		190.47	213.20
自贡市	Zigong	133.33	290.81	92.73	150.03
攀枝花市	Panzhihua	260.05	425.44	166.22	235.38
泸州市	Luzhou	87.84	278.85	157.01	228.82
德阳市	Deyang	170.96	546.90	91.21	197.69
绵阳市	Mianyang	217.38	862.88	100.40	214.34
广元市	Guangyuan	47.40	156.55	116.41	203.41
遂宁市	Suining	36.80	91.92	102.79	118.84
内江市	Neijiang	62.68	171.33	100.94	187.41
乐山市	Leshan	136.91	418.74	117.23	229.58
南充市	Nanchong	92.36	355.66	115.02	267.88
眉山市	Meishan	66.01	73.06	132.58	198.63
宜宾市	Yibin	44.20	192.76	133.32	228.95
广安市	Guang'an	18.23	67.56	110.03	135.11
达州市	Dazhou	32.26	122.65	114.81	75.69
雅安市	Ya'an	281.81	705.41	90.33	148.09
巴中市	Bazhong	2.09	5.81	90.84	76.98
资阳市	Ziyang	4.53	20.80	100.53	149.19
贵州省	**Guizhou**	**157.00**	**708.56**	**122.53**	**320.02**
贵阳市	Guiyang	938.37	1455.57	407.42	602.08
六盘水市	Liupanshui	31.07	214.29	103.87	170.17
遵义市	Zunyi	85.13	746.93	88.18	153.85
安顺市	Anshun	45.17	146.86	65.86	115.47
毕节市	Bijie	15.21	118.25	71.53	163.38
铜仁市	Tongren	55.05	509.64	89.06	314.78
云南省	**Yunnan**	**177.43**	**739.54**	**126.47**	**409.73**
昆明市	Kunming	744.60	1480.85	319.35	507.59
曲靖市	Qujing	37.74	335.63	114.46	826.69

2-37 续表 6 continued

单位：人 (person)

城 市	City	每万人在校大学生数 Students Enrollment of Regular Institutions of Higher Education Per 10 000 persons		每万人在校中等职业学生数 Students Enrollment of Vocational Secondary Schools Per 10 000 persons	
		全 市 Total City	市辖区 Districts under City	全 市 Total City	市辖区 Districts under City
玉溪市	Yuxi	85.19	334.10	104.63	169.34
保山市	Baoshan	45.21	126.35	100.08	102.59
昭通市	Zhaotong	12.79		35.33	144.50
丽江市	Lijiang	195.54		67.66	398.69
普洱市	Pu'er	38.61	431.72	84.32	625.55
临沧市	Lincang	22.29	164.09	64.34	405.57
西藏自治区	**Tibet**	**472.49**	**1197.12**	**81.59**	**206.73**
拉萨市	Lasa	472.49	1197.12	81.59	206.73
陕西省	**Shaanxi**	**270.61**	**783.63**	**112.64**	**191.50**
西安市	Xi'an	940.02	1264.99	230.96	274.18
铜川市	Tongchuan	28.54	32.09	7.13	1.34
宝鸡市	Baoji	85.20	229.96	149.04	256.68
咸阳市	Xianyang	231.44	1325.00	94.74	130.43
渭南市	Weinan	26.72	155.76	45.96	95.53
延安市	Yan'an	110.12	554.84	96.46	103.23
汉中市	Hanzhong	110.13	555.94	61.96	50.70
榆林市	Yulin	44.41	299.10	72.23	237.84
安康市	Ankang	68.26	203.70	79.69	72.12
商洛市	Shangluo	68.34	304.96	87.41	70.92
甘肃省	**Gansu**	**216.32**	**630.75**	**102.45**	**169.91**
兰州市	Lanzhou	1105.42	1722.25	185.75	255.72
嘉峪关市	Jiayuguan	120.33	120.33	232.37	232.37
金昌市	Jinchang	61.70	125.00	59.57	38.79
白银市	Baiyin	14.61	52.85	95.00	126.02
天水市	Tianshui	104.25	292.08	107.54	162.95
武威市	Wuwei	103.23	190.62	85.76	91.89
张掖市	Zhangye	154.97	396.45	69.39	86.79
平凉市	Pingliang	25.25	115.01	120.67	144.25
酒泉市	Jiuquan	70.14	188.86	79.14	171.91
庆阳市	Qingyang	61.02	413.16	65.54	307.89
定西市	Dingxi	17.25	113.29	72.33	161.22
陇南市	Longnan	20.13	53.29	72.74	39.08
青海省	**Qinghai**	**179.47**	**545.38**	**153.87**	**185.58**
西宁市	Xining	332.18	715.20	203.36	243.36
海东市	Haidong			95.71	
宁夏回族自治区	**Ningxia**	**161.51**	**381.31**	**125.94**	**194.41**
银川市	Yinchuan	477.04	829.89	209.69	281.95
石嘴山市	Shizuishan	101.96	172.19	135.95	150.11
吴忠市	Wuzhong	25.09	89.11	55.75	71.78
固原市	Guyuan	44.36	145.92	123.94	206.01
中卫市	Zhongwei			71.19	125.62
新疆维吾尔自治区	**Xinjiang**	**563.91**	**575.77**	**224.58**	**229.31**
乌鲁木齐市	Urumqi	627.95	643.13	254.40	260.55
克拉玛依市	Karamay	125.64	125.64	20.51	20.51

2-38 剧场、影剧院数及公共图书馆图书藏量
Number of Theaters, Music Halls and Cinemas and Total Collections of Public Libraries

城市	City	剧场、影剧院数（个） Number of Theaters, Music Halls and Cinemas (unit)		公共图书馆图书总藏量（千册、千件） Total Collections of Public Libraries (1000 copies,1000 pieces)		每百人公共图书馆藏书（册、件） Collections of Public Libraries per 100 Persons (copy,piece)	
		全市 Total City	市辖区 Districts under City	全市 Total City	市辖区 Districts under City	全市 Total City	市辖区 Districts under City
城市合计	**Prefecture Cities**	**4252**	**2428**	**829251.34**	**571232.66**	**64.31**	**132.99**
北京市	**Beijing**	**251**	**246**	**56010.00**	**54910.00**	**420.05**	**435.14**
天津市	**Tianjin**	**27**	**25**	**15980.00**	**15560.00**	**157.18**	**186.84**
河北省	**Hebei**	**164**	**75**	**21047.25**	**11816.09**	**27.72**	**76.62**
石家庄市	Shijiazhuang	20	10	5932.00	4602.70	57.88	112.82
唐山市	Tangshan	23	13	2280.68	1390.00	30.28	42.19
秦皇岛市	Qinhuangdao	16	10	1278.11	779.31	43.32	87.02
邯郸市	Handan	11	3	1674.64	227.76	16.27	13.09
邢台市	Xingtai	13	7	1391.65	356.15	18.01	40.62
保定市	Baoding	34	7	2126.88	780.00	17.77	70.62
张家口市	Zhangjiakou	3	3	1396.12	690.27	29.80	76.11
承德市	Chengde	29	12	913.73	442.00	24.00	74.57
沧州市	Cangzhou	5	3	1262.00	580.00	16.42	106.56
廊坊市	Langfang	6	3	2206.09	1513.70	48.98	179.60
衡水市	Hengshui	4	4	585.35	454.20	12.93	83.58
山西省	**Shanxi**	**146**	**56**	**16968.74**	**9351.59**	**47.62**	**92.18**
太原市	Taiyuan	24	23	6383.80	6116.80	172.66	212.67
大同市	Datong	9	5	658.00	372.00	19.40	20.95
阳泉市	Yangquan	5	4	578.30	416.30	43.42	58.76
长治市	Changzhi	10	4	1623.00	635.00	47.85	85.85
晋城市	Jincheng	13	5	410.26	93.59	18.74	25.13
朔州市	Shuozhou	7	3	790.50	571.75	45.07	78.86
晋中市	Jinzhong	13	1	1357.00	320.00	41.06	52.27
运城市	Yuncheng	14	2	1499.90	276.48	28.56	39.80
忻州市	Xinzhou	16	2	1050.29	201.77	33.61	36.22
临汾市	Linfen	27	6	1516.69	230.90	35.36	28.64
吕梁市	Lvliang	8	1	1101.00	117.00	28.18	42.18
内蒙古自治区	**Inner Mongolia**	**111**	**62**	**11888.10**	**6383.92**	**54.54**	**92.41**
呼和浩特市	Hohhot	14	10	782.74	621.83	32.90	48.65
包头市	Baotou	17	16	3036.00	2958.00	135.71	201.25
乌海市	Wuhai	5	5	595.60	595.60	107.47	107.47
赤峰市	Chifeng	13	6	1790.76	1191.32	38.44	94.71
通辽市	Tongliao	5	5	1002.73	300.00	31.39	34.99
鄂尔多斯市	Erdos	15	8	2148.00	531.00	137.73	193.65
呼伦贝尔市	Hulunbuir	30	4	1609.00	71.17	60.51	19.38
巴彦淖尔市	Bayannur	5	4	683.00	60.00	38.24	11.25
乌兰察布市	Ulanqab	7	4	240.27	55.00	8.68	17.38
辽宁省	**Liaoning**	**158**	**113**	**41797.13**	**34854.02**	**98.48**	**181.76**
沈阳市	Shenyang	49	49	13154.00	12772.00	179.98	241.69
大连市	Dalian	6	6	15431.99	13994.78	259.67	459.95

2-38 续表 1 continued

城 市	City	剧场、影剧院数 (个) Number of Theaters, Music Halls and Cinemas (unit)		公共图书馆图书总藏量 (千册、千件) Total Collections of Public Libraries (1000 copies,1000 pieces)		每百人公共图书馆藏书 (册、件) Collections of Public Libraries per 100 Persons (copy,piece)	
		全 市 Total City	市辖区 Districts under City	全 市 Total City	市辖区 Districts under City	全 市 Total City	市辖区 Districts under City
鞍山市	Anshan	11	8	2419.00	1797.00	69.47	118.89
抚顺市	Fushun	9	7	1083.00	967.46	49.82	67.83
本溪市	Benxi	5	3	1070.83	899.45	70.44	96.42
丹东市	Dandong	12	6	1462.00	134.00	61.05	17.08
锦州市	Jinzhou	9	5	2062.90	866.00	67.58	92.43
营口市	Yingkou	11	8	1364.76	1131.00	58.50	122.15
阜新市	Fuxin	3	1	469.23	348.92	24.57	45.19
辽阳市	Liaoyang	9	7	797.70	627.60	44.35	71.64
盘锦市	Panjin	3	1	615.27	453.81	47.61	70.59
铁岭市	Tieling	7	2	679.00	381.00	22.48	86.99
朝阳市	Chaoyang	8	4	847.45	444.00	24.88	72.60
葫芦岛市	Huludao	16	6	340.00	37.00	12.11	3.74
吉林省	**Jilin**	**51**	**39**	**14481.24**	**11743.41**	**58.94**	**136.23**
长春市	Changchun	35	29	8638.17	8334.67	114.48	227.81
吉林市	Jilin	4	3	2186.89	1643.05	51.14	90.33
四平市	Siping	2	1	652.77	485.97	19.89	82.73
辽源市	Liaoyuan	2	2	368.72	243.52	30.27	51.57
通化市	Tonghua	1		700.92	294.31	31.55	66.42
白山市	Baishan	2	1	733.08	234.58	58.06	40.97
松原市	Songyuan	1	1	705.26	241.75	25.33	42.49
白城市	Baicheng	4	2	495.43	265.56	25.05	53.29
黑龙江省	**Heilongjiang**	**186**	**106**	**17935.21**	**13194.18**	**48.53**	**97.47**
哈尔滨市	Harbin	80	59	7811.50	7111.10	79.12	150.10
齐齐哈尔市	Qiqihar	17	3	1706.80	1092.40	30.85	79.03
鸡西市	Jixi	4	1	359.00	135.00	19.55	15.98
鹤岗市	Hegang	3	1	425.00	302.00	39.72	45.73
双鸭山市	Shuangyashan	7	3	871.00	220.00	58.46	43.92
大庆市	Daqing	21	18	2550.00	2229.00	92.39	164.56
伊春市	Yichun	8	6	857.00	720.00	70.26	92.27
佳木斯市	Jiamusi	15	4	471.20	282.10	19.52	35.70
七台河市	Qitaihe	3	2	238.90	178.90	27.08	33.22
牡丹江市	Mudanjiang	9	5	1043.00	653.00	39.52	73.42
黑河市	Heihe	6	1	342.16	129.68	20.07	60.23
绥化市	Suihua	13	3	1259.65	141.00	22.77	16.73
上海市	**Shanghai**	**81**	**80**	**73626.10**	**73041.67**	**511.76**	**532.80**
江苏省	**Jiangsu**	**261**	**164**	**52314.00**	**28460.50**	**68.08**	**84.68**
南京市	Nanjing	63	63	5188.00	5188.00	79.97	79.97
无锡市	Wuxi	46	30	4498.00	2977.00	94.27	121.14
徐州市	Xuzhou	9	4	3023.00	1700.00	29.54	51.29
常州市	Changzhou	7	5	3030.00	2436.00	82.19	104.14

2-38 续表 2 continued

城 市	City	剧场、影剧院数（个）Number of Theaters, Music Halls and Cinemas (unit)		公共图书馆图书总藏量（千册、千件）Total Collections of Public Libraries (1000 copies,1000 pieces)		每百人公共图书馆藏书（册、件）Collections of Public Libraries per 100 Persons (copy,piece)	
		全 市 Total City	市辖区 Districts under City	全 市 Total City	市辖区 Districts under City	全 市 Total City	市辖区 Districts under City
苏州市	Suzhou	23	10	15099.00	3857.00	228.40	114.28
南通市	Nantong	35	19	4455.00	1838.20	58.04	86.37
连云港市	Lianyungang	12	7	2485.00	1673.00	47.20	76.37
淮安市	Huai'an	7	3	2368.00	1603.00	42.27	54.99
盐城市	Yancheng	10	3	2831.00	1213.00	34.17	71.64
扬州市	Yangzhou	6	2	2937.00	2254.00	63.66	97.22
镇江市	Zhenjiang	4	2	2829.00	1784.00	103.98	172.52
泰州市	Taizhou	28	12	2439.00	1322.50	47.96	80.73
宿迁市	Suqian	11	4	1132.00	614.80	19.49	35.74
浙江省	**Zhejiang**	**366**	**202**	**61048.51**	**38091.53**	**125.64**	**215.14**
杭州市	Hangzhou	78	66	18642.41	16759.48	260.46	319.18
宁波市	Ningbo	90	60	7218.00	4956.00	123.64	215.82
温州市	Wenzhou	10	4	12844.30	7090.25	157.85	465.09
嘉兴市	Jiaxing	31	9	6801.00	2026.00	195.35	234.60
湖州市	Huzhou	5	3	2174.03	1058.53	82.42	95.66
绍兴市	Shaoxing	35	16	3366.94	2247.15	76.00	103.18
金华市	Jinhua	26	7	2813.00	569.57	59.21	59.90
衢州市	Quzhou	14	9	1475.00	743.00	57.69	88.32
舟山市	Zhoushan	9	6	1436.58	1076.98	147.36	151.90
台州市	Taizhou	47	15	2622.62	1231.87	43.92	77.74
丽水市	Lishui	21	7	1654.63	332.70	62.29	83.20
安徽省	**Anhui**	**207**	**121**	**17518.54**	**11159.47**	**25.26**	**55.56**
合肥市	Hefei	49	44	4555.34	4038.73	63.91	164.60
芜湖市	Wuhu	9	6	1790.38	882.46	46.56	60.87
蚌埠市	Bengbu	12	9	1119.60	848.34	30.17	75.48
淮南市	Huainan	6	5	410.83	333.18	16.88	18.24
马鞍山市	Maanshan	4	4	1117.19	938.25	49.17	114.14
淮北市	Huaibei	5	5	870.87	799.80	40.45	76.21
铜陵市	Tongling	7	6	710.05	546.28	96.24	121.75
安庆市	Anqing	25	9	1286.59	493.36	20.72	67.13
黄山市	Huangshan	14	8	844.00	407.00	57.15	91.94
滁州市	Chuzhou	15	5	784.11	151.80	17.44	28.01
阜阳市	Fuyang	13	3	585.28	147.58	5.57	6.59
宿州市	Suzhou	4	1	512.64	260.00	7.98	13.96
六安市	Lu'an	13	4	651.70	151.80	9.04	8.03
亳州市	Bozhou	10	4	1085.92	848.34	17.12	50.78
池州市	Chizhou	7	4	416.54	108.95	25.93	16.44
宣城市	Xuancheng	14	4	777.50	203.60	27.78	23.50

2-38 续表 3 continued

城 市	City	剧场、影剧院数（个） Number of Theaters, Music Halls and Cinemas (unit)		公共图书馆图书总藏量（千册、千件） Total Collections of Public Libraries (1000 copies,1000 pieces)		每百人公共图书馆藏书（册、件） Collections of Public Libraries per 100 Persons (copy,piece)	
		全 市 Total City	市辖区 Districts under City	全 市 Total City	市辖区 Districts under City	全 市 Total City	市辖区 Districts under City
福建省	**Fujian**	**131**	**57**	**33532.01**	**11646.04**	**90.73**	**119.92**
福州市	Fuzhou	36	19	7922.70	1698.94	117.38	86.05
厦门市	Xiamen	5	5	5036.10	5036.10	247.55	247.55
莆田市	Putian	4	4	918.19	794.66	26.91	34.79
三明市	Sanming	20	7	4652.20	659.17	163.80	233.09
泉州市	Quanzhou	34	12	5389.65	1491.25	75.25	140.19
漳州市	Zhangzhou	10	3	4485.32	285.36	90.17	48.81
南平市	Nanping	8	3	2054.00	453.00	64.35	90.04
龙岩市	Longyan	8	3	1824.00	884.52	59.39	175.01
宁德市	Ningde	6	1	1249.85	343.04	35.48	71.57
江西省	**Jiangxi**	**187**	**56**	**20352.33**	**9283.80**	**41.34**	**90.03**
南昌市	Nanchang	9	7	5069.40	4301.80	97.92	186.94
景德镇市	Jingdezhen	6	4	934.16	673.57	55.66	141.06
萍乡市	Pingxiang	11	8	989.47	625.50	49.92	71.01
九江市	Jiujiang	20	4	1975.52	730.00	38.50	110.36
新余市	Xinyu	2	1	623.60	549.80	50.99	62.02
鹰潭市	Yingtan	6	3	416.00	272.37	32.78	115.12
赣州市	Ganzhou	26	9	3190.56	719.21	33.44	46.80
吉安市	Ji'an	23	4	2537.00	849.00	48.17	147.11
宜春市	Yichun	40	8	1610.00	202.05	27.03	17.80
抚州市	Fuzhou	24	6	1342.00	199.50	31.39	16.63
上饶市	Shangrao	20	2	1664.62	161.00	21.53	38.37
山东省	**Shandong**	**297**	**143**	**51459.98**	**30951.28**	**52.80**	**98.76**
济南市	Jinan	30	26	11394.76	10976.86	183.31	304.08
青岛市	Qingdao	43	30	5829.00	4807.00	74.67	129.73
淄博市	Zibo	8	4	2283.72	1653.63	53.36	58.12
枣庄市	Zaozhuang	8	4	1331.95	416.00	33.19	17.93
东营市	Dongying	20	14	2146.44	1430.44	113.51	167.97
烟台市	Yantai	26	9	6576.61	4522.34	100.65	246.15
潍坊市	Weifang	38	12	3625.85	1285.63	40.82	69.13
济宁市	Jining	19	4	1764.00	245.00	20.51	21.04
泰安市	Tai'an	4	2	1515.77	713.78	26.96	44.34
威海市	Weihai	15	10	3077.99	1294.08	120.82	98.31
日照市	Rizhao	12	7	532.00	209.00	18.10	15.82
莱芜市	Laiwu			487.54	487.54	38.14	38.14
临沂市	Linyi	7	4	3484.58	1150.12	31.30	44.49
德州市	Dezhou	14	3	1428.95	234.00	24.50	19.34
聊城市	Liaocheng	14	6	3456.60	315.00	56.47	26.09
滨州市	Binzhou	16	4	1234.24	438.00	31.92	41.25
菏泽市	Heze	23	4	1289.98	772.86	13.02	49.68

2-38 续表 4 continued

城 市	City	剧场、影剧院数(个) Number of Theaters, Music Halls and Cinemas (unit)		公共图书馆图书总藏量(千册、千件) Total Collections of Public Libraries (1000 copies,1000 pieces)		每百人公共图书馆藏书(册、件) Collections of Public Libraries per 100 Persons (copy,piece)	
		全 市 Total City	市辖区 Districts under City	全 市 Total City	市辖区 Districts under City	全 市 Total City	市辖区 Districts under City
河南省	**Henan**	**161**	**61**	**23596.53**	**15000.67**	**21.22**	**66.54**
郑州市	Zhengzhou	14	11	6036.00	5182.00	64.36	97.19
开封市	Kaifeng	9	6	862.00	566.00	15.57	65.04
洛阳市	Luoyang	6	3	1855.67	1059.16	26.65	54.17
平顶山市	Pingdingshan	8	2	1353.14	747.17	24.29	67.95
安阳市	Anyang	22	13	1183.49	801.44	19.36	69.39
鹤壁市	Hebi	6	5	521.05	439.69	31.22	69.56
新乡市	Xinxiang	10	4	1229.70	771.80	19.50	67.49
焦作市	Jiaozuo	12	5	1057.00	500.00	28.60	50.78
濮阳市	Puyang	5	1	593.00	366.00	13.97	52.41
许昌市	Xuchang	6	1	984.00	436.00	19.69	105.24
漯河市	Luohe	1	1	443.00	317.00	16.61	23.63
三门峡市	Sanmenxia	6	1	1378.15	801.31	60.50	266.22
南阳市	Nanyang	13	2	1593.00	761.00	13.48	40.71
商丘市	Shangqiu	11	2	1084.13	310.00	11.42	17.18
信阳市	Xinyang	9	3	1035.00	374.00	11.62	24.73
周口市	Zhoukou	9	1	694.00	205.00	5.61	34.33
驻马店市	Zhumadian	14		1694.20	1363.10	18.40	163.66
湖北省	**Hubei**	**228**	**104**	**27523.39**	**20451.65**	**51.69**	**127.47**
武汉市	Wuhan	123	61	12746.21	12108.90	154.07	235.16
黄石市	Huangshi	6	4	1285.00	1064.00	48.46	126.67
十堰市	Shiyan	4	2	1186.00	1104.01	34.18	93.62
宜昌市	Yichang	13	7	2075.21	1054.96	51.83	82.41
襄阳市	Xiangyang	11	5	1740.46	1092.56	29.23	48.03
鄂州市	Ezhou	2	2	410.00	410.00	37.21	37.21
荆门市	Jingmen	8	5	1141.00	819.00	38.00	121.23
孝感市	Xiaogan	9	3	810.00	477.00	15.41	49.21
荆州市	Jingzhou	15	6	1172.00	685.00	17.80	61.56
黄冈市	Huanggang	28	6	1730.00	101.20	23.33	28.83
咸宁市	Xianning	2		901.30	214.70	30.40	35.24
随州市	Suizhou	7	3	2326.21	1320.32	90.48	263.43
湖南省	**Hunan**	**148**	**75**	**23071.76**	**11114.53**	**33.36**	**79.77**
长沙市	Changsha	16	15	7703.00	4622.00	114.73	152.28
株洲市	Zhuzhou	16	11	1406.00	593.00	35.50	48.51
湘潭市	Xiangtan	10	5	1340.00	1100.00	45.97	125.47
衡阳市	Hengyang	5	2	1887.15	981.59	23.84	104.61
邵阳市	Shaoyang	9	3	1452.00	511.00	17.73	73.34
岳阳市	Yueyang	28	10	1221.60	355.20	21.69	32.39
常德市	Changde	29	13	1524.00	600.00	25.04	42.84
张家界市	Zhangjiajie	8	4	216.30	48.95	12.57	9.20
益阳市	Yiyang	6	4	1122.00	500.00	23.22	36.70
郴州市	Chenzhou	6	3	1148.20	418.00	22.13	55.35
永州市	Yongzhou	6	2	1507.60	674.80	23.89	58.31
怀化市	Huaihua	5	1	1614.30	579.20	30.72	154.70
娄底市	Loudi	4	2	929.61	130.79	20.90	26.97

2-38 续表 5 continued

城 市	City	剧场、影剧院数（个）Number of Theaters, Music Halls and Cinemas (unit)		公共图书馆图书总藏量（千册、千件）Total Collections of Public Libraries (1000 copies,1000 pieces)		每百人公共图书馆藏书（册、件）Collections of Public Libraries per 100 Persons (copy,piece)	
		全 市 Total City	市辖区 Districts under City	全 市 Total City	市辖区 Districts under City	全 市 Total City	市辖区 Districts under City
广东省	**Guangdong**	**307**	**238**	**88783.94**	**80312.08**	**100.07**	**197.31**
广州市	Guangzhou	53	53	19983.90	19233.90	237.22	276.76
韶关市	Shaoguan	15	9	1392.49	610.00	42.31	65.81
深圳市	Shenzhen			30564.40	30564.40	920.03	920.03
珠海市	Zhuhai	22	22	3340.00	3340.00	303.03	303.03
汕头市	Shantou	10	8	2844.90	2804.90	52.05	52.03
佛山市	Foshan	55	55	3762.80	3762.80	97.58	97.58
江门市	Jiangmen	1		1925.00	1130.00	48.93	80.77
湛江市	Zhanjiang	23	12	1570.00	720.00	19.17	44.57
茂名市	Maoming	2	2	1641.00	1139.00	21.25	39.97
肇庆市	Zhaoqing	16	10	2163.60	1314.40	49.88	249.60
惠州市	Huizhou	5	2	1371.27	828.32	39.35	58.47
梅州市	Meizhou	12	4	1576.00	769.00	29.81	80.31
汕尾市	Shanwei	9	3	310.00	140.00	8.63	26.55
河源市	Heyuan	5	2	618.00	210.00	16.92	68.52
阳江市	Yangjiang	9	4	778.82	522.94	26.91	75.20
清远市	Qingyuan	9	3	998.00	483.00	24.21	35.67
东莞市	Dongguan	13	13	9959.43	9959.43	520.37	520.37
中山市	Zhongshan	25	25	1535.70	1535.70	98.40	98.40
潮州市	Chaozhou	7	6	514.00	498.00	19.12	30.46
揭阳市	Jieyang	5	2	1018.63	507.29	14.67	24.37
云浮市	Yunfu	11	3	916.00	239.00	31.13	75.68
广西壮族自治区	**Guangxi**	**115**	**52**	**27895.10**	**17746.93**	**50.95**	**121.12**
南宁市	Nanning	21	18	8954.90	7749.00	122.73	272.49
柳州市	Liuzhou	6	2	1862.76	1217.25	49.29	103.51
桂林市	Guilin	25	8	5170.00	2700.00	98.20	347.98
梧州市	Wuzhou	6	2	1048.00	568.00	30.80	72.96
北海市	Beihai	7	3	577.00	360.70	34.08	56.67
防城港市	Fangchenggang	4	1	374.49	256.89	39.74	45.92
钦州市	Qinzhou	3	2	3121.00	2781.00	77.64	189.18
贵港市	Guigang	9	3	841.00	311.00	15.48	15.75
玉林市	Yulin	11	6	1277.12	647.43	18.04	60.20
百色市	Baise	7	1	1435.70	183.70	34.85	51.94
贺州市	Hezhou	5	1	610.30	212.50	25.64	18.15
河池市	Hechi	3	1	1153.00	227.46	27.46	67.28
来宾市	Laibin	7	4	797.00	388.00	29.92	34.39
崇左市	Chongzuo	1		672.83	144.00	27.11	38.74

2-38 续表 6 continued

城 市	City	剧场、影剧院数（个）Number of Theaters, Music Halls and Cinemas (unit)		公共图书馆图书总藏量（千册、千件）Total Collections of Public Libraries (1000 copies,1000 pieces)		每百人公共图书馆藏书（册、件）Collections of Public Libraries per 100 Persons (copy,piece)	
		全 市 Total City	市辖区 Districts under City	全 市 Total City	市辖区 Districts under City	全 市 Total City	市辖区 Districts under City
海南省	**Hainan**	**12**	**12**	**938.56**	**938.56**	**41.92**	**41.92**
海口市	Haikou	9	9	510.00	510.00	30.85	30.85
三亚市	Sanya	3	3	428.56	428.56	73.18	73.18
三沙市	Sansa						
重庆市	**Chongqing**	**12**	**6**	**12423.00**	**10640.00**	**36.81**	**54.74**
四川省	**Sichuan**	**174**	**73**	**38288.30**	**20171.55**	**45.32**	**75.15**
成都市	Chengdu	9		19524.90	10874.90	161.26	186.97
自贡市	Zigong	5	3	491.21	377.25	14.88	24.94
攀枝花市	Panzhihua	6	5	834.28	588.04	74.57	86.02
泸州市	Luzhou	8	4	1223.17	808.58	24.04	53.93
德阳市	Deyang	11	5	1587.00	913.00	40.43	131.71
绵阳市	Mianyang	17	10	1855.00	627.00	33.80	49.42
广元市	Guangyuan	32	6	1100.00	436.00	35.47	46.44
遂宁市	Suining	15	7	1713.66	877.37	45.05	57.60
内江市	Neijiang	9	5	560.30	311.00	13.15	21.74
乐山市	Leshan	1	1	602.93	254.94	16.95	21.92
南充市	Nanchong	3	2	1085.42	501.24	14.30	25.43
眉山市	Meishan	6	3	328.24	44.26	9.30	5.05
宜宾市	Yibin	10	6	1247.20	633.91	22.50	49.86
广安市	Guang'an	9	3	1705.00	1213.00	36.15	95.28
达州市	Dazhou	13	4	1827.88	260.00	26.56	14.37
雅安市	Ya'an	2	2	692.84	434.46	44.08	69.23
巴中市	Bazhong	11	5	663.40	165.00	17.32	11.98
资阳市	Ziyang	7	2	1245.87	851.60	24.56	77.03
贵州省	**Guizhou**	**61**	**40**	**33139.43**	**9953.69**	**106.86**	**150.54**
贵阳市	Guiyang	22	19	3172.00	2919.19	82.84	126.53
六盘水市	Liupanshui	7	7	451.41		13.75	
遵义市	Zunyi	23	6	27480.00	6046.00	349.16	674.17
安顺市	Anshun	4	4	510.00	262.50	17.59	29.42
毕节市	Bijie	1	1	745.40	520.00	8.46	33.06
铜仁市	Tongren	4	3	780.62	206.00	18.06	44.09
云南省	**Yunnan**	**84**	**54**	**9400.60**	**2841.48**	**32.65**	**44.18**
昆明市	Kunming	40	34	2938.20	1374.00	53.37	49.64
曲靖市	Qujing	6	6	1299.36	92.52	20.10	12.73
玉溪市	Yuxi	22	8	1297.84	670.00	60.09	153.35
保山市	Baoshan	4	2	860.61	120.42	33.25	13.01
昭通市	Zhaotong			775.00	72.00	13.04	8.26
丽江市	Lijiang	3	2	512.83	71.00	42.32	46.50
普洱市	Pu'er			895.31	45.14	35.28	19.93
临沧市	Lincang	9	2	821.45	396.40	34.54	122.69

2-38 续表 7 continued

城市	City	剧场、影剧院数（个）Number of Theaters, Music Halls and Cinemas (unit)		公共图书馆图书总藏量（千册、千件）Total Collections of Public Libraries (1000 copies,1000 pieces)		每百人公共图书馆藏书（册、件）Collections of Public Libraries per 100 Persons (copy,piece)	
		全市 Total City	市辖区 Districts under City	全市 Total City	市辖区 Districts under City	全市 Total City	市辖区 Districts under City
西藏自治区	**Tibet**	**4**					
拉萨市	Lasa	4					
陕西省	**Shaanxi**	**167**	**70**	**16394.08**	**9599.44**	**41.81**	**73.24**
西安市	Xi'an	62	46	7585.00	6435.00	93.03	109.60
铜川市	Tongchuan	8	6	808.00	772.00	96.13	103.25
宝鸡市	Baoji	39	8	1401.05	855.00	36.50	60.13
咸阳市	Xianyang	12	1	1196.00	556.00	22.71	60.42
渭南市	Weinan	11	1	928.90	106.88	16.55	11.10
延安市	Yan'an	2	2	1144.76	260.06	48.85	55.94
汉中市	Hanzhong	4	2	801.64	214.50	20.87	37.50
榆林市	Yulin	13	1	1240.73	140.00	33.19	25.21
安康市	Ankang	8	1	777.00	110.00	25.38	10.72
商洛市	Shangluo	8	2	511.00	150.00	20.30	26.60
甘肃省	**Gansu**	**90**	**50**	**8471.55**	**3725.61**	**33.86**	**43.69**
兰州市	Lanzhou	22	20	1085.00	1085.00	28.96	45.12
嘉峪关市	Jiayuguan	5	5	240.00	240.00	99.46	99.46
金昌市	Jinchang	4	3	500.00	364.42	106.36	157.15
白银市	Baiyin	3	2	699.00	425.00	39.29	86.35
天水市	Tianshui	7	3	789.07	526.19	21.65	40.44
武威市	Wuwei	1		499.30	342.53	26.43	33.50
张掖市	Zhangye	6	1	1102.00	223.30	84.98	44.09
平凉市	Pingliang	9	3	693.64	85.11	29.68	16.59
酒泉市	Jiuquan	9	5	528.10	112.00	47.50	27.12
庆阳市	Qingyang	6	3	684.60	17.14	25.79	4.52
定西市	Dingxi	9	2	738.84	129.92	24.52	28.31
陇南市	Longnan	9	3	912.00	175.00	32.20	31.09
青海省	**Qinghai**	**13**	**11**	**2250.80**	**1637.56**	**60.02**	**132.67**
西宁市	Xining	12	11	1803.80	1507.56	89.02	160.29
海东市	Haidong	1		447.00	130.00	25.93	44.25
宁夏回族自治区	**Ningxia**	**43**	**28**	**6597.20**	**2134.45**	**95.40**	**76.42**
银川市	Yinchuan	17	16	4085.00	638.00	208.42	59.98
石嘴山市	Shizuishan	6	5	618.80	511.80	80.85	112.98
吴忠市	Wuzhong	7	3	923.86	428.89	64.38	106.24
固原市	Guyuan	10	3	569.41	314.76	37.14	67.50
中卫市	Zhongwei	3	1	400.13	241.00	32.75	59.30
新疆维吾尔自治区	**Xinjiang**	**9**	**9**	**4517.96**	**4516.96**	**147.70**	**150.76**
乌鲁木齐市	Urumqi	4	4	2517.96	2516.96	94.34	96.57
克拉玛依市	Karamay	5	5	2000.00	2000.00	513.08	513.08

2-39 医院、卫生院数，床位数和医生数
Number of Hospitals, Health Centers, Beds and Doctors

城 市	City	医院、卫生院数 (个) Number of Hospitals and Health centers (unit)		医院、卫生院床位数 (张) Number of Beds of Hospitals and Health Centers (bed)		医生数(执业医师+执业助理医师) (人) Number of Doctors (Licensed Doctors+ Assistant Doctors) (person)	
		全 市 Total City	市辖区 Districts under City	全 市 Total City	市辖区 Districts under City	全 市 Total City	市辖区 Districts under City
城市合计	**Prefecture Cities**	**66516**	**23679**	**5858954**	**3145644**	**2775751**	**1557957**
北京市	**Beijing**	**672**	**641**	**102851**	**100743**	**89590**	**87125**
天津市	**Tianjin**	**631**	**631**	**59490**	**59490**	**33340**	**33340**
河北省	**Hebei**	**3385**	**689**	**303866**	**92572**	**153637**	**63950**
石家庄市	Shijiazhuang	386	129	45772		25523	17727
唐山市	Tangshan	355	159	36881	21133	17724	10313
秦皇岛市	Qinhuangdao	138	52	16516	9196	8222	4639
邯郸市	Handan	391	99	38463	13930	16845	6732
邢台市	Xingtai	315	61	29338	8306	14825	4049
保定市	Baoding	448	27	37012	9605	21287	5200
张家口市	Zhangjiakou	286	36	19006	7296	7352	3249
承德市	Chengde	251	31	16572	4843	7982	2505
沧州市	Cangzhou	307	16	29628	8867	16009	3987
廊坊市	Langfang	211	46	17958	4453	8895	2520
衡水市	Hengshui	297	33	16720	4943	8973	3029
山西省	**Shanxi**	**3726**	**894**	**170553**	**84483**	**107993**	**48670**
太原市	Taiyuan	240	178	34650	31340	19306	17612
大同市	Datong	256	99	16086	11295	8992	6740
阳泉市	Yangquan	80	37	6984	5360	3946	2954
长治市	Changzhi	307	110	15474	7578	7853	4096
晋城市	Jincheng	179	36	9509	3431	7682	2387
朔州市	Shuozhou	153	52	6665	3725	3343	1620
晋中市	Jinzhong	265	33	13657	3989	6514	2001
运城市	Yuncheng	440	72	26734	6475	20595	3678
忻州市	Xinzhou	784	140	12187	3408	13447	3671
临汾市	Linfen	319	73	17485	6162	9831	3096
吕梁市	Lvliang	703	64	11122	1720	6484	815
内蒙古自治区	**Inner Mongolia**	**1945**	**726**	**105595**	**58222**	**53698**	**32758**
呼和浩特市	Hohhot	161	84	14493	12417	5600	4904
包头市	Baotou	129	68	14279	12781	9524	8581
乌海市	Wuhai	331	331	3551	3551	1620	1620
赤峰市	Chifeng	322	86	18410	10148	7560	7518
通辽市	Tongliao	234	43	13288	5967	6558	2134
鄂尔多斯市	Erdos	176	44	9810	3880	7227	2710
呼伦贝尔市	Hulunbuir	228	18	13393	3032	7282	1622
巴彦淖尔市	Bayannur	136	31	10759	4477	4332	2013
乌兰察布市	Ulanqab	228	21	7612	1969	3995	1656
辽宁省	**Liaoning**	**1995**	**1024**	**245655**	**162330**	**99818**	**71151**
沈阳市	Shenyang	340	262	55775	52360	23815	22159
大连市	Dalian	295	264	40772	26753	17914	13525

2-39 续表 1 continued

城市	City	医院、卫生院数(个) Number of Hospitals and Health centers (unit)		医院、卫生院床位数(张) Number of Beds of Hospitals and Health Centers (bed)		医生数(执业医师+执业助理医师)(人) Number of Doctors (Licensed Doctors+ Assistant Doctors) (person)	
		全市 Total City	市辖区 Districts under City	全市 Total City	市辖区 Districts under City	全市 Total City	市辖区 Districts under City
鞍山市	Anshan	152	59	19355	12219	5400	3376
抚顺市	Fushun	100	51	10856	8438	5024	3956
本溪市	Benxi	69	32	10654	8127	2640	1964
丹东市	Dandong	120	36	14443	6657	5016	2385
锦州市	Jinzhou	129	31	12989	8109	9109	5401
营口市	Yingkou	122	55	10813	6071	5130	3588
阜新市	Fuxin	111	44	10290	7544	2784	2355
辽阳市	Liaoyang	94	47	11879	8292	3891	2756
盘锦市	Panjin	72	37	7031	6096	3974	3125
铁岭市	Tieling	131	27	11666	3135	5690	1774
朝阳市	Chaoyang	194	29	14575	4519	4414	1431
葫芦岛市	Huludao	66	50	14557	4010	5017	3356
吉林省	**Jilin**	**1217**	**536**	**121992**	**71551**	**57079**	**29778**
长春市	Changchun	301	256	45787	34562	18818	13396
吉林市	Jilin	230	115	23397	14734	10976	6802
四平市	Siping	150	39	13431	6335	6541	2264
辽源市	Liaoyuan	60	16	5537	2734	2730	1526
通化市	Tonghua	130	23	10960	3652	5374	1427
白山市	Baishan	94	30	7086	4000	3364	1579
松原市	Songyuan	131	26	8432	3146	4986	1517
白城市	Baicheng	121	31	7362	2388	4290	1267
黑龙江省	**Heilongjiang**	**2570**	**1147**	**189533**	**127904**	**90841**	**48226**
哈尔滨市	Harbin	456	281	65400	60044	20400	15092
齐齐哈尔市	Qiqihar	988	429	23706	13889	9364	4047
鸡西市	Jixi	123	47	10138	6033	3943	1938
鹤岗市	Hegang	71	38	7475	5372	2790	1773
双鸭山市	Shuangyashan	54	43	6844	3155	3498	1357
大庆市	Daqing	91	75	15263	11985	19790	13912
伊春市	Yichun	55	42	6628	6033	2703	2337
佳木斯市	Jiamusi	171	55	14204	6606	5634	2026
七台河市	Qitaihe	48	38	3859	3232	1699	1317
牡丹江市	Mudanjiang	144	52	15375	9559	5125	2683
黑河市	Heihe	144	18	7631	964	7625	1183
绥化市	Suihua	225	29	13010	1032	8270	561
上海市	**Shanghai**	**637**	**594**	**115335**	**112270**	**48981**	**47799**
江苏省	**Jiangsu**	**2570**	**1094**	**364887**	**205722**	**178551**	**100574**
南京市	Nanjing	207	207	39149	39149	21602	21602
无锡市	Wuxi	168	94	31008	19083	15562	9655
徐州市	Xuzhou	281	106	43175	23872	17518	8741
常州市	Changzhou	107	63	21528	17095	11381	8495

2-39 续表 2 continued

城 市	City	医院、卫生院数 (个) Number of Hospitals and Health centers (unit)		医院、卫生院床位数 (张) Number of Beds of Hospitals and Health Centers (bed)		医生数(执业医师+执业助理医师) (人) Number of Doctors (Licensed Doctors+Assistant Doctors) (person)	
		全 市 Total City	市辖区 Districts under City	全 市 Total City	市辖区 Districts under City	全 市 Total City	市辖区 Districts under City
苏州市	Suzhou	263	112	52887	28111	25352	12717
南通市	Nantong	304	65	34176	14539	16366	7128
连云港市	Lianyungang	159	76	16523	8711	8065	5017
淮安市	Huai'an	180	86	22858	13367	11599	6820
盐城市	Yancheng	278	56	33684	8690	16233	4082
扬州市	Yangzhou	136	63	17475	11318	9491	5846
镇江市	Zhenjiang	89	39	12747	7401	7516	3863
泰州市	Taizhou	177	56	19539	8041	9708	4052
宿迁市	Suqian	221	71	20138	6345	8158	2556
浙江省	**Zhejiang**	**2289**	**767**	**234349**	**130858**	**147033**	**77394**
杭州市	Hangzhou	307	182	51402	44677	31977	27675
宁波市	Ningbo	233	94	29652	17905	20984	11733
温州市	Wenzhou	391	98	30864	15141	21855	8380
嘉兴市	Jiaxing	130	36	19989	7865	9280	3329
湖州市	Huzhou	114	25	11632	5940	6819	3332
绍兴市	Shaoxing	162	78	20804	11389	12012	6643
金华市	Jinhua	268	69	23154	7338	13833	3720
衢州市	Quzhou	177	58	9744	4696	6752	3181
舟山市	Zhoushan	60	41	5050	4312	3055	2482
台州市	Taizhou	209	55	21334	7132	14266	4726
丽水市	Lishui	238	31	10724	4463	6200	2193
安徽省	**Anhui**	**2582**	**946**	**239616**	**123508**	**103481**	**51863**
合肥市	Hefei	481	233	40445	28599	17163	11707
芜湖市	Wuhu	139	60	16716	12259	7400	4950
蚌埠市	Bengbu	135	64	15830	9110	5688	3345
淮南市	Huainan	110	88	11243	9854	4991	4250
马鞍山市	Maanshan	96	38	7558	4043	4107	2448
淮北市	Huaibei	103	64	10974	7328	4133	2690
铜陵市	Tongling	33	19	5071	4404	2162	1733
安庆市	Anqing	217	34	17873	5943	8581	2418
黄山市	Huangshan	132	46	6339	3175	3028	1383
滁州市	Chuzhou	160	16	14254	3487	6013	1481
阜阳市	Fuyang	254	73	27946	9482	10899	3997
宿州市	Suzhou	172	52	17200	7304	8081	3347
六安市	Lu'an	201	51	18571	7548	8774	3833
亳州市	Bozhou	140	46	14374	4968	5037	1763
池州市	Chizhou	87	34	5317	2626	2563	1122
宣城市	Xuancheng	122	28	9905	3378	4861	1396

2-39 续表 3 continued

城 市	City	医院、卫生院数 (个) Number of Hospitals and Health centers (unit)		医院、卫生院床位数 (张) Number of Beds of Hospitals and Health Centers (bed)		医生数(执业医师+执业助理医师) (人) Number of Doctors (Licensed Doctors+Assistant Doctors) (person)	
		全 市 Total City	市辖区 Districts under City	全 市 Total City	市辖区 Districts under City	全 市 Total City	市辖区 Districts under City
福建省	**Fujian**	**1721**	**621**	**158628**	**75853**	**69218**	**38741**
福州市	Fuzhou	230	78	29563	19594	17847	12173
厦门市	Xiamen	56	56	12435	12435	9185	9185
莆田市	Putian	377	301	12347	9646	4741	3915
三明市	Sanming	165	13	12425	2615	4628	1235
泉州市	Quanzhou	246	59	31189	12551	13210	5440
漳州市	Zhangzhou	177	36	18958	6301	6948	2678
南平市	Nanping	169	30	15536	3669	4968	1243
龙岩市	Longyan	156	28	14425	6063	2880	1636
宁德市	Ningde	145	20	11750	2979	4811	1236
江西省	**Jiangxi**	**2160**	**442**	**173031**	**69632**	**74588**	**30405**
南昌市	Nanchang	198	86	26538	20351	12349	9416
景德镇市	Jingdezhen	73	18	7176	4146	2924	2008
萍乡市	Pingxiang	81	40	9033	5728	4181	2758
九江市	Jiujiang	257	27	18362	5809	8965	2996
新余市	Xinyu	49	32	4533	3467	2448	1831
鹰潭市	Yingtan	61	15	4667	1663	2422	844
赣州市	Ganzhou	378	45	33832	10883	10852	3791
吉安市	Ji'an	279	23	18181	3632	7276	1626
宜春市	Yichun	221	45	19436	5367	7557	1349
抚州市	Fuzhou	211	76	10318	3807	4980	1726
上饶市	Shangrao	352	35	20955	4779	10634	2060
山东省	**Shandong**	**3589**	**1458**	**460111**	**215110**	**228853**	**114770**
济南市	Jinan	265	206	44058	36356	24783	20256
青岛市	Qingdao	297	150	42961	25962	24946	17825
淄博市	Zibo	218	164	24945	19219	12638	10016
枣庄市	Zaozhuang	114	75	16150	9761	7906	4843
东营市	Dongying	102	62	11882	7555	4464	2815
烟台市	Yantai	270	75	36429	12044	17597	6925
潍坊市	Weifang	299	86	43867	10825	25988	6907
济宁市	Jining	294	77	39836	16113	19139	7396
泰安市	Tai'an	169	59	25146	9530	12220	5214
威海市	Weihai	96	48	16199	8510	6892	4631
日照市	Rizhao	78	36	10422	5161	5050	3038
莱芜市	Laiwu	42	42	5869	5869	3180	3180
临沂市	Linyi	324	95	45374	16541	16377	6796
德州市	Dezhou	210	58	20447	6842	11027	3588
聊城市	Liaocheng	326	96	24911	8842	10134	4043
滨州市	Binzhou	174	65	18556	7351	8413	3261
菏泽市	Heze	311	64	33059	8629	18099	4036

2-39 续表 4 continued

城 市	City	医院、卫生院数 (个) Number of Hospitals and Health centers (unit)		医院、卫生院床位数 (张) Number of Beds of Hospitals and Health Centers (bed)		医生数(执业医师+执业助理医师) (人) Number of Doctors (Licensed Doctors+ Assistant Doctors) (person)	
		全 市 Total City	市辖区 Districts under City	全 市 Total City	市辖区 Districts under City	全 市 Total City	市辖区 Districts under City
河南省	**Henan**	**3751**	**970**	**431671**	**183137**	**195051**	**80484**
郑州市	Zhengzhou	313	173	69724	52570	28912	21451
开封市	Kaifeng	174	49	21894	9188	18114	7989
洛阳市	Luoyang	273	95	34475	17387	15052	7708
平顶山市	Pingdingshan	209	69	25386	9374	10333	3872
安阳市	Anyang	160	42	23085	8991	11247	4011
鹤壁市	Hebi	58	29	7294	3479	3288	1844
新乡市	Xinxiang	244	53	28394	9565	9219	3096
焦作市	Jiaozuo	136	40	15880	6775	8355	3333
濮阳市	Puyang	132	40	16388	7219	6825	3192
许昌市	Xuchang	166	37	17021	5093	9058	2146
漯河市	Luohe	99	61	11504	7392	4789	3101
三门峡市	Sanmenxia	132	22	12129	4271	5150	1551
南阳市	Nanyang	406	97	38546	19006	15629	7316
商丘市	Shangqiu	260	47	28190	6970	12870	3247
信阳市	Xinyang	393	62	19756	5866	8636	2525
周口市	Zhoukou	304	31	31936	3983	13902	2033
驻马店市	Zhumadian	292	23	30069	6008	13672	2069
湖北省	**Hubei**	**2268**	**1055**	**261460**	**133671**	**129716**	**58737**
武汉市	Wuhan	266	189	64204	54522	29523	24364
黄石市	Huangshi	74	41	12645	8168	5006	2904
十堰市	Shiyan	173	30	25115	9748	8737	4164
宜昌市	Yichang	170	64	23075	11084	9771	5166
襄阳市	Xiangyang	211	77	28611	12546	11410	6161
鄂州市	Ezhou	464	464	5133	5133	1776	1776
荆门市	Jingmen	102	30	14533	5925	6680	2701
孝感市	Xiaogan	159	30	17097	5191	7808	1875
荆州市	Jingzhou	167	44	23188	9603	10207	3893
黄冈市	Huanggang	286	22	27661	3908	28859	2404
咸宁市	Xianning	93	20	11019	3423	6354	1641
随州市	Suizhou	103	44	9179	4420	3585	1688
湖南省	**Hunan**	**3181**	**1085**	**321690**	**140123**	**131991**	**60123**
长沙市	Changsha	276	162	57374	41301	24340	17545
株洲市	Zhuzhou	176	54	21392	14405	8353	5709
湘潭市	Xiangtan	110	46	15827	8567	6664	3400
衡阳市	Hengyang	322	217	32597	13822	20618	8211
邵阳市	Shaoyang	286	72	31559	8457	7808	3126
岳阳市	Yueyang	274	133	19990	10360	9066	4716
常德市	Changde	307	87	26496	8860	11390	3541
张家界市	Zhangjiajie	125	41	6966	2930	2863	1402
益阳市	Yiyang	156	62	17726	6486	8030	2959
郴州市	Chenzhou	331	65	23068	8104	8554	3010
永州市	Yongzhou	298	60	25723	7519	10163	3073
怀化市	Huaihua	392	21	26679	4910	9066	2030
娄底市	Loudi	128	65	16293	4402	5076	1401

2–39 续表 5 continued

城 市	City	医院、卫生院数 (个) Number of Hospitals and Health centers (unit)		医院、卫生院床位数 (张) Number of Beds of Hospitals and Health Centers (bed)		医生数(执业医师+执业助理医师) (人) Number of Doctors (Licensed Doctors+ Assistant Doctors) (person)	
		全 市 Total City	市辖区 Districts under City	全 市 Total City	市辖区 Districts under City	全 市 Total City	市辖区 Districts under City
广东省	**Guangdong**	**2494**	**1222**	**376954**	**267443**	**212678**	**155686**
广州市	Guangzhou	255	223	70565	65471	40715	37547
韶关市	Shaoguan	160	50	14040	7309	4457	1795
深圳市	Shenzhen	124	124	31042	31042	26858	26858
珠海市	Zhuhai	50	50	7463	7463	5154	5154
汕头市	Shantou	71	67	14226	14103	8606	8476
佛山市	Foshan	110	110	27764	27764	14944	14944
江门市	Jiangmen	108	37	16822	9177	7729	3959
湛江市	Zhanjiang	177	48	25808	9740	11230	4926
茂名市	Maoming	153	55	22411	9260	11015	5013
肇庆市	Zhaoqing	147	33	12876	5384	4390	1733
惠州市	Huizhou	138	60	17098	10377	10032	6422
梅州市	Meizhou	151	34	13097	5486	8989	1613
汕尾市	Shanwei	75	13	6852	1659	4701	1323
河源市	Heyuan	126	14	9299	2221	4492	1229
阳江市	Yangjiang	76	24	8939	4148	4360	1951
清远市	Qingyuan	182	56	14078	5971	6967	3696
东莞市	Dongguan	83	83	25994	25994	15081	15081
中山市	Zhongshan	47	47	13246	13246	6376	6376
潮州市	Chaozhou	77	51	6014	4882	4224	3341
揭阳市	Jieyang	101	32	11869	5753	8387	3137
云浮市	Yunfu	83	11	7451	993	3971	1112
广西壮族自治区	**Guangxi**	**1772**	**473**	**191527**	**83831**	**84928**	**42256**
南宁市	Nanning	211	106	34306	22987	21174	14005
柳州市	Liuzhou	160	56	20656	12142	9177	6065
桂林市	Guilin	198	44	16791	6404	10154	4596
梧州市	Wuzhou	93	26	10817	4720	4714	2155
北海市	Beihai	50	24	7031	3032	3232	1995
防城港市	Fangchenggang	43	21	3719	2605	1736	1076
钦州市	Qinzhou	77	38	13157	6663	4519	2514
贵港市	Guigang	108	41	12894	5139	5590	2414
玉林市	Yulin	154	20	20094	6038	5501	1838
百色市	Baise	207	19	14695	3310	5367	1181
贺州市	Hezhou	83	10	7728	3247	2815	1130
河池市	Hechi	180	17	13783	2622	5475	1164
来宾市	Laibin	93	33	8965	3718	3458	1650
崇左市	Chongzuo	115	18	6891	1204	2016	473

2-39 续表 6 continued

城 市	City	医院、卫生院数 (个) Number of Hospitals and Health centers (unit)		医院、卫生院床位数 (张) Number of Beds of Hospitals and Health Centers (bed)		医生数(执业医师+执业助理医师) (人) Number of Doctors (Licensed Doctors+ Assistant Doctors) (person)	
		全 市 Total City	市辖区 Districts under City	全 市 Total City	市辖区 Districts under City	全 市 Total City	市辖区 Districts under City
海南省	**Hainan**	**132**	**132**	**14257**	**14257**	**8555**	**8555**
海口市	Haikou	105	105	11712	11712	6883	6883
三亚市	Sanya	26	26	2515	2515	1664	1664
三沙市	Sansa	1	1	30	30	8	8
重庆市	**Chongqing**	**1510**	**873**	**148715**	**103476**	**58007**	**42561**
四川省	**Sichuan**	**5104**	**1686**	**409133**	**197644**	**162433**	**81465**
成都市	Chengdu	746	351	101300	64474	48200	32771
自贡市	Zigong	164	87	15485	9967	4159	2646
攀枝花市	Panzhihua	72	34	9052	7348	3989	3131
泸州市	Luzhou	238	83	20830	9713	8367	4586
德阳市	Deyang	198	37	18359	5162	7988	2453
绵阳市	Mianyang	413	103	30756	11702	11055	4278
广元市	Guangyuan	310	97	15637	8889	5916	2871
遂宁市	Suining	166	68	15255	8535	6132	2680
内江市	Neijiang	174	68	19377	8818	5064	2487
乐山市	Leshan	301	102	17449	8345	7208	3393
南充市	Nanchong	560	156	28033	10874	11379	4264
眉山市	Meishan	181	55	14914	5995	5836	2208
宜宾市	Yibin	257	70	24139	10522	8284	3763
广安市	Guang'an	223	58	12549	3703	4795	1472
达州市	Dazhou	382	105	21634	8264	6266	2285
雅安市	Ya'an	195	63	10578	5427	3684	1764
巴中市	Bazhong	281	87	13892	3441	6749	2388
资阳市	Ziyang	243	62	19894	6465	7362	2025
贵州省	**Guizhou**	**3201**	**731**	**127011**	**56327**	**42030**	**22595**
贵阳市	Guiyang	249	162	25919	20652	12935	10909
六盘水市	Liupanshui	1693	325	13556	8957	4267	1798
遵义市	Zunyi	363	66	33371	10285	10461	4213
安顺市	Anshun	144	47	9311	4062	2785	2355
毕节市	Bijie	494	80	32434	8250	7307	2049
铜仁市	Tongren	258	51	12420	4121	4275	1271
云南省	**Yunnan**	**1280**	**372**	**128487**	**56640**	**48660**	**27139**
昆明市	Kunming	380	182	46538	31044	22595	17741
曲靖市	Qujing	199	38	19869	6241	5273	1800
玉溪市	Yuxi	136	36	11537	4760	4956	2108
保山市	Baoshan	118	40	9931	4472	3208	1345
昭通市	Zhaotong	105	26	18245	2719	6071	1980
丽江市	Lijiang	82	15	4411	1599	1756	581
普洱市	Pu'er	137	16	9189	3018	2217	738
临沧市	Lincang	123	19	8767	2787	2584	846

2-39 续表 7 continued

城市	City	医院、卫生院数(个) Number of Hospitals and Health centers (unit)		医院、卫生院床位数(张) Number of Beds of Hospitals and Health Centers (bed)		医生数(执业医师+执业助理医师)(人) Number of Doctors (Licensed Doctors+ Assistant Doctors) (person)	
		全市 Total City	市辖区 Districts under City	全市 Total City	市辖区 Districts under City	全市 Total City	市辖区 Districts under City
西藏自治区	**Tibet**	**67**	**14**	**2551**	**2090**	**1718**	**1300**
拉萨市	Lasa	67	14	2551	2090	1718	1300
陕西省	**Shaanxi**	**3854**	**807**	**214741**	**99318**	**79261**	**45487**
西安市	Xi'an	381	261	47075	44309	24820	21926
铜川市	Tongchuan	75	63	4769	4454	2120	1991
宝鸡市	Baoji	250	88	19048	9334	5044	2579
咸阳市	Xianyang	358	84	25793	10696	9690	4375
渭南市	Weinan	663	80	19032	6120	8156	3866
延安市	Yan'an	221	39	11371	4883	4269	1984
汉中市	Hanzhong	1175	46	17400	6823	6191	2157
榆林市	Yulin	336	53	48100	3869	10926	3506
安康市	Ankang	216	59	12206	5367	4288	1904
商洛市	Shangluo	179	34	9947	3463	3757	1199
甘肃省	**Gansu**	**4407**	**1331**	**103475**	**53387**	**43289**	**25027**
兰州市	Lanzhou	167	102	22753	19587	12252	10944
嘉峪关市	Jiayuguan	11	11	1759	1759	844	844
金昌市	Jinchang	25	12	2420	1522	1311	773
白银市	Baiyin	106	36	6968	3603	2683	1763
天水市	Tianshui	167	65	11186	6236	4298	2340
武威市	Wuwei	2168	903	7969	5141	2929	1643
张掖市	Zhangye	118	39	4798	2475	2721	1464
平凉市	Pingliang	146	39	11546	3975	3800	1419
酒泉市	Jiuquan	106	35	5639	2212	2426	1106
庆阳市	Qingyang	149	16	7895	3151	3741	1285
定西市	Dingxi	173	29	12775	2136	3755	996
陇南市	Longnan	1071	44	7767	1590	2529	450
青海省	**Qinghai**	**264**	**78**	**21298**	**13538**	**11863**	**6242**
西宁市	Xining	114	46	16253	12915	7243	5798
海东市	Haidong	150	32	5045	623	4620	444
宁夏回族自治区	**Ningxia**	**1360**	**466**	**31065**	**21157**	**15001**	**9975**
银川市	Yinchuan	92	58	12535	12125	7059	6148
石嘴山市	Shizuishan	55	35	4515	3637	2012	1562
吴忠市	Wuzhong	830	228	5591	2194	2274	872
固原市	Guyuan	326	128	4858	1474	2094	724
中卫市	Zhongwei	57	17	3566	1727	1562	669
新疆维吾尔自治区	**Xinjiang**	**182**	**174**	**29427**	**29357**	**13869**	**13781**
乌鲁木齐市	Urumqi	173	165	27636	27566	12976	12888
克拉玛依市	Karamay	9	9	1791	1791	893	893

2-40 在岗职工人数及工资状况

Number and Wages of Staff and Workers

城市	City	在岗职工平均人数（万人）Average Number of Employed Staff and Workers (10 000 persons)		在岗职工工资总额（万元）Total Wage Bill of Employed Staff and Workers (10 000 yuan)		职工平均工资（元）Average Wage of Employed Staff and Workers (yuan)	
		全市 Total City	市辖区 Districts under City	全市 Total City	市辖区 Districts under City	全市 Total City	市辖区 Districts under City
城市合计	**Prefecture Cities**	**15980.10**	**10230.53**	**913304110**	**648651476**		
北京市	**Beijing**	**705.35**	**688.88**	**72933476**	**71965631**	**103400.41**	**104467.59**
天津市	**Tianjin**	**243.20**	**226.22**	**20631400**	**19510577**	**84833.06**	**86246.03**
河北省	**Hebei**	**525.80**	**295.56**	**24063779**	**13871928**		
石家庄市	Shijiazhuang	95.66	67.16	4617708	3576280	48272.09	53250.15
唐山市	Tangshan	84.14	81.31	4309154	3115657	51214.10	38318.25
秦皇岛市	Qinhuangdao	31.27	22.96	1641605	1300070	52497.76	56623.26
邯郸市	Handan	70.05	31.94	2901676	1486757	41422.93	46548.43
邢台市	Xingtai	42.32	16.10	1743361	768548	41194.73	47735.90
保定市	Baoding	92.77	33.32	3993445	1570792	43046.73	47142.62
张家口市	Zhangjiakou	36.38	16.44	1433356	731542	39399.56	44497.69
承德市	Chengde	27.07	12.32	1204960	612553	44512.74	49720.21
沧州市	Cangzhou	46.14	14.01	2218514	709729	48082.23	50658.74
廊坊市	Langfang						
衡水市	Hengshui						
山西省	**Shanxi**	**426.21**	**228.21**	**21336140**	**12660911**		
太原市	Taiyuan	101.16	96.04	5844073	5663909	57770.59	58974.48
大同市	Datong	38.78	31.34	2176934	1893864	56135.48	60429.61
阳泉市	Yangquan	26.16	19.40	1229696	1053393	47006.73	54298.61
长治市	Changzhi	43.15	14.97	2073842	621215	48061.23	41497.33
晋城市	Jincheng	35.72	17.50	1991384	1099202	55749.83	62811.54
朔州市	Shuozhou	17.97	10.22	1001920	620791	55755.15	60742.76
晋中市	Jinzhong	33.33	9.60	1574740	455579	47246.92	47456.15
运城市	Yuncheng	35.51	9.39	1326317	401992	37350.52	42810.65
忻州市	Xinzhou	23.74	6.75	959068	245115	40398.82	36313.33
临汾市	Linfen	35.86	8.50	1406463	399479	39220.94	46997.53
吕梁市	Lvliang	34.83	4.50	1751703	206372	50292.94	45860.44
内蒙古自治区	**Inner Mongolia**	**260.27**	**135.69**	**13738212**	**7444501**		
呼和浩特市	Hohhot	43.00	34.29	2170163	1758377	50468.91	51279.59
包头市	Baotou	39.09	34.18	2198848	1914703	56250.91	56018.23
乌海市	Wuhai	11.94	11.94	646235	646235	54123.53	54123.53
赤峰市	Chifeng	34.89	16.41	1897276	896231	54378.79	54614.93
通辽市	Tongliao	28.65	9.49	1346024	509201	46981.64	53656.59
鄂尔多斯市	Erdos	31.35	8.86	1964115	622097	62651.20	70214.11
呼伦贝尔市	Hulunbuir	40.20	7.86	1995542	477887	49640.35	60799.87
巴彦淖尔市	Bayannur	15.54	7.00	737941	349878	47486.55	49982.57
乌兰察布市	Ulanqab	15.61	5.66	782068	269892	50100.45	47684.10
辽宁省	**Liaoning**	**629.73**	**465.28**	**30812486**	**24993445**		
沈阳市	Shenyang	143.71	133.87	8132490	7758729	56589.59	57957.19
大连市	Dalian	115.55	93.13	7350070	6301813	63609.43	67666.84
鞍山市	Anshan	57.95	41.41	2494077	1891269	43038.43	45671.79
抚顺市	Fushun	30.31	25.51	1382811	1218299	45622.27	47757.70
本溪市	Benxi	29.13	24.20	1206743	1032519	41426.12	42666.07
丹东市	Dandong	26.78	15.72	872139	492400	32566.80	31323.16
锦州市	Jinzhou	31.70	24.90	1313890	1093073	41447.63	43898.51
营口市	Yingkou	26.97	20.59	1138099	910258	42198.70	44208.74

2-40 续表 1 continued

城 市	City	在岗职工平均人数（万人）Average Number of Employed Staff and Workers (10 000 persons)		在岗职工工资总额（万元）Total Wage Bill of Employed Staff and Workers (10 000 yuan)		职工平均工资（元）Average Wage of Employed Staff and Workers (yuan)	
		全 市 Total City	市辖区 Districts under City	全 市 Total City	市辖区 Districts under City	全 市 Total City	市辖区 Districts under City
阜新市	Fuxin	19.80	15.10	820330	644969	41430.81	42713.18
辽阳市	Liaoyang	19.51	14.18	906131	717581	46444.44	50605.15
盘锦市	Panjin	46.69	23.20	1863271	1481465	39907.28	63856.25
铁岭市	Tieling	25.77	5.93	1025765	241449	39804.62	40716.53
朝阳市	Chaoyang	31.18	12.54	1263131	537021	40510.94	42824.64
葫芦岛市	Huludao	24.68	15.00	1043539	672600	42282.78	44840.00
吉林省	**Jilin**	**290.46**	**198.23**	**13840917**	**10522087**		
长春市	Changchun	124.09	107.74	7070275	6488691	56976.99	60225.46
吉林市	Jilin	42.72	28.22	1938012	1383391	45365.45	49021.65
四平市	Siping	20.58	7.20	779370	316352	37870.26	43937.78
辽源市	Liaoyuan	12.67	9.28	500161	373276	39476.01	40223.71
通化市	Tonghua	28.09	14.83	1105454	603996	39354.00	40727.98
白山市	Baishan	16.41	9.30	645568	367952	39339.91	39564.73
松原市	Songyuan	25.64	11.59	1151126	641491	44895.71	55348.66
白城市	Baicheng	20.26	10.07	650951	346938	32129.86	34452.63
黑龙江省	**Heilongjiang**	**370.38**	**254.40**	**17368193**	**13391937**		
哈尔滨市	Harbin	132.45	107.44	6828341	5951017	51554.10	55389.21
齐齐哈尔市	Qiqihar	38.07	26.00	1606297	1201226	42193.25	46201.00
鸡西市	Jixi	17.40	12.50	703466	533782	40429.08	42702.56
鹤岗市	Hegang	12.70	10.50	503195	431256	39621.65	41072.00
双鸭山市	Shuangyashan	12.70	8.48	496768	344323	39115.59	40604.13
大庆市	Daqing	49.26	42.91	3333487	3124220	67671.27	72808.67
伊春市	Yichun	17.01	14.51	462765	357402	27205.47	24631.43
佳木斯市	Jiamusi	17.37	8.12	686435	379268	39518.42	46707.88
七台河市	Qitaihe	11.61	10.15	460427	416162	39657.80	41001.18
牡丹江市	Mudanjiang	23.81	8.70	1006659	434082	42278.83	49894.48
黑河市	Heihe	12.01	2.49	407721	119485	33948.46	47985.94
绥化市	Suihua	25.99	2.60	872632	99714	33575.68	38351.54
上海市	**Shanghai**	**671.27**	**660.18**	**61884219**	**61266786**	**92189.76**	**92803.15**
江苏省	**Jiangsu**	**1362.62**	**792.79**	**84487395**	**52610739**		
南京市	Nanjing	173.02	173.02	13372069	13372069	77286.26	77286.26
无锡市	Wuxi	113.92	74.29	7749519	5112155	68025.97	68813.50
徐州市	Xuzhou	99.70	54.11	4962958	2997160	49778.92	55390.13
常州市	Changzhou	66.03	54.10	4450229	3737489	67397.08	69084.82
苏州市	Suzhou	304.60	153.80	20394883	10940200	66956.28	71132.64
南通市	Nantong	151.67	44.31	9599565	3102535	63292.44	70018.84
连云港市	Lianyungang	39.39	26.55	2072470	1503234	52614.12	56618.98
淮安市	Huai'an	60.99	39.51	3128959	2103668	51302.82	53243.94
盐城市	Yancheng	74.98	25.55	3609597	1401611	48140.80	54857.57
扬州市	Yangzhou	87.80	57.04	5017001	3287867	57141.24	57641.43
镇江市	Zhenjiang	45.61	19.02	2674584	1178420	58640.30	61956.89
泰州市	Taizhou	97.87	44.88	5226191	2505659	53399.32	55830.19
宿迁市	Suqian	47.04	26.61	2229370	1368672	47393.07	51434.50
浙江省	**Zhejiang**	**965.51**	**570.73**	**61016659**	**38618670**		
杭州市	Hangzhou	268.32	247.80	19003346	17770000	70823.44	71711.06
宁波市	Ningbo	146.15	81.93	10263768	6248840	70227.63	76270.47

2-40 续表 2 continued

城 市	City	在岗职工平均人数（万人）Average Number of Employed Staff and Workers (10 000 persons)		在岗职工工资总额（万元）Total Wage Bill of Employed Staff and Workers (10 000 yuan)		职工平均工资（元）Average Wage of Employed Staff and Workers (yuan)	
		全 市 Total City	市辖区 Districts under City	全 市 Total City	市辖区 Districts under City	全 市 Total City	市辖区 Districts under City
温州市	Wenzhou	92.54	33.48	5543209	2403550	59900.68	71790.62
嘉兴市	Jiaxing	55.50	21.50	3347183	1389475	60309.60	64626.74
湖州市	Huzhou	42.64	21.45	2406848	1207841	56445.78	56309.60
绍兴市	Shaoxing	123.30	76.28	6752428	4204039	54764.22	55113.25
金华市	Jinhua	91.08	17.12	5082814	1090927	55806.04	63722.37
衢州市	Quzhou	17.09	9.01	1112151	621193	65076.13	68944.84
舟山市	Zhoushan	17.16	13.81	1183478	970363	68967.25	70265.24
台州市	Taizhou	94.48	43.31	5181192	2323832	54839.03	53655.78
丽水市	Lishui	17.25	5.04	1140242	388610	66100.99	77105.16
安徽省	**Anhui**	**477.51**	**303.03**	**24790960**	**16915211**		
合肥市	Hefei	127.56	98.19	7608753	6259026	59648.42	63744.03
芜湖市	Wuhu	38.59	28.03	2104013	1616654	54522.23	57675.85
蚌埠市	Bengbu	20.99	14.29	952305	679545	45369.46	47553.88
淮南市	Huainan	30.90	25.35	1908859	1516073	61775.37	59805.64
马鞍山市	Maanshan	21.76	15.73	1285932	968479	59096.14	61568.91
淮北市	Huaibei	27.56	22.64	1451970	1242059	52683.96	54861.26
铜陵市	Tongling	14.31	13.35	777556	727350	54336.55	54483.15
安庆市	Anqing	31.58	12.50	1398065	572128	44270.58	45770.24
黄山市	Huangshan	10.46	6.62	499684	323923	47770.94	48930.97
滁州市	Chuzhou	22.63	9.03	1149500	465412	50795.40	51540.64
阜阳市	Fuyang	31.62	15.49	1337157	654822	42288.33	42273.85
宿州市	Suzhou	31.76	16.55	1238896	690368	39008.06	41714.08
六安市	Lu'an	23.07	8.65	990065	403972	42915.69	46701.97
亳州市	Bozhou	20.57	7.32	867877	333406	42191.40	45547.27
池州市	Chizhou	10.05	5.75	464094	268024	46178.51	46612.87
宣城市	Xuancheng	14.10	3.54	756234	193970	53633.62	54793.79
福建省	**Fujian**	**577.99**	**305.93**	**31364662**	**17833662**		
福州市	Fuzhou	131.22	81.16	7720730	4894528	58838.06	60307.15
厦门市	Xiamen	109.20	109.20	6886424	6886424	63062.49	63062.49
莆田市	Putian	44.13	36.13	2247605	1821140	50931.45	50405.20
三明市	Sanming	21.52	7.45	1143894	450050	53154.93	60409.40
泉州市	Quanzhou	152.00	36.00	7442379	1842465	48963.02	51179.58
漳州市	Zhangzhou	43.87	12.56	2282935	699802	52038.64	55716.72
南平市	Nanping	20.22	6.09	1007540	338732	49828.88	55621.02
龙岩市	Longyan	29.65	9.34	1321614	463588	44573.83	49634.69
宁德市	Ningde	26.18	8.00	1311541	436933	50097.06	54616.63
江西省	**Jiangxi**	**409.81**	**184.01**	**18852959**	**9223839**		
南昌市	Nanchang	104.32	80.33	5408797	4262233	51848.13	53059.04
景德镇市	Jingdezhen	18.52	11.05	761621	465815	41124.24	42155.20
萍乡市	Pingxiang	19.00	13.96	823688	639311	43352.00	45795.92
九江市	Jiujiang	41.84	12.65	1857875	655196	44404.28	51794.15
新余市	Xinyu	13.19	10.81	626153	515767	47471.80	47712.03
鹰潭市	Yingtan	13.01	3.97	615154	179635	47283.17	45248.11
赣州市	Ganzhou	51.36	16.12	2316979	823526	45112.52	51087.22
吉安市	Ji'an	32.41	5.92	1399095	287541	43168.62	48571.11
宜春市	Yichun	41.11	6.52	1702851	330044	41421.82	50620.25
抚州市	Fuzhou	34.30	14.89	1565666	708481	45646.24	47580.99
上饶市	Shangrao	40.75	7.79	1775080	356290	43560.25	45736.84

2-40 续表 3 continued

城 市	City	在岗职工平均人数（万人）Average Number of Employed Staff and Workers (10 000 persons)		在岗职工工资总额（万元）Total Wage Bill of Employed Staff and Workers (10 000 yuan)		职工平均工资（元）Average Wage of Employed Staff and Workers (yuan)	
		全 市 Total City	市辖区 Districts under City	全 市 Total City	市辖区 Districts under City	全 市 Total City	市辖区 Districts under City
山东省	**Shandong**	**1178.01**	**622.68**	**61442348**	**36037556**		
济南市	Jinan	120.87	97.51	7532933	6506443	62322.60	66725.91
青岛市	Qingdao	143.40	97.60	8904684	6946030	62096.82	71168.34
淄博市	Zibo	88.56	57.81	4529259	3070228	51143.39	53108.94
枣庄市	Zaozhuang	45.63	29.77	2153248	1410896	47189.31	47393.21
东营市	Dongying	46.52	33.00	2827193	2204925	60773.71	66815.91
烟台市	Yantai	108.55	58.99	5732494	3402674	52809.71	57682.22
潍坊市	Weifang	78.78	9.63	4036002	566244	51231.30	58800.00
济宁市	Jining	84.41	37.88	4257262	1963148	50435.52	51825.45
泰安市	Tai'an	73.53	24.47	3553248	1213720	48323.79	49600.33
威海市	Weihai	54.47	34.51	2654213	1727470	48727.98	50057.08
日照市	Rizhao	29.79	18.77	1485033	999164	49850.05	53231.97
莱芜市	Laiwu	18.32	18.32	892384	892384	48710.92	48710.92
临沂市	Linyi	85.72	37.23	4226921	2006614	49310.79	53897.77
德州市	Dezhou	54.32	19.27	2346800	852306	43203.24	44229.68
聊城市	Liaocheng	45.93	14.37	1939950	729041	42237.10	50733.54
滨州市	Binzhou	50.80	17.36	2462554	874422	48475.47	50369.93
菏泽市	Heze	48.41	16.19	1908170	671847	39416.86	41497.65
河南省	**Henan**	**967.79**	**433.08**	**40742254**	**20353733**		
郑州市	Zhengzhou	168.88	117.06	8402798	6335571	49756.03	54122.42
开封市	Kaifeng	40.32	18.20	1441417	727471	35749.43	39970.93
洛阳市	Luoyang	68.04	38.01	3026705	1934816	44484.20	50902.82
平顶山市	Pingdingshan	54.73	32.99	2414710	1528829	44120.41	46342.19
安阳市	Anyang	53.37	18.24	2074800	794158	38875.77	43539.36
鹤壁市	Hebi	21.47	14.03	809958	543029	37725.10	38704.85
新乡市	Xinxiang	63.23	19.85	2394303	865999	37866.57	43627.15
焦作市	Jiaozuo	43.60	18.81	1740360	795033	39916.51	42266.51
濮阳市	Puyang	38.13	22.14	1591810	1100347	41746.92	49699.50
许昌市	Xuchang	44.10	12.37	1829021	547932	41474.40	44295.23
漯河市	Luohe	28.96	20.07	1121184	792691	38714.92	39496.31
三门峡市	Sanmenxia	27.04	5.83	1199436	290973	44357.84	49909.61
南阳市	Nanyang	79.70	31.84	3281415	1472539	41172.08	46248.08
商丘市	Shangqiu	54.89	15.48	2424404	617785	44168.41	39908.59
信阳市	Xinyang	55.89	17.82	2224924	749783	39808.98	42075.36
周口市	Zhoukou	65.11	11.61	2571244	556463	39490.77	47929.63
驻马店市	Zhumadian	60.33	18.73	2193765	700314	36362.75	37389.96
湖北省	**Hubei**	**719.15**	**395.11**	**31423068**	**19857487**		
武汉市	Wuhan	188.51	149.05	11428321	9462864	60624.48	63487.85
黄石市	Huangshi	47.40	33.24	1778201	1312094	37514.79	39473.35
十堰市	Shiyan	59.24	36.33	2332800	1579100	39378.80	43465.46
宜昌市	Yichang	85.39	34.48	3370840	1458876	39475.82	42310.79
襄阳市	Xiangyang	64.80	39.28	2816859	1874454	43470.05	47720.32
鄂州市	Ezhou	20.39	20.39	694108	694108	34041.59	34041.59

2-40 续表 4 continued

城市	City	在岗职工平均人数（万人）Average Number of Employed Staff and Workers (10 000 persons)		在岗职工工资总额（万元）Total Wage Bill of Employed Staff and Workers (10 000 yuan)		职工平均工资（元）Average Wage of Employed Staff and Workers (yuan)	
		全市 Total City	市辖区 Districts under City	全市 Total City	市辖区 Districts under City	全市 Total City	市辖区 Districts under City
荆门市	Jingmen	36.10	13.20	1298431	615813	35967.62	46652.50
孝感市	Xiaogan	75.27	24.65	2683302	977124	35649.02	39639.92
荆州市	Jingzhou	37.41	15.87	1561577	715247	41742.23	45069.12
黄冈市	Huanggang	57.14	8.27	1727647	363186	30235.33	43916.08
咸宁市	Xianning	33.63	12.12	1203346	478566	35781.92	39485.64
随州市	Suizhou	13.87	8.23	527636	326055	38041.53	39617.86
湖南省	**Hunan**	**509.47**	**248.32**	**24151861**	**13227452**		
长沙市	Changsha	123.78	82.69	7655378	5347681	61846.65	64671.44
株洲市	Zhuzhou	41.03	23.99	2139042	1389552	52133.61	57922.13
湘潭市	Xiangtan	30.32	19.92	1337380	923900	44108.84	46380.52
衡阳市	Hengyang	49.75	23.31	2006996	939889	40341.63	40321.28
邵阳市	Shaoyang	32.26	9.24	1331509	553926	41274.30	59948.70
岳阳市	Yueyang	43.30	17.78	1799337	849391	41555.13	47772.27
常德市	Changde	38.21	15.51	1637006	729857	42842.34	47057.19
张家界市	Zhangjiajie	9.10	4.65	367413	199982	40375.05	43006.88
益阳市	Yiyang	24.61	12.82	1047208	564393	42552.13	44024.41
郴州市	Chenzhou	32.53	12.98	1327061	604733	40794.99	46589.60
永州市	Yongzhou	29.97	9.00	1195927	379714	39904.14	42190.44
怀化市	Huaihua	25.70	6.12	1113732	318809	43335.88	52092.97
娄底市	Loudi	28.91	10.31	1193872	425625	41296.16	41282.74
广东省	**Guangdong**	**1900.10**	**1623.96**	**113349280**	**101215495**		
广州市	Guangzhou	310.45	289.60	23049712	21890499	74246.13	75588.74
韶关市	Shaoguan	32.54	18.24	1596521	983496	49063.34	53919.74
深圳市	Shenzhen	447.39	447.39	32879754	32879754	73492.38	73492.38
珠海市	Zhuhai	69.43	69.43	4344904	4344904	62579.63	62579.63
汕头市	Shantou	52.19	51.68	2397511	2375314	45938.13	45961.96
佛山市	Foshan	172.30	172.30	9593393	9593393	55678.43	55678.43
江门市	Jiangmen	57.28	30.98	2759061	1654249	48167.96	53397.32
湛江市	Zhanjiang	48.51	22.23	2204931	1258245	45453.12	56601.21
茂名市	Maoming	42.17	21.64	2028176	1077204	48095.23	49778.37
肇庆市	Zhaoqing	40.93	14.06	2007649	737535	49050.79	52456.26
惠州市	Huizhou	87.31	64.53	4677529	3607528	53573.81	55904.66
梅州市	Meizhou	28.01	10.68	1256509	619717	44859.30	58025.94
汕尾市	Shanwei	22.85	7.73	1023967	389940	44812.56	50445.02
河源市	Heyuan	25.43	12.63	1171745	646070	46077.27	51153.60
阳江市	Yangjiang	23.85	8.99	1067325	423595	44751.57	47118.46
清远市	Qingyuan	31.79	18.79	1704708	1049650	53624.03	55862.16
东莞市	Dongguan	237.80	237.80	11319163	11319163	47599.51	47599.51
中山市	Zhongshan	88.32	88.32	4692087	4692087	53125.99	53125.99
潮州市	Chaozhou	20.10	16.76	866268	751144	43097.91	44817.66
揭阳市	Jieyang	39.96	15.40	1743107	655928	43621.30	42592.73
云浮市	Yunfu	21.49	4.78	965260	266080	44916.71	55665.27
广西壮族自治区	**Guangxi**	**346.99**	**204.72**	**16118809**	**10546100**		
南宁市	Nanning	93.20	77.36	5063582	4423187	54330.28	57176.67
柳州市	Liuzhou	39.48	30.22	2041929	1627459	51720.59	53853.71

2-40 续表 5 continued

城　市	City	在岗职工平均人数（万人）Average Number of Employed Staff and Workers (10 000 persons)		在岗职工工资总额（万元）Total Wage Bill of Employed Staff and Workers (10 000 yuan)		职工平均工资（元）Average Wage of Employed Staff and Workers (yuan)	
		全　市 Total City	市辖区 Districts under City	全　市 Total City	市辖区 Districts under City	全　市 Total City	市辖区 Districts under City
桂林市	Guilin	39.67	19.85	1851538	1017489	46673.51	51258.89
梧州市	Wuzhou	19.37	10.52	710768	416067	36694.27	39550.10
北海市	Beihai	11.87	8.96	529381	400543	44598.23	44703.46
防城港市	Fangchenggang	7.62	5.41	331102	242395	43451.71	44804.99
钦州市	Qinzhou	18.66	10.87	755570	477332	40491.43	43912.79
贵港市	Guigang	15.43	6.96	637315	322714	41303.63	46366.95
玉林市	Yulin	31.58	10.53	1304366	537506	41303.55	51045.20
百色市	Baise	20.82	6.82	853336	297427	40986.36	43611.00
贺州市	Hezhou	9.09	5.16	392093	231985	43134.54	44958.33
河池市	Hechi	16.73	4.20	675565	199836	40380.45	47580.00
来宾市	Laibin	11.10	4.68	482914	207368	43505.77	44309.40
崇左市	Chongzuo	12.37	3.18	489350	144792	39559.42	45532.08
海南省	**Hainan**	**61.34**	**61.34**	**3152162**	**3152162**		
海口市	Haikou	50.02	50.02	2533640	2533640	50652.54	50652.54
三亚市	Sanya	11.32	11.32	618522	618522	54639.75	54639.75
三沙市	Sansa						
重庆市	**Chongqing**	**379.66**	**314.44**	**21584168**	**18305937**	**56851.31**	**58217.58**
四川省	**Sichuan**	**661.90**	**220.69**	**34389263**	**11360237**		
成都市	Chengdu	217.55		13749459		63201.37	
自贡市	Zigong	18.16	13.27	917709	674280	50534.64	50812.36
攀枝花市	Panzhihua	23.87	21.63	1375743	1216801	57634.81	56255.25
泸州市	Luzhou	34.56	20.44	1635034	1051462	47310.01	51441.39
德阳市	Deyang	32.69	14.40	1730284	854772	52930.07	59359.17
绵阳市	Mianyang	47.47	27.37	2476237	1625976	52164.25	59407.23
广元市	Guangyuan	14.81	8.26	714081	402029	48216.14	48671.79
遂宁市	Suining	18.07	7.70	789068	391736	43667.29	50874.81
内江市	Neijiang	26.89	9.65	1115605	444491	41487.73	46061.24
乐山市	Leshan	27.09	14.52	1262394	686352	46600.00	47269.42
南充市	Nanchong	38.79	17.88	1456140	874837	37539.06	48928.24
眉山市	Meishan	34.78	11.04	1431391	498611	41155.58	45164.04
宜宾市	Yibin	33.95	16.72	1632316	892951	48080.00	53406.16
广安市	Guang'an	13.46	5.45	678448	274259	50404.75	50322.75
达州市	Dazhou	29.48	11.76	1279081	543572	43388.09	46222.11
雅安市	Ya'an	9.91	3.72	443502	188581	44752.98	50693.82
巴中市	Bazhong	18.12	8.22	769496	355352	42466.67	43230.17
资阳市	Ziyang	22.25	8.66	933275	384175	41944.94	44362.01
贵州省	**Guizhou**	**214.08**	**123.60**	**11946532**	**7259623**		
贵阳市	Guiyang	91.60	82.52	5434671	4942690	59330.47	59896.87
六盘水市	Liupanshui	21.33	8.57	1130818	455458	53015.38	53145.62
遵义市	Zunyi	39.64	13.50	2265623	766250	57154.97	56759.26
安顺市	Anshun	15.87	8.58	780734	430328	49195.59	50154.78
毕节市	Bijie	29.51	8.04	1454510	385445	49288.72	47940.92
铜仁市	Tongren	16.13	2.39	880176	279452	54567.64	116925.52

2-40 续表 6 continued

城 市	City	在岗职工平均人数（万人）Average Number of Employed Staff and Workers (10 000 persons)		在岗职工工资总额（万元）Total Wage Bill of Employed Staff and Workers (10 000 yuan)		职工平均工资（元）Average Wage of Employed Staff and Workers (yuan)	
		全 市 Total City	市辖区 Districts under City	全 市 Total City	市辖区 Districts under City	全 市 Total City	市辖区 Districts under City
云南省	**Yunnan**	**245.10**	**119.14**	**11971870**	**6009423**		
昆明市	Kunming	100.07	66.96	5819411	3674411	58153.40	54874.72
曲靖市	Qujing	43.15	13.74	1798374	610211	41677.27	44411.28
玉溪市	Yuxi	24.70	12.14	1141467	554255	46213.24	45655.27
保山市	Baoshan	17.15	7.89	708474	343080	41310.44	43482.89
昭通市	Zhaotong	20.03	5.59	885531	286232	44210.23	51204.29
丽江市	Lijiang	10.82	3.69	434830	172204	40187.62	46667.75
普洱市	Pu'er	15.98	5.20	627649	200852	39277.16	38625.38
临沧市	Lincang	13.20	3.93	556134	168178	42131.36	42793.38
西藏自治区	**Tibet**	**11.60**		**840629**			
拉萨市	Lasa	11.60		840629		72468.02	
陕西省	**Shaanxi**	**455.07**	**261.32**	**22944381**	**14041038**		
西安市	Xi'an	193.92	170.65	10490617	9546461	54097.65	55941.76
铜川市	Tongchuan	10.19	9.50	493045	460926	48385.18	48518.53
宝鸡市	Baoji	36.59	20.91	1658765	966479	45333.83	46220.90
咸阳市	Xianyang	49.92	13.54	2155080	794514	43170.67	58679.03
渭南市	Weinan	41.45	7.58	1797910	387353	43375.39	51101.98
延安市	Yan'an	27.71	9.59	1606019	429543	57958.10	44790.72
汉中市	Hanzhong	27.66	9.38	1282087	440837	46351.66	46997.55
榆林市	Yulin	35.51	8.71	2114177	513517	59537.51	58957.18
安康市	Ankang	15.97	6.39	701286	299254	43912.71	46831.61
商洛市	Shangluo	16.15	5.07	645395	202154	39962.54	39872.58
甘肃省	**Gansu**	**212.44**	**127.20**	**10106984**	**6298372**		
兰州市	Lanzhou	62.10	55.92	3353921	3039197	54008.39	54349.02
嘉峪关市	Jiayuguan	6.30	6.30	336655	336655	53437.30	53437.30
金昌市	Jinchang	8.23	6.22	430698	354008	52332.69	56914.47
白银市	Baiyin	16.57	10.68	772237	527685	46604.53	49408.71
天水市	Tianshui	19.38	11.79	789268	464350	40725.90	39385.07
武威市	Wuwei	12.45	7.79	511226	309586	41062.33	39741.46
张掖市	Zhangye	11.50	5.65	455428	215835	39602.43	38200.88
平凉市	Pingliang	16.93	5.25	830627	200352	49062.43	38162.29
酒泉市	Jiuquan	12.99	4.90	646347	217261	49757.27	44338.98
庆阳市	Qingyang	17.25	6.25	826578	354521	47917.57	56723.36
定西市	Dingxi	15.36	4.37	627049	188567	40823.50	43150.34
陇南市	Longnan	13.38	2.08	526950	90355	39383.41	43439.90
青海省	**Qinghai**	**38.96**	**26.78**	**2119279**	**1444568**		
西宁市	Xining	31.54	24.97	1731990	1398249	54914.08	55997.16
海东市	Haidong	7.42	1.81	387289	46319	52195.28	25590.61
宁夏回族自治区	**Ningxia**	**67.43**	**44.40**	**3677946**	**2508021**		
银川市	Yinchuan	36.48	28.66	2155227	1726802	59079.69	60251.29
石嘴山市	Shizuishan	8.96	6.65	437312	334587	48807.14	50313.83
吴忠市	Wuzhong	9.25	3.39	477910	177690	51665.95	52415.93
固原市	Guyuan	6.48	2.52	301172	106921	46477.16	42428.97
中卫市	Zhongwei	6.26	3.18	306325	162021	48933.71	50950.00
新疆维吾尔自治区	**Xinjiang**	**94.90**	**94.61**	**6221819**	**6204348**		
乌鲁木齐市	Urumqi	79.77	79.48	4915219	4897748	61617.39	61622.40
克拉玛依市	Karamay	15.13	15.13	1306600	1306600	86358.23	86358.23

2-41 社会保障主要指标

Main Indicators of Social Security

单位：人 (person)

城市	City	城镇职工基本养老保险参保人数 Number of Employees Joining Urban Basic Pension Insurance		城镇基本医疗保险参保人数 Number of Persons Joining Urban Basic Medical Care System		失业保险参保人数 Persons Covered of Unemployment Insurance	
		全市 Total City	市辖区 Districts under City	全市 Total City	市辖区 Districts under City	全市 Total City	市辖区 Districts under City
城市合计	**Prefecture Cities**	**338523610**	**195342019**	**537785053**	**300000243**	**161163079**	**110649957**
北京市	**Beijing**	**13926052**	**13658712**	**16042532**	**15691112**	**10571258**	**10367092**
天津市	**Tianjin**	**6572800**	**6572800**	**10236200**	**10236200**	**2875700**	**2875700**
河北省	**Hebei**	**11320586**	**6474038**	**16441584**	**8829007**	**5019600**	**3180722**
石家庄市	Shijiazhuang	1995583	1565595	2863102	2119502	919600	762700
唐山市	Tangshan	2087530	1462688	2232812	1646549	805648	586950
秦皇岛市	Qinhuangdao	748952	561145	948984	730322	326851	257886
邯郸市	Handan	1186188	681991	1883000	1109544	675586	424898
邢台市	Xingtai	637477	301051	1648154	660003	346994	176785
保定市	Baoding	1399061	535661	2092800	826020	504600	307350
张家口市	Zhangjiakou	817123	228638	1181177	239285	385809	75945
承德市	Chengde	567421	277653	928933	337620	233697	128530
沧州市	Cangzhou	857694	342060	1062528	417550	360410	182642
廊坊市	Langfang	530308	314812	963149	500381	276182	193346
衡水市	Hengshui	493249	202744	636945	242231	184223	83690
山西省	**Shanxi**	**5978781**	**2973718**	**9871869**	**5350080**	**3972362**	**2022967**
太原市	Taiyuan	1405294	1298973	2391323	2252361	849394	786461
大同市	Datong	757410	447323	1328127	854557	450370	387861
阳泉市	Yangquan	314494	67754	640900	226729	250473	20858
长治市	Changzhi	531905	263295	990992	594555	405733	217522
晋城市	Jincheng	435636	246645	604771	331804	296505	195284
朔州市	Shuozhou	271200	98059	413000	211664	182421	52408
晋中市	Jinzhong	487982	148200	887523	179400	323362	74600
运城市	Yuncheng	584900	57662	87200	131254	338500	22735
忻州市	Xinzhou	398966	82049	661273	68313	208675	16849
临汾市	Linfen	631250	248178	1043465	407861	348904	207389
吕梁市	Lvliang	159744	15580	823295	91582	318025	41000
内蒙古自治区	**Inner Mongolia**	**3962592**	**1881981**	**8097906**	**4100193**	**2084183**	**1162429**
呼和浩特市	Hohhot	394510	334963	1122558	921291	409680	350680
包头市	Baotou	878130	783055	1328402	1275743	433029	399817
乌海市	Wuhai	176168	176168	464182	464182	96000	96000
赤峰市	Chifeng	341715	83967	1066672	487366	263105	116605
通辽市	Tongliao	368077	115409	1038268	260000	180000	34225
鄂尔多斯市	Erdos	276229	125048	667039	275940	195389	88978
呼伦贝尔市	Hulunbuir	1091240	110151	1244681	190271	262235	37044
巴彦淖尔市	Bayannur	298623	127520	633004	210000	106745	18770
乌兰察布市	Ulanqab	137900	25700	533100	15400	138000	20310
辽宁省	**Liaoning**	**13931038**	**8700879**	**22276411**	**15501586**	**6584739**	**4561849**
沈阳市	Shenyang	3557761	3348521	4917558	4639112	1383028	1308305
大连市	Dalian	1944772	1610670	5054191	4151502	1437023	1250203
鞍山市	Anshan	841228	573163	1149546	952174	614051	532229
抚顺市	Fushun	1457829		1491023		490018	
本溪市	Benxi	801999	618238	1026939	845451	375138	336138
丹东市	Dandong	870705	490289	1068573	622235	230010	158442
锦州市	Jinzhou	773333	513543	1295403	815948	331061	212663
营口市	Yingkou	542960	362865	1175622	770260	227788	105934

2-41 续表 1 continued

单位：人 (person)

城市	City	城镇职工基本养老保险参保人数 Number of Employees Joining Urban Basic Pension Insurance		城镇基本医疗保险参保人数 Number of Persons Joining Urban Basic Medical Care System		失业保险参保人数 Persons Covered of Unemployment Insurance	
		全市 Total City	市辖区 Districts under City	全市 Total City	市辖区 Districts under City	全市 Total City	市辖区 Districts under City
阜新市	Fuxin	529436	391226	878125	725182	200135	154615
辽阳市	Liaoyang	640132	205812	852555	622907	223215	59979
盘锦市	Panjin	567100	247659	1126004	682213	323210	273070
铁岭市	Tieling	432857	46160	265855	10118	262778	27621
朝阳市	Chaoyang	430926	165433	1027017	401361	240960	96148
葫芦岛市	Huludao	540000	127300	948000	263123	246324	46502
吉林省	**Jilin**	**5460230**	**3463374**	**12240064**	**6781511**	**2261348**	**1534883**
长春市	Changchun	1966889	1654893	4073296	2957074	931964	778653
吉林市	Jilin	1105701	734477	2364824	1445337	421419	297533
四平市	Siping	556745	259533	1354126	503289	216033	112042
辽源市	Liaoyuan	252799	182648	611056	419938	78274	50193
通化市	Tonghua	531532	226290	1134505	433095	189875	90887
白山市	Baishan	388052	107497	967814	307872	136944	40695
松原市	Songyuan	334372	174343	906226	421899	154655	95716
白城市	Baicheng	324140	123693	828217	293007	132184	69164
黑龙江省	**Heilongjiang**	**5000012**	**2797858**	**12417019**	**7779874**	**3391786**	**2745522**
哈尔滨市	Harbin	1273000	1081159	3671744	2890646	1288000	1232616
齐齐哈尔市	Qiqihar	493592	281834	1724375	1136536	487003	487003
鸡西市	Jixi	241553	174550	886715	551665	200609	147760
鹤岗市	Hegang	121770	105556	271010	242425	102800	91186
双鸭山市	Shuangyashan	202587	115487	439727	250956	122000	78800
大庆市	Daqing	567500	417436	889569	632912	207515	170846
伊春市	Yichun	293173	26645	668900	508995	124260	116520
佳木斯市	Jiamusi	551500	85900	1078348	626048	191000	135148
七台河市	Qitaihe	318898	249991	344332	267611	98568	86568
牡丹江市	Mudanjiang	335891	195498	993454	537749	188842	142912
黑河市	Heihe	315248	32597	497347	74219	71910	17921
绥化市	Suihua	285300	31205	951498	60112	309279	38242
上海市	**Shanghai**	**13733700**	**13733700**	**16785100**	**16785100**	**6340800**	**6340800**
江苏省	**Jiangsu**	**26679206**	**14359990**	**35366435**	**21137743**	**15107175**	**9830583**
南京市	Nanjing	3490632	3490632	4781188	4781188	2485139	2485139
无锡市	Wuxi	2993302	1898770	4047200	2823600	1971400	1287100
徐州市	Xuzhou	1142559	764782	2949151	1700314	857192	542599
常州市	Changzhou	1305185	1021137	2107603	1757391	1051864	838073
苏州市	Suzhou	5060597	2510266	5939424	2965185	4009339	2219284
南通市	Nantong	1481842	695421	3169085	1309596	986933	474849
连云港市	Lianyungang	842682	555645	1196624	837705	372685	254092
淮安市	Huai'an	862670	537293	1635411	1016399	622995	390223
盐城市	Yancheng	1434891	462191	2512856	915546	705014	245225
扬州市	Yangzhou	1036409	630998	1971085	1064592	628069	415399
镇江市	Zhenjiang	1172079	450724	1430342	840571	493293	271761
泰州市	Taizhou	3482323	659480	2255471	495870	622462	279129
宿迁市	Suqian	2374035	682651	1370995	629786	300790	127710
浙江省	**Zhejiang**	**27455195**	**14845784**	**42954296**	**19015656**	**12103573**	**7561308**
杭州市	Hangzhou	5594785	4950039	8402113	6622965	3318301	3053119
宁波市	Ningbo	5422266	3232930	4786997	3106863	2433876	1663595

2-41 续表 2 continued

单位：人 (person)

城 市	City	城镇职工基本养老保险参保人数 Number of Employees Joining Urban Basic Pension Insurance		城镇基本医疗保险参保人数 Number of Persons Joining Urban Basic Medical Care System		失业保险参保人数 Persons Covered of Unemployment Insurance	
		全 市 Total City	市辖区 Districts under City	全 市 Total City	市辖区 Districts under City	全 市 Total City	市辖区 Districts under City
温州市	Wenzhou	2859679	1138879	5954093	825603	1080893	482706
嘉兴市	Jiaxing	2212209	608191	3801187	973369	1107800	332100
湖州市	Huzhou	1273876	520478	2640000	1120000	616166	254727
绍兴市	Shaoxing	3450899	1897329	4831828	2625615	1165416	777347
金华市	Jinhua	1742728	458044	4809265	1016928	749944	237252
衢州市	Quzhou	1767973	655866	2373449	825215	249213	124727
舟山市	Zhoushan	736575	535067	948968	704624	210880	173907
台州市	Taizhou	1811961	681440	1954788	739468	959460	377250
丽水市	Lishui	582244	167521	2451608	455006	211624	84578
安徽省	**Anhui**	**7505169**	**4701627**	**17687379**	**11216346**	**4221281**	**2972055**
合肥市	Hefei	1389283	1165260	3609568	2730003	1159476	1009266
芜湖市	Wuhu	781087	565721	1684148	1473605	362058	278118
蚌埠市	Bengbu	522275	405501	1076268	725029	213700	163587
淮南市	Huainan	458936	401145	1125536	1017602	292016	255758
马鞍山市	Maanshan	600547	459678	974007	676460	246226	189970
淮北市	Huaibei	405064	350298	989247	806008	252042	236208
铜陵市	Tongling	450359	254951	792600	518111	152163	141031
安庆市	Anqing	594658	318850	1387974	634378	241561	134219
黄山市	Huangshan	208543	123084	403366	235047	93494	56840
滁州市	Chuzhou	447535	110586	1106378	305356	216212	78781
阜阳市	Fuyang	343397	201397	696736	510781	250120	114972
宿州市	Suzhou	273676	49707	927223	437200	201045	93022
六安市	Lu'an	345469	80458	1188788	510434	190000	86900
亳州市	Bozhou	187671	85143	821069	274288	150161	53993
池州市	Chizhou	107221	63003	149327	105393	70000	38000
宣城市	Xuancheng	389448	66845	755144	256651	131007	41390
福建省	**Fujian**	**7999185**	**5039432**	**12873088**	**7750207**	**5227297**	**3678356**
福州市	Fuzhou	1673735	1227589	2778181	1996552	1124516	909214
厦门市	Xiamen	2268800	2268800	3142800	3142800	1772200	1772200
莆田市	Putian	310091	253321	633561	491043	253253	210853
三明市	Sanming	524500	169600	740200	297141	287846	89193
泉州市	Quanzhou	1224921	469259	1537548	775332	627867	268483
漳州市	Zhangzhou	603750	203439	1111780	419890	350072	151561
南平市	Nanping	550941	176890	573242	181028	326245	106770
龙岩市	Longyan	429957	172297	900491	121332	305711	127035
宁德市	Ningde	412490	98237	1455285	325089	179587	43047
江西省	**Jiangxi**	**7241912**	**3176821**	**13807944**	**5446637**	**2717505**	**1193679**
南昌市	Nanchang	1574795	1278604	2303972	2015584	584219	486599
景德镇市	Jingdezhen	412713	292934	720780	454579	136000	104963
萍乡市	Pingxiang	343461	255752	849577	607620	147083	121362
九江市	Jiujiang	822031	309925	1428282	509782	340000	155100
新余市	Xinyu	297900	253520	519100	438408	107500	94837
鹰潭市	Yingtan	196048	78123	338521	119379	77967	34195
赣州市	Ganzhou	839222	296624	2050847	569041	350811	48060
吉安市	Ji'an	675431	88574	1382356	213852	222125	45763
宜春市	Yichun	721812	82845	1661586	135405	259000	25000
抚州市	Fuzhou	554361	173689	1036723	367987	200500	59000
上饶市	Shangrao	804138	66231	1516200	15000	292300	18800

2-41 续表 3 continued

单位：人 (person)

城市	City	城镇职工基本养老保险参保人数 Number of Employees Joining Urban Basic Pension Insurance		城镇基本医疗保险参保人数 Number of Persons Joining Urban Basic Medical Care System		失业保险参保人数 Persons Covered of Unemployment Insurance	
		全市 Total City	市辖区 Districts under City	全市 Total City	市辖区 Districts under City	全市 Total City	市辖区 Districts under City
山东省	**Shandong**	**41445805**	**15925846**	**41736618**	**17751424**	**10716911**	**6177966**
济南市	Jinan	2506312	2179327	3077751	2708219	1250426	1094192
青岛市	Qingdao	3931927	2904415			1781657	1315929
淄博市	Zibo	2651013	1756869	3077106	1894086	760604	614245
枣庄市	Zaozhuang	755353	470329	1263241	894627	406454	286858
东营市	Dongying	501615	312754	1923307	955044	262881	159232
烟台市	Yantai	5522872	1789534	2879691	1527399	1083291	411523
潍坊市	Weifang	1758811	717638	3647946	1158482	871112	318887
济宁市	Jining	1113377	511165	4788714	1214021	763818	306716
泰安市	Tai'an	4146186	1219918	2060849	984334	600121	303892
威海市	Weihai	2061329	1099805	2517140	1351376	547060	373529
日照市	Rizhao	628304	430576	1173004	842210	234167	159814
莱芜市	Laiwu	885185	885185	420548	420548	201023	201023
临沂市	Linyi	6769512	136052	2105696	824897	561884	227158
德州市	Dezhou	3856900	650400	5765500	960100	345234	52211
聊城市	Liaocheng	2957489	424156	1609239	447999	312743	102685
滨州市	Binzhou	648120	235381	3154786	835836	401081	149419
菏泽市	Heze	751500	202342	2272100	732246	333355	100653
河南省	**Henan**	**13661368**	**6498346**	**20278113**	**9997285**	**7401637**	**3805685**
郑州市	Zhengzhou	2670000	1624234	1638000	1284339	1549427	975054
开封市	Kaifeng	540459	390038	961376	712962	317129	217129
洛阳市	Luoyang	1116901	801547	2100800	1477080	634630	439986
平顶山市	Pingdingshan	705285	473456	1492140	987673	463953	319307
安阳市	Anyang	792905	470163	1241324	690406	418937	258716
鹤壁市	Hebi	192032	126041	396012	287273	145000	101000
新乡市	Xinxiang	2970788	699144	1432012	742450	455071	223269
焦作市	Jiaozuo	557014	398749	950151	555210	358600	198995
濮阳市	Puyang	337777	155621	645000	298709	297632	165513
许昌市	Xuchang	482253	194308	930971	355363	275000	103800
漯河市	Luohe	277200	226900	768947	529485	175408	120408
三门峡市	Sanmenxia	309190	126895	579981	231246	223168	58114
南阳市	Nanyang	844355	322915	1682025	602534	631465	259580
商丘市	Shangqiu	551919	218962	1448255	609871	347600	143700
信阳市	Xinyang	544033	120990	1347337	278247	337278	129414
周口市	Zhoukou	359121	64637	1408782	218857	389237	42400
驻马店市	Zhumadian	410136	83746	1255000	135580	382102	49300
湖北省	**Hubei**	**12521915**	**6746566**	**18090916**	**10932680**	**4550290**	**3086495**
武汉市	Wuhan	3809033	3346502	5949800	5647963	1772902	1551751
黄石市	Huangshi	1475271	445899	959343	590737	307639	247723
十堰市	Shiyan	404094	192509	1007744	558105	274586	183833
宜昌市	Yichang	1013305	567088	1409863	788845	486113	333650
襄阳市	Xiangyang	963407	523640	1902068	969336	423288	286720
鄂州市	Ezhou	430700	430700	124608	124608	82101	82101

2-41 续表 4 continued

单位：人 (person)

城市	City	城镇职工基本养老保险参保人数 Number of Employees Joining Urban Basic Pension Insurance		城镇基本医疗保险参保人数 Number of Persons Joining Urban Basic Medical Care System		失业保险参保人数 Persons Covered of Unemployment Insurance	
		全市 Total City	市辖区 Districts under City	全市 Total City	市辖区 Districts under City	全市 Total City	市辖区 Districts under City
荆门市	Jingmen	1615700	370800	869226	399003	182042	87570
孝感市	Xiaogan	553800	151543	1294953	410876	238146	53466
荆州市	Jingzhou	1043367	410320	1898011	770065	330845	153274
黄冈市	Huanggang	638100	146385	1392900	270324	212100	27638
咸宁市	Xianning	370033	125859	799400	261502	130900	50769
随州市	Suizhou	205105	35321	483000	141316	109628	28000
湖南省	**Hunan**	**11083006**	**5295546**	**17140563**	**8355322**	**4762484**	**2667969**
长沙市	Changsha	1969362	1523744	2909482	2400025	1111165	894850
株洲市	Zhuzhou	568697	380937	1258584	786370	353985	267322
湘潭市	Xiangtan	391066	219388	994532	693288	320452	251330
衡阳市	Hengyang	822205	363822	1763183	718793	605884	287466
邵阳市	Shaoyang	730993	277327	1383505	500958	300119	115782
岳阳市	Yueyang	3498557	350098	1723882	667000	353146	24702
常德市	Changde	895449	414809	553793	231522	280177	136532
张家界市	Zhangjiajie	101369	34492	132997	42711	100200	27339
益阳市	Yiyang	666360	266399	1025210	485670	210000	87410
郴州市	Chenzhou	477590	200022	1513703	774781	274891	178776
永州市	Yongzhou	509819	177076	1685350	476925	242967	102465
怀化市	Huaihua	224434	84267	1160395	247428	277237	95231
娄底市	Loudi	227105	1003165	1035947	329851	332261	198764
广东省	**Guangdong**	**45477024**	**28186342**	**91037271**	**43142470**	**28401132**	**20959290**
广州市	Guangzhou	9255618		10546721		4417340	
韶关市	Shaoguan	513844	278331	2814438	838949	283371	174566
深圳市	Shenzhen	8706948	8706948	11578277	11578277	9421817	9421817
珠海市	Zhuhai	1059003	1059003	1554105	1554105	892406	892406
汕头市	Shantou	1275145	1264699	4551131	4489671	725649	720108
佛山市	Foshan	3446466	3446466	4796479	4796479	2201481	2201481
江门市	Jiangmen	1861874	936242			739990	444432
湛江市	Zhanjiang	1065665	558855	7042910	1416696	365886	227826
茂名市	Maoming	2115450	730649	6192842	2086440	261305	153563
肇庆市	Zhaoqing	744478	342825	4085797	628547	415387	230808
惠州市	Huizhou	2032576		4280729		1307447	
梅州市	Meizhou	731408	409045	4419748	727160	242923	135650
汕尾市	Shanwei	504331	144564	3005714	501469	166019	68604
河源市	Heyuan	730407	421964			274493	135317
阳江市	Yangjiang	488584	201171	2321681	518192	206978	72280
清远市	Qingyuan	1026356	636576	4047571	1438554	368076	246495
东莞市	Dongguan	6320282	6320282	6156884	6156884	3925945	3925945
中山市	Zhongshan	1917000	1917000	2599200	2599200	1510826	1510826
潮州市	Chaozhou	451768	349151	2587059	1612652	310979	254176
揭阳市	Jieyang	810144	350322	5774423	1891970	192216	95043
云浮市	Yunfu	419677	112249	2681562	307225	170598	47947
广西壮族自治区	**Guangxi**	**4916465**	**2815641**	**9862532**	**5056831**	**2125849**	**1168680**
南宁市	Nanning	983572	770452	1823740	1458191	449719	359693
柳州市	Liuzhou	876600	671825	1487488	1135359	346849	271282

2-41 续表 5 continued

单位：人 (person)

城　市	City	城镇职工基本养老保险参保人数 Number of Employees Joining Urban Basic Pension Insurance		城镇基本医疗保险参保人数 Number of Persons Joining Urban Basic Medical Care System		失业保险参保人数 Persons Covered of Unemployment Insurance	
		全　市 Total City	市辖区 Districts under City	全　市 Total City	市辖区 Districts under City	全　市 Total City	市辖区 Districts under City
桂林市	Guilin	686703	421303	1182702	596366	260431	157088
梧州市	Wuzhou	321729	217314	700640	361633	129994	75653
北海市	Beihai	196528	129958	261982	174265	97634	70122
防城港市	Fangchenggang	386842	211017	295680	183411	56658	39425
钦州市	Qinzhou	153790	80075	324180	142546	78103	37003
贵港市	Guigang	235203	116371	594047	324711	99535	46000
玉林市	Yulin	231205	34660	882414	148402	159999	19625
百色市	Baise	216590	29561	569087	61200	115644	9725
贺州市	Hezhou	130900	26300	306800	108000	65600	16600
河池市	Hechi	227437	21578	599912	93200	118692	10685
来宾市	Laibin	112389	47418	368249	162456	70478	34441
崇左市	Chongzuo	156977	37809	465611	107091	76513	21338
海南省	**Hainan**	**688047**	**688047**	**1017486**	**1017486**	**616270**	**616270**
海口市	Haikou	504716	504716	572528	572528	415950	415950
三亚市	Sanya	183140	183140	444646	444646	200129	200129
三沙市	Sansa	191	191	312	312	191	191
重庆市	**Chongqing**	**8147600**	**6868300**	**32568400**	**19222500**	**4390700**	**3648500**
四川省	**Sichuan**	**23000137**	**8794537**	**24214215**	**11662574**	**5821668**	**2940304**
成都市	Chengdu	5475100	2385872	5884300	2501849	3161500	1487630
自贡市	Zigong	645572	424746	868505	588531	126084	99443
攀枝花市	Panzhihua	502131	448248	629273	570339	225601	199449
泸州市	Luzhou	1014034	673143	1084735	584794	199392	125310
德阳市	Deyang	2019747	400325	1281303	843953	321168	164795
绵阳市	Mianyang	1015179	462892	1411315	735328	240121	146941
广元市	Guangyuan	475044	221067	697640	339080	139444	81864
遂宁市	Suining	1509670	471541	3391490	1331033	88900	51497
内江市	Neijiang	1925626	634801	900220	390321	125167	22097
乐山市	Leshan	912972	452853	1126408	621105	193320	142096
南充市	Nanchong	933605	409079	1723437	760853	173874	79471
眉山市	Meishan			719391	232094	102318	22219
宜宾市	Yibin	2373400	685406	978202	517890	229174	159017
广安市	Guang'an	502018	167024	826525	279213	108578	51143
达州市	Dazhou	2543412	603535	1075667	299946	159281	41680
雅安市	Ya'an	196238	58285	393212	139833	64851	11797
巴中市	Bazhong	285643	82488	317546	639601	71600	16044
资阳市	Ziyang	670746	213232	905046	286811	91295	37811
贵州省	**Guizhou**	**3485970**	**1650922**	**3512210**	**1991377**	**1448807**	**669106**
贵阳市	Guiyang	1460045	1319139	1201993	1056788	612341	543334
六盘水市	Liupanshui	1067400	43801	661100	215320	108300	15084
遵义市	Zunyi	507325	147874	779850	336164	387071	41620
安顺市	Anshun	161769	88110	408522	263591	88832	42287
毕节市	Bijie	183874	35300			159943	17400
铜仁市	Tongren	105557	16698	460745	119514	92320	9381

2-41 续表 6 continued

单位：人 (person)

城 市	City	城镇职工基本养老保险参保人数 Number of Employees Joining Urban Basic Pension Insurance		城镇基本医疗保险参保人数 Number of Persons Joining Urban Basic Medical Care System		失业保险参保人数 Persons Covered of Unemployment Insurance	
		全 市 Total City	市辖区 Districts under City	全 市 Total City	市辖区 Districts under City	全 市 Total City	市辖区 Districts under City
云南省	**Yunnan**	**5567792**	**1811152**	**7680838**	**2925072**	**1679201**	**789721**
昆明市	Kunming	1676766	1457172	5236568	2247201	896743	607997
曲靖市	Qujing	2950000	55961	472300	187000	238987	21084
玉溪市	Yuxi	229188	52834	488370	119225	144588	67217
保山市	Baoshan	119230	37013	333210	156240	80877	17339
昭通市	Zhaotong	255858	109281	394507	102659	112587	9800
丽江市	Lijiang	76200	18528	190900	21028	20315	10000
普洱市	Pu'er	159126	55420	330490	57124	99547	31089
临沧市	Lincang	101424	24943	234493	34595	85557	25195
西藏自治区	**Tibet**	**207647**		**62282**		**13550**	
拉萨市	Lasa	207647		62282		13550	
陕西省	**Shaanxi**	**6936440**	**4120539**	**12821534**	**7017116**	**3435332**	**2112708**
西安市	Xi'an	3129100	2502100	4177000	3685800	1494100	1195360
铜川市	Tongchuan	167936	156992	377872	357089	95331	90020
宝鸡市	Baoji	552237	408444	1007014	665963	322907	274471
咸阳市	Xianyang	549988	280641	1226150	628579	391567	188311
渭南市	Weinan	422595	154742	1415144	372618	299571	96208
延安市	Yan'an	1093494	151946	2229072	476900	194878	26037
汉中市	Hanzhong	376300	192418	798400	286358	226500	102493
榆林市	Yulin	270590	107798	756132	223970	199973	56908
安康市	Ankang	161395	91293	472652	220550	96200	48296
商洛市	Shangluo	212805	74165	362098	99289	114305	34604
甘肃省	**Gansu**	**1631113**	**1070310**	**4172998**	**1433522**	**1463201**	**383844**
兰州市	Lanzhou	661555	616467	1068383		572732	
嘉峪关市	Jiayuguan	86302	86302	139265	139265	53791	53791
金昌市	Jinchang	40508	28223	204793	154100	72794	60036
白银市	Baiyin	82001	57221	438484	261489	119955	87441
天水市	Tianshui	118908	19475	279837	137860	143650	21973
武威市	Wuwei	102309	69325	304393	207968	64761	41775
张掖市	Zhangye	102494	69813	287854	153586	70041	35682
平凉市	Pingliang	99900	23496	282635	73881	86900	11997
酒泉市	Jiuquan	116401	35194	276916	124612	65175	12101
庆阳市	Qingyang	74625	41270	282400	56313	82628	40334
定西市	Dingxi	93575	14397	312365	71535	83802	12922
陇南市	Longnan	52535	9127	295673	52913	46972	5792
青海省	**Qinghai**	**414018**	**307101**	**167270**	**22771**	**207898**	**148192**
西宁市	Xining	334544	292474			163400	137384
海东市	Haidong	79474	14627	167270	22771	44498	10808
宁夏回族自治区	**Ningxia**	**1218139**	**852710**	**4304455**	**1876145**	**722390**	**520130**
银川市	Yinchuan	631468	536131	1574663	939400	409167	328630
石嘴山市	Shizuishan	141996	105745	473500	231935	122605	105000
吴忠市	Wuzhong	166523	87210	1065524	299403	82108	30864
固原市	Guyuan	145156	44697	128950	37723	47150	20980
中卫市	Zhongwei	132996	78927	1061818	367684	61360	34656
新疆维吾尔自治区	**Xinjiang**	**1354666**	**1329400**	**2019525**	**1974416**	**927152**	**927152**
乌鲁木齐市	Urumqi	1109545	1084279	1738529	1693420	766382	766382
克拉玛依市	Karamay	245121	245121	280996	280996	160770	160770

2-42 市政公用事业(市辖区)

Municipal Public Utilities(Districts under City)

城　市	City	城市维护建设资金支出（万元） Expenditure for Maintaining and Building Cities (10 000 yuan)	年末实有城市道路面积（万平方米） Area of City Paved Roads at Year-end (10 000 sq.m)	排水管道长度（公里） Length of City Sewage Pipes (km)
城市合计	**Prefecture Cities**	**97335526**	**539669**	**415080**
北京市	**Beijing**	**11718830**	**10002**	**14290**
天津市	**Tianjin**	**1702666**	**13144**	**18748**
河北省	**Hebei**	**2167728**	**22120**	**12307**
石家庄市	Shijiazhuang	648042	5233	2046
唐山市	Tangshan	151543	3096	2350
秦皇岛市	Qinhuangdao	66015	1955	1869
邯郸市	Handan	379094	3126	1669
邢台市	Xingtai	56175	1461	804
保定市	Baoding	439438	2514	833
张家口市	Zhangjiakou	91023	1367	667
承德市	Chengde	48319	733	473
沧州市	Cangzhou	96388	968	557
廊坊市	Langfang	137520	925	641
衡水市	Hengshui	54171	742	398
山西省	**Shanxi**	**4460187**	**11409**	**6286**
太原市	Taiyuan	3738399	3941	2162
大同市	Datong	111900	2029	638
阳泉市	Yangquan	81575	620	352
长治市	Changzhi	278494	658	457
晋城市	Jincheng	85647	572	363
朔州市	Shuozhou	57028	530	417
晋中市	Jinzhong	3457	850	751
运城市	Yuncheng	28242	716	378
忻州市	Xinzhou	24781	552	398
临汾市	Linfen	40349	636	111
吕梁市	Lvliang	10315	305	259
内蒙古自治区	**Inner Mongolia**	**660230**	**15163**	**10013**
呼和浩特市	Hohhot	260560	2245	1996
包头市	Baotou	58456	2669	2087
乌海市	Wuhai	62862	1013	289
赤峰市	Chifeng	48579	2022	761
通辽市	Tongliao	65911	1189	766
鄂尔多斯市	Erdos	133581	2914	2133
呼伦贝尔市	Hulunbuir	15281	726	311
巴彦淖尔市	Bayannur	15000	1500	508
乌兰察布市	Ulanqab		885	1162
辽宁省	**Liaoning**	**2744935**	**24107**	**14405**
沈阳市	Shenyang	942938	8413	4108
大连市	Dalian	961337	4410	2679
鞍山市	Anshan	72560	1478	905
抚顺市	Fushun	69856	1396	933
本溪市	Benxi	198708	1024	362
丹东市	Dandong	68975	1055	785
锦州市	Jinzhou	48801	1115	535
营口市	Yingkou	4432	720	553

2-42 续表 1 continued

城 市	City	城市维护建设资金支出（万元）Expenditure for Maintaining and Building Cities (10 000 yuan)	年末实有城市道路面积（万平方米）Area of City Paved Roads at Year-end (10 000 sq.m)	排水管道长度（公里）Length of City Sewage Pipes (km)
阜新市	Fuxin	12344	517	285
辽阳市	Liaoyang	86655	1341	885
盘锦市	Panjin	86946	942	638
铁岭市	Tieling	17838	695	448
朝阳市	Chaoyang	19245	421	659
葫芦岛市	Huludao	154300	580	630
吉林省	**Jilin**	**1119981**	**14062**	**8185**
长春市	Changchun	738833	7113	4962
吉林市	Jilin	125148	2077	1271
四平市	Siping	27646	1818	651
辽源市	Liaoyuan	28897	525	198
通化市	Tonghua	53171	845	328
白山市	Baishan	47378	491	242
松原市	Songyuan	12800	875	225
白城市	Baicheng	86108	318	308
黑龙江省	**Heilongjiang**	**876233**	**16191**	**7847**
哈尔滨市	Harbin		4872	2830
齐齐哈尔市	Qiqihar	87963	944	723
鸡西市	Jixi	27167	649	319
鹤岗市	Hegang	14893	450	310
双鸭山市	Shuangyashan	1823	397	261
大庆市	Daqing	427999	3456	1528
伊春市	Yichun	60913	916	491
佳木斯市	Jiamusi	23992	573	492
七台河市	Qitaihe	55470	485	174
牡丹江市	Mudanjiang	166342	981	430
黑河市	Heihe	1529	168	109
绥化市	Suihua	8142	2300	180
上海市	**Shanghai**	**2661719**	**10550**	**20972**
江苏省	**Jiangsu**	**9669100**	**56326**	**51583**
南京市	Nanjing	3196954	13495	7910
无锡市	Wuxi	414120	6213	12687
徐州市	Xuzhou	425149	4310	2094
常州市	Changzhou	362755	3934	4876
苏州市	Suzhou	2491649	8257	7819
南通市	Nantong	833035	4523	3907
连云港市	Lianyungang	540677	1775	1501
淮安市	Huai'an	326000	2910	1977
盐城市	Yancheng	96170	2336	1494
扬州市	Yangzhou	299241	2367	2311
镇江市	Zhenjiang	253307	2148	1987
泰州市	Taizhou	167042	2228	1674
宿迁市	Suqian	263001	1830	1346
浙江省	**Zhejiang**	**4801509**	**25062**	**24623**
杭州市	Hangzhou	1259187	6145	5012
宁波市	Ningbo	762250	2951	4670

2-42 续表 2 continued

城市	City	城市维护建设资金支出（万元）Expenditure for Maintaining and Building Cities (10 000 yuan)	年末实有城市道路面积（万平方米）Area of City Paved Roads at Year-end (10 000 sq.m)	排水管道长度（公里）Length of City Sewage Pipes (km)
温州市	Wenzhou	967975	2793	3167
嘉兴市	Jiaxing	26781	1237	785
湖州市	Huzhou	239875	2210	1955
绍兴市	Shaoxing	455362	2608	2568
金华市	Jinhua	159788	1659	1575
衢州市	Quzhou	129075	1103	1224
舟山市	Zhoushan	458950	1082	938
台州市	Taizhou	187521	2841	2149
丽水市	Lishui	154745	433	580
安徽省	**Anhui**	**5260115**	**26735**	**22391**
合肥市	Hefei	2311296	5850	7623
芜湖市	Wuhu	355336	3337	2766
蚌埠市	Bengbu	401456	1788	1127
淮南市	Huainan	232510	1480	706
马鞍山市	Maanshan	310899	1248	1415
淮北市	Huaibei	231760	1099	167
铜陵市	Tongling	174930	501	1203
安庆市	Anqing	128936	1117	1041
黄山市	Huangshan	83453	745	479
滁州市	Chuzhou	183537	1798	1366
阜阳市	Fuyang	270223	1914	874
宿州市	Suzhou	33117	1435	803
六安市	Lu'an	94377	1255	508
亳州市	Bozhou	109282	1438	1038
池州市	Chizhou	74003	761	559
宣城市	Xuancheng	265000	969	716
福建省	**Fujian**	**2334239**	**11873**	**9683**
福州市	Fuzhou	1293280	2611	2084
厦门市	Xiamen		3602	2615
莆田市	Putian	43981	831	1964
三明市	Sanming	27388	355	197
泉州市	Quanzhou	898034	2236	1375
漳州市	Zhangzhou	51504	1111	814
南平市	Nanping	825	254	161
龙岩市	Longyan	17151	467	256
宁德市	Ningde	2076	406	217
江西省	**Jiangxi**	**1539950**	**13441**	**9353**
南昌市	Nanchang	60446	3774	2355
景德镇市	Jingdezhen	56412	805	709
萍乡市	Pingxiang	145313	711	384
九江市	Jiujiang	243577	1530	1144
新余市	Xinyu	206520	1119	795
鹰潭市	Yingtan	89398	375	173
赣州市	Ganzhou	84877	1465	1177
吉安市	Ji'an	193599	804	519
宜春市	Yichun	403364	802	576
抚州市	Fuzhou	48867	1117	780
上饶市	Shangrao	7577	939	741

2-42 续表 3 continued

城 市	City	城市维护建设资金支出(万元) Expenditure for Maintaining and Building Cities (10 000 yuan)	年末实有城市道路面积(万平方米) Area of City Paved Roads at Year-end (10 000 sq.m)	排水管道长度(公里) Length of City Sewage Pipes (km)
山东省	**Shandong**	**6398090**	**56808**	**35537**
济南市	Jinan	1332109	7980	2583
青岛市	Qingdao	929458	7908	6840
淄博市	Zibo	250475	3864	2638
枣庄市	Zaozhuang	119357	2410	1206
东营市	Dongying	213547	2296	997
烟台市	Yantai	632600	3396	3326
潍坊市	Weifang	155509	3590	2157
济宁市	Jining	178867	4456	1443
泰安市	Tai'an	182800	1710	878
威海市	Weihai	243735	2981	3612
日照市	Rizhao	1075504	1981	1385
莱芜市	Laiwu	62043	1757	1024
临沂市	Linyi	500846	4037	2374
德州市	Dezhou	153885	2846	1164
聊城市	Liaocheng	117292	2263	1376
滨州市	Binzhou	10025	1831	1711
菏泽市	Heze	240038	1502	823
河南省	**Henan**	**2086127**	**21121**	**14671**
郑州市	Zhengzhou	1189243	4174	3592
开封市	Kaifeng	28500	1342	810
洛阳市	Luoyang	66950	2349	1598
平顶山市	Pingdingshan	43953	1081	456
安阳市	Anyang	40370	996	847
鹤壁市	Hebi	112933	746	411
新乡市	Xinxiang	53140	1100	835
焦作市	Jiaozuo	57975	1248	912
濮阳市	Puyang	38985	668	613
许昌市	Xuchang	95189	622	519
漯河市	Luohe	10189	810	481
三门峡市	Sanmenxia	23575	316	215
南阳市	Nanyang	115189	2018	1321
商丘市	Shangqiu	58756	918	421
信阳市	Xinyang	34757	876	339
周口市	Zhoukou	81788	773	599
驻马店市	Zhumadian	34635	1084	702
湖北省	**Hubei**	**3956408**	**21306**	**16332**
武汉市	Wuhan	2135082	8880	9102
黄石市	Huangshi	96462	1552	1028
十堰市	Shiyan	138872	1032	861
宜昌市	Yichang	1101672	1879	1024
襄阳市	Xiangyang	16724	2009	1113
鄂州市	Ezhou	150118	1167	621

2-42 续表 4 continued

城市	City	城市维护建设资金支出(万元) Expenditure for Maintaining and Building Cities (10 000 yuan)	年末实有城市道路面积(万平方米) Area of City Paved Roads at Year-end (10 000 sq.m)	排水管道长度(公里) Length of City Sewage Pipes (km)
荆门市	Jingmen	30439	876	777
孝感市	Xiaogan	131496	929	370
荆州市	Jingzhou	70823	993	559
黄冈市	Huanggang	69010	975	359
咸宁市	Xianning	13980	532	246
随州市	Suizhou	1730	482	272
湖南省	**Hunan**	**2292045**	**17514**	**15666**
长沙市	Changsha	684500	4382	6930
株洲市	Zhuzhou	466598	2012	1004
湘潭市	Xiangtan	138710	1475	1030
衡阳市	Hengyang	10393	2257	1079
邵阳市	Shaoyang	180683	1100	836
岳阳市	Yueyang	179500	1115	1271
常德市	Changde	312896	1508	701
张家界市	Zhangjiajie	6000	386	231
益阳市	Yiyang	184440	844	850
郴州市	Chenzhou	16208	850	451
永州市	Yongzhou	16200	695	493
怀化市	Huaihua	66020	445	346
娄底市	Loudi	29897	445	444
广东省	**Guangdong**	**10058631**	**54317**	**37605**
广州市	Guangzhou	3851583	10414	10078
韶关市	Shaoguan		735	521
深圳市	Shenzhen	431695	11633	11634
珠海市	Zhuhai	674899	5101	1430
汕头市	Shantou	980528	2500	1685
佛山市	Foshan			2536
江门市	Jiangmen	387400		
湛江市	Zhanjiang	16424	1035	780
茂名市	Maoming	23012	648	384
肇庆市	Zhaoqing	482372	1124	792
惠州市	Huizhou	578104	2812	2596
梅州市	Meizhou	264521	809	565
汕尾市	Shanwei	15300	260	244
河源市	Heyuan	28961	415	393
阳江市	Yangjiang	43293	694	416
清远市	Qingyuan			733
东莞市	Dongguan	2250294	13947	985
中山市	Zhongshan	7538	838	1080
潮州市	Chaozhou		494	330
揭阳市	Jieyang	22462	763	361
云浮市	Yunfu	245	95	62
广西壮族自治区	**Guangxi**	**5494450**	**13764**	**7358**
南宁市	Nanning	2686598	3861	792
柳州市	Liuzhou	1477232	1894	1254

2-42 续表 5 continued

城　市	City	城市维护建设资金支出(万元) Expenditure for Maintaining and Building Cities (10 000 yuan)	年末实有城市道路面积(万平方米) Area of City Paved Roads at Year-end (10 000 sq.m)	排水管道长度(公里) Length of City Sewage Pipes (km)
桂林市	Guilin	573702	976	582
梧州市	Wuzhou	62574	847	333
北海市	Beihai	89776	880	818
防城港市	Fangchenggang	101878	633	467
钦州市	Qinzhou	29321	1049	657
贵港市	Guigang	60283	787	374
玉林市	Yulin	20373	956	730
百色市	Baise	167038	430	297
贺州市	Hezhou	39845	316	235
河池市	Hechi	42941	213	234
来宾市	Laibin	91689	618	487
崇左市	Chongzuo	51200	304	98
海南省	**Hainan**	**419053**	**1919**	**1758**
海口市	Haikou		1483	1146
三亚市	Sanya	419053	430	594
三沙市	Sansa		6	18
重庆市	**Chongqing**	**3371242**	**14528**	**11081**
四川省	**Sichuan**	**1415975**	**22063**	**17546**
成都市	Chengdu		7404	7014
自贡市	Zigong	41931	1537	126
攀枝花市	Panzhihua	105812	821	640
泸州市	Luzhou	156047	1369	931
德阳市	Deyang	73306	784	583
绵阳市	Mianyang	63140	1543	1894
广元市	Guangyuan	71260	555	584
遂宁市	Suining	49091	1868	791
内江市	Neijiang	137380	471	322
乐山市	Leshan	67729	853	604
南充市	Nanchong	235000	1500	1311
眉山市	Meishan	71816	575	475
宜宾市	Yibin	45673	530	575
广安市	Guang'an	210546	662	267
达州市	Dazhou	4830	400	550
雅安市	Ya'an	71880	341	287
巴中市	Bazhong	3150	350	243
资阳市	Ziyang	7384	500	349
贵州省	**Guizhou**	**713037**	**4932**	**4824**
贵阳市	Guiyang	105238	2611	3520
六盘水市	Liupanshui	9717	658	393
遵义市	Zunyi	28628	552	222
安顺市	Anshun	552271	457	372
毕节市	Bijie	15822	325	281
铜仁市	Tongren	1361	329	36

2-42 续表 6 continued

城 市	City	城市维护建设资金支出(万元) Expenditure for Maintaining and Building Cities (10 000 yuan)	年末实有城市道路面积(万平方米) Area of City Paved Roads at Year-end (10 000 sq.m)	排水管道长度(公里) Length of City Sewage Pipes (km)
云南省	**Yunnan**	**2906312**	**10230**	**6728**
昆明市	Kunming	2757966	7080	4290
曲靖市	Qujing	72514	1017	607
玉溪市	Yuxi	30035	667	440
保山市	Baoshan	4350	417	198
昭通市	Zhaotong	8674	390	202
丽江市	Lijiang	24103	180	360
普洱市	Pu'er	4585	265	456
临沧市	Lincang	4085	214	175
西藏自治区	**Tibet**	**2468**	**381**	**236**
拉萨市	Lasa	2468	381	236
陕西省	**Shaanxi**	**5430525**	**13504**	**7324**
西安市	Xi'an	3646581	7200	4373
铜川市	Tongchuan	193464	460	380
宝鸡市	Baoji	519790	1305	586
咸阳市	Xianyang	277584	1023	310
渭南市	Weinan	15568	1438	660
延安市	Yan'an	21841	227	92
汉中市	Hanzhong	150276	299	154
榆林市	Yulin	261735	852	446
安康市	Ankang	290886	514	186
商洛市	Shangluo	52800	186	137
甘肃省	**Gansu**	**376575**	**6671**	**3643**
兰州市	Lanzhou	223862	1959	1196
嘉峪关市	Jiayuguan	6000	394	381
金昌市	Jinchang	17824	463	96
白银市	Baiyin	23167	627	172
天水市	Tianshui	43519	601	315
武威市	Wuwei	6943	360	182
张掖市	Zhangye	4833	617	285
平凉市	Pingliang	1013	560	369
酒泉市	Jiuquan	9372	454	297
庆阳市	Qingyang	23378	309	159
定西市	Dingxi	15268	261	135
陇南市	Longnan	1396	66	56
青海省	**Qinghai**	**409664**	**990**	**883**
西宁市	Xining	409664	913	818
海东市	Haidong		77	65
宁夏回族自治区	**Ningxia**	**104015**	**5288**	**1325**
银川市	Yinchuan		1881	683
石嘴山市	Shizuishan	61671	1568	113
吴忠市	Wuzhong	6052	515	138
固原市	Guyuan	19028	782	294
中卫市	Zhongwei	17264	542	97
新疆维吾尔自治区	**Xinjiang**	**183487**	**4148**	**1877**
乌鲁木齐市	Urumqi		3101	1442
克拉玛依市	Karamay	183487	1047	435

2-43 供水、用水及用电情况(市辖区)

Water Supply, Water Consumption and Electricity Consumption (Districts under City)

城市	City	供水总量 (万吨) Water Supply (10 000 tons)	居民生活用水量 Water Consumption for Residential Use	全社会用电量 (万千瓦时) Annual Electricity Consumption (10 000 kwh)	工业用电 Electricity Consumption for Industrial	城乡居民生活用电 Household Electricity Consumption for Urban and Rural Residential
城市合计	**Prefecture Cities**	**4769240**	**1773131**	**275610306**	**183021143**	**34624551**
北京市	**Beijing**	**182419**	**71117**	**9139017**	**3045114**	**1646395**
天津市	**Tianjin**	**81249**	**35691**	**7943612**	**5590727**	**780920**
河北省	**Hebei**	**119848**	**39011**	**14361552**	**11158333**	**891680**
石家庄市	Shijiazhuang	19098	8073	2228556	1374272	269869
唐山市	Tangshan	28123	6060	5497923	5028720	101443
秦皇岛市	Qinhuangdao	19245	5980	664064	361466	82208
邯郸市	Handan	14633	4800	1522072	1300942	68051
邢台市	Xingtai	5206	1937	500258	359026	46324
保定市	Baoding	8796	3369	855893	524139	72143
张家口市	Zhangjiakou	8352	2227	736234	524570	53148
承德市	Chengde	4978	1653	444457	352122	33236
沧州市	Cangzhou	3952	1492	764329	507571	53602
廊坊市	Langfang	5001	2249	730950	530294	74804
衡水市	Hengshui	2464	1171	416816	295211	36852
山西省	**Shanxi**	**71748**	**31458**	**5716509**	**3846831**	**654588**
太原市	Taiyuan	34068	15223	2058282	1389629	275957
大同市	Datong	8621	3281	815256	569453	98123
阳泉市	Yangquan	5137	1456	655615	460419	27697
长治市	Changzhi	7517	4333	366547	273251	49736
晋城市	Jincheng	2964	1229	165109	115152	16564
朔州市	Shuozhou	2173	897	581519	473097	10583
晋中市	Jinzhong	3377	1318	308012	143200	31800
运城市	Yuncheng	2356	792	249151	103280	69868
忻州市	Xinzhou	2261	931	139700	69400	14700
临汾市	Linfen	2467	1502	297718	171450	59560
吕梁市	Lvliang	807	496	79600	78500	
内蒙古自治区	**Inner Mongolia**	**79917**	**17276**	**6840507**	**5541867**	**583499**
呼和浩特市	Hohhot	14876	3309	672430	284356	155984
包头市	Baotou	17495	3609	2510957	2278894	186610
乌海市	Wuhai	4016	1802	1691538	1621879	28332
赤峰市	Chifeng	10917	2506	581360	381613	56129
通辽市	Tongliao	23471	1640	763331	592055	51465
鄂尔多斯市	Erdos	3583	1859	190800	103300	27400
呼伦贝尔市	Hulunbuir	2541	1187	158470	103441	26487
巴彦淖尔市	Bayannur	1610	643	120521	94029	26492
乌兰察布市	Ulanqab	1408	721	151100	82300	24600
辽宁省	**Liaoning**	**240655**	**57339**	**12571269**	**9253713**	**1225413**
沈阳市	Shenyang	57169	20822	2538214	1252098	422347
大连市	Dalian	39210	11364	2559994	1718429	291226

2-43 续表 1 continued

城 市	City	供水总量 (万吨) Water Supply (10 000 tons)	居民生活用水量 Water Consumption for Residential Use	全社会用电量 (万千瓦时) Annual Electricity Consumption (10 000 kwh)	工业用电 Electricity Consumption for Industrial	城乡居民生活用电 Household Electricity Consumption for Urban and Rural Residential
鞍山市	Anshan	30410	3664	1640013	1426556	85935
抚顺市	Fushun	21213	2491	1050452	902184	73381
本溪市	Benxi	25702	1768	1265791	1159933	50367
丹东市	Dandong	5409	1525			
锦州市	Jinzhou	14518	2556	495963	367473	52032
营口市	Yingkou	7160	1973	1073345	886432	63148
阜新市	Fuxin	7503	2995	391497	277278	50326
辽阳市	Liaoyang	11218	2022	613103	515446	44694
盘锦市	Panjin	7022	1994	528646	442285	31964
铁岭市	Tieling	3837	1242	151909	112751	30255
朝阳市	Chaoyang	4917	999	262342	192848	29738
葫芦岛市	Huludao	5367	1924			
吉林省	**Jilin**	**77831**	**24363**	**4016375**	**2782482**	**487604**
长春市	Changchun	26587	9974	1428668	771769	196983
吉林市	Jilin	24186	6083	1254690	1032560	138520
四平市	Siping	5240	1816	246386	162687	22386
辽源市	Liaoyuan	3545	760	200806	162104	20088
通化市	Tonghua	6562	1833	203693	156371	29483
白山市	Baishan	4581	970	211485	164083	26597
松原市	Songyuan	5323	2127	349745	268010	29063
白城市	Baicheng	1807	800	120902	64898	24484
黑龙江省	**Heilongjiang**	**124366**	**30275**	**5916179**	**4109515**	**777445**
哈尔滨市	Harbin	37639	13391	1726337	812720	378636
齐齐哈尔市	Qiqihar	9590	2472	526015	373994	63797
鸡西市	Jixi	2540	1203	370144	209405	37654
鹤岗市	Hegang	4513	1083	328852	231709	54337
双鸭山市	Shuangyashan	2539	1075	233668	216118	9745
大庆市	Daqing	26806	4446	1948706	1793604	72714
伊春市	Yichun	4899	1571	185255	103258	31972
佳木斯市	Jiamusi	6628	1740	182915	89584	44629
七台河市	Qitaihe	3804	800	261088	197474	26155
牡丹江市	Mudanjiang	23804	1685			
黑河市	Heihe	621	257	85679	63524	8411
绥化市	Suihua	983	552	67520	18125	49395
上海市	**Shanghai**	**317260**	**100165**	**13465607**	**7713718**	**1702338**
江苏省	**Jiangsu**	**395986**	**132893**	**25057415**	**18026583**	**2730283**
南京市	Nanjing	122404	38216	4704973	2890160	607393
无锡市	Wuxi	40726	14226	2720191	1958780	281079
徐州市	Xuzhou	25950	6289	1979190	1530186	196026
常州市	Changzhou	25408	8947	2804947	2189134	244538

2-43 续表 2 continued

城　市	City	供水总量 (万吨) Water Supply (10 000 tons)	居民生活用水量 Water Consumption for Residential Use	全社会用电量 (万千瓦时) Annual Electricity Consumption (10 000 kwh)	工业用电 Electricity Consumption for Industrial	城乡居民生活用电 Household Electricity Consumption for Urban and Rural Residential
苏州市	Suzhou	72698	22587	5454612	4176415	461407
南通市	Nantong	22686	9954	1368629	991734	162618
连云港市	Lianyungang	10719	3099	954477	666062	125526
淮安市	Huai'an	15881	5600	933676	664984	135105
盐城市	Yancheng	7817	4390	471912	266677	92015
扬州市	Yangzhou	17878	7752	1125263	751058	172246
镇江市	Zhenjiang	16929	5818	1044933	818367	85213
泰州市	Taizhou	9258	3556	784406	568423	97115
宿迁市	Suqian	7632	2459	710206	554603	70002
浙江省	**Zhejiang**	**229991**	**83921**	**16961502**	**11968405**	**1995272**
杭州市	Hangzhou	66172	26894	5527078	3550615	725608
宁波市	Ningbo	50111	18521	3181606	2374295	297208
温州市	Wenzhou	24840	10418	1282475	779475	250194
嘉兴市	Jiaxing	9371	2486	1013706	800089	76542
湖州市	Huzhou	9006	3852	780792	561503	87347
绍兴市	Shaoxing	35758	6231	2501567	2077161	175294
金华市	Jinhua	6380	3513	503986	309239	87213
衢州市	Quzhou	5211	1875	679802	572386	48958
舟山市	Zhoushan	4730	1981	352190	189102	60586
台州市	Taizhou	14427	6544	954879	651513	153237
丽水市	Lishui	3985	1606	183421	103027	33085
安徽省	**Anhui**	**156911**	**58500**	**7503156**	**5220653**	**941133**
合肥市	Hefei	40439	19697	1285143	561945	236034
芜湖市	Wuhu	16931	6038	936850	728164	77287
蚌埠市	Bengbu	16560	4172	411497	268979	53101
淮南市	Huainan	8116	3843	541206	396236	78469
马鞍山市	Maanshan	17125	3983	1225297	1119492	37341
淮北市	Huaibei	5516	2576	337644	250073	45621
铜陵市	Tongling	6761	2766	587698	523640	24535
安庆市	Anqing	9605	2554	386258	294530	42360
黄山市	Huangshan	3920	1404	126689	51207	28245
滁州市	Chuzhou	5953	1530	215919	131139	27879
阜阳市	Fuyang	6806	1598	295685	183500	41917
宿州市	Suzhou	4958	2372	338139	202274	64327
六安市	Lu'an	5174	1920	137480	69318	62091
亳州市	Bozhou	3119	1443	155237	48709	59529
池州市	Chizhou	2857	1168	322179	263389	27015
宣城市	Xuancheng	3071	1436	200235	128058	35382

2-43 续表 3 continued

城市	City	供水总量 (万吨) Water Supply (10 000 tons)	居民生活用水量 Water Consumption for Residential Use	全社会用电量 (万千瓦时) Annual Electricity Consumption (10 000 kwh)	工业用电 Electricity Consumption for Industrial	城乡居民生活用电 Household Electricity Consumption for Urban and Rural Residential
福建省	**Fujian**	**123172**	**43410**	**6737567**	**3712310**	**1100836**
福州市	Fuzhou	32475	12921	1151420	360666	
厦门市	Xiamen	41857	14278	2136462	1165134	450383
莆田市	Putian	10210	3601	603415	309015	175811
三明市	Sanming	6379	1404	444754	362426	29896
泉州市	Quanzhou	14673	4985	814315	484674	175721
漳州市	Zhangzhou	4798	2465	592124	366840	113506
南平市	Nanping	2592	1147	434571	347062	40586
龙岩市	Longyan	7980	1443	412825	263149	69010
宁德市	Ningde	2208	1166	147681	53344	45923
江西省	**Jiangxi**	**98329**	**38913**	**3856675**	**2478689**	**605281**
南昌市	Nanchang	44231	14475	1135203	597833	199910
景德镇市	Jingdezhen	5114	2747	164325	122341	33760
萍乡市	Pingxiang	3950	1604	417446	332835	46060
九江市	Jiujiang	8212	3252	376700	270100	46946
新余市	Xinyu	5902	2350	762921	681223	38246
鹰潭市	Yingtan	2236	822	70268	24645	15516
赣州市	Ganzhou	10929	5063	384408	201129	91912
吉安市	Ji'an	3570	1698	144110	79210	24533
宜春市	Yichun	4559	2626	173790	83317	41150
抚州市	Fuzhou	5375	2843	145692	69698	39064
上饶市	Shangrao	4251	1433	81812	16358	28184
山东省	**Shandong**	**255465**	**79245**	**19728998**	**14752965**	**2099023**
济南市	Jinan	34387	13394	1850239	974803	340177
青岛市	Qingdao	46649	14833	2010951	1162828	334836
淄博市	Zibo	26573	5937	2464849	2079289	188334
枣庄市	Zaozhuang	10126	3367	672781	484804	91642
东营市	Dongying	9234	2501	1535430	1420933	38543
烟台市	Yantai	17469	5274	1298736	952696	144804
潍坊市	Weifang	14843	3702	1298300	997300	133300
济宁市	Jining	15910	5039	967468	722794	97086
泰安市	Tai'an	7120	2221	419444	227718	83030
威海市	Weihai	10375	2322	682884	471590	84392
日照市	Rizhao	7324	2382	1277313	1080187	75214
莱芜市	Laiwu	4922	1960	1079857	975002	49168
临沂市	Linyi	19859	6713	1694523	1288734	194529
德州市	Dezhou	10912	2671	704083	569850	52871
聊城市	Liaocheng	6684	2449	499881	357881	64793
滨州市	Binzhou	7239	2626	624251	502134	53509
菏泽市	Heze	5839	1854	648008	484422	72795

2-43 续表 4 continued

城 市	City	供水总量 (万吨) Water Supply (10 000 tons)	居民生活用水量 Water Consumption for Residential Use	全社会用电量 (万千瓦时) Annual Electricity Consumption (10 000 kwh)	工业用电 Electricity Consumption for Industrial	城乡居民生活用电 Household Electricity Consumption for Urban and Rural Residential
河南省	**Henan**	**144600**	**53817**	**15216779**	**11721464**	**1407867**
郑州市	Zhengzhou	34131	15488	3639902	2422899	424997
开封市	Kaifeng	7961	2725	597249	408292	90528
洛阳市	Luoyang	16298	6827	1877765	1576153	125852
平顶山市	Pingdingshan	10322	3412	745154	610614	62462
安阳市	Anyang	5185	2618	1595877	1408015	92046
鹤壁市	Hebi	5753	1926	373112	301965	26230
新乡市	Xinxiang	7716	3174	780446	575255	76122
焦作市	Jiaozuo	8013	2488	1453974	1330330	51336
濮阳市	Puyang	5467	1530	483669	396585	40159
许昌市	Xuchang	4612	1556	294369	205060	43311
漯河市	Luohe	9923	1665	318798	198865	56411
三门峡市	Sanmenxia	1784	1238	163144	139293	22591
南阳市	Nanyang	9545	2726	1018559	814146	62235
商丘市	Shangqiu	4335	1791	886005	696108	94612
信阳市	Xinyang	4160	2301	399437	215606	72161
周口市	Zhoukou	3681	970	149136	87160	26603
驻马店市	Zhumadian	5714	1382	440183	335118	40211
湖北省	**Hubei**	**221707**	**86577**	**8183956**	**5378647**	**1232146**
武汉市	Wuhan	130735	50073	3758831	2140852	614487
黄石市	Huangshi	14087	4944	652798	545139	49785
十堰市	Shiyan	11007	4641	410603	284403	60065
宜昌市	Yichang	10850	4222	733908	581375	62445
襄阳市	Xiangyang	19278	6378	607442	389353	106726
鄂州市	Ezhou	4663	2787	640954	549618	50565
荆门市	Jingmen	7183	2437	405468	318573	38313
孝感市	Xiaogan	4611	2119	184204	89356	53576
荆州市	Jingzhou	8130	3683	421260	288069	117746
黄冈市	Huanggang	4068	2116	91875	41727	24219
咸宁市	Xianning	3220	1530	159349	85282	29481
随州市	Suizhou	3875	1647	117264	64900	24738
湖南省	**Hunan**	**172822**	**79660**	**6530483**	**3842864**	**1191875**
长沙市	Changsha	55589	33880	1382042	387454	465045
株洲市	Zhuzhou	17609	9640	785926	528818	92659
湘潭市	Xiangtan	12130	4040	765338	618036	77682
衡阳市	Hengyang	20128	4743	664705	439636	84972
邵阳市	Shaoyang	7602	3357	162359	83777	41039
岳阳市	Yueyang	16580	4938	677738	486999	81307
常德市	Changde	8521	4042	315314	174566	75972
张家界市	Zhangjiajie	2725	1077	96667	28345	29693
益阳市	Yiyang	5358	2450	216124	149696	52042
郴州市	Chenzhou	7468	3944	387200	282500	36200
永州市	Yongzhou	8675	2176	221346	116664	63472
怀化市	Huaihua	5125	2445	173281	39498	51551
娄底市	Loudi	5312	2928	682443	506875	40241

2-43 续表 5 continued

城 市	City	供水总量 (万吨) Water Supply (10 000 tons)	居民生活用水量 Water Consumption for Residential Use	全社会用电量 (万千瓦时) Annual Electricity Consumption (10 000 kwh)	工业用电 Electricity Consumption for Industrial	城乡居民生活用电 Household Electricity Consumption for Urban and Rural Residential
广东省	**Guangdong**	**864363**	**360584**	**39801987**	**25501400**	**6135769**
广州市	Guangzhou	200442	94571	6906076	3403486	1449948
韶关市	Shaoguan	8741	4733	649772	474769	72527
深圳市	Shenzhen	164132	95274	7799339	4722889	1190375
珠海市	Zhuhai	36819	11172	1343224	841790	197561
汕头市	Shantou	28534	15246	1716458	1099622	387602
佛山市	Foshan	137014	47936	5641251	4064164	669654
江门市	Jiangmen			1114644	759149	101291
湛江市	Zhanjiang	12638	6267			
茂名市	Maoming	6284	3795	654498	467325	98493
肇庆市	Zhaoqing	11757	3950	331750	191567	56758
惠州市	Huizhou	25892	10681	1727088	1197381	230258
梅州市	Meizhou	4550	2304	268178	142113	69457
汕尾市	Shanwei	3459	1402	235582	17415	120916
河源市	Heyuan	6803	2631	220338	117704	51233
阳江市	Yangjiang	7939	3953	420123	283100	48305
清远市	Qingyuan	7295	3096	949183	713755	94578
东莞市	Dongguan	158864	43222	6609853	4829488	816385
中山市	Zhongshan	24926	3688	2376382	1577676	366395
潮州市	Chaozhou	5015	2174	715688	523265	92929
揭阳市	Jieyang	10234	3248			
云浮市	Yunfu	3025	1241	122560	74742	21104
广西壮族自治区	**Guangxi**	**144399**	**56381**	**5737911**	**3814541**	**992056**
南宁市	Nanning	40150	20765	1108120	576020	306532
柳州市	Liuzhou	49610	9047	860562	595023	130515
桂林市	Guilin	10482	5604	278519	96706	90056
梧州市	Wuzhou	6643	2813	310085	234087	33150
北海市	Beihai	5186	2440	367605	222366	68652
防城港市	Fangchenggang	4382	1125	422054	334494	32641
钦州市	Qinzhou	5070	2109	403367	320105	54413
贵港市	Guigang	4759	2194	411743	297686	72026
玉林市	Yulin	6031	3164	228961	110513	64379
百色市	Baise	3014	1548	377456	314470	34009
贺州市	Hezhou	2707	1300	446311	369142	46149
河池市	Hechi	2412	1608	24269	16298	4856
来宾市	Laibin	2495	1917	411153	263404	40381
崇左市	Chongzuo	1458	747	87706	64227	14297

2-43 续表 6 continued

城　市	City	供水总量 (万吨) Water Supply (10 000 tons)	居民生活用水量 Water Consumption for Residential Use	全社会用电量 (万千瓦时) Annual Electricity Consumption (10 000 kwh)	工业用电 Electricity Consumption for Industrial	城乡居民生活用电 Household Electricity Consumption for Urban and Rural Residential
海南省	**Hainan**	**31854**	**3521**	**906799**	**229871**	**191147**
海口市	Haikou	21193		603390	160738	108325
三亚市	Sanya	10661	3521	303186	69133	82822
三沙市	Sansa			223		
重庆市	**Chongqing**	**112859**	**52682**	**7109800**	**4670329**	**1053859**
四川省	**Sichuan**	**188267**	**96700**	**8047620**	**4667191**	**1467345**
成都市	Chengdu	93134	52207	2332426	821900	570117
自贡市	Zigong	5538	2534	223555	129452	52421
攀枝花市	Panzhihua	15262	3379	995867	899957	43942
泸州市	Luzhou	8117	4030	413954	249376	74459
德阳市	Deyang	5588	2381	279984	180184	45037
绵阳市	Mianyang	9788	5232	484537	269660	89902
广元市	Guangyuan	3632	2103	367760	266352	36673
遂宁市	Suining	4123	2010	163434	74126	44146
内江市	Neijiang	4022	2202	172595	85294	48427
乐山市	Leshan	4801	2756	730976	494964	83783
南充市	Nanchong	8309	4130	255705	120833	79032
眉山市	Meishan	2978	1687	185111	105186	42731
宜宾市	Yibin	6201	3031	356039	215354	80104
广安市	Guang'an	2383	1089	222615	161666	19337
达州市	Dazhou	6952	4301	429097	340510	46538
雅安市	Ya'an	2449	1146	231986	177796	37997
巴中市	Bazhong	2523	1317	99267	26822	40329
资阳市	Ziyang	2467	1165	102712	47759	32370
贵州省	**Guizhou**	**45082**	**21813**	**3123981**	**2126485**	**645067**
贵阳市	Guiyang	28156	12835	1576332	933877	425289
六盘水市	Liupanshui	4424	1578	373769	338639	
遵义市	Zunyi	5724	3833	352005	246269	105736
安顺市	Anshun	2369	1293	360960	288606	30940
毕节市	Bijie	2286	1172	185723	105524	57524
铜仁市	Tongren	2123	1102	275192	213570	25578
云南省	**Yunnan**	**55900**	**21428**	**2270990**	**1522868**	**415932**
昆明市	Kunming	40519	13300	1027164	624841	243205
曲靖市	Qujing	3818	2188	371745	284701	41753
玉溪市	Yuxi	2851	1465	403260	377074	26186
保山市	Baoshan	1985	860	99748	56055	32922
昭通市	Zhaotong	1571	1020	165105	83028	33009
丽江市	Lijiang	1986	592	71950	19444	12115
普洱市	Pu'er	1921	1038	81323	47040	15689
临沧市	Lincang	1249	965	50695	30685	11053

2-43 续表 7 continued

城市	City	供水总量 (万吨) Water Supply (10 000 tons)	居民生活用水量 Water Consumption for Residential Use	全社会用电量 (万千瓦时) Annual Electricity Consumption (10 000 kwh)	工业用电 Electricity Consumption for Industrial	城乡居民生活用电 Household Electricity Consumption for Urban and Rural Residential
西藏自治区	**Tibet**	**12257**	**4113**			
拉萨市	Lasa	12257	4113			
陕西省	**Shaanxi**	**87141**	**40156**	**8266876**	**1907906**	**996274**
西安市	Xi'an	50715	26771	2356506	778543	698160
铜川市	Tongchuan	1651	713	320834	262921	29198
宝鸡市	Baoji	6484	3050	419031	267506	59347
咸阳市	Xianyang	11345	3496	146007	74460	32669
渭南市	Weinan	7320	1360	93942	21038	35857
延安市	Yan'an	2077	1052	174942	92759	28615
汉中市	Hanzhong	2588	1280	87124	16117	21455
榆林市	Yulin	2673	985	4460800	356500	29800
安康市	Ankang	1358	911	170968	33495	45114
商洛市	Shangluo	930	538	36722	4567	16059
甘肃省	**Gansu**	**54984**	**21170**	**4843710**	**3734808**	**298805**
兰州市	Lanzhou	24530	9865	1396678	972214	130194
嘉峪关市	Jiayuguan	3834	686	1997466	1850973	18767
金昌市	Jinchang	2697	930			
白银市	Baiyin	10826	3887	766452	562507	32285
天水市	Tianshui	3263	1797			
武威市	Wuwei	1900	980	146827	61400	23123
张掖市	Zhangye	2267	746	146762	84994	15750
平凉市	Pingliang	1336	442	87802	42726	17284
酒泉市	Jiuquan	2251	772	108540	61414	16764
庆阳市	Qingyang	1000	590	125313	85930	16963
定西市	Dingxi	640	240	25900	2200	12300
陇南市	Longnan	440	235	41970	10450	15375
青海省	**Qinghai**	**15591**	**6620**	**1099259**	**879262**	**112443**
西宁市	Xining	15299	6458	765342	585092	105842
海东市	Haidong	292	162	333917	294170	6601
宁夏回族自治区	**Ningxia**	**17854**	**8676**	**2633658**	**2377040**	**49443**
银川市	Yinchuan	9717	6316			
石嘴山市	Shizuishan	4373	942	1275043	1230952	17719
吴忠市	Wuzhong	2107	695	190995	182890	7310
固原市	Guyuan	946	384	80255	42240	12550
中卫市	Zhongwei	711	339	1087365	920958	11864
新疆维吾尔自治区	**Xinjiang**	**44413**	**15656**	**2020557**	**1444562**	**212813**
乌鲁木齐市	Urumqi	29855	13825	1498365	985465	183800
克拉玛依市	Karamay	14558	1831	522192	459097	29013

2-44 煤气及液化石油气供应及利用情况(市辖区)
Supply and Consumption of Coal Gas and Liquefied Petroleum Gas (Districts under City)

城市	City	供气总量(人工、天然气)(万立方米) Total Gas Supply (Coal Gas, Natural Gas) (10 000 cubic meters)	家庭用量 Consumption of Gas for Residential Use	用气人口(人) Population with Access To Gas (person)	液化石油气供气总量(吨) Liquefied Petroleum Gas Supply (ton)	家庭用量 Consumption of Liquefied Petroleum Gas for Residential Use	用液化气人口(人) Population with Access To Liquefied Petroleum Gas (person)
城市合计	**Prefecture Cities**	**8797124**	**1884995**	**239912101**	**9104831**	**4774556**	**101585094**
北京市	**Beijing**	**1136874**	**126503**	**14245500**	**546293**	**234779**	**4344500**
天津市	**Tianjin**	**301000**	**38530**	**7715500**	**43154**	**21737**	**149400**
河北省	**Hebei**	**247687**	**71888**	**10370400**	**80173**	**50527**	**2134000**
石家庄市	Shijiazhuang	35231	8397	2238100	34774	8895	579600
唐山市	Tangshan	49885	6388	1894900	9869	7621	80000
秦皇岛市	Qinhuangdao	44963	20841	300000	7690	6590	300000
邯郸市	Handan	24365	7228	1471800	1090	1085	100000
邢台市	Xingtai	30535	10194	937600	7130	7130	71600
保定市	Baoding	15356	4660	1103500	2496	2205	180000
张家口市	Zhangjiakou	5704	3988	786500	3134	3134	90000
承德市	Chengde	6244	2268	553000	4811	4688	361800
沧州市	Cangzhou	7887	1099	433000	3429	3429	130000
廊坊市	Langfang	23929	6552	502000	2750	2750	31000
衡水市	Hengshui	3588	273	150000	3000	3000	210000
山西省	**Shanxi**	**243862**	**51191**	**8189876**	**61452**	**43387**	**1222967**
太原市	Taiyuan	77014	12789	3292700	30336	25490	400000
大同市	Datong	11794	3815	1204300	10772	3314	30000
阳泉市	Yangquan	85499	14337	584700	754	702	1653
长治市	Changzhi	5491	2004	538500	3774	3774	150000
晋城市	Jincheng	10792	2091	400000	1540	1140	60000
朔州市	Shuozhou	4045	1238	268200	1300	680	24600
晋中市	Jinzhong	8824	1913	469900	2270	860	330200
运城市	Yuncheng	3315	2726	425100	2581	2207	93923
忻州市	Xinzhou	7695	4217	248100	4050	1660	52091
临汾市	Linfen	27593	4801	504576	4075	3560	80500
吕梁市	Lvliang	1800	1260	253800			
内蒙古自治区	**Inner Mongolia**	**114997**	**29019**	**5171140**	**42893**	**40399**	**1874411**
呼和浩特市	Hohhot	40809	5582	1859300			
包头市	Baotou	41765	8779	1559000	9220	9020	210000
乌海市	Wuhai	6680	2091	389000	1331	1322	84200
赤峰市	Chifeng	890	436	186000	15769	14200	780100
通辽市	Tongliao	1919	1795	241700	3672	3319	298111
鄂尔多斯市	Erdos	14449	2544	394300	1800	1800	60000
呼伦贝尔市	Hulunbuir	289	217	61840	7316	7138	286000
巴彦淖尔市	Bayannur	5225	5225	340000			
乌兰察布市	Ulanqab	2971	2350	140000	3785	3600	156000
辽宁省	**Liaoning**	**167610**	**78309**	**14874440**	**415372**	**156025**	**3725282**
沈阳市	Shenyang	51160	18577	4605500	134200	21500	560000
大连市	Dalian	25903	18285	2280600	158112	52830	980000

2-44 续表 1 continued

城市	City	供气总量(人工、天然气)(万立方米) Total Gas Supply (Coal Gas, Natural Gas) (10 000 cubic meters)	家庭用量 Consumption of Gas for Residential Use	用气人口(人) Population with Access To Gas (person)	液化石油气供气总量(吨) Liquefied Petroleum Gas Supply (ton)	家庭用量 Consumption of Liquefied Petroleum Gas for Residential Use	用液化气人口(人) Population with Access To Liquefied Petroleum Gas (person)
鞍山市	Anshan	19497	9357	1521500	5100	5100	90000
抚顺市	Fushun	18700	6719	746800	38696	24839	560000
本溪市	Benxi	6992	3648	766800	6415	2340	150000
丹东市	Dandong	5561	3408	731640	14015	5101	97250
锦州市	Jinzhou	10372	6853	955000	122	122	10000
营口市	Yingkou	1913	1420	720000	6005	6000	250000
阜新市	Fuxin	4310	1638	430000	5220	4860	170000
辽阳市	Liaoyang	7328	1179	386800	11372	11372	400000
盘锦市	Panjin	2448	2281	516900	14675	14589	190000
铁岭市	Tieling	4420	2289	340000	2945	1402	100000
朝阳市	Chaoyang	1145	830	443700	5830	3920	110000
葫芦岛市	Huludao	7861	1825	429200	12665	2050	58032
吉林省	**Jilin**	**118667**	**34962**	**6029000**	**127427**	**55876**	**2474000**
长春市	Changchun	62368	24482	3375100	43762	7134	280000
吉林市	Jilin	32626	3495	1009500	46606	20699	714000
四平市	Siping	7768	1774	639400	5738	2271	150000
辽源市	Liaoyuan	1515		76000	4236	1936	350000
通化市	Tonghua	3990	2674	467000	6656	4220	270000
白山市	Baishan	242	183	100000	5687	4882	330000
松原市	Songyuan	7965	2169	302000	9934	9934	170000
白城市	Baicheng	2193	185	60000	4808	4800	210000
黑龙江省	**Heilongjiang**	**125665**	**32111**	**8252500**	**158253**	**75681**	**1765235**
哈尔滨市	Harbin	53445	13023	4039300	78000	24000	133500
齐齐哈尔市	Qiqihar	21791	3502	1030000	16000	6500	33000
鸡西市	Jixi	1046	865	426400	6391	5186	200000
鹤岗市	Hegang	1122	1106	160600	7778	6302	193400
双鸭山市	Shuangyashan	735	500	95000	3250	3250	
大庆市	Daqing	34800	7762	1380000	9319	6766	133000
伊春市	Yichun				8811	7206	290000
佳木斯市	Jiamusi	4800	1500	482400	6000	2000	7000
七台河市	Qitaihe	3611	1670	228500	1548	1341	52000
牡丹江市	Mudanjiang	2446	718	226000	18021	10708	410000
黑河市	Heihe				1400	950	129080
绥化市	Suihua	1869	1465	184300	1735	1472	184255
上海市	**Shanghai**	**727473**	**137906**	**15889162**	**418013**	**252165**	**8367639**
江苏省	**Jiangsu**	**603686**	**121271**	**18664700**	**449802**	**254207**	**5877400**
南京市	Nanjing	95177	26196	4097000	109278	64488	1950000
无锡市	Wuxi	69289	13999	2212900	46314	21946	249800
徐州市	Xuzhou	21255	6184	1231400	28054	20872	440300
常州市	Changzhou	63432	8985	1511500	5689	1589	30000

2-44 续表 2 continued

城 市	City	供气总量(人工、天然气)(万立方米) Total Gas Supply (Coal Gas, Natural Gas) (10 000 cubic meters)	家庭用量 Consumption of Gas for Residential Use	用气人口(人) Population with Access To Gas (person)	液化石油气供气总量(吨) Liquefied Petroleum Gas Supply (ton)	家庭用量 Consumption of Liquefied Petroleum Gas for Residential Use	用液化气人口(人) Population with Access To Liquefied Petroleum Gas (person)
苏州市	Suzhou	114245	18274	2565200	88875	16035	280000
南通市	Nantong	114857	18744	2655200	24869	19272	393100
连云港市	Lianyungang	11606	5338	634800	8401	6694	194500
淮安市	Huai'an	19344	6978	851500	30276	25881	540600
盐城市	Yancheng	11407	2939	806400	24000	19000	350000
扬州市	Yangzhou	17041	6277	807800	27480	17737	278400
镇江市	Zhenjiang	34146	4196	627000	25023	11902	260800
泰州市	Taizhou	18024	2182	414000	23558	20906	499400
宿迁市	Suqian	13863	979	250000	7985	7885	410500
浙江省	**Zhejiang**	**285106**	**46940**	**8083800**	**457066**	**291388**	**5924600**
杭州市	Hangzhou	110830	18019	3571500	98732	50820	663000
宁波市	Ningbo	70904	8401	1563200	98346	47006	300000
温州市	Wenzhou	4009	140	80000	53736	29049	1762600
嘉兴市	Jiaxing	16108	3857	694500	26256	17006	102400
湖州市	Huzhou	15847	1284	295000	4659	2970	590000
绍兴市	Shaoxing	50786	9775	788500	31374	27761	661300
金华市	Jinhua	3578	1443	117800	29224	24130	511000
衢州市	Quzhou	6017	1774	251500	5711	5310	100000
舟山市	Zhoushan	2811	1362	513000	29846	29846	76000
台州市	Taizhou	4216	885	208800	67167	46292	814300
丽水市	Lishui				12015	11198	344000
安徽省	**Anhui**	**206026**	**61063**	**10165200**	**726482**	**104228**	**2659200**
合肥市	Hefei	44791	18919	3274500	28900	14450	240000
芜湖市	Wuhu	27978	8274	1196400	19200	14600	90000
蚌埠市	Bengbu	27652	10879	784600	2200	2200	145000
淮南市	Huainan	9361	3882	720000	10713	9190	290000
马鞍山市	Maanshan	21877	3541	706400			
淮北市	Huaibei	8101	2257	622000	11200	10700	190000
铜陵市	Tongling	17901	1852	432300	277		1800
安庆市	Anqing	6045	1300	480000	605744	9266	160000
黄山市	Huangshan	951	99	43900	11029	10179	310000
滁州市	Chuzhou	15037	1526	350600	5136	4980	52400
阜阳市	Fuyang	6938	2939	490000	5109	3672	180000
宿州市	Suzhou	2857	721	255500	7100	7100	260000
六安市	Lu'an	5609	878	270100	7409	7409	310000
亳州市	Bozhou	4291	1775	165000	6230	5920	160000
池州市	Chizhou	2866	1697	242100	2635	1862	60000
宣城市	Xuancheng	3771	524	131800	3600	2700	210000

2-44 续表 3 continued

城市	City	供气总量（人工、天然气）（万立方米）Total Gas Supply (Coal Gas, Natural Gas) (10 000 cubic meters)	家庭用量 Consumption of Gas for Residential Use	用气人口（人）Population with Access To Gas (person)	液化石油气供气总量（吨）Liquefied Petroleum Gas Supply (ton)	家庭用量 Consumption of Liquefied Petroleum Gas for Residential Use	用液化气人口（人）Population with Access To Liquefied Petroleum Gas (person)
福建省	**Fujian**	**69574**	**11775**	**3469735**	**239199**	**117103**	**5122658**
福州市	Fuzhou	18409	4793	1490000	62335	22335	860000
厦门市	Xiamen	24962	2912	1181000	84494	28020	1730000
莆田市	Putian	6969	324	99100	13508	13436	423700
三明市	Sanming	2977	2510	213700	1803	1790	10100
泉州市	Quanzhou	10368	450	221500	40418	19889	1089358
漳州市	Zhangzhou	3080	401	124500	15288	12227	350000
南平市	Nanping	1959	10	16235	5645	4460	210000
龙岩市	Longyan	513	250	84700	7248	6850	238000
宁德市	Ningde	337	125	39000	8460	8096	211500
江西省	**Jiangxi**	**92438**	**22753**	**3110700**	**211526**	**172448**	**3323300**
南昌市	Nanchang	25823	6064	164700	66044	57799	720000
景德镇市	Jingdezhen	25834	2109	301100	20149	18341	190000
萍乡市	Pingxiang	15437	2241	318000	12300	9090	239800
九江市	Jiujiang	4323	1686	295500	15300	10200	360000
新余市	Xinyu	4731	2351	452000	1125	1110	7400
鹰潭市	Yingtan	257	48	32800	7005	4000	195000
赣州市	Ganzhou	6344	5245	622700	17141	16739	613400
吉安市	Ji'an	1405	996	285600	14150	10000	133500
宜春市	Yichun	4356	1138	243600	20468	12232	292200
抚州市	Fuzhou	2892	342	228900	23356	23356	312000
上饶市	Shangrao	1036	533	165800	14488	9581	260000
山东省	**Shandong**	**499114**	**125684**	**17023025**	**278756**	**156801**	**4254400**
济南市	Jinan	51214	15929	2260000	38900	14430	750000
青岛市	Qingdao	74823	17865	2923600	39255	17646	330000
淄博市	Zibo	93576	16197	1380900	37909	17603	230000
枣庄市	Zaozhuang	10363	4287	756700	10310	6515	183500
东营市	Dongying	27711	13056	565200	9574	9064	102000
烟台市	Yantai	25099	6058	1442600	34257	9523	300000
潍坊市	Weifang	27549	4056	1021200	8650	8650	235700
济宁市	Jining	22321	3731	1202700	5700	5698	120000
泰安市	Tai'an	23312	8258	630000	2740	1025	20000
威海市	Weihai	10098	2518	912600	10465	1696	30000
日照市	Rizhao	10600	3890	359800	12000	9885	300000
莱芜市	Laiwu	10036	1593	301300	10152	9510	303900
临沂市	Linyi	49459	14984	1303000	40222	31868	562000
德州市	Dezhou	18669	4275	812800	7452	6100	53800
聊城市	Liaocheng	16040	2597	521400	3600	2000	200000
滨州市	Binzhou	13649	3426	500900	5810	4010	352900
菏泽市	Heze	14595	2964	128325	1760	1578	180600

2-44 续表 4 continued

城 市	City	供气总量（人工、天然气）（万立方米） Total Gas Supply (Coal Gas, Natural Gas) (10 000 cubic meters)	家庭用量 Consumption of Gas for Residential Use	用气人口（人） Population with Access To Gas (person)	液化石油气供气总量（吨） Liquefied Petroleum Gas Supply (ton)	家庭用量 Consumption of Liquefied Petroleum Gas for Residential Use	用液化气人口（人） Population with Access To Liquefied Petroleum Gas (person)
河南省	**Henan**	**314923**	**80132**	**12453921**	**177122**	**147411**	**3948432**
郑州市	Zhengzhou	95319	29121	4760000	62607	45244	990000
开封市	Kaifeng	11658	3487	646000	10690	9685	230000
洛阳市	Luoyang	21949	3481	1506000	21875	19330	340000
平顶山市	Pingdingshan	9366	3064	820000			
安阳市	Anyang	61359	6418	626000	7326	3560	80000
鹤壁市	Hebi	3511	2065	380000	1436	1436	40000
新乡市	Xinxiang	14469	8867	710000	1200	1200	40000
焦作市	Jiaozuo	18794	5607	727500	2093	2073	86400
濮阳市	Puyang	11235	3670	456200			
许昌市	Xuchang	5776	2436	268800	6796	6760	170000
漯河市	Luohe	8426	337		8751	8164	235500
三门峡市	Sanmenxia	10861	372	165800	2171	2070	140000
南阳市	Nanyang	15541	3640	471000	20930	20911	608500
商丘市	Shangqiu	4039	1047	276631	14017	11978	476232
信阳市	Xinyang	10738	4095	280000	9960	7740	240000
周口市	Zhoukou	6853	586	149000	4000	4000	161800
驻马店市	Zhumadian	5029	1839	211000	3270	3260	110000
湖北省	**Hubei**	**251818**	**50027**	**9209205**	**291879**	**118875**	**3791786**
武汉市	Wuhan	147000	26460	5140000	180000	29700	1140000
黄石市	Huangshi	20906	1171	337500	22203	7835	390000
十堰市	Shiyan	3919	3423	460000	9708	9473	210000
宜昌市	Yichang	14584	4221	727100	5658	5658	90000
襄阳市	Xiangyang	18363	3350	777500	27755	23339	415842
鄂州市	Ezhou	3820	1650	133900	6800	5600	270000
荆门市	Jingmen	10367	1786	344000	6413	6373	160000
孝感市	Xiaogan	4656	1090	68000	10246	9500	320000
荆州市	Jingzhou	13964	3209	458500	5959	5959	220000
黄冈市	Huanggang	2408	990	162505	3367	2968	115944
咸宁市	Xianning	9511	1890	154200	5300	5000	230000
随州市	Suizhou	2320	787	446000	8470	7470	230000
湖南省	**Hunan**	**335944**	**60404**	**5177058**	**231622**	**181399**	**3017470**
长沙市	Changsha	85657	30780		101838	87210	
株洲市	Zhuzhou	27240	7092	1056900	3593	1375	40000
湘潭市	Xiangtan	150060	3665	581800	9700	9300	200000
衡阳市	Hengyang	20301	4532	822000	14549	9002	400000
邵阳市	Shaoyang	6714	1476	470000	4300	3865	196000
岳阳市	Yueyang	16086	3625	622000	4205	4200	160000
常德市	Changde	14756	2476	284538	10685	9762	452000
张家界市	Zhangjiajie	726	326	66700	8966	8876	135500
益阳市	Yiyang	6540	1674	335000	15700	10220	204550
郴州市	Chenzhou	672	215	84620	19146	14118	482420
永州市	Yongzhou	3954	2232	495000	9900	6500	185000
怀化市	Huaihua	473	105	39000	22815	14071	430000
娄底市	Loudi	2765	2206	319500	6225	2900	132000

2-44 续表 5 continued

城 市	City	供气总量（人工、天然气）（万立方米）Total Gas Supply (Coal Gas, Natural Gas) (10 000 cubic meters)	家庭用量 Consumption of Gas for Residential Use	用气人口（人）Population with Access To Gas (person)	液化石油气供气总量（吨）Liquefied Petroleum Gas Supply (ton)	家庭用量 Consumption of Liquefied Petroleum Gas for Residential Use	用液化气人口（人）Population with Access To Liquefied Petroleum Gas (person)
广东省	**Guangdong**	**748850**	**104378**	**11519792**	**3243331**	**1741905**	**23712226**
广州市	Guangzhou	167975	27594	502	1028739	330937	600
韶关市	Shaoguan	2545	1331	247000	56896	54051	38100
深圳市	Shenzhen	354546	34241	5060059	354229	243491	5597504
珠海市	Zhuhai	8023	1171	300000	213800	117000	
汕头市	Shantou	2097	236	72900	323180	272100	5080000
佛山市	Foshan	89264	5889		160113	68276	
江门市	Jiangmen	7237	5230	140400	75137	54103	1165412
湛江市	Zhanjiang	8374	1396	479500	40100	35000	394900
茂名市	Maoming	1299	477	167700	42159	17692	475500
肇庆市	Zhaoqing	5469	923	144100	15897	10048	378400
惠州市	Huizhou	10258	2029	688900	55479	47771	817910
梅州市	Meizhou	1023	621	99200	20501	20498	282000
汕尾市	Shanwei			37100	14235	14235	220000
河源市	Heyuan	570	540	53300	28372	26921	250000
阳江市	Yangjiang	1309	393	90093	105822	9884	308000
清远市	Qingyuan	5700	1652	196400	32435	18400	264700
东莞市	Dongguan	67672	18052	1520800	286098	222301	4441000
中山市	Zhongshan	8385	2470	533000	33927	23749	225000
潮州市	Chaozhou			1529638	256095	68058	1528600
揭阳市	Jieyang	7104	133	35000	70896	64050	1710000
云浮市	Yunfu			124200	29221	23340	534600
广西壮族自治区	**Guangxi**	**32344**	**16347**	**3196500**	**241801**	**198628**	**5682600**
南宁市	Nanning	12588	5502	1130000	60265	56240	1560000
柳州市	Liuzhou	9019	5780	860500	49902	20118	672300
桂林市	Guilin	3230	1980	311000	20056	18732	510000
梧州市	Wuzhou	1053	432	101700	8279	8241	444800
北海市	Beihai	2580	950	90000	19202	14050	320000
防城港市	Fangchenggang	193	113	37900	10289	9440	139300
钦州市	Qinzhou	763	403	120000	9953	9780	200000
贵港市	Guigang	818	392	90000	10238	10233	260000
玉林市	Yulin	1721	556	144000	29797	29592	511600
百色市	Baise			12600	5588	5550	324600
贺州市	Hezhou				6764	6034	170000
河池市	Hechi	196	108	6900	5013	4425	180000
来宾市	Laibin	183	131	289300	3154	2893	280000
崇左市	Chongzuo			2600	3301	3300	110000

2-44 续表 6 continued

城 市	City	供气总量(人工、天然气)(万立方米) Total Gas Supply (Coal Gas, Natural Gas) (10 000 cubic meters)	家庭用量 Consumption of Gas for Residential Use	用气人口(人) Population with Access To Gas (person)	液化石油气供气总量(吨) Liquefied Petroleum Gas Supply (ton)	家庭用量 Consumption of Liquefied Petroleum Gas for Residential Use	用液化气人口(人) Population with Access To Liquefied Petroleum Gas (person)
海南省	**Hainan**	**6058**	**817**	**270000**	**10661**	**1605**	**80000**
海口市	Haikou						
三亚市	Sanya	6058	817	270000	10661	1605	80000
三沙市	Sansa						
重庆市	**Chongqing**	**321485**	**114724**	**10709200**	**95672**	**37173**	**1013400**
四川省	**Sichuan**	**698336**	**184405**	**14656698**	**149907**	**80809**	**870386**
成都市	Chengdu	216492	85645	4579300	102332	49556	310000
自贡市	Zigong	14601	7122	1083900	1027	298	12442
攀枝花市	Panzhihua	165259	6045	515100	5784	4894	142900
泸州市	Luzhou	79813	10486	958500	2255	1679	28000
德阳市	Deyang	45325	8362	475000	2629	2520	30000
绵阳市	Mianyang	48271	11346	1132900	4813	3710	50000
广元市	Guangyuan	11865	4918	311400	1200	1056	31600
遂宁市	Suining	12313	4964	585800			
内江市	Neijiang	10297	3598	519500	17127	7499	60000
乐山市	Leshan	27392	6078	557000	120	13	500
南充市	Nanchong	16730	7310	995000	5810	4745	50000
眉山市	Meishan	5632	2808	360332	804	740	19780
宜宾市	Yibin	10794	4587	605000	560	500	10000
广安市	Guang'an	6519	3652	291700			
达州市	Dazhou	10097	7105	776166	500	130	3300
雅安市	Ya'an	5245	3352	254300			
巴中市	Bazhong	6520	5163	423800	1324	1056	31864
资阳市	Ziyang	5171	1864	232000	3622	2413	90000
贵州省	**Guizhou**	**46414**	**21184**	**3842452**	**62367**	**57306**	**1835239**
贵阳市	Guiyang	24198	10235	3090000	40000	40000	720000
六盘水市	Liupanshui	8232	3214	273152	587	396	15239
遵义市	Zunyi	3663	617	104000	11075	9685	430000
安顺市	Anshun	974	120	155300	4035	3125	110000
毕节市	Bijie	8670	6500	20000			
铜仁市	Tongren	677	498	200000	6670	4100	560000
云南省	**Yunnan**	**36148**	**17897**	**2712700**	**188667**	**61236**	**1696800**
昆明市	Kunming	34740	17288	2372900	168000	44740	987000
曲靖市	Qujing	52	46	84000	4069	1233	80000
玉溪市	Yuxi	470	9	3500	6980	6210	90000
保山市	Baoshan	520	388	68000	1315	750	115000
昭通市	Zhaotong	285	85	162100	326	326	40000
丽江市	Lijiang	81	81	22200	2524	2524	101800
普洱市	Pu'er				1467	1467	171000
临沧市	Lincang				3986	3986	112000

2-44 续表 7 continued

城市	City	供气总量(人工、天然气)(万立方米) Total Gas Supply (Coal Gas, Natural Gas) (10 000 cubic meters)	家庭用量 Consumption of Gas for Residential Use	用气人口(人) Population with Access To Gas (person)	液化石油气供气总量(吨) Liquefied Petroleum Gas Supply (ton)	家庭用量 Consumption of Liquefied Petroleum Gas for Residential Use	用液化气人口(人) Population with Access To Liquefied Petroleum Gas (person)
西藏自治区	**Tibet**	**657**	**180**	**70800**	**21649**		
拉萨市	Lasa	657	180	70800	21649		
陕西省	**Shaanxi**	**273937**	**87104**	**6854128**	**28233**	**20694**	**775000**
西安市	Xi'an	178125	54177	3973600			
铜川市	Tongchuan	11051	2842	168000	1337	700	90500
宝鸡市	Baoji	19826	5677	766200	858	489	42000
咸阳市	Xianyang	18040	4997	850500	5912	2234	60000
渭南市	Weinan	5340	2431	146300	6390	5830	159500
延安市	Yan'an	13136	8363	270000	6541	6541	40000
汉中市	Hanzhong	2437	891	16528	3880	1800	230000
榆林市	Yulin	22782	7046	380000			
安康市	Ankang	780	320	150000	2565	2500	121000
商洛市	Shangluo	2420	360	133000	750	600	32000
甘肃省	**Gansu**	**146331**	**29415**	**2838988**	**48356**	**45785**	**1120033**
兰州市	Lanzhou	129818	22323	1650000	26070	26000	117000
嘉峪关市	Jiayuguan	1822	1679	226400	42		3500
金昌市	Jinchang	1560	118	57000	450	285	
白银市	Baiyin	6141	3150	240000	1870	1870	120000
天水市	Tianshui	1637	191	122976	7083	7083	310000
武威市	Wuwei	2225	271	98900	1500	1070	50000
张掖市	Zhangye	906	905	98000	3538	3290	87600
平凉市	Pingliang	788	208	120700	3013	2703	110000
酒泉市	Jiuquan	582	194	113812	1400	1400	24833
庆阳市	Qingyang	590	180	48300	1900	720	137000
定西市	Dingxi	66	1	2900	632	564	140000
陇南市	Longnan	196	195	60000	858	800	20100
青海省	**Qinghai**	**120826**	**17722**	**32109**	**3923**	**3918**	**110000**
西宁市	Xining	113747	16257	109	3923	3918	110000
海东市	Haidong	7079	1465	32000			
宁夏回族自治区	**Ningxia**	**204832**	**69114**	**1875305**	**18403**	**17677**	**512730**
银川市	Yinchuan	172394	60130	1237600	14000	14000	213400
石嘴山市	Shizuishan	14515	3489	448400	260	260	10000
吴忠市	Wuzhong	8286	4898	104100	1410	1200	84230
固原市	Guyuan	50	50	505	1192	976	145100
中卫市	Zhongwei	9587	547	84700	1541	1241	60000
新疆维吾尔自治区	**Xinjiang**	**318442**	**41073**	**3238200**	**35377**	**33384**	**200000**
乌鲁木齐市	Urumqi	297454	38352	2933500	31326	31250	140000
克拉玛依市	Karamay	20988	2721	304700	4051	2134	60000

2-45 道路面积及公共汽车、出租车拥有情况(市辖区)
Area of Paved Roads, Number of Public Transportation Vehicles and Taxis (Districts under City)

城市	City	年末实有城市道路面积(万平方米) Area of City Paved Roads at Year-end (10 000 sq.m)	年末实有公共汽(电)车营运车辆数(辆) Number of Buses and Trolley Buses under Operation at Year-end (unit)	全年公共汽(电)车客运总量(万人次) Total Annual Volume of Passengers Transported by Buses and Trolley Buses (10 000 person-times)	年末实有出租汽车数(辆) Number of Taxis at Year-end (unit)	每万人拥有公共汽车(辆) Number of Public Transportation Vehicles per 10 000 Population (unit)	人均城市道路面积(平方米) Per Capita Area of Paved Roads in City (sq.m)
城市合计	**Prefecture Cities**	**539669**	**428698**	**6619219**	**932327**	**9.98**	**12.56**
北京市	**Beijing**	**10002**	**23667**	**477180**	**67546**	**18.76**	**7.93**
天津市	**Tianjin**	**13144**	**11164**	**151012**	**29900**	**13.41**	**15.78**
河北省	**Hebei**	**22120**	**19782**	**221623**	**64871**	**12.83**	**14.34**
石家庄市	Shijiazhuang	5233	4764	67449	10513	11.68	12.83
唐山市	Tangshan	3096	2452	29479	6990	7.44	9.40
秦皇岛市	Qinhuangdao	1955	815	11949	3619	9.10	21.83
邯郸市	Handan	3126	2815	25512	7245	16.17	17.96
邢台市	Xingtai	1461	1891	15028	4449	21.57	16.66
保定市	Baoding	2514	2340	19407	6685	21.19	22.76
张家口市	Zhangjiakou	1367	1423	19338	5604	15.69	15.07
承德市	Chengde	733	659	13218	2468	11.12	12.37
沧州市	Cangzhou	968	1522	11866	7677	27.96	17.78
廊坊市	Langfang	925	655	5275	8297	7.77	10.98
衡水市	Hengshui	742	446	3103	1324	8.21	13.65
山西省	**Shanxi**	**11409**	**8589**	**123312**	**25783**	**8.47**	**11.25**
太原市	Taiyuan	3941	3071	51414	8719	10.68	13.70
大同市	Datong	2029	838	21379	4958	4.72	11.43
阳泉市	Yangquan	620	769	17276	2236	10.85	8.75
长治市	Changzhi	658	455	7862	1801	6.15	8.90
晋城市	Jincheng	572	459	6545	1453	12.33	15.36
朔州市	Shuozhou	530	243	1473	1273	3.35	7.31
晋中市	Jinzhong	850	1330	6670	513	21.72	13.88
运城市	Yuncheng	716	909	589	1805	13.09	10.31
忻州市	Xinzhou	552	112	2872	713	2.01	9.91
临汾市	Linfen	636	287	5492	1862	3.56	7.89
吕梁市	Lvliang	305	116	1740	450	4.18	10.99
内蒙古自治区	**Inner Mongolia**	**15163**	**6788**	**95842**	**26908**	**9.83**	**21.95**
呼和浩特市	Hohhot	2245	2643	37740	5568	20.68	17.57
包头市	Baotou	2669	1304	17533	5827	8.87	18.16
乌海市	Wuhai	1013	401	4750	953	7.24	18.28
赤峰市	Chifeng	2022	574	18000	3252	4.56	16.07
通辽市	Tongliao	1189	477	3981	2849	5.56	13.87
鄂尔多斯市	Erdos	2914	473	5560	2613	17.25	106.27
呼伦贝尔市	Hulunbuir	726	505	2828	2432	13.75	19.77
巴彦淖尔市	Bayannur	1500	114	1800	1237	2.14	28.14
乌兰察布市	Ulanqab	885	297	3650	2177	9.39	27.97
辽宁省	**Liaoning**	**24107**	**19509**	**372104**	**68475**	**10.17**	**12.57**
沈阳市	Shenyang	8413	5573	115096	17844	10.55	15.92
大连市	Dalian	4410	5155	104487	11193	16.94	14.49

2-45 续表 1 continued

城市	City	年末实有城市道路面积(万平方米) Area of City Paved Roads at Year-end (10 000 sq.m)	年末实有公共汽(电)车营运车辆数(辆) Number of Buses and Trolley Buses under Operation at Year-end (unit)	全年公共汽(电)车客运总量(万人次) Total Annual Volume of Passengers Transported by Buses and Trolley Buses (10 000 person-times)	年末实有出租汽车数(辆) Number of Taxis at Year-end (unit)	每万人拥有公共汽车(辆) Number of Public Transportation Vehicles per 10 000 Population (unit)	人均城市道路面积(平方米) Per Capita Area of Paved Roads in City (sq.m)
鞍山市	Anshan	1478	1746	28253	5375	11.55	9.78
抚顺市	Fushun	1396	1188	23500	4977	8.33	9.79
本溪市	Benxi	1024	831	28131	3939	8.91	10.98
丹东市	Dandong	1055	647			8.25	13.45
锦州市	Jinzhou	1115	539	12891	3904	5.75	11.90
营口市	Yingkou	720	898	13048	3091	9.70	7.78
阜新市	Fuxin	517	361	7034	2771	4.67	6.70
辽阳市	Liaoyang	1341	661	10594	3579	7.55	15.31
盘锦市	Panjin	942	568	9621	3231	8.83	14.65
铁岭市	Tieling	695	405	4633	2232	9.25	15.87
朝阳市	Chaoyang	421	267	4764	1971	4.37	6.88
葫芦岛市	Huludao	580	670	10052	4368	6.77	5.86
吉林省	**Jilin**	**14062**	**8300**	**133618**	**33120**	**9.63**	**16.31**
长春市	Changchun	7113	4750	74927	16967	12.98	19.44
吉林市	Jilin	2077	1293	25869	5259	7.11	11.42
四平市	Siping	1818	319	5034	2797	5.43	30.95
辽源市	Liaoyuan	525	395	5298	1201	8.37	11.12
通化市	Tonghua	845	404	7702	1502	9.12	19.07
白山市	Baishan	491	359	3098	1402	6.27	8.57
松原市	Songyuan	875	546	9360	2177	9.60	15.38
白城市	Baicheng	318	234	2330	1815	4.70	6.38
黑龙江省	**Heilongjiang**	**16191**	**12414**	**212505**	**49180**	**9.17**	**11.96**
哈尔滨市	Harbin	4872	6270	127877	16518	13.23	10.28
齐齐哈尔市	Qiqihar	944	981		3310	7.10	6.83
鸡西市	Jixi	649	739	9690	2914	8.75	7.68
鹤岗市	Hegang	450	473	9800	2013	7.16	6.81
双鸭山市	Shuangyashan	397	333	5232	1100	6.65	7.93
大庆市	Daqing	3456	1406	20089	7950	10.38	25.51
伊春市	Yichun	916	366	4610	5320	4.69	11.74
佳木斯市	Jiamusi	573	436	9613	2559	5.52	7.25
七台河市	Qitaihe	485	443	7000	1000	8.23	9.00
牡丹江市	Mudanjiang	981	728	14707	2919	8.19	11.03
黑河市	Heihe	168	107	1125	1024	4.97	7.80
绥化市	Suihua	2300	132	2762	2553	1.57	27.29
上海市	**Shanghai**	**10550**	**16155**	**266530**	**50738**	**11.78**	**7.70**
江苏省	**Jiangsu**	**56326**	**28117**	**376578**	**38663**	**8.37**	**16.76**
南京市	Nanjing	13495	8134	104216	12178	12.54	20.80
无锡市	Wuxi	6213	3017	43506	4040	12.28	25.28
徐州市	Xuzhou	4310	2182	33794	4181	6.58	13.00
常州市	Changzhou	3934	2657	35675	3042	11.36	16.82

2-45 续表 2 continued

城 市	City	年末实有城市道路面积(万平方米) Area of City Paved Roads at Year-end (10 000 sq.m)	年末实有公共汽(电)车营运车辆数(辆) Number of Buses and Trolley Buses under Operation at Year-end (unit)	全年公共汽(电)车客运总量(万人次) Total Annual Volume of Passengers Transported by Buses and Trolley Buses (10 000 person-times)	年末实有出租汽车数(辆) Number of Taxis at Year-end (unit)	每万人拥有公共汽车(辆) Number of Public Transportation Vehicles per 10 000 Population (unit)	人均城市道路面积(平方米) Per Capita Area of Paved Roads in City (sq.m)
苏州市	Suzhou	8257	4300	63766	4803	12.74	24.47
南通市	Nantong	4523	1161	12582	1274	5.46	21.25
连云港市	Lianyungang	1775	751	9671	1611	3.43	8.10
淮安市	Huai'an	2910	1044	16345	1373	3.58	9.98
盐城市	Yancheng	2336	961	10098	1250	5.68	13.80
扬州市	Yangzhou	2367	1330	15744	1838	5.74	10.21
镇江市	Zhenjiang	2148	1175	14601	1473	11.36	20.77
泰州市	Taizhou	2228	635	8895	830	3.88	13.60
宿迁市	Suqian	1830	770	7685	770	4.48	10.64
浙江省	**Zhejiang**	**25062**	**21671**	**285296**	**28380**	**12.24**	**14.16**
杭州市	Hangzhou	6145	8656	140928	11913	16.49	11.70
宁波市	Ningbo	2951	4516	49469	4627	19.67	12.85
温州市	Wenzhou	2793	2230	33136	3870	14.63	18.32
嘉兴市	Jiaxing	1237	1058	10238	1073	12.25	14.32
湖州市	Huzhou	2210	717	4596	815	6.48	19.97
绍兴市	Shaoxing	2608	1766	20843	1746	8.11	11.98
金华市	Jinhua	1659	508	5250	976	5.34	17.45
衢州市	Quzhou	1103	375	3574	521	4.46	13.11
舟山市	Zhoushan	1082	792	7660	846	11.17	15.26
台州市	Taizhou	2841	744	5695	1584	4.69	17.93
丽水市	Lishui	433	309	3906	409	7.73	10.83
安徽省	**Anhui**	**26735**	**13676**	**206370**	**37163**	**6.81**	**13.31**
合肥市	Hefei	5850	4251	69134	9402	17.32	23.84
芜湖市	Wuhu	3337	2160	16685	3525	14.90	23.02
蚌埠市	Bengbu	1788	1322	24027	2595	11.76	15.91
淮南市	Huainan	1480	810	15650	3046	4.43	8.10
马鞍山市	Maanshan	1248	632	9352	2298	7.69	15.18
淮北市	Huaibei	1099	541	8386	1633	5.16	10.47
铜陵市	Tongling	501	523	7509	1584	11.66	11.17
安庆市	Anqing	1117	514	7260	1782	6.99	15.20
黄山市	Huangshan	745	219	2338	525	4.95	16.83
滁州市	Chuzhou	1798	412	5956	1357	7.60	33.17
阜阳市	Fuyang	1914	728	17700	1788	3.25	8.55
宿州市	Suzhou	1435	300	5500	1537	1.61	7.71
六安市	Lu'an	1255	393	6433	1850	2.08	6.64
亳州市	Bozhou	1438	270	3739	2642	1.62	8.61
池州市	Chizhou	761	264	2870	600	3.98	11.48
宣城市	Xuancheng	969	337	3831	999	3.89	11.19

2-45 续表 3 continued

城 市	City	年末实有城市道路面积(万平方米) Area of City Paved Roads at Year-end (10 000 sq.m)	年末实有公共汽(电)车营运车辆数(辆) Number of Buses and Trolley Buses under Operation at Year-end (unit)	全年公共汽(电)车客运总量(万人次) Total Annual Volume of Passengers Transported by Buses and Trolley Buses (10 000 person-times)	年末实有出租汽车数(辆) Number of Taxis at Year-end (unit)	每万人拥有公共汽车(辆) Number of Public Transportation Vehicles per 10 000 Population (unit)	人均城市道路面积(平方米) Per Capita Area of Paved Roads in City (sq.m)
福建省	**Fujian**	**11873**	**11525**	**197470**	**17383**	**11.87**	**12.23**
福州市	Fuzhou	2611	3686	59512	6345	18.67	13.22
厦门市	Xiamen	3602	4345	92769	5209	21.36	17.71
莆田市	Putian	831	756	5858	995	3.31	3.64
三明市	Sanming	355	329	6697	374	11.63	12.55
泉州市	Quanzhou	2236	1156	12586	2007	10.87	21.02
漳州市	Zhangzhou	1111	444	4075	1002	7.59	19.00
南平市	Nanping	254	299	5080	262	5.94	5.05
龙岩市	Longyan	467	329	6503	599	6.51	9.24
宁德市	Ningde	406	181	4391	590	3.78	8.47
江西省	**Jiangxi**	**13441**	**6846**	**122253**	**12328**	**6.64**	**13.03**
南昌市	Nanchang	3774	3219	61773	5453	13.99	16.40
景德镇市	Jingdezhen	805	492	6059	772	10.30	16.86
萍乡市	Pingxiang	711	397	7802	770	4.51	8.07
九江市	Jiujiang	1530	464	10176	1517	7.01	23.13
新余市	Xinyu	1119	419	5965	636	4.73	12.62
鹰潭市	Yingtan	375	144	2661	271	6.09	15.85
赣州市	Ganzhou	1465	625	6313	1092	4.07	9.53
吉安市	Ji'an	804	255	4240	393	4.42	13.93
宜春市	Yichun	802	293	5076	504	2.58	7.07
抚州市	Fuzhou	1117	300	6700	409	2.50	9.31
上饶市	Shangrao	939	238	5488	511	5.67	22.38
山东省	**Shandong**	**56808**	**28629**	**348001**	**51372**	**9.14**	**18.13**
济南市	Jinan	7980	5099	81922	9551	14.13	22.11
青岛市	Qingdao	7908	6515	105592	9720	17.58	21.34
淄博市	Zibo	3864	2209	16933	6084	7.76	13.58
枣庄市	Zaozhuang	2410	1211	5829	834	5.22	10.39
东营市	Dongying	2296	1025	8300	3405	12.04	26.96
烟台市	Yantai	3396	2296	34206	2169	12.50	18.48
潍坊市	Weifang	3590	1134	13700	2298	6.10	19.30
济宁市	Jining	4456	1143	12525	1561	9.82	38.27
泰安市	Tai'an	1710	1070	8253	1292	6.65	10.62
威海市	Weihai	2981	1379	15918	1543	10.48	22.65
日照市	Rizhao	1981	625	6632	1068	4.73	15.00
莱芜市	Laiwu	1757	675	6515	1600	5.28	13.75
临沂市	Linyi	4037	1019	11573	2750	3.94	15.62
德州市	Dezhou	2846	436	3800	2405	3.60	23.53
聊城市	Liaocheng	2263	1617	8804	2920	13.39	18.74
滨州市	Binzhou	1831	670	4203	795	6.31	17.24
菏泽市	Heze	1502	506	3296	1377	3.25	9.65

2-45 续表 4 continued

城　市	City	年末实有城市道路面积(万平方米) Area of City Paved Roads at Year-end (10 000 sq.m)	年末实有公共汽(电)车营运车辆数(辆) Number of Buses and Trolley Buses under Operation at Year-end (unit)	全年公共汽(电)车客运总量(万人次) Total Annual Volume of Passengers Transported by Buses and Trolley Buses (10 000 person-times)	年末实有出租汽车数(辆) Number of Taxis at Year-end (unit)	每万人拥有公共汽车(辆) Number of Public Transportation Vehicles per 10 000 Population (unit)	人均城市道路面积(平方米) Per Capita Area of Paved Roads in City (sq.m)
河南省	**Henan**	**21121**	**19198**	**216859**	**40092**	**8.52**	**9.37**
郑州市	Zhengzhou	4174	6297	98748	10608	11.81	7.83
开封市	Kaifeng	1342	2735	974	4039	31.43	15.42
洛阳市	Luoyang	2349	2004	28522	4267	10.25	12.01
平顶山市	Pingdingshan	1081	728	11180	2080	6.62	9.83
安阳市	Anyang	996	618	8170	1359	5.35	8.62
鹤壁市	Hebi	746	338	2523	673	5.35	11.80
新乡市	Xinxiang	1100	840	11461	1736	7.35	9.62
焦作市	Jiaozuo	1248	644	10104	1398	6.54	12.67
濮阳市	Puyang	668	412	4685	1745	5.90	9.57
许昌市	Xuchang	622	689	3741	1396	16.63	15.01
漯河市	Luohe	810	933	9300	1100	6.95	6.04
三门峡市	Sanmenxia	316	248	6134	600	8.24	10.50
南阳市	Nanyang	2018	507	4789	1860	2.71	10.80
商丘市	Shangqiu	918	1096	8100	2851	6.07	5.09
信阳市	Xinyang	876	286	4176	1904	1.89	5.79
周口市	Zhoukou	773	251	2600	928	4.20	12.95
驻马店市	Zhumadian	1084	572	1653	1548	6.87	13.01
湖北省	**Hubei**	**21306**	**14155**	**259224**	**27188**	**8.82**	**13.28**
武汉市	Wuhan	8880	7767	148300	16597	15.08	17.25
黄石市	Huangshi	1552	836	17900	1580	9.95	18.48
十堰市	Shiyan	1032	1200	19195	800	10.18	8.75
宜昌市	Yichang	1879	1166	24380	1834	9.11	14.68
襄阳市	Xiangyang	2009	258	259	260	1.13	8.83
鄂州市	Ezhou	1167	414	5811	512	3.76	10.59
荆门市	Jingmen	876	502	8579	800	7.43	12.97
孝感市	Xiaogan	929	484	8820	900	4.99	9.58
荆州市	Jingzhou	993	728	15674	1988	6.54	8.92
黄冈市	Huanggang	975	142	2533	499	4.05	27.78
咸宁市	Xianning	532	320	2987	656	5.25	8.73
随州市	Suizhou	482	338	4786	762	6.74	9.62
湖南省	**Hunan**	**17514**	**15225**	**248093**	**23137**	**10.93**	**12.57**
长沙市	Changsha	4382	5517	75462	7957	18.18	14.44
株洲市	Zhuzhou	2012	1256	23125	2006	10.27	16.46
湘潭市	Xiangtan	1475	973	14684	1400	11.10	16.82
衡阳市	Hengyang	2257	1100	19140	1400	11.72	24.05
邵阳市	Shaoyang	1100	423	9000	1100	6.07	15.79
岳阳市	Yueyang	1115	1057	19640	1786	9.64	10.17
常德市	Changde	1508	775	11781	1146	5.53	10.77
张家界市	Zhangjiajie	386	352	3000	1072	6.62	7.26
益阳市	Yiyang	844	772	12537	1000	5.67	6.20
郴州市	Chenzhou	850	1683	32723	1820	22.29	11.26
永州市	Yongzhou	695	608	14610	700	5.25	6.01
怀化市	Huaihua	445	438	8563	800	11.70	11.89
娄底市	Loudi	445	271	3827	950	5.59	9.18

2-45 续表 5 continued

城 市	City	年末实有城市道路面积(万平方米) Area of City Paved Roads at Year-end (10 000 sq.m)	年末实有公共汽(电)车营运车辆数(辆) Number of Buses and Trolley Buses under Operation at Year-end (unit)	全年公共汽(电)车客运总量(万人次) Total Annual Volume of Passengers Transported by Buses and Trolley Buses (10 000 person-times)	年末实有出租汽车数(辆) Number of Taxis at Year-end (unit)	每万人拥有公共汽车(辆) Number of Public Transportation Vehicles per 10 000 Population (unit)	人均城市道路面积(平方米) Per Capita Area of Paved Roads in City (sq.m)
广东省	**Guangdong**	**54317**	**65120**	**756820**	**64455**	**16.00**	**13.34**
广州市	Guangzhou	10414	13610	261655	21320	19.58	14.99
韶关市	Shaoguan	735	480	6552	908	5.18	7.93
深圳市	Shenzhen	11633	31349	269581	16275	94.37	35.02
珠海市	Zhuhai	5101	1824	34780	2565	16.55	46.28
汕头市	Shantou	2500	1066	14932	1384	1.98	4.64
佛山市	Foshan		5931	61563	3581	15.38	
江门市	Jiangmen		957	9646	630	6.84	
湛江市	Zhanjiang	1035	788	7605	1223	4.88	6.41
茂名市	Maoming	648	366	2996	406	1.28	2.27
肇庆市	Zhaoqing	1124	515	6653	883	9.78	21.34
惠州市	Huizhou	2812	2119	24196	2017	14.96	19.85
梅州市	Meizhou	809	426	2023	391	4.45	8.45
汕尾市	Shanwei	260	233	1418	360	4.42	4.93
河源市	Heyuan	415	191		495	6.23	13.54
阳江市	Yangjiang	694	194	1920	694	2.79	9.98
清远市	Qingyuan		576	4260	520	4.25	
东莞市	Dongguan	13947	1453	17019	7691	7.59	72.87
中山市	Zhongshan	838	2293	24735	1581	14.69	5.37
潮州市	Chaozhou	494	316	3301	862	1.93	3.02
揭阳市	Jieyang	763	261	859	544	1.25	3.67
云浮市	Yunfu	95	172	1126	125	5.45	3.01
广西壮族自治区	**Guangxi**	**13764**	**7461**	**122278**	**15264**	**5.09**	**9.39**
南宁市	Nanning	3861	2866	51724	6270	10.08	13.58
柳州市	Liuzhou	1894	1003	23899	2079	8.53	16.11
桂林市	Guilin	976	766	17102	1932	9.87	12.58
梧州市	Wuzhou	847	595	6394	691	7.64	10.88
北海市	Beihai	880	310	3079	551	4.87	13.83
防城港市	Fangchenggang	633	274	1338	138	4.90	11.32
钦州市	Qinzhou	1049	366	4001	585	2.49	7.14
贵港市	Guigang	787	187	2898	365	0.95	3.99
玉林市	Yulin	956	239	3937	664	2.22	8.89
百色市	Baise	430	168	2168	535	4.75	12.16
贺州市	Hezhou	316	122	1125	454	1.04	2.70
河池市	Hechi	213	145	2269	300	4.29	6.30
来宾市	Laibin	618	374	2000	565	3.32	5.48
崇左市	Chongzuo	304	46	345	135	1.24	8.18

2-45 续表 6 continued

城　　市	City	年末实有城市道路面积(万平方米) Area of City Paved Roads at Year-end (10 000 sq.m)	年末实有公共汽(电)车营运车辆数(辆) Number of Buses and Trolley Buses under Operation at Year-end (unit)	全年公共汽(电)车客运总量(万人次) Total Annual Volume of Passengers Transported by Buses and Trolley Buses (10 000 person-times)	年末实有出租汽车数(辆) Number of Taxis at Year-end (unit)	每万人拥有公共汽车(辆) Number of Public Transportation Vehicles per 10 000 Population (unit)	人均城市道路面积(平方米) Per Capita Area of Paved Roads in City (sq.m)
海南省	**Hainan**	**1919**	**2249**	**37420**	**4797**	**10.04**	**8.57**
海口市	Haikou	1483	1515	31281	2947	9.16	8.97
三亚市	Sanya	430	734	6139	1850	12.53	7.34
三沙市	Sansa	6					200.00
重庆市	**Chongqing**	**14528**	**8641**	**196328**	**14691**	**4.45**	**7.47**
四川省	**Sichuan**	**22063**	**20113**	**355534**	**33894**	**7.49**	**8.22**
成都市	Chengdu	7404	11447	180853	18506	19.68	12.73
自贡市	Zigong	1537	873	19880	1432	5.77	10.16
攀枝花市	Panzhihua	821	681	15295	1597	9.96	12.01
泸州市	Luzhou	1369	1060	20996	1458	7.07	9.13
德阳市	Deyang	784	346	6719	850	4.99	11.31
绵阳市	Mianyang	1543	1361	30186	1747	10.73	12.16
广元市	Guangyuan	555	384	7687	628	4.09	5.91
遂宁市	Suining	1868	340	6800	775	2.23	12.26
内江市	Neijiang	471	597	12300	700	4.17	3.29
乐山市	Leshan	853	453	8734	880	3.90	7.34
南充市	Nanchong	1500	704	13800	1207	3.57	7.61
眉山市	Meishan	575	226	1721	418	2.58	6.56
宜宾市	Yibin	530	727	13932	1212	5.72	4.17
广安市	Guang'an	662	75	3017	459	0.59	5.20
达州市	Dazhou	400	222	5903	1063	1.23	2.21
雅安市	Ya'an	341	111	2218	306	1.77	5.43
巴中市	Bazhong	350	256	2954	421	1.86	2.54
资阳市	Ziyang	500	250	2539	235	2.26	4.52
贵州省	**Guizhou**	**4932**	**4531**	**130979**	**12776**	**6.85**	**7.46**
贵阳市	Guiyang	2611	2855	69232	7534	12.37	11.32
六盘水市	Liupanshui	658	401	12199	917	8.43	13.83
遵义市	Zunyi	552	674	25550	2155	7.52	6.16
安顺市	Anshun	457	347	17698	953	3.89	5.12
毕节市	Bijie	325	144	3900	537	0.92	2.07
铜仁市	Tongren	329	110	2400	680	2.35	7.04
云南省	**Yunnan**	**10230**	**7122**	**114284**	**12385**	**11.07**	**15.91**
昆明市	Kunming	7080	5462	84863	8095	19.73	25.58
曲靖市	Qujing	1017	579	11248	1259	7.97	14.00
玉溪市	Yuxi	667	217	2923	548	4.97	15.27
保山市	Baoshan	417	215	2252	450	2.32	4.51
昭通市	Zhaotong	390	194	3650	608	2.23	4.47
丽江市	Lijiang	180	250	6235	776	16.37	11.79
普洱市	Pu'er	265	145	2373	249	6.40	11.70
临沧市	Lincang	214	60	740	400	1.86	6.62

2-45 续表 7 continued

城　市	City	年末实有城市道路面积(万平方米) Area of City Paved Roads at Year-end (10 000 sq.m)	年末实有公共汽(电)车营运车辆数(辆) Number of Buses and Trolley Buses under Operation at Year-end (unit)	全年公共汽(电)车客运总量(万人次) Total Annual Volume of Passengers Transported by Buses and Trolley Buses (10 000 person-times)	年末实有出租汽车数(辆) Number of Taxis at Year-end (unit)	每万人拥有公共汽车(辆) Number of Public Transportation Vehicles per 10 000 Population (unit)	人均城市道路面积(平方米) Per Capita Area of Paved Roads in City (sq.m)
西藏自治区	**Tibet**	**381**	**338**	**8941**	**1360**	**16.29**	**18.36**
拉萨市	Lasa	381	338	8941	1360	16.29	18.36
陕西省	**Shaanxi**	**13504**	**11177**	**242166**	**26445**	**8.53**	**10.30**
西安市	Xi'an	7200	7769	170960	14159	13.23	12.26
铜川市	Tongchuan	460	323	4620	1041	4.32	6.15
宝鸡市	Baoji	1305	914	22500	3498	6.43	9.18
咸阳市	Xianyang	1023	641	14632	3275	6.97	11.12
渭南市	Weinan	1438	330	171	900	3.43	14.93
延安市	Yan'an	227	457	11267	850	9.83	4.88
汉中市	Hanzhong	299	238	4279	870	4.16	5.23
榆林市	Yulin	852	280	8991	1001	5.04	15.34
安康市	Ankang	514	122	2846	532	1.19	5.01
商洛市	Shangluo	186	103	1900	319	1.83	3.30
甘肃省	**Gansu**	**6671**	**5463**	**121560**	**19057**	**6.41**	**7.82**
兰州市	Lanzhou	1959	2769	77676	7591	11.51	8.15
嘉峪关市	Jiayuguan	394	135	2656	743	5.59	16.33
金昌市	Jinchang	463	153	1378	510	6.60	19.97
白银市	Baiyin	627	303	5474	2087	6.16	12.74
天水市	Tianshui	601	469	10044	2134	3.60	4.62
武威市	Wuwei	360	328	4400	1146	3.21	3.52
张掖市	Zhangye	617	189	1627	1225	3.73	12.18
平凉市	Pingliang	560	224	4350	556	4.37	10.92
酒泉市	Jiuquan	454	296	4652	820	7.17	10.99
庆阳市	Qingyang	309	418	3971	1079	11.01	8.14
定西市	Dingxi	261	108	874	491	2.35	5.69
陇南市	Longnan	66	71	4458	675	1.26	1.17
青海省	**Qinghai**	**990**	**1973**	**34784**	**6003**	**15.98**	**8.02**
西宁市	Xining	913	1915	34047	5666	20.36	9.71
海东市	Haidong	77	58	737	337	1.97	2.62
宁夏回族自治区	**Ningxia**	**5288**	**2720**	**38148**	**12470**	**9.74**	**18.93**
银川市	Yinchuan	1881	1616	30271	5364	15.19	17.69
石嘴山市	Shizuishan	1568	265	1670	2268	5.85	34.61
吴忠市	Wuzhong	515	431	3482	1042	10.68	12.76
固原市	Guyuan	782	156	469	2585	3.35	16.77
中卫市	Zhongwei	542	252	2257	1211	6.20	13.34
新疆维吾尔自治区	**Xinjiang**	**4148**	**5070**	**118223**	**13862**	**16.92**	**13.84**
乌鲁木齐市	Urumqi	3101	4567	113765	12338	17.52	11.90
克拉玛依市	Karamay	1047	503	4458	1524	12.90	26.86

2-46 绿地面积及建成区绿化覆盖面积(市辖区)

Area of Green Land and Green Covered Area of Completed Area (Districts under City)

城 市	City	绿地面积 (公顷) Area of Green Land (hectare)	公园绿地面积 Area of Parks and Green Land	建成区绿化覆盖面积 (公顷) Green Covered Area of Completed Area (hectare)	建成区绿化覆盖率 (%) Green Covered Area as % of Completed Area (%)
城市合计	**Prefecture Cities**	**2075863**	**480412**	**1660832**	**42.07**
北京市	**Beijing**	**77129**	**26910**	**83729**	**60.41**
天津市	**Tianjin**	**25307**	**7652**	**30860**	**41.82**
河北省	**Hebei**	**66790**	**18895**	**63731**	**46.96**
石家庄市	Shijiazhuang	11430	4320	12932	48.98
唐山市	Tangshan	9624	2978	10251	41.17
秦皇岛市	Qinhuangdao	10982	2018	9566	92.87
邯郸市	Handan	8092	2984	5768	46.52
邢台市	Xingtai	4415	1046	3320	36.89
保定市	Baoding	5737	1328	5912	40.49
张家口市	Zhangjiakou	3392	1085	3731	43.38
承德市	Chengde	4406	1371	4820	41.91
沧州市	Cangzhou	2105	601	2526	37.15
廊坊市	Langfang	4634	716	2932	44.42
衡水市	Hengshui	1973	448	1973	42.89
山西省	**Shanxi**	**33205**	**10395**	**36387**	**41.59**
太原市	Taiyuan	12804	4093	14773	44.77
大同市	Datong	4845	1107	4845	38.76
阳泉市	Yangquan	2262	648	2224	40.44
长治市	Changzhi	2440	924	2719	46.08
晋城市	Jincheng	1702	561	1805	40.11
朔州市	Shuozhou	1961	434	2102	50.05
晋中市	Jinzhong	1820	702	2010	37.92
运城市	Yuncheng	1688	452	1778	34.19
忻州市	Xinzhou	1006	480	1156	32.11
临汾市	Linfen	1833	644	2018	37.37
吕梁市	Lvliang	844	350	957	39.88
内蒙古自治区	**Inner Mongolia**	**41340**	**13689**	**39992**	**39.48**
呼和浩特市	Hohhot	8216	3267	9263	40.27
包头市	Baotou	7841	2400	8114	42.71
乌海市	Wuhai	2641	1036	2636	41.84
赤峰市	Chifeng	3753	1823	4076	39.19
通辽市	Tongliao	2034	907	2590	29.77
鄂尔多斯市	Erdos	11902	1817	4885	43.23
呼伦贝尔市	Hulunbuir	1057	691	1093	9.59
巴彦淖尔市	Bayannur	1519	561	1620	31.15
乌兰察布市	Ulanqab	2377	1187	5715	95.25
辽宁省	**Liaoning**	**89886**	**22733**	**83621**	**42.82**
沈阳市	Shenyang	28724	7282	19426	41.78
大连市	Dalian	18341	3660	17733	44.78
鞍山市	Anshan	6507	1883	6599	38.82
抚顺市	Fushun	5130	1382	5671	41.70
本溪市	Benxi	5332	958	5500	50.46
丹东市	Dandong	2038	725	2071	39.08
锦州市	Jinzhou	3081	1228	4415	57.34
营口市	Yingkou	4064	1021	4335	39.41

2-46 续表 1 continued

城 市	City	绿地面积 (公顷) Area of Green Land (hectare)	公园绿地面积 Area of Parks and Green Land	建成区绿化覆盖面积 (公顷) Green Covered Area of Completed Area (hectare)	建成区绿化覆盖率 (%) Green Covered Area as % of Completed Area (%)
阜新市	Fuxin	2939	970	3517	45.68
辽阳市	Liaoyang	4373	847	4373	42.05
盘锦市	Panjin	2809	902	3030	41.51
铁岭市	Tieling	2068	539	2252	45.04
朝阳市	Chaoyang	1363	586	1500	26.32
葫芦岛市	Huludao	3117	750	3199	42.09
吉林省	**Jilin**	**37136**	**11402**	**41136**	**38.23**
长春市	Changchun	16046	5119	18244	38.82
吉林市	Jilin	8808	2268	10134	39.13
四平市	Siping	2607	842	2760	50.18
辽源市	Liaoyuan	1809	451	1853	40.28
通化市	Tonghua	3068	880	3070	37.44
白山市	Baishan	1390	622	1628	29.07
松原市	Songyuan	2149	854	2104	35.66
白城市	Baicheng	1259	366	1343	27.41
黑龙江省	**Heilongjiang**	**62811**	**12477**	**51257**	**35.35**
哈尔滨市	Harbin	13452	4346	14219	35.46
齐齐哈尔市	Qiqihar	6097	1091	6301	45.01
鸡西市	Jixi	2803	775	3179	40.24
鹤岗市	Hegang	2886	824	2244	42.34
双鸭山市	Shuangyashan	2268	621	2500	43.10
大庆市	Daqing	22355	2153	11113	45.36
伊春市	Yichun	154	64	174	1.02
佳木斯市	Jiamusi	3875	847	4031	41.56
七台河市	Qitaihe	2467	483	2734	38.51
牡丹江市	Mudanjiang	5182	809	3063	37.81
黑河市	Heihe	472	294	586	30.84
绥化市	Suihua	800	170	1113	31.80
上海市	**Shanghai**	**125741**	**17789**	**38382**	
江苏省	**Jiangsu**	**219584**	**34512**	**129212**	**42.69**
南京市	Nanjing	88069	9115	32416	44.16
无锡市	Wuxi	18543	3648	14056	42.85
徐州市	Xuzhou	15462	2761	11039	43.29
常州市	Changzhou	8813	2036	8756	42.92
苏州市	Suzhou	21596	4461	18866	42.21
南通市	Nantong	8286	2592	8085	42.55
连云港市	Lianyungang	20251	1174	6402	40.01
淮安市	Huai'an	6573	1925	6138	40.92
盐城市	Yancheng	4793	1393	4484	40.40
扬州市	Yangzhou	6928	1966	5914	43.49
镇江市	Zhenjiang	7920	1659	5692	42.48
泰州市	Taizhou	3716	869	4040	40.81
宿迁市	Suqian	8634	913	3324	42.08
浙江省	**Zhejiang**	**79338**	**18800**	**72885**	**41.04**
杭州市	Hangzhou	18386	6304	20031	40.47
宁波市	Ningbo	11390	1983	11811	38.22

2-46 续表 2 continued

城 市	City	绿地面积 (公顷) Area of Green Land (hectare)	公园绿地面积 Area of Parks and Green Land	建成区绿化覆盖面积 (公顷) Green Covered Area of Completed Area (hectare)	建成区绿化覆盖率 (%) Green Covered Area as % of Completed Area (%)
温州市	Wenzhou	7265	2393	8239	38.32
嘉兴市	Jiaxing	4781	1106	4194	43.69
湖州市	Huzhou	4458	1467	4792	48.40
绍兴市	Shaoxing	7352	1927	8367	43.58
金华市	Jinhua	2766	722	2947	37.78
衢州市	Quzhou	2547	517	2894	41.94
舟山市	Zhoushan	13374	771	2366	38.79
台州市	Taizhou	5606	1235	5711	44.62
丽水市	Lishui	1413	375	1533	45.09
安徽省	**Anhui**	**83578**	**17473**	**69693**	**41.86**
合肥市	Hefei	16201	4639	18170	45.09
芜湖市	Wuhu	6210	1620	6295	39.34
蚌埠市	Bengbu	4417	1189	4938	38.88
淮南市	Huainan	4468	1294	4210	39.72
马鞍山市	Maanshan	5621	1087	4028	43.78
淮北市	Huaibei	4174	1235	3581	44.76
铜陵市	Tongling	5133	642	3223	46.71
安庆市	Anqing	3536	865	3587	42.20
黄山市	Huangshan	13171	530	2929	46.49
滁州市	Chuzhou	4037	537	3365	40.54
阜阳市	Fuyang	4282	932	3795	33.88
宿州市	Suzhou	2924	657	3166	43.97
六安市	Lu'an	2828	844	2819	39.15
亳州市	Bozhou	1585	416	1961	36.31
池州市	Chizhou	1419	518	1562	42.22
宣城市	Xuancheng	3572	468	2064	41.28
福建省	**Fujian**	**46957**	**10881**	**43795**	**42.48**
福州市	Fuzhou	10031	3054	10894	42.89
厦门市	Xiamen	18248	3351	12604	41.87
莆田市	Putian	2236	710	2572	45.12
三明市	Sanming	1453	308	1576	43.78
泉州市	Quanzhou	8344	1797	8975	41.94
漳州市	Zhangzhou	2480	584	2650	42.74
南平市	Nanping	1179	288	1315	43.83
龙岩市	Longyan	1934	398	2075	41.50
宁德市	Ningde	1052	391	1134	42.00
江西省	**Jiangxi**	**41049**	**10990**	**43488**	**44.88**
南昌市	Nanchang	10483	3005	11027	42.09
景德镇市	Jingdezhen	3895	738	4064	51.44
萍乡市	Pingxiang	1972	474	2061	40.41
九江市	Jiujiang	5011	1163	5251	50.98
新余市	Xinyu	3678	835	3790	51.22
鹰潭市	Yingtan	1248	340	1385	40.74
赣州市	Ganzhou	5031	1306	5463	39.88
吉安市	Ji'an	2363	729	2427	45.79
宜春市	Yichun	2791	876	2958	43.50
抚州市	Fuzhou	2515	892	2739	47.22
上饶市	Shangrao	2062	632	2323	46.46

2-46 续表 3 continued

城 市	City	绿地面积 (公顷) Area of Green Land (hectare)	公园绿地面积 Area of Parks and Green Land	建成区绿化覆盖面积 (公顷) Green Covered Area of Completed Area (hectare)	建成区绿化覆盖率 (%) Green Covered Area as % of Completed Area (%)
山东省	**Shandong**	**156665**	**37065**	**140847**	**43.24**
济南市	Jinan	13337	3162	15233	39.77
青岛市	Qingdao	28805	4741	21939	44.68
淄博市	Zibo	17009	2568	11629	44.39
枣庄市	Zaozhuang	7043	1421	6239	42.16
东营市	Dongying	7199	1572	5089	44.25
烟台市	Yantai	12485	3524	12626	39.96
潍坊市	Weifang	9900	2278	7180	40.80
济宁市	Jining	7623	1854	6587	35.41
泰安市	Tai'an	4739	1319	5571	43.87
威海市	Weihai	8830	2385	9312	49.01
日照市	Rizhao	4106	1503	4329	43.29
莱芜市	Laiwu	6263	1187	5616	46.80
临沂市	Linyi	10326	3910	8243	41.22
德州市	Dezhou	6070	2169	6365	43.90
聊城市	Liaocheng	3457	1088	4250	46.70
滨州市	Binzhou	5762	1542	6752	60.29
菏泽市	Heze	3711	842	3887	40.92
河南省	**Henan**	**67490**	**18689**	**71206**	**37.94**
郑州市	Zhengzhou	15167	4456	16590	40.17
开封市	Kaifeng	3568	697	3679	32.56
洛阳市	Luoyang	6708	2077	8178	42.15
平顶山市	Pingdingshan	2620	968	2928	40.11
安阳市	Anyang	2717	724	3141	28.55
鹤壁市	Hebi	2267	688	2538	39.66
新乡市	Xinxiang	4206	780	4512	39.93
焦作市	Jiaozuo	3678	854	4225	37.06
濮阳市	Puyang	1785	697	2098	38.85
许昌市	Xuchang	3076	520	3370	38.30
漯河市	Luohe	2270	806	2609	35.74
三门峡市	Sanmenxia	1356	542	1395	46.50
南阳市	Nanyang	6395	2666	3769	25.30
商丘市	Shangqiu	2251	610	2639	41.89
信阳市	Xinyang	4467	747	3764	42.29
周口市	Zhoukou	2455	367	2891	43.80
驻马店市	Zhumadian	2504	490	2880	40.56
湖北省	**Hubei**	**67420**	**14725**	**54329**	**36.61**
武汉市	Wuhan	18679	7017	21668	39.18
黄石市	Huangshi	2668	934	2835	32.22
十堰市	Shiyan	3325	712	3477	36.22
宜昌市	Yichang	6699	1253	6699	41.35
襄阳市	Xiangyang	4666	1208	5034	32.06
鄂州市	Ezhou	1771	633	2076	32.44

2-46 续表 4 continued

城 市	City	绿地面积 (公顷) Area of Green Land (hectare)	公园绿地面积 Area of Parks and Green Land	建成区绿化覆盖面积 (公顷) Green Covered Area of Completed Area (hectare)	建成区绿化覆盖率 (%) Green Covered Area as % of Completed Area (%)
荆门市	Jingmen	1858	527	2198	39.96
孝感市	Xiaogan	1846	371	1547	22.10
荆州市	Jingzhou	2578	777	2894	39.11
黄冈市	Huanggang	1051	308	1206	25.66
咸宁市	Xianning	3682	535	2732	37.42
随州市	Suizhou	18597	450	1963	43.62
湖南省	**Hunan**	**47459**	**12156**	**51160**	**39.57**
长沙市	Changsha	10163	3256	11813	35.16
株洲市	Zhuzhou	5342	1239	5627	41.68
湘潭市	Xiangtan	2997	736	3265	40.81
衡阳市	Hengyang	4694	1027	5163	32.47
邵阳市	Shaoyang	2129	670	2250	38.79
岳阳市	Yueyang	4350	1010	3802	40.88
常德市	Changde	3422	1001	3803	43.71
张家界市	Zhangjiajie	1576	198	1302	39.45
益阳市	Yiyang	3589	1059	3962	55.80
郴州市	Chenzhou	2770	610	2770	38.47
永州市	Yongzhou	2190	496	2447	40.78
怀化市	Huaihua	2198	397	2176	35.10
娄底市	Loudi	2039	457	2780	59.15
广东省	**Guangdong**	**349225**	**76751**	**203057**	**39.85**
广州市	Guangzhou	132448	22292	42948	41.50
韶关市	Shaoguan	4133	697	4425	46.09
深圳市	Shenzhen	97442	18152	40123	45.08
珠海市	Zhuhai	8533	3359	7071	57.02
汕头市	Shantou	10100	3632	10528	42.11
佛山市	Foshan	5906	2617	6285	39.78
江门市	Jiangmen	11540	2354	6923	43.54
湛江市	Zhanjiang	4014	1155	4446	41.17
茂名市	Maoming	3663	806	3896	32.47
肇庆市	Zhaoqing	2851	1194	3375	35.53
惠州市	Huizhou	8128	2663	9017	36.95
梅州市	Meizhou	2045	619	2267	42.77
汕尾市	Shanwei	647	308	665	41.56
河源市	Heyuan	1388	379	1515	44.56
阳江市	Yangjiang	1645	458	1788	35.06
清远市	Qingyuan	2196	746	2517	6.75
东莞市	Dongguan	39000	10580	41727	45.26
中山市	Zhongshan	3781	1280	4366	40.80
潮州市	Chaozhou	1992	674	2256	53.71
揭阳市	Jieyang	3946	1798	3548	29.57
云浮市	Yunfu	3827	988	3371	34.40
广西壮族自治区	**Guangxi**	**90269**	**11087**	**43584**	**40.54**
南宁市	Nanning	39811	3449	14072	49.38
柳州市	Liuzhou	6496	2098	7532	41.84

2-46 续表 5 continued

城市	City	绿地面积 (公顷) Area of Green Land (hectare)	公园绿地面积 Area of Parks and Green Land	建成区绿化覆盖面积 (公顷) Green Covered Area of Completed Area (hectare)	建成区绿化覆盖率 (%) Green Covered Area as % of Completed Area (%)
桂林市	Guilin	2555	949	2849	40.13
梧州市	Wuzhou	3015	501	2169	40.17
北海市	Beihai	24543	447	2917	39.96
防城港市	Fangchenggang	1034	133	1175	33.57
钦州市	Qinzhou	2993	242	3038	34.13
贵港市	Guigang	1567	521	1674	24.26
玉林市	Yulin	2588	660	2467	36.82
百色市	Baise	1723	292	1521	37.10
贺州市	Hezhou	1093	201	1062	44.25
河池市	Hechi	635	154	736	33.45
来宾市	Laibin	1296	1266	1280	34.59
崇左市	Chongzuo	920	174	1092	39.00
海南省	**Hainan**	**7329**	**1571**	**8201**	**41.21**
海口市	Haikou	5745	853	6490	42.70
三亚市	Sanya	1571	718	1711	36.40
三沙市	Sansa	13			
重庆市	**Chongqing**	**53017**	**21517**	**50493**	**41.02**
四川省	**Sichuan**	**67851**	**18260**	**66455**	**35.75**
成都市	Chengdu	19757	6899	19629	32.50
自贡市	Zigong	3958	1187	4375	40.14
攀枝花市	Panzhihua	2652	736	3154	43.81
泸州市	Luzhou	4628	1051	4511	39.92
德阳市	Deyang	2490	574	2882	40.03
绵阳市	Mianyang	4267	1142	4543	38.50
广元市	Guangyuan	1936	469	2011	37.24
遂宁市	Suining	5948	587	2543	32.60
内江市	Neijiang	2514	584	2813	42.62
乐山市	Leshan	3083	504	2427	33.25
南充市	Nanchong	4224	1190	4750	42.04
眉山市	Meishan	1524	392	1764	39.20
宜宾市	Yibin	3335	703	3082	38.52
广安市	Guang'an	1683	598	1925	40.10
达州市	Dazhou	2304	784	2173	20.12
雅安市	Ya'an	860	219	992	32.00
巴中市	Bazhong	1077	312	1133	37.77
资阳市	Ziyang	1611	329	1748	38.84
贵州省	**Guizhou**	**6686**	**2187**	**20517**	**35.56**
贵阳市	Guiyang			13007	40.65
六盘水市	Liupanshui	456	99	1120	28.72
遵义市	Zunyi	2668	1182	2756	32.05
安顺市	Anshun	1466	249	1661	34.60
毕节市	Bijie	1216	488	1041	25.39
铜仁市	Tongren	880	169	932	21.67

2-46 续表 6 continued

城 市	City	绿地面积 (公顷) Area of Green Land (hectare)	公园绿地面积 Area of Parks and Green Land	建成区绿化覆盖面积 (公顷) Green Covered Area of Completed Area (hectare)	建成区绿化覆盖率 (%) Green Covered Area as % of Completed Area (%)
云南省	**Yunnan**	**22277**	**5773**	**25042**	**39.19**
昆明市	Kunming	15538	3736	16890	41.50
曲靖市	Qujing	1926	534	2248	34.06
玉溪市	Yuxi	1055	308	1195	41.21
保山市	Baoshan	530	166	763	24.61
昭通市	Zhaotong	645	176	1241	31.02
丽江市	Lijiang	961	423	942	40.96
普洱市	Pu'er	973	236	1031	41.24
临沧市	Lincang	649	194	732	40.67
西藏自治区	**Tibet**	**1665**	**182**	**1913**	
拉萨市	Lasa	1665	182	1913	
陕西省	**Shaanxi**	**33541**	**10530**	**35943**	**38.28**
西安市	Xi'an	16777	4621	18700	42.50
铜川市	Tongchuan	1677	460	1943	44.16
宝鸡市	Baoji	3935	1006	3519	40.45
咸阳市	Xianyang	2420	1483	2759	31.00
渭南市	Weinan	1823	570	1590	22.39
延安市	Yan'an	1374	390	1431	39.75
汉中市	Hanzhong	1198	713	1358	37.72
榆林市	Yulin	2153	679	2455	35.07
安康市	Ankang	1664	427	1598	39.95
商洛市	Shangluo	520	181	590	22.69
甘肃省	**Gansu**	**19537**	**5725**	**22128**	**32.64**
兰州市	Lanzhou	6522	2101	7795	35.27
嘉峪关市	Jiayuguan	2616	447	2700	39.71
金昌市	Jinchang	1303	367	1472	36.80
白银市	Baiyin	1908	399	2110	34.59
天水市	Tianshui	1438	491	1635	35.54
武威市	Wuwei	710	560	689	21.53
张掖市	Zhangye	983	391	1249	19.52
平凉市	Pingliang	1083	245	1254	34.83
酒泉市	Jiuquan	1507	347	1753	35.78
庆阳市	Qingyang	807	133	801	33.38
定西市	Dingxi	320	212	626	27.22
陇南市	Longnan	340	32	44	3.14
青海省	**Qinghai**	**4588**	**1553**	**3766**	**37.29**
西宁市	Xining	3398	1500	3520	39.11
海东市	Haidong	1190	53	246	22.36
宁夏回族自治区	**Ningxia**	**20558**	**4342**	**15167**	**40.23**
银川市	Yinchuan	8506	2213	6506	43.66
石嘴山市	Shizuishan	6793	1055	4092	41.33
吴忠市	Wuzhong	2677	444	2035	40.70
固原市	Guyuan	1098	234	1098	27.45
中卫市	Zhongwei	1484	396	1436	36.82
新疆维吾尔自治区	**Xinjiang**	**30435**	**3701**	**18856**	**39.20**
乌鲁木齐市	Urumqi	25931	3282	15870	38.52
克拉玛依市	Karamay	4504	419	2986	43.28

2-47 工业废水排放量和二氧化硫产生及排放量(全市)

Industrial Waste Water Discharged, Industry Sulphur Dioxide Produced and Emission (Total City)

城 市	City	工业废水排放量 (万吨) Volume of Industrial Waste Water Discharged (10 000 tons)	工业二氧化硫产生量 (吨) Volume of Industry Sulphur Dioxide Produced (ton)	工业二氧化硫排放量 (吨) Volume of Sulphur Dioxide Emission (ton)
城市合计	**Prefecture Cities**	**1951594**	**57160293**	**15862826**
北京市	**Beijing**	**9174**	**135115**	**40347**
天津市	**Tianjin**	**19011**	**850132**	**195395**
河北省	**Hebei**	**106550**	**3310903**	**1042440**
石家庄市	Shijiazhuang	24024	663236	156030
唐山市	Tangshan	13973	740545	250761
秦皇岛市	Qinhuangdao	6273	145768	65512
邯郸市	Handan	6388	586707	145946
邢台市	Xingtai	14323	194440	90924
保定市	Baoding	14200	219270	64676
张家口市	Zhangjiakou	6204	255850	75894
承德市	Chengde	1560	159640	71938
沧州市	Cangzhou	9490	147270	39803
廊坊市	Langfang	5149	94919	46320
衡水市	Hengshui	4966	103258	34636
山西省	**Shanxi**	**49262**	**4053622**	**1077939**
太原市	Taiyuan	3975	355358	83648
大同市	Datong	4907	416657	115853
阳泉市	Yangquan	614	219777	88855
长治市	Changzhi	7951	442252	120102
晋城市	Jincheng	5741	276500	77983
朔州市	Shuozhou	1780	405131	99458
晋中市	Jinzhong	3182	424964	99895
运城市	Yuncheng	8281	612791	134217
忻州市	Xinzhou	2691	242905	64074
临汾市	Linfen	5941	426160	88229
吕梁市	Lvliang	4199	231127	105625
内蒙古自治区	**Inner Mongolia**	**32369**	**4185540**	**1033629**
呼和浩特市	Hohhot	7249	393934	91360
包头市	Baotou	3858	630287	189430
乌海市	Wuhai	1389	337824	104786
赤峰市	Chifeng	4404	891003	120094
通辽市	Tongliao	2765	387560	118600
鄂尔多斯市	Erdos	2388	647117	195409
呼伦贝尔市	Hulunbuir	5994	123814	79905
巴彦淖尔市	Bayannur	2621	508822	76139
乌兰察布市	Ulanqab	1701	265179	57906
辽宁省	**Liaoning**	**90668**	**2303773**	**926032**
沈阳市	Shenyang	9134	243710	131344
大连市	Dalian	40150	244056	94370
鞍山市	Anshan	6338	145786	116010
抚顺市	Fushun	2190	149600	54283
本溪市	Benxi	2656	80375	65470
丹东市	Dandong	4327	79571	30544
锦州市	Jinzhou	3353	83682	38535
营口市	Yingkou	2795	109198	56092

2-47 续表 1 continued

城 市	City	工业废水排放量 (万吨) Volume of Industrial Waste Water Discharged (10 000 tons)	工业二氧化硫产生量 (吨) Volume of Industry Sulphur Dioxide Produced (ton)	工业二氧化硫排放量 (吨) Volume of Sulphur Dioxide Emission (ton)
阜新市	Fuxin	4217	174800	109144
辽阳市	Liaoyang	6625	95900	45633
盘锦市	Panjin	4418	103347	55450
铁岭市	Tieling	1208	125836	25274
朝阳市	Chaoyang	727	114595	45693
葫芦岛市	Huludao	2530	553317	58190
吉林省	**Jilin**	**36798**	**559502**	**295243**
长春市	Changchun	5564	133673	56210
吉林市	Jilin	10491	122893	68005
四平市	Siping	3225	79774	42980
辽源市	Liaoyuan	1788	40320	20458
通化市	Tonghua	10145	60951	38151
白山市	Baishan	1526	46327	19253
松原市	Songyuan	2174	36432	34615
白城市	Baicheng	1885	39132	15571
黑龙江省	**Heilongjiang**	**38111**	**454005**	**257817**
哈尔滨市	Harbin	5188	113820	60028
齐齐哈尔市	Qiqihar	5689	5977	4357
鸡西市	Jixi	2008	33952	21879
鹤岗市	Hegang	3151	34944	13749
双鸭山市	Shuangyashan	2933	37959	21231
大庆市	Daqing	3835	77622	38435
伊春市	Yichun	1105	17543	17543
佳木斯市	Jiamusi	1122	18282	11688
七台河市	Qitaihe	1554	30589	16548
牡丹江市	Mudanjiang	1276	33320	20291
黑河市	Heihe	1473	35919	18888
绥化市	Suihua	8777	14078	13180
上海市	**Shanghai**	**43939**		**155360**
江苏省	**Jiangsu**	**204888**	**3209411**	**870175**
南京市	Nanjing	21561	507606	103949
无锡市	Wuxi	21551	278794	78847
徐州市	Xuzhou	10774	444121	111130
常州市	Changzhou	11909	110419	35308
苏州市	Suzhou	61438	638883	168413
南通市	Nantong	15809	244851	61812
连云港市	Lianyungang	6204	114664	47569
淮安市	Huai'an	7989	119333	43055
盐城市	Yancheng	17472	132401	45519
扬州市	Yangzhou	8790	166530	44357
镇江市	Zhenjiang	9085	284521	54579
泰州市	Taizhou	7376	128556	54224
宿迁市	Suqian	4930	38732	21413
浙江省	**Zhejiang**	**150137**	**1614224**	**560082**
杭州市	Hangzhou	35370	152375	80349
宁波市	Ningbo	16546	523571	118102

2-47 续表 2 continued

城 市	City	工业废水排放量 (万吨) Volume of Industrial Waste Water Discharged (10 000 tons)	工业二氧化硫产生量 (吨) Volume of Industry Sulphur Dioxide Produced (ton)	工业二氧化硫排放量 (吨) Volume of Sulphur Dioxide Emission (ton)
温州市	Wenzhou	6020	128921	34125
嘉兴市	Jiaxing	20636	195558	77133
湖州市	Huzhou	10020	78149	36521
绍兴市	Shaoxing	26341	113557	64935
金华市	Jinhua	7627	98044	35036
衢州市	Quzhou	12478	99019	48069
舟山市	Zhoushan	2150	39478	11481
台州市	Taizhou	6822	157472	28083
丽水市	Lishui	6127	28080	26248
安徽省	**Anhui**	**69580**	**3410598**	**474266**
合肥市	Hefei	6920	126306	42364
芜湖市	Wuhu	3900	138477	38706
蚌埠市	Bengbu	3037	49246	16407
淮南市	Huainan	10650	248381	59492
马鞍山市	Maanshan	7338	182522	58819
淮北市	Huaibei	2277	96760	44621
铜陵市	Tongling	5693	2072207	31436
安庆市	Anqing	4661	176689	16014
黄山市	Huangshan	644	3009	3009
滁州市	Chuzhou	5755	38918	20525
阜阳市	Fuyang	2640	17033	50657
宿州市	Suzhou	4029	70983	26452
六安市	Lu'an	2740	31717	14279
亳州市	Bozhou	2755	15505	12247
池州市	Chizhou	2648	111827	19881
宣城市	Xuancheng	3893	31018	19357
福建省	**Fujian**	**102034**	**982776**	**337586**
福州市	Fuzhou	4681	231020	56385
厦门市	Xiamen	27380	54056	16144
莆田市	Putian	2633	31140	9076
三明市	Sanming	12091	91366	43586
泉州市	Quanzhou	19258	269179	110699
漳州市	Zhangzhou	23963	149937	37650
南平市	Nanping	7216	18647	18334
龙岩市	Longyan	3315	72945	29006
宁德市	Ningde	1497	64486	16706
江西省	**Jiangxi**	**64841**	**2506443**	**517407**
南昌市	Nanchang	8656	87369	37049
景德镇市	Jingdezhen	6852	74876	29352
萍乡市	Pingxiang	1903	97498	88039
九江市	Jiujiang	10739	306153	79681
新余市	Xinyu	4746	108349	54292
鹰潭市	Yingtan	2216	1302918	22238
赣州市	Ganzhou	11434	77550	51365
吉安市	Ji'an	3251	114382	34918
宜春市	Yichun	7072	200608	65333
抚州市	Fuzhou	2924	23791	19708
上饶市	Shangrao	5048	112949	35432

2-47 续表 3 continued

城　市	City	工业废水排放量 (万吨) Volume of Industrial Waste Water Discharged (10 000 tons)	工业二氧化硫产生量 (吨) Volume of Industry Sulphur Dioxide Produced (ton)	工业二氧化硫排放量 (吨) Volume of Sulphur Dioxide Emission (ton)
山东省	**Shandong**	**180021**	**6747141**	**1358880**
济南市	Jinan	7880	252648	67842
青岛市	Qingdao	10989	281878	64029
淄博市	Zibo	16445	560955	184431
枣庄市	Zaozhuang	10345	222604	56171
东营市	Dongying	8624	427807	48312
烟台市	Yantai	9181	446408	75464
潍坊市	Weifang	27101	375387	120567
济宁市	Jining	16408	482431	104519
泰安市	Tai'an	9299	247665	47937
威海市	Weihai	2710	141598	30669
日照市	Rizhao	7542	178928	41228
莱芜市	Laiwu	1610	229455	66176
临沂市	Linyi	10161	260693	92327
德州市	Dezhou	7941	226741	68658
聊城市	Liaocheng	8873	1178524	81585
滨州市	Binzhou	15622	1031178	140026
菏泽市	Heze	9290	202241	68939
河南省	**Henan**	**127208**	**3050289**	**1000036**
郑州市	Zhengzhou	14704	385942	120909
开封市	Kaifeng	8832	130470	42655
洛阳市	Luoyang	6849	444064	104422
平顶山市	Pingdingshan	5957	263148	103362
安阳市	Anyang	4962	373443	130511
鹤壁市	Hebi	3721	133137	39460
新乡市	Xinxiang	17795	195467	54095
焦作市	Jiaozuo	13489	192654	52883
濮阳市	Puyang	6381	54732	21509
许昌市	Xuchang	4942	88698	35202
漯河市	Luohe	2396	47141	16916
三门峡市	Sanmenxia	6969	311129	102888
南阳市	Nanyang	6650	142594	63008
商丘市	Shangqiu	4186	88311	32624
信阳市	Xinyang	2070	103984	31423
周口市	Zhoukou	11098	20305	19088
驻马店市	Zhumadian	6207	75070	29081
湖北省	**Hubei**	**78183**	**1940437**	**411223**
武汉市	Wuhan	17097	263100	84500
黄石市	Huangshi	5812	808080	65513
十堰市	Shiyan	2112	24886	17530
宜昌市	Yichang	17763	179381	5969
襄阳市	Xiangyang	8412	70660	36726
鄂州市	Ezhou	1710	97475	32875

2-47 续表 4 continued

城 市	City	工业废水排放量 (万吨) Volume of Industrial Waste Water Discharged (10 000 tons)	工业二氧化硫产生量 (吨) Volume of Industry Sulphur Dioxide Produced (ton)	工业二氧化硫排放量 (吨) Volume of Sulphur Dioxide Emission (ton)
荆门市	Jingmen	3825	98395	34602
孝感市	Xiaogan	4900	123300	39800
荆州市	Jingzhou	9923	107307	46842
黄冈市	Huanggang	3011	54679	15339
咸宁市	Xianning	1918	108744	23510
随州市	Suizhou	1700	4430	8017
湖南省	**Hunan**	**79515**	**1405597**	**550399**
长沙市	Changsha	4397	43417	19576
株洲市	Zhuzhou	5929	41003	39589
湘潭市	Xiangtan	5260	111754	39173
衡阳市	Hengyang	6466	157459	75889
邵阳市	Shaoyang	6771	113482	15225
岳阳市	Yueyang	10468	134415	53782
常德市	Changde	10202	97795	38704
张家界市	Zhangjiajie	546	27970	26369
益阳市	Yiyang	4794	120594	47525
郴州市	Chenzhou	8898	289133	38256
永州市	Yongzhou	3811	32883	23654
怀化市	Huaihua	6454	79762	37677
娄底市	Loudi	5519	155930	94980
广东省	**Guangdong**	**174473**	**2637261**	**684039**
广州市	Guangzhou	19181	442516	56527
韶关市	Shaoguan	8180	111500	40285
深圳市	Shenzhen	12115	34696	8079
珠海市	Zhuhai	4936	66364	20681
汕头市	Shantou	5516	99575	26784
佛山市	Foshan	16413	203486	71984
江门市	Jiangmen	17284	174934	52000
湛江市	Zhanjiang	6558	103098	20377
茂名市	Maoming	6027	499468	30425
肇庆市	Zhaoqing	10093	44704	30962
惠州市	Huizhou	8465		28941
梅州市	Meizhou	4379	129739	36470
汕尾市	Shanwei	1920	64149	10427
河源市	Heyuan	1548		10118
阳江市	Yangjiang	2306	75607	24129
清远市	Qingyuan	5126	31699	22511
东莞市	Dongguan	28396	279406	106710
中山市	Zhongshan	8072	32170	22278
潮州市	Chaozhou	2796	71979	12578
揭阳市	Jieyang	3848	103518	23829
云浮市	Yunfu	1314	68653	27944
广西壮族自治区	**Guangxi**	**72925**	**1551922**	**431786**
南宁市	Nanning	9087	120533	32077
柳州市	Liuzhou	7559	152283	45967

2-47 续表 5 continued

城　市	City	工业废水排放量(万吨) Volume of Industrial Waste Water Discharged (10 000 tons)	工业二氧化硫产生量(吨) Volume of Industry Sulphur Dioxide Produced (ton)	工业二氧化硫排放量(吨) Volume of Sulphur Dioxide Emission (ton)
桂林市	Guilin	3828	68493	32687
梧州市	Wuzhou	4161	14621	10136
北海市	Beihai	1920	38537	11689
防城港市	Fangchenggang	1732	70735	24445
钦州市	Qinzhou	3982	47604	16313
贵港市	Guigang	3501	77666	22310
玉林市	Yulin	2910	12946	9303
百色市	Baise	6293	198574	90105
贺州市	Hezhou	2227	117214	11147
河池市	Hechi	15751	310021	46834
来宾市	Laibin	6484	312216	71627
崇左市	Chongzuo	3490	10479	7146
海南省	**Hainan**	**822**	**1775**	**1775**
海口市	Haikou	776	1773	1773
三亚市	Sanya	46	2	2
三沙市	Sansa			
重庆市	**Chongqing**	**34968**	**1410745**	**474805**
四川省	**Sichuan**	**59821**	**1773583**	**657121**
成都市	Chengdu	10064	146175	50754
自贡市	Zigong	1684	28211	24761
攀枝花市	Panzhihua	2553	200429	107066
泸州市	Luzhou	3084	143651	33745
德阳市	Deyang	6506	31331	20009
绵阳市	Mianyang	5614	77144	34586
广元市	Guangyuan	329	19221	18151
遂宁市	Suining	1478	12147	6765
内江市	Neijiang	2789	188314	92236
乐山市	Leshan	4588	68183	42721
南充市	Nanchong	2537	8257	7090
眉山市	Meishan	3974	22648	21192
宜宾市	Yibin	8560	451583	91234
广安市	Guang'an	1758	230156	44993
达州市	Dazhou	2222	99575	48069
雅安市	Ya'an	967	38178	5933
巴中市	Bazhong	294	1711	1709
资阳市	Ziyang	820	6669	6107
贵州省	**Guizhou**	**21945**	**1698527**	**571840**
贵阳市	Guiyang	2895	180976	70533
六盘水市	Liupanshui	4093	166900	193500
遵义市	Zunyi	2778	390438	96579
安顺市	Anshun	1681	151806	51518
毕节市	Bijie	9852	698245	132279
铜仁市	Tongren	646	110162	27431

2-47 续表 6 continued

城市	City	工业废水排放量（万吨） Volume of Industrial Waste Water Discharged (10 000 tons)	工业二氧化硫产生量（吨） Volume of Industry Sulphur Dioxide Produced (ton)	工业二氧化硫排放量（吨） Volume of Sulphur Dioxide Emission (ton)
云南省	**Yunnan**	**27997**	**1419727**	**355275**
昆明市	Kunming	3747	400385	61456
曲靖市	Qujing	3014	691433	161422
玉溪市	Yuxi	5456	123370	46766
保山市	Baoshan	7941	15438	15333
昭通市	Zhaotong	1497	144157	27976
丽江市	Lijiang	294	6787	6787
普洱市	Pu'er	2366	10973	8351
临沧市	Lincang	3682	27184	27184
西藏自治区	**Tibet**			
拉萨市	Lasa			
陕西省	**Shaanxi**	**34349**	**1649999**	**575868**
西安市	Xi'an	6340	161752	62604
铜川市	Tongchuan	402	90645	17262
宝鸡市	Baoji	4612	89710	28183
咸阳市	Xianyang	4906	189972	57183
渭南市	Weinan	4084	468454	139781
延安市	Yan'an	2114	19724	16332
汉中市	Hanzhong	2512	63636	28350
榆林市	Yulin	6255	383356	198409
安康市	Ankang	464	12120	9301
商洛市	Shangluo	2660	170630	18463
甘肃省	**Gansu**	**18465**	**2479066**	**468629**
兰州市	Lanzhou	4563	159262	67616
嘉峪关市	Jiayuguan	2172	99093	54199
金昌市	Jinchang	2180	1461388	104327
白银市	Baiyin	565	517755	98142
天水市	Tianshui	489	16895	6839
武威市	Wuwei	986	17172	32727
张掖市	Zhangye	2218	42318	29713
平凉市	Pingliang	1500	116233	29190
酒泉市	Jiuquan	1537	19340	24851
庆阳市	Qingyang	400	9091	6175
定西市	Dingxi	289	9241	8092
陇南市	Longnan	1566	11278	6758
青海省	**Qinghai**	**4441**	**246182**	**175008**
西宁市	Xining	2555	137946	66772
海东市	Haidong	1886	108236	108236
宁夏回族自治区	**Ningxia**	**12401**	**1126694**	**256184**
银川市	Yinchuan	5496	396558	67563
石嘴山市	Shizuishan	1808	368237	89315
吴忠市	Wuzhong	2042	254045	54812
固原市	Guyuan	249	47551	10543
中卫市	Zhongwei	2806	60303	33951
新疆维吾尔自治区	**Xinjiang**	**6698**	**445304**	**106240**
乌鲁木齐市	Urumqi	4849	280235	71251
克拉玛依市	Karamay	1849	165069	34989

2-48 工业烟(粉)尘去除及排放量(全市)
Industrial Soot(dust) Removed and Discharged(Total City)

单位：吨 (ton)

城 市	City	工业烟(粉)尘去除量 Volume of Industrial Soot(dust) Removed	工业烟(粉)尘排放量 Volume of Industrial Soot(dust) Emission
城市合计	**Prefecture Cities**	**691897889**	**12478188**
北京市	**Beijing**		**22710**
天津市	**Tianjin**	**4802256**	**112129**
河北省	**Hebei**	**54282342**	**1440208**
石家庄市	Shijiazhuang	7497334	104277
唐山市	Tangshan	16278773	536092
秦皇岛市	Qinhuangdao	2267943	59221
邯郸市	Handan	9027095	301827
邢台市	Xingtai	3702987	131568
保定市	Baoding	2056423	53790
张家口市	Zhangjiakou	6148376	51654
承德市	Chengde	1765018	76895
沧州市	Cangzhou	1532345	63451
廊坊市	Langfang	3347615	38713
衡水市	Hengshui	658433	22720
山西省	**Shanxi**	**47617558**	**953606**
太原市	Taiyuan	5408795	59441
大同市	Datong	6011611	58038
阳泉市	Yangquan	2088577	23315
长治市	Changzhi	6640091	208640
晋城市	Jincheng	1735288	66631
朔州市	Shuozhou	5983363	32620
晋中市	Jinzhong	2578840	82422
运城市	Yuncheng	3905188	117543
忻州市	Xinzhou	3500654	99598
临汾市	Linfen	6876585	91710
吕梁市	Lvliang	2888566	113648
内蒙古自治区	**Inner Mongolia**	**32247831**	**554612**
呼和浩特市	Hohhot	6860926	67616
包头市	Baotou	5469039	111866
乌海市	Wuhai	5433227	65754
赤峰市	Chifeng	3798845	69153
通辽市	Tongliao	138062	52952
鄂尔多斯市	Erdos	124340	
呼伦贝尔市	Hulunbuir	3936620	74946
巴彦淖尔市	Bayannur	2519184	61607
乌兰察布市	Ulanqab	3967588	50718
辽宁省	**Liaoning**	**28724523**	**955738**
沈阳市	Shenyang	2196455	83226
大连市	Dalian	3807882	72465
鞍山市	Anshan	1670745	137301
抚顺市	Fushun	2291111	77166
本溪市	Benxi	2592825	152206
丹东市	Dandong	1257913	45563
锦州市	Jinzhou	837639	47706
营口市	Yingkou	2580725	96396

2-48 续表 1 continued

单位：吨 (ton)

城 市	City	工业烟(粉)尘去除量 Volume of Industrial Soot(dust) Removed	工业烟(粉)尘排放量 Volume of Industrial Soot(dust) Emission
阜新市	Fuxin	2354531	37983
辽阳市	Liaoyang	2306126	46674
盘锦市	Panjin	909629	15830
铁岭市	Tieling	3501566	20211
朝阳市	Chaoyang	951872	85332
葫芦岛市	Huludao	1465504	37679
吉林省	**Jilin**	**16693025**	**331567**
长春市	Changchun	4337678	70944
吉林市	Jilin	4252994	67645
四平市	Siping	2034156	59745
辽源市	Liaoyuan	1199201	23999
通化市	Tonghua	1838429	42105
白山市	Baishan	1514562	23603
松原市	Songyuan	891108	31607
白城市	Baicheng	624897	11919
黑龙江省	**Heilongjiang**	**15945411**	**423283**
哈尔滨市	Harbin	4037566	130401
齐齐哈尔市	Qiqihar	29691	3521
鸡西市	Jixi	1881824	37718
鹤岗市	Hegang	1301598	19218
双鸭山市	Shuangyashan	1693758	42913
大庆市	Daqing	1563708	31979
伊春市	Yichun	453674	18890
佳木斯市	Jiamusi	1160382	40605
七台河市	Qitaihe	1854627	19609
牡丹江市	Mudanjiang	1202549	53563
黑河市	Heihe	671368	12614
绥化市	Suihua	94666	12252
上海市	**Shanghai**		**131433**
江苏省	**Jiangsu**	**42929954**	**720481**
南京市	Nanjing	6114125	96177
无锡市	Wuxi	4873747	97461
徐州市	Xuzhou	8181975	69201
常州市	Changzhou	2173108	115086
苏州市	Suzhou	7849047	75947
南通市	Nantong	2924283	41362
连云港市	Lianyungang	1544957	41368
淮安市	Huai'an	1874621	27494
盐城市	Yancheng	1358389	52532
扬州市	Yangzhou	1691498	16004
镇江市	Zhenjiang	3052319	26473
泰州市	Taizhou	928192	22240
宿迁市	Suqian	363693	39136
浙江省	**Zhejiang**	**28157885**	**355977**
杭州市	Hangzhou	4784180	70346
宁波市	Ningbo	6597575	30577

2-48 续表 2 continued

单位：吨 (ton)

城　　市	City	工业烟(粉)尘去除量 Volume of Industrial Soot(dust) Removed	工业烟(粉)尘排放量 Volume of Industrial Soot(dust) Emission
温州市	Wenzhou	1348755	18390
嘉兴市	Jiaxing	2922035	29487
湖州市	Huzhou	2027604	31655
绍兴市	Shaoxing	1729989	36206
金华市	Jinhua	3114667	39514
衢州市	Quzhou	4206090	66791
舟山市	Zhoushan	325475	5006
台州市	Taizhou	960603	12368
丽水市	Lishui	140912	15637
安徽省	**Anhui**	**39057103**	**584581**
合肥市	Hefei	4864206	106284
芜湖市	Wuhu	7188528	58660
蚌埠市	Bengbu	227479	14339
淮南市	Huainan	6496033	24452
马鞍山市	Maanshan	5431240	100810
淮北市	Huaibei	1287371	23674
铜陵市	Tongling	4703491	29668
安庆市	Anqing	2153353	27399
黄山市	Huangshan	42205	2640
滁州市	Chuzhou	1376410	43899
阜阳市	Fuyang	1320780	16070
宿州市	Suzhou	2155629	27087
六安市	Lu'an	327710	35888
亳州市	Bozhou	49845	11663
池州市	Chizhou	718966	16098
宣城市	Xuancheng	713857	45950
福建省	**Fujian**	**19339152**	**347501**
福州市	Fuzhou	2886372	105712
厦门市	Xiamen	423863	4561
莆田市	Putian	223180	5232
三明市	Sanming	3871269	73165
泉州市	Quanzhou	1981612	68355
漳州市	Zhangzhou	1211555	23009
南平市	Nanping	610402	15370
龙岩市	Longyan	7320244	38573
宁德市	Ningde	810655	13524
江西省	**Jiangxi**	**18344060**	**415777**
南昌市	Nanchang	1252864	29435
景德镇市	Jingdezhen	1024855	15578
萍乡市	Pingxiang	1034558	52009
九江市	Jiujiang	2002599	52659
新余市	Xinyu	1658748	71679
鹰潭市	Yingtan	1285686	5543
赣州市	Ganzhou	2565055	56490
吉安市	Ji'an	719380	22005
宜春市	Yichun	3604521	50718
抚州市	Fuzhou	140680	23573
上饶市	Shangrao	3055114	36088

2-48 续表 3 continued

单位：吨 (ton)

城 市	City	工业烟(粉)尘去除量 Volume of Industrial Soot(dust) Removed	工业烟(粉)尘排放量 Volume of Industrial Soot(dust) Emission
山东省	**Shandong**	**71873761**	**1024471**
济南市	Jinan	4305431	90082
青岛市	Qingdao	2404803	32196
淄博市	Zibo	6955712	78070
枣庄市	Zaozhuang	6409548	31468
东营市	Dongying	1423289	7194
烟台市	Yantai	4102029	34691
潍坊市	Weifang	5387158	63411
济宁市	Jining	8600962	71621
泰安市	Tai'an	2029038	23990
威海市	Weihai	1309543	12313
日照市	Rizhao	3459088	98861
莱芜市	Laiwu	4200942	153956
临沂市	Linyi	4957824	119822
德州市	Dezhou	2219795	38810
聊城市	Liaocheng	3172588	18515
滨州市	Binzhou	8677100	94304
菏泽市	Heze	2258911	55167
河南省	**Henan**	**50317350**	**665109**
郑州市	Zhengzhou	8619200	70053
开封市	Kaifeng	1022165	30064
洛阳市	Luoyang	6761538	48782
平顶山市	Pingdingshan	5617585	113148
安阳市	Anyang	3518208	144172
鹤壁市	Hebi	1412551	15309
新乡市	Xinxiang	3274983	22911
焦作市	Jiaozuo	3187317	24070
濮阳市	Puyang	2184333	20842
许昌市	Xuchang	2275190	21405
漯河市	Luohe	762102	4728
三门峡市	Sanmenxia	3524338	33069
南阳市	Nanyang	3852996	25982
商丘市	Shangqiu	1056985	34813
信阳市	Xinyang	1325762	18999
周口市	Zhoukou	80557	8264
驻马店市	Zhumadian	1841540	28498
湖北省	**Hubei**	**23802951**	**311529**
武汉市	Wuhan	2800000	21600
黄石市	Huangshi	3890436	43301
十堰市	Shiyan	1023569	7959
宜昌市	Yichang	3334979	23993
襄阳市	Xiangyang	2672334	16271
鄂州市	Ezhou	1626723	50017

2-48 续表 4 continued

单位：吨 (ton)

城　　市	City	工业烟(粉)尘去除量 Volume of Industrial Soot(dust) Removed	工业烟(粉)尘排放量 Volume of Industrial Soot(dust) Emission
荆门市	Jingmen	4935281	65330
孝感市	Xiaogan	1099100	21100
荆州市	Jingzhou	584116	16462
黄冈市	Huanggang	388290	23111
咸宁市	Xianning	1395377	14577
随州市	Suizhou	52746	7808
湖南省	**Hunan**	**18744532**	**380302**
长沙市	Changsha	1406706	17323
株洲市	Zhuzhou	6592	5623
湘潭市	Xiangtan	2508451	63347
衡阳市	Hengyang	1174270	38423
邵阳市	Shaoyang	1083438	26822
岳阳市	Yueyang	1312327	22677
常德市	Changde	1502560	23168
张家界市	Zhangjiajie	334068	3365
益阳市	Yiyang	778514	31696
郴州市	Chenzhou	3462492	33954
永州市	Yongzhou	1452115	38698
怀化市	Huaihua	806739	40713
娄底市	Loudi	2916260	34493
广东省	**Guangdong**	**25845035**	**373306**
广州市	Guangzhou	3119780	10006
韶关市	Shaoguan	673067	36824
深圳市	Shenzhen	390471	725
珠海市	Zhuhai	525518	12972
汕头市	Shantou	703315	8145
佛山市	Foshan	1605703	44480
江门市	Jiangmen	1370895	17723
湛江市	Zhanjiang	826750	11247
茂名市	Maoming	753003	14177
肇庆市	Zhaoqing	549137	34016
惠州市	Huizhou		24525
梅州市	Meizhou	5736871	22732
汕尾市	Shanwei	417247	4226
河源市	Heyuan		6300
阳江市	Yangjiang	959509	31647
清远市	Qingyuan	3137998	30732
东莞市	Dongguan	1620960	17851
中山市	Zhongshan	250139	16703
潮州市	Chaozhou	578546	4511
揭阳市	Jieyang	624389	8990
云浮市	Yunfu	2001737	14774
广西壮族自治区	**Guangxi**	**17409903**	**374880**
南宁市	Nanning	355654	27563
柳州市	Liuzhou	3084676	90215

2-48 续表 5 continued

单位：吨 (ton)

城 市	City	工业烟(粉)尘去除量 Volume of Industrial Soot(dust) Removed	工业烟(粉)尘排放量 Volume of Industrial Soot(dust) Emission
桂林市	Guilin	444258	15721
梧州市	Wuzhou	83857	9568
北海市	Beihai	372102	3313
防城港市	Fangchenggang	1381103	49787
钦州市	Qinzhou	220618	4670
贵港市	Guigang	2581313	73155
玉林市	Yulin	2092008	18235
百色市	Baise	4284095	31330
贺州市	Hezhou	789100	5948
河池市	Hechi	607842	24430
来宾市	Laibin	769487	4880
崇左市	Chongzuo	343790	16065
海南省	**Hainan**	**27208**	**2206**
海口市	Haikou	3550	998
三亚市	Sanya	23658	1208
三沙市	Sansa		
重庆市	**Chongqing**	**19058488**	**214774**
四川省	**Sichuan**	**19726278**	**317194**
成都市	Chengdu	1588784	25574
自贡市	Zigong	113029	7973
攀枝花市	Panzhihua	2134878	53869
泸州市	Luzhou	779036	8741
德阳市	Deyang	1054282	19847
绵阳市	Mianyang	2134241	8401
广元市	Guangyuan	542430	10260
遂宁市	Suining	40188	2567
内江市	Neijiang	1513302	31169
乐山市	Leshan	1508577	38620
南充市	Nanchong	12347	4428
眉山市	Meishan	374396	13352
宜宾市	Yibin	2965258	20224
广安市	Guang'an	3360364	17447
达州市	Dazhou	1262584	34827
雅安市	Ya'an	107308	11271
巴中市	Bazhong	193229	2547
资阳市	Ziyang	42045	6077
贵州省	**Guizhou**	**19099068**	**175826**
贵阳市	Guiyang	2610740	29669
六盘水市	Liupanshui	7060552	51603
遵义市	Zunyi	3447419	32022
安顺市	Anshun	1572768	19985
毕节市	Bijie	3989411	31836
铜仁市	Tongren	418178	10711

2-48 续表 6 continued

单位：吨 (ton)

城 市	City	工业烟(粉)尘去除量 Volume of Industrial Soot(dust) Removed	工业烟(粉)尘排放量 Volume of Industrial Soot(dust) Emission
云南省	**Yunnan**	**13370030**	**184792**
昆明市	Kunming	1841286	26161
曲靖市	Qujing	7913426	41271
玉溪市	Yuxi	2190290	54722
保山市	Baoshan	1123184	14571
昭通市	Zhaotong		18124
丽江市	Lijiang	35063	11286
普洱市	Pu'er	225526	13841
临沧市	Lincang	41255	4816
西藏自治区	**Tibet**		
拉萨市	Lasa		
陕西省	**Shaanxi**	**25783919**	**451468**
西安市	Xi'an	1668077	21985
铜川市	Tongchuan	1059640	51569
宝鸡市	Baoji	2188623	17490
咸阳市	Xianyang	4593631	32735
渭南市	Weinan	2844776	12604
延安市	Yan'an	101712	8364
汉中市	Hanzhong	4782198	37874
榆林市	Yulin	8011923	253989
安康市	Ankang	51761	9147
商洛市	Shangluo	481578	5711
甘肃省	**Gansu**	**14452215**	**248533**
兰州市	Lanzhou	3899977	63801
嘉峪关市	Jiayuguan	1814747	68923
金昌市	Jinchang	1442624	13443
白银市	Baiyin	2456487	10486
天水市	Tianshui	765144	6068
武威市	Wuwei	32347	9625
张掖市	Zhangye	361037	9775
平凉市	Pingliang	1988587	43356
酒泉市	Jiuquan	193173	10095
庆阳市	Qingyang	68849	5005
定西市	Dingxi	677838	4231
陇南市	Longnan	751405	3725
青海省	**Qinghai**	**4576928**	**131439**
西宁市	Xining	3242945	71622
海东市	Haidong	1333983	59817
宁夏回族自治区	**Ningxia**	**15447500**	**191175**
银川市	Yinchuan	4821760	27473
石嘴山市	Shizuishan	4297382	85487
吴忠市	Wuzhong	3655422	15341
固原市	Guyuan	359788	2765
中卫市	Zhongwei	2313148	60109
新疆维吾尔自治区	**Xinjiang**	**4221623**	**81581**
乌鲁木齐市	Urumqi	3516239	77076
克拉玛依市	Karamay	705384	4505

2-49 工业固体废物综合利用率和污水及生活垃圾处理率(全市)
Ratio of Industrial Solid Wastes Utilized, Ratio of Waste Water and Consumption (Total City)

单位：% (%)

城　　市	City	一般工业固体废物综合利用率 Ratio of Industrial Solid Wastes Comprehensively Utilized	污水处理厂集中处理率 Ratio of waste Water Centralized Treated of Sewage Work	生活垃圾无害化处理率 Ratio of Consumption Wastes Treated
城市合计	**Prefecture Cities**			
北京市	**Beijing**	**87.67**	**86.10**	**99.59**
天津市	**Tianjin**	**98.91**	**100.00**	**96.23**
河北省	**Hebei**			
石家庄市	Shijiazhuang	95.10	95.85	71.98
唐山市	Tangshan	70.00	95.00	100.00
秦皇岛市	Qinhuangdao	65.00	98.38	157.94
邯郸市	Handan	95.00	97.56	100.00
邢台市	Xingtai	95.29	93.28	99.02
保定市	Baoding	86.20	91.39	82.37
张家口市	Zhangjiakou	44.10	91.60	88.00
承德市	Chengde	6.00	92.34	88.41
沧州市	Cangzhou	99.88	99.04	93.55
廊坊市	Langfang	100.00	93.50	29.41
衡水市	Hengshui	99.60	81.20	100.00
山西省	**Shanxi**			
太原市	Taiyuan	55.25	85.85	100.00
大同市	Datong	91.34	85.00	92.00
阳泉市	Yangquan	21.05	87.00	72.00
长治市	Changzhi	66.41	92.73	80.05
晋城市	Jincheng	78.00	94.70	100.00
朔州市	Shuozhou	86.86	97.30	91.22
晋中市	Jinzhong	79.45	96.60	96.60
运城市	Yuncheng	44.60	98.80	96.00
忻州市	Xinzhou	70.92	95.01	46.11
临汾市	Linfen	71.68	82.65	76.14
吕梁市	Lvliang	81.83	82.28	78.33
内蒙古自治区	**Inner Mongolia**			
呼和浩特市	Hohhot	39.64	81.02	98.74
包头市	Baotou	66.13	85.37	95.46
乌海市	Wuhai	49.15	94.57	90.71
赤峰市	Chifeng	24.10	88.33	92.83
通辽市	Tongliao	71.98	96.60	91.20
鄂尔多斯市	Erdos	42.37	98.00	95.00
呼伦贝尔市	Hulunbuir	49.00	90.23	93.36
巴彦淖尔市	Bayannur	61.80	96.48	95.93
乌兰察布市	Ulanqab	71.52	93.98	91.17
辽宁省	**Liaoning**			
沈阳市	Shenyang	90.20	95.00	100.00
大连市	Dalian	83.66	87.32	81.56
鞍山市	Anshan	23.94	87.08	100.00
抚顺市	Fushun	49.25	85.00	100.00
本溪市	Benxi	14.40	91.59	99.95
丹东市	Dandong	89.81	65.65	100.00
锦州市	Jinzhou	93.13	61.82	87.44
营口市	Yingkou	86.37	98.20	77.78

2-49 续表 1 continued

单位：% (%)

城 市	City	一般工业固体废物综合利用率 Ratio of Industrial Solid Wastes Comprehensively Utilized	污水处理厂集中处理率 Ratio of waste Water Centralized Treated of Sewage Work	生活垃圾无害化处理率 Ratio of Consumption Wastes Treated
阜新市	Fuxin	85.84	87.50	99.55
辽阳市	Liaoyang	16.00	100.00	100.00
盘锦市	Panjin	92.47	100.00	100.00
铁岭市	Tieling	65.91	100.00	100.00
朝阳市	Chaoyang	70.03	94.90	100.00
葫芦岛市	Huludao	55.90	91.70	86.00
吉林省	**Jilin**			
长春市	Changchun	99.92	90.00	98.40
吉林市	Jilin	85.70	91.92	56.20
四平市	Siping	93.20	87.21	31.48
辽源市	Liaoyuan	85.30	89.74	
通化市	Tonghua	85.50	89.94	21.30
白山市	Baishan	52.40	70.76	5.49
松原市	Songyuan	92.40	95.88	95.75
白城市	Baicheng	94.16	79.93	77.48
黑龙江省	**Heilongjiang**			
哈尔滨市	Harbin	98.07	89.30	86.00
齐齐哈尔市	Qiqihar	83.00	64.60	57.08
鸡西市	Jixi	90.10	50.00	85.00
鹤岗市	Hegang	90.00	61.26	
双鸭山市	Shuangyashan	89.41	55.02	
大庆市	Daqing	95.48	93.03	90.43
伊春市	Yichun	84.00	85.00	100.00
佳木斯市	Jiamusi	81.51	66.92	92.11
七台河市	Qitaihe	88.70	62.50	100.00
牡丹江市	Mudanjiang	61.00	22.31	98.00
黑河市	Heihe	93.52	74.18	100.00
绥化市	Suihua	100.00	100.00	100.00
上海市	**Shanghai**	**97.51**	**89.80**	**95.00**
江苏省	**Jiangsu**			
南京市	Nanjing	91.90	65.40	92.20
无锡市	Wuxi	91.10	87.10	100.00
徐州市	Xuzhou	99.00	86.50	88.80
常州市	Changzhou	98.20	89.10	100.00
苏州市	Suzhou	96.70	79.60	100.00
南通市	Nantong	98.30	86.20	100.00
连云港市	Lianyungang	93.70	70.10	95.20
淮安市	Huai'an	99.50	77.60	90.30
盐城市	Yancheng	93.90	75.60	100.00
扬州市	Yangzhou	92.30	84.40	99.00
镇江市	Zhenjiang	98.60	79.90	100.00
泰州市	Taizhou	98.30	63.40	100.00
宿迁市	Suqian	94.00	83.00	79.10
浙江省	**Zhejiang**			
杭州市	Hangzhou	91.10	93.87	100.00
宁波市	Ningbo	90.76	81.11	100.00

2-49 续表 2 continued

单位：% (%)

城　市	City	一般工业固体废物综合利用率 Ratio of Industrial Solid Wastes Comprehensively Utilized	污水处理厂集中处理率 Ratio of waste Water Centralized Treated of Sewage Work	生活垃圾无害化处理率 Ratio of Consumption Wastes Treated
温州市	Wenzhou	98.15	87.25	99.77
嘉兴市	Jiaxing	96.01	90.37	100.00
湖州市	Huzhou	96.59	91.98	98.94
绍兴市	Shaoxing	97.20	87.89	100.00
金华市	Jinhua	97.20	86.21	99.85
衢州市	Quzhou	94.55	80.05	100.00
舟山市	Zhoushan	99.80	63.26	100.00
台州市	Taizhou	95.32	88.92	100.00
丽水市	Lishui	95.34	81.09	99.98
安徽省	**Anhui**			
合肥市	Hefei	93.02	87.59	100.00
芜湖市	Wuhu	93.32	89.96	95.88
蚌埠市	Bengbu	94.87	93.10	75.79
淮南市	Huainan	89.10	87.94	97.59
马鞍山市	Maanshan	71.06	87.83	94.59
淮北市	Huaibei	92.77	90.18	100.00
铜陵市	Tongling	83.16	90.14	100.00
安庆市	Anqing	96.54	86.01	94.84
黄山市	Huangshan	74.79	92.13	100.00
滁州市	Chuzhou	96.56	96.24	79.62
阜阳市	Fuyang	99.79	86.78	67.01
宿州市	Suzhou	65.71	85.95	67.56
六安市	Lu'an	73.50	90.10	85.60
亳州市	Bozhou	99.45	94.48	96.18
池州市	Chizhou	85.22	92.24	100.00
宣城市	Xuancheng	85.18	95.15	83.18
福建省	**Fujian**			
福州市	Fuzhou	95.97	93.60	99.49
厦门市	Xiamen	97.95	88.01	99.90
莆田市	Putian	92.60	87.00	98.10
三明市	Sanming	90.23	85.00	98.00
泉州市	Quanzhou	97.64	87.70	98.40
漳州市	Zhangzhou	98.17	85.00	97.52
南平市	Nanping	59.13	85.00	93.28
龙岩市	Longyan	99.10	89.51	99.19
宁德市	Ningde	95.84	83.40	92.52
江西省	**Jiangxi**			
南昌市	Nanchang	95.91	91.00	100.00
景德镇市	Jingdezhen	98.72	74.00	100.00
萍乡市	Pingxiang	97.09	82.30	98.60
九江市	Jiujiang	60.38	86.61	61.78
新余市	Xinyu	89.53	95.64	100.00
鹰潭市	Yingtan	86.10	86.50	100.00
赣州市	Ganzhou	82.05	58.03	55.03
吉安市	Ji'an	97.60	86.17	93.13
宜春市	Yichun	89.86	93.18	100.00
抚州市	Fuzhou	89.23	92.19	100.00
上饶市	Shangrao	18.97	90.32	100.00

2-49 续表 3 continued

单位：% (%)

城　市	City	一般工业固体废物综合利用率 Ratio of Industrial Solid Wastes Comprehensively Utilized	污水处理厂集中处理率 Ratio of waste Water Centralized Treated of Sewage Work	生活垃圾无害化处理率 Ratio of Consumption Wastes Treated
山东省	**Shandong**			
济南市	Jinan	99.56	95.33	100.00
青岛市	Qingdao	95.65	98.63	100.00
淄博市	Zibo	95.14	95.76	100.00
枣庄市	Zaozhuang	100.00	95.44	100.00
东营市	Dongying	99.11	95.58	100.00
烟台市	Yantai	85.97	95.71	100.00
潍坊市	Weifang	95.40	92.79	100.00
济宁市	Jining	94.82	95.21	100.00
泰安市	Tai'an	98.20	95.37	100.00
威海市	Weihai	94.66	95.49	100.00
日照市	Rizhao	99.11	94.50	100.00
莱芜市	Laiwu	98.48	83.39	100.00
临沂市	Linyi	97.17	93.36	100.00
德州市	Dezhou	94.22	94.17	97.23
聊城市	Liaocheng	98.59	95.17	100.00
滨州市	Binzhou	92.01	93.29	100.00
菏泽市	Heze	100.00	92.97	99.48
河南省	**Henan**			
郑州市	Zhengzhou	76.77	95.89	95.00
开封市	Kaifeng	100.00	78.24	53.20
洛阳市	Luoyang	65.38	97.71	83.08
平顶山市	Pingdingshan	93.73	91.76	95.13
安阳市	Anyang	85.33	97.72	100.00
鹤壁市	Hebi	93.50	80.00	86.26
新乡市	Xinxiang	99.94	90.00	100.00
焦作市	Jiaozuo	56.51	87.50	97.40
濮阳市	Puyang	97.08	92.31	99.00
许昌市	Xuchang	98.70	96.99	96.44
漯河市	Luohe	99.98	96.25	99.89
三门峡市	Sanmenxia	33.52	100.00	95.32
南阳市	Nanyang	75.59	83.60	76.21
商丘市	Shangqiu	99.64	90.03	90.53
信阳市	Xinyang	99.14	88.99	94.04
周口市	Zhoukou	95.32	90.34	91.00
驻马店市	Zhumadian	98.73	92.07	91.88
湖北省	**Hubei**			
武汉市	Wuhan	98.71	93.00	100.00
黄石市	Huangshi	93.42	90.60	100.00
十堰市	Shiyan	39.82	90.83	100.00
宜昌市	Yichang	62.88	90.67	92.86
襄阳市	Xiangyang	97.70	75.88	99.10
鄂州市	Ezhou	88.75	81.97	100.00

2-49 续表 4 continued

单位：% (%)

城 市	City	一般工业固体废物综合利用率 Ratio of Industrial Solid Wastes Comprehensively Utilized	污水处理厂集中处理率 Ratio of waste Water Centralized Treated of Sewage Work	生活垃圾无害化处理率 Ratio of Consumption Wastes Treated
荆门市	Jingmen	91.10	84.87	100.00
孝感市	Xiaogan	61.79	80.90	100.00
荆州市	Jingzhou	38.21	88.40	42.00
黄冈市	Huanggang	91.44	85.00	
咸宁市	Xianning	54.71	91.00	100.00
随州市	Suizhou	99.90	90.00	99.77
湖南省	**Hunan**			
长沙市	Changsha	85.50	99.80	100.00
株洲市	Zhuzhou	90.12	94.46	100.00
湘潭市	Xiangtan	98.15	89.82	100.00
衡阳市	Hengyang	87.27	72.30	96.82
邵阳市	Shaoyang	66.00	75.44	89.60
岳阳市	Yueyang	88.20	88.27	100.00
常德市	Changde	97.42	86.09	100.00
张家界市	Zhangjiajie	97.30	80.40	100.00
益阳市	Yiyang	84.98	93.00	91.00
郴州市	Chenzhou	48.50	92.30	100.00
永州市	Yongzhou	82.20	83.23	91.15
怀化市	Huaihua	89.00	87.85	99.96
娄底市	Loudi	97.00	68.47	100.00
广东省	**Guangdong**			
广州市	Guangzhou	94.47	98.72	86.80
韶关市	Shaoguan	91.56	80.12	85.00
深圳市	Shenzhen	99.81	96.50	100.00
珠海市	Zhuhai	94.89	90.13	100.00
汕头市	Shantou	99.86		69.16
佛山市	Foshan	99.94	92.39	100.00
江门市	Jiangmen	90.46	89.55	100.00
湛江市	Zhanjiang	97.68		100.00
茂名市	Maoming	97.96	100.00	100.00
肇庆市	Zhaoqing	69.50	78.06	97.82
惠州市	Huizhou	96.66	95.62	100.00
梅州市	Meizhou	99.00	86.80	94.06
汕尾市	Shanwei	99.25	84.84	87.90
河源市	Heyuan	36.21		92.00
阳江市	Yangjiang	99.90	86.61	100.00
清远市	Qingyuan	92.20	87.52	79.10
东莞市	Dongguan	83.42	92.07	66.37
中山市	Zhongshan	73.03	96.80	100.00
潮州市	Chaozhou	99.80		
揭阳市	Jieyang	99.97	37.81	72.00
云浮市	Yunfu	69.00	72.42	90.48
广西壮族自治区	**Guangxi**			
南宁市	Nanning	95.82	75.22	93.67
柳州市	Liuzhou	96.77	40.17	99.24

2-49 续表 5 continued

单位：% (%)

城　市	City	一般工业固体废物综合利用率 Ratio of Industrial Solid Wastes Comprehensively Utilized	污水处理厂集中处理率 Ratio of waste Water Centralized Treated of Sewage Work	生活垃圾无害化处理率 Ratio of Consumption Wastes Treated
桂林市	Guilin	85.31	86.53	96.64
梧州市	Wuzhou	91.10	70.00	90.00
北海市	Beihai	99.99	79.89	100.00
防城港市	Fangchenggang	98.58	55.85	90.81
钦州市	Qinzhou	97.60	77.00	88.00
贵港市	Guigang	94.70	41.42	98.67
玉林市	Yulin	89.73	96.40	100.00
百色市	Baise	35.58	84.37	100.00
贺州市	Hezhou	67.11	80.38	98.00
河池市	Hechi		68.94	95.75
来宾市	Laibin	77.30	81.90	96.70
崇左市	Chongzuo	65.41	65.83	66.76
海南省	**Hainan**			
海口市	Haikou	100.00	95.60	100.00
三亚市	Sanya	100.00	85.00	100.00
三沙市	Sansa	100.00	100.00	100.00
重庆市	**Chongqing**	**84.49**	**92.25**	**99.25**
四川省	**Sichuan**			
成都市	Chengdu	97.44		100.00
自贡市	Zigong	82.44	90.22	92.00
攀枝花市	Panzhihua	20.00	26.92	98.33
泸州市	Luzhou	97.01	49.69	74.21
德阳市	Deyang	99.98	86.94	100.00
绵阳市	Mianyang	99.56	84.29	93.50
广元市	Guangyuan	100.00	87.50	97.00
遂宁市	Suining	100.00	93.76	89.45
内江市	Neijiang	86.15	87.33	87.85
乐山市	Leshan	96.09	82.41	69.45
南充市	Nanchong	99.00	81.79	85.04
眉山市	Meishan	100.00	61.21	100.00
宜宾市	Yibin	73.45	81.25	98.89
广安市	Guang'an	33.54	100.00	100.00
达州市	Dazhou	98.90	65.96	92.85
雅安市	Ya'an	93.14	68.92	98.00
巴中市	Bazhong	95.18	88.31	90.00
资阳市	Ziyang	99.36	89.24	91.02
贵州省	**Guizhou**			
贵阳市	Guiyang	48.86	95.20	99.65
六盘水市	Liupanshui	54.40	75.74	87.10
遵义市	Zunyi	94.33	83.82	79.89
安顺市	Anshun	98.00	79.40	63.70
毕节市	Bijie	63.78	86.83	85.60
铜仁市	Tongren	87.00		93.20

2-49 续表 6 continued

单位：% (%)

城　市	City	一般工业固体废物综合利用率 Ratio of Industrial Solid Wastes Comprehensively Utilized	污水处理厂集中处理率 Ratio of waste Water Centralized Treated of Sewage Work	生活垃圾无害化处理率 Ratio of Consumption Wastes Treated
云南省	**Yunnan**			
昆明市	Kunming	36.87	90.15	100.00
曲靖市	Qujing	63.14	100.00	100.00
玉溪市	Yuxi	36.13	80.23	79.87
保山市	Baoshan	76.61	86.50	98.80
昭通市	Zhaotong	42.10	65.40	65.61
丽江市	Lijiang	89.00	85.15	98.78
普洱市	Pu'er	43.40	80.00	90.13
临沧市	Lincang	79.98	80.00	93.36
西藏自治区	**Tibet**			
拉萨市	Lasa			
陕西省	**Shaanxi**			
西安市	Xi'an	92.40	92.71	93.48
铜川市	Tongchuan	98.59	88.98	90.06
宝鸡市	Baoji	54.51	96.15	100.00
咸阳市	Xianyang	96.70	87.00	96.40
渭南市	Weinan	99.99	95.23	90.20
延安市	Yan'an	86.84	90.00	88.46
汉中市	Hanzhong	53.14	91.17	100.00
榆林市	Yulin	98.84	74.31	91.00
安康市	Ankang	91.60	99.70	86.38
商洛市	Shangluo	21.90	90.00	97.00
甘肃省	**Gansu**			
兰州市	Lanzhou	98.46	83.51	19.15
嘉峪关市	Jiayuguan	42.71	92.00	100.00
金昌市	Jinchang	17.15	95.85	100.00
白银市	Baiyin	74.00	72.74	89.88
天水市	Tianshui	83.31	71.45	53.37
武威市	Wuwei	88.81	98.00	99.00
张掖市	Zhangye	73.83	71.64	98.00
平凉市	Pingliang	98.90	34.80	100.00
酒泉市	Jiuquan	61.55	82.30	98.30
庆阳市	Qingyang	98.56	58.50	75.00
定西市	Dingxi	85.00	75.51	63.27
陇南市	Longnan	23.19	67.17	45.82
青海省	**Qinghai**			
西宁市	Xining	96.83	73.12	94.16
海东市	Haidong	84.00	100.00	
宁夏回族自治区	**Ningxia**			
银川市	Yinchuan	90.94	93.00	100.00
石嘴山市	Shizuishan	85.60	100.00	95.00
吴忠市	Wuzhong	65.27	62.92	98.99
固原市	Guyuan	93.70	79.00	92.82
中卫市	Zhongwei	92.74	96.70	96.90
新疆维吾尔自治区	**Xinjiang**			
乌鲁木齐市	Urumqi	93.66	81.98	92.42
克拉玛依市	Karamay	98.61	95.10	98.98

三、县级城市统计资料
Statistical Data of County-level Cities

3-1 人口状况

Population

城　市	City	年末总人口（万人）Total Population at Year-end (10 000 persons)	常住户数（户）The Number of Households (household)
河北省	**Hebei**		
晋州市	Jinzhou	56.2	133693
新乐市	Xinle	51.4	127077
遵化市	Zunhua	75.4	226113
迁安市	Qian'an	75.9	237966
武安市	Wu'an	82.7	236121
南宫市	Nangong	49.7	118676
沙河市	Shahe	44.0	105653
涿州市	Zhuozhou	67.1	209623
安国市	Anguo	41.8	112998
高碑店市	Gaobeidian	57.5	150794
泊头市	Botou	63.0	195098
任丘市	Renqiu	88.8	229477
黄骅市	Huanghua	47.4	128985
河间市	Hejian	87.1	226980
霸州市	Bazhou	64.0	198296
三河市	Sanhe	61.9	241017
冀州市	Jizhou	35.0	100198
深州市	Shenzhou	57.7	151191
定州市	Dingzhou	124.0	316638
辛集市	Xinji	63.7	171527
山西省	**Shanxi**		
古交市	Gujiao	22.3	80921
潞城市	Lucheng	22.9	81025
高平市	Gaoping	48.1	154399
介休市	Jiexiu	42.8	169732
永济市	Yongji	44.6	144097
河津市	Hejin	40.7	135456
原平市	Yuanping	50.0	201197
侯马市	Houma	24.2	83808
霍州市	Huozhou	30.7	127638
孝义市	Xiaoyi	48.2	184267
汾阳市	Fenyang	42.5	166030
内蒙古自治区	**Inner Mongolia**		
霍林郭勒市	Huolinguole	8.2	41451
满洲里市	Manzhouli	17.3	73946
牙克石市	Yakeshi	34.7	141574
扎兰屯市	Zhalantun	42.2	125910
额尔古纳市	Eerguna	8.3	27100
根河市	Genhe	15.1	55527
丰镇市	Fengzhen	33.3	91257
乌兰浩特市	Wulanhaote	32.2	129084
阿尔山市	Aershan	4.8	22861
二连浩特市	Erlianhaote	2.8	28974
锡林浩特市	Xilinhaote	18.3	96015
辽宁省	**Liaoning**		
新民市	Xinmin	69.1	247990
瓦房店市	Wafangdian	99.0	342684
普兰店市	Pulandian	92.3	331968
庄河市	Zhuanghe	90.4	284830
海城市	Haicheng	108.3	374238
东港市	Donggang	60.8	207432
凤城市	Fengcheng	57.6	186393
凌海市	Linghai	52.1	172850
北镇市	Beizhen	51.7	158532
盖州市	Gaizhou	70.5	244254
大石桥市	Dashiqiao	70.3	262785
灯塔市	Dengta	45.2	169490
调兵山市	Diaobingshan	23.7	97394
开原市	Kaiyuan	58.0	199700
北票市	Beipiao	57.6	221835
凌源市	Lingyuan	66.0	197609
兴城市	Xingcheng	54.3	195957
吉林省	**Jilin**		
榆树市	Yushu	127.0	372054
德惠市	Dehui	94.4	265103
蛟河市	Jiaohe	44.0	146911
桦甸市	Huadian	44.6	160032
舒兰市	Shulan	64.0	248631
磐石市	Panshi	53.2	174570
公主岭市	Gongzhuling	106.7	372078
双辽市	Shuangliao	37.4	154370
梅河口市	Meihekou	61.8	232945
集安市	Ji'an	21.8	76979
临江市	Linjiang	16.7	69213
扶余市	Fuyu	72.6	206369
洮南市	Taonan	43.2	188691
大安市	Daan	41.2	174015
延吉市	Yanji	53.6	227989
图们市	Tumen	12.1	42657
敦化市	Dunhua	47.3	174780
珲春市	Hunchun	27.0	97229
龙井市	Longjing	17.0	55309
和龙市	Helong	18.0	49167
黑龙江省	**Heilongjiang**		
双城市	Shuangcheng	80.8	281403
尚志市	Shangzhi	61.4	222300
五常市	Wuchang	99.5	329612
讷河市	Nehe	73.0	187283
虎林市	Hulin	15.7	70218
密山市	Mishan	34.8	109661
铁力市	Tieli	37.6	152885
同江市	Tongjiang	10.9	48014
富锦市	Fujin	38.7	150717
绥芬河市	Suifenhe	7.0	42826
海林市	Hailin	39.0	160517
宁安市	Ning'an	43.0	149093
穆棱市	Muling	29.1	116815

3-1 续表 1 continued

城　市	City	年末总人口(万人) Total Population at Year-end (10 000 persons)	常住户数(户) The Number of Households (household)	城　市	City	年末总人口(万人) Total Population at Year-end (10 000 persons)	常住户数(户) The Number of Households (household)
北安市	Bei'an	38.7	116712	温岭市	Wenling	121.8	414278
五大连池市	Wudalianchi	36.1	160257	临海市	Linhai	119.0	384333
安达市	Anda	47.5	165560	龙泉市	Longquan	29.1	94959
肇东市	Zhaodong	91.9	368224	**安徽省**	**Anhui**		
海伦市	Hailun	79.4	218972	巢湖市	Chaohu	86.0	315858
江苏省	**Jiangsu**			桐城市	Tongcheng	75.2	
江阴市	Jiangyin	123.2		天长市	Tianchang	62.8	
宜兴市	Yixing	108.2		明光市	Mingguang	63.5	
新沂市	Xinyi	111.9		界首市	Jieshou	80.2	
邳州市	Pizhou	185.9		宁国市	Ningguo	38.7	
溧阳市	Liyang	79.4		**福建省**	**Fujian**		
金坛市	Jintan	55.3		福清市	Fuqing	133.5	419322
常熟市	Changshu	106.9		长乐市	Changle	71.0	215979
张家港市	Zhangjiagang	92.0		永安市	Yong'an	33.3	111326
昆山市	Kunshan	77.0		石狮市	Shishi	32.5	159182
太仓市	Taicang	47.7		晋江市	Jinjiang	110.8	424530
启东市	Qidong	112.3		南安市	Nan'an	157.4	471258
如皋市	Rugao	143.7		龙海市	Longhai	85.3	263475
海门市	Haimen	100.2		邵武市	Shaowu	30.9	98987
东台市	Dongtai	113.7		武夷山市	Wuyishan	23.9	73355
大丰市	Dafeng	72.5		建瓯市	Jian'ou	55.3	151738
仪征市	Yizheng	56.6		建阳市	Jianyang	35.3	105059
高邮市	Gaoyou	81.8	233154	漳平市	Zhangping	29.3	83116
丹阳市	Danyang	81.4	320995	福安市	Fu'an	67.1	152021
扬中市	Yangzhong	28.3		福鼎市	Fuding	59.8	174274
句容市	Jurong	59.1		**江西省**	**Jiangxi**		
兴化市	Xinghua	158.0		乐平市	Leping	92.7	282773
靖江市	Jingjiang	66.8		瑞昌市	Ruichang	45.9	150156
泰兴市	Taixing	119.9		共青城市	Gongqingcheng	7.2	31360
浙江省	**Zhejiang**			贵溪市	Guixi	63.8	177010
建德市	Jiande	51.0	169802	瑞金市	Ruijin	69.4	148163
富阳市	Fuyang	66.6	214823	井冈山市	Jinggangshan	16.8	47779
临安市	Lin'an	53.0	187347	丰城市	Fengcheng	148.8	423269
余姚市	Yuyao	83.7	307795	樟树市	Zhangshu	60.6	201797
慈溪市	Cixi	104.6	421729	高安市	Gaoan	86.6	310919
奉化市	Fenghua	48.4	182070	德兴市	Dexing	33.4	115557
瑞安市	Rui'an	123.1	321304	**山东省**	**Shandong**		
乐清市	Yueqing	128.7	371281	章丘市	Zhangqiu	102.4	
海宁市	Haining	67.4	185510	胶州市	Jiaozhou	82.5	279772
平湖市	Pinghu	49.1	147913	即墨市	Jimo	114.7	401300
桐乡市	Tongxiang	68.7	186402	平度市	Pingdu	138.7	422186
诸暨市	Zhuji	108.0	410163	莱西市	Laixi	74.2	251200
嵊州市	Shengzhou	73.3	260245	滕州市	Tengzhou	169.0	513614
兰溪市	Lanxi	66.1	222056	龙口市	Longkou	63.7	243239
义乌市	Yiwu	76.7	339224	莱阳市	Laiyang	86.3	286040
东阳市	Dongyang	83.4	315289	莱州市	Laizhou	85.4	306194
永康市	Yongkang	59.2	232496	蓬莱市	Penglai	44.9	173324
江山市	Jiangshan	61.2	198376	招远市	Zhaoyuan	56.8	204173

3-1 续表 2 continued

城 市	City	年末总人口 (万人) Total Population at Year-end (10 000 persons)	常住户数 (户) The Number of Households (household)	城 市	City	年末总人口 (万人) Total Population at Year-end (10 000 persons)	常住户数 (户) The Number of Households (household)
栖霞市	Qixia	61.8	247285	应城市	Yingcheng	66.9	181091
海阳市	Haiyang	65.9	245300	安陆市	Anlu	62.3	202300
青州市	Qingzhou	93.0	303809	汉川市	Hanchuan	111.9	307514
诸城市	Zhucheng	109.6	319720	石首市	Shishou	65.8	215056
寿光市	Shouguang	106.7	376738	洪湖市	Honghu	93.5	239496
安丘市	Anqiu	94.9	289506	松滋市	Songzi	84.6	218253
高密市	Gaomi	88.4	311373	麻城市	Macheng	115.5	285152
昌邑市	Changyi	58.4	196843	武穴市	Wuxue	80.5	260884
曲阜市	Qufu	63.9	179433	赤壁市	Chibi	52.6	153208
邹城市	Zoucheng	117.9	336996	广水市	Guangshui	94.8	245889
新泰市	Xintai	140.1	480039	恩施市	Enshi	82.1	266800
肥城市	Feicheng	98.7	328698	利川市	Lichuan	91.7	205726
荣成市	Rongcheng	66.9	244055	仙桃市	Xiantao	159.3	362218
乳山市	Rushan	56.2	209542	潜江市	Qianjiang	104.0	338208
乐陵市	Laoling	70.1	190660	天门市	Tianmen	164.2	404262
禹城市	Yucheng	53.1	167965	**湖南省**	**Hunan**		
临清市	Linqing	78.1	247405	浏阳市	Liuyang	145.3	379800
河南省	**Henan**			醴陵市	Liling	107.4	252100
巩义市	Gongyi	82.8	246228	湘乡市	Xiangxiang	92.9	234700
荥阳市	Xingyang	67.5	174806	韶山市	Shaoshan	12.0	28200
新密市	Xinmi	87.7	220845	耒阳市	Leiyang	140.6	342900
新郑市	Xinzheng	71.0	157226	常宁市	Changning	93.0	214500
登封市	Dengfeng	71.3	177357	武冈市	Wugang	83.5	220600
偃师市	Yanshi	62.2	181136	汨罗市	Miluo	75.2	211200
舞钢市	Wugang	34.1	106317	临湘市	Linxiang	53.0	141400
汝州市	Ruzhou	113.1	239085	津市市	Jinshi	25.0	102100
林州市	Linzhou	110.7	280035	沅江市	Yuanjiang	74.8	204800
卫辉市	Weihui	53.6	156414	资兴市	Zixing	37.7	116500
辉县市	Huixian	85.7	254864	洪江市	Hongjiang	49.8	162100
沁阳市	Qinyang	48.6	118318	冷水江市	Lengshuijiang	37.0	116800
孟州市	Mengzhou	38.1	112517	涟源市	Lianyuan	116.6	323600
禹州市	Yuzhou	130.5	323100	吉首市	Jishou	31.0	100200
长葛市	Changge	77.7	209683	**广东省**	**Guangdong**		
义马市	Yima	16.3	53058	增城市	Zengcheng	61.0	185390
灵宝市	Lingbao	74.9	214966	从化市	Conghua	86.0	252586
邓州市	Dengzhou	180.8	335500	乐昌市	Lechang	52.1	173412
永城市	Yongcheng	154.8	352500	南雄市	Nanxiong	47.9	117348
项城市	Xiangcheng	136.0	310000	台山市	Taishan	98.3	291218
济源市	Jiyuan	70.1	205610	开平市	Kaiping	68.5	200908
湖北省	**Hubei**			鹤山市	Heshan	36.7	139791
大冶市	Daye	95.9	276851	恩平市	Enping	52.7	162794
丹江口市	Danjiangkou	46.0	157318	廉江市	Lianjiang	178.7	348579
宜都市	Yidu	39.7	150702	雷州市	Leizhou	176.7	442341
当阳市	Dangyang	48.4	195844	吴川市	Wuchuan	117.8	250947
枝江市	Zhijiang	49.0	190225	高州市	Gaozhou	175.0	435312
老河口市	Laohekou	52.8	179947	化州市	Huazhou	169.9	459958
枣阳市	Zaoyang	112.6	430279	信宜市	Xinyi	142.5	270966
宜城市	Yicheng	56.8	184240	高要市	Gaoyao	80.1	213861
钟祥市	Zhongxiang	106.0	342342	四会市	Sihui	45.0	168838

3-1 续表 3 continued

城　市	City	年末总人口(万人) Total Population at Year-end (10 000 persons)	常住户数(户) The Number of Households (household)
兴宁市	Xingning	119.6	296622
陆丰市	Lufeng	186.7	314863
阳春市	Yangchun	117.0	242250
英德市	Yingde	109.6	269819
连州市	Lianzhou	51.8	133018
普宁市	Puning	243.3	539409
罗定市	Luoding	126.9	335759
广西壮族自治区	**Guangxi**		
岑溪市	Cenxi	93.8	269563
东兴市	Dongxing	14.1	38282
桂平市	Guiping	196.5	539240
北流市	Beiliu	147.2	406909
宜州市	Yizhou	65.8	201562
合山市	Heshan	13.8	43290
凭祥市	Pingxiang	11.2	38205
海南省	**Hainan**		
五指山市	Wuzhishan	11.3	32596
琼海市	Qionghai	51.0	152791
儋州市	Danzhou	96.4	226274
文昌市	Wenchang	59.9	149563
万宁市	Wanning	64.4	200217
东方市	Dongfang	46.1	140677
四川省	**Sichuan**		
都江堰市	Dujiangyan	61.9	245142
彭州市	Pengzhou	80.9	301492
邛崃市	Qionglai	65.7	230200
崇州市	Chongzhou	67.0	257625
广汉市	Guanghan	60.7	240413
什邡市	Shifang	43.8	182965
绵竹市	Mianzhu	50.7	251889
江油市	Jiangyou	89.0	315126
峨眉山市	Emeishan	43.3	174279
阆中市	Langzhong	87.6	319640
华蓥市	Huaying	36.4	146051
万源市	Wanyuan	60.1	210029
简阳市	Jianyang	148.7	400728
西昌市	Xichang	65.3	237698
贵州省	**Guizhou**		
清镇市	Qingzhen	50.7	147662
赤水市	Chishui	31.0	86929
仁怀市	Renhuai	69.3	206878
兴义市	Xingyi	84.3	236394
凯里市	Kaili	55.0	156026
都匀市	Duyun	48.3	161407
福泉市	Fuquan	32.7	119973
云南省	**Yunnan**		
安宁市	Anning	27.0	120100
宣威市	Xuanwei	152.9	430387
楚雄市	Chuxiong	52.1	175746
个旧市	Gejiu	39.1	148841
开远市	Kaiyuan	28.4	94657
蒙自市	Mengzi	39.3	144431
弥勒市	Mile	53.7	173755
文山市	Wenshan	48.3	120344
景洪市	Jinghong	41.6	129595
大理市	Dali	61.8	221193
瑞丽市	Ruili	13.2	62690
芒市	Mangshi	38.2	106744
陕西省	**Shaanxi**		
兴平市	Xingping	62.0	167522
韩城市	Hancheng	40.3	126569
华阴市	Huayin	25.7	82304
甘肃省	**Gansu**		
玉门市	Yumen	15.8	54675
敦煌市	Dunhuang	14.3	63682
临夏市	Linxia	24.6	80285
合作市	Hezuo	8.5	25935
青海省	**Qinghai**		
玉树市	Yushu	11.1	31792
格尔木市	Golmud	13.6	50773
德令哈市	Delingha	7.7	27944
宁夏回族自治区	**Ningxia**		
灵武市	Lingwu	24.5	87161
青铜峡市	Qingtongxia	28.3	96495
新疆维吾尔自治区	**Xinjiang**		
吐鲁番市	Turpan	28.9	80797
哈密市	Hami	43.0	169604
昌吉市	Changji	37.2	128667
阜康市	Fukang	16.8	57718
博乐市	Bole	27.2	93992
库尔勒市	Korla	48.1	170418
阿克苏市	Akesu	51.5	144598
阿图什市	Atus	27.1	62895
喀什市	Kashi	60.7	159200
和田市	Hetian	34.7	86605
伊宁市	Yining	53.4	176902
奎屯市	Kuitun	15.8	58697
塔城市	Tacheng	15.7	53562
乌苏市	Wusu	23.0	74838
阿勒泰市	Aletai	19.8	63963
石河子市	Shihezi	37.8	140450
阿拉尔市	Alar	22.3	77535
图木舒克市	Tumushuke	13.9	47557
五家渠市	Wujiaqu	12.1	46557
北屯市	Beitun	5.0	23083

3-2 劳动力就业状况
Labour Force and Employment

单位：人 (person)

城　市	City	第二产业 Secondary Industry	第三产业 Tertiary Industry
河北省	**Hebei**		
晋州市	Jinzhou	136402	66213
新乐市	Xinle	110361	63000
遵化市	Zunhua	178201	194081
迁安市	Qian'an	190219	184252
武安市	Wu'an	245433	206363
南宫市	Nangong	88459	73260
沙河市	Shahe	92799	103278
涿州市	Zhuozhou	159470	117424
安国市	Anguo	88757	47954
高碑店市	Gaobeidian	112621	58410
泊头市	Botou	145400	138557
任丘市	Renqiu	200492	138975
黄骅市	Huanghua	118149	87354
河间市	Hejian	256556	165211
霸州市	Bazhou	120686	169334
三河市	Sanhe	157335	107821
冀州市	Jizhou	72522	40865
深州市	Shenzhou	125502	137461
定州市	Dingzhou	376636	185940
辛集市	Xinji	202611	115126
山西省	**Shanxi**		
古交市	Gujiao		
潞城市	Lucheng	27455	13030
高平市	Gaoping	92905	62208
介休市	Jiexiu	67375	23804
永济市	Yongji	19973	60697
河津市	Hejin	42723	31865
原平市	Yuanping	31192	37098
侯马市	Houma	29090	68918
霍州市	Huozhou	38014	62833
孝义市	Xiaoyi	78850	48220
汾阳市	Fenyang	44492	46134
内蒙古自治区	**Inner Mongolia**		
霍林郭勒市	Huolinguole	24142	24349
满洲里市	Manzhouli	17717	84589
牙克石市	Yakeshi	67281	101576
扎兰屯市	Zhalantun	23693	58834
额尔古纳市	Eerguna	6692	24315
根河市	Genhe	12437	34862
丰镇市	Fengzhen	38446	41400
乌兰浩特市	Wulanhaote	20599	93502
阿尔山市	Aershan	2166	13207
二连浩特市	Erlianhaote	2641	31397
锡林浩特市	Xilinhaote	32095	80258
辽宁省	**Liaoning**		
新民市	Xinmin	94832	71526
瓦房店市	Wafangdian	184516	147021
普兰店市	Pulandian	229167	115991

城　市	City	第二产业 Secondary Industry	第三产业 Tertiary Industry
庄河市	Zhuanghe	144485	167475
海城市	Haicheng	276404	276464
东港市	Donggang	82553	104956
凤城市	Fengcheng	51811	103403
凌海市	Linghai	52990	76529
北镇市	Beizhen	26796	47346
盖州市	Gaizhou	71578	154265
大石桥市	Dashiqiao	92002	89823
灯塔市	Dengta	53851	65597
调兵山市	Diaobingshan	66433	12929
开原市	Kaiyuan	60395	76456
北票市	Beipiao	43897	74476
凌源市	Lingyuan	67526	67859
兴城市	Xingcheng	41980	40160
吉林省	**Jilin**		
榆树市	Yushu	137832	124580
德惠市	Dehui	121860	99149
蛟河市	Jiaohe	48012	87886
桦甸市	Huadian	42896	84945
舒兰市	Shulan	39501	51852
磐石市	Panshi	57361	104020
公主岭市	Gongzhuling	67793	74300
双辽市	Shuangliao	9042	24728
梅河口市	Meihekou	64467	48081
集安市	Ji'an	23195	25549
临江市	Linjiang	24216	37016
扶余市	Fuyu	61565	117257
洮南市	Taonan	24830	64973
大安市	Daan	32573	21290
延吉市	Yanji	60576	253643
图们市	Tumen	10461	28612
敦化市	Dunhua	43820	100638
珲春市	Hunchun	12093	23731
龙井市	Longjing	9446	20870
和龙市	Helong	10028	38147
黑龙江省	**Heilongjiang**		
双城市	Shuangcheng	99132	137602
尚志市	Shangzhi	54942	134781
五常市	Wuchang	115078	136850
讷河市	Nehe	50436	77506
虎林市	Hulin	4329	13293
密山市	Mishan	12414	64754
铁力市	Tieli	2505	7767
同江市	Tongjiang	4897	18668
富锦市	Fujin	10546	43610
绥芬河市	Suifenhe	1719	9329
海林市	Hailin	51623	58151
宁安市	Ning'an	50187	71454
穆棱市	Muling	63668	65208

3-2 续表 1 continued

单位：人 (person)

城 市	City	第二产业 Secondary Industry	第三产业 Tertiary Industry
北安市	Bei'an	27565	82285
五大连池市	Wudalianchi	31877	33341
安达市	Anda	45704	106195
肇东市	Zhaodong	21283	22767
海伦市	Hailun	51459	50298
江苏省	**Jiangsu**		
江阴市	Jiangyin	625200	320300
宜兴市	Yixing	413100	242000
新沂市	Xinyi	149200	144200
邳州市	Pizhou	224000	220200
溧阳市	Liyang	258100	122100
金坛市	Jintan	164800	117900
常熟市	Changshu	655080	354643
张家港市	Zhangjiagang	474802	256340
昆山市	Kunshan	756688	388432
太仓市	Taicang	273227	159799
启东市	Qidong	296000	187000
如皋市	Rugao	351000	194000
海门市	Haimen	317000	164000
东台市	Dongtai	220400	245100
大丰市	Dafeng	149200	176100
仪征市	Yizheng	181000	121000
高邮市	Gaoyou	192000	136000
丹阳市	Danyang	343500	225300
扬中市	Yangzhong	119400	81900
句容市	Jurong	159100	128900
兴化市	Xinghua	298700	230200
靖江市	Jingjiang	210400	129900
泰兴市	Taixing	265000	202900
浙江省	**Zhejiang**		
建德市	Jiande	89000	81700
富阳市	Fuyang	251200	143100
临安市	Lin'an	200300	115700
余姚市	Yuyao	330200	264000
慈溪市	Cixi	497000	239000
奉化市	Fenghua	185300	109400
瑞安市	Rui'an	393654	251138
乐清市	Yueqing	305200	320200
海宁市	Haining	390500	194700
平湖市	Pinghu	286922	123733
桐乡市	Tongxiang	419182	221542
诸暨市	Zhuji	465000	223100
嵊州市	Shengzhou	242500	122500
兰溪市	Lanxi	175200	72200
义乌市	Yiwu	565300	318000
东阳市	Dongyang	263700	169300
永康市	Yongkang	293500	117900
江山市	Jiangshan	97200	91000
温岭市	Wenling	438200	340500
临海市	Linhai	325500	126900
龙泉市	Longquan	42400	50300
安徽省	**Anhui**		
巢湖市	Chaohu		
桐城市	Tongcheng	16200	20993
天长市	Tianchang	197000	134000
明光市	Mingguang		
界首市	Jieshou	153460	157407
宁国市	Ningguo	90325	87797
福建省	**Fujian**		
福清市	Fuqing	215495	282590
长乐市	Changle	131391	125988
永安市	Yong'an	63654	63620
石狮市	Shishi	258930	121393
晋江市	Jinjiang	799302	309165
南安市	Nan'an	566016	374954
龙海市	Longhai	242261	166333
邵武市	Shaowu	32337	68853
武夷山市	Wuyishan	22446	51429
建瓯市	Jian'ou	52460	108738
建阳市	Jianyang	20576	76735
漳平市	Zhangping	29865	45413
福安市	Fu'an	102441	82764
福鼎市	Fuding	103469	93552
江西省	**Jiangxi**		
乐平市	Leping	148450	163560
瑞昌市	Ruichang	106358	97881
共青城市	Gongqingcheng	30369	3300
贵溪市	Guixi	113986	127124
瑞金市	Ruijin	102435	120792
井冈山市	Jinggangshan	28049	25619
丰城市	Fengcheng	184064	304166
樟树市	Zhangshu	87403	141440
高安市	Gaoan	124972	162578
德兴市	Dexing	36540	23725
山东省	**Shandong**		
章丘市	Zhangqiu	301391	257082
胶州市	Jiaozhou	270815	159180
即墨市	Jimo	334500	224000
平度市	Pingdu	204506	137136
莱西市	Laixi	100256	105689
滕州市	Tengzhou	351622	345756
龙口市	Longkou	176920	89609
莱阳市	Laiyang	150116	76480
莱州市	Laizhou	172251	165875
蓬莱市	Penglai	103521	79525
招远市	Zhaoyuan	110525	62201

3-2 续表 2 continued

单位：人 (person)

城　市	City	第二产业 Secondary Industry	第三产业 Tertiary Industry	城　市	City	第二产业 Secondary Industry	第三产业 Tertiary Industry
栖霞市	Qixia	24843	92572	应城市	Yingcheng	166982	122855
海阳市	Haiyang	75570	181765	安陆市	Anlu	112310	106219
青州市	Qingzhou	190102	141678	汉川市	Hanchuan	261263	240469
诸城市	Zhucheng	254577	193682	石首市	Shishou	10735	18392
寿光市	Shouguang	190906	255421	洪湖市	Honghu	19365	27982
安丘市	Anqiu	80018	65466	松滋市	Songzi	20716	22811
高密市	Gaomi	246270	119760	麻城市	Macheng	255273	185641
昌邑市	Changyi	117124	93876	武穴市	Wuxue	151300	129780
曲阜市	Qufu	166062	129633	赤壁市	Chibi	119784	72540
邹城市	Zoucheng	304518	309183	广水市	Guangshui	176010	314644
新泰市	Xintai	325224	340986	恩施市	Enshi	104000	156000
肥城市	Feicheng	177157	177119	利川市	Lichuan	157704	151737
荣成市	Rongcheng	99040	48102	仙桃市	Xiantao	352069	377523
乳山市	Rushan	30787	22456	潜江市	Qianjiang	199600	195400
乐陵市	Laoling	104476	144367	天门市	Tianmen	207606	351069
禹城市	Yucheng	113613	104656	**湖南省**	**Hunan**		
临清市	Linqing	137802	107714	浏阳市	Liuyang	401480	249020
河南省	**Henan**			醴陵市	Liling	276200	165500
巩义市	Gongyi	255049	141818	湘乡市	Xiangxiang	153467	128504
荥阳市	Xingyang	95327	48955	韶山市	Shaoshan	18451	13585
新密市	Xinmi	63773	44490	耒阳市	Leiyang	190327	314709
新郑市	Xinzheng	146234	116774	常宁市	Changning	75335	198860
登封市	Dengfeng	67332	40091	武冈市	Wugang	98144	168673
偃师市	Yanshi	240736	152368	汨罗市	Miluo	161093	182949
舞钢市	Wugang	29604	13622	临湘市	Linxiang	61240	87981
汝州市	Ruzhou	180256	147147	津市市	Jinshi	36239	30175
林州市	Linzhou	384510	116324	沅江市	Yuanjiang	81900	152600
卫辉市	Weihui	80684	80313	资兴市	Zixing	96955	63524
辉县市	Huixian	143737	104070	洪江市	Hongjiang	42724	90800
沁阳市	Qinyang			冷水江市	Lengshuijiang	81634	51660
孟州市	Mengzhou			涟源市	Lianyuan	170179	170800
禹州市	Yuzhou	261838	233958	吉首市	Jishou	32700	116100
长葛市	Changge	229131	194594	**广东省**	**Guangdong**		
义马市	Yima	71833	8561	增城市	Zengcheng	95850	61886
灵宝市	Lingbao	56624	48207	从化市	Conghua	284489	219203
邓州市	Dengzhou	161130	234077	乐昌市	Lechang	32120	56795
永城市	Yongcheng	357200	338200	南雄市	Nanxiong	30705	55338
项城市	Xiangcheng	249300	202500	台山市	Taishan	130931	109612
济源市	Jiyuan	177531	197623	开平市	Kaiping	176961	92788
湖北省	**Hubei**			鹤山市	Heshan	151323	59719
大冶市	Daye	271572	330114	恩平市	Enping	663701	80736
丹江口市	Danjiangkou	45933	28348	廉江市	Lianjiang	206676	297708
宜都市	Yidu	123234	106883	雷州市	Leizhou	60640	145942
当阳市	Dangyang	97634	80188	吴川市	Wuchuan	101787	89856
枝江市	Zhijiang	117276	120665	高州市	Gaozhou	132682	151081
老河口市	Laohekou	120500	138700	化州市	Huazhou	112780	152584
枣阳市	Zaoyang	242000	262000	信宜市	Xinyi	105790	135244
宜城市	Yicheng	86476	84693	高要市	Gaoyao	137105	62826
钟祥市	Zhongxiang	162531	243265	四会市	Sihui	165321	92345

3-2 续表 3 continued

单位：人 (person)

城　市	City	第二产业 Secondary Industry	第三产业 Tertiary Industry
兴宁市	Xingning	128099	167909
陆丰市	Lufeng	151451	182270
阳春市	Yangchun	147577	108643
英德市	Yingde	84592	100728
连州市	Lianzhou	32364	51508
普宁市	Puning	279395	247322
罗定市	Luoding	247882	130662
广西壮族自治区	**Guangxi**		
岑溪市	Cenxi	178345	83281
东兴市	Dongxing	10118	13551
桂平市	Guiping	217745	292347
北流市	Beiliu	214152	84158
宜州市	Yizhou	32292	93470
合山市	Heshan	8848	8164
凭祥市	Pingxiang	20308	19985
海南省	**Hainan**		
五指山市	Wuzhishan	859	9096
琼海市	Qionghai	32939	102039
儋州市	Danzhou	45257	133738
文昌市	Wenchang	28688	64252
万宁市	Wanning	36102	94231
东方市	Dongfang	9436	51639
四川省	**Sichuan**		
都江堰市	Dujiangyan	149600	214000
彭州市	Pengzhou	161500	144200
邛崃市	Qionglai	92500	171500
崇州市	Chongzhou	270000	146000
广汉市	Guanghan	120275	116129
什邡市	Shifang	93000	68000
绵竹市	Mianzhu	91583	108256
江油市	Jiangyou	167481	155480
峨眉山市	Emeishan	71468	118687
阆中市	Langzhong	99800	219000
华蓥市	Huaying	56504	49811
万源市	Wanyuan	40000	129000
简阳市	Jianyang	128700	213000
西昌市	Xichang	71500	206700
贵州省	**Guizhou**		
清镇市	Qingzhen	74000	95400
赤水市	Chishui	35298	77095
仁怀市	Renhuai	106125	133480
兴义市	Xingyi	92936	90510
凯里市	Kaili	50832	120246
都匀市	Duyun	52923	123790
福泉市	Fuquan	51300	64700
云南省	**Yunnan**		
安宁市	Anning	80200	87500
宣威市	Xuanwei	105384	129548
楚雄市	Chuxiong	60533	158533
个旧市	Gejiu	84680	65639
开远市	Kaiyuan	45000	81600
蒙自市	Mengzi	37315	90086
弥勒市	Mile	13249	19882
文山市	Wenshan	20226	45578
景洪市	Jinghong	15023	36006
大理市	Dali	98140	104485
瑞丽市	Ruili	6234	35699
芒市	Mangshi	37946	91339
陕西省	**Shaanxi**		
兴平市	Xingping	74999	81302
韩城市	Hancheng	94861	123567
华阴市	Huayin	14789	60350
甘肃省	**Gansu**		
玉门市	Yumen	27305	37677
敦煌市	Dunhuang	13143	36643
临夏市	Linxia	18660	26000
合作市	Hezuo	1552	1970
青海省	**Qinghai**		
玉树市	Yushu	279	4144
格尔木市	Golmud	23245	11783
德令哈市	Delingha	5261	9603
宁夏回族自治区	**Ningxia**		
灵武市	Lingwu	23540	25501
青铜峡市	Qingtongxia	36241	38245
新疆维吾尔自治区	**Xinjiang**		
吐鲁番市	Turpan	13372	47976
哈密市	Hami	37268	42536
昌吉市	Changji	33025	66051
阜康市	Fukang	43120	29275
博乐市	Bole	2005	26466
库尔勒市	Korla	42810	63295
阿克苏市	Akesu	12231	49036
阿图什市	Atus	11851	23865
喀什市	Kashi	31509	59339
和田市	Hetian	3555	27398
伊宁市	Yining	28915	93762
奎屯市	Kuitun	10814	22135
塔城市	Tacheng	1841	8043
乌苏市	Wusu	8326	28888
阿勒泰市	Aletai	4876	30860
石河子市	Shihezi	62052	40407
阿拉尔市	Alar	24641	50219
图木舒克市	Tumushuke	16617	19627
五家渠市	Wujiaqu	29351	29412
北屯市	Beitun	6353	11746

3-3 行政区域土地面积
Total Land Area of Administrative Region

城　市	City	行政区域土地面积(平方公里) Total Land Area of Administrative Region (sq.km)
河北省	**Hebei**	
晋州市	Jinzhou	619
新乐市	Xinle	525
遵化市	Zunhua	1509
迁安市	Qian'an	1227
武安市	Wu'an	1806
南宫市	Nangong	861
沙河市	Shahe	859
涿州市	Zhuozhou	751
安国市	Anguo	486
高碑店市	Gaobeidian	618
泊头市	Botou	1009
任丘市	Renqiu	1012
黄骅市	Huanghua	1545
河间市	Hejian	1333
霸州市	Bazhou	802
三河市	Sanhe	634
冀州市	Jizhou	878
深州市	Shenzhou	1245
定州市	Dingzhou	1284
辛集市	Xinji	951
山西省	**Shanxi**	
古交市	Gujiao	1584
潞城市	Lucheng	630
高平市	Gaoping	980
介休市	Jiexiu	744
永济市	Yongji	1208
河津市	Hejin	593
原平市	Yuanping	2571
侯马市	Houma	221
霍州市	Huozhou	764
孝义市	Xiaoyi	938
汾阳市	Fenyang	1175
内蒙古自治区	**Inner Mongolia**	
霍林郭勒市	Huolinguole	585
满洲里市	Manzhouli	732
牙克石市	Yakeshi	27803
扎兰屯市	Zhalantun	16800
额尔古纳市	Eerguna	28958
根河市	Genhe	20010
丰镇市	Fengzhen	2704
乌兰浩特市	Wulanhaote	2240
阿尔山市	Aershan	7398
二连浩特市	Erlianhaote	4015
锡林浩特市	Xilinhaote	14780
辽宁省	**Liaoning**	
新民市	Xinmin	3297
瓦房店市	Wafangdian	3643
普兰店市	Pulandian	3375
庄河市	Zhuanghe	4114
海城市	Haicheng	2566
东港市	Donggang	2399
凤城市	Fengcheng	5515
凌海市	Linghai	2585
北镇市	Beizhen	1694
盖州市	Gaizhou	2946
大石桥市	Dashiqiao	1598
灯塔市	Dengta	1156
调兵山市	Diaobingshan	262
开原市	Kaiyuan	2838
北票市	Beipiao	4491
凌源市	Lingyuan	3282
兴城市	Xingcheng	2119
吉林省	**Jilin**	
榆树市	Yushu	4712
德惠市	Dehui	3435
蛟河市	Jiaohe	6370
桦甸市	Huadian	6625
舒兰市	Shulan	4557
磐石市	Panshi	3867
公主岭市	Gongzhuling	4141
双辽市	Shuangliao	3121
梅河口市	Meihekou	2179
集安市	Ji'an	3341
临江市	Linjiang	3009
扶余市	Fuyu	4654
洮南市	Taonan	5031
大安市	Daan	4879
延吉市	Yanji	1748
图们市	Tumen	1142
敦化市	Dunhua	11957
珲春市	Hunchun	5184
龙井市	Longjing	2208
和龙市	Helong	5069
黑龙江省	**Heilongjiang**	
双城市	Shuangcheng	3112
尚志市	Shangzhi	8891
五常市	Wuchang	7512
讷河市	Nehe	6660
虎林市	Hulin	9334
密山市	Mishan	7731
铁力市	Tieli	6443
同江市	Tongjiang	6229
富锦市	Fujin	8224
绥芬河市	Suifenhe	422
海林市	Hailin	8816
宁安市	Ning'an	7227
穆棱市	Muling	6247

3-3 续表 1

城 市	City	行政区域土地面积(平方公里) Total Land Area of Administrative Region (sq.km)	城 市	City	行政区域土地面积(平方公里) Total Land Area of Administrative Region (sq.km)
北安市	Bei'an	7194	临海市	Linhai	2171
五大连池市	Wudalianchi	9874	龙泉市	Longquan	3059
安达市	Anda	3586	**安徽省**	**Anhui**	
肇东市	Zhaodong	4332	巢湖市	Chaohu	2046
海伦市	Hailun	4667	桐城市	Tongcheng	1546
江苏省	**Jiangsu**		天长市	Tianchang	1751
江阴市	Jiangyin	987	明光市	Mingguang	2335
宜兴市	Yixing	1997	界首市	Jieshou	667
新沂市	Xinyi	1592	宁国市	Ningguo	2487
邳州市	Pizhou	2085	**福建省**	**Fujian**	
溧阳市	Liyang	1535	福清市	Fuqing	1518
金坛市	Jintan	976	长乐市	Changle	664
常熟市	Changshu	1276	永安市	Yong'an	2931
张家港市	Zhangjiagang	987	石狮市	Shishi	160
昆山市	Kunshan	932	晋江市	Jinjiang	650
太仓市	Taicang	810	南安市	Nan'an	1985
启东市	Qidong	1715	龙海市	Longhai	1315
如皋市	Rugao	1576	邵武市	Shaowu	2859
海门市	Haimen	1144	武夷山市	Wuyishan	2814
东台市	Dongtai	3176	建瓯市	Jian'ou	4233
大丰市	Dafeng	3008	建阳市	Jianyang	3379
仪征市	Yizheng	902	漳平市	Zhangping	2976
高邮市	Gaoyou	1922	福安市	Fu'an	1880
丹阳市	Danyang	1047	福鼎市	Fuding	1530
扬中市	Yangzhong	327	**江西省**	**Jiangxi**	
句容市	Jurong	1378	乐平市	Leping	1980
兴化市	Xinghua	2395	瑞昌市	Ruichang	1419
靖江市	Jingjiang	656	共青城市	Gongqingcheng	64
泰兴市	Taixing	1170	贵溪市	Guixi	2493
浙江省	**Zhejiang**		瑞金市	Ruijin	1849
建德市	Jiande	2364	井冈山市	Jinggangshan	1288
富阳市	Fuyang	1808	丰城市	Fengcheng	2836
临安市	Lin'an	3124	樟树市	Zhangshu	1289
余姚市	Yuyao	1527	高安市	Gaoan	2429
慈溪市	Cixi	1361	德兴市	Dexing	2080
奉化市	Fenghua	1268	**山东省**	**Shandong**	
瑞安市	Rui'an	1350	章丘市	Zhangqiu	1719
乐清市	Yueqing	1367	胶州市	Jiaozhou	1324
海宁市	Haining	668	即墨市	Jimo	1780
平湖市	Pinghu	537	平度市	Pingdu	3176
桐乡市	Tongxiang	727	莱西市	Laixi	1568
诸暨市	Zhuji	2311	滕州市	Tengzhou	1495
嵊州市	Shengzhou	1789	龙口市	Longkou	901
兰溪市	Lanxi	1312	莱阳市	Laiyang	1732
义乌市	Yiwu	1105	莱州市	Laizhou	1928
东阳市	Dongyang	1747	蓬莱市	Penglai	1129
永康市	Yongkang	1048	招远市	Zhaoyuan	1432
江山市	Jiangshan	2019	栖霞市	Qixia	2016
温岭市	Wenling	836	海阳市	Haiyang	

3-3 续表 2

城　市	City	行政区域土地面积（平方公里）Total Land Area of Administrative Region (sq.km)
青州市	Qingzhou	1909
诸城市	Zhucheng	1569
寿光市	Shouguang	2151
安丘市	Anqiu	1990
高密市	Gaomi	1712
昌邑市	Changyi	1527
曲阜市	Qufu	1628
邹城市	Zoucheng	815
新泰市	Xintai	1617
肥城市	Feicheng	1934
荣成市	Rongcheng	1277
乳山市	Rushan	1526
乐陵市	Laoling	1665
禹城市	Yucheng	1173
临清市	Linqing	992
河南省	**Henan**	**950**
巩义市	Gongyi	
荥阳市	Xingyang	1043
新密市	Xinmi	943
新郑市	Xinzheng	1001
登封市	Dengfeng	753
偃师市	Yanshi	1217
舞钢市	Wugang	668
汝州市	Ruzhou	641
林州市	Linzhou	1872
卫辉市	Weihui	2046
辉县市	Huixian	859
沁阳市	Qinyang	2007
孟州市	Mengzhou	624
禹州市	Yuzhou	524
长葛市	Changge	1469
义马市	Yima	650
灵宝市	Lingbao	112
邓州市	Dengzhou	3011
永城市	Yongcheng	2369
项城市	Xiangcheng	2006
济源市	Jiyuan	1083
湖北省	**Hubei**	**1899**
大冶市	Daye	
丹江口市	Danjiangkou	1566
宜都市	Yidu	3121
当阳市	Dangyang	1357
枝江市	Zhijiang	2159
老河口市	Laohekou	1310
枣阳市	Zaoyang	1032
宜城市	Yicheng	3277
钟祥市	Zhongxiang	2115
应城市	Yingcheng	1103
安陆市	Anlu	1355
汉川市	Hanchuan	1659
石首市	Shishou	1406
洪湖市	Honghu	2444
松滋市	Songzi	2177
麻城市	Macheng	3747
武穴市	Wuxue	1246
赤壁市	Chibi	1723
广水市	Guangshui	2647
恩施市	Enshi	3967
利川市	Lichuan	4607
仙桃市	Xiantao	2538
潜江市	Qianjiang	2004
天门市	Tianmen	2622
湖南省	**Hunan**	
浏阳市	Liuyang	4997
醴陵市	Liling	2157
湘乡市	Xiangxiang	1967
韶山市	Shaoshan	247
耒阳市	Leiyang	2656
常宁市	Changning	2064
武冈市	Wugang	1549
汨罗市	Miluo	1780
临湘市	Linxiang	1754
津市市	Jinshi	557
沅江市	Yuanjiang	2020
资兴市	Zixing	2747
洪江市	Hongjiang	2289
冷水江市	Lengshuijiang	439
涟源市	Lianyuan	1912
吉首市	Jishou	1058
广东省	**Guangdong**	
增城市	Zengcheng	1975
从化市	Conghua	1616
乐昌市	Lechang	2421
南雄市	Nanxiong	2326
台山市	Taishan	3286
开平市	Kaiping	1657
鹤山市	Heshan	1083
恩平市	Enping	1698
廉江市	Lianjiang	2867
雷州市	Leizhou	3662
吴川市	Wuchuan	870
高州市	Gaozhou	3276
化州市	Huazhou	2357
信宜市	Xinyi	3081
高要市	Gaoyao	2186
四会市	Sihui	1263

3-3 续表 3

城　市	City	行政区域土地面积（平方公里）Total Land Area of Administrative Region (sq.km)	城　市	City	行政区域土地面积（平方公里）Total Land Area of Administrative Region (sq.km)
兴宁市	Xingning	2075	楚雄市	Chuxiong	4433
陆丰市	Lufeng	1542	个旧市	Gejiu	1587
阳春市	Yangchun	4054	开远市	Kaiyuan	1950
英德市	Yingde	5634	蒙自市	Mengzi	2228
连州市	Lianzhou	2668	弥勒市	Mile	4004
普宁市	Puning	1620	文山市	Wenshan	2977
罗定市	Luoding	2327	景洪市	Jinghong	6867
广西壮族自治区	**Guangxi**		大理市	Dali	1815
岑溪市	Cenxi	2784	瑞丽市	Ruili	1020
东兴市	Dongxing	589	芒市	Mangshi	2987
桂平市	Guiping	4071	**陕西省**	**Shaanxi**	
北流市	Beiliu	2472	兴平市	Xingping	508
宜州市	Yizhou	3857	韩城市	Hancheng	1621
合山市	Heshan	366	华阴市	Huayin	817
凭祥市	Pingxiang	645	**甘肃省**	**Gansu**	
海南省	**Hainan**		玉门市	Yumen	13496
五指山市	Wuzhishan	1131	敦煌市	Dunhuang	31200
琼海市	Qionghai	1710	临夏市	Linxia	89
儋州市	Danzhou	3394	合作市	Hezuo	2291
文昌市	Wenchang	2485	**青海省**	**Qinghai**	
万宁市	Wanning	4444	玉树市	Yushu	15412
东方市	Dongfang	2256	格尔木市	Golmud	119263
四川省	**Sichuan**		德令哈市	Delingha	27358
都江堰市	Dujiangyan	1208	**宁夏回族自治区**	**Ningxia**	
彭州市	Pengzhou	1421	灵武市	Lingwu	4539
邛崃市	Qionglai	1377	青铜峡市	Qingtongxia	2525
崇州市	Chongzhou	1090	**新疆维吾尔自治区**	**Xinjiang**	
广汉市	Guanghan	549	吐鲁番市	Turpan	13650
什邡市	Shifang	843	哈密市	Hami	85587
绵竹市	Mianzhu	1246	昌吉市	Changji	8215
江油市	Jiangyou	2720	阜康市	Fukang	8529
峨眉山市	Emeishan	1181	博乐市	Bole	7790
阆中市	Langzhong	1875	库尔勒市	Korla	7267
华蓥市	Huaying	464	阿克苏市	Akesu	15033
万源市	Wanyuan	4053	阿图什市	Atus	16151
简阳市	Jianyang	2213	喀什市	Kashi	1059
西昌市	Xichang	2657	和田市	Hetian	466
贵州省	**Guizhou**		伊宁市	Yining	761
清镇市	Qingzhen	1387	奎屯市	Kuitun	1110
赤水市	Chishui	1852	塔城市	Tacheng	4357
仁怀市	Renhuai	1788	乌苏市	Wusu	20700
兴义市	Xingyi	2908	阿勒泰市	Aletai	11481
凯里市	Kaili	1571	石河子市	Shihezi	460
都匀市	Duyun	2285	阿拉尔市	Alar	5264
福泉市	Fuquan	1692	图木舒克市	Tumushuke	1914
云南省	**Yunnan**		五家渠市	Wujiaqu	740
安宁市	Anning	1301	北屯市	Beitun	911
宣威市	Xuanwei	6053			

3-4 地区生产总值
Gross Regional Product

单位：万元 (10 000 yuan)

城　市	City	地区生产总值 Gross Regional Product	第一产业增加值 Value-added of the Primary Industry	第二产业增加值 Value-added of the Secondary Industry	第三产业增加值 Value-added of the Tertiary Industry
河北省	**Hebei**				
晋州市	Jinzhou	2546152	314174	1431467	800511
新乐市	Xinle	1821923	280553	1023526	517844
遵化市	Zunhua	5706914	425325	3000684	2280905
迁安市	Qian'an	9936761	431656	6459333	3045772
武安市	Wu'an	5901931	202988	3784642	1914301
南宫市	Nangong	845004	182130	353683	309191
沙河市	Shahe	2107883	84583	1252322	770978
涿州市	Zhuozhou	2318958	200862	910105	1207991
安国市	Anguo	1017281	204540	487046	325695
高碑店市	Gaobeidian	1297356	146495	785415	365446
泊头市	Botou	1820142	201077	961571	657494
任丘市	Renqiu	6000536	183289	3882598	1934649
黄骅市	Huanghua	2320478	276511	1051158	992809
河间市	Hejian	2581477	252301	1168772	1160404
霸州市	Bazhou	3525495	188518	2250653	1086324
三河市	Sanhe	4861994	332573	2524019	2005402
冀州市	Jizhou	869256	94272	453735	321249
深州市	Shenzhou	1340459	325457	554576	460426
定州市	Dingzhou	2774236	767268	1310781	696187
辛集市	Xinji	3759329	477947	2324733	956649
山西省	**Shanxi**				
古交市	Gujiao	235972	18920	75051	142001
潞城市	Lucheng	985167	43929	689480	251758
高平市	Gaoping	2149949	126213	1445700	578036
介休市	Jiexiu	1413641	54826	825255	533560
永济市	Yongji	1339947	213316	722406	404225
河津市	Hejin	1891567	78356	1212918	600293
原平市	Yuanping	1092828	121511	491827	479490
侯马市	Houma	852101	32966	249968	569167
霍州市	Huozhou	890268	37337	645210	207721
孝义市	Xiaoyi	3828682	137863	2570812	1120007
汾阳市	Fenyang	913072	109134	398345	405593
内蒙古自治区	**Inner Mongolia**				
霍林郭勒市	Huolinguole	3258031	32124	1768048	1457859
满洲里市	Manzhouli	2124403	37936	572004	1514463
牙克石市	Yakeshi	2271352	395862	1129930	745560
扎兰屯市	Zhalantun	1780117	446798	925865	407454
额尔古纳市	Eerguna	442736	153529	127829	161378
根河市	Genhe	397559	107085	109137	181337
丰镇市	Fengzhen	1382038	168865	818640	394533
乌兰浩特市	Wulanhaote	1475701	95940	693645	686116
阿尔山市	Aershan	151419	25900	37384	88135
二连浩特市	Erlianhaote	883962	6005	328776	549181
锡林浩特市	Xilinhaote	2075007	137801	1201722	735484
辽宁省	**Liaoning**				
新民市	Xinmin	4424826	800807	2703907	920112
瓦房店市	Wafangdian	10227642	902108	6729380	2596154

3-4 续表 1 continued

单位：万元 (10 000 yuan)

城　　市	City	地区生产总值 Gross Regional Product	第一产业增加值 Value-added of the Primary Industry	第二产业增加值 Value-added of the Secondary Industry	第三产业增加值 Value-added of the Tertiary Industry
普兰店市	Pulandian	7123563	916613	4258829	1948121
庄河市	Zhuanghe	6683873	1216647	3412284	2054942
海城市	Haicheng	8285475	448047	4099859	3737569
东港市	Donggang	3489016	715405	1583145	1190466
凤城市	Fengcheng	2739455	296434	1346030	1096991
凌海市	Linghai	2748608	545290	1548569	654749
北镇市	Beizhen	1552909	500716	576464	475729
盖州市	Gaizhou	2070988	374047	919607	777334
大石桥市	Dashiqiao	4190092	455227	2460934	1273930
灯塔市	Dengta	2677864	262181	1632881	782802
调兵山市	Diaobingshan	1095528	58762	695736	341030
开原市	Kaiyuan	1734663	479144	686041	569478
北票市	Beipiao	2002775	463866	944832	594077
凌源市	Lingyuan	1668295	419401	666886	582008
兴城市	Xingcheng	1281312	184774	511616	584922
吉林省	**Jilin**				
榆树市	Yushu	3894133	1016149	1071423	1806561
德惠市	Dehui	3857215	697724	1602306	1557185
蛟河市	Jiaohe	2220376	354443	1102990	762943
桦甸市	Huadian	3032848	426639	1733040	873169
舒兰市	Shulan	2105188	535887	653760	915541
磐石市	Panshi	2906439	459201	1284695	1162543
公主岭市	Gongzhuling	4137556	1001722	1609795	1526039
双辽市	Shuangliao	2029585	405211	1105779	518595
梅河口市	Meihekou	3154723	269604	1545785	1339334
集安市	Ji'an	976039	93700	410266	472073
临江市	Linjiang	938196	78508	526232	333456
扶余市	Fuyu	3700898	776487	1418293	1506118
洮南市	Taonan	1409329	264475	608331	536523
大安市	Daan	1446716	190977	827368	428371
延吉市	Yanji	3242669	54150	1432402	1756117
图们市	Tumen	461313	17984	270953	172376
敦化市	Dunhua	1836960	302620	900227	634113
珲春市	Hunchun	1489025	56309	1061589	371127
龙井市	Longjing	371522	47778	148446	175298
和龙市	Helong	556423	61350	340573	154500
黑龙江省	**Heilongjiang**				
双城市	Shuangcheng	4800506	1302954	1242808	2254744
尚志市	Shangzhi	2426975	560143	836026	1030806
五常市	Wuchang	3607243	928133	1144372	1534738
讷河市	Nehe	1197042	353416	394839	448787
虎林市	Hulin	701219	324729	123174	253316
密山市	Mishan	991012	314896	247860	428256
铁力市	Tieli	738998	391142	132724	215132
同江市	Tongjiang	436003	187517	83219	165267
富锦市	Fujin	1618344	718861	466399	433084
绥芬河市	Suifenhe	1337145	9367	162840	1164938
海林市	Hailin	1873435	366713	974484	532238
宁安市	Ning'an	1903296	486699	798983	617614

3-4 续表 2 continued

单位：万元 (10 000 yuan)

城市	City	地区生产总值 Gross Regional Product	第一产业增加值 Value-added of the Primary Industry	第二产业增加值 Value-added of the Secondary Industry	第三产业增加值 Value-added of the Tertiary Industry
穆棱市	Muling	1764003	282887	1041046	440070
北安市	Bei'an	787275	205150	188411	393714
五大连池市	Wudalianchi	526453	297388	61532	167533
安达市	Anda	3904038	642835	2054739	1206464
肇东市	Zhaodong	5054078	1006468	2163141	1884469
海伦市	Hailun	1149011	650172	317291	181548
江苏省	**Jiangsu**				
江阴市	Jiangyin	27539482	461382	15205400	11872700
宜兴市	Yixing	12338824	499224	6431500	5408100
新沂市	Xinyi	4735493	573593	2000500	2161400
邳州市	Pizhou	6844870	958170	2945900	2940800
溧阳市	Liyang	7162967	439267	3751100	2972600
金坛市	Jintan	4714800	304300	2430300	1980200
常熟市	Changshu	20093636	384036	10615500	9094100
张家港市	Zhangjiagang	21802542	286417	11863925	9652200
昆山市	Kunshan	30007053	271453	16871000	12864600
太仓市	Taicang	10653368	352448	5566520	4734400
启东市	Qidong	7391287	629331	3690256	3071700
如皋市	Rugao	7436376	575976	3772400	3088000
海门市	Haimen	8364999	490663	4431636	3442700
东台市	Dongtai	6085946	828646	2618100	2639200
大丰市	Dafeng	4882300	702100	2044200	2136000
仪征市	Yizheng	4650598	211298	2557600	1881700
高邮市	Gaoyou	4451952	627152	2011300	1813500
丹阳市	Danyang	10089655	472255	5185800	4431600
扬中市	Yangzhong	4453587	108687	2379000	1965900
句容市	Jurong	4409666	372666	2154200	1882800
兴化市	Xinghua	6248328	890828	2642800	2714700
靖江市	Jingjiang	6661870	198370	3491800	2971700
泰兴市	Taixing	6758413	469313	3486800	2802300
浙江省	**Zhejiang**				
建德市	Jiande	2989338	286495	1612988	1089854
富阳市	Fuyang	6014722	399288	3165902	2449532
临安市	Lin'an	4316686	375008	2338814	1602864
余姚市	Yuyao	8043565	413400	4677312	2952852
慈溪市	Cixi	11094102	484849	6379252	4230001
奉化市	Fenghua	3089895	285034	1405983	1398878
瑞安市	Rui'an	6768835	189618	3226595	3352622
乐清市	Yueqing	7246934	199926	3884521	3162487
海宁市	Haining	6690918	227531	3798051	2665336
平湖市	Pinghu	4782102	164822	2896938	1720342
桐乡市	Tongxiang	6143649	291938	3203545	2648166
诸暨市	Zhuji	9811166	490877	5333231	3987058
嵊州市	Shengzhou	4230375	370080	2128409	1731886
兰溪市	Lanxi	2735646	236227	1485664	1013755
义乌市	Yiwu	9714686	211938	3699334	5803414
东阳市	Dongyang	4392522	173752	2151112	2067658
永康市	Yongkang	4595106	87782	2816468	1690856
江山市	Jiangshan	2501740	207920	1356799	937021
温岭市	Wenling	7972117	582928	3698582	3690607
临海市	Linhai	4393416	385661	2000999	2006756
龙泉市	Longquan	1026076	129410	472939	423727

3-4 续表 3 continued

单位：万元 (10 000 yuan)

城　市	City	地区生产总值 Gross Regional Product	第一产业增加值 Value-added of the Primary Industry	第二产业增加值 Value-added of the Secondary Industry	第三产业增加值 Value-added of the Tertiary Industry
安徽省	**Anhui**				
巢湖市	Chaohu	2323292	272444	1259913	790935
桐城市	Tongcheng	2174689	269344	1435264	470081
天长市	Tianchang	2623629	307330	1776836	539463
明光市	Mingguang	1110152	316889	390095	403168
界首市	Jieshou	1219370	229284	677124	312962
宁国市	Ningguo	2210707	203112	1445011	562584
福建省	**Fujian**				
福清市	Fuqing	7286802	882698	3775704	2628400
长乐市	Changle	5330802	427178	3592249	1311375
永安市	Yong'an	2972276	271384	1769218	931674
石狮市	Shishi	6383675	194937	3797337	2391401
晋江市	Jinjiang	14928580	186351	9989613	4752616
南安市	Nan'an	7805067	232767	4943300	2629000
龙海市	Longhai	5739036	558234	3257882	1922920
邵武市	Shaowu	1854157	302538	942766	608853
武夷山市	Wuyishan	1237681	234447	482038	521196
建瓯市	Jian'ou	1759202	493102	660400	605700
建阳市	Jianyang	1401449	316491	695381	389577
漳平市	Zhangping	1720715	245615	786700	688400
福安市	Fu'an	3350644	413169	2082277	855198
福鼎市	Fuding	2824745	378117	1729513	717115
江西省	**Jiangxi**				
乐平市	Leping	2571596	323049	1477467	771080
瑞昌市	Ruichang	1401050	135227	955410	310413
共青城市	Gongqingcheng	747728	22980	583890	140858
贵溪市	Guixi	3369916	175308	2425455	769153
瑞金市	Ruijin	1131575	182824	393634	555117
井冈山市	Jinggangshan	546494	46404	196534	303556
丰城市	Fengcheng	3704879	573413	2001121	1130345
樟树市	Zhangshu	2922679	293855	1708655	920169
高安市	Gaoan	1796783	320341	939545	536897
德兴市	Dexing	1090289	97562	447584	545143
山东省	**Shandong**				
章丘市	Zhangqiu	8339137	789888	5025510	2523739
胶州市	Jiaozhou	9195900	492947	4972800	3730153
即墨市	Jimo	10002705	592823	5187100	4222782
平度市	Pingdu	8455066	997729	4137800	3319537
莱西市	Laixi	6517000	591333	3095500	2830167
滕州市	Tengzhou	9817534	688985	5158500	3970049
龙口市	Longkou	10027776	348511	5942369	3736896
莱阳市	Laiyang	3253473	432042	1627987	1193444
莱州市	Laizhou	6850934	667172	3649423	2534339
蓬莱市	Penglai	4900567	275768	2610451	2014348
招远市	Zhaoyuan	6508228	379569	3538602	2590057
栖霞市	Qixia	2381185	464404	1038395	878386

3-4 续表 4 continued

单位：万元 (10 000 yuan)

城 市	City	地区生产总值 Gross Regional Product	第一产业增加值 Value-added of the Primary Industry	第二产业增加值 Value-added of the Secondary Industry	第三产业增加值 Value-added of the Tertiary Industry
海阳市	Haiyang	3241181	602496	1389194	1249491
青州市	Qingzhou	5479400	485486	2733438	2260476
诸城市	Zhucheng	7054175	584419	3925800	2543956
寿光市	Shouguang	7619962	892238	3591339	3136385
安丘市	Anqiu	2704700	466610	1207000	1031090
高密市	Gaomi	5530677	483636	3063000	1984041
昌邑市	Changyi	3559642	334906	1976000	1248736
曲阜市	Qufu	3618762	326629	1342200	1949933
邹城市	Zoucheng	7903200	489300	4477600	2936300
新泰市	Xintai	7691170	543912	3933879	3213379
肥城市	Feicheng	7121797	485920	3760742	2875135
荣成市	Rongcheng	9710235	805360	4803159	4101716
乳山市	Rushan	4415893	375266	2305684	1734943
乐陵市	Laoling	2265854	314906	1153000	797948
禹城市	Yucheng	2446162	311383	1245900	888879
临清市	Linqing	3572800	243500	2092500	1236800
河南省	**Henan**				
巩义市	Gongyi	6075672	109772	3974781	1991119
荥阳市	Xingyang	5702519	274304	3824965	1603250
新密市	Xinmi	6018650	181910	3514807	2321933
新郑市	Xinzheng	6973245	284051	4012586	2676608
登封市	Dengfeng	4833880	136131	3009176	1688573
偃师市	Yanshi	3806238	201746	2082569	1521923
舞钢市	Wugang	1074796	109633	521887	443276
汝州市	Ruzhou	3477958	372732	1731358	1373868
林州市	Linzhou	4464927	227946	2638976	1598005
卫辉市	Weihui	1140391	226913	426020	487458
辉县市	Huixian	3039179	405499	1745351	888329
沁阳市	Qinyang	3387044	192220	2264551	930273
孟州市	Mengzhou	2586437	200125	1838448	547864
禹州市	Yuzhou	4877155	323142	2955070	1598943
长葛市	Changge	4656502	248699	3471093	936710
义马市	Yima	1548437	9581	1261317	277539
灵宝市	Lingbao	4713606	474515	3188822	1050269
邓州市	Dengzhou	3284763	923574	1255115	1106074
永城市	Yongcheng	4122920	633225	2208119	1281576
项城市	Xiangcheng	2478347	418861	1224641	834845
济源市	Jiyuan	4804626	217329	3272800	1314497
湖北省	**Hubei**				
大冶市	Daye	5001200	455199	3399500	1146501
丹江口市	Danjiangkou	1658103	256993	839889	561221
宜都市	Yidu	4549251	399899	2849735	1299617
当阳市	Dangyang	3954801	704775	2169899	1080127
枝江市	Zhijiang	3896253	690400	2141854	1063999
老河口市	Laohekou	2684615	388641	1422593	873381
枣阳市	Zaoyang	4795667	857327	2285173	1653167
宜城市	Yicheng	2599020	463730	1462360	672930
钟祥市	Zhongxiang	3618309	569492	2053300	995517
应城市	Yingcheng	2205998	398626	1242041	565331

3-4 续表 5 continued

单位：万元 (10 000 yuan)

城 市	City	地区生产总值 Gross Regional Product	第一产业增加值 Value-added of the Primary Industry	第二产业增加值 Value-added of the Secondary Industry	第三产业增加值 Value-added of the Tertiary Industry
安陆市	Anlu	1594593	334920	645682	613991
汉川市	Hanchuan	3861532	530365	2336075	995092
石首市	Shishou	1362889	322950	604946	434993
洪湖市	Honghu	1824208	562296	637874	624038
松滋市	Songzi	2008146	386380	976714	645052
麻城市	Macheng	2335454	584955	977562	772938
武穴市	Wuxue	2224192	492361	1099330	632501
赤壁市	Chibi	3163900	420000	1513600	1230300
广水市	Guangshui	2280400	455106	1127100	698194
恩施市	Enshi	1565030	253561	630420	681049
利川市	Lichuan	904680	296560	253538	354582
仙桃市	Xiantao	5522705	823987	2959900	1738818
潜江市	Qianjiang	5402200	669000	3168600	1564600
天门市	Tianmen	4018600	749080	2096900	1172620
湖南省	**Hunan**				
浏阳市	Liuyang	10128321	838694	7186604	2103023
醴陵市	Liling	4883654	443916	3203953	1235785
湘乡市	Xiangxiang	2997745	494337	1584838	918570
韶山市	Shaoshan	647395	58151	372038	217206
耒阳市	Leiyang	3558540	571385	1443115	1544040
常宁市	Changning	2448805	428584	1060832	959389
武冈市	Wugang	1070581	378272	225360	466949
汨罗市	Miluo	3651068	433678	2272508	944882
临湘市	Linxiang	1977417	259724	1114726	602967
津市市	Jinshi	1067431	172813	519934	374684
沅江市	Yuanjiang	2176509	474378	878617	823514
资兴市	Zixing	2770768	201868	1899115	669785
洪江市	Hongjiang	1187355	190661	541748	454946
冷水江市	Lengshuijiang	2535852	89957	1754474	691421
涟源市	Lianyuan	2231332	456188	1058372	716772
吉首市	Jishou	1108189	60133	326242	721814
广东省	**Guangdong**				
增城市	Zengcheng	3170747	223463	1474186	1473098
从化市	Conghua	10188212	461833	6175359	3551020
乐昌市	Lechang	1032413	197772	351335	483306
南雄市	Nanxiong	1131908	240116	440653	451139
台山市	Taishan	3267530	554180	1806306	907044
开平市	Kaiping	2695603	267815	1334864	1092924
鹤山市	Heshan	2313351	174365	1268123	870863
恩平市	Enping	1394032	189710	468192	736130
廉江市	Lianjiang	3541272	884831	1608910	1047531
雷州市	Leizhou	2244753	921538	338018	985197
吴川市	Wuchuan	1999699	267081	903816	828802
高州市	Gaozhou	4336458	961688	1273565	2101205
化州市	Huazhou	3854340	756762	1252221	1845357
信宜市	Xinyi	3500857	785567	1165841	1549449
高要市	Gaoyao	3731228	636259	2233640	861329
四会市	Sihui	5374825	433457	3562076	1379292

3-4 续表 6 continued

单位：万元 (10 000 yuan)

城　　市	City	地区生产总值 Gross Regional Product	第一产业增加值 Value-added of the Primary Industry	第二产业增加值 Value-added of the Secondary Industry	第三产业增加值 Value-added of the Tertiary Industry
兴宁市	Xingning	1463668	379722	424052	659894
陆丰市	Lufeng	2198809	457228	1029704	711877
阳春市	Yangchun	3272743	603668	1572246	1096829
英德市	Yingde	2238169	470887	778552	988730
连州市	Lianzhou	1165508	279317	264879	621312
普宁市	Puning	5580617	338063	3740142	1502412
罗定市	Luoding	1486216	366316	523300	596600
广西壮族自治区	**Guangxi**				
岑溪市	Cenxi	2182961	322697	1483055	377209
东兴市	Dongxing	809761	137860	349511	322390
桂平市	Guiping	2648517	553878	1384596	710043
北流市	Beiliu	2521373	403896	1354377	763100
宜州市	Yizhou	993999	365758	269660	358581
合山市	Heshan	352555	36899	183249	132407
凭祥市	Pingxiang	539115	47995	155744	335376
海南省	**Hainan**				
五指山市	Wuzhishan	213942	51564	45696	116682
琼海市	Qionghai	1813115	691510	259124	862481
儋州市	Danzhou	2216248	998440	295937	921871
文昌市	Wenchang	1598021	643924	399987	554110
万宁市	Wanning	1651288	462942	380135	808211
东方市	Dongfang	1374823	351419	648459	374945
四川省	**Sichuan**				
都江堰市	Dujiangyan	2515800	224268	945458	1346074
彭州市	Pengzhou	3017443	423767	1772979	820697
邛崃市	Qionglai	1838464	317019	848966	672479
崇州市	Chongzhou	2032290	297965	1010408	723917
广汉市	Guanghan	3050124	296816	1944564	808744
什邡市	Shifang	2201623	237839	1379128	584656
绵竹市	Mianzhu	2014181	249990	1282535	481656
江油市	Jiangyou	3006171	388665	1536366	1081140
峨眉山市	Emeishan	1942110	158057	1134684	649369
阆中市	Langzhong	1682755	401863	818221	462671
华蓥市	Huaying	1225590	107874	808196	309520
万源市	Wanyuan	1169883	263386	628271	278226
简阳市	Jianyang	3772216	682580	2162798	926838
西昌市	Xichang	4186854	394651	2236909	1555294
贵州省	**Guizhou**				
清镇市	Qingzhen	2193868	190105	1001904	1001859
赤水市	Chishui	701344	108074	328570	264700
仁怀市	Renhuai	4428700	194900	3062000	1171800
兴义市	Xingyi	2828324	288028	1066740	1473556
凯里市	Kaili	1799603	103137	588809	1107657
都匀市	Duyun	1517032	120130	546002	850900
福泉市	Fuquan	1120400	116464	512368	491568
云南省	**Yunnan**				
安宁市	Anning	2309359	118444	1250103	940812
宣威市	Xuanwei	2293201	510105	974667	808429

3-4 续表 7 continued

单位：万元 (10 000 yuan)

城市	City	地区生产总值 Gross Regional Product	第一产业增加值 Value-added of the Primary Industry	第二产业增加值 Value-added of the Secondary Industry	第三产业增加值 Value-added of the Tertiary Industry
楚雄市	Chuxiong	2690502	224043	1498219	968240
个旧市	Gejiu	1926494	121749	1192491	612254
开远市	Kaiyuan	1413060	162805	617978	632277
蒙自市	Mengzi	1298737	211071	679274	408392
弥勒市	Mile	2458891	259459	1760850	438582
文山市	Wenshan	1766105	165211	887613	713281
景洪市	Jinghong	1632119	337554	563643	730922
大理市	Dali	3135119	211920	1562386	1360813
瑞丽市	Ruili	733204	90999	148845	493360
芒市	Mangshi	779686	202843	169852	406991
陕西省	**Shaanxi**				
兴平市	Xingping	1834689	243411	1014900	576378
韩城市	Hancheng	3030147	138177	2364520	527450
华阴市	Huayin	783510	56300	420530	306680
甘肃省	**Gansu**				
玉门市	Yumen	1255009	95989	723566	435454
敦煌市	Dunhuang	1006544	132632	315732	558180
临夏市	Linxia	568028	32486	113108	422434
合作市	Hezuo	313690	18816	70539	224335
青海省	**Qinghai**				
玉树市	Yushu	73471	47721	11057	14693
格尔木市	Golmud	2921071	40955	2150931	729185
德令哈市	Delingha	445842	47845	183475	214522
宁夏回族自治区	**Ningxia**				
灵武市	Lingwu	3252568	92034	2839019	321515
青铜峡市	Qingtongxia	1353013	151910	869831	331272
新疆维吾尔自治区	**Xinjiang**				
吐鲁番市	Turpan	698220	179120	173900	345200
哈密市	Hami	3089378	235840	1661524	1192014
昌吉市	Changji	3317744	405145	1608963	1303636
阜康市	Fukang	1461062	270198	876898	313966
博乐市	Bole	932210	176998	313838	441374
库尔勒市	Korla	7282633	401200	5748405	1133028
阿克苏市	Akesu	1615052	184128	432943	997981
阿图什市	Atus	387093	59140	96772	231181
喀什市	Kashi	1889000	80800	629000	1179200
和田市	Hetian	550892	39347	198998	312547
伊宁市	Yining	1887060	66359	497745	1322956
奎屯市	Kuitun	1150804	67479	457186	626139
塔城市	Tacheng	775000	165000	159000	451000
乌苏市	Wusu	1668226	361740	1019246	287240
阿勒泰市	Aletai	551691	86099	98679	366913
石河子市	Shihezi	2903739	103887	1734547	1065305
阿拉尔市	Alar	2260742	985919	814711	460112
图木舒克市	Tumushuke	607524	193340	282929	131255
五家渠市	Wujiaqu	1172585	66589	696674	409322
北屯市	Beitun	251788	42081	126085	83622

3-5 公共财政收支

Pubic Finance Income and Expenditure

单位：万元 (10 000 yuan)

城 市	City	公共财政收入 Public Finance Income	各项税收 Various Kinds of Tax	公共财政支出 Public Finance Expenditure	科学技术支出 Expenditure for Science and Technology
河北省	**Hebei**				
晋州市	Jinzhou	70321	50224	177282	1986
新乐市	Xinle	54975	58700	159872	2095
遵化市	Zunhua	111051	168283	234864	795
迁安市	Qian'an	350861	569684	485302	1847
武安市	Wu'an	325762	446788	508512	7171
南宫市	Nangong	33141	43635	156109	875
沙河市	Shahe	92392	174732	189702	1680
涿州市	Zhuozhou	162297	229997	254929	2764
安国市	Anguo	40072	29879	121094	84
高碑店市	Gaobeidian	86382	65680	176111	241
泊头市	Botou	68358	102331	189642	583
任丘市	Renqiu	245295	995205	326052	939
黄骅市	Huanghua	117705	181771	246113	942
河间市	Hejian	99322	118941	259188	792
霸州市	Bazhou	169794	267384	259946	563
三河市	Sanhe	655417	881566	540275	592
冀州市	Jizhou	60611	83859	193562	3432
深州市	Shenzhou	46567	77405	216533	246
定州市	Dingzhou	144430	224025	323267	529
辛集市	Xinji	115658	166913	237727	492
山西省	**Shanxi**				
古交市	Gujiao	58588	36180	118255	153
潞城市	Lucheng	52610	99595	111874	1362
高平市	Gaoping	121365	77327	216566	365
介休市	Jiexiu	122674	87251	192811	1426
永济市	Yongji	32826	75751	180840	1116
河津市	Hejin	198115	181601	174234	1358
原平市	Yuanping	77000	51000	167600	705
侯马市	Houma	56367	100847	135524	729
霍州市	Huozhou	72053	137309	148592	300
孝义市	Xiaoyi	217419	148613	316115	2486
汾阳市	Fenyang	73873	57457	174578	1025
内蒙古自治区	**Inner Mongolia**				
霍林郭勒市	Huolinguole	282295	141701	356098	485
满洲里市	Manzhouli	139291	201431	383600	3854
牙克石市	Yakeshi	56194	18713	245415	2416
扎兰屯市	Zhalantun	45727	36378	299088	4536
额尔古纳市	Eerguna	22862	12971	123519	903
根河市	Genhe	16833	6504	125408	557
丰镇市	Fengzhen	44882	38135	242840	388
乌兰浩特市	Wulanhaote	71723	52122	253273	2032
阿尔山市	Aershan	8975	6685	149021	165
二连浩特市	Erlianhaote	43780	30260	172693	318
锡林浩特市	Xilinhaote	245310	370942	274131	632
辽宁省	**Liaoning**				
新民市	Xinmin	303457	233833	445555	1703
瓦房店市	Wafangdian	728145	505827	806611	3519
普兰店市	Pulandian	433472	303300	517878	2326

3-5 续表 1 continued

单位：万元 (10 000 yuan)

城 市	City	公共财政收入 Public Finance Income	各项税收 Various Kinds of Tax	公共财政支出 Public Finance Expenditure	科学技术支出 Expenditure for Science and Technology
庄河市	Zhuanghe	418251	418145	583670	4996
海城市	Haicheng	418570	385710	545710	2575
东港市	Donggang	335486	266072	510661	1052
凤城市	Fengcheng	289146	189280	439886	971
凌海市	Linghai	210246	163554	344636	3950
北镇市	Beizhen	163173	92239	264460	4131
盖州市	Gaizhou	110294	88467	305282	1198
大石桥市	Dashiqiao	250994	166437	373500	1445
灯塔市	Dengta	259804	234123	320570	2804
调兵山市	Diaobingshan	128066	66808	149084	2839
开原市	Kaiyuan	218788	179979	335199	6114
北票市	Beipiao	193507	147097	409476	2463
凌源市	Lingyuan	129016	88912	317020	5062
兴城市	Xingcheng	135000	122849	288756	3378
吉林省	**Jilin**				
榆树市	Yushu	141178	92004	497331	761
德惠市	Dehui	137613	110041	421341	372
蛟河市	Jiaohe	73481	55756	253912	1681
桦甸市	Huadian	129636	83361	321056	2336
舒兰市	Shulan	81425	64122	295611	720
磐石市	Panshi	137922	120795	222681	1235
公主岭市	Gongzhuling	233434	172067	528688	1132
双辽市	Shuangliao	68151	35800	226322	301
梅河口市	Meihekou	269657	173887	526737	10624
集安市	Ji'an	105197	80523	227297	2035
临江市	Linjiang	72872	50631	210583	969
扶余市	Fuyu	51133	28859	265716	112
洮南市	Taonan	61516	32082	307790	1944
大安市	Daan	155466	90099	322925	827
延吉市	Yanji	286610	190852	445610	4085
图们市	Tumen	34532	26410	134145	399
敦化市	Dunhua	143405	87550	386920	2593
珲春市	Hunchun	216803	78073	364586	444
龙井市	Longjing	32448	25848	171793	924
和龙市	Helong	56001	46053	189492	381
黑龙江省	**Heilongjiang**				
双城市	Shuangcheng	181328	142853	281637	1478
尚志市	Shangzhi	67744	66338	238208	83
五常市	Wuchang	96264	88217	435042	3320
讷河市	Nehe	45101	55646	283046	32
虎林市	Hulin	45345	36998	210838	2155
密山市	Mishan	38957	23104	242547	655
铁力市	Tieli	24045	32794	166911	139
同江市	Tongjiang	21282	14462	197160	414
富锦市	Fujin	42029	16408	284321	146
绥芬河市	Suifenhe	56714	37253	220874	3837
海林市	Hailin	91892	160315	237290	1055
宁安市	Ning'an	98860	50271	286076	288
穆棱市	Muling	94786	148171	287798	1887

3-5 续表 2 continued

单位：万元 (10 000 yuan)

城市	City	公共财政收入 Public Finance Income	各项税收 Various Kinds of Tax	公共财政支出 Public Finance Expenditure	科学技术支出 Expenditure for Science and Technology
北安市	Bei'an	54000	24879	273403	3688
五大连池市	Wudalianchi	23795	15027	219744	921
安达市	Anda	137146	142594	350934	2567
肇东市	Zhaodong	184548	164382	432467	553
海伦市	Hailun	38025	40002	315907	1761
江苏省	**Jiangsu**				
江阴市	Jiangyin	2006618	3344498	1872766	53157
宜兴市	Yixing	944501	1440823	1002919	27543
新沂市	Xinyi	458167	464369	684991	10508
邳州市	Pizhou	555789	570259	886240	7165
溧阳市	Liyang	506188	709741	570050	27125
金坛市	Jintan	301172	460005	374591	12072
常熟市	Changshu	1474042	2442794	1380187	107036
张家港市	Zhangjiagang	1626618	2722199	1527799	89035
昆山市	Kunshan	2636593	4579531	2229762	109014
太仓市	Taicang	1064727	1865219	976823	53125
启东市	Qidong	672463	896684	740076	35010
如皋市	Rugao	674450	832725	912914	25181
海门市	Haimen	685712	902447	736171	14796
东台市	Dongtai	613138	669115	842577	29764
大丰市	Dafeng	600166	669000	829020	29724
仪征市	Yizheng	346619	710303	415095	13105
高邮市	Gaoyou	293158	404946	466428	11899
丹阳市	Danyang	641648	911434	749296	23040
扬中市	Yangzhong	307186	425516	347116	16008
句容市	Jurong	359087	447261	436489	14491
兴化市	Xinghua	369510	497627	735590	17155
靖江市	Jingjiang	540403	669758	614901	14835
泰兴市	Taixing	450818	671112	612013	6628
浙江省	**Zhejiang**				
建德市	Jiande	187008	176982	312391	14241
富阳市	Fuyang	496002	457577	576965	26417
临安市	Lin'an	281926	269572	456621	22626
余姚市	Yuyao	648070	627030	804673	30487
慈溪市	Cixi	1000151	931554	1078856	55720
奉化市	Fenghua	290233	259390	476853	18267
瑞安市	Rui'an	484417	460602	553097	20351
乐清市	Yueqing	556525	510334	613477	11769
海宁市	Haining	600260	583528	606845	29024
平湖市	Pinghu	456780	442547	449179	17420
桐乡市	Tongxiang	491902	461472	524198	22442
诸暨市	Zhuji	663386	608593	741445	47181
嵊州市	Shengzhou	250538	240859	344500	16574
兰溪市	Lanxi	199533	190596	334858	8588
义乌市	Yiwu	696800	666698	722345	32693
东阳市	Dongyang	414838	386858	480546	21797
永康市	Yongkang	388485	354299	406350	22096
江山市	Jiangshan	136610	127769	309000	9829
温岭市	Wenling	478388	449904	645088	15037
临海市	Linhai	352566	322984	513476	13315
龙泉市	Longquan	61381	56806	203976	5176

3-5 续表 3 continued

单位：万元 (10 000 yuan)

城市	City	公共财政收入 Public Finance Income	各项税收 Various Kinds of Tax	公共财政支出 Public Finance Expenditure	科学技术支出 Expenditure for Science and Technology
安徽省	**Anhui**				
巢湖市	Chaohu	167253	130721	385894	1343
桐城市	Tongcheng	151269	103206	335722	14619
天长市	Tianchang	204793	279502	369846	8770
明光市	Mingguang	112960	91206	275343	3313
界首市	Jieshou	183704	73001	268649	2672
宁国市	Ningguo	365092	315385	322618	10167
福建省	**Fujian**				
福清市	Fuqing	1084635	635033	974407	10884
长乐市	Changle	314854	427018	361596	5100
永安市	Yong'an	166864	119203	230979	11711
石狮市	Shishi	604451	509860	449406	9764
晋江市	Jinjiang	1141019	1751985	1263935	29639
南安市	Nan'an	746988	677886	539271	14824
龙海市	Longhai	706284	644815	519883	8141
邵武市	Shaowu	171069	80493	210342	2285
武夷山市	Wuyishan	105271	85456	173153	2085
建瓯市	Jian'ou	118767	98485	211865	1883
建阳市	Jianyang	152023	90749	212061	1415
漳平市	Zhangping	63580	95726	151606	2026
福安市	Fu'an	227896	135848	352041	1809
福鼎市	Fuding	186002	104395	295015	816
江西省	**Jiangxi**				
乐平市	Leping	338013	279404	451197	9441
瑞昌市	Ruichang	237669	200784	286808	5827
共青城市	Gongqingcheng	131806	110576	157136	4101
贵溪市	Guixi	432229	347075	421214	9613
瑞金市	Ruijin	106964	130322	312588	6251
井冈山市	Jinggangshan	58005	51879	157112	3180
丰城市	Fengcheng	422096	310962	663296	13270
樟树市	Zhangshu	282939	365491	421866	10200
高安市	Gaoan	227866	185382	401796	8205
德兴市	Dexing	245196	147440	328988	5996
山东省	**Shandong**				
章丘市	Zhangqiu	434009	552220	563600	3406
胶州市	Jiaozhou	675066	886845	788072	14556
即墨市	Jimo	790400	664900	887600	2659
平度市	Pingdu	602749	479174	708989	7312
莱西市	Laixi	419867	326714	462328	1123
滕州市	Tengzhou	640678	512602	766998	2204
龙口市	Longkou	795057	618964	787677	38125
莱阳市	Laiyang	125021	203354	248186	2201
莱州市	Laizhou	520678	845784	556912	1893
蓬莱市	Penglai	272058	342798	331586	5165
招远市	Zhaoyuan	465000	509477	492671	5844
栖霞市	Qixia	90016	82333	211752	1365
海阳市	Haiyang	247146	198999	288331	6305

3-5 续表 4 continued

单位：万元 (10 000 yuan)

城市	City	公共财政收入 Public Finance Income	各项税收 Various Kinds of Tax	公共财政支出 Public Finance Expenditure	科学技术支出 Expenditure for Science and Technology
青州市	Qingzhou	380896	305744	419631	4047
诸城市	Zhucheng	617168	451014	637980	30407
寿光市	Shouguang	792000	649886	826874	18873
安丘市	Anqiu	165629	144150	322688	4057
高密市	Gaomi	406944	323526	441972	15317
昌邑市	Changyi	251969	201070	311556	1446
曲阜市	Qufu	227236	231441	352577	996
邹城市	Zoucheng	608618	414254	621612	4790
新泰市	Xintai	380840	281932	570899	7530
肥城市	Feicheng	354617	261205	485386	7493
荣成市	Rongcheng	600105	702132	814389	25664
乳山市	Rushan	276588	234946	350315	7707
乐陵市	Laoling	100273	86353	198660	3159
禹城市	Yucheng	168231	193511	253473	6178
临清市	Linqing	156167	112203	271790	4400
河南省	**Henan**				
巩义市	Gongyi	318355	149398	458931	7543
荥阳市	Xingyang	264803	191500	322099	4497
新密市	Xinmi	300088	163227	432405	2094
新郑市	Xinzheng	501299	378782	558576	6602
登封市	Dengfeng	260645	143888	386982	3313
偃师市	Yanshi	141372	92081	264215	7038
舞钢市	Wugang	104893	65842	170273	1438
汝州市	Ruzhou	183168	131387	360018	4134
林州市	Linzhou	140303	97338	329238	5221
卫辉市	Weihui	76709	52680	181793	3336
辉县市	Huixian	231493	139283	342357	3609
沁阳市	Qinyang	121953	52276	209292	5433
孟州市	Mengzhou	101566	61451	180114	5877
禹州市	Yuzhou	300167	196074	462358	5115
长葛市	Changge	174078	131618	338430	7358
义马市	Yima	125518	75061	155810	3296
灵宝市	Lingbao	179369	109445	341185	6559
邓州市	Dengzhou	110667	80308	511528	2364
永城市	Yongcheng	317696	222192	587714	2154
项城市	Xiangcheng	83663	59086	350293	1087
济源市	Jiyuan	384098	269703	588717	8349
湖北省	**Hubei**				
大冶市	Daye	404836	551599	567116	11186
丹江口市	Danjiangkou	115348	80161	311557	3925
宜都市	Yidu	366188	274364	470683	7674
当阳市	Dangyang	250328	168699	422990	6912
枝江市	Zhijiang	253246	184549	420512	6667
老河口市	Laohekou	210023	138544	431780	14217
枣阳市	Zaoyang	262537	173382	534020	22337
宜城市	Yicheng	190829	115631	402743	5072
钟祥市	Zhongxiang	164598	94564	496045	9088
应城市	Yingcheng	141690	90779	264219	4331

3-5 续表 5 continued

单位：万元 (10 000 yuan)

城 市	City	公共财政收入 Public Finance Income	各项税收 Various Kinds of Tax	公共财政支出 Public Finance Expenditure	科学技术支出 Expenditure for Science and Technology
安陆市	Anlu	87500	62544	254210	3478
汉川市	Hanchuan	175020	121835	342519	3882
石首市	Shishou	61868	43074	230369	4902
洪湖市	Honghu	66203	70920	237706	569
松滋市	Songzi	108058	152809	356814	4354
麻城市	Macheng	130263	130963	464909	6379
武穴市	Wuxue	128228	85200	312188	4627
赤壁市	Chibi	157547	104817	309916	4737
广水市	Guangshui	87295	62641	327389	4941
恩施市	Enshi	183348	159366	289606	3779
利川市	Lichuan	87550	66272	386868	3295
仙桃市	Xiantao	241605	194062	597612	9633
潜江市	Qianjiang	226878	166253	512394	12597
天门市	Tianmen	173494	121045	543550	9000
湖南省	**Hunan**				
浏阳市	Liuyang	427414	610187	718500	7360
醴陵市	Liling	286666	195352	495451	3723
湘乡市	Xiangxiang	119691	106853	338177	4200
韶山市	Shaoshan	36231	28825	89180	3391
耒阳市	Leiyang	150036	148304	429163	1185
常宁市	Changning	107939	88910	386434	3549
武冈市	Wugang	58405	45631	282093	608
汨罗市	Miluo	146192	145272	406425	5080
临湘市	Linxiang	37783	62987	225469	2344
津市市	Jinshi	38735	43557	181508	1995
沅江市	Yuanjiang	69623	77871	321275	1672
资兴市	Zixing	237188	171083	429195	6009
洪江市	Hongjiang	51593	60441	266310	2959
冷水江市	Lengshuijiang	90298	132172	249481	3991
涟源市	Lianyuan	66583	85140	394335	882
吉首市	Jishou	65952	67976	252198	729
广东省	**Guangdong**				
增城市	Zengcheng	311539	438721	403858	5321
从化市	Conghua	655467	871470	864526	10298
乐昌市	Lechang	60600	40352	208362	2419
南雄市	Nanxiong	55781	37674	184442	1739
台山市	Taishan	227148	432577	386520	3183
开平市	Kaiping	193528	140567	270736	4382
鹤山市	Heshan	214426	306201	234157	1691
恩平市	Enping	95283	73111	201020	2258
廉江市	Lianjiang	94748	59281	446395	3100
雷州市	Leizhou	55289	29785	353353	1058
吴川市	Wuchuan	60018	36689	234658	326
高州市	Gaozhou	108421	69357	487670	667
化州市	Huazhou	110735	66912	389725	452
信宜市	Xinyi	88164	54063	372495	545
高要市	Gaoyao	276362	162550	373116	8928
四会市	Sihui	330048	195218	451498	7554

3-5 续表 6 continued

单位：万元 (10 000 yuan)

城 市	City	公共财政收入 Public Finance Income	各项税收 Various Kinds of Tax	公共财政支出 Public Finance Expenditure	科学技术支出 Expenditure for Science and Technology
兴宁市	Xingning	74810	56517	463595	2908
陆丰市	Lufeng	162451	68768	471556	3402
阳春市	Yangchun	117595	83105	295333	2333
英德市	Yingde	183105	111870	450845	6413
连州市	Lianzhou	65481	37656	185376	2421
普宁市	Puning	202010	139879	545958	1886
罗定市	Luoding	101200	135500	409016	5371
广西壮族自治区	**Guangxi**				
岑溪市	Cenxi	180791	88125	349092	2658
东兴市	Dongxing	107266	84478	211450	2330
桂平市	Guiping	75963	84412	417868	1178
北流市	Beiliu	126866	133233	367491	4077
宜州市	Yizhou	48846	37536	224419	1906
合山市	Heshan	22524	28165	102769	1714
凭祥市	Pingxiang	86352	29973	144020	1898
海南省	**Hainan**				
五指山市	Wuzhishan	67793	33101	160876	705
琼海市	Qionghai	196655	171191	386802	494
儋州市	Danzhou	134023	101497	498342	5525
文昌市	Wenchang	205560	116934	407732	780
万宁市	Wanning	142731	123944	385313	5669
东方市	Dongfang	124138	93076	357712	6064
四川省	**Sichuan**				
都江堰市	Dujiangyan	191928	140642	413212	4931
彭州市	Pengzhou	174297	126946	391593	5449
邛崃市	Qionglai	128454	88958	387762	4569
崇州市	Chongzhou	137255	108715	361689	5143
广汉市	Guanghan	144294	101502	293702	6974
什邡市	Shifang	138849	106531	218449	3847
绵竹市	Mianzhu	95363	76618	251158	1431
江油市	Jiangyou	150634	92455	321798	4499
峨眉山市	Emeishan	133557	91558	245183	2219
阆中市	Langzhong	77938	59347	370741	712
华蓥市	Huaying	44749	31026	188753	3347
万源市	Wanyuan	33068	24886	268451	949
简阳市	Jianyang	158588	130709	461200	5885
西昌市	Xichang	325839	175150	545284	2149
贵州省	**Guizhou**				
清镇市	Qingzhen	118960	92108	282634	3150
赤水市	Chishui	49049	39223	193046	3962
仁怀市	Renhuai	258089	215222	402661	4221
兴义市	Xingyi	615238	426225	529207	7786
凯里市	Kaili	514200	225900	476100	4928
都匀市	Duyun	135084	92049	281068	6829
福泉市	Fuquan	115200	79600	231800	3336
云南省	**Yunnan**				
安宁市	Anning	227439	189133	270634	3227
宣威市	Xuanwei	150000	127424	597720	729

3-5 续表 7 continued

单位：万元 (10 000 yuan)

城市	City	公共财政收入 Public Finance Income	各项税收 Various Kinds of Tax	公共财政支出 Public Finance Expenditure	科学技术支出 Expenditure for Science and Technology
楚雄市	Chuxiong	184260	151214	353028	2071
个旧市	Gejiu	107303	170653	351226	3743
开远市	Kaiyuan	142933	69564	275887	1183
蒙自市	Mengzi	239455	89048	305197	1478
弥勒市	Mile	130890	86227	311917	848
文山市	Wenshan	156000	129623	327225	1163
景洪市	Jinghong	117307	41648	312674	2248
大理市	Dali	275326	351517	419485	4715
瑞丽市	Ruili	91256	62738	208299	377
芒市	Mangshi	71146	53479	234075	922
陕西省	**Shaanxi**				
兴平市	Xingping	51300	27988	210795	290
韩城市	Hancheng	270558	195971	307921	4377
华阴市	Huayin	38701	5279	127778	396
甘肃省	**Gansu**				
玉门市	Yumen	44691	31674	164106	1246
敦煌市	Dunhuang	44965	38266	138561	1789
临夏市	Linxia	78503	27592	206207	1441
合作市	Hezuo	17971	10046	108219	198
青海省	**Qinghai**				
玉树市	Yushu	12353	10877	122787	152
格尔木市	Golmud	197000	180511	346951	1286
德令哈市	Delingha	55721	25830	150683	1250
宁夏回族自治区	**Ningxia**				
灵武市	Lingwu	181635	154324	452049	4687
青铜峡市	Qingtongxia	104150	66337	232467	2426
新疆维吾尔自治区	**Xinjiang**				
吐鲁番市	Turpan	70249	51848	183235	1807
哈密市	Hami	363537	260649	457374	4620
昌吉市	Changji	320724	234674	436307	6532
阜康市	Fukang	180060	131406	246567	3022
博乐市	Bole	80939	70579	213494	2856
库尔勒市	Korla	317521	269474	436938	7475
阿克苏市	Akesu	203329	134303	278250	2837
阿图什市	Atus	41547	27825	369517	988
喀什市	Kashi	283900	144537	501652	3469
和田市	Hetian	67859	45409	468443	1410
伊宁市	Yining	245427	227354	400848	6055
奎屯市	Kuitun	170187	132019	230550	5565
塔城市	Tacheng	45838	26294	175805	3286
乌苏市	Wusu	120095	83085	247897	4573
阿勒泰市	Aletai	61700	53472	215149	2689
石河子市	Shihezi	330848	264815	395872	4050
阿拉尔市	Alar	50831	48332	64215	310
图木舒克市	Tumushuke	23514	21302	38960	22
五家渠市	Wujiaqu	98089	91415	120625	810
北屯市	Beitun	17483	17074	22183	111

3-6 年末金融机构存贷款余额

Deposits and Loans of National Banking System at Year-end

单位：万元 (10 000 yuan)

城　市	City	年末金融机构各项存款余额 Deposits of National Banking System at Year-end	城乡居民储蓄存款余额 Household Saving Deposits	年末金融机构各项贷款余额 Loans of National Banking System at Year-end
河北省	**Hebei**			
晋州市	Jinzhou	1879990	1531638	766372
新乐市	Xinle	1222596	1018484	593940
遵化市	Zunhua	3603554	3033267	1601014
迁安市	Qian'an	6574960	4391813	3918006
武安市	Wu'an	4988894	3182005	2261645
南宫市	Nangong	1303626	1067452	557253
沙河市	Shahe	2103083	1599961	1644840
涿州市	Zhuozhou	3640616	2487015	1684736
安国市	Anguo	1426580	1212086	446499
高碑店市	Gaobeidian	3359554	2318963	2770461
泊头市	Botou	2182524	1768523	775246
任丘市	Renqiu	5139763	3532978	1411800
黄骅市	Huanghua	2411067	1574253	1962179
河间市	Hejian	2670430	2317973	709555
霸州市	Bazhou	3826858	2625225	2928200
三河市	Sanhe	7886900	3745874	7794364
冀州市	Jizhou	1797110	1330338	796623
深州市	Shenzhou	1635922	1238315	732009
定州市	Dingzhou	3534876	2877878	1295374
辛集市	Xinji	3083713	2484550	1162275
山西省	**Shanxi**			
古交市	Gujiao	1449708	1168701	458749
潞城市	Lucheng	811555	596069	323847
高平市	Gaoping	2681100	1671167	1145800
介休市	Jiexiu	2354149	1798691	1630519
永济市	Yongji	1100892	852321	666095
河津市	Hejin	1775873	1216249	1076059
原平市	Yuanping	1896043	1616902	907189
侯马市	Houma	1652125	1143230	772083
霍州市	Huozhou	1158148	942696	760701
孝义市	Xiaoyi	3208159	2625835	1797179
汾阳市	Fenyang	1727096	1297330	568007
内蒙古自治区	**Inner Mongolia**			
霍林郭勒市	Huolinguole	637460	425276	1241479
满洲里市	Manzhouli	1735022	1163009	1020358
牙克石市	Yakeshi	1673229	1054986	572267
扎兰屯市	Zhalantun	870867	669395	743002
额尔古纳市	Eerguna	363689	252141	130038
根河市	Genhe	708343	474066	148304
丰镇市	Fengzhen	657639	537425	505813
乌兰浩特市	Wulanhaote	1955048	1014775	1606070
阿尔山市	Aershan	278323	126900	129929
二连浩特市	Erlianhaote	597674	372005	529715
锡林浩特市	Xilinhaote	2181225	1170317	2697375

3-6 续表 1 continued

单位：万元 (10 000 yuan)

城 市	City	年末金融机构各项存款余额 Deposits of National Banking System at Year-end	城乡居民储蓄存款余额 Household Saving Deposits	年末金融机构各项贷款余额 Loans of National Banking System at Year-end
辽宁省	**Liaoning**			
新民市	Xinmin	1781798	1503377	1013358
瓦房店市	Wafangdian	5709122	4278635	4054978
普兰店市	Pulandian	4221039	3185730	2352861
庄河市	Zhuanghe	4170030	3257167	2703074
海城市	Haicheng	5462165	4662009	2218857
东港市	Donggang	3144595	2496477	2177427
凤城市	Fengcheng	2152101	1841994	1122007
凌海市	Linghai	1494229	1255070	957076
北镇市	Beizhen	1561417	1407013	930815
盖州市	Gaizhou	1930312	1487778	997388
大石桥市	Dashiqiao	3164435	2359819	2219946
灯塔市	Dengta	1870148	1460295	1075065
调兵山市	Diaobingshan	1595685	1219322	973431
开原市	Kaiyuan	1387737	1224991	1222009
北票市	Beipiao	1706327	1271555	782130
凌源市	Lingyuan	102300	57816	107668
兴城市	Xingcheng	1945787	1549626	1383328
吉林省	**Jilin**			
榆树市	Yushu	1897606	1516378	1708908
德惠市	Dehui	2155742	1682095	1196568
蛟河市	Jiaohe	1328438	930790	902989
桦甸市	Huadian	1262209	876403	724100
舒兰市	Shulan	1322962	1029738	725785
磐石市	Panshi	1197567	895431	950886
公主岭市	Gongzhuling	2585534	2062447	1928919
双辽市	Shuangliao	765482	538567	882579
梅河口市	Meihekou	2036690	1592502	1181336
集安市	Ji'an	968494	746470	480088
临江市	Linjiang	639928	471785	312874
扶余市	Fuyu	989747	702810	809341
洮南市	Taonan	833852	508615	803819
大安市	Daan	1062646	646517	842967
延吉市	Yanji	5745478	3665117	2858341
图们市	Tumen	567480	435730	192853
敦化市	Dunhua	2250644	1468526	1313081
珲春市	Hunchun	1355137	946467	884817
龙井市	Longjing	675671	536501	225558
和龙市	Helong	623363	438665	392209
黑龙江省	**Heilongjiang**			
双城市	Shuangcheng	1513220	1187649	1225778
尚志市	Shangzhi	1447514	1141007	669417

3-6 续表 2 continued

单位：万元 (10 000 yuan)

城　市	City	年末金融机构各项存款余额 Deposits of National Banking System at Year-end	城乡居民储蓄存款余额 Household Saving Deposits	年末金融机构各项贷款余额 Loans of National Banking System at Year-end
五常市	Wuchang	1683887	1304320	771138
讷河市	Nehe	1000690	722787	1039991
虎林市	Hulin	1414373	1093098	1369176
密山市	Mishan	1695832	1198991	635877
铁力市	Tieli	1152856	886879	403336
同江市	Tongjiang	460506	269818	502279
富锦市	Fujin	952872	745920	641481
绥芬河市	Suifenhe	1115436	873164	620932
海林市	Hailin	1146604	933110	390454
宁安市	Ning'an	1072812	857002	457427
穆棱市	Muling	691717	535733	301911
北安市	Bei'an	1409612	977790	1091544
五大连池市	Wudalianchi	953472	658237	343932
安达市	Anda	992386	795232	472179
肇东市	Zhaodong	1492730	1208824	1198069
海伦市	Hailun	960498	754258	829766
江苏省	**Jiangsu**			
江阴市	Jiangyin	28130344	9387558	21981579
宜兴市	Yixing	17070981	8195344	13259847
新沂市	Xinyi	2353682	1690732	2020852
邳州市	Pizhou	3463384	2544222	2713875
溧阳市	Liyang	8484453	4140286	6040614
金坛市	Jintan	5447962	2990087	4189840
常熟市	Changshu	22659264	10219900	18162999
张家港市	Zhangjiagang	23238340	8770608	17876245
昆山市	Kunshan	28828873	9709029	20434725
太仓市	Taicang	11722641	4506142	10680261
启东市	Qidong	9442154	6379608	5500423
如皋市	Rugao	8495573	5762695	5197046
海门市	Haimen	10151191	6263399	6305789
东台市	Dongtai	5538931	4254769	3010139
大丰市	Dafeng	4366765	2743841	2834331
仪征市	Yizheng	4610771	2481310	2578528
高邮市	Gaoyou	3946826	2691462	2415967
丹阳市	Danyang	8719997	4535458	7917358
扬中市	Yangzhong	4412497	2382454	3325890
句容市	Jurong	4199804	2374988	3154061
兴化市	Xinghua	5149328	3740601	3525406
靖江市	Jingjiang	7858095	3814658	5490493
泰兴市	Taixing	6446301	3831843	3883588
浙江省	**Zhejiang**			
建德市	Jiande	2850761	1819649	2328534
富阳市	Fuyang	8760736	3547436	8909331

3-6 续表 3 continued

单位：万元 (10 000 yuan)

城市	City	年末金融机构各项存款余额 Deposits of National Banking System at Year-end	城乡居民储蓄存款余额 Household Saving Deposits	年末金融机构各项贷款余额 Loans of National Banking System at Year-end
临安市	Lin'an	4377891	2126988	3624707
余姚市	Yuyao	12009163	6127526	12454096
慈溪市	Cixi	17181854	8828280	18394949
奉化市	Fenghua	4454703	2450243	5264479
瑞安市	Rui'an	10116824	6159692	9456127
乐清市	Yueqing	9946558	5720798	10621430
海宁市	Haining	10806625	5363731	8366092
平湖市	Pinghu	7266384	3381452	5492241
桐乡市	Tongxiang	8867925	5146511	7408327
诸暨市	Zhuji	11586143	5883236	11112401
嵊州市	Shengzhou	5100506	3076176	4086748
兰溪市	Lanxi	3586854	1896827	3291304
义乌市	Yiwu	23935598	11768186	19468700
东阳市	Dongyang	8185678	4219262	6432724
永康市	Yongkang	9356879	4644730	9047694
江山市	Jiangshan	3319961	1898493	3053736
温岭市	Wenling	11778874	6461399	9330180
临海市	Linhai	6457648	3680009	5276494
龙泉市	Longquan	1331837	771829	1197609
安徽省	**Anhui**			
巢湖市	Chaohu	3377231	2169365	2971233
桐城市	Tongcheng	2878890	2117610	1658634
天长市	Tianchang	1979013	1305624	1537290
明光市	Mingguang	1339893	934295	739844
界首市	Jieshou	1608152	1209914	676842
宁国市	Ningguo	1558287	970507	1645544
福建省	**Fujian**			
福清市	Fuqing	7855654	5307282	6066691
长乐市	Changle	6149558	2597699	6020311
永安市	Yong'an	1693691	895907	1816453
石狮市	Shishi	7227118	3600274	5619837
晋江市	Jinjiang	12914820	6920320	9831934
南安市	Nan'an	8335520	4892962	7059036
龙海市	Longhai	3785295	2142404	3074410
邵武市	Shaowu	1311791	856787	964249
武夷山市	Wuyishan	1089900	725291	1062042
建瓯市	Jian'ou	1360007	837316	1124020
建阳市	Jianyang	1715939	775010	1323747
漳平市	Zhangping	887705	511843	820249
福安市	Fu'an	1833289	983208	2811909
福鼎市	Fuding	1830663	1032222	3590703

3-6 续表 4 continued

单位: 万元 (10 000 yuan)

城 市	City	年末金融机构各项存款余额 Deposits of National Banking System at Year-end	城乡居民储蓄存款余额 Household Saving Deposits	年末金融机构各项贷款余额 Loans of National Banking System at Year-end
江西省	**Jiangxi**			
乐平市	Leping	1985287	1534444	977016
瑞昌市	Ruichang	1282742	829780	839111
共青城市	Gongqingcheng	450729	262537	487091
贵溪市	Guixi	1923992	1080026	1519405
瑞金市	Ruijin	1490578	1021819	959990
井冈山市	Jinggangshan	757202	473389	517067
丰城市	Fengcheng	3351762	2526617	1949878
樟树市	Zhangshu	2536425	1619071	1542314
高安市	Gaoan	2958912	1747577	1685216
德兴市	Dexing	1174609	799891	651921
山东省	**Shandong**			
章丘市	Zhangqiu	4776333	3267800	2978885
胶州市	Jiaozhou	5137598	3035607	4339556
即墨市	Jimo	6979000	4187600	5878400
平度市	Pingdu	4731587	3609687	2530452
莱西市	Laixi	3098610	2213643	2173082
滕州市	Tengzhou	4491044	3387390	4078844
龙口市	Longkou	7209667	4164033	5589996
莱阳市	Laiyang	3194683	2425663	1752207
莱州市	Laizhou	5766332	4202404	2693488
蓬莱市	Penglai	3432280	2214339	2779306
招远市	Zhaoyuan	4685417	2697756	2520394
栖霞市	Qixia	2014151	1655797	1146688
海阳市	Haiyang	3044033	2120279	2187575
青州市	Qingzhou	5819048	4015679	4354852
诸城市	Zhucheng	5203371	3153508	4594295
寿光市	Shouguang	7325566	4063094	6732984
安丘市	Anqiu	3073843	2307694	2368104
高密市	Gaomi	3353348	2314063	3021987
昌邑市	Changyi	3400736	2408604	2469481
曲阜市	Qufu	2336763	1542220	1359500
邹城市	Zoucheng	6263863	2972423	5037106
新泰市	Xintai	4940598	3287077	3282219
肥城市	Feicheng	4031052	2696118	2578187
荣成市	Rongcheng	5649438	3723957	3959669
乳山市	Rushan	2774238	2168086	1779971
乐陵市	Laoling	1511885	1170643	1084420
禹城市	Yucheng	1533492	1051894	1384885
临清市	Linqing	2413674	1860166	1542189
河南省	**Henan**			
巩义市	Gongyi	3112114	2056234	1693625
荥阳市	Xingyang	2320111	1636455	1380964
新密市	Xinmi	3173583	2341464	1747177
新郑市	Xinzheng	3858561	2030928	2354192

3-6 续表 5 continued

单位：万元 (10 000 yuan)

城 市	City	年末金融机构各项存款余额 Deposits of National Banking System at Year-end	城乡居民储蓄存款余额 Household Saving Deposits	年末金融机构各项贷款余额 Loans of National Banking System at Year-end
登封市	Dengfeng	2543182	1816656	1075426
偃师市	Yanshi	2207859	1718331	1013404
舞钢市	Wugang	1112992	797900	813724
汝州市	Ruzhou	1813458	1388571	1311374
林州市	Linzhou	3505683	2891734	1330180
卫辉市	Weihui	991170	719391	465367
辉县市	Huixian	2000488	1558077	1306542
沁阳市	Qinyang	1295219	997156	713434
孟州市	Mengzhou	989988	731794	623990
禹州市	Yuzhou	2503935	1978966	1572431
长葛市	Changge	1928859	1454977	1498474
义马市	Yima	1065069	547201	778057
灵宝市	Lingbao	2229686	1683226	1447073
邓州市	Dengzhou	2421420	1844219	1203204
永城市	Yongcheng	3123856	2222198	2223702
项城市	Xiangcheng	2060767	1732696	492564
济源市	Jiyuan	2912172	1753877	2097495
湖北省	**Hubei**			
大冶市	Daye	3335298	1719563	2247078
丹江口市	Danjiangkou	2280740	1323741	1319943
宜都市	Yidu	1772107	1154918	1296160
当阳市	Dangyang	1871978	1354075	980388
枝江市	Zhijiang	2019534	1396174	894923
老河口市	Laohekou	2424554	1113568	818196
枣阳市	Zaoyang	2776772	2097000	1247890
宜城市	Yicheng	1588711	1169515	831123
钟祥市	Zhongxiang	3322131	2599028	1059083
应城市	Yingcheng	2010808	1462123	984901
安陆市	Anlu	1708113	1388634	972202
汉川市	Hanchuan	2590085	1732718	1517744
石首市	Shishou	1836065	1308691	556961
洪湖市	Honghu	1769492	1314126	985519
松滋市	Songzi	2496703	1785047	839575
麻城市	Macheng	2538795	1853462	1467197
武穴市	Wuxue	1962700	1467800	821700
赤壁市	Chibi	1436618	1015953	862020
广水市	Guangshui	2447960	1930789	672160
恩施市	Enshi	3434390	1526262	2771226
利川市	Lichuan	1567965	1110784	733259
仙桃市	Xiantao	3846700	3111400	1590000
潜江市	Qianjiang	4244016	2892103	1504573
天门市	Tianmen	3905100	3307500	1270200

3-6 续表 6 continued

单位：万元 (10 000 yuan)

城　市	City	年末金融机构各项存款余额 Deposits of National Banking System at Year-end	城乡居民储蓄存款余额 Household Saving Deposits	年末金融机构各项贷款余额 Loans of National Banking System at Year-end
湖南省	**Hunan**			
浏阳市	Liuyang	4370412	2802169	3666324
醴陵市	Liling	2173153	1711520	1224314
湘乡市	Xiangxiang	2105225	1729977	1091057
韶山市	Shaoshan	499673	349481	254124
耒阳市	Leiyang	2509100	2044800	989400
常宁市	Changning	1751000	1445000	652700
武冈市	Wugang	1508094	1167821	571481
汨罗市	Miluo	1205589	938724	568880
临湘市	Linxiang	992504	773040	536885
津市市	Jinshi	774454	616357	281195
沅江市	Yuanjiang	1402539	1082512	734614
资兴市	Zixing	1482822	1060951	614252
洪江市	Hongjiang	1145475	915212	737737
冷水江市	Lengshuijiang	1394341	984657	1053433
涟源市	Lianyuan	1514067	1086675	884778
吉首市	Jishou	2369467	1238895	1153239
广东省	**Guangdong**			
增城市	Zengcheng	3123031	1948626	1944065
从化市	Conghua	9924482	5811304	7478174
乐昌市	Lechang	1212815	935679	567367
南雄市	Nanxiong	1049833	791700	465128
台山市	Taishan	4519799	3550899	2186341
开平市	Kaiping	4463189	3501932	1941869
鹤山市	Heshan	3074232	2097033	2053941
恩平市	Enping	2095218	1688386	511578
廉江市	Lianjiang	2586986	2114133	1038615
雷州市	Leizhou	2014438	1593347	965296
吴川市	Wuchuan	1972932	1649155	654856
高州市	Gaozhou	3627936	2935376	1286919
化州市	Huazhou	2436804	1995154	1007247
信宜市	Xinyi	2504186	1997995	1011700
高要市	Gaoyao	2540265	1984520	1590353
四会市	Sihui	2921401	2030874	3090835
兴宁市	Xingning	2335069	1881061	857612
陆丰市	Lufeng	1281154	1012146	482299
阳春市	Yangchun	2418580	1786473	1170990
英德市	Yingde	2535524	1912774	1347820
连州市	Lianzhou	1315257	1026946	581119
普宁市	Puning	5533229	4044970	2443453
罗定市	Luoding	2113500	1693500	992500
广西壮族自治区	**Guangxi**			
岑溪市	Cenxi	1478830	1182829	1033369
东兴市	Dongxing	1081755	852416	702616

3-6 续表 7 continued

单位：万元 (10 000 yuan)

城　市	City	年末金融机构各项存款余额 Deposits of National Banking System at Year-end	城乡居民储蓄存款余额 Household Saving Deposits	年末金融机构各项贷款余额 Loans of National Banking System at Year-end
桂平市	Guiping	2798705	2172306	1337881
北流市	Beiliu	2225037	1907210	1280800
宜州市	Yizhou	1207473	926554	743269
合山市	Heshan	364236	227272	160948
凭祥市	Pingxiang	669550	539792	403096
海南省	**Hainan**			
五指山市	Wuzhishan	473606	224289	167523
琼海市	Qionghai	2446641	1598566	986737
儋州市	Danzhou	2177949	1291897	1206877
文昌市	Wenchang	2348284	1610919	1057113
万宁市	Wanning	1741885	1090010	669265
东方市	Dongfang	1424720	590751	508102
四川省	**Sichuan**			
都江堰市	Dujiangyan	4578527	3042796	2671084
彭州市	Pengzhou	3974658	2836974	1829380
邛崃市	Qionglai	3117053	1921066	1489889
崇州市	Chongzhou	3404221	2556672	1554517
广汉市	Guanghan	3644275	2473328	2032840
什邡市	Shifang	2090848	1452054	1316223
绵竹市	Mianzhu	2276000	1435000	1254000
江油市	Jiangyou	3429393	2491532	1538746
峨眉山市	Emeishan	2320380	1748485	1350548
阆中市	Langzhong	2166680	1726136	1142705
华蓥市	Huaying	1289328	934402	611084
万源市	Wanyuan	1096675	739849	574068
简阳市	Jianyang	3682385	3034443	1898845
西昌市	Xichang	4400265	2008625	3090071
贵州省	**Guizhou**			
清镇市	Qingzhen	1427500	839400	981200
赤水市	Chishui	893032	661860	698083
仁怀市	Renhuai	4514221	1172784	1825460
兴义市	Xingyi	3912712	1637636	3007833
凯里市	Kaili	3393900	1624700	2397000
都匀市	Duyun	2830623	1390169	1697605
福泉市	Fuquan	760400	483800	768900
云南省	**Yunnan**			
安宁市	Anning	2650448	1442439	2477430
宣威市	Xuanwei	2421874	1564200	1498539
楚雄市	Chuxiong	3337584	1536663	2470523
个旧市	Gejiu	2289335	1465349	1719980
开远市	Kaiyuan	1584727	927037	942283
蒙自市	Mengzi	3679013	1210156	2464658
弥勒市	Mile	1712387	919115	1091338

3-6 续表 8 continued

单位：万元 (10 000 yuan)

城　市	City	年末金融机构各项存款余额 Deposits of National Banking System at Year-end	城乡居民储蓄存款余额 Household Saving Deposits	年末金融机构各项贷款余额 Loans of National Banking System at Year-end
文山市	Wenshan	2905849	1305956	2277080
景洪市	Jinghong	2912300	1622100	1900300
大理市	Dali	5845775	2619022	4256956
瑞丽市	Ruili	1534412	1187872	1310706
芒市	Mangshi	1590222	852635	1109948
陕西省	**Shaanxi**			
兴平市	Xingping	1646507	1315206	628308
韩城市	Hancheng	2198548	1494678	1510527
华阴市	Huayin	807629	606518	520016
甘肃省	**Gansu**			
玉门市	Yumen	964187	502866	640857
敦煌市	Dunhuang	1898671	1262766	994237
临夏市	Linxia	922732	69339	282976
合作市	Hezuo	765900	239180	489950
青海省	**Qinghai**			
玉树市	Yushu	285381	214540	133641
格尔木市	Golmud	2095419	1014292	3294459
德令哈市	Delingha	1239409	331019	1184172
宁夏回族自治区	**Ningxia**			
灵武市	Lingwu	1586062	945200	2272137
青铜峡市	Qingtongxia	1094363	733900	1348546
新疆维吾尔自治区	**Xinjiang**			
吐鲁番市	Turpan	905000	499900	725900
哈密市	Hami	4268432	2216917	3573713
昌吉市	Changji	4506759	1979332	3669547
阜康市	Fukang	963339	631111	805858
博乐市	Bole	1371330	611216	836767
库尔勒市	Korla	5488077	2983089	3455567
阿克苏市	Akesu	3942522	1968565	2361429
阿图什市	Atus	825795	359368	301295
喀什市	Kashi	3891300	1522700	2049800
和田市	Hetian	2041202	721662	475978
伊宁市	Yining	4271077	1899279	3885916
奎屯市	Kuitun	2243913	960079	1510030
塔城市	Tacheng	1076200	471300	616500
乌苏市	Wusu	987076	615662	755754
阿勒泰市	Aletai	1160840	522019	776220
石河子市	Shihezi	3165500	2080390	2217735
阿拉尔市	Alar	1250400	562300	699900
图木舒克市	Tumushuke	500953	212129	265732
五家渠市	Wujiaqu	1014624	536424	1138937
北屯市	Beitun	916633	429131	511634

3-7 规模以上工业企业情况
Basic Conditions of Industrial Enterprises above Designated Size

城市	City	规模以上工业企业单位数（个）Number of Industrial Enterprises above Designated Size (unit)	规模以上工业总产值（万元）Gross Industrial Output Value above Designated Size (10 000 yuan)	规模以上工业企业主营业务收入（万元）Main Business Revenue of Industrial Enterprises above Designated Size (10 000 yuan)
河北省	**Hebei**			
晋州市	Jinzhou	254	5632344	5604340
新乐市	Xinle	151	4130333	4083042
遵化市	Zunhua	154	6638362	6510232
迁安市	Qian'an	186	16191785	16024119
武安市	Wu'an	101	12833142	12302665
南宫市	Nangong	80	1444864	1405794
沙河市	Shahe	86	3732367	3556436
涿州市	Zhuozhou	75	2508095	2474182
安国市	Anguo	74	2080577	1794688
高碑店市	Gaobeidian	46	1490979	1394390
泊头市	Botou	236	3608191	3678920
任丘市	Renqiu	289	9576207	9608406
黄骅市	Huanghua	105	2927367	2615167
河间市	Hejian	238	3811762	3787084
霸州市	Bazhou	210	10705054	9944512
三河市	Sanhe	203	8431775	8523062
冀州市	Jizhou	98	1506400	1386805
深州市	Shenzhou	94	1602553	1559090
定州市	Dingzhou	189	3261031	3074355
辛集市	Xinji	299	8700318	8730106
山西省	**Shanxi**			
古交市	Gujiao	17	135401	166081
潞城市	Lucheng	49	2000478	1949062
高平市	Gaoping	54	1423910	1431002
介休市	Jiexiu	77	2814633	2850039
永济市	Yongji	48	2635509	2589512
河津市	Hejin	74	4022983	4185779
原平市	Yuanping	37	1575000	1529202
侯马市	Houma	29	1112082	989104
霍州市	Huozhou	19	1376094	1674524
孝义市	Xiaoyi	214	5467982	4886799
汾阳市	Fenyang	50	983156	1807343
内蒙古自治区	**Inner Mongolia**			
霍林郭勒市	Huolinguole	63	4298606	4124823
满洲里市	Manzhouli	83	1464564	1442773
牙克石市	Yakeshi	63	2581686	2537660
扎兰屯市	Zhalantun	60	2201328	2132353
额尔古纳市	Eerguna	12	287335	250546
根河市	Genhe	13	190215	183960
丰镇市	Fengzhen	45	1972513	1944899
乌兰浩特市	Wulanhaote	53	1272706	1198759
阿尔山市	Aershan	2	14568	15459
二连浩特市	Erlianhaote	30	728761	410225
锡林浩特市	Xilinhaote	81	1788766	1517332
辽宁省	**Liaoning**			
新民市	Xinmin	342	12398997	12254243
瓦房店市	Wafangdian	829	25465502	20691389
普兰店市	Pulandian	421	12894561	11049752

3-7 续表 1 continued

城 市	City	规模以上工业企业单位数（个）Number of Industrial Enterprises above Designated Size (unit)	规模以上工业总产值（万元）Gross Industrial Output Value above Designated Size (10 000 yuan)	规模以上工业企业主营业务收入（万元）Main Business Revenue of Industrial Enterprises above Designated Size (10 000 yuan)
庄河市	Zhuanghe	537	14269400	13578435
海城市	Haicheng	587	14413384	13778132
东港市	Donggang	265	5406264	5195452
凤城市	Fengcheng	185	2588940	2588940
凌海市	Linghai	186	7667104	7664696
北镇市	Beizhen	114	3130499	3097345
盖州市	Gaizhou	205	3243452	3290654
大石桥市	Dashiqiao	281	7087985	7008847
灯塔市	Dengta	157	6301430	6257198
调兵山市	Diaobingshan	43	1159222	1256738
开原市	Kaiyuan	162	1783915	1778501
北票市	Beipiao	151	2417244	2260405
凌源市	Lingyuan	106	1163603	1115172
兴城市	Xingcheng	100	2110500	1981100
吉林省	**Jilin**			
榆树市	Yushu	65	1793051	1661300
德惠市	Dehui	127	3959798	3290361
蛟河市	Jiaohe	127	2360205	2241633
桦甸市	Huadian	170	3474492	3407197
舒兰市	Shulan	117	1725272	1689382
磐石市	Panshi	128	2916254	3163825
公主岭市	Gongzhuling	130	4552369	4004542
双辽市	Shuangliao	56	2813336	2815105
梅河口市	Meihekou	135	5331312	5146589
集安市	Ji'an	51	698217	670430
临江市	Linjiang	62	1984384	1820700
扶余市	Fuyu	118	3962106	3876605
洮南市	Taonan	64	1173371	1137967
大安市	Daan	66	1592900	1616600
延吉市	Yanji	71	3171367	2966532
图们市	Tumen	37	785927	747556
敦化市	Dunhua	111	2713057	2529025
珲春市	Hunchun	105	3199754	3006250
龙井市	Longjing	34	553236	438012
和龙市	Helong	31	830133	642742
黑龙江省	**Heilongjiang**			
双城市	Shuangcheng	137	3083777	2347516
尚志市	Shangzhi	120	1919772	1631368
五常市	Wuchang	199	4222869	4075415
讷河市	Nehe	35	662396	664788
虎林市	Hulin	21	543806	566461
密山市	Mishan	14	198265	192910
铁力市	Tieli	35	248036	238847
同江市	Tongjiang	32	348486	358121
富锦市	Fujin	68	831241	83332
绥芬河市	Suifenhe	18	360256	200258
海林市	Hailin	95	2270974	2314509
宁安市	Ning'an	95	1622993	1618020
穆棱市	Muling	99	2645633	2593070

3-7 续表 2 continued

城　市	City	规模以上工业企业单位数（个）Number of Industrial Enterprises above Designated Size (unit)	规模以上工业总产值（万元）Gross Industrial Output Value above Designated Size (10 000 yuan)	规模以上工业企业主营业务收入（万元）Main Business Revenue of Industrial Enterprises above Designated Size (10 000 yuan)
北安市	Bei'an	25	359971	336787
五大连池市	Wudalianchi	8	74878	59926
安达市	Anda	62	2004118	1928709
肇东市	Zhaodong	79	2425015	2452405
海伦市	Hailun	36	787373	757008
江苏省	**Jiangsu**			
江阴市	Jiangyin	1422	56571367	55323869
宜兴市	Yixing	932	27843917	27338936
新沂市	Xinyi	478	13942786	13827788
邳州市	Pizhou	498	20502769	20204711
溧阳市	Liyang	412	17322880	17384120
金坛市	Jintan	432	8207421	8453855
常熟市	Changshu	1441	36686952	36426368
张家港市	Zhangjiagang	1235	48637109	50445438
昆山市	Kunshan	1900	78523910	78556411
太仓市	Taicang	1166	20813538	20326876
启东市	Qidong	512	15084775	14862291
如皋市	Rugao	820	15897802	15810170
海门市	Haimen	648	17362872	17305745
东台市	Dongtai	554	9487800	9875100
大丰市	Dafeng	438	7273100	7410764
仪征市	Yizheng	340	13961121	13645246
高邮市	Gaoyou	503	10203730	9954673
丹阳市	Danyang	801	24198267	23818140
扬中市	Yangzhong	462	11985445	11579148
句容市	Jurong	604	12607762	12290507
兴化市	Xinghua	579	13520817	13271951
靖江市	Jingjiang	456	19823091	19021013
泰兴市	Taixing	612	20544553	20473102
浙江省	**Zhejiang**			
建德市	Jiande	358	4233162	4092859
富阳市	Fuyang	668	12974658	12939013
临安市	Lin'an	593	6837874	6642278
余姚市	Yuyao	1193	13354244	12779379
慈溪市	Cixi	1323	19831411	18743213
奉化市	Fenghua	445	3763341	3584924
瑞安市	Rui'an	1050	8538605	7869811
乐清市	Yueqing	1086	12272882	11613580
海宁市	Haining	1167	14018556	13753986
平湖市	Pinghu	635	12985665	12943148
桐乡市	Tongxiang	1057	13671035	13208242
诸暨市	Zhuji	1111	23414036	22804275
嵊州市	Shengzhou	438	3923254	3756328
兰溪市	Lanxi	466	7642062	7082923
义乌市	Yiwu	837	8558616	8019324
东阳市	Dongyang	501	4723127	4357200
永康市	Yongkang	651	9132757	8896535
江山市	Jiangshan	293	3416011	3300770
温岭市	Wenling	973	7285629	6696300
临海市	Linhai	464	6703537	5526259
龙泉市	Longquan	172	1750571	1599863

3-7 续表 3 continued

城市	City	规模以上工业企业单位数(个) Number of Industrial Enterprises above Designated Size (unit)	规模以上工业总产值(万元) Gross Industrial Output Value above Designated Size (10 000 yuan)	规模以上工业企业主营业务收入(万元) Main Business Revenue of Industrial Enterprises above Designated Size (10 000 yuan)
安徽省	**Anhui**			
巢湖市	Chaohu	149	3253959	3323126
桐城市	Tongcheng	373	5242800	5085100
天长市	Tianchang	369	8007906	7914023
明光市	Mingguang	103	1120912	1062546
界首市	Jieshou	202	3649924	3425716
宁国市	Ningguo	263	5052788	4602703
福建省	**Fujian**			
福清市	Fuqing	345	14000789	13208619
长乐市	Changle	397	17784906	17970800
永安市	Yong'an	277	6843152	6604465
石狮市	Shishi	395	8821029	8765148
晋江市	Jinjiang	1414	32201400	30772408
南安市	Nan'an	742	14729436	14442709
龙海市	Longhai	434	10504514	10274996
邵武市	Shaowu	206	3408975	3276890
武夷山市	Wuyishan	73	921025	879293
建瓯市	Jian'ou	146	1926397	1793787
建阳市	Jianyang	144	2221909	2173696
漳平市	Zhangping	115	1234921	1165985
福安市	Fu'an	355	9600219	8432773
福鼎市	Fuding	335	7378415	7281236
江西省	**Jiangxi**			
乐平市	Leping	108	3699929	3528851
瑞昌市	Ruichang	112	4108953	4314308
共青城市	Gongqingcheng	62	3682812	3758133
贵溪市	Guixi	82	12990807	25522404
瑞金市	Ruijin	44	943028	930342
井冈山市	Jinggangshan	26	317558	299052
丰城市	Fengcheng	137	6477180	6371170
樟树市	Zhangshu	134	4849300	4913100
高安市	Gaoan	133	4193926	4197269
德兴市	Dexing	71	1034300	1037000
山东省	**Shandong**			
章丘市	Zhangqiu	564	15073712	15220211
胶州市	Jiaozhou	928	23606130	23069444
即墨市	Jimo	822	26524450	25666303
平度市	Pingdu	667	17109850	16956529
莱西市	Laixi	659	10392645	10220821
滕州市	Tengzhou	453	13600737	13394507
龙口市	Longkou	306	29883795	29220401
莱阳市	Laiyang	218	7715945	7693137
莱州市	Laizhou	368	16365757	16310266
蓬莱市	Penglai	266	13593617	13654967
招远市	Zhaoyuan	301	16303940	16461577
栖霞市	Qixia	211	2642513	2649737
海阳市	Haiyang	215	2633677	2447073

3-7 续表 4 continued

城 市	City	规模以上工业企业单位数（个）Number of Industrial Enterprises above Designated Size (unit)	规模以上工业总产值（万元）Gross Industrial Output Value above Designated Size (10 000 yuan)	规模以上工业企业主营业务收入（万元）Main Business Revenue of Industrial Enterprises above Designated Size (10 000 yuan)
青州市	Qingzhou	493	14528099	13799633
诸城市	Zhucheng	604	23117364	22983422
寿光市	Shouguang	478	17571437	17703941
安丘市	Anqiu	337	4433609	4457589
高密市	Gaomi	604	17584566	17619818
昌邑市	Changyi	262	8775423	8915568
曲阜市	Qufu	199	2319429	2436800
邹城市	Zoucheng	290	9227147	12570200
新泰市	Xintai	451	17930834	20551032
肥城市	Feicheng	376	13606356	13550727
荣成市	Rongcheng	529	25980721	25395685
乳山市	Rushan	335	7024994	6913258
乐陵市	Laoling	282	7572600	7500000
禹城市	Yucheng	356	9264300	9123200
临清市	Linqing	407	12378400	12324300
河南省	**Henan**			
巩义市	Gongyi	451	18165369	17949738
荥阳市	Xingyang	372	15385322	15515360
新密市	Xinmi	489	12799758	12625070
新郑市	Xinzheng	299	11593224	11647526
登封市	Dengfeng	327	11982462	9605000
偃师市	Yanshi	317	9743690	9625244
舞钢市	Wugang	80	2038796	1875743
汝州市	Ruzhou	136	2779000	2684000
林州市	Linzhou	259	10007817	9953965
卫辉市	Weihui	97	1824850	1688992
辉县市	Huixian	189	7903688	7758158
沁阳市	Qinyang	203	8334972	8184253
孟州市	Mengzhou	208	7585630	7364129
禹州市	Yuzhou	411	13215824	12661923
长葛市	Changge	345	16561239	15996507
义马市	Yima	80	4413600	6164062
灵宝市	Lingbao	216	15597789	15429060
邓州市	Dengzhou	148	3828416	3576431
永城市	Yongcheng	145	7772288	9174587
项城市	Xiangcheng	139	4741397	4614725
济源市	Jiyuan	225	16826232	13786900
湖北省	**Hubei**			
大冶市	Daye	381	11174016	6710818
丹江口市	Danjiangkou	166	2584404	2271292
宜都市	Yidu	248	9257800	8965137
当阳市	Dangyang	272	7373450	6717480
枝江市	Zhijiang	248	7393176	7130485
老河口市	Laohekou	214	5569241	5289801
枣阳市	Zaoyang	276	7847000	7344000
宜城市	Yicheng	190	5474400	5357400
钟祥市	Zhongxiang	295	8786885	8424983
应城市	Yingcheng	217	5325352	5375593

3-7 续表 5 continued

城 市	City	规模以上工业企业单位数（个）Number of Industrial Enterprises above Designated Size (unit)	规模以上工业总产值（万元）Gross Industrial Output Value above Designated Size (10 000 yuan)	规模以上工业企业主营业务收入（万元）Main Business Revenue of Industrial Enterprises above Designated Size (10 000 yuan)
安陆市	Anlu	99	2010749	1711361
汉川市	Hanchuan	409	9796479	9451171
石首市	Shishou	135	2393524	2314036
洪湖市	Honghu	116	2289702	2126918
松滋市	Songzi	143	2931988	2658036
麻城市	Macheng	243	3307877	3089185
武穴市	Wuxue	186	3139000	2250700
赤壁市	Chibi	207	4958828	4710070
广水市	Guangshui	207	4030000	3897049
恩施市	Enshi	80	1004845	947654
利川市	Lichuan	62	516534	493081
仙桃市	Xiantao	396	9639978	9299224
潜江市	Qianjiang	273	10323000	10041400
天门市	Tianmen	300	7310800	7207500
湖南省	**Hunan**			
浏阳市	Liuyang	822	16669100	15853200
醴陵市	Liling	515	7705500	6923000
湘乡市	Xiangxiang	220	5812900	5620100
韶山市	Shaoshan	60	1450800	1445500
耒阳市	Leiyang	132	3159700	3306700
常宁市	Changning	86	2920100	2910800
武冈市	Wugang	57	722600	672000
汨罗市	Miluo	271	8083200	8143500
临湘市	Linxiang	136	3390900	3102300
津市市	Jinshi	97	1567100	1536500
沅江市	Yuanjiang	113	2608400	2555600
资兴市	Zixing	153	6669600	6511500
洪江市	Hongjiang	65	1073000	1062800
冷水江市	Lengshuijiang	134	4114100	4034000
涟源市	Lianyuan	169	2384300	2254700
吉首市	Jishou	63	647800	604700
广东省	**Guangdong**			
增城市	Zengcheng	186	6680365	6370119
从化市	Conghua	1054	19955475	13146590
乐昌市	Lechang	52	759194	727492
南雄市	Nanxiong	91	1204769	1196408
台山市	Taishan	180	5068288	4049637
开平市	Kaiping	245	4166753	3738456
鹤山市	Heshan	337	4629107	3926629
恩平市	Enping	107	1432852	1200769
廉江市	Lianjiang	237	4527867	4350722
雷州市	Leizhou	54	870020	802939
吴川市	Wuchuan	127	1717805	1489280
高州市	Gaozhou	195	1970958	1957319
化州市	Huazhou	174	2551236	1879100
信宜市	Xinyi	150	1899995	1868400
高要市	Gaoyao	267	9905795	9475791
四会市	Sihui	377	14758374	14061552

3-7 续表 6 continued

城　市	City	规模以上工业企业单位数（个）Number of Industrial Enterprises above Designated Size (unit)	规模以上工业总产值（万元）Gross Industrial Output Value above Designated Size (10 000 yuan)	规模以上工业企业主营业务收入（万元）Main Business Revenue of Industrial Enterprises above Designated Size (10 000 yuan)
兴宁市	Xingning	43	534770	478487
陆丰市	Lufeng	83	3073613	2654000
阳春市	Yangchun	138	4122093	4167883
英德市	Yingde	93	2543504	2184972
连州市	Lianzhou	29	511491	516669
普宁市	Puning	547	14528814	14126100
罗定市	Luoding	128	1188424	1115321
广西壮族自治区	**Guangxi**			
岑溪市	Cenxi	84	4281480	4201824
东兴市	Dongxing	27	1116616	975722
桂平市	Guiping	117	3059708	3112440
北流市	Beiliu	173	3196500	3043900
宜州市	Yizhou	45	386405	441837
合山市	Heshan	8	369034	295241
凭祥市	Pingxiang	14	234778	165900
海南省	**Hainan**			
五指山市	Wuzhishan	4	42298	21569
琼海市	Qionghai	11	116948	109792
儋州市	Danzhou	23	476997	452042
文昌市	Wenchang	18	287193	261818
万宁市	Wanning	9	97281	93280
东方市	Dongfang	14	1351066	1195505
四川省	**Sichuan**			
都江堰市	Dujiangyan	82	1575709	1511265
彭州市	Pengzhou	155	5647613	5556818
邛崃市	Qionglai	147	1722543	1766483
崇州市	Chongzhou	148	2297906	2190745
广汉市	Guanghan	324	7834858	7574919
什邡市	Shifang	168	4010443	3599339
绵竹市	Mianzhu	131	4253979	3635240
江油市	Jiangyou	193	4351332	4010989
峨眉山市	Emeishan	75	2333567	2225717
阆中市	Langzhong	56	1245771	1236395
华蓥市	Huaying	113	2615392	2536324
万源市	Wanyuan	42	629683	480429
简阳市	Jianyang	190	6635212	6619081
西昌市	Xichang	64	4194000	2889704
贵州省	**Guizhou**			
清镇市	Qingzhen	58	1320545	
赤水市	Chishui	45	619046	604100
仁怀市	Renhuai	100	4745500	4177158
兴义市	Xingyi	107	2429900	2430100
凯里市	Kaili	65	1787008	1147271
都匀市	Duyun	31	800057	566925
福泉市	Fuquan	66	1849500	1555461
云南省	**Yunnan**			
安宁市	Anning	120	5018187	5342122
宣威市	Xuanwei	103	1585600	1096362

3-7 续表 7 continued

城　市	City	规模以上工业企业单位数(个) Number of Industrial Enterprises above Designated Size (unit)	规模以上工业总产值(万元) Gross Industrial Output Value above Designated Size (10 000 yuan)	规模以上工业企业主营业务收入(万元) Main Business Revenue of Industrial Enterprises above Designated Size (10 000 yuan)
楚雄市	Chuxiong	64	2480843	2109270
个旧市	Gejiu	57	3107114	3899106
开远市	Kaiyuan	33	1029833	913240
蒙自市	Mengzi	27	1892461	2126218
弥勒市	Mile	30	2339270	2184627
文山市	Wenshan	29	1876080	1497691
景洪市	Jinghong	29	582445	506622
大理市	Dali	69	3163817	2882297
瑞丽市	Ruili	19	227706	238252
芒市	Mangshi	33	410901	455054
陕西省	**Shaanxi**			
兴平市	Xingping	111	3571452	3040500
韩城市	Hancheng	79	6736127	5720812
华阴市	Huayin	17	1037298	673056
甘肃省	**Gansu**			
玉门市	Yumen	58	2121745	1923013
敦煌市	Dunhuang	48	730203	180268
临夏市	Linxia	5	225456	163440
合作市	Hezuo	8	181752	89838
青海省	**Qinghai**			
玉树市	Yushu			
格尔木市	Golmud	70	4118733	3249226
德令哈市	Delingha	20	409040	398946
宁夏回族自治区	**Ningxia**			
灵武市	Lingwu	115	5286724	5276971
青铜峡市	Qingtongxia	116	3068190	2997564
新疆维吾尔自治区	**Xinjiang**			
吐鲁番市	Turpan	26	304572	340005
哈密市	Hami	85	1954606	1929997
昌吉市	Changji	129	3442881	3387474
阜康市	Fukang	66	2397570	2404530
博乐市	Bole	31	278633	270000
库尔勒市	Korla	46	6963055	6951575
阿克苏市	Akesu	52	1177252	944420
阿图什市	Atus	12	140880	147955
喀什市	Kashi	23	561900	574261
和田市	Hetian	6	138186	131457
伊宁市	Yining	33	584668	577758
奎屯市	Kuitun	27	735761	761585
塔城市	Tacheng	3	34603	28766
乌苏市	Wusu	17	1179398	277733
阿勒泰市	Aletai	9	34213	32925
石河子市	Shihezi	100	4595100	4206765
阿拉尔市	Alar	67	943915	908588
图木舒克市	Tumushuke	31	468054	447371
五家渠市	Wujiaqu	56	2859903	2666903
北屯市	Beitun	11	105013	96607

3-8 电话及互联网宽带接入用户数

Number of Subscribers of Telephone and Internet Services

单位：户 (household)

城市	City	固定电话用户 Subscribers of Fixed Telephones	移动电话用户 Number of Mobile Telephone Subscribers at Year-end	互联网宽带接入用户 Broad Band Subscribers of Internet
河北省	**Hebei**			
晋州市	Jinzhou	36905	345659	49651
新乐市	Xinle	26830	364824	74098
遵化市	Zunhua	117250	659953	92019
迁安市	Qian'an	107546	634502	137000
武安市	Wu'an	97077	839000	115383
南宫市	Nangong	41280	192083	42265
沙河市	Shahe	87500	416796	70800
涿州市	Zhuozhou	111556	595566	102440
安国市	Anguo	53217	338558	52710
高碑店市	Gaobeidian	55486	449731	68469
泊头市	Botou	73364	474801	61132
任丘市	Renqiu	191701	791838	167444
黄骅市	Huanghua	99898	617976	74224
河间市	Hejian	92000	487200	67556
霸州市	Bazhou	218056	672985	110589
三河市	Sanhe	198927	687949	120135
冀州市	Jizhou	58849	300205	52664
深州市	Shenzhou	48476	401913	53014
定州市	Dingzhou	126528	945639	149414
辛集市	Xinji	53304	531951	89171
山西省	**Shanxi**			
古交市	Gujiao	38945	191641	37425
潞城市	Lucheng	27529	194086	31915
高平市	Gaoping	75285	373053	82598
介休市	Jiexiu	84938	267090	71642
永济市	Yongji	65650	286726	66220
河津市	Hejin	52312	420300	68756
原平市	Yuanping	46540	378783	50326
侯马市	Houma	52568	252727	39249
霍州市	Huozhou	43869	270534	51888
孝义市	Xiaoyi	85192	481012	97456
汾阳市	Fenyang	65495	348508	57304
内蒙古自治区	**Inner Mongolia**			
霍林郭勒市	Huolinguole	6132	190300	22000
满洲里市	Manzhouli	40000	370000	41744
牙克石市	Yakeshi	34000	266000	39087
扎兰屯市	Zhalantun	35061	439202	37441
额尔古纳市	Eerguna	14848	92831	15160
根河市	Genhe	17493	126436	18941
丰镇市	Fengzhen	17601	184980	21436
乌兰浩特市	Wulanhaote	62333	515254	67723
阿尔山市	Aershan	2700	54060	5967
二连浩特市	Erlianhaote	13561	111755	15387
锡林浩特市	Xilinhaote	49534	325207	67479
辽宁省	**Liaoning**			
新民市	Xinmin	113716	527475	62382
瓦房店市	Wafangdian	460000	860000	175000
普兰店市	Pulandian	185593	557547	73536

3-8 续表 1 continued

单位：户 (household)

城 市	City	固定电话用户 Subscribers of Fixed Telephones	移动电话用户 Number of Mobile Telephone Subscribers at Year-end	互联网宽带接入用户 Broad Band Subscribers of Internet
庄河市	Zhuanghe	200922	570352	57521
海城市	Haicheng	211253	1052200	140537
东港市	Donggang	176587	247246	51068
凤城市	Fengcheng	151200	396500	64850
凌海市	Linghai	80300	402000	43000
北镇市	Beizhen	109875	356228	45526
盖州市	Gaizhou	151000	450000	46500
大石桥市	Dashiqiao	134810	576666	86820
灯塔市	Dengta	98900	365000	84500
调兵山市	Diaobingshan	16878	206700	43752
开原市	Kaiyuan	121504	511191	95009
北票市	Beipiao	111900	299352	54000
凌源市	Lingyuan	297000	371000	125000
兴城市	Xingcheng	120855	360050	18550
吉林省	**Jilin**			
榆树市	Yushu	117759	555351	63755
德惠市	Dehui	115756	697706	65862
蛟河市	Jiaohe	62381	241469	36434
桦甸市	Huadian	67441	316580	45528
舒兰市	Shulan	76382	509785	27985
磐石市	Panshi	104062	426248	57721
公主岭市	Gongzhuling	234520	508140	50145
双辽市	Shuangliao	48000	412000	35200
梅河口市	Meihekou	98722	502297	72460
集安市	Ji'an	46061	173914	29912
临江市	Linjiang	26800	147500	18000
扶余市	Fuyu	65789	618034	44542
洮南市	Taonan	32780	349127	36789
大安市	Daan	60835	95256	16235
延吉市	Yanji	220398	824995	242453
图们市	Tumen	25460	122505	22475
敦化市	Dunhua	83200	440600	57500
珲春市	Hunchun	53840	164734	53560
龙井市	Longjing	33077	124101	24749
和龙市	Helong	26457	81000	17985
黑龙江省	**Heilongjiang**			
双城市	Shuangcheng	91660	599464	77936
尚志市	Shangzhi	81757	331400	65024
五常市	Wuchang	135085	575620	66482
讷河市	Nehe	38804	358000	33318
虎林市	Hulin	45900	276476	34100
密山市	Mishan	46000	326251	40741
铁力市	Tieli	65575	115819	33011
同江市	Tongjiang	15884	122932	16513
富锦市	Fujin	38700	260000	32100
绥芬河市	Suifenhe	21851	126780	33613
海林市	Hailin	61611	291485	36591
宁安市	Ning'an	69003	315099	47346
穆棱市	Muling	53997	196012	30802

3-8 续表 2 continued

单位：户 (household)

城　　市	City	固定电话用户 Subscribers of Fixed Telephones	移动电话用户 Number of Mobile Telephone Subscribers at Year-end	互联网宽带接入用户 Broad Band Subscribers of Internet
北安市	Bei'an	58000	263000	35639
五大连池市	Wudalianchi	23691	245758	24548
安达市	Anda	38555	427523	39678
肇东市	Zhaodong	118693	689542	69892
海伦市	Hailun	132009	302590	16885
江苏省	**Jiangsu**			
江阴市	Jiangyin	446847	2414765	545786
宜兴市	Yixing	329150	1227332	369421
新沂市	Xinyi	138820	737420	106169
邳州市	Pizhou	166449	1010115	125102
溧阳市	Liyang	227100	693900	148700
金坛市	Jintan	183400	556600	120000
常熟市	Changshu	381358	2072550	471747
张家港市	Zhangjiagang	298360	1706828	372175
昆山市	Kunshan	446123	2931454	610662
太仓市	Taicang	177684	972008	213962
启东市	Qidong	322500	879100	225425
如皋市	Rugao	335800	1188500	256801
海门市	Haimen	313900	948200	217260
东台市	Dongtai	223905	805474	154057
大丰市	Dafeng	111708	808010	147981
仪征市	Yizheng	147468	610741	124049
高邮市	Gaoyou	176297	631759	138518
丹阳市	Danyang	273313	1002107	241318
扬中市	Yangzhong	120603	386813	82301
句容市	Jurong	158102	542409	112508
兴化市	Xinghua	257084	878029	192207
靖江市	Jingjiang	206116	645888	178577
泰兴市	Taixing	291090	864541	210291
浙江省	**Zhejiang**			
建德市	Jiande	86600	471000	92400
富阳市	Fuyang	185900	910000	199000
临安市	Lin'an	152800	739500	154200
余姚市	Yuyao	339200	1615600	338291
慈溪市	Cixi	416331	2857312	408993
奉化市	Fenghua	154200	641700	142500
瑞安市	Rui'an	306184	1722983	377510
乐清市	Yueqing	335798	1619056	373690
海宁市	Haining	268345	973873	241042
平湖市	Pinghu	169473	746822	177324
桐乡市	Tongxiang	222807	1127129	262036
诸暨市	Zhuji	349202	1484421	310807
嵊州市	Shengzhou	180640	813524	166467
兰溪市	Lanxi	93200	591573	126316
义乌市	Yiwu	432000	2782460	617932
东阳市	Dongyang	193300	1219256	249967
永康市	Yongkang	174300	1377017	237487
江山市	Jiangshan	91685	575287	90644
温岭市	Wenling	286522	1560495	337718
临海市	Linhai	178172	1279809	233719
龙泉市	Longquan	40080	291817	48623

3-8 续表 3 continued

单位：户 (household)

城　　市	City	固定电话用户 Subscribers of Fixed Telephones	移动电话用户 Number of Mobile Telephone Subscribers at Year-end	互联网宽带接入用户 Broad Band Subscribers of Internet
安徽省	**Anhui**			
巢湖市	Chaohu	191992	502942	74786
桐城市	Tongcheng	76140	400435	54189
天长市	Tianchang	69335	481248	81424
明光市	Mingguang	93211	333372	70410
界首市	Jieshou	351485	58716	55319
宁国市	Ningguo	85029	420108	99246
福建省	**Fujian**			
福清市	Fuqing	289323	1349737	183247
长乐市	Changle	134157	871728	147670
永安市	Yong'an	66998	373037	77486
石狮市	Shishi	201355	992000	168300
晋江市	Jinjiang	505328	2726847	534705
南安市	Nan'an	356395	1589852	309652
龙海市	Longhai	162006	925769	211313
邵武市	Shaowu	36800	257500	42100
武夷山市	Wuyishan	72000	298581	72392
建瓯市	Jian'ou	56000	389000	41500
建阳市	Jianyang	66830	222128	35078
漳平市	Zhangping	43683	242900	54867
福安市	Fu'an	93400	571500	114800
福鼎市	Fuding	91621	519855	110569
江西省	**Jiangxi**			
乐平市	Leping	55132	446350	87524
瑞昌市	Ruichang	62655	291342	61438
共青城市	Gongqingcheng	12000	22000	14000
贵溪市	Guixi	6127	223246	42156
瑞金市	Ruijin	66260	356986	61444
井冈山市	Jinggangshan	40547	141440	35322
丰城市	Fengcheng	92371	368720	57389
樟树市	Zhangshu	81937	395623	81474
高安市	Gaoan	87137	603140	93379
德兴市	Dexing	41795	230000	43285
山东省	**Shandong**			
章丘市	Zhangqiu	184500	1032000	158088
胶州市	Jiaozhou	157862	973630	176226
即墨市	Jimo	230158	1393110	423855
平度市	Pingdu	200000	1465000	191000
莱西市	Laixi	106109	682900	103221
滕州市	Tengzhou	116028	1431363	213951
龙口市	Longkou	182757	959452	554227
莱阳市	Laiyang	103420	699362	144261
莱州市	Laizhou	159015	976151	185315
蓬莱市	Penglai	128169	489471	133769
招远市	Zhaoyuan	66825	623468	94011
栖霞市	Qixia	84200	460000	67230
海阳市	Haiyang	92326	632514	83268

3-8 续表 4 continued

单位：户 (household)

城 市	City	固定电话用户 Subscribers of Fixed Telephones	移动电话用户 Number of Mobile Telephone Subscribers at Year-end	互联网宽带接入用户 Broad Band Subscribers of Internet
青州市	Qingzhou	145085	1026942	162730
诸城市	Zhucheng	125458	1043658	112080
寿光市	Shouguang	161206	1222274	264801
安丘市	Anqiu	101276	798665	84239
高密市	Gaomi	138000	993000	183000
昌邑市	Changyi	149412	632132	102292
曲阜市	Qufu	58400	501828	70452
邹城市	Zoucheng	151000	869800	133100
新泰市	Xintai	131576	1479032	269033
肥城市	Feicheng	195220	959818	376636
荣成市	Rongcheng	189012	911008	151500
乳山市	Rushan	101000	502600	92376
乐陵市	Laoling	31000	340000	40000
禹城市	Yucheng	89220	404200	32310
临清市	Linqing	54111	625756	97006
河南省	**Henan**			
巩义市	Gongyi	122158	722024	120805
荥阳市	Xingyang	120464	582539	84065
新密市	Xinmi	109036	808644	186258
新郑市	Xinzheng	60068	781057	95084
登封市	Dengfeng	101756	631119	79271
偃师市	Yanshi	70870	457847	65755
舞钢市	Wugang	42092	229911	33833
汝州市	Ruzhou	56200	773300	97200
林州市	Linzhou	106582	849998	118226
卫辉市	Weihui	55133	574950	86415
辉县市	Huixian	105717	1049556	157630
沁阳市	Qinyang	58811	400413	58143
孟州市	Mengzhou	47120	306434	48053
禹州市	Yuzhou	66000	865733	95781
长葛市	Changge	72845	605762	86193
义马市	Yima	9264	46655	18844
灵宝市	Lingbao	36903	630128	74603
邓州市	Dengzhou	146937	224274	35310
永城市	Yongcheng	61123	926712	138278
项城市	Xiangcheng	83240	636000	58419
济源市	Jiyuan	112000	732000	139000
湖北省	**Hubei**			
大冶市	Daye	129399	728188	31785
丹江口市	Danjiangkou	64309	348388	52489
宜都市	Yidu	50000	230100	51000
当阳市	Dangyang	52646	341300	63092
枝江市	Zhijiang	71943	384818	66843
老河口市	Laohekou	28054	253174	34600
枣阳市	Zaoyang	88000	622236	69914
宜城市	Yicheng	48300	350600	58700
钟祥市	Zhongxiang	71514	626508	84930
应城市	Yingcheng	58891	226984	82660

3-8 续表 5 continued

单位：户 (household)

城 市	City	固定电话用户 Subscribers of Fixed Telephones	移动电话用户 Number of Mobile Telephone Subscribers at Year-end	互联网宽带接入用户 Broad Band Subscribers of Internet
安陆市	Anlu	61204	358594	55991
汉川市	Hanchuan	102283	492638	92159
石首市	Shishou	29271	303136	58838
洪湖市	Honghu	79923	449005	82712
松滋市	Songzi	82137	475858	86293
麻城市	Macheng	126478	472273	49135
武穴市	Wuxue	91415	260300	71890
赤壁市	Chibi	68482	315620	45947
广水市	Guangshui	101693	470539	92391
恩施市	Enshi	69642	804943	142001
利川市	Lichuan	44000	504189	44035
仙桃市	Xiantao	165800	753600	150000
潜江市	Qianjiang	103500	362900	103300
天门市	Tianmen	120300	572300	122400
湖南省	**Hunan**			
浏阳市	Liuyang	152314	1168500	149500
醴陵市	Liling	149000	699000	95000
湘乡市	Xiangxiang	63890	535080	55490
韶山市	Shaoshan	29316	73150	15010
耒阳市	Leiyang	121684	496100	34600
常宁市	Changning	104700	494300	118400
武冈市	Wugang	59800	338000	37000
汨罗市	Miluo	128152	377653	50763
临湘市	Linxiang	46000	326158	38815
津市市	Jinshi	23181	167510	28924
沅江市	Yuanjiang	48514	388781	46793
资兴市	Zixing	50400	290000	159900
洪江市	Hongjiang	33166	319316	32709
冷水江市	Lengshuijiang	28500	262000	46000
涟源市	Lianyuan	56170	578713	93959
吉首市	Jishou	70300	356800	101400
广东省	**Guangdong**			
增城市	Zengcheng	83000	740000	113000
从化市	Conghua	262000	2224500	227290
乐昌市	Lechang	57200	341700	168400
南雄市	Nanxiong	54400	251600	118200
台山市	Taishan	896500	230000	132600
开平市	Kaiping	732901	176908	145634
鹤山市	Heshan	629860	123770	195832
恩平市	Enping	127432	526646	87766
廉江市	Lianjiang	106401	1049561	88951
雷州市	Leizhou	86533	851692	39585
吴川市	Wuchuan	98636	715763	83048
高州市	Gaozhou	147100	1015600	165427
化州市	Huazhou	106467	631690	73529
信宜市	Xinyi	124900	720000	123966
高要市	Gaoyao	94840	805055	98466
四会市	Sihui	103004	651143	113365

3-8 续表 6 continued

单位：户 (household)

城 市	City	固定电话用户 Subscribers of Fixed Telephones	移动电话用户 Number of Mobile Telephone Subscribers at Year-end	互联网宽带接入用户 Broad Band Subscribers of Internet
兴宁市	Xingning	119385	586625	120917
陆丰市	Lufeng	149998	697485	82010
阳春市	Yangchun	160336	673587	110669
英德市	Yingde	78464	683623	77185
连州市	Lianzhou	37129	266415	40139
普宁市	Puning	300000	1660000	218892
罗定市	Luoding	96788	573525	153038
广西壮族自治区	**Guangxi**			
岑溪市	Cenxi	68304	466108	53983
东兴市	Dongxing	35064	228502	39420
桂平市	Guiping	104709	750011	80192
北流市	Beiliu	131186	727246	87515
宜州市	Yizhou	38953	257424	
合山市	Heshan	14860	54326	13285
凭祥市	Pingxiang	15035	110842	27643
海南省	**Hainan**			
五指山市	Wuzhishan	18025	35998	3796
琼海市	Qionghai	113961	348159	26347
儋州市	Danzhou	132000	619000	87000
文昌市	Wenchang	119246	251207	55433
万宁市	Wanning	75500	94500	43200
东方市	Dongfang	46852	102568	25368
四川省	**Sichuan**			
都江堰市	Dujiangyan	123448	574405	207051
彭州市	Pengzhou	90000	792680	124019
邛崃市	Qionglai	54000	523000	57645
崇州市	Chongzhou	95432	157683	80300
广汉市	Guanghan	109606	601562	96142
什邡市	Shifang	57519	424343	80966
绵竹市	Mianzhu	54750	455898	71500
江油市	Jiangyou	132904	687082	138513
峨眉山市	Emeishan	101447	427992	71089
阆中市	Langzhong	111414	484467	63950
华蓥市	Huaying	38019	241560	36356
万源市	Wanyuan	9800	301000	47000
简阳市	Jianyang	106824	750302	87474
西昌市	Xichang	170726	1091500	145407
贵州省	**Guizhou**			
清镇市	Qingzhen	17500	446600	40500
赤水市	Chishui	40502	210000	30452
仁怀市	Renhuai	34351	613494	39432
兴义市	Xingyi	77569	909097	126462
凯里市	Kaili	90200	592100	102200
都匀市	Duyun	67809	415885	69581
福泉市	Fuquan	21400	196200	28400
云南省	**Yunnan**			
安宁市	Anning	68620	369271	70251
宣威市	Xuanwei	41600	759200	61700

3-8 续表 7 continued

单位：户 (household)

城 市	City	固定电话用户 Subscribers of Fixed Telephones	移动电话用户 Number of Mobile Telephone Subscribers at Year-end	互联网宽带接入用户 Broad Band Subscribers of Internet
楚雄市	Chuxiong	69692	478376	133197
个旧市	Gejiu	47862	421200	85556
开远市	Kaiyuan	48175	289400	29400
蒙自市	Mengzi	46444	488829	83021
弥勒市	Mile	14275	386890	38261
文山市	Wenshan	52756	74750	52780
景洪市	Jinghong	93276	449500	136300
大理市	Dali	138646	791486	169611
瑞丽市	Ruili	53470	386293	43710
芒市	Mangshi	21427	379584	30987
陕西省	**Shaanxi**			
兴平市	Xingping	52623	374122	66847
韩城市	Hancheng	68245	324137	74327
华阴市	Huayin	38279	174382	15389
甘肃省	**Gansu**			
玉门市	Yumen	17620	148990	13862
敦煌市	Dunhuang	51678	180984	19328
临夏市	Linxia	45630	179455	16869
合作市	Hezuo	21450	29980	3580
青海省	**Qinghai**			
玉树市	Yushu	12157	93000	10746
格尔木市	Golmud	60367	269239	43071
德令哈市	Delingha	22433	115231	16913
宁夏回族自治区	**Ningxia**			
灵武市	Lingwu	73160	77000	19170
青铜峡市	Qingtongxia	39000	23560	19000
新疆维吾尔自治区	**Xinjiang**			
吐鲁番市	Turpan	74300	257400	30900
哈密市	Hami	165800	560400	117311
昌吉市	Changji	144325	190389	99599
阜康市	Fukang	64000	186100	37000
博乐市	Bole			
库尔勒市	Korla	204423	329879	57836
阿克苏市	Akesu	128351	594936	87736
阿图什市	Atus	42395	160092	24132
喀什市	Kashi	104400	594000	82000
和田市	Hetian	66877	334200	50400
伊宁市	Yining	100126	229430	74290
奎屯市	Kuitun	103717	375584	52942
塔城市	Tacheng	51000	145000	37457
乌苏市	Wusu	40800	209500	31446
阿勒泰市	Aletai	88600	268900	48112
石河子市	Shihezi	139360	660985	95745
阿拉尔市	Alar	189000	278000	87020
图木舒克市	Tumushuke	15270	102768	11154
五家渠市	Wujiaqu	37029	72064	25427
北屯市	Beitun	32900	58900	25400

3-9 社会消费品零售总额
Total Retail Sales of Consumer Goods

单位：万元 (10 000 yuan)

城　市	City	社会消费品零售总额 Total Value of Retail Sales
河北省	**Hebei**	
晋州市	Jinzhou	1023345
新乐市	Xinle	929301
遵化市	Zunhua	1796871
迁安市	Qian'an	2033814
武安市	Wu'an	1383907
南宫市	Nangong	456467
沙河市	Shahe	642241
涿州市	Zhuozhou	1186901
安国市	Anguo	657262
高碑店市	Gaobeidian	527048
泊头市	Botou	826745
任丘市	Renqiu	1616633
黄骅市	Huanghua	871443
河间市	Hejian	1103785
霸州市	Bazhou	1089233
三河市	Sanhe	1326910
冀州市	Jizhou	422339
深州市	Shenzhou	564615
定州市	Dingzhou	1301749
辛集市	Xinji	2329777
山西省	**Shanxi**	
古交市	Gujiao	408541
潞城市	Lucheng	134744
高平市	Gaoping	531509
介休市	Jiexiu	797395
永济市	Yongji	509028
河津市	Hejin	737322
原平市	Yuanping	544608
侯马市	Houma	743491
霍州市	Huozhou	296697
孝义市	Xiaoyi	1165144
汾阳市	Fenyang	534251
内蒙古自治区	**Inner Mongolia**	
霍林郭勒市	Huolinguole	333916
满洲里市	Manzhouli	1221050
牙克石市	Yakeshi	544804
扎兰屯市	Zhalantun	562910
额尔古纳市	Eerguna	115806
根河市	Genhe	181129
丰镇市	Fengzhen	304069
乌兰浩特市	Wulanhaote	1011192
阿尔山市	Aershan	62126
二连浩特市	Erlianhaote	283109
锡林浩特市	Xilinhaote	523000
辽宁省	**Liaoning**	
新民市	Xinmin	1214704
瓦房店市	Wafangdian	1860463
普兰店市	Pulandian	1791352
庄河市	Zhuanghe	1718112
海城市	Haicheng	2589260
东港市	Donggang	1178540
凤城市	Fengcheng	815255
凌海市	Linghai	648150
北镇市	Beizhen	576528
盖州市	Gaizhou	678494
大石桥市	Dashiqiao	1172272
灯塔市	Dengta	2416292
调兵山市	Diaobingshan	448685
开原市	Kaiyuan	784985
北票市	Beipiao	618549
凌源市	Lingyuan	686990
兴城市	Xingcheng	716702
吉林省	**Jilin**	
榆树市	Yushu	1192416
德惠市	Dehui	1036691
蛟河市	Jiaohe	734325
桦甸市	Huadian	855693
舒兰市	Shulan	740444
磐石市	Panshi	860002
公主岭市	Gongzhuling	1683548
双辽市	Shuangliao	518554
梅河口市	Meihekou	1348424
集安市	Ji'an	434044
临江市	Linjiang	332582
扶余市	Fuyu	1150198
洮南市	Taonan	343177
大安市	Daan	327151
延吉市	Yanji	2121774
图们市	Tumen	218722
敦化市	Dunhua	964811
珲春市	Hunchun	491413
龙井市	Longjing	131980
和龙市	Helong	171909
黑龙江省	**Heilongjiang**	
双城市	Shuangcheng	995930
尚志市	Shangzhi	993920
五常市	Wuchang	1011567
讷河市	Nehe	518526
虎林市	Hulin	244900
密山市	Mishan	335654
铁力市	Tieli	208797
同江市	Tongjiang	172998
富锦市	Fujin	580622
绥芬河市	Suifenhe	229071
海林市	Hailin	453932
宁安市	Ning'an	485515
穆棱市	Muling	441053

3-9 续表 1 continued

单位：万元 (10 000 yuan)

城　市	City	社会消费品零售总额 Total Value of Retail Sales	城　市	City	社会消费品零售总额 Total Value of Retail Sales
北安市	Bei'an	305222	临海市	Linhai	1838683
五大连池市	Wudalianchi	164895	龙泉市	Longquan	414799
安达市	Anda	1034032	**安徽省**	**Anhui**	
肇东市	Zhaodong	1182841	巢湖市	Chaohu	650009
海伦市	Hailun	407000	桐城市	Tongcheng	671041
江苏省	**Jiangsu**		天长市	Tianchang	600526
江阴市	Jiangyin	6430659	明光市	Mingguang	520505
宜兴市	Yixing	4644241	界首市	Jieshou	422248
新沂市	Xinyi	1357182	宁国市	Ningguo	633787
邳州市	Pizhou	1978977	**福建省**	**Fujian**	
溧阳市	Liyang	2592150	福清市	Fuqing	2748804
金坛市	Jintan	1976076	长乐市	Changle	2043942
常熟市	Changshu	6186745	永安市	Yong'an	724120
张家港市	Zhangjiagang	4583222	石狮市	Shishi	3127800
昆山市	Kunshan	6500862	晋江市	Jinjiang	4541172
太仓市	Taicang	2390434	南安市	Nan'an	3042748
启东市	Qidong	2664104	龙海市	Longhai	1071230
如皋市	Rugao	2807701	邵武市	Shaowu	931356
海门市	Haimen	2824761	武夷山市	Wuyishan	411205
东台市	Dongtai	2033693	建瓯市	Jian'ou	609680
大丰市	Dafeng	1392076	建阳市	Jianyang	439518
仪征市	Yizheng	919477	漳平市	Zhangping	446034
高邮市	Gaoyou	1386534	福安市	Fu'an	782933
丹阳市	Danyang	2557147	福鼎市	Fuding	740819
扬中市	Yangzhong	1142235	**江西省**	**Jiangxi**	
句容市	Jurong	1160695	乐平市	Leping	670064
兴化市	Xinghua	1399733	瑞昌市	Ruichang	363312
靖江市	Jingjiang	1448495	共青城市	Gongqingcheng	78471
泰兴市	Taixing	1707461	贵溪市	Guixi	516357
浙江省	**Zhejiang**		瑞金市	Ruijin	296132
建德市	Jiande	934093	井冈山市	Jinggangshan	180651
富阳市	Fuyang	1707917	丰城市	Fengcheng	800673
临安市	Lin'an	1411117	樟树市	Zhangshu	573444
余姚市	Yuyao	3880758	高安市	Gaoan	571881
慈溪市	Cixi	4848567	德兴市	Dexing	424399
奉化市	Fenghua	1446516	**山东省**	**Shandong**	
瑞安市	Rui'an	2989381	章丘市	Zhangqiu	3144382
乐清市	Yueqing	2733854	胶州市	Jiaozhou	2857105
海宁市	Haining	3040131	即墨市	Jimo	3370237
平湖市	Pinghu	1496601	平度市	Pingdu	3061258
桐乡市	Tongxiang	2686632	莱西市	Laixi	2322441
诸暨市	Zhuji	3161767	滕州市	Tengzhou	3281578
嵊州市	Shengzhou	2056163	龙口市	Longkou	3146389
兰溪市	Lanxi	1064877	莱阳市	Laiyang	2289605
义乌市	Yiwu	4665765	莱州市	Laizhou	2906705
东阳市	Dongyang	2088093	蓬莱市	Penglai	1307032
永康市	Yongkang	1611123	招远市	Zhaoyuan	1524684
江山市	Jiangshan	963769	栖霞市	Qixia	1211237
温岭市	Wenling	4305372	海阳市	Haiyang	1475192

3-9 续表 2 continued

单位：万元 (10 000 yuan)

城　市	City	社会消费品零售总额 Total Value of Retail Sales	城　市	City	社会消费品零售总额 Total Value of Retail Sales
青州市	Qingzhou	2063540	安陆市	Anlu	895000
诸城市	Zhucheng	2241027	汉川市	Hanchuan	1717100
寿光市	Shouguang	2550918	石首市	Shishou	860553
安丘市	Anqiu	1364000	洪湖市	Honghu	932709
高密市	Gaomi	1597953	松滋市	Songzi	1063870
昌邑市	Changyi	1452067	麻城市	Macheng	998300
曲阜市	Qufu	1580694	武穴市	Wuxue	932800
邹城市	Zoucheng	2377537	赤壁市	Chibi	873646
新泰市	Xintai	2644170	广水市	Guangshui	926200
肥城市	Feicheng	2360433	恩施市	Enshi	782545
荣成市	Rongcheng	2940101	利川市	Lichuan	356370
乳山市	Rushan	1930494	仙桃市	Xiantao	2335800
乐陵市	Laoling	995300	潜江市	Qianjiang	1501919
禹城市	Yucheng	981082	天门市	Tianmen	2310000
临清市	Linqing	1373399	**湖南省**	**Hunan**	
河南省	**Henan**		浏阳市	Liuyang	2029792
巩义市	Gongyi	2198206	醴陵市	Liling	1439800
荥阳市	Xingyang	1804087	湘乡市	Xiangxiang	783200
新密市	Xinmi	2026160	韶山市	Shaoshan	158800
新郑市	Xinzheng	1657086	耒阳市	Leiyang	928946
登封市	Dengfeng	1613142	常宁市	Changning	663895
偃师市	Yanshi	1316383	武冈市	Wugang	449210
舞钢市	Wugang	390692	汨罗市	Miluo	747323
汝州市	Ruzhou	1035218	临湘市	Linxiang	590689
林州市	Linzhou	963810	津市市	Jinshi	470400
卫辉市	Weihui	528978	沅江市	Yuanjiang	659600
辉县市	Huixian	968599	资兴市	Zixing	621900
沁阳市	Qinyang	769446	洪江市	Hongjiang	328265
孟州市	Mengzhou	650162	冷水江市	Lengshuijiang	735430
禹州市	Yuzhou	1644409	涟源市	Lianyuan	882441
长葛市	Changge	1207512	吉首市	Jishou	717329
义马市	Yima	314372	**广东省**	**Guangdong**	
灵宝市	Lingbao	1231793	增城市	Zengcheng	1221785
邓州市	Dengzhou	1229900	从化市	Conghua	3015241
永城市	Yongcheng	1303947	乐昌市	Lechang	547056
项城市	Xiangcheng	1073321	南雄市	Nanxiong	397044
济源市	Jiyuan	1199579	台山市	Taishan	1814638
湖北省	**Hubei**		开平市	Kaiping	1555863
大冶市	Daye	1791300	鹤山市	Heshan	1435639
丹江口市	Danjiangkou	652800	恩平市	Enping	791060
宜都市	Yidu	871892	廉江市	Lianjiang	1358165
当阳市	Dangyang	1060061	雷州市	Leizhou	1150022
枝江市	Zhijiang	1060256	吴川市	Wuchuan	892773
老河口市	Laohekou	954519	高州市	Gaozhou	1646617
枣阳市	Zaoyang	1529747	化州市	Huazhou	1635753
宜城市	Yicheng	823100	信宜市	Xinyi	1701053
钟祥市	Zhongxiang	1377880	高要市	Gaoyao	843130
应城市	Yingcheng	1128000	四会市	Sihui	1145986

3-9 续表 3 continued

单位：万元 (10 000 yuan)

城市	City	社会消费品零售总额 Total Value of Retail Sales	城市	City	社会消费品零售总额 Total Value of Retail Sales
兴宁市	Xingning	752870	楚雄市	Chuxiong	1010115
陆丰市	Lufeng	1454386	个旧市	Gejiu	563809
阳春市	Yangchun	2030173	开远市	Kaiyuan	353864
英德市	Yingde	1305227	蒙自市	Mengzi	372982
连州市	Lianzhou	558154	弥勒市	Mile	307126
普宁市	Puning	2523804	文山市	Wenshan	837280
罗定市	Luoding	644100	景洪市	Jinghong	596824
广西壮族自治区	**Guangxi**		大理市	Dali	1126255
岑溪市	Cenxi	588606	瑞丽市	Ruili	292007
东兴市	Dongxing	201924	芒市	Mangshi	348360
桂平市	Guiping	1020750	**陕西省**	**Shaanxi**	
北流市	Beiliu	813131	兴平市	Xingping	494098
宜州市	Yizhou	411123	韩城市	Hancheng	358303
合山市	Heshan	91564	华阴市	Huayin	211745
凭祥市	Pingxiang	190315	**甘肃省**	**Gansu**	
海南省	**Hainan**		玉门市	Yumen	237123
五指山市	Wuzhishan	67495	敦煌市	Dunhuang	347145
琼海市	Qionghai	601335	临夏市	Linxia	307746
儋州市	Danzhou	585273	合作市	Hezuo	113965
文昌市	Wenchang	546481	**青海省**	**Qinghai**	
万宁市	Wanning	515700	玉树市	Yushu	26201
东方市	Dongfang	242294	格尔木市	Golmud	498687
四川省	**Sichuan**		德令哈市	Delingha	84592
都江堰市	Dujiangyan	987938	**宁夏回族自治区**	**Ningxia**	
彭州市	Pengzhou	656415	灵武市	Lingwu	138165
邛崃市	Qionglai	597205	青铜峡市	Qingtongxia	179635
崇州市	Chongzhou	639715	**新疆维吾尔自治区**	**Xinjiang**	
广汉市	Guanghan	1177123	吐鲁番市	Turpan	222500
什邡市	Shifang	617094	哈密市	Hami	673339
绵竹市	Mianzhu	668308	昌吉市	Changji	897300
江油市	Jiangyou	1271395	阜康市	Fukang	291357
峨眉山市	Emeishan	925134	博乐市	Bole	260696
阆中市	Langzhong	710058	库尔勒市	Korla	762354
华蓥市	Huaying	276570	阿克苏市	Akesu	580549
万源市	Wanyuan	434110	阿图什市	Atus	98969
简阳市	Jianyang	1198890	喀什市	Kashi	630400
西昌市	Xichang	2013736	和田市	Hetian	160060
贵州省	**Guizhou**		伊宁市	Yining	684520
清镇市	Qingzhen	336343	奎屯市	Kuitun	227860
赤水市	Chishui	198392	塔城市	Tacheng	162000
仁怀市	Renhuai	725718	乌苏市	Wusu	136624
兴义市	Xingyi	1087958	阿勒泰市	Aletai	230922
凯里市	Kaili	874100	石河子市	Shihezi	778200
都匀市	Duyun	556603	阿拉尔市	Alar	507179
福泉市	Fuquan	198882	图木舒克市	Tumushuke	164959
云南省	**Yunnan**		五家渠市	Wujiaqu	404483
安宁市	Anning	763383	北屯市	Beitun	122056
宣威市	Xuanwei	1165970			

3-10 固定资产投资情况

Basic Conditions of Investment in Fixed Assets

单位：万元 (10 000 yuan)

城　市	City	固定资产投资 Investment in Fixed Assets	新增固定资产 Newly Increased Fixed Assets	房地产开发投资 Investment for Real Estate Development	住宅 Residential Buildings
河北省	**Hebei**				
晋州市	Jinzhou	2238581	2151717	112654	81682
新乐市	Xinle	1904545	1945264	137867	129767
遵化市	Zunhua	2538669	1847246	16453	10100
迁安市	Qian'an	5215186	4070633	517302	417098
武安市	Wu'an	2800820	1898875	64717	47413
南宫市	Nangong	961143	743264	66823	62823
沙河市	Shahe	1961201	1588686	87006	79858
涿州市	Zhuozhou	1695862	1218221	479499	441215
安国市	Anguo	1081180	637801	435882	404831
高碑店市	Gaobeidian	1090993	720154	83229	79393
泊头市	Botou	1650193	1267791	72413	68930
任丘市	Renqiu	1430632	1018563	239580	239580
黄骅市	Huanghua	2008427	1701782	141019	130573
河间市	Hejian	1687823	1445951	33500	22573
霸州市	Bazhou	2403994	2010693	362849	245999
三河市	Sanhe	4229129	2610769	1975103	1675505
冀州市	Jizhou	962191	819125	79733	68147
深州市	Shenzhou	794100	535986	85354	71263
定州市	Dingzhou	2144396	961567	606852	556405
辛集市	Xinji	1924776	1458007	72992	64397
山西省	**Shanxi**				
古交市	Gujiao	512806	513959	95425	70784
潞城市	Lucheng	1288055	1062004	1760	1760
高平市	Gaoping	1262073	847740	74678	41091
介休市	Jiexiu	1192200	775491	144359	103922
永济市	Yongji	1015754	550343	57288	42078
河津市	Hejin	1486567	1075854	20464	12298
原平市	Yuanping	1400926	998334	137031	125180
侯马市	Houma	689802	377880	78394	49382
霍州市	Huozhou	1516723	1394653	52604	34006
孝义市	Xiaoyi	3230706	3511777	96077	57736
汾阳市	Fenyang	640309	244209	139524	115809
内蒙古自治区	**Inner Mongolia**				
霍林郭勒市	Huolinguole	2810569	141641	25304	16975
满洲里市	Manzhouli	1500223	1091550	86237	65690
牙克石市	Yakeshi	1760000	270000	112348	35227
扎兰屯市	Zhalantun	1660215	1419948	28823	18992
额尔古纳市	Eerguna	360364	171790	9899	6181
根河市	Genhe	220960	187080	980	980
丰镇市	Fengzhen	807016	273496	4050	3880
乌兰浩特市	Wulanhaote	1383837	1239510	164686	109247
阿尔山市	Aershan	526269	12038	44662	30553
二连浩特市	Erlianhaote	212616	509850	51801	18640
锡林浩特市	Xilinhaote	1742566	609261	431626	219928
辽宁省	**Liaoning**				
新民市	Xinmin	4597556	3411832	332649	276067
瓦房店市	Wafangdian	10849284	4478639	418639	362929
普兰店市	Pulandian	7268017	5885405	412182	323532

3-10 续表 1 continued

单位：万元 (10 000 yuan)

城　市	City	固定资产投资 Investment in Fixed Assets	新增固定资产 Newly Increased Fixed Assets	房地产开发投资 Investment for Real Estate Development	住宅 Residential Buildings
庄河市	Zhuanghe	5466208	4058286	340396	284477
海城市	Haicheng	7903073	4080825	523091	433452
东港市	Donggang	2124950	1501768	255833	158655
凤城市	Fengcheng	1572348	716228	149406	120661
凌海市	Linghai	1900069	1531981	175083	112169
北镇市	Beizhen	1268271	843817	163471	107217
盖州市	Gaizhou	1665082	1662137	60149	48595
大石桥市	Dashiqiao	1700095	1762996	212234	161796
灯塔市	Dengta	1619509	1107996	130199	88819
调兵山市	Diaobingshan	436769	538917	125050	103277
开原市	Kaiyuan	1269745	1579340	322067	229337
北票市	Beipiao	1803204	1196658	159713	130000
凌源市	Lingyuan	1115064	867200	185897	118100
兴城市	Xingcheng	1506825	1016606	223916	
吉林省	**Jilin**				
榆树市	Yushu	2308321	2058847	12977	12633
德惠市	Dehui	2514358	1215362	124576	83579
蛟河市	Jiaohe	1842383	1364354	75368	64740
桦甸市	Huadian	1797323	2061336	224100	169660
舒兰市	Shulan	1630988	1788974	50238	34392
磐石市	Panshi	2241103	2236084	88403	61965
公主岭市	Gongzhuling	2724300	1772049	274628	251166
双辽市	Shuangliao	830043	814716	44777	32766
梅河口市	Meihekou	2662390	2310928	370574	310250
集安市	Ji'an	1001259	880831	25651	19875
临江市	Linjiang	797215	769010	26375	21550
扶余市	Fuyu	1637221	1441939	92879	66725
洮南市	Taonan	1313153	900763	7155	5535
大安市	Daan	1050148	788552	6290	4260
延吉市	Yanji	2189610	1883040	325348	184291
图们市	Tumen	400503	275554	22179	19560
敦化市	Dunhua	1352929	550501	96857	68727
珲春市	Hunchun	1192714	1050951	124165	92652
龙井市	Longjing	400538	266548	43095	43095
和龙市	Helong	498438	404300	30809	21369
黑龙江省	**Heilongjiang**				
双城市	Shuangcheng	2280809	1789966	60666	15512
尚志市	Shangzhi	938098	513470	82663	70287
五常市	Wuchang	1953509	817440	13090	11590
讷河市	Nehe	635327	253666	44530	34323
虎林市	Hulin	354221	172000	22750	14409
密山市	Mishan	381474	172502	25309	20977
铁力市	Tieli	327047	315262	29302	22845
同江市	Tongjiang	604250	352480	12000	7000
富锦市	Fujin	752536	400166	65872	56512
绥芬河市	Suifenhe	1254495	1214632	78816	57557
海林市	Hailin	1959355	1668289	114954	84225
宁安市	Ning'an	1708743	1411990	89795	61909
穆棱市	Muling	1582635	1603005	125730	89490

3-10 续表 2 continued

单位：万元 (10 000 yuan)

城　市	City	固定资产投资 Investment in Fixed Assets	新增固定资产 Newly Increased Fixed Assets	房地产开发投资 Investment for Real Estate Development	住宅 Residential Buildings
北安市	Bei'an	574794	193047	170736	102584
五大连池市	Wudalianchi	333395	287803	51359	36416
安达市	Anda	1350091	920182	103703	67582
肇东市	Zhaodong	1550632	1403321	97691	77048
海伦市	Hailun	468394	432054	82689	79406
江苏省	**Jiangsu**				
江阴市	Jiangyin	10459732	6596783	3289123	2646890
宜兴市	Yixing	6021507	4728387	1344299	1097051
新沂市	Xinyi	3862929	2834210	350013	295929
邳州市	Pizhou	5459584	5183490	472725	420352
溧阳市	Liyang	4380078	3577729	515176	410441
金坛市	Jintan	2689866	1764707	213943	111327
常熟市	Changshu	6318158	4985096	1478119	1231365
张家港市	Zhangjiagang	7636216	7020293	1457352	1081206
昆山市	Kunshan	8381846	5870333	3717987	2768020
太仓市	Taicang	5133611	5010951	717397	529004
启东市	Qidong	4834148	4352840	470347	429590
如皋市	Rugao	4450849	3671613	585255	400764
海门市	Haimen	5013987	4304039	437146	346343
东台市	Dongtai	4098216	2877000	480225	350027
大丰市	Dafeng	3226723	3381149	363292	269827
仪征市	Yizheng	3141374	3056651	247896	215165
高邮市	Gaoyou	2801953	2041251	542299	403467
丹阳市	Danyang	3867269	3338674	568377	416655
扬中市	Yangzhong	2160897	1819002	151104	115909
句容市	Jurong	2581573	1689318	796007	631541
兴化市	Xinghua	2848044	2289163	214599	174530
靖江市	Jingjiang	4057644	3678867	536474	369169
泰兴市	Taixing	4545292	3782391	550701	433468
浙江省	**Zhejiang**				
建德市	Jiande	1432850	959320	277431	204013
富阳市	Fuyang	3500717	2318057	958248	675185
临安市	Lin'an	1975132	1138618	619271	469178
余姚市	Yuyao	5156152	4387679	1403302	775534
慈溪市	Cixi	6360715	4668089	1781399	1234033
奉化市	Fenghua	1821652	891292	546751	376104
瑞安市	Rui'an	4349674	2594859	1140048	703005
乐清市	Yueqing	4859031	3809139	841710	571730
海宁市	Haining	4481583	3079299	908658	685884
平湖市	Pinghu	2972787	2466677	611606	465846
桐乡市	Tongxiang	3723334	3214303	724985	459183
诸暨市	Zhuji	5687691	4036537	1667019	1093038
嵊州市	Shengzhou	1921196	1054238	355830	235943
兰溪市	Lanxi	1501298	645262	305408	195045
义乌市	Yiwu	4381825	1682246	941726	613824
东阳市	Dongyang	2194071	1780799	473803	276180
永康市	Yongkang	1825167	1729662	280242	158545
江山市	Jiangshan	1510210	1205298	184862	121432
温岭市	Wenling	3396117	1826163	953243	687027
临海市	Linhai	2514391	2765299	369383	227110
龙泉市	Longquan	764661	418090	106194	74373

3-10 续表 3 continued

单位：万元 (10 000 yuan)

城 市	City	固定资产投资 Investment in Fixed Assets	新增固定资产 Newly Increased Fixed Assets	房地产开发投资 Investment for Real Estate Development	住宅 Residential Buildings
安徽省	**Anhui**				
巢湖市	Chaohu	1814834	1554418	144303	120910
桐城市	Tongcheng	2213678	1789507	116439	94945
天长市	Tianchang	2664568	2122144	255184	164472
明光市	Mingguang	1027259	486400	332316	241110
界首市	Jieshou	633497	381959	149014	112124
宁国市	Ningguo	2388958	2044360	289348	203351
福建省	**Fujian**				
福清市	Fuqing	5228704	1768511	1074828	607296
长乐市	Changle	3868331	2304689	844233	439196
永安市	Yong'an	2200553	1828469	375320	302875
石狮市	Shishi	3454892	912497	1276593	858020
晋江市	Jinjiang	7658660	5079010	1746282	1200400
南安市	Nan'an	4148295	2488526	636019	368240
龙海市	Longhai	3897221	2652309	1090610	769001
邵武市	Shaowu	2673170	1383246	177927	107061
武夷山市	Wuyishan	2343699	1405002	165709	94559
建瓯市	Jian'ou	2141809	505557	205199	126157
建阳市	Jianyang	2403779	1647440	300833	197031
漳平市	Zhangping	1629097	1150449	106366	74820
福安市	Fu'an	2140800	861959	224964	149374
福鼎市	Fuding	2136311	1491933	524687	349563
江西省	**Jiangxi**				
乐平市	Leping	3072263	2217368	125706	85602
瑞昌市	Ruichang	1878913	1888777	122409	102529
共青城市	Gongqingcheng	1216044	642083	13034	11292
贵溪市	Guixi	2919405	2930149	134878	113933
瑞金市	Ruijin	581528	409406	102716	85426
井冈山市	Jinggangshan	544093	51026	22740	14849
丰城市	Fengcheng	2998257	2296479	222921	192382
樟树市	Zhangshu	2117348	843546	108350	91743
高安市	Gaoan	1672256	1931692	93154	74492
德兴市	Dexing	1099964	728732	56262	37506
山东省	**Shandong**				
章丘市	Zhangqiu	4443969	3867407	664468	527507
胶州市	Jiaozhou	7655697	5404466	350828	295752
即墨市	Jimo	7679652	4108638	513025	434666
平度市	Pingdu	5831598	4882059	350242	212738
莱西市	Laixi	5167821	4313515	131813	118956
滕州市	Tengzhou	5268871	4510306	813820	497520
龙口市	Longkou	5323488	4223048	133467	131946
莱阳市	Laiyang	1394835	1092908	183975	142362
莱州市	Laizhou	4430660	3454667	179330	125028
蓬莱市	Penglai	3521676	1205510	242304	193698
招远市	Zhaoyuan	3535759	2266444	187856	75557
栖霞市	Qixia	1244058	956522	39052	30840
海阳市	Haiyang	3407648	2162462	572232	418307

3-10 续表 4 continued

单位：万元 (10 000 yuan)

城 市	City	固定资产投资 Investment in Fixed Assets	新增固定资产 Newly Increased Fixed Assets	房地产开发投资 Investment for Real Estate Development	住宅 Residential Buildings
青州市	Qingzhou	4293049	3421583	268146	205532
诸城市	Zhucheng	4916480	3611414	406577	326913
寿光市	Shouguang	4983346	3063767	607238	343883
安丘市	Anqiu	2350800	2038869	303200	182641
高密市	Gaomi	4167597	1991090	301696	246431
昌邑市	Changyi	2845211	1528078	138029	99652
曲阜市	Qufu	2042432	1091986	225654	156135
邹城市	Zoucheng	3592740	1823977	392663	276036
新泰市	Xintai	5048911	3408826	97720	92448
肥城市	Feicheng	4763711	3776460	158837	116156
荣成市	Rongcheng	6431525	4133606	679271	580169
乳山市	Rushan	4219042	3745105	363239	335852
乐陵市	Laoling	1716500	1028049	131914	98304
禹城市	Yucheng	1752395	807638	257339	228096
临清市	Linqing	2345833	1776785	147850	120944
河南省	**Henan**				
巩义市	Gongyi	4041698	1735382	550745	413105
荥阳市	Xingyang	4044476	1310460	506752	320642
新密市	Xinmi	3837903	544097	173721	137015
新郑市	Xinzheng	3924161	1446247	651216	531505
登封市	Dengfeng	3416461	1963295	163609	87781
偃师市	Yanshi	2395012	405321	48937	27634
舞钢市	Wugang	1621435	1009942	58860	49438
汝州市	Ruzhou	2398998	1556971	59750	54440
林州市	Linzhou	4280556	5580119	251749	193838
卫辉市	Weihui	1027439	913197	47684	39999
辉县市	Huixian	2693479	2126172	197782	137338
沁阳市	Qinyang	2580460	2207181	80284	54250
孟州市	Mengzhou	2568756	1642672	8231	7881
禹州市	Yuzhou	4385261	3085595	121234	84328
长葛市	Changge	2998210	3010170	226101	176353
义马市	Yima	1822581	1869492	91370	74384
灵宝市	Lingbao	2952066	417558	117239	86795
邓州市	Dengzhou	2484552	2429370	86914	74981
永城市	Yongcheng	2600611	987620	390437	168388
项城市	Xiangcheng	1250550	705317	97662	69662
济源市	Jiyuan	4124975	2687345	255771	187328
湖北省	**Hubei**				
大冶市	Daye	5384000	3072389	187110	137583
丹江口市	Danjiangkou	1595100	1137738	59258	45356
宜都市	Yidu	4269736	2586665	135029	103034
当阳市	Dangyang	3397483	2192254	111562	77936
枝江市	Zhijiang	3617353	3416024	88586	69852
老河口市	Laohekou	2178667	1115612	243105	181510
枣阳市	Zaoyang	3594972	2030535	456975	326397
宜城市	Yicheng	2090800	1588457	277300	154503
钟祥市	Zhongxiang	3313800	2668710	199013	112670
应城市	Yingcheng	2149400	1556433	142852	105609

3-10 续表 5 continued

单位：万元 (10 000 yuan)

城　市	City	固定资产投资 Investment in Fixed Assets	新增固定资产 Newly Increased Fixed Assets	房地产开发投资 Investment for Real Estate Development	住宅 Residential Buildings
安陆市	Anlu	1631900	1021982	127748	118692
汉川市	Hanchuan	2945900	2967491	77814	55091
石首市	Shishou	1474610	482957	67013	63056
洪湖市	Honghu	1285206	663198	91665	63605
松滋市	Songzi	1695817	148836	91216	60300
麻城市	Macheng	2629596	1859630	197309	169685
武穴市	Wuxue	2072435	1228921	210253	156499
赤壁市	Chibi	2824778	1796222	311976	270342
广水市	Guangshui	2358863	2073410	38376	29600
恩施市	Enshi	1288074	321523	323325	214944
利川市	Lichuan	828882	450757	220729	185087
仙桃市	Xiantao	3747300	3214584	248040	216103
潜江市	Qianjiang	3693400	2877997	225838	139629
天门市	Tianmen	3316500	2463402	268400	195346
湖南省	**Hunan**				
浏阳市	Liuyang	7258167	3929893	515068	299033
醴陵市	Liling	3033139	2828539	214393	144194
湘乡市	Xiangxiang	1598396	1126860	175426	120540
韶山市	Shaoshan	731049	705994	32590	32490
耒阳市	Leiyang	2940903	2436486	76177	58954
常宁市	Changning	1343663	1146542	53662	44828
武冈市	Wugang	1153409	400544	21110	17270
汨罗市	Miluo	2556622	1723412	45691	38613
临湘市	Linxiang	1674013	1188830	82091	64407
津市市	Jinshi	785802	418042	133835	90660
沅江市	Yuanjiang	1717799	1646522	277067	237946
资兴市	Zixing	2469663	2386512	36935	26221
洪江市	Hongjiang	822130	1486756	39879	28574
冷水江市	Lengshuijiang	1654809	1447893	169820	91596
涟源市	Lianyuan	1570072	1804406	51577	37937
吉首市	Jishou	801642	61209	275666	197033
广东省	**Guangdong**				
增城市	Zengcheng	1838640	1645867	779872	670805
从化市	Conghua	3338153	2662608	2031249	1336755
乐昌市	Lechang	883656	462593	127895	97917
南雄市	Nanxiong	918416	614885	70157	52220
台山市	Taishan	1955449	872875	207409	161840
开平市	Kaiping	1725971	1346052	297276	211845
鹤山市	Heshan	1335217	1041093	505932	399150
恩平市	Enping	901047	681124	178814	154741
廉江市	Lianjiang	2817127	2454054	187022	129803
雷州市	Leizhou	480691	322769	24284	20313
吴川市	Wuchuan	1169907	488832	107436	99706
高州市	Gaozhou	1338287	1167971	119678	102675
化州市	Huazhou	1320213	1220021	133897	98900
信宜市	Xinyi	1403818	1409061	115049	110784
高要市	Gaoyao	2420957	1869753	215669	194092
四会市	Sihui	3780634	2026852	375858	283207

3-10 续表 6 continued

单位：万元 (10 000 yuan)

城市	City	固定资产投资 Investment in Fixed Assets	新增固定资产 Newly Increased Fixed Assets	房地产开发投资 Investment for Real Estate Development	住宅 Residential Buildings
兴宁市	Xingning	614772	378811	124622	106922
陆丰市	Lufeng	1552182	1552182	700	
阳春市	Yangchun	1359180	423063	72208	72208
英德市	Yingde	1606395	426128	249738	214605
连州市	Lianzhou	292941	89260	84646	58403
普宁市	Puning	2885556	2249920	131638	130839
罗定市	Luoding	1272100	890637	249600	167994
广西壮族自治区	**Guangxi**				
岑溪市	Cenxi	2269819	1686487	181959	127287
东兴市	Dongxing	1053739	332139	223363	172877
桂平市	Guiping	1653593	1315249	135406	118411
北流市	Beiliu	1907175	1505955	174748	156863
宜州市	Yizhou	458008	428745	21757	18069
合山市	Heshan	229279	118965	10988	10928
凭祥市	Pingxiang	730177	560134	21794	15480
海南省	**Hainan**				
五指山市	Wuzhishan	309847	29956	155426	135986
琼海市	Qionghai	1500604	692478	1203100	1006911
儋州市	Danzhou	1148000	692059	416862	311133
文昌市	Wenchang	1419074	383174	802079	578225
万宁市	Wanning	1467700	459530	871600	787401
东方市	Dongfang	803831	987750	346824	268728
四川省	**Sichuan**				
都江堰市	Dujiangyan	1233506	1089006	376285	239831
彭州市	Pengzhou	1827321	4442872	133317	107401
邛崃市	Qionglai	2107392	1537700	261249	171766
崇州市	Chongzhou	1937451	1830225	180465	122303
广汉市	Guanghan	1556905	495736	116497	69333
什邡市	Shifang	1253417	1328938	29219	18003
绵竹市	Mianzhu	1455913	1378614	105509	72359
江油市	Jiangyou	1452026	1114728	291449	177819
峨眉山市	Emeishan	1192681	454726	204666	130580
阆中市	Langzhong	1714932	1068144	268704	199303
华蓥市	Huaying	1289945	1123600	101679	80513
万源市	Wanyuan	1051696	738997	14850	14850
简阳市	Jianyang	2609432	1806833	453107	363179
西昌市	Xichang	2833969	250928	191145	128810
贵州省	**Guizhou**				
清镇市	Qingzhen	2016251	3004488	215622	129090
赤水市	Chishui	1361920	931587	236852	172781
仁怀市	Renhuai	2823890	720928	203154	62000
兴义市	Xingyi	2753153	1979907	423802	216334
凯里市	Kaili	4000000	3538127	547773	309682
都匀市	Duyun	1278163	672217	528504	395148
福泉市	Fuquan	1183367	1082289	135447	97226
云南省	**Yunnan**				
安宁市	Anning	2485719	438341	656230	405534
宣威市	Xuanwei	2017986	1049765	215680	148440

3-10 续表 7 continued

单位：万元 (10 000 yuan)

城市	City	固定资产投资 Investment in Fixed Assets	新增固定资产 Newly Increased Fixed Assets	房地产开发投资 Investment for Real Estate Development	住宅 Residential Buildings
楚雄市	Chuxiong	2075954	631264	460533	324052
个旧市	Gejiu	1565112	769738	267708	177600
开远市	Kaiyuan	1561021	701432	63933	63933
蒙自市	Mengzi	1569101	531387	456491	264954
弥勒市	Mile	1563120	891802	238545	201286
文山市	Wenshan	1407743	860240	636633	502184
景洪市	Jinghong	2047321	2556173	742851	498895
大理市	Dali	2675741	1424728	1256357	789128
瑞丽市	Ruili	1003980	319462	348852	255470
芒市	Mangshi	765445	192064	116618	76720
陕西省	**Shaanxi**				
兴平市	Xingping	2123347	1793631	19801	19801
韩城市	Hancheng	2523942	2493645	92323	82071
华阴市	Huayin	1190201	1650830	47720	41510
甘肃省	**Gansu**				
玉门市	Yumen	2401165	1967553	12749	2642
敦煌市	Dunhuang	1513340	1083579	124057	83707
临夏市	Linxia	521367	53390	232854	169805
合作市	Hezuo	350317	166067	12704	12704
青海省	**Qinghai**				
玉树市	Yushu	46169	42023		
格尔木市	Golmud	2922300	842560	98434	53579
德令哈市	Delingha	584610	524493	13237	6997
宁夏回族自治区	**Ningxia**				
灵武市	Lingwu	4659600	2616798	109580	49455
青铜峡市	Qingtongxia	1051029	855506	88314	74905
新疆维吾尔自治区	**Xinjiang**				
吐鲁番市	Turpan	770400	520405	90546	53829
哈密市	Hami	3389350	1256045	221762	143232
昌吉市	Changji	2530006	754241	468081	350707
阜康市	Fukang	1982558	812407	113350	88082
博乐市	Bole	1082280	1035692	200403	107136
库尔勒市	Korla	4515809	2614434	608042	316403
阿克苏市	Akesu	1437728	778605	300800	205998
阿图什市	Atus	383900	310850	26590	9086
喀什市	Kashi	1387003	115178	165003	81679
和田市	Hetian	629336	35368	246918	5950
伊宁市	Yining	2320471	724356	748393	480466
奎屯市	Kuitun	828626	169136	90923	43785
塔城市	Tacheng	430000	87558	158936	10854
乌苏市	Wusu	803615	678175	78780	78780
阿勒泰市	Aletai	545939	530864	10060	8804
石河子市	Shihezi	2773400	1509700	246300	151000
阿拉尔市	Alar	1650638	1546665	93555	62046
图木舒克市	Tumushuke	903283	565152	23488	5387
五家渠市	Wujiaqu	2044154	910629	851010	434091
北屯市	Beitun	413385	307482	45159	12257

3-11 普通中学及小学数

Number of Regular Secondary Schools and Primary Schools

单位：所 (unit)

城市	City	普通中学数 Regular Secondary Schools	小学数 Primary Schools	城市	City	普通中学数 Regular Secondary Schools	小学数 Primary Schools
河北省	**Hebei**			庄河市	Zhuanghe	34	140
晋州市	Jinzhou	20	159	海城市	Haicheng	38	262
新乐市	Xinle	31	93	东港市	Donggang	30	122
遵化市	Zunhua	36	110	凤城市	Fengcheng	28	137
迁安市	Qian'an	36	126	凌海市	Linghai	30	42
武安市	Wu'an	33	128	北镇市	Beizhen	21	89
南宫市	Nangong	15	75	盖州市	Gaizhou	33	83
沙河市	Shahe	27	105	大石桥市	Dashiqiao	27	62
涿州市	Zhuozhou	22	75	灯塔市	Dengta	16	67
安国市	Anguo	9	88	调兵山市	Diaobingshan	9	14
高碑店市	Gaobeidian	24	88	开原市	Kaiyuan	26	60
泊头市	Botou	17	81	北票市	Beipiao	27	99
任丘市	Renqiu	52	158	凌源市	Lingyuan	26	129
黄骅市	Huanghua	27	84	兴城市	Xingcheng	30	113
河间市	Hejian	28	163	**吉林省**	**Jilin**		
霸州市	Bazhou	22	132	榆树市	Yushu	56	301
三河市	Sanhe	19	65	德惠市	Dehui	42	230
冀州市	Jizhou	15	36	蛟河市	Jiaohe	23	99
深州市	Shenzhou	21	196	桦甸市	Huadian	18	98
定州市	Dingzhou	39	257	舒兰市	Shulan	28	138
辛集市	Xinji	33	83	磐石市	Panshi	25	110
山西省	**Shanxi**			公主岭市	Gongzhuling	51	234
古交市	Gujiao	21	30	双辽市	Shuangliao	27	159
潞城市	Lucheng	14	60	梅河口市	Meihekou	30	67
高平市	Gaoping	28	107	集安市	Ji'an	14	39
介休市	Jiexiu	23	62	临江市	Linjiang	16	56
永济市	Yongji	22	63	扶余市	Fuyu	28	181
河津市	Hejin	37	115	洮南市	Taonan	20	102
原平市	Yuanping	33	284	大安市	Daan	31	103
侯马市	Houma	14	23	延吉市	Yanji	25	23
霍州市	Huozhou	24	53	图们市	Tumen	9	7
孝义市	Xiaoyi	35	72	敦化市	Dunhua	25	74
汾阳市	Fenyang	29	143	珲春市	Hunchun	14	15
内蒙古自治区	**Inner Mongolia**			龙井市	Longjing	14	11
霍林郭勒市	Huolinguole	7	7	和龙市	Helong	19	20
满洲里市	Manzhouli	14	12	**黑龙江省**	**Heilongjiang**		
牙克石市	Yakeshi	21	16	双城市	Shuangcheng	43	79
扎兰屯市	Zhalantun	21	44	尚志市	Shangzhi	24	14
额尔古纳市	Eerguna	5	10	五常市	Wuchang	36	76
根河市	Genhe	7	7	讷河市	Nehe	24	174
丰镇市	Fengzhen	9	19	虎林市	Hulin	11	15
乌兰浩特市	Wulanhaote	18	23	密山市	Mishan	25	18
阿尔山市	Aershan	2	4	铁力市	Tieli	14	21
二连浩特市	Erlianhaote	3	5	同江市	Tongjiang	2	27
锡林浩特市	Xilinhaote	9	12	富锦市	Fujin	17	28
辽宁省	**Liaoning**			绥芬河市	Suifenhe	4	9
新民市	Xinmin	31	8	海林市	Hailin	24	49
瓦房店市	Wafangdian	36	76	宁安市	Ning'an	18	49
普兰店市	Pulandian	36	89	穆棱市	Muling	16	52

3-11 续表 1 continued

单位：所 (unit)

城 市	City	普通中学数 Regular Secondary Schools	小学数 Primary Schools	城 市	City	普通中学数 Regular Secondary Schools	小学数 Primary Schools
北安市	Bei'an	12	20	临海市	Linhai	47	78
五大连池市	Wudalianchi	13	50	龙泉市	Longquan	9	33
安达市	Anda	26	21	**安徽省**	**Anhui**		
肇东市	Zhaodong	35	95	巢湖市	Chaohu	46	113
海伦市	Hailun	29	32	桐城市	Tongcheng	53	182
江苏省	**Jiangsu**			天长市	Tianchang	39	26
江阴市	Jiangyin	47	40	明光市	Mingguang	36	59
宜兴市	Yixing	42	54	界首市	Jieshou	40	122
新沂市	Xinyi	33	97	宁国市	Ningguo	20	22
邳州市	Pizhou	51	191	**福建省**	**Fujian**		
溧阳市	Liyang	36	39	福清市	Fuqing	70	347
金坛市	Jintan	24	29	长乐市	Changle	33	99
常熟市	Changshu	44	59	永安市	Yong'an	18	34
张家港市	Zhangjiagang	42	38	石狮市	Shishi	16	66
昆山市	Kunshan	36	52	晋江市	Jinjiang	54	289
太仓市	Taicang	18	37	南安市	Nan'an	67	287
启东市	Qidong	29	49	龙海市	Longhai	34	215
如皋市	Rugao	31	54	邵武市	Shaowu	22	38
海门市	Haimen	38	40	武夷山市	Wuyishan	11	62
东台市	Dongtai	41	23	建瓯市	Jian'ou	21	164
大丰市	Dafeng	31	33	建阳市	Jianyang	16	37
仪征市	Yizheng	24	32	漳平市	Zhangping	21	39
高邮市	Gaoyou	32	39	福安市	Fu'an	28	63
丹阳市	Danyang	40	26	福鼎市	Fuding	24	34
扬中市	Yangzhong	10	12	**江西省**	**Jiangxi**		
句容市	Jurong	19	29	乐平市	Leping	42	282
兴化市	Xinghua	57	42	瑞昌市	Ruichang	24	33
靖江市	Jingjiang	23	23	共青城市	Gongqingcheng	4	17
泰兴市	Taixing	46	43	贵溪市	Guixi	37	232
浙江省	**Zhejiang**			瑞金市	Ruijin	33	170
建德市	Jiande	25	28	井冈山市	Jinggangshan	12	48
富阳市	Fuyang	22	42	丰城市	Fengcheng	49	508
临安市	Lin'an	23	40	樟树市	Zhangshu	26	117
余姚市	Yuyao	41	87	高安市	Gaoan	29	84
慈溪市	Cixi	52	88	德兴市	Dexing	18	51
奉化市	Fenghua	22	26	**山东省**	**Shandong**		
瑞安市	Rui'an	67	84	章丘市	Zhangqiu	34	150
乐清市	Yueqing	80	89	胶州市	Jiaozhou	28	81
海宁市	Haining	32	29	即墨市	Jimo	37	172
平湖市	Pinghu	17	21	平度市	Pingdu	49	150
桐乡市	Tongxiang	34	27	莱西市	Laixi	32	95
诸暨市	Zhuji	44	105	滕州市	Tengzhou	45	221
嵊州市	Shengzhou	31	56	龙口市	Longkou	26	26
兰溪市	Lanxi	30	45	莱阳市	Laiyang	33	39
义乌市	Yiwu	31	79	莱州市	Laizhou	33	31
东阳市	Dongyang	45	91	蓬莱市	Penglai	16	25
永康市	Yongkang	30	54	招远市	Zhaoyuan	27	27
江山市	Jiangshan	22	41	栖霞市	Qixia	20	22
温岭市	Wenling	49	60	海阳市	Haiyang	25	33

3-11 续表 2 continued

单位：所 (unit)

城市	City	普通中学数 Regular Secondary Schools	小学数 Primary Schools	城市	City	普通中学数 Regular Secondary Schools	小学数 Primary Schools
青州市	Qingzhou	38	88	安陆市	Anlu	25	57
诸城市	Zhucheng	35	122	汉川市	Hanchuan	47	128
寿光市	Shouguang	40	105	石首市	Shishou	22	40
安丘市	Anqiu	34	54	洪湖市	Honghu	42	45
高密市	Gaomi	36	111	松滋市	Songzi	27	52
昌邑市	Changyi	24	50	麻城市	Macheng	40	241
曲阜市	Qufu	24	91	武穴市	Wuxue	33	73
邹城市	Zoucheng	36	140	赤壁市	Chibi	31	55
新泰市	Xintai	35	144	广水市	Guangshui	35	68
肥城市	Feicheng	32	79	恩施市	Enshi	32	108
荣成市	Rongcheng	32	25	利川市	Lichuan	31	304
乳山市	Rushan	25	3	仙桃市	Xiantao	42	111
乐陵市	Laoling	31	118	潜江市	Qianjiang	43	90
禹城市	Yucheng	16	101	天门市	Tianmen	45	129
临清市	Linqing	26	87	**湖南省**	**Hunan**		
河南省	**Henan**			浏阳市	Liuyang	63	187
巩义市	Gongyi	35	71	醴陵市	Liling	49	117
荥阳市	Xingyang	25	55	湘乡市	Xiangxiang	59	161
新密市	Xinmi	38	119	韶山市	Shaoshan	9	13
新郑市	Xinzheng	32	100	耒阳市	Leiyang	62	356
登封市	Dengfeng	53	125	常宁市	Changning	52	139
偃师市	Yanshi	36	47	武冈市	Wugang	46	84
舞钢市	Wugang	15	40	汨罗市	Miluo	53	90
汝州市	Ruzhou	59	381	临湘市	Linxiang	29	73
林州市	Linzhou	53	213	津市市	Jinshi	12	18
卫辉市	Weihui	32	233	沅江市	Yuanjiang	43	56
辉县市	Huixian	45	163	资兴市	Zixing	25	23
沁阳市	Qinyang	29	86	洪江市	Hongjiang	33	29
孟州市	Mengzhou	26	43	冷水江市	Lengshuijiang	30	49
禹州市	Yuzhou	81	336	涟源市	Lianyuan	60	224
长葛市	Changge	38	153	吉首市	Jishou	20	26
义马市	Yima	6	10	**广东省**	**Guangdong**		
灵宝市	Lingbao	33	114	增城市	Zengcheng	27	65
邓州市	Dengzhou	68	540	从化市	Conghua	52	102
永城市	Yongcheng	62	370	乐昌市	Lechang	27	73
项城市	Xiangcheng	65	307	南雄市	Nanxiong	19	102
济源市	Jiyuan	38	91	台山市	Taishan	37	58
湖北省	**Hubei**			开平市	Kaiping	30	56
大冶市	Daye	53	166	鹤山市	Heshan	16	41
丹江口市	Danjiangkou	22	70	恩平市	Enping	25	66
宜都市	Yidu	16	25	廉江市	Lianjiang	65	285
当阳市	Dangyang	22	33	雷州市	Leizhou	44	166
枝江市	Zhijiang	20	31	吴川市	Wuchuan	27	337
老河口市	Laohekou	17	41	高州市	Gaozhou	62	295
枣阳市	Zaoyang	41	105	化州市	Huazhou	63	406
宜城市	Yicheng	26	45	信宜市	Xinyi	52	381
钟祥市	Zhongxiang	45	123	高要市	Gaoyao	26	40
应城市	Yingcheng	25	53	四会市	Sihui	29	36

3-11 续表 3 continued

单位：所 (unit)

城　市	City	普通中学数 Regular Secondary Schools	小学数 Primary Schools	城　市	City	普通中学数 Regular Secondary Schools	小学数 Primary Schools
兴宁市	Xingning	39	218	楚雄市	Chuxiong	27	130
陆丰市	Lufeng	88	316	个旧市	Gejiu	22	75
阳春市	Yangchun	24	55	开远市	Kaiyuan	17	64
英德市	Yingde	33	66	蒙自市	Mengzi	17	77
连州市	Lianzhou	18	32	弥勒市	Mile	19	86
普宁市	Puning	91	474	文山市	Wenshan	22	115
罗定市	Luoding	36	371	景洪市	Jinghong	17	55
广西壮族自治区	**Guangxi**			大理市	Dali	37	133
岑溪市	Cenxi	34	331	瑞丽市	Ruili	8	28
东兴市	Dongxing	8	50	芒市	Mangshi	16	71
桂平市	Guiping	74	505	**陕西省**	**Shaanxi**		
北流市	Beiliu	51	298	兴平市	Xingping	29	177
宜州市	Yizhou	29	215	韩城市	Hancheng	36	64
合山市	Heshan	3	6	华阴市	Huayin	11	32
凭祥市	Pingxiang	3	37	**甘肃省**	**Gansu**		
海南省	**Hainan**			玉门市	Yumen	11	19
五指山市	Wuzhishan	6	61	敦煌市	Dunhuang	13	29
琼海市	Qionghai	26	94	临夏市	Linxia	7	46
儋州市	Danzhou	46	302	合作市	Hezuo	4	19
文昌市	Wenchang	30	172	**青海省**	**Qinghai**		
万宁市	Wanning	27	139	玉树市	Yushu	6	29
东方市	Dongfang	18	137	格尔木市	Golmud	20	11
四川省	**Sichuan**			德令哈市	Delingha	7	8
都江堰市	Dujiangyan	26	24	**宁夏回族自治区**	**Ningxia**		
彭州市	Pengzhou	29	34	灵武市	Lingwu	10	32
邛崃市	Qionglai	29	32	青铜峡市	Qingtongxia	13	54
崇州市	Chongzhou	18	31	**新疆维吾尔自治区**	**Xinjiang**		
广汉市	Guanghan	27	20	吐鲁番市	Turpan	19	25
什邡市	Shifang	16	29	哈密市	Hami	22	36
绵竹市	Mianzhu	13	30	昌吉市	Changji	14	24
江油市	Jiangyou	28	69	阜康市	Fukang	6	9
峨眉山市	Emeishan	20	33	博乐市	Bole	13	9
阆中市	Langzhong	77	67	库尔勒市	Korla	31	25
华蓥市	Huaying	21	11	阿克苏市	Akesu	38	48
万源市	Wanyuan	35	270	阿图什市	Atus	21	71
简阳市	Jianyang	105	29	喀什市	Kashi	28	98
西昌市	Xichang	42	188	和田市	Hetian	20	80
贵州省	**Guizhou**			伊宁市	Yining	32	53
清镇市	Qingzhen	23	82	奎屯市	Kuitun	14	11
赤水市	Chishui	17	86	塔城市	Tacheng	6	22
仁怀市	Renhuai	34	78	乌苏市	Wusu	26	14
兴义市	Xingyi	83	179	阿勒泰市	Aletai	7	27
凯里市	Kaili	36	72	石河子市	Shihezi	27	9
都匀市	Duyun	29	138	阿拉尔市	Alar	19	22
福泉市	Fuquan	19	116	图木舒克市	Tumushuke	14	5
云南省	**Yunnan**			五家渠市	Wujiaqu	6	5
安宁市	Anning	15	20	北屯市	Beitun	5	4
宣威市	Xuanwei	50	570				

3-12 专任教师数
Number of Full-time Teachers

单位：人 (person)

城　市	City	普通中学专任教师数 Full-time Teachers of Regular Secondary Schools	小学专任教师数 Full-time Teachers of Regular Secondary Schools
河北省	**Hebei**		
晋州市	Jinzhou	1588	2110
新乐市	Xinle	1598	2053
遵化市	Zunhua	3073	2965
迁安市	Qian'an	3125	3139
武安市	Wu'an	3571	4434
南宫市	Nangong	1761	2009
沙河市	Shahe	2773	2361
涿州市	Zhuozhou	2201	2087
安国市	Anguo	1354	1703
高碑店市	Gaobeidian	1676	1744
泊头市	Botou	1806	2986
任丘市	Renqiu	3495	3923
黄骅市	Huanghua	2206	2351
河间市	Hejian	2246	3609
霸州市	Bazhou	2277	3486
三河市	Sanhe	1811	3569
冀州市	Jizhou	2437	1212
深州市	Shenzhou	1589	2064
定州市	Dingzhou	4133	4119
辛集市	Xinji	2515	2704
山西省	**Shanxi**		
古交市	Gujiao	1214	1534
潞城市	Lucheng	1059	1256
高平市	Gaoping	2253	1749
介休市	Jiexiu	1994	1846
永济市	Yongji	2340	2183
河津市	Hejin	2738	2595
原平市	Yuanping	2310	2464
侯马市	Houma	1070	1100
霍州市	Huozhou	1357	1608
孝义市	Xiaoyi	3319	2630
汾阳市	Fenyang	2046	1935
内蒙古自治区	**Inner Mongolia**		
霍林郭勒市	Huolinguole	564	444
满洲里市	Manzhouli	1116	736
牙克石市	Yakeshi	1468	1152
扎兰屯市	Zhalantun	1445	1657
额尔古纳市	Eerguna	311	397
根河市	Genhe	395	638
丰镇市	Fengzhen	974	1537
乌兰浩特市	Wulanhaote	1836	1426
阿尔山市	Aershan	183	157
二连浩特市	Erlianhaote	402	346
锡林浩特市	Xilinhaote	1618	1063
辽宁省	**Liaoning**		
新民市	Xinmin	1417	2231
瓦房店市	Wafangdian	2182	2898
普兰店市	Pulandian	2172	2541
庄河市	Zhuanghe	2740	2406
海城市	Haicheng	2827	5011
东港市	Donggang	1850	1909
凤城市	Fengcheng	1392	2596
凌海市	Linghai	1528	1564
北镇市	Beizhen	1687	2124
盖州市	Gaizhou	2278	3126
大石桥市	Dashiqiao	2436	2323
灯塔市	Dengta	1123	1820
调兵山市	Diaobingshan	602	779
开原市	Kaiyuan	2120	2230
北票市	Beipiao	2352	2378
凌源市	Lingyuan	1918	2892
兴城市	Xingcheng	1960	2015
吉林省	**Jilin**		
榆树市	Yushu	3415	5905
德惠市	Dehui	3156	5263
蛟河市	Jiaohe	1400	2489
桦甸市	Huadian	1553	1860
舒兰市	Shulan	1831	2539
磐石市	Panshi	2201	3125
公主岭市	Gongzhuling	3243	4175
双辽市	Shuangliao	1315	2015
梅河口市	Meihekou	2881	1728
集安市	Ji'an	859	988
临江市	Linjiang	723	861
扶余市	Fuyu	2614	2839
洮南市	Taonan	1751	2369
大安市	Daan	1895	2831
延吉市	Yanji	2253	1653
图们市	Tumen	340	358
敦化市	Dunhua	1095	1704
珲春市	Hunchun	823	1009
龙井市	Longjing	594	496
和龙市	Helong	763	810
黑龙江省	**Heilongjiang**		
双城市	Shuangcheng	2306	2483
尚志市	Shangzhi	1984	2335
五常市	Wuchang	2614	3518
讷河市	Nehe	1535	1565
虎林市	Hulin	656	538
密山市	Mishan	1632	924
铁力市	Tieli	1311	1367
同江市	Tongjiang	215	972
富锦市	Fujin	1402	1654
绥芬河市	Suifenhe	469	420
海林市	Hailin	969	948
宁安市	Ning'an	1475	1121
穆棱市	Muling	1081	1429

3-12 续表 1 continued

单位：人 (person)

城 市	City	普通中学专任教师数 Full-time Teachers of Regular Secondary Schools	小学专任教师数 Full-time Teachers of Regular Secondary Schools	城 市	City	普通中学专任教师数 Full-time Teachers of Regular Secondary Schools	小学专任教师数 Full-time Teachers of Regular Secondary Schools
北安市	Bei'an	867	1387	临海市	Linhai	3894	3988
五大连池市	Wudalianchi	849	1020	龙泉市	Longquan	888	1287
安达市	Anda	1709	1613	**安徽省**	**Anhui**		
肇东市	Zhaodong	3033	3135	巢湖市	Chaohu	3688	2714
海伦市	Hailun	1702	2387	桐城市	Tongcheng	3306	2577
江苏省	**Jiangsu**			天长市	Tianchang	2358	2159
江阴市	Jiangyin	5646	4706	明光市	Mingguang	2092	2045
宜兴市	Yixing	3835	4042	界首市	Jieshou	2186	2711
新沂市	Xinyi	3545	4015	宁国市	Ningguo	1707	1127
邳州市	Pizhou	5250	8309	**福建省**	**Fujian**		
溧阳市	Liyang	2815	2376	福清市	Fuqing	5348	5546
金坛市	Jintan	2223	1819	长乐市	Changle	2233	2440
常熟市	Changshu	3677	4577	永安市	Yong'an	1620	1440
张家港市	Zhangjiagang	3466	3653	石狮市	Shishi	1747	2166
昆山市	Kunshan	3271	5217	晋江市	Jinjiang	5438	6510
太仓市	Taicang	1752	2195	南安市	Nan'an	5877	5158
启东市	Qidong	3370	2539	龙海市	Longhai	3523	3019
如皋市	Rugao	4774	3168	邵武市	Shaowu	1200	1342
海门市	Haimen	3702	2702	武夷山市	Wuyishan	863	1130
东台市	Dongtai	3806	2566	建瓯市	Jian'ou	1855	2096
大丰市	Dafeng	2507	2044	建阳市	Jianyang	1294	1595
仪征市	Yizheng	1886	1645	漳平市	Zhangping	1177	1234
高邮市	Gaoyou	2908	1910	福安市	Fu'an	2611	2783
丹阳市	Danyang	3358	3179	福鼎市	Fuding	2144	2217
扬中市	Yangzhong	1061	960	**江西省**	**Jiangxi**		
句容市	Jurong	1939	1640	乐平市	Leping	3068	3577
兴化市	Xinghua	4514	4260	瑞昌市	Ruichang	1698	1995
靖江市	Jingjiang	2880	2178	共青城市	Gongqingcheng	232	360
泰兴市	Taixing	5379	3190	贵溪市	Guixi	2696	1884
浙江省	**Zhejiang**			瑞金市	Ruijin	2426	3054
建德市	Jiande	1839	1309	井冈山市	Jinggangshan	621	785
富阳市	Fuyang	2638	2555	丰城市	Fengcheng	4417	6163
临安市	Lin'an	1750	1698	樟树市	Zhangshu	2298	2199
余姚市	Yuyao	3009	3280	高安市	Gaoan	2863	3679
慈溪市	Cixi	4376	4822	德兴市	Dexing	843	1616
奉化市	Fenghua	1686	1626	**山东省**	**Shandong**		
瑞安市	Rui'an	4391	4823	章丘市	Zhangqiu	4338	4102
乐清市	Yueqing	4883	5507	胶州市	Jiaozhou	3445	3816
海宁市	Haining	2575	2620	即墨市	Jimo	4907	5344
平湖市	Pinghu	1887	1670	平度市	Pingdu	5768	5000
桐乡市	Tongxiang	2728	2578	莱西市	Laixi	3551	2744
诸暨市	Zhuji	5186	4045	滕州市	Tengzhou	6218	7038
嵊州市	Shengzhou	2579	2154	龙口市	Longkou	2950	1828
兰溪市	Lanxi	2245	1744	莱阳市	Laiyang	3485	2272
义乌市	Yiwu	3473	4156	莱州市	Laizhou	3806	2111
东阳市	Dongyang	3065	3284	蓬莱市	Penglai	2016	1220
永康市	Yongkang	2279	2669	招远市	Zhaoyuan	2787	1446
江山市	Jiangshan	2061	1912	栖霞市	Qixia	3130	1845
温岭市	Wenling	3978	4404	海阳市	Haiyang	2832	1879

3-12 续表 2 continued

单位：人 (person)

城　市	City	普通中学专任教师数 Full-time Teachers of Regular Secondary Schools	小学专任教师数 Full-time Teachers of Regular Secondary Schools
青州市	Qingzhou	4134	3798
诸城市	Zhucheng	4608	4603
寿光市	Shouguang	5319	4283
安丘市	Anqiu	4667	3086
高密市	Gaomi	4100	3994
昌邑市	Changyi	2764	1926
曲阜市	Qufu	2867	2333
邹城市	Zoucheng	4530	4850
新泰市	Xintai	5849	5051
肥城市	Feicheng	4790	5047
荣成市	Rongcheng	3400	1693
乳山市	Rushan	2599	1376
乐陵市	Laoling	2244	2804
禹城市	Yucheng	1545	2313
临清市	Linqing	2380	2915
河南省	**Henan**		
巩义市	Gongyi	3228	3326
荥阳市	Xingyang	2924	2470
新密市	Xinmi	3414	3799
新郑市	Xinzheng	2817	2739
登封市	Dengfeng	3468	3231
偃师市	Yanshi	3191	2410
舞钢市	Wugang	1142	1391
汝州市	Ruzhou	3509	4831
林州市	Linzhou	3797	4388
卫辉市	Weihui	1885	2180
辉县市	Huixian	3305	2730
沁阳市	Qinyang	2087	1872
孟州市	Mengzhou	1419	1152
禹州市	Yuzhou	5053	5009
长葛市	Changge	3095	3624
义马市	Yima	536	736
灵宝市	Lingbao	3607	3433
邓州市	Dengzhou	4963	7336
永城市	Yongcheng	4959	7889
项城市	Xiangcheng	4627	5237
济源市	Jiyuan	3243	2453
湖北省	**Hubei**		
大冶市	Daye	3953	4128
丹江口市	Danjiangkou	1527	1587
宜都市	Yidu	1116	917
当阳市	Dangyang	1437	1222
枝江市	Zhijiang	1587	1298
老河口市	Laohekou	1444	1737
枣阳市	Zaoyang	2530	3539
宜城市	Yicheng	1885	1750
钟祥市	Zhongxiang	3477	3329
应城市	Yingcheng	2762	2384
安陆市	Anlu	3129	2518
汉川市	Hanchuan	3853	3662
石首市	Shishou	2113	1553
洪湖市	Honghu	2466	2175
松滋市	Songzi	2287	1807
麻城市	Macheng	3603	3895
武穴市	Wuxue	3192	2964
赤壁市	Chibi	1896	1809
广水市	Guangshui	3168	3041
恩施市	Enshi	3055	2567
利川市	Lichuan	2382	3155
仙桃市	Xiantao	5450	4594
潜江市	Qianjiang	3884	3294
天门市	Tianmen	4944	3837
湖南省	**Hunan**		
浏阳市	Liuyang	4269	4346
醴陵市	Liling	2765	2879
湘乡市	Xiangxiang	2919	3068
韶山市	Shaoshan	345	395
耒阳市	Leiyang	3981	5015
常宁市	Changning	2988	3621
武冈市	Wugang	2594	2851
汨罗市	Miluo	2555	2182
临湘市	Linxiang	1851	1627
津市市	Jinshi	759	682
沅江市	Yuanjiang	2914	2411
资兴市	Zixing	1319	1720
洪江市	Hongjiang	1736	1865
冷水江市	Lengshuijiang	1904	1707
涟源市	Lianyuan	3561	3574
吉首市	Jishou	1476	1541
广东省	**Guangdong**		
增城市	Zengcheng	3044	2680
从化市	Conghua	4872	4762
乐昌市	Lechang	1978	2179
南雄市	Nanxiong	2176	1993
台山市	Taishan	2935	2759
开平市	Kaiping	3179	2783
鹤山市	Heshan	1545	1546
恩平市	Enping	2024	2136
廉江市	Lianjiang	6096	6710
雷州市	Leizhou	6866	7715
吴川市	Wuchuan	4545	4609
高州市	Gaozhou	9172	6547
化州市	Huazhou	7059	7896
信宜市	Xinyi	8269	5601
高要市	Gaoyao	3383	2887
四会市	Sihui	2146	2353

3-12 续表 3 continued

单位：人 (person)

城　市	City	普通中学专任教师数 Full-time Teachers of Regular Secondary Schools	小学专任教师数 Full-time Teachers of Regular Secondary Schools
兴宁市	Xingning	5899	4174
陆丰市	Lufeng	6077	12026
阳春市	Yangchun	3545	4129
英德市	Yingde	3216	4024
连州市	Lianzhou	1408	1772
普宁市	Puning	11947	10959
罗定市	Luoding	4795	5158
广西壮族自治区	**Guangxi**		
岑溪市	Cenxi	3378	3945
东兴市	Dongxing	518	841
桂平市	Guiping	6016	9145
北流市	Beiliu	4857	7598
宜州市	Yizhou	1693	2255
合山市	Heshan	331	630
凭祥市	Pingxiang	336	637
海南省	**Hainan**		
五指山市	Wuzhishan	725	871
琼海市	Qionghai	2351	2363
儋州市	Danzhou	4292	6004
文昌市	Wenchang	2131	2707
万宁市	Wanning	2214	3229
东方市	Dongfang	1839	2779
四川省	**Sichuan**		
都江堰市	Dujiangyan	2295	1970
彭州市	Pengzhou	2555	2049
邛崃市	Qionglai	1943	1481
崇州市	Chongzhou	1972	2061
广汉市	Guanghan	1856	1616
什邡市	Shifang	1412	1409
绵竹市	Mianzhu	1205	1368
江油市	Jiangyou	2389	2667
峨眉山市	Emeishan	1663	1677
阆中市	Langzhong	4473	2077
华蓥市	Huaying	1291	1325
万源市	Wanyuan	2506	4278
简阳市	Jianyang	5703	2058
西昌市	Xichang	3493	3140
贵州省	**Guizhou**		
清镇市	Qingzhen	2132	1844
赤水市	Chishui	1099	1285
仁怀市	Renhuai	3236	3064
兴义市	Xingyi	5118	4361
凯里市	Kaili	2889	2599
都匀市	Duyun	1899	1834
福泉市	Fuquan	1282	1628
云南省	**Yunnan**		
安宁市	Anning	1217	1397
宣威市	Xuanwei	5411	6583
楚雄市	Chuxiong	2500	2238
个旧市	Gejiu	1410	2034
开远市	Kaiyuan	1284	1709
蒙自市	Mengzi	1408	1809
弥勒市	Mile	1982	2506
文山市	Wenshan	2082	2569
景洪市	Jinghong	1762	2384
大理市	Dali	2600	2212
瑞丽市	Ruili	672	871
芒市	Mangshi	1249	2080
陕西省	**Shaanxi**		
兴平市	Xingping	3059	3092
韩城市	Hancheng	1849	1569
华阴市	Huayin	777	1082
甘肃省	**Gansu**		
玉门市	Yumen	634	679
敦煌市	Dunhuang	755	688
临夏市	Linxia	1469	1137
合作市	Hezuo	626	1044
青海省	**Qinghai**		
玉树市	Yushu	346	838
格尔木市	Golmud	805	916
德令哈市	Delingha	344	354
宁夏回族自治区	**Ningxia**		
灵武市	Lingwu	982	1103
青铜峡市	Qingtongxia	1027	1394
新疆维吾尔自治区	**Xinjiang**		
吐鲁番市	Turpan	2035	1892
哈密市	Hami	2406	2391
昌吉市	Changji	2169	1690
阜康市	Fukang	741	718
博乐市	Bole	978	1400
库尔勒市	Korla	2587	3462
阿克苏市	Akesu	2466	2262
阿图什市	Atus	2553	2945
喀什市	Kashi	4314	3120
和田市	Hetian	2179	1942
伊宁市	Yining	3262	4108
奎屯市	Kuitun	1428	783
塔城市	Tacheng	1156	1151
乌苏市	Wusu	1361	1329
阿勒泰市	Aletai	1156	1449
石河子市	Shihezi	2016	1192
阿拉尔市	Alar	1123	1006
图木舒克市	Tumushuke	787	932
五家渠市	Wujiaqu	837	427
北屯市	Beitun	323	266

3-13 在校学生数
Number of Students Enrollment

单位：人 (person)

城 市	City	普通中学在校学生数 Total Enrollment of Regular Secondary Schools	小学在校学生数 Total Enrollment of Primary Schools
河北省	**Hebei**		
晋州市	Jinzhou	15443	33421
新乐市	Xinle	23367	41617
遵化市	Zunhua	39507	56046
迁安市	Qian'an	33571	53312
武安市	Wu'an	44719	72870
南宫市	Nangong	21793	27341
沙河市	Shahe	29249	40814
涿州市	Zhuozhou	24834	37391
安国市	Anguo	18995	28664
高碑店市	Gaobeidian	23553	35936
泊头市	Botou	24526	52456
任丘市	Renqiu	34233	71732
黄骅市	Huanghua	24228	37290
河间市	Hejian	29821	68644
霸州市	Bazhou	31105	65396
三河市	Sanhe	19954	49554
冀州市	Jizhou	29761	22898
深州市	Shenzhou	19629	32944
定州市	Dingzhou	67168	98170
辛集市	Xinji	31493	39568
山西省	**Shanxi**		
古交市	Gujiao	13430	17655
潞城市	Lucheng	11888	14867
高平市	Gaoping	32361	26826
介休市	Jiexiu	19739	33051
永济市	Yongji	20705	20569
河津市	Hejin	27776	30534
原平市	Yuanping	14675	26485
侯马市	Houma	11219	13291
霍州市	Huozhou	15362	19919
孝义市	Xiaoyi	34102	36599
汾阳市	Fenyang	24298	26900
内蒙古自治区	**Inner Mongolia**		
霍林郭勒市	Huolinguole	7212	7357
满洲里市	Manzhouli	10919	8444
牙克石市	Yakeshi	13684	8371
扎兰屯市	Zhalantun	12192	17559
额尔古纳市	Eerguna	3454	3242
根河市	Genhe	2114	2675
丰镇市	Fengzhen	7884	10411
乌兰浩特市	Wulanhaote	22860	19212
阿尔山市	Aershan	669	1010
二连浩特市	Erlianhaote	3764	5307
锡林浩特市	Xilinhaote	22050	16623
辽宁省	**Liaoning**		
新民市	Xinmin	16001	33452
瓦房店市	Wafangdian	25635	40658
普兰店市	Pulandian	19551	33236
庄河市	Zhuanghe	30248	30675
海城市	Haicheng	33928	67160
东港市	Donggang	18969	28139
凤城市	Fengcheng	17586	30052
凌海市	Linghai	20598	20879
北镇市	Beizhen	20353	27156
盖州市	Gaizhou	16420	37107
大石桥市	Dashiqiao	27396	33705
灯塔市	Dengta	11801	22822
调兵山市	Diaobingshan	5353	9423
开原市	Kaiyuan	12990	25505
北票市	Beipiao	25549	25557
凌源市	Lingyuan	30892	40840
兴城市	Xingcheng	15774	29234
吉林省	**Jilin**		
榆树市	Yushu	49065	56928
德惠市	Dehui	37529	58158
蛟河市	Jiaohe	14143	19763
桦甸市	Huadian	17422	23420
舒兰市	Shulan	20953	29244
磐石市	Panshi	22158	30627
公主岭市	Gongzhuling	41624	61028
双辽市	Shuangliao	15121	23129
梅河口市	Meihekou	29715	30733
集安市	Ji'an	5090	8729
临江市	Linjiang	6093	5867
扶余市	Fuyu	22357	38385
洮南市	Taonan	15053	20073
大安市	Daan	7823	16482
延吉市	Yanji	23482	27686
图们市	Tumen	2451	2849
敦化市	Dunhua	17143	21147
珲春市	Hunchun	7844	10217
龙井市	Longjing	3122	3828
和龙市	Helong	3900	4571
黑龙江省	**Heilongjiang**		
双城市	Shuangcheng	25905	39059
尚志市	Shangzhi	20134	21422
五常市	Wuchang	27686	38204
讷河市	Nehe	13475	28290
虎林市	Hulin	8585	6391
密山市	Mishan	14929	12112
铁力市	Tieli	12219	10603
同江市	Tongjiang	3435	7084
富锦市	Fujin	15405	20086
绥芬河市	Suifenhe	6181	7342
海林市	Hailin	8576	11749
宁安市	Ning'an	11224	14382
穆棱市	Muling	9502	12885

3-13 续表 1 continued

单位：人 (person)

城　市	City	普通中学在校学生数 Total Enrollment of Regular Secondary Schools	小学在校学生数 Total Enrollment of Primary Schools	城　市	City	普通中学在校学生数 Total Enrollment of Regular Secondary Schools	小学在校学生数 Total Enrollment of Primary Schools
北安市	Bei'an	6870	11906	临海市	Linhai	55988	86699
五大连池市	Wudalianchi	7631	9087	龙泉市	Longquan	12292	17200
安达市	Anda	15787	20619	**安徽省**	**Anhui**		
肇东市	Zhaodong	37217	33094	巢湖市	Chaohu	39069	41707
海伦市	Hailun	18747	24759	桐城市	Tongcheng	37757	32558
江苏省	**Jiangsu**			天长市	Tianchang	30773	31111
江阴市	Jiangyin	54751	91002	明光市	Mingguang	29337	34853
宜兴市	Yixing	42710	60405	界首市	Jieshou	30085	50097
新沂市	Xinyi	32047	100926	宁国市	Ningguo	14515	18038
邳州市	Pizhou	68664	165322	**福建省**	**Fujian**		
溧阳市	Liyang	27846	38431	福清市	Fuqing	60118	110940
金坛市	Jintan	18911	25379	长乐市	Changle	25102	49576
常熟市	Changshu	42087	81268	永安市	Yong'an	16076	23469
张家港市	Zhangjiagang	39429	75560	石狮市	Shishi	25698	55148
昆山市	Kunshan	39658	106185	晋江市	Jinjiang	80751	172093
太仓市	Taicang	19867	40127	南安市	Nan'an	60117	97885
启东市	Qidong	30606	37557	龙海市	Longhai	40124	57913
如皋市	Rugao	47617	61471	邵武市	Shaowu	13256	17348
海门市	Haimen	34494	46272	武夷山市	Wuyishan	10335	16975
东台市	Dongtai	34413	35361	建瓯市	Jian'ou	21763	34379
大丰市	Dafeng	24194	27783	建阳市	Jianyang	15901	20433
仪征市	Yizheng	20105	24226	漳平市	Zhangping	10815	15805
高邮市	Gaoyou	30480	28557	福安市	Fu'an	28895	47841
丹阳市	Danyang	32407	47405	福鼎市	Fuding	23147	33812
扬中市	Yangzhong	9513	13977	**江西省**	**Jiangxi**		
句容市	Jurong	17485	23408	乐平市	Leping	40075	80917
兴化市	Xinghua	41044	58171	瑞昌市	Ruichang	22488	37794
靖江市	Jingjiang	23930	30790	共青城市	Gongqingcheng	4662	8725
泰兴市	Taixing	46414	51430	贵溪市	Guixi	22672	45507
浙江省	**Zhejiang**			瑞金市	Ruijin	43330	63659
建德市	Jiande	20863	20851	井冈山市	Jinggangshan	7863	14004
富阳市	Fuyang	32901	44489	丰城市	Fengcheng	83149	100143
临安市	Lin'an	21425	29027	樟树市	Zhangshu	26959	39965
余姚市	Yuyao	39649	67570	高安市	Gaoan	46067	68253
慈溪市	Cixi	48891	87551	德兴市	Dexing	9991	28448
奉化市	Fenghua	19870	32833	**山东省**	**Shandong**		
瑞安市	Rui'an	57075	98744	章丘市	Zhangqiu	55424	58384
乐清市	Yueqing	59711	101604	胶州市	Jiaozhou	41677	63497
海宁市	Haining	28400	44039	即墨市	Jimo	54828	82066
平湖市	Pinghu	21283	27354	平度市	Pingdu	61133	76138
桐乡市	Tongxiang	34103	47763	莱西市	Laixi	36502	37342
诸暨市	Zhuji	76691	72186	滕州市	Tengzhou	82238	92564
嵊州市	Shengzhou	31140	36241	龙口市	Longkou	32130	29964
兰溪市	Lanxi	27568	33977	莱阳市	Laiyang	37372	33441
义乌市	Yiwu	45616	95083	莱州市	Laizhou	41724	32253
东阳市	Dongyang	42292	70929	蓬莱市	Penglai	20239	17210
永康市	Yongkang	31043	57285	招远市	Zhaoyuan	29080	22623
江山市	Jiangshan	27844	34843	栖霞市	Qixia	23655	17685
温岭市	Wenling	52899	99306	海阳市	Haiyang	29086	21338

3-13 续表 2 continued

单位：人 (person)

城市	City	普通中学在校学生数 Total Enrollment of Regular Secondary Schools	小学在校学生数 Total Enrollment of Primary Schools	城市	City	普通中学在校学生数 Total Enrollment of Regular Secondary Schools	小学在校学生数 Total Enrollment of Primary Schools
青州市	Qingzhou	47932	50418	安陆市	Anlu	20591	27609
诸城市	Zhucheng	55888	80189	汉川市	Hanchuan	31016	49438
寿光市	Shouguang	61485	66365	石首市	Shishou	22577	25786
安丘市	Anqiu	42277	66343	洪湖市	Honghu	31030	41013
高密市	Gaomi	45911	66101	松滋市	Songzi	25584	31650
昌邑市	Changyi	28588	33354	麻城市	Macheng	43058	53455
曲阜市	Qufu	29148	28979	武穴市	Wuxue	30518	56950
邹城市	Zoucheng	49312	65419	赤壁市	Chibi	20902	32427
新泰市	Xintai	94764	68142	广水市	Guangshui	31773	43278
肥城市	Feicheng	50866	68081	恩施市	Enshi	42435	49082
荣成市	Rongcheng	31023	26180	利川市	Lichuan	39968	63719
乳山市	Rushan	18267	13690	仙桃市	Xiantao	56348	73336
乐陵市	Laoling	22405	51289	潜江市	Qianjiang	39500	45100
禹城市	Yucheng	26235	31988	天门市	Tianmen	55533	70502
临清市	Linqing	30933	73671	**湖南省**	**Hunan**		
河南省	**Henan**			浏阳市	Liuyang	62661	95712
巩义市	Gongyi	37520	50647	醴陵市	Liling	35750	57303
荥阳市	Xingyang	31342	42598	湘乡市	Xiangxiang	38301	44427
新密市	Xinmi	44910	66507	韶山市	Shaoshan	3075	5397
新郑市	Xinzheng	34528	59276	耒阳市	Leiyang	68601	109107
登封市	Dengfeng	54049	75592	常宁市	Changning	47186	73007
偃师市	Yanshi	31301	38803	武冈市	Wugang	50106	63515
舞钢市	Wugang	14057	22500	汨罗市	Miluo	29807	40425
汝州市	Ruzhou	45744	108481	临湘市	Linxiang	22673	33729
林州市	Linzhou	53052	96257	津市市	Jinshi	6630	8790
卫辉市	Weihui	22015	54819	沅江市	Yuanjiang	24712	31967
辉县市	Huixian	39150	81614	资兴市	Zixing	15209	23181
沁阳市	Qinyang	29262	34349	洪江市	Hongjiang	18202	22806
孟州市	Mengzhou	17606	19908	冷水江市	Lengshuijiang	20633	31571
禹州市	Yuzhou	57192	106190	涟源市	Lianyuan	48331	64246
长葛市	Changge	34564	65007	吉首市	Jishou	23057	26432
义马市	Yima	5782	9819	**广东省**	**Guangdong**		
灵宝市	Lingbao	36144	47020	增城市	Zengcheng	35200	38426
邓州市	Dengzhou	80525	180485	从化市	Conghua	55746	76636
永城市	Yongcheng	68016	145417	乐昌市	Lechang	22884	33596
项城市	Xiangcheng	75996	90652	南雄市	Nanxiong	22966	27226
济源市	Jiyuan	40643	48913	台山市	Taishan	39562	48385
湖北省	**Hubei**			开平市	Kaiping	43988	54069
大冶市	Daye	35086	60681	鹤山市	Heshan	22755	32634
丹江口市	Danjiangkou	16678	26379	恩平市	Enping	22655	29426
宜都市	Yidu	11464	14066	廉江市	Lianjiang	100395	114719
当阳市	Dangyang	15294	18136	雷州市	Leizhou	109771	118990
枝江市	Zhijiang	14176	15259	吴川市	Wuchuan	79189	74078
老河口市	Laohekou	18187	32249	高州市	Gaozhou	116959	117305
枣阳市	Zaoyang	38234	65307	化州市	Huazhou	115620	134767
宜城市	Yicheng	20510	26989	信宜市	Xinyi	109145	101416
钟祥市	Zhongxiang	35590	44574	高要市	Gaoyao	40239	49479
应城市	Yingcheng	20130	25093	四会市	Sihui	28713	46428

3-13 续表 3 continued

单位：人 (person)

城市	City	普通中学在校学生数 Total Enrollment of Regular Secondary Schools	小学在校学生数 Total Enrollment of Primary Schools
兴宁市	Xingning	47645	58190
陆丰市	Lufeng	107563	116509
阳春市	Yangchun	48750	68277
英德市	Yingde	33983	67017
连州市	Lianzhou	15875	26889
普宁市	Puning	178151	182402
罗定市	Luoding	68431	89136
广西壮族自治区	**Guangxi**		
岑溪市	Cenxi	56761	80848
东兴市	Dongxing	9184	19244
桂平市	Guiping	120931	179727
北流市	Beiliu	89344	160011
宜州市	Yizhou	31097	46779
合山市	Heshan	4080	7843
凭祥市	Pingxiang	4405	9715
海南省	**Hainan**		
五指山市	Wuzhishan	8988	9215
琼海市	Qionghai	30039	40952
儋州市	Danzhou	60393	80162
文昌市	Wenchang	28850	41465
万宁市	Wanning	27842	41521
东方市	Dongfang	30480	37912
四川省	**Sichuan**		
都江堰市	Dujiangyan	25699	27544
彭州市	Pengzhou	26677	32971
邛崃市	Qionglai	25041	22933
崇州市	Chongzhou	23674	26321
广汉市	Guanghan	20143	23904
什邡市	Shifang	14547	15004
绵竹市	Mianzhu	15130	17573
江油市	Jiangyou	32502	32771
峨眉山市	Emeishan	17116	17526
阆中市	Langzhong	32370	34640
华蓥市	Huaying	18364	21936
万源市	Wanyuan	28834	35960
简阳市	Jianyang	58505	80959
西昌市	Xichang	55698	71987
贵州省	**Guizhou**		
清镇市	Qingzhen	31677	31049
赤水市	Chishui	14734	19862
仁怀市	Renhuai	50111	19159
兴义市	Xingyi	77753	75001
凯里市	Kaili	46946	52138
都匀市	Duyun	29729	28244
福泉市	Fuquan	6971	22547
云南省	**Yunnan**		
安宁市	Anning	16514	24671
宣威市	Xuanwei	102077	130018
楚雄市	Chuxiong	39712	38577
个旧市	Gejiu	20540	34195
开远市	Kaiyuan	16425	25187
蒙自市	Mengzi	20807	36972
弥勒市	Mile	30410	43314
文山市	Wenshan	32169	46766
景洪市	Jinghong	27454	41688
大理市	Dali	40010	43537
瑞丽市	Ruili	9648	17093
芒市	Mangshi	16346	33408
陕西省	**Shaanxi**		
兴平市	Xingping	35069	34964
韩城市	Hancheng	20549	21526
华阴市	Huayin	7981	13160
甘肃省	**Gansu**		
玉门市	Yumen	7737	9976
敦煌市	Dunhuang	9824	10615
临夏市	Linxia	21688	21240
合作市	Hezuo	7446	8391
青海省	**Qinghai**		
玉树市	Yushu	5804	14141
格尔木市	Golmud	11919	17985
德令哈市	Delingha	4972	6132
宁夏回族自治区	**Ningxia**		
灵武市	Lingwu	15376	22783
青铜峡市	Qingtongxia	14935	21146
新疆维吾尔自治区	**Xinjiang**		
吐鲁番市	Turpan	14642	23283
哈密市	Hami	27760	26703
昌吉市	Changji	30055	28587
阜康市	Fukang	8380	8255
博乐市	Bole	10466	12297
库尔勒市	Korla	25662	46451
阿克苏市	Akesu	27640	46819
阿图什市	Atus	18006	27214
喀什市	Kashi	46131	67551
和田市	Hetian	20045	32991
伊宁市	Yining	37285	51172
奎屯市	Kuitun	12331	12249
塔城市	Tacheng	10970	10322
乌苏市	Wusu	12807	16591
阿勒泰市	Aletai	10062	12977
石河子市	Shihezi	28576	21782
阿拉尔市	Alar	10990	20632
图木舒克市	Tumushuke	9608	15250
五家渠市	Wujiaqu	10130	6439
北屯市	Beitun	5548	4058

3-14 医院、卫生院床位数及医护人员数

Number of Beds, Doctors and Nurses of Hospitals and Health Centers

城市	City	医院、卫生院床位数(床) Number of Beds of Hospitals and Health Centers (bed)	医院、卫生院卫生技术人员数(人) Number of Medical Technical Personnel of Hospitals and Health Centers (person)	
				执业(助理)医师 Licensed (Assistant) Doctors
河北省	**Hebei**			
晋州市	Jinzhou	1008	950	401
新乐市	Xinle	1760	1639	682
遵化市	Zunhua	2411	2899	1116
迁安市	Qian'an	3713	3780	1251
武安市	Wu'an	2831	2322	846
南宫市	Nangong	1147	971	510
沙河市	Shahe	1324	1167	603
涿州市	Zhuozhou	2944	3241	1199
安国市	Anguo	829	916	411
高碑店市	Gaobeidian	1487	1482	606
泊头市	Botou	1586	1434	714
任丘市	Renqiu	3688	4037	1692
黄骅市	Huanghua	2757	2697	1093
河间市	Hejian	2529	1661	931
霸州市	Bazhou	2283	2426	828
三河市	Sanhe	4065	3735	1393
冀州市	Jizhou	961	652	380
深州市	Shenzhou	1412	1163	583
定州市	Dingzhou	2479	2516	1124
辛集市	Xinji	1726	1774	829
山西省	**Shanxi**			
古交市	Gujiao	1412	1840	729
潞城市	Lucheng	608	740	258
高平市	Gaoping	1348	2021	676
介休市	Jiexiu	1744	2030	927
永济市	Yongji	2031	2754	779
河津市	Hejin	1890	2382	1909
原平市	Yuanping	1026	1218	492
侯马市	Houma	1508	2303	946
霍州市	Huozhou	1436	1790	771
孝义市	Xiaoyi	2092	3465	1398
汾阳市	Fenyang	1835	1892	741
内蒙古自治区	**Inner Mongolia**			
霍林郭勒市	Huolinguole	786	489	175
满洲里市	Manzhouli	915	2010	651
牙克石市	Yakeshi	3523	3462	1812
扎兰屯市	Zhalantun	1786	2261	914
额尔古纳市	Eerguna	448	618	272
根河市	Genhe	608	1354	856
丰镇市	Fengzhen	515	796	351
乌兰浩特市	Wulanhaote	3054	3710	1324
阿尔山市	Aershan	178	263	117
二连浩特市	Erlianhaote	229	302	162
锡林浩特市	Xilinhaote	1275	1884	577
辽宁省	**Liaoning**			
新民市	Xinmin	2191	1892	782
瓦房店市	Wafangdian	7709	4645	2602
普兰店市	Pulandian	3560	2972	1142

3-14 续表 1 continued

城 市	City	医院、卫生院床位数(床) Number of Beds of Hospitals and Health Centers (bed)	医院、卫生院卫生技术人员数(人) Number of Medical Technical Personnel of Hospitals and Health Centers (person)	执业(助理)医师 Licensed (Assistant) Doctors
庄河市	Zhuanghe	2976	3871	1631
海城市	Haicheng	3729	3544	3167
东港市	Donggang	2887	2169	917
凤城市	Fengcheng	3049	1661	1158
凌海市	Linghai	1839	981	748
北镇市	Beizhen	1440	1065	1018
盖州市	Gaizhou	2043	1347	877
大石桥市	Dashiqiao	3029	4392	1842
灯塔市	Dengta	1670	959	954
调兵山市	Diaobingshan	1033	1819	788
开原市	Kaiyuan	1992	1893	847
北票市	Beipiao	2871	2424	1022
凌源市	Lingyuan	3332	1261	1114
兴城市	Xingcheng	1668	1385	289
吉林省	**Jilin**			
榆树市	Yushu	2831	2379	1293
德惠市	Dehui	3036	1829	1117
蛟河市	Jiaohe	1613	2205	1330
桦甸市	Huadian	2039	4028	893
舒兰市	Shulan	2444	2004	792
磐石市	Panshi	2084	2027	798
公主岭市	Gongzhuling	3529	4057	1786
双辽市	Shuangliao	1666	2028	853
梅河口市	Meihekou	2563	3586	1678
集安市	Ji'an	786	716	332
临江市	Linjiang	1051	1112	556
扶余市	Fuyu	791	883	446
洮南市	Taonan	2205	1529	660
大安市	Daan	1405	1723	993
延吉市	Yanji	4161	4512	1650
图们市	Tumen	478	388	200
敦化市	Dunhua	2265	3329	1179
珲春市	Hunchun	1295	1403	598
龙井市	Longjing	652	702	262
和龙市	Helong	786	740	190
黑龙江省	**Heilongjiang**			
双城市	Shuangcheng	1678	2829	1102
尚志市	Shangzhi	2089	2838	988
五常市	Wuchang	2143	4155	1072
讷河市	Nehe	1335	1296	670
虎林市	Hulin	1076	984	372
密山市	Mishan	1209	1380	944
铁力市	Tieli	1335	1692	545
同江市	Tongjiang	399	471	202
富锦市	Fujin	1156	1179	471
绥芬河市	Suifenhe	697	606	191
海林市	Hailin	1646	2167	851
宁安市	Ning'an	1352	3516	949
穆棱市	Muling	900	1777	476

3-14 续表 2 continued

城 市	City	医院、卫生院床位数(床) Number of Beds of Hospitals and Health Centers (bed)	医院、卫生院卫生技术人员数(人) Number of Medical Technical Personnel of Hospitals and Health Centers (person)	执业(助理)医师 Licensed (Assistant) Doctors
北安市	Bei'an	2694	3073	939
五大连池市	Wudalianchi	1599	1581	656
安达市	Anda	1641	2123	714
肇东市	Zhaodong	1972	1720	786
海伦市	Hailun	1246	1455	804
江苏省	**Jiangsu**			
江阴市	Jiangyin	7605	8435	3199
宜兴市	Yixing	4856	7226	2708
新沂市	Xinyi	3117	4058	1596
邳州市	Pizhou	4867	6271	2091
溧阳市	Liyang	2879	3812	1702
金坛市	Jintan	2444	2747	1184
常熟市	Changshu	7052	8278	3495
张家港市	Zhangjiagang	8588	8441	3331
昆山市	Kunshan	6300	10375	4194
太仓市	Taicang	3577	4143	1615
启东市	Qidong	3815	3721	1555
如皋市	Rugao	5189	5540	2533
海门市	Haimen	3480	3800	1673
东台市	Dongtai	5246	4703	2236
大丰市	Dafeng	3216	3529	1750
仪征市	Yizheng	2080	2651	1039
高邮市	Gaoyou	2536	2968	1376
丹阳市	Danyang	3314	4371	1912
扬中市	Yangzhong	970	1593	705
句容市	Jurong	1832	2349	1036
兴化市	Xinghua	4281	4330	1899
靖江市	Jingjiang	3689	4011	1695
泰兴市	Taixing	3964	4611	2062
浙江省	**Zhejiang**			
建德市	Jiande	2154	3037	1059
富阳市	Fuyang	2658	4330	1691
临安市	Lin'an	2047	3378	1425
余姚市	Yuyao	2676	4338	2124
慈溪市	Cixi	3783	7808	3126
奉化市	Fenghua	2196	3099	1315
瑞安市	Rui'an	4121	7535	3261
乐清市	Yueqing	3552	6500	3357
海宁市	Haining	3370	5214	1611
平湖市	Pinghu	2484	3164	1145
桐乡市	Tongxiang	3061	4613	1524
诸暨市	Zhuji	4710	7182	2998
嵊州市	Shengzhou	2628	3512	1448
兰溪市	Lanxi	2049	3189	1336
义乌市	Yiwu	4091	6697	2609
东阳市	Dongyang	4258	5832	2253
永康市	Yongkang	2679	4410	1680
江山市	Jiangshan	2071	2619	1209
温岭市	Wenling	5013	7650	2955
临海市	Linhai	4414	5914	2642
龙泉市	Longquan	842	1312	524

3-14 续表 3 continued

城 市	City	医院、卫生院床位数(床) Number of Beds of Hospitals and Health Centers (bed)	医院、卫生院卫生技术人员数(人) Number of Medical Technical Personnel of Hospitals and Health Centers (person)	执业(助理)医师 Licensed (Assistant) Doctors
安徽省	**Anhui**			
巢湖市	Chaohu	3456	3669	1360
桐城市	Tongcheng	2104	2148	1315
天长市	Tianchang	3140	2650	1077
明光市	Mingguang	1699	2619	712
界首市	Jieshou	2072	2197	899
宁国市	Ningguo	1732	2468	991
福建省	**Fujian**			
福清市	Fuqing	2971	4419	1608
长乐市	Changle	1976	2191	596
永安市	Yong'an	2451	2287	710
石狮市	Shishi	1511	2536	968
晋江市	Jinjiang	4375	5596	2530
南安市	Nan'an	4875	3516	1691
龙海市	Longhai	2263	2742	1120
邵武市	Shaowu	1795	2106	558
武夷山市	Wuyishan	1000	1172	404
建瓯市	Jian'ou	2307	2782	618
建阳市	Jianyang	1257	2091	774
漳平市	Zhangping	908	590	339
福安市	Fu'an	2179	2385	840
福鼎市	Fuding	1937	3084	1022
江西省	**Jiangxi**			
乐平市	Leping	2005	2492	960
瑞昌市	Ruichang	1833	1621	898
共青城市	Gongqingcheng	356	419	16
贵溪市	Guixi	2022	1933	737
瑞金市	Ruijin	1768	1713	563
井冈山市	Jinggangshan	525	610	370
丰城市	Fengcheng	4235	3758	1418
樟树市	Zhangshu	2312	2200	754
高安市	Gaoan	3330	3508	1148
德兴市	Dexing	1700	1828	584
山东省	**Shandong**			
章丘市	Zhangqiu	4587	5438	2595
胶州市	Jiaozhou	3634	3669	1462
即墨市	Jimo	4950	6316	2164
平度市	Pingdu	4582	4676	1980
莱西市	Laixi	3895	3823	1468
滕州市	Tengzhou	6769	8823	2667
龙口市	Longkou	3339	3534	1325
莱阳市	Laiyang	3932	6065	2375
莱州市	Laizhou	7016	7587	1937
蓬莱市	Penglai	2989	2315	1354
招远市	Zhaoyuan	2491	3735	1329
栖霞市	Qixia	1903	2141	896
海阳市	Haiyang	4502	3936	1401

3-14 续表 4 continued

城 市	City	医院、卫生院床位数(床) Number of Beds of Hospitals and Health Centers (bed)	医院、卫生院卫生技术人员数(人) Number of Medical Technical Personnel of Hospitals and Health Centers (person)	执业(助理)医师 Licensed (Assistant) Doctors
青州市	Qingzhou	4852	7387	2823
诸城市	Zhucheng	5410	5917	2319
寿光市	Shouguang	5306	7282	3148
安丘市	Anqiu	4117	4500	2335
高密市	Gaomi	4012	5232	2138
昌邑市	Changyi	1975	2547	1057
曲阜市	Qufu	2052	4025	1942
邹城市	Zoucheng	6374	7335	2436
新泰市	Xintai	6360	7476	2368
肥城市	Feicheng	4518	4613	2466
荣成市	Rongcheng	6100	4504	1450
乳山市	Rushan	2135	2567	1036
乐陵市	Laoling	2214	2121	932
禹城市	Yucheng	1657	1810	798
临清市	Linqing	2858	3487	1139
河南省	**Henan**			
巩义市	Gongyi	2856	4347	1728
荥阳市	Xingyang	2159	2595	1368
新密市	Xinmi	3926	3837	1406
新郑市	Xinzheng	2907	3756	2018
登封市	Dengfeng	2992	4798	1179
偃师市	Yanshi	2422	2701	1302
舞钢市	Wugang	1317	1426	596
汝州市	Ruzhou	4077	3696	1297
林州市	Linzhou	3751	3778	2127
卫辉市	Weihui	3782	3262	1180
辉县市	Huixian	2623	2983	1240
沁阳市	Qinyang	1412	2096	1200
孟州市	Mengzhou	1205	1545	664
禹州市	Yuzhou	3803	7168	2307
长葛市	Changge	2193	3798	1756
义马市	Yima	1438	1639	464
灵宝市	Lingbao	2644	2653	1271
邓州市	Dengzhou	5486	3450	979
永城市	Yongcheng	5029	4680	1820
项城市	Xiangcheng	3843	2933	1147
济源市	Jiyuan	3216	3647	1407
湖北省	**Hubei**			
大冶市	Daye	3478	2869	2537
丹江口市	Danjiangkou	2935	2691	1048
宜都市	Yidu	2412	2252	844
当阳市	Dangyang	1760	1673	1484
枝江市	Zhijiang	2475	2361	1636
老河口市	Laohekou	2350	2107	1209
枣阳市	Zaoyang	5278	4290	2892
宜城市	Yicheng	2589	2663	993
钟祥市	Zhongxiang	5792	4554	2637
应城市	Yingcheng	2082	3150	1006

3-14 续表 5 continued

城　市	City	医院、卫生院床位数(床) Number of Beds of Hospitals and Health Centers (bed)	医院、卫生院卫生技术人员数(人) Number of Medical Technical Personnel of Hospitals and Health Centers (person)	执业(助理)医师 Licensed (Assistant) Doctors
安陆市	Anlu	1994	2704	1075
汉川市	Hanchuan	4376	3798	1732
石首市	Shishou	2025	1883	684
洪湖市	Honghu	2292	2582	898
松滋市	Songzi	2476	2810	1062
麻城市	Macheng	3610	3896	1870
武穴市	Wuxue	2757	3285	1279
赤壁市	Chibi	2052	2406	1068
广水市	Guangshui	2738	3067	1749
恩施市	Enshi	6473	5875	1945
利川市	Lichuan	3778	3119	1176
仙桃市	Xiantao	4350	4474	2616
潜江市	Qianjiang	3999	5970	2546
天门市	Tianmen	5035	4252	2465
湖南省	**Hunan**			
浏阳市	Liuyang	6882	7084	3059
醴陵市	Liling	3687	3536	1878
湘乡市	Xiangxiang	3526	2943	1539
韶山市	Shaoshan	547	496	495
耒阳市	Leiyang	3682	5026	395
常宁市	Changning	3343	5860	1520
武冈市	Wugang	2904	2965	1181
汨罗市	Miluo	2543	3067	1644
临湘市	Linxiang	2423	1324	644
津市市	Jinshi	1134	1304	600
沅江市	Yuanjiang	3359	3389	1353
资兴市	Zixing	1715	1772	714
洪江市	Hongjiang	2150	2046	809
冷水江市	Lengshuijiang	2425	2924	1167
涟源市	Lianyuan	3575	3154	1488
吉首市	Jishou	4266	4279	398
广东省	**Guangdong**			
增城市	Zengcheng	3005	4095	1319
从化市	Conghua	3172	5556	1849
乐昌市	Lechang	1490	1615	816
南雄市	Nanxiong	1194	1407	618
台山市	Taishan	3017	4899	1462
开平市	Kaiping	2799	2381	876
鹤山市	Heshan	1244	1805	722
恩平市	Enping	1005	1383	810
廉江市	Lianjiang	4180	3589	1415
雷州市	Leizhou	3539	2494	1696
吴川市	Wuchuan	2622	2353	335
高州市	Gaozhou	6678	5935	2337
化州市	Huazhou	3516	4387	1708
信宜市	Xinyi	4154	3738	1018
高要市	Gaoyao	1774	3077	973
四会市	Sihui	1082	2590	866

3-14 续表 6 continued

城 市	City	医院、卫生院床位数(床) Number of Beds of Hospitals and Health Centers (bed)	医院、卫生院卫生技术人员数(人) Number of Medical Technical Personnel of Hospitals and Health Centers (person)	执业(助理)医师 Licensed (Assistant) Doctors
兴宁市	Xingning	2210	2200	1113
陆丰市	Lufeng	2266	1819	1442
阳春市	Yangchun	2821	3072	1293
英德市	Yingde	3044	3353	1139
连州市	Lianzhou	2428	2128	726
普宁市	Puning	4022	5890	2884
罗定市	Luoding	3128	3666	1423
广西壮族自治区	**Guangxi**			
岑溪市	Cenxi	2573	2651	1178
东兴市	Dongxing	408	704	245
桂平市	Guiping	4565	5387	1724
北流市	Beiliu	3768	3857	1504
宜州市	Yizhou	3051	3605	1100
合山市	Heshan	627	546	252
凭祥市	Pingxiang	270	705	276
海南省	**Hainan**			
五指山市	Wuzhishan	1062	802	159
琼海市	Qionghai	1675	2742	1039
儋州市	Danzhou	3224	5145	1275
文昌市	Wenchang	1310	1847	676
万宁市	Wanning	1686	2015	778
东方市	Dongfang	1140	1493	591
四川省	**Sichuan**			
都江堰市	Dujiangyan	5687	5196	1830
彭州市	Pengzhou	4987	4509	1759
邛崃市	Qionglai	3150	3191	953
崇州市	Chongzhou	4584	4098	1218
广汉市	Guanghan	2243	2312	1248
什邡市	Shifang	2634	2282	914
绵竹市	Mianzhu	2984	2395	1036
江油市	Jiangyou	6334	5413	2166
峨眉山市	Emeishan	2629	1948	747
阆中市	Langzhong	3627	2412	892
华蓥市	Huaying	1212	848	491
万源市	Wanyuan	1735	1799	501
简阳市	Jianyang	6273	7621	2348
西昌市	Xichang	5365	4923	2132
贵州省	**Guizhou**			
清镇市	Qingzhen	1739	2070	775
赤水市	Chishui	1863	1904	521
仁怀市	Renhuai	1630	993	525
兴义市	Xingyi	4592	5304	1583
凯里市	Kaili	3922	4947	1210
都匀市	Duyun	886	3964	749
福泉市	Fuquan	1273	918	271
云南省	**Yunnan**			
安宁市	Anning	3291	2676	830
宣威市	Xuanwei	5439	2716	1585

3-14 续表 7 continued

城 市	City	医院、卫生院床位数(床) Number of Beds of Hospitals and Health Centers (bed)	医院、卫生院卫生技术人员数(人) Number of Medical Technical Personnel of Hospitals and Health Centers (person)	执业(助理)医师 Licensed (Assistant) Doctors
楚雄市	Chuxiong	5613	5565	1772
个旧市	Gejiu	3419	4431	1172
开远市	Kaiyuan	4598	2897	1021
蒙自市	Mengzi	2178	2176	679
弥勒市	Mile	2615	2048	694
文山市	Wenshan	1697	1313	566
景洪市	Jinghong	3976	4440	1450
大理市	Dali	6553	4983	1689
瑞丽市	Ruili	1017	1226	398
芒市	Mangshi	2809	2797	1037
陕西省	**Shaanxi**			
兴平市	Xingping	2246	3960	841
韩城市	Hancheng	2068	2165	1097
华阴市	Huayin	1126	1159	503
甘肃省	**Gansu**			
玉门市	Yumen	946	724	348
敦煌市	Dunhuang	705	913	262
临夏市	Linxia	2507	1500	1000
合作市	Hezuo	610	285	147
青海省	**Qinghai**			
玉树市	Yushu	280	121	24
格尔木市	Golmud	1431	1304	487
德令哈市	Delingha	304	541	199
宁夏回族自治区	**Ningxia**			
灵武市	Lingwu	701	1107	470
青铜峡市	Qingtongxia	1233	1484	543
新疆维吾尔自治区	**Xinjiang**			
吐鲁番市	Turpan	1355	1741	527
哈密市	Hami	2328	3174	1268
昌吉市	Changji	4298	4758	1664
阜康市	Fukang	728	1140	340
博乐市	Bole	1347	1237	401
库尔勒市	Korla	4225	4586	1715
阿克苏市	Akesu	3529	3162	1246
阿图什市	Atus	1801	1602	518
喀什市	Kashi	6593	6699	1744
和田市	Hetian	3964	3370	1019
伊宁市	Yining	4157	4190	1558
奎屯市	Kuitun	2639	2440	827
塔城市	Tacheng	768	1163	398
乌苏市	Wusu	1368	1423	802
阿勒泰市	Aletai	1228	552	477
石河子市	Shihezi	3716	4596	1817
阿拉尔市	Alar	1134	860	362
图木舒克市	Tumushuke	713	752	192
五家渠市	Wujiaqu	1655	950	364
北屯市	Beitun	632	479	182

3-15 全社会用电情况

Electricity Consumption

单位：万千瓦时 (10 000 kwh)

城市	City	全社会用电量 Annual Electricity Consumption	居民生活用电量 Household Electricity Consumption
河北省	**Hebei**		
晋州市	Jinzhou	244411	40795
新乐市	Xinle	145948	21936
遵化市	Zunhua	494451	34028
迁安市	Qian'an	1305549	37630
武安市	Wu'an	1022924	32609
南宫市	Nangong	60757	15712
沙河市	Shahe	180096	26054
涿州市	Zhuozhou	127904	45129
安国市	Anguo	58341	17763
高碑店市	Gaobeidian	145263	37736
泊头市	Botou	107041	26362
任丘市	Renqiu	400488	51214
黄骅市	Huanghua	113790	20428
河间市	Hejian	146856	34989
霸州市	Bazhou	673754	43464
三河市	Sanhe	245955	68696
冀州市	Jizhou	99953	15639
深州市	Shenzhou	163500	23142
定州市	Dingzhou	214586	64943
辛集市	Xinji	262981	37488
山西省	**Shanxi**		
古交市	Gujiao	27503	5359
潞城市	Lucheng	236668	7738
高平市	Gaoping	296804	14789
介休市	Jiexiu	125204	22525
永济市	Yongji	436600	13746
河津市	Hejin	785700	21310
原平市	Yuanping	247472	14301
侯马市	Houma	109713	15637
霍州市	Huozhou	199037	11263
孝义市	Xiaoyi	104053	23918
汾阳市	Fenyang	67869	18051
内蒙古自治区	**Inner Mongolia**		
霍林郭勒市	Huolinguole	895457	14997
满洲里市	Manzhouli	78232	16725
牙克石市	Yakeshi	98267	10824
扎兰屯市	Zhalantun	109132	11500
额尔古纳市	Eerguna	9437	1730
根河市	Genhe	27630	8827
丰镇市	Fengzhen	301792	7167
乌兰浩特市	Wulanhaote	83851	4101
阿尔山市	Aershan	8485	1749
二连浩特市	Erlianhaote	30878	4603
锡林浩特市	Xilinhaote	156330	17730
辽宁省	**Liaoning**		
新民市	Xinmin	97109	24355
瓦房店市	Wafangdian	305597	42421
普兰店市	Pulandian	255195	40655
庄河市	Zhuanghe	109928	31666
海城市	Haicheng	703382	51924
东港市	Donggang	107268	26355
凤城市	Fengcheng	203879	33489
凌海市	Linghai	10	2
北镇市	Beizhen	64396	18879
盖州市	Gaizhou	156098	24931
大石桥市	Dashiqiao	550822	28030
灯塔市	Dengta	249244	201454
调兵山市	Diaobingshan	20863	6661
开原市	Kaiyuan	68473	15993
北票市	Beipiao	159780	15783
凌源市	Lingyuan	267946	17619
兴城市	Xingcheng	79226	22549
吉林省	**Jilin**		
榆树市	Yushu	73871	28776
德惠市	Dehui	93446	25107
蛟河市	Jiaohe	60732	10123
桦甸市	Huadian	72503	17150
舒兰市	Shulan	58665	6804
磐石市	Panshi	155713	18160
公主岭市	Gongzhuling	99431	23889
双辽市	Shuangliao	129876	16233
梅河口市	Meihekou	54043	20425
集安市	Ji'an	25253	8077
临江市	Linjiang	46633	11807
扶余市	Fuyu	44108	15910
洮南市	Taonan	68601	7490
大安市	Daan	38533	11897
延吉市	Yanji	116234	37739
图们市	Tumen	19836	5153
敦化市	Dunhua	71722	10060
珲春市	Hunchun	72134	11460
龙井市	Longjing	19564	7851
和龙市	Helong	24406	6164
黑龙江省	**Heilongjiang**		
双城市	Shuangcheng	74058	27998
尚志市	Shangzhi	53463	27762
五常市	Wuchang	72287	28962
讷河市	Nehe	36177	19689
虎林市	Hulin	21287	7138
密山市	Mishan	40161	16375
铁力市	Tieli	41906	14723
同江市	Tongjiang	14624	9334
富锦市	Fujin	39263	19462
绥芬河市	Suifenhe	34901	6700
海林市	Hailin	41902	11222
宁安市	Ning'an	41738	9512
穆棱市	Muling	34957	8700

3-15 续表 1 continued

单位：万千瓦时 (10 000 kwh)

城市	City	全社会用电量 Annual Electricity Consumption	居民生活用电量 Household Electricity Consumption
北安市	Bei'an	37728	12968
五大连池市	Wudalianchi	24769	12673
安达市	Anda	52012	19989
肇东市	Zhaodong	66341	35681
海伦市	Hailun	33974	17919
江苏省	**Jiangsu**		
江阴市	Jiangyin	2378734	119378
宜兴市	Yixing	882838	88991
新沂市	Xinyi	374617	38126
邳州市	Pizhou	256791	59303
溧阳市	Liyang	688030	44451
金坛市	Jintan	457666	35289
常熟市	Changshu	1552047	116257
张家港市	Zhangjiagang	2830481	89933
昆山市	Kunshan	1943532	156075
太仓市	Taicang	900502	49607
启东市	Qidong	268669	53980
如皋市	Rugao	457607	71594
海门市	Haimen	351180	53509
东台市	Dongtai	388159	48248
大丰市	Dafeng	527369	38395
仪征市	Yizheng	337545	31132
高邮市	Gaoyou	298599	39245
丹阳市	Danyang	657731	60247
扬中市	Yangzhong	164466	21917
句容市	Jurong	226943	34085
兴化市	Xinghua	635786	58084
靖江市	Jingjiang	360146	45077
泰兴市	Taixing	542615	60528
浙江省	**Zhejiang**		
建德市	Jiande	289341	24867
富阳市	Fuyang	718561	57565
临安市	Lin'an	308698	42736
余姚市	Yuyao	733023	73560
慈溪市	Cixi	1116873	113256
奉化市	Fenghua	278991	38463
瑞安市	Rui'an	636107	134899
乐清市	Yueqing	497785	135063
海宁市	Haining	705905	49479
平湖市	Pinghu	571558	35755
桐乡市	Tongxiang	766418	54219
诸暨市	Zhuji	733673	75591
嵊州市	Shengzhou	216252	42684
兰溪市	Lanxi	396275	31110
义乌市	Yiwu	747164	93703
东阳市	Dongyang	362664	64004
永康市	Yongkang	389695	55044
江山市	Jiangshan	212291	25390
温岭市	Wenling	518686	118839
临海市	Linhai	352248	65738
龙泉市	Longquan	52356	14042
安徽省	**Anhui**		
巢湖市	Chaohu	252662	37421
桐城市	Tongcheng	110589	24921
天长市	Tianchang	145623	33338
明光市	Mingguang	61483	18567
界首市	Jieshou	104534	26088
宁国市	Ningguo	218361	19391
福建省	**Fujian**		
福清市	Fuqing	498691	107970
长乐市	Changle	880850	64614
永安市	Yong'an	258265	25585
石狮市	Shishi	370754	78057
晋江市	Jinjiang	1255160	156543
南安市	Nan'an	662800	219676
龙海市	Longhai	381714	68927
邵武市	Shaowu	118213	19993
武夷山市	Wuyishan	62622	19603
建瓯市	Jian'ou	84876	27297
建阳市	Jianyang	74686	9571
漳平市	Zhangping	119244	21995
福安市	Fu'an	534621	43969
福鼎市	Fuding	174088	48962
江西省	**Jiangxi**		
乐平市	Leping	64985	24137
瑞昌市	Ruichang	187700	15000
共青城市	Gongqingcheng	19568	4591
贵溪市	Guixi	271678	20463
瑞金市	Ruijin	92954	23786
井冈山市	Jinggangshan	25540	5940
丰城市	Fengcheng	200707	34930
樟树市	Zhangshu	123846	18549
高安市	Gaoan	362232	26272
德兴市	Dexing	193531	16969
山东省	**Shandong**		
章丘市	Zhangqiu	487634	59864
胶州市	Jiaozhou	276948	52431
即墨市	Jimo	377581	67899
平度市	Pingdu	306789	64876
莱西市	Laixi	160759	35569
滕州市	Tengzhou	577762	65815
龙口市	Longkou	1357029	50466
莱阳市	Laiyang	212735	38521
莱州市	Laizhou	459686	45555
蓬莱市	Penglai	210848	25310
招远市	Zhaoyuan	274061	26303
栖霞市	Qixia	144485	20964
海阳市	Haiyang	109010	26592

3-15 续表 2 continued

单位：万千瓦时 (10 000 kwh)

城市	City	全社会用电量 Annual Electricity Consumption	居民生活用电量 Household Electricity Consumption	城市	City	全社会用电量 Annual Electricity Consumption	居民生活用电量 Household Electricity Consumption
青州市	Qingzhou	289124	42219	安陆市	Anlu	68243	18449
诸城市	Zhucheng	276294	47183	汉川市	Hanchuan	216383	38651
寿光市	Shouguang	1119972	64122	石首市	Shishou	87807	19976
安丘市	Anqiu	200369	34990	洪湖市	Honghu	67300	29783
高密市	Gaomi	353737	46851	松滋市	Songzi	71006	26535
昌邑市	Changyi	390337	29637	麻城市	Macheng	189438	30708
曲阜市	Qufu	158287	30319	武穴市	Wuxue	162418	22365
邹城市	Zoucheng	637566	43262	赤壁市	Chibi	181528	20290
新泰市	Xintai	275095	49235	广水市	Guangshui	58244	25807
肥城市	Feicheng	411528	40957	恩施市	Enshi	107912	36012
荣成市	Rongcheng	235243	35189	利川市	Lichuan	47184	18356
乳山市	Rushan	110653	24493	仙桃市	Xiantao	212335	50038
乐陵市	Laoling	83914	20190	潜江市	Qianjiang	351094	33054
禹城市	Yucheng	150906	18969	天门市	Tianmen	122431	39907
临清市	Linqing	271858	36746	**湖南省**	**Hunan**		
河南省	**Henan**			浏阳市	Liuyang	276666	66490
巩义市	Gongyi	327299	38010	醴陵市	Liling	108366	43017
荥阳市	Xingyang	187959	32518	湘乡市	Xiangxiang	135869	32496
新密市	Xinmi	201811	40166	韶山市	Shaoshan	17516	7051
新郑市	Xinzheng	283824	65803	耒阳市	Leiyang	147435	36274
登封市	Dengfeng	143538	37499	常宁市	Changning	119300	38965
偃师市	Yanshi	177606	41247	武冈市	Wugang	41700	11448
舞钢市	Wugang	227229	20022	汨罗市	Miluo	121480	36268
汝州市	Ruzhou	194091	48492	临湘市	Linxiang	79556	20555
林州市	Linzhou	557627	33662	津市市	Jinshi	41865	8846
卫辉市	Weihui	165298	22770	沅江市	Yuanjiang	69256	24835
辉县市	Huixian	206763	38396	资兴市	Zixing	166800	11450
沁阳市	Qinyang	192531	25280	洪江市	Hongjiang	94505	21982
孟州市	Mengzhou	124586	19799	冷水江市	Lengshuijiang	200980	19325
禹州市	Yuzhou	330000	40573	涟源市	Lianyuan	103000	38568
长葛市	Changge	236326	43765	吉首市	Jishou	120888	24400
义马市	Yima	223927	9459	**广东省**	**Guangdong**		
灵宝市	Lingbao	246971	31745	增城市	Zengcheng	192207	42094
邓州市	Dengzhou	127586	42085	从化市	Conghua	560259	114092
永城市	Yongcheng	935630	42612	乐昌市	Lechang	66249	19238
项城市	Xiangcheng	79104	33670	南雄市	Nanxiong	39243	12953
济源市	Jiyuan	829713	34476	台山市	Taishan	271206	46882
湖北省	**Hubei**			开平市	Kaiping	297323	36387
大冶市	Daye	297013	34042	鹤山市	Heshan	301146	28448
丹江口市	Danjiangkou	279809	22001	恩平市	Enping	264994	24860
宜都市	Yidu	396239	15662	廉江市	Lianjiang	118103	44609
当阳市	Dangyang	234245	19076	雷州市	Leizhou	86053	36651
枝江市	Zhijiang	298049	19276	吴川市	Wuchuan	104464	35007
老河口市	Laohekou	76809	8942	高州市	Gaozhou	113479	41130
枣阳市	Zaoyang	180847	32606	化州市	Huazhou	113738	38264
宜城市	Yicheng	113667	18127	信宜市	Xinyi	65939	29629
钟祥市	Zhongxiang	247236	33255	高要市	Gaoyao	472	406
应城市	Yingcheng	285095	19560	四会市	Sihui	388607	31557

3-15 续表 3 continued

单位：万千瓦时 (10 000 kwh)

城 市	City	全社会用电量 Annual Electricity Consumption	居民生活用电量 Household Electricity Consumption
兴宁市	Xingning	88340	41604
陆丰市	Lufeng	127789	75893
阳春市	Yangchun	202956	32691
英德市	Yingde	356905	40015
连州市	Lianzhou	103351	17068
普宁市	Puning	364479	49476
罗定市	Luoding	99201	26943
广西壮族自治区	**Guangxi**		
岑溪市	Cenxi	84740	28201
东兴市	Dongxing	42428	18576
桂平市	Guiping	168322	51927
北流市	Beiliu	122124	39157
宜州市	Yizhou	93205	26756
合山市	Heshan	20772	5283
凭祥市	Pingxiang	19865	6823
海南省	**Hainan**		
五指山市	Wuzhishan	11677	2559
琼海市	Qionghai	79451	29629
儋州市	Danzhou	103209	36652
文昌市	Wenchang	112646	26943
万宁市	Wanning	76813	24711
东方市	Dongfang	147699	15914
四川省	**Sichuan**		
都江堰市	Dujiangyan	304700	44100
彭州市	Pengzhou	296505	35667
邛崃市	Qionglai	117271	29062
崇州市	Chongzhou	172100	38790
广汉市	Guanghan	234060	30526
什邡市	Shifang	160084	23513
绵竹市	Mianzhu	190532	135286
江油市	Jiangyou	167496	32153
峨眉山市	Emeishan	524331	16027
阆中市	Langzhong	48362	28400
华蓥市	Huaying	87431	13624
万源市	Wanyuan	43871	17083
简阳市	Jianyang	129963	37704
西昌市	Xichang	145564	58225
贵州省	**Guizhou**		
清镇市	Qingzhen	210356	44099
赤水市	Chishui	52165	13800
仁怀市	Renhuai	58550	9430
兴义市	Xingyi	649039	137951
凯里市	Kaili	291111	38225
都匀市	Duyun	179800	37137
福泉市	Fuquan	135188	4068
云南省	**Yunnan**		
安宁市	Anning	674176	16939
宣威市	Xuanwei	346848	27424
楚雄市	Chuxiong	96830	22376
个旧市	Gejiu	683375	73127
开远市	Kaiyuan	242947	35889
蒙自市	Mengzi	184903	19963
弥勒市	Mile	201011	16454
文山市	Wenshan	137162	27078
景洪市	Jinghong	89734	27902
大理市	Dali	121182	34491
瑞丽市	Ruili	64941	6629
芒市	Mangshi	127354	11661
陕西省	**Shaanxi**		
兴平市	Xingping	42721	17210
韩城市	Hancheng	415281	20157
华阴市	Huayin	27006	12299
甘肃省	**Gansu**		
玉门市	Yumen	98655	4701
敦煌市	Dunhuang	36059	9183
临夏市	Linxia	33443	17015
合作市	Hezuo	20073	4752
青海省	**Qinghai**		
玉树市	Yushu		
格尔木市	Golmud	408792	8347
德令哈市	Delingha	63197	3843
宁夏回族自治区	**Ningxia**		
灵武市	Lingwu	96724	7261
青铜峡市	Qingtongxia	1246883	7472
新疆维吾尔自治区	**Xinjiang**		
吐鲁番市	Turpan	97774	9285
哈密市	Hami	415090	17561
昌吉市	Changji	160775	18157
阜康市	Fukang	916800	5600
博乐市	Bole	80332	7015
库尔勒市	Korla	391561	30657
阿克苏市	Akesu	234530	9856
阿图什市	Atus	43629	5663
喀什市	Kashi	118734	21083
和田市	Hetian	74638	18030
伊宁市	Yining	198145	25686
奎屯市	Kuitun	178116	9048
塔城市	Tacheng	38000	7284
乌苏市	Wusu	80974	6309
阿勒泰市	Aletai	123997	5079
石河子市	Shihezi	3072619	16704
阿拉尔市	Alar	88500	6900
图木舒克市	Tumushuke	48015	3530
五家渠市	Wujiaqu	1815012	5648
北屯市	Beitun	12364	3695

3-16 体育场馆、剧场、影剧院数及公共图书馆图书藏量

Number of Theaters and Music Halls,Cinemas and Total Collections of Public Libraries

城　市	City	公共图书馆图书总藏量 (千册) Total Collections of Public Libraries (1000 copies)	剧场、影剧院数 (个) Number of Theaters and Music Halls,Cinemas (unit)	体育场馆数 (个) Number of Stadiums and Gymnasiums (unit)
河北省	**Hebei**			
晋州市	Jinzhou	100	2	1
新乐市	Xinle	123	2	1
遵化市	Zunhua	180	4	
迁安市	Qian'an	240	6	6
武安市	Wu'an	185	4	4
南宫市	Nangong	102	1	
沙河市	Shahe	210	1	2
涿州市	Zhuozhou	100	3	1
安国市	Anguo	190	1	1
高碑店市	Gaobeidian	60	2	6
泊头市	Botou	110	2	6
任丘市	Renqiu	62	3	1
黄骅市	Huanghua	82	2	1
河间市	Hejian	1043	4	2
霸州市	Bazhou	260	1	2
三河市	Sanhe	73	3	5
冀州市	Jizhou	59	1	
深州市	Shenzhou	12	1	
定州市	Dingzhou	80	1	3
辛集市	Xinji	131	1	1
山西省	**Shanxi**			
古交市	Gujiao	46	1	1
潞城市	Lucheng	66	1	1
高平市	Gaoping	119	3	1
介休市	Jiexiu	63	3	4
永济市	Yongji	46	4	
河津市	Hejin	100	3	2
原平市	Yuanping	61	1	2
侯马市	Houma	39	1	5
霍州市	Huozhou	59	1	3
孝义市	Xiaoyi	4342	5	14
汾阳市	Fenyang	221	2	4
内蒙古自治区	**Inner Mongolia**			
霍林郭勒市	Huolinguole	35	4	6
满洲里市	Manzhouli	154	9	24
牙克石市	Yakeshi	76	1	7
扎兰屯市	Zhalantun	55	1	1
额尔古纳市	Eerguna	112	4	1
根河市	Genhe	79	1	3
丰镇市	Fengzhen	2	1	1
乌兰浩特市	Wulanhaote	40	1	2
阿尔山市	Aershan		1	
二连浩特市	Erlianhaote	32	1	1
锡林浩特市	Xilinhaote	231	3	2
辽宁省	**Liaoning**			
新民市	Xinmin	142	2	10
瓦房店市	Wafangdian	1640	3	1
普兰店市	Pulandian	1630	2	1

3-16 续表 1 continued

城　　市	City	公共图书馆图书总藏量(千册) Total Collections of Public Libraries (1000 copies)	剧场、影剧院数(个) Number of Theaters and Music Halls,Cinemas (unit)	体育场馆数(个) Number of Stadiums and Gymnasiums (unit)
庄河市	Zhuanghe	1200	24	2
海城市	Haicheng	180	10	1
东港市	Donggang	170	10	3
凤城市	Fengcheng	100	8	15
凌海市	Linghai	107	1	3
北镇市	Beizhen	115	1	1
盖州市	Gaizhou	114	1	1
大石桥市	Dashiqiao	1572	6	2
灯塔市	Dengta		1	1
调兵山市	Diaobingshan	47	3	2
开原市	Kaiyuan	116	4	2
北票市	Beipiao	105	2	1
凌源市	Lingyuan	95		1
兴城市	Xingcheng	75		1
吉林省	**Jilin**			
榆树市	Yushu	119	2	1
德惠市	Dehui	113	2	2
蛟河市	Jiaohe	62		1
桦甸市	Huadian	519	1	1
舒兰市	Shulan	34	1	1
磐石市	Panshi	157	2	1
公主岭市	Gongzhuling	91	1	1
双辽市	Shuangliao	29	1	1
梅河口市	Meihekou	141	5	2
集安市	Ji'an	55	1	2
临江市	Linjiang	12	1	1
扶余市	Fuyu		1	1
洮南市	Taonan	65	2	2
大安市	Daan	27	2	1
延吉市	Yanji	800	3	3
图们市	Tumen	112	2	2
敦化市	Dunhua	314	1	4
珲春市	Hunchun	115	2	3
龙井市	Longjing	110	2	3
和龙市	Helong	154	1	1
黑龙江省	**Heilongjiang**			
双城市	Shuangcheng	90	2	5
尚志市	Shangzhi	30	10	5
五常市	Wuchang	230	2	1
讷河市	Nehe	78	1	2
虎林市	Hulin	57	1	2
密山市	Mishan	105	1	1
铁力市	Tieli	66	2	2
同江市	Tongjiang	69	1	3
富锦市	Fujin	76	4	3
绥芬河市	Suifenhe	83	1	2
海林市	Hailin	76		2
宁安市	Ning'an	91	1	1
穆棱市	Muling	57		3

3-16 续表 2 continued

城 市	City	公共图书馆图书总藏量 (千册) Total Collections of Public Libraries (1000 copies)	剧场、影剧院数 (个) Number of Theaters and Music Halls,Cinemas (unit)	体育场馆数 (个) Number of Stadiums and Gymnasiums (unit)
北安市	Bei'an	70	2	1
五大连池市	Wudalianchi	23	2	2
安达市	Anda	153		2
肇东市	Zhaodong	115	2	2
海伦市	Hailun	351	2	5
江苏省	**Jiangsu**			
江阴市	Jiangyin	996	9	20
宜兴市	Yixing	524	7	9
新沂市	Xinyi	128	1	3
邳州市	Pizhou	438	1	1
溧阳市	Liyang	344	1	9
金坛市	Jintan	250	1	5
常熟市	Changshu	2356	2	14
张家港市	Zhangjiagang	1990	5	24
昆山市	Kunshan	2116	4	15
太仓市	Taicang	934		10
启东市	Qidong	417	2	2
如皋市	Rugao	855	4	6
海门市	Haimen	511	4	4
东台市	Dongtai	263	2	4
大丰市	Dafeng	366	1	4
仪征市	Yizheng	338	1	8
高邮市	Gaoyou	207	1	11
丹阳市	Danyang	565		22
扬中市	Yangzhong	306	1	11
句容市	Jurong	174	1	11
兴化市	Xinghua	239	4	8
靖江市	Jingjiang	493	8	12
泰兴市	Taixing	311	4	9
浙江省	**Zhejiang**			
建德市	Jiande	560	6	6
富阳市	Fuyang	384	5	9
临安市	Lin'an	524	7	10
余姚市	Yuyao	578	5	11
慈溪市	Cixi	666	7	29
奉化市	Fenghua	220	9	8
瑞安市	Rui'an	951	6	4
乐清市	Yueqing	848	1	25
海宁市	Haining	1500	4	8
平湖市	Pinghu	701	3	6
桐乡市	Tongxiang	1252	6	12
诸暨市	Zhuji	347	8	3
嵊州市	Shengzhou	539	3	3
兰溪市	Lanxi	240	2	9
义乌市	Yiwu	645	11	27
东阳市	Dongyang	334	1	15
永康市	Yongkang	330	1	15
江山市	Jiangshan	206	3	3
温岭市	Wenling	385	14	13
临海市	Linhai	390	4	18
龙泉市	Longquan	179	2	2

3-16 续表 3 continued

城 市	City	公共图书馆图书总藏量(千册) Total Collections of Public Libraries (1000 copies)	剧场、影剧院数(个) Number of Theaters and Music Halls,Cinemas (unit)	体育场馆数(个) Number of Stadiums and Gymnasiums (unit)
安徽省	**Anhui**			
巢湖市	Chaohu	184		1
桐城市	Tongcheng	282	2	4
天长市	Tianchang	120	4	4
明光市	Mingguang	485	2	2
界首市	Jieshou	112	1	1
宁国市	Ningguo	107	3	1
福建省	**Fujian**			
福清市	Fuqing	302	4	6
长乐市	Changle	539	12	8
永安市	Yong'an	335	3	1
石狮市	Shishi	463	3	3
晋江市	Jinjiang	695	7	3
南安市	Nan'an	346	24	17
龙海市	Longhai	158	3	3
邵武市	Shaowu	336	3	3
武夷山市	Wuyishan	80	1	1
建瓯市	Jian'ou	230	10	2
建阳市	Jianyang	150	2	3
漳平市	Zhangping	85	2	3
福安市	Fu'an	327	4	4
福鼎市	Fuding	90	7	1
江西省	**Jiangxi**			
乐平市	Leping	101	2	2
瑞昌市	Ruichang	310	13	1
共青城市	Gongqingcheng	20	1	1
贵溪市	Guixi	105	6	2
瑞金市	Ruijin	15	1	1
井冈山市	Jinggangshan	99	3	4
丰城市	Fengcheng	149	20	2
樟树市	Zhangshu	98	2	2
高安市	Gaoan	168	4	9
德兴市	Dexing	83	2	
山东省	**Shandong**			
章丘市	Zhangqiu	472	3	3
胶州市	Jiaozhou	913	3	4
即墨市	Jimo	280	7	12
平度市	Pingdu	364	7	1
莱西市	Laixi	752	11	16
滕州市	Tengzhou	271	14	2
龙口市	Longkou	2114	29	4
莱阳市	Laiyang	211	3	1
莱州市	Laizhou	1262	8	1
蓬莱市	Penglai	174	12	5
招远市	Zhaoyuan	574	31	30
栖霞市	Qixia	77	1	1
海阳市	Haiyang	192		11

3-16 续表 4 continued

城 市	City	公共图书馆图书总藏量 (千册) Total Collections of Public Libraries (1000 copies)	剧场、影剧院数 (个) Number of Theaters and Music Halls,Cinemas (unit)	体育场馆数 (个) Number of Stadiums and Gymnasiums (unit)
青州市	Qingzhou	1078	5	1
诸城市	Zhucheng	6921	15	3
寿光市	Shouguang	1200	10	1
安丘市	Anqiu	182	14	1
高密市	Gaomi	391	5	3
昌邑市	Changyi	295	4	3
曲阜市	Qufu	142	9	3
邹城市	Zoucheng	295	13	4
新泰市	Xintai	620	24	18
肥城市	Feicheng	605	11	8
荣成市	Rongcheng	1162	3	2
乳山市	Rushan	622	1	2
乐陵市	Laoling	105	2	3
禹城市	Yucheng	150	3	5
临清市	Linqing	101	4	1
河南省	**Henan**			
巩义市	Gongyi	591	23	7
荥阳市	Xingyang	158	1	1
新密市	Xinmi	219	3	10
新郑市	Xinzheng	529	2	5
登封市	Dengfeng	75		
偃师市	Yanshi	243	2	1
舞钢市	Wugang	110	1	1
汝州市	Ruzhou	100	1	1
林州市	Linzhou	216	3	2
卫辉市	Weihui	39	1	1
辉县市	Huixian	94	1	2
沁阳市	Qinyang	80	2	1
孟州市	Mengzhou	106		
禹州市	Yuzhou	219	2	2
长葛市	Changge	131	5	3
义马市	Yima	97	1	1
灵宝市	Lingbao	211	5	1
邓州市	Dengzhou	72	3	1
永城市	Yongcheng	277	3	4
项城市	Xiangcheng	50	2	1
济源市	Jiyuan	853	5	3
湖北省	**Hubei**			
大冶市	Daye	162	16	1
丹江口市	Danjiangkou	129	2	2
宜都市	Yidu	132	4	1
当阳市	Dangyang	257	2	4
枝江市	Zhijiang	99	11	2
老河口市	Laohekou	128	9	5
枣阳市	Zaoyang	125	14	14
宜城市	Yicheng	135	4	2
钟祥市	Zhongxiang	126	24	7
应城市	Yingcheng	96	10	9

3-16 续表 5 continued

城 市	City	公共图书馆图书总藏量（千册）Total Collections of Public Libraries (1000 copies)	剧场、影剧院数（个）Number of Theaters and Music Halls,Cinemas (unit)	体育场馆数（个）Number of Stadiums and Gymnasiums (unit)
安陆市	Anlu	120	18	7
汉川市	Hanchuan	105	5	2
石首市	Shishou	52	4	1
洪湖市	Honghu	63	2	2
松滋市	Songzi	181	3	1
麻城市	Macheng	118	6	12
武穴市	Wuxue	154	2	4
赤壁市	Chibi	260	2	1
广水市	Guangshui	45	4	2
恩施市	Enshi	793	5	5
利川市	Lichuan	152	3	4
仙桃市	Xiantao	135	10	1
潜江市	Qianjiang	136	5	2
天门市	Tianmen	210	9	3
湖南省	**Hunan**			
浏阳市	Liuyang	189	10	2
醴陵市	Liling	200	2	1
湘乡市	Xiangxiang	220	5	3
韶山市	Shaoshan	92	2	1
耒阳市	Leiyang	90	4	3
常宁市	Changning	15	2	2
武冈市	Wugang	142	1	
汨罗市	Miluo	146	3	7
临湘市	Linxiang	330	12	
津市市	Jinshi	158	3	2
沅江市	Yuanjiang	165	1	1
资兴市	Zixing	114	4	
洪江市	Hongjiang	184	2	1
冷水江市	Lengshuijiang	590	3	2
涟源市	Lianyuan	199	3	2
吉首市	Jishou	77	2	2
广东省	**Guangdong**			
增城市	Zengcheng	419	3	5
从化市	Conghua	470	7	5
乐昌市	Lechang	80	3	1
南雄市	Nanxiong	70	2	2
台山市	Taishan	290	6	16
开平市	Kaiping	431	4	1
鹤山市	Heshan	230	2	2
恩平市	Enping	254	2	4
廉江市	Lianjiang	131	6	6
雷州市	Leizhou	268	9	1
吴川市	Wuchuan	42	6	4
高州市	Gaozhou	237	1	1
化州市	Huazhou	118	4	1
信宜市	Xinyi	118	2	1
高要市	Gaoyao	105	2	5
四会市	Sihui	360	7	8

3-16 续表 6 continued

城 市	City	公共图书馆图书总藏量 (千册) Total Collections of Public Libraries (1000 copies)	剧场、影剧院数 (个) Number of Theaters and Music Halls,Cinemas (unit)	体育场馆数 (个) Number of Stadiums and Gymnasiums (unit)
兴宁市	Xingning	150	6	18
陆丰市	Lufeng	20	8	3
阳春市	Yangchun	110	6	2
英德市	Yingde	170	2	1
连州市	Lianzhou	136	2	1
普宁市	Puning	501	4	2
罗定市	Luoding	87	8	5
广西壮族自治区	**Guangxi**			
岑溪市	Cenxi	130	4	6
东兴市	Dongxing	42	1	1
桂平市	Guiping	240	4	1
北流市	Beiliu	206	3	2
宜州市	Yizhou	130	3	22
合山市	Heshan	70	2	2
凭祥市	Pingxiang	68	1	
海南省	**Hainan**			
五指山市	Wuzhishan	131	1	1
琼海市	Qionghai	235	2	3
儋州市	Danzhou	105	2	2
文昌市	Wenchang	141	8	14
万宁市	Wanning	67	8	1
东方市	Dongfang	70	2	1
四川省	**Sichuan**			
都江堰市	Dujiangyan	220	4	1
彭州市	Pengzhou	200	2	1
邛崃市	Qionglai	261	3	1
崇州市	Chongzhou	160	1	1
广汉市	Guanghan	126	3	1
什邡市	Shifang	221	3	8
绵竹市	Mianzhu	137	1	2
江油市	Jiangyou	212	1	2
峨眉山市	Emeishan	91	4	1
阆中市	Langzhong	183	3	7
华蓥市	Huaying	54	1	
万源市	Wanyuan	125	2	1
简阳市	Jianyang	265	2	1
西昌市	Xichang	330	3	5
贵州省	**Guizhou**			
清镇市	Qingzhen	60	1	
赤水市	Chishui	645	6	5
仁怀市	Renhuai	424	1	1
兴义市	Xingyi	208	2	2
凯里市	Kaili	220	4	3
都匀市	Duyun	430	2	5
福泉市	Fuquan	841	3	3
云南省	**Yunnan**			
安宁市	Anning	175	1	2
宣威市	Xuanwei	1016	3	5

3-16 续表 7 continued

城 市	City	公共图书馆图书总藏量（千册）Total Collections of Public Libraries (1000 copies)	剧场、影剧院数（个）Number of Theaters and Music Halls,Cinemas (unit)	体育场馆数（个）Number of Stadiums and Gymnasiums (unit)
楚雄市	Chuxiong	125	1	
个旧市	Gejiu	300	1	3
开远市	Kaiyuan	163	3	1
蒙自市	Mengzi	108		3
弥勒市	Mile	145	2	2
文山市	Wenshan	435	3	4
景洪市	Jinghong	135	3	3
大理市	Dali	534	7	3
瑞丽市	Ruili	41	1	1
芒市	Mangshi	91	2	1
陕西省	**Shaanxi**			
兴平市	Xingping	39	2	4
韩城市	Hancheng	138	3	3
华阴市	Huayin	33	1	12
甘肃省	**Gansu**			
玉门市	Yumen	108	2	2
敦煌市	Dunhuang	160	2	1
临夏市	Linxia	20	1	1
合作市	Hezuo	38	1	1
青海省	**Qinghai**			
玉树市	Yushu			
格尔木市	Golmud	506	5	1
德令哈市	Delingha	11	1	1
宁夏回族自治区	**Ningxia**			
灵武市	Lingwu	136	1	1
青铜峡市	Qingtongxia	173	5	5
新疆维吾尔自治区	**Xinjiang**			
吐鲁番市	Turpan	225	1	1
哈密市	Hami	241	1	2
昌吉市	Changji	630	3	2
阜康市	Fukang	241	2	3
博乐市	Bole	151	1	2
库尔勒市	Korla	280	5	8
阿克苏市	Akesu	207	3	1
阿图什市	Atus	150	1	1
喀什市	Kashi	190	12	3
和田市	Hetian	506		1
伊宁市	Yining	193	4	3
奎屯市	Kuitun	70	2	1
塔城市	Tacheng	87	2	1
乌苏市	Wusu	100	1	1
阿勒泰市	Aletai	217	2	1
石河子市	Shihezi	205	1	22
阿拉尔市	Alar	1113	1	1
图木舒克市	Tumushuke			1
五家渠市	Wujiaqu	310	2	4
北屯市	Beitun	31	3	8

3-17 二氧化硫、氮氧化物及烟(粉)尘排放量和污水处理情况

Industry Sulphur Dioxide, Nitrogen Oxide and Industrial Soot (Dust) Discharged and Ratio of Waste Water Treated

城　市	City	工业二氧化硫排放量 (吨) Volume of Sulphur Dioxide Emission (ton)	氮氧化物排放量 (吨) Volume of Nitrogen Oxide Emission (ton)	烟(粉)尘排放量 (吨) Volume of Industrial Soot(dust) Emission (ton)	污水处理厂集中处理率 (%) Ratio of waste Water Centralized Treated of Sewage Work (%)
河北省	**Hebei**				
晋州市	Jinzhou	4251	1229	1504	97
新乐市	Xinle	4434	3694	1601	98
遵化市	Zunhua	10243	7423	23859	86
迁安市	Qian'an	47205	30509	142501	100
武安市	Wu'an	51419	39277	169902	96
南宫市	Nangong	3717	1590	2095	90
沙河市	Shahe	21415	19788	11105	85
涿州市	Zhuozhou	2387	836	416	97
安国市	Anguo	657	34	138	92
高碑店市	Gaobeidian	800	130	2500	100
泊头市	Botou	1173	380	10388	98
任丘市	Renqiu	5048	4875	950	98
黄骅市	Huanghua	1253	252	595	100
河间市	Hejian	685	208	1215	100
霸州市	Bazhou	12315	5197	24404	
三河市	Sanhe	7484	12739	11574	
冀州市	Jizhou	2092	1217	1489	95
深州市	Shenzhou	2687	489	904	90
定州市	Dingzhou	7618	25051	2710	90
辛集市	Xinji	5824	3590	6426	100
山西省	**Shanxi**				
古交市	Gujiao	17201	17378	11416	
潞城市	Lucheng	11525	24225	31643	81
高平市	Gaoping	8562	6203	7814	86
介休市	Jiexiu	19053	12728	11988	95
永济市	Yongji		5533	1164	86
河津市	Hejin	70016	35635	40996	86
原平市	Yuanping	18436	15023	19985	93
侯马市	Houma	5357	5020	3005	92
霍州市	Huozhou	19257	14113	8206	86
孝义市	Xiaoyi	27810	17811	31617	90
汾阳市	Fenyang	1118	589	1210	94
内蒙古自治区	**Inner Mongolia**				
霍林郭勒市	Huolinguole	24307	45094	20993	100
满洲里市	Manzhouli	9380	11415	4605	88
牙克石市	Yakeshi	10125	7726	2581	70
扎兰屯市	Zhalantun	9629	9803	2242	80
额尔古纳市	Eerguna	2134	1233	1545	86
根河市	Genhe	4499	3153	2551	88
丰镇市	Fengzhen	16207	33746	10884	100
乌兰浩特市	Wulanhaote	1143	876	7180	89
阿尔山市	Aershan	901	305		34
二连浩特市	Erlianhaote	1179	449	1356	88
锡林浩特市	Xilinhaote	19650	21978	10079	80
辽宁省	**Liaoning**				
新民市	Xinmin	3915	1086	3101	100
瓦房店市	Wafangdian	5921	4900	3879	90
普兰店市	Pulandian	5406	11771	6194	94

3-17 续表 1 continued

城 市	City	工业二氧化硫排放量(吨) Volume of Sulphur Dioxide Emission (ton)	氮氧化物排放量(吨) Volume of Nitrogen Oxide Emission (ton)	烟(粉)尘排放量(吨) Volume of Industrial Soot(dust) Emission (ton)	污水处理厂集中处理率(%) Ratio of waste Water Centralized Treated of Sewage Work (%)
庄河市	Zhuanghe	8465	4071	3493	75
海城市	Haicheng	30857	6497	11600	95
东港市	Donggang	1940	297	1918	81
凤城市	Fengcheng	6733	2936	12046	90
凌海市	Linghai	5044	2985	2387	80
北镇市	Beizhen	2107	580	882	100
盖州市	Gaizhou	1858	416	1548	70
大石桥市	Dashiqiao	13986	3706	8309	
灯塔市	Dengta	13969	10305	10808	99
调兵山市	Diaobingshan	8004	10456	5630	90
开原市	Kaiyuan	1893	3095	3594	93
北票市	Beipiao	2452	324	6000	90
凌源市	Lingyuan		2150	4192	99
兴城市	Xingcheng	1982	729	2987	90
吉林省	**Jilin**				
榆树市	Yushu	3220	1603	3489	100
德惠市	Dehui	3137	2249	7255	57
蛟河市	Jiaohe	279	285	929	91
桦甸市	Huadian	3647	908	2271	91
舒兰市	Shulan	349	295	555	85
磐石市	Panshi	6596	8092	4908	100
公主岭市	Gongzhuling	7193	4270	3088	90
双辽市	Shuangliao	9442	27792	8804	100
梅河口市	Meihekou	3479	4879	2972	98
集安市	Ji'an	1265	327	663	87
临江市	Linjiang	3968	959	3736	87
扶余市	Fuyu	1083	486	2183	100
洮南市	Taonan	3898	1874	3257	87
大安市	Daan	1100	553	917	85
延吉市	Yanji	5073	9826	3667	91
图们市	Tumen	2090	1706	4392	75
敦化市	Dunhua	2529	1212	3397	90
珲春市	Hunchun	4922	10441	6290	98
龙井市	Longjing	1974	1002	2118	90
和龙市	Helong	4912	848	1130	52
黑龙江省	**Heilongjiang**				
双城市	Shuangcheng	1147	1027	3645	85
尚志市	Shangzhi	127	125	219	94
五常市	Wuchang	686	452	728	99
讷河市	Nehe	1310	283	1990	98
虎林市	Hulin	675	970	1700	98
密山市	Mishan	1700	475	362	100
铁力市	Tieli	1230	1537	1998	90
同江市	Tongjiang	443	279	325	100
富锦市	Fujin	1560	820	1593	100
绥芬河市	Suifenhe	2189	1362	3959	100
海林市	Hailin	547	554	1498	100
宁安市	Ning'an	958	1521	947	100
穆棱市	Muling	1008	885	956	95

3-17 续表 2 continued

城　市	City	工业二氧化硫排放量 (吨) Volume of Sulphur Dioxide Emission (ton)	氮氧化物排放量 (吨) Volume of Nitrogen Oxide Emission (ton)	烟(粉)尘排放量 (吨) Volume of Industrial Soot(dust) Emission (ton)	污水处理厂集中处理率 (%) Ratio of waste Water Centralized Treated of Sewage Work (%)
北安市	Bei'an	2544	3022	1626	95
五大连池市	Wudalianchi	2908	496	280	89
安达市	Anda	406	529	1760	100
肇东市	Zhaodong	1128	1998	456	100
海伦市	Hailun	680	460	733	100
江苏省	**Jiangsu**				
江阴市	Jiangyin	41523	69660	62957	80
宜兴市	Yixing	18454	25673	11701	78
新沂市	Xinyi	3691	1833	5741	76
邳州市	Pizhou	10590	7810	5718	61
溧阳市	Liyang	9468	28187	24748	95
金坛市	Jintan	2620	3488	8413	94
常熟市	Changshu	39138	35463	25584	79
张家港市	Zhangjiagang	45721	31686	23751	89
昆山市	Kunshan	12058	16658	5064	73
太仓市	Taicang	19736	22853	6056	94
启东市	Qidong	10282	11396	5204	81
如皋市	Rugao	7208	3016	11067	85
海门市	Haimen	5792	2809	3268	92
东台市	Dongtai	7234	5154	3113	94
大丰市	Dafeng	4736	2590	20692	65
仪征市	Yizheng	12266	12239	2270	72
高邮市	Gaoyou	1146	347	1388	81
丹阳市	Danyang	4700	3544	7087	64
扬中市	Yangzhong	1644	734	652	89
句容市	Jurong	6538	8127	4320	75
兴化市	Xinghua	6876	2957	3438	79
靖江市	Jingjiang	12566	4418	8241	57
泰兴市	Taixing	11649	5145	3621	80
浙江省	**Zhejiang**				
建德市	Jiande	7796	9165	4576	88
富阳市	Fuyang	18500	14365	4898	86
临安市	Lin'an	4627	2748	2807	90
余姚市	Yuyao	3895	5437	3407	86
慈溪市	Cixi	8175	3054	2714	86
奉化市	Fenghua	2353	435	385	85
瑞安市	Rui'an	4126	2071	1317	89
乐清市	Yueqing	7428	18708	7137	3
海宁市	Haining	12877	3088	5737	92
平湖市	Pinghu	18775	21415	3910	90
桐乡市	Tongxiang	7317	3169	2306	90
诸暨市	Zhuji	7662	9709	4879	86
嵊州市	Shengzhou	1582	2026	377	80
兰溪市	Lanxi	14346	31742	9652	84
义乌市	Yiwu	5418	1967	8414	90
东阳市	Dongyang	2756	1341	6463	85
永康市	Yongkang	1861	665	2158	83
江山市	Jiangshan	6827	11830	9482	86
温岭市	Wenling	2365	955	1950	89
临海市	Linhai	4015	1470	1868	89
龙泉市	Longquan	1142	234	1019	90

3-17 续表 3 continued

城 市	City	工业二氧化硫排放量(吨) Volume of Sulphur Dioxide Emission (ton)	氮氧化物排放量(吨) Volume of Nitrogen Oxide Emission (ton)	烟(粉)尘排放量(吨) Volume of Industrial Soot(dust) Emission (ton)	污水处理厂集中处理率(%) Ratio of waste Water Centralized Treated of Sewage Work (%)
安徽省	**Anhui**				
巢湖市	Chaohu	13148	29879	19204	85
桐城市	Tongcheng	1005	775	1100	82
天长市	Tianchang	1200	1421	5479	100
明光市	Mingguang	1080	447	533	98
界首市	Jieshou	1740	975	1403	97
宁国市	Ningguo	3589	3494	6256	97
福建省	**Fujian**				
福清市	Fuqing	8097	10288	1968	93
长乐市	Changle	13353	15644	10572	90
永安市	Yong'an	10697	14805	8418	85
石狮市	Shishi	7553	5210	2653	89
晋江市	Jinjiang	28400	27150	26336	88
南安市	Nan'an	13204	12243	9691	84
龙海市	Longhai	10069	30621	22983	42
邵武市	Shaowu	2578	1013	4315	90
武夷山市	Wuyishan	58	31	129	91
建瓯市	Jian'ou	1015	331	2160	91
建阳市	Jianyang	1426	664	736	97
漳平市	Zhangping	7615	6907	7596	83
福安市	Fu'an	8795	7969	10478	84
福鼎市	Fuding	5190	888	1091	83
江西省	**Jiangxi**				
乐平市	Leping	14186	12182	19242	88
瑞昌市	Ruichang	7137	8137	2812	81
共青城市	Gongqingcheng	1044	55	226	80
贵溪市	Guixi	18205	13840	3693	84
瑞金市	Ruijin	4418	6358	3803	65
井冈山市	Jinggangshan	1103	429	483	90
丰城市	Fengcheng	33127	61378	16245	
樟树市	Zhangshu	7125	2215	4820	88
高安市	Gaoan	14025	16115	11498	57
德兴市	Dexing	2956	113	1037	80
山东省	**Shandong**				
章丘市	Zhangqiu	11066	16442	5614	99
胶州市	Jiaozhou	3751	2595	1123	91
即墨市	Jimo				100
平度市	Pingdu	4036	3504	692	95
莱西市	Laixi	3417	2653	580	100
滕州市	Tengzhou	28106	23849	11054	97
龙口市	Longkou	29171	30406	5278	100
莱阳市	Laiyang	3891	1062	1202	100
莱州市	Laizhou	7565	5500	7623	100
蓬莱市	Penglai	4132	4620	2654	97
招远市	Zhaoyuan	2852	1415	458	100
栖霞市	Qixia	3107	9196	2981	95
海阳市	Haiyang	1242	350	415	88

3-17 续表 4 continued

城 市	City	工业二氧化硫排放量(吨) Volume of Sulphur Dioxide Emission (ton)	氮氧化物排放量(吨) Volume of Nitrogen Oxide Emission (ton)	烟(粉)尘排放量(吨) Volume of Industrial Soot(dust) Emission (ton)	污水处理厂集中处理率(%) Ratio of waste Water Centralized Treated of Sewage Work (%)
青州市	Qingzhou	8440	3602	3043	100
诸城市	Zhucheng	6640	4312	1856	100
寿光市	Shouguang	42484	11128	26044	94
安丘市	Anqiu	3853	5123	3081	100
高密市	Gaomi	6100	3032	1686	100
昌邑市	Changyi	9635	3070	2263	97
曲阜市	Qufu	3147	8092	2786	96
邹城市	Zoucheng	32843	46015	11686	96
新泰市	Xintai	16819	6728	3375	97
肥城市	Feicheng	22186	25511	9091	95
荣成市	Rongcheng	3091	1741	762	97
乳山市	Rushan	2905	694	1970	97
乐陵市	Laoling	1756	449	266	98
禹城市	Yucheng	5666	766	2182	100
临清市	Linqing	7247	2313	1043	98
河南省	**Henan**				
巩义市	Gongyi	32940	31381	21767	65
荥阳市	Xingyang	20896	19266	7911	92
新密市	Xinmi	16828	17866	7275	100
新郑市	Xinzheng	8702	2212	1767	89
登封市	Dengfeng	20440	32755	15356	93
偃师市	Yanshi	16390	26233	6142	95
舞钢市	Wugang	3935	3867	8486	91
汝州市	Ruzhou	746	831	1188	100
林州市	Linzhou	14370	5440	9087	92
卫辉市	Weihui	5927	9423	4303	100
辉县市	Huixian	13262	28433	9643	100
沁阳市	Qinyang	4541	3932	2696	88
孟州市	Mengzhou	1305	1117	1984	88
禹州市	Yuzhou	17633	30971	10174	100
长葛市	Changge	3770	1173	3825	100
义马市	Yima	18375	7425	4018	87
灵宝市	Lingbao	6003	5437		
邓州市	Dengzhou	3050	2500	3640	89
永城市	Yongcheng	10420	10420	12450	100
项城市	Xiangcheng	1905	825	464	80
济源市	Jiyuan	31630	27846	1127	97
湖北省	**Hubei**				
大冶市	Daye	14594	10669	1817	89
丹江口市	Danjiangkou	2168	428	1112	100
宜都市	Yidu	8843	8486	1472	85
当阳市	Dangyang	19258	12777	3286	85
枝江市	Zhijiang	7604	4426	2605	91
老河口市	Laohekou	1975		1400	92
枣阳市	Zaoyang	739	818	628	90
宜城市	Yicheng	2220	4468	2523	85
钟祥市	Zhongxiang	5016	3837	7274	85
应城市	Yingcheng	12101	8138	5146	80

3-17 续表 5 continued

城　市	City	工业二氧化硫排放量(吨) Volume of Sulphur Dioxide Emission (ton)	氮氧化物排放量(吨) Volume of Nitrogen Oxide Emission (ton)	烟(粉)尘排放量(吨) Volume of Industrial Soot(dust) Emission (ton)	污水处理厂集中处理率(%) Ratio of waste Water Centralized Treated of Sewage Work (%)
安陆市	Anlu	1703	1762	2655	95
汉川市	Hanchuan	12098	7476	6523	70
石首市	Shishou	3052	650	1838	93
洪湖市	Honghu	1067	254	647	98
松滋市	Songzi	8554	1748	2060	80
麻城市	Macheng	2209	1151	95	89
武穴市	Wuxue	3980	7475	590	50
赤壁市	Chibi	14975	7863	1334	87
广水市	Guangshui	1652	365	1000	55
恩施市	Enshi	2033	2911	1464	96
利川市	Lichuan	295	18	204	60
仙桃市	Xiantao	6000	4229		88
潜江市	Qianjiang	13131	5860	8007	88
天门市	Tianmen	4319	3648	3200	92
湖南省	**Hunan**				
浏阳市	Liuyang	4435	2384	2062	89
醴陵市	Liling	1310	1079	381	100
湘乡市	Xiangxiang	2674	2773	2729	77
韶山市	Shaoshan				87
耒阳市	Leiyang	9400	26313	2891	100
常宁市	Changning	45113	1538	2408	57
武冈市	Wugang	1077	85	110	79
汨罗市	Miluo	1904	770	338	81
临湘市	Linxiang	3270	4412	1922	87
津市市	Jinshi	6849	820		90
沅江市	Yuanjiang	11472	4994	264	68
资兴市	Zixing	10708	15538	8534	71
洪江市	Hongjiang	6036	1198	2735	80
冷水江市	Lengshuijiang	54802	18336	23146	86
涟源市	Lianyuan	5888	6617	7531	86
吉首市	Jishou	2160	102	101	88
广东省	**Guangdong**				
增城市	Zengcheng	412		510	85
从化市	Conghua	4241	1608	1134	67
乐昌市	Lechang	2583	1879	275	81
南雄市	Nanxiong	97	195	148	80
台山市	Taishan	579	750	460	92
开平市	Kaiping				71
鹤山市	Heshan	982	659	569	74
恩平市	Enping	5137	23	1897	51
廉江市	Lianjiang	987	264	1348	95
雷州市	Leizhou	673	325	1006	86
吴川市	Wuchuan	245	96	287	92
高州市	Gaozhou	3259	204	788	86
化州市	Huazhou	1539	1061	5279	81
信宜市	Xinyi	380	163	635	95
高要市	Gaoyao	8348	8547	10370	87
四会市	Sihui				85

3-17 续表 6 continued

城 市	City	工业二氧化硫排放量（吨）Volume of Sulphur Dioxide Emission (ton)	氮氧化物排放量（吨）Volume of Nitrogen Oxide Emission (ton)	烟(粉)尘排放量（吨）Volume of Industrial Soot(dust) Emission (ton)	污水处理厂集中处理率(%) Ratio of waste Water Centralized Treated of Sewage Work (%)
兴宁市	Xingning	3280	4788	2020	91
陆丰市	Lufeng	590	188	101	
阳春市	Yangchun	12251	2163	13988	92
英德市	Yingde	7364	19721	9562	90
连州市	Lianzhou	170	146	343	95
普宁市	Puning	5304	1045	981	76
罗定市	Luoding	6085	5254	1144	71
广西壮族自治区	**Guangxi**				
岑溪市	Cenxi	2047	836	1634	90
东兴市	Dongxing	1214	176		84
桂平市	Guiping	3447	917	1119	90
北流市	Beiliu	3265	7413	4274	98
宜州市	Yizhou	3055	735	1362	85
合山市	Heshan	21991	17884	680	81
凭祥市	Pingxiang	305	420	1014	80
海南省	**Hainan**				
五指山市	Wuzhishan	80	612	129	86
琼海市	Qionghai	147	255	29	80
儋州市	Danzhou	669	4084	809	75
文昌市	Wenchang	194	1735	66	75
万宁市	Wanning	168	127	272	73
东方市	Dongfang	5811	12551	2310	68
四川省	**Sichuan**				
都江堰市	Dujiangyan	1433	5070	1391	87
彭州市	Pengzhou	2948	7189	1684	82
邛崃市	Qionglai	476	238	199	88
崇州市	Chongzhou	1791	833	1279	85
广汉市	Guanghan	3453	3461	3445	86
什邡市	Shifang	4541	3856	3224	87
绵竹市	Mianzhu	2720	2734	1279	90
江油市	Jiangyou	22437	16732	3240	86
峨眉山市	Emeishan	4287	13233	5628	95
阆中市	Langzhong	813	325	767	100
华蓥市	Huaying	3897	4095	2871	100
万源市	Wanyuan	1581	2258	750	82
简阳市	Jianyang	1440	2413	2046	50
西昌市	Xichang	61019			68
贵州省	**Guizhou**				
清镇市	Qingzhen	21116	10069	10069	94
赤水市	Chishui	2703	417	973	99
仁怀市	Renhuai	2302	298	1269	86
兴义市	Xingyi	54441	16968	13752	86
凯里市	Kaili	10402	3127	5714	91
都匀市	Duyun	1706	1020	4021	95
福泉市	Fuquan	53676	4500	15588	85
云南省	**Yunnan**				
安宁市	Anning	30127	11866	10868	92
宣威市	Xuanwei	9905	19834	9877	80

3-17 续表 7 continued

城 市	City	工业二氧化硫排放量(吨) Volume of Sulphur Dioxide Emission (ton)	氮氧化物排放量(吨) Volume of Nitrogen Oxide Emission (ton)	烟(粉)尘排放量(吨) Volume of Industrial Soot(dust) Emission (ton)	污水处理厂集中处理率(%) Ratio of waste Water Centralized Treated of Sewage Work (%)
楚雄市	Chuxiong	5155	403	1662	
个旧市	Gejiu	26491	2272	4082	81
开远市	Kaiyuan	53185	24323	4528	
蒙自市	Mengzi	15231	4065	4965	85
弥勒市	Mile	21727	10079	12342	89
文山市	Wenshan	151	655	385	89
景洪市	Jinghong	893	7	2341	86
大理市	Dali	2136	4975	2127	93
瑞丽市	Ruili	287	55	157	100
芒市	Mangshi	1426	1779	1920	87
陕西省	**Shaanxi**				
兴平市	Xingping	8273	3592	927	81
韩城市	Hancheng	103661	52456		80
华阴市	Huayin	15496	24150	1300	85
甘肃省	**Gansu**				
玉门市	Yumen	9993	5761	4000	95
敦煌市	Dunhuang	1108	1290	2495	99
临夏市	Linxia	3281	264	100	81
合作市	Hezuo	127	194	159	75
青海省	**Qinghai**				
玉树市	Yushu				
格尔木市	Golmud	20553			41
德令哈市	Delingha	6164			32
宁夏回族自治区	**Ningxia**				
灵武市	Lingwu				
青铜峡市	Qingtongxia				88
新疆维吾尔自治区	**Xinjiang**				
吐鲁番市	Turpan	2765	985	586	67
哈密市	Hami				86
昌吉市	Changji	10270	9527	2220	100
阜康市	Fukang	31528	38463	21579	97
博乐市	Bole	5883	2243	1084	98
库尔勒市	Korla	22750	13553	8913	100
阿克苏市	Akesu	2093	2306		
阿图什市	Atus	1002	1242	27068	100
喀什市	Kashi	3652	9607	4171	96
和田市	Hetian	38	226	2634	90
伊宁市	Yining	8293	6075	10592	80
奎屯市	Kuitun	5660	1634	1092	
塔城市	Tacheng	426	160	13210	100
乌苏市	Wusu	2487	4241	2361	90
阿勒泰市	Aletai	2084		632	100
石河子市	Shihezi	80600	83053	26400	92
阿拉尔市	Alar	6335	11261	12071	95
图木舒克市	Tumushuke	1060			98
五家渠市	Wujiaqu	21927	17703	6229	91
北屯市	Beitun	1614	1502	431	85

附录　主要统计指标解释

Appendix
Explanatory Notes on Main Statistical Indicators

主要统计指标解释

行政区划

所辖行政区、县（旗）、县级市数　指报告期内经民政部门批准，本市所管辖的行政区域内所有的区、县（旗）、县级市。

人口、劳动力及土地资源

年末总人口　是指本市本年 12 月 31 日 24 时的人口总数，为公安部门的户籍人口数。

年平均人口　指一年内各个时点的人口的平均数。年平均人口数是综合反映年内的人口规模的主要指标，也是计算出生率、死亡率、自然增长率、人均国内生产总值等经济指标的必要指标。其计算方法可利用一年中 12 个月的月末人口相加除以 12 求得，在实际工作中，经常根据年初人口数加年末人口数除以 2 计算求得。

从业人员期末人数　指报告期末最后一日 24 时在本单位工作，并取得工资或其他形式劳动报酬的人员数。该指标为时点指标，不包括最后一日当天及以前已经与单位解除劳动合同关系的人员，是在岗职工、劳务派遣人员及其他从业人员之和。从业人员不包括：1.离开本单位仍保留劳动关系，并定期领取生活费的人员；2.利用课余时间打工的学生及在本单位实习的各类在校学生；3.本单位因劳务外包而使用的人员，如：建筑业整建制使用的人员。

城镇登记失业人员数　是指有非农业户口，在一定的劳动年龄内（16 周岁至退休年龄），有劳动能力，无业而要求就业，并在当地就业服务机构进行求职登记的人员。

行政区域土地面积　指辖区内的全部陆地面积和水域面积。包括耕地、荒山、荒地、山林、草原、滩涂、道路和建筑物占地等陆地面积，以及河流、湖泊、水库等水域面积。数据来自国土资源部。

建成区面积　指实际已成片开发建设、市政公用设施和公共设施基本具备的区域。

居住用地面积　指在城市中包括住宅、居住小区及公共服务设施、道路和绿地等设施的建设用地。

综合经济

地区生产总值(GRP)　指按市场价格计算的一个地区所有常住单位在一定时期内生产活动的最终成果。

地方公共财政收入　包括：（1）税收收入；（2）社会保险基金收入；（3）非税收入；（4）贷款转贷回收本金收入（5）转移性收入。回收

地方公共财政支出　包括一般公共服务、国防、公共安全、教育、科学技术、文化体育与传媒、社会保障就业、医疗卫生、环境保护、城乡社区事务、农林水事务、交通运输等方面的支出。

科学技术支出　即公共财政预算支出中的科学技术支出项目。指用于科学技术方面的支出，包括科学技术管理事务、基础研究、应用研究、技术研究与开发、科技条件与服务、社会科学、科学技术普及、科技交流与合作等。

教育支出　即公共财政预算支出中的教育支出项目。指政府教育事务支出，包括教育行政管理、学前教育、小学教育、初中教育、普通高中教育、普通高等教育、初等职业教育、中专教育、技校教育、职业

高中教育、高等职业教育、广播电视教育、留学生教育、特殊教育、干部继续教育、教育机关服务等。

年末金融机构各项存款余额 指企业、机关、团体和居民根据可以收回的原则，把货币存入银行或其他信用机构保管并取得一定利息的年末货币总量。

居民储蓄年末余额 指年终时城乡居民在银行和其他金融机构的本（人民币）、外币储蓄存款总额。不包括居民的手存现金和工矿企业、部队、机关、团体等单位存款。

年末金融机构各项贷款余额 指年终时银行或其他信用机构根据必须归还的原则，按一定利率，为企业、个人等提供资金贷款的总额。

工业

工业企业数 包括独立核算法人工业企业和附营工业生产单位。独立核算法人工业企业是指从事生产经营活动的单位，它同时具备以下条件：①依法成立，有自己的名称、组织机构和场所，能够独立承担民事责任；②独立拥有和使用资产，承担负债，有权与其他单位签订合同；③会计上独立核算，能够编制资产负债表。

工业总产值 指工业企业在报告期内生产的以货币形式表现的工业最终产品和提供工业劳务活动的总价值量。工业总产值的内容包括三部分：生产的成品价值、对外加工费收入、自制半成品在制品期末期初差额价值。

从业人员年平均人数 指报告期内平均拥有的从业人员数。年平均人数是以 12 个月的平均人数相加之和除以 12 求得，或以 4 个季度的平均人数之和除以 4 求得。在年内新成立的单位年平均人数计算方法为：从实际开工之月起到年底的月平均人数相加除以 12 个月。

流动资产 资产满足以下条件之一应归为流动资产：(1) 预计在一个正常营业周期中变现、出售或耗用，主要包括存货、应收账款等；（2）主要为交易目的而持有；（3）预计在资产负债表日起一年内（含一年）变现；（4）自资产负债日起一年内，交换其他资产或清偿负债的能力不受限制的现金或现金等价物。包括货币资金、应收票据、应收账款、存货等项目。根据会计“资产负债表”中“流动资产合计”项目的期末余额数填报。

固定资产 指企业为生产商品、提供劳务、出租或经营管理而持有的，使用寿命超过一个会计年度的有形资产。包括使用期限超过一年的房屋、建筑物、机器、机械、运输工具以及其他与生产、经营有关的设备、器具、工具等。固定资产合计是时点指标，表示固定资产经过扣减折旧、减值准备等后的期末余额。根据会计“资产负债表”中“固定资产”项目的期末余额数填报。

主营业务税金及附加 指企业经营主要业务应负担的营业税、消费税、城市维护建设税、教育费附加等。根据会计“主营业务税金及附加”科目的期末借方余额（结转前）填报。

利润总额 指企业在一定会计期间的经营成果，是生产经营过程中各种收入扣除各种耗费后的盈余，反映

交通运输、邮电通信

货(客)运量 指在一定时期内，各种运输工具实际运送的货物重量（旅客数量）。该指标是反映运输业为国民经济和人民生活服务的数量指标，也是制定和检查运输生产计划、研究运输发展规模和速度的重要指标。货运按吨计算，客运按人计算。货物不论运输距离长短、货物类别，均按实际重量统计。旅客不论行程远近或票价多少，均按一人一次客运量统计；半价票、小孩票也按一人统计。

邮政、电信业务收入 指邮电、通信企业通过生产经营活动所取得的全部业务收入，包括邮政、长途电信、本地电话等各项主营业务收入和地方国有通信收入。统计范围改为全社会所有从事电信运营的企业

（即中国电信、中国移动、中国联通三家基础电信企业），邮政企业和年业务收入 200 万元以上的快递企业。

固定电话用户 指报告期末在电信运营企业营业网点办理开户登记手续并已接入固定电话网上的全部电话用户。包括普通电话用户、公用电话用户、窄带综合业务数字网（N—ISDN）用户、智能网专用接入终端用户等。

移动电话用户 指在电信运营企业营业网点办理开户登记手续，通过移动电话交换机进入移动电话网，占用移动电话号码的各类电话用户。包括各类签约用户，智能网预付费用户、无线上网卡用户。

互联网宽带接入用户 指报告期末在电信企业登记注册，通过 XDSL、FTTX+LAN、WLAN 等方式接入中国互联网的用户，主要包括 XDSL 用户、LAN 专线用户、LAN 终端用户及无线接入用户。

贸易、外经

限额以上批发零售贸易业商品销售总额 限额以上批发和零售业统计单位是指：批发业，年主营业务收入 2000 万元及以上；零售业，年主营业务收入 500 万元及以上。商品销售额指对本单位以外的单位和个人出售的商品金额（包括售给本单位消费用的商品，含增值税）。商品销售包括：（1）售给城乡居民和社会集团消费用的商品；（2）售给农业、工业、建筑业、服务业等国民经济各行业用于生产、经营用的商品，包括售予批发和零售业作为转卖或加工后转卖的商品；（3）对国（境）外直接出口的商品。商品销售不包括：（1）未通过买卖行为付出的商品，如随机构变动移交给其他企业单位的商品、借出的商品、归还受其他单位委托代保管的商品、付出的加工原料和赠送给其他单位的样品等；（2）经本单位介绍，由买卖双方直接结算，本单位只收取手续费的业务；（3）购货退回的商品；（4）商品损耗和损失；（5）出售本单位自用的废旧物资。

社会消费品零售总额 指企业（单位、个体户）通过交易直接售给个人、社会集团非生产、非经营用的实物商品金额，以及提供餐饮服务所取得的收入金额。个人包括城乡居民和入境人员，社会集团包括机关、社会团体、部队、学校、企事业单位、居委会或村委会等。数据来自贸易制度的 E101-9，E130 表。

限额以上批发零售企业数 批发和零售业法人企业按法人经营地原则统计，即按法人企业主要经营活动所在地进行统计，其所属全部产业活动单位（含异地）由法人企业统一组织填报；非批发和零售业法人单位附营的批发和零售业产业活动单位按产业经营地的原则统计。全面统计范围扩大到统计上达到规模标准的个体经营户，其规模标准参照《批发和零售业、住宿和餐饮业统计限额标准》执行。

当年实际使用外资金额 是指批准的合同外资金额的实际执行数，外国投资者根据批准外商投资企业的合同（章程）的规定实际缴付的出资额和企业投资总额内外国投资者以自己的境外自有资金实际直接向企业提供的贷款。

固定资产投资

固定资产投资（不含农户） 指以货币形式表现的在一定时期内建造和购置固定资产的工作量以及与此有关的费用的总称。包括城镇和农村各种登记注册类型的企业、事业、行政单位及城镇个体户进行的计划总投资 500 万元及 500 万元以上的建设项目投资和房地产开发投资。包括原口径的城镇固定资产投资加上农村企事业组织项目投资，不含农户投资。该口径自 2011 年起开始使用。

房地产开发投资完成额 指各种登记注册类型的房地产开发公司、商品房建设公司及其他房地产开发法人单位和附属于其他法人单位实际从事房地产开发或经营活动的单位统一开发的包括统代建、拆迁还建的住宅、厂房、仓库、饭店、宾馆、度假村、写字楼、办公楼等房屋建筑物和配套的服务设施，土地开发工程（如道路、给水、排水、供电、供热、通讯、平整土地等基础设施工程）的投资；不包括单纯的土地交易活动。

住宅 指专供居住的房屋，包括别墅、公寓、职工家属宿舍和集体宿舍（包括职工单身宿舍和学生宿舍）等，但不包括住宅楼中作为人防用、不住人的地下室等。住宅按照性质可以划分为普通住房、经济适用住房和别墅、高档公寓。

教育、文化、卫生

普通高等学校 是指通过国家普通高等教育招生考试、招收高级中等学校毕业生为主要培养对象，实施高等学历教育的全日制大学、独立设置的学院和高等专科学校、高等职业学校和其他机构。

中等职业教育学校 是指按国家规定的设置标准和审批程序批准建立的，招收初中(或部分高中)毕业生或同等学历者，实施中等职业技术教育，培养中等职业技术人才的学校。招收初中毕业生的，修业年限一般为三至四年；招收高中毕业生的，修业年限一般为二年至三年。包括中等专业学校、技工学校、职业中学（高中）等。

普通中学 指经过县及县以上教育部门批准，以招收小学毕业生为主实施中学教学计划的学校数，包括初级中学和完全中学。

小学 指经过县及县以上教育部门批准，以招收适龄儿童为主，实施小学教学计划的学校。

专任教师 指主要从事教学工作的人员。包括临时(一年以内)调去帮助做其他工作的教学人员。

在校学生数 指学年开学后，在各类学校学习具有学籍的学生总数，包括留级生，不包括复读生和补习生。

剧场、影剧院数 是指独立核算的专用剧场和属文化部门主管的能演出戏剧的影剧院、兼映电影的剧场，以及附属在剧院、团公开营业的非独立核算的剧场、排演场。

公共图书馆图书总藏量 指图书馆已编目的古籍、图书、期刊和报纸的合订本、小册子、手稿以及缩微制品、录像带、录音带、光盘等听视文献资料数量总和。

医院、卫生院数 指报告期末辖区范围内的医院、卫生院总数。

医院、卫生院床位数 指报告期末医院、卫生院的固定实有床位数。包括正规床、简易床、监护床、正在消毒和修理的床位、因扩建或大修而停用的床位，不包括产科的新生儿床、病人家属的陪侍床、病人的观察床、接产室的待产床。

人民生活、社会保障

在岗职工平均人数 在岗职工是指在本单位工作且与本单位签订劳动合同，并由单位支付各项工资和社会保险、住房公积金的人员，以及上述人员中由于学习、病伤、产假等原因暂未工作仍由单位支付工资的人员。在岗职工还包括：1.应订立劳动合同而未订立劳动合同人员（如使用的农村户籍人员）；2.处于试用期人员；3.编制外招用的人员，如临时人员；4.派往外单位工作，但工资仍由本单位发放的人员（如挂职锻炼、外派工作等情况）。在岗职工不包括：1.本单位使用的且由本单位直接支付工资的劳务派遣人员，应统计在本单位“劳务派遣人员”指标中；2.本单位因劳务外包而使用的人员，由承包劳务的单位统计为在岗职工。年平均人数是以 12 个月的平均人数相加之和除以 12 求得，或以 4 个季度的平均人数之和除以 4 求得。

在岗职工工资总额 指本单位在报告期内直接支付给本单位全部在岗职工的劳动报酬总额。在岗职工工资总额由基本工资、绩效工资、工资性津贴和补贴、其他工资四部分组成。工资总额不包括病假、事假等情况的扣款。各单位在填报在岗职工工资总额四项构成时，应根据实际情况调整对应项目；如不能确定调整项，可扣减基本工资项。

城镇职工基本养老保险参保人数 指报告期末按照法律、法规和有关政策规定参加城镇基本养老保险并在社保经办机构已建立缴费记录档案的职工人数(包括中断缴费但未终止养老保险关系的职工人数，不包括只登记未建立缴费记录档案的人数)和离休、退休和退职人员的人数。取自人力资源和社会保障部统计年报。

城镇基本医疗保险参保人数 指报告期末按有关规定参加城镇职工基本医疗保险和城镇居民基本医疗保险的人数。取自人力资源和社会保障部统计年报。

失业保险参保人数 指报告期末按照法律、法规和有关政策规定参加了失业保险的城镇企业、事业单位的职工及地方政府规定参加失业保险的其他人员的人数。取自人力资源和社会保障部统计年报。

市政公用事业

城市维护建设资金支出 指用于城市维护和建设的资金支出。包括基本建设支出、更新改造支出和维护支出。

年末实有城市道路面积 是指路面经过铺筑的路面宽度在 3.5 米以上(含 3.5 米)的道路。包括高级、次高级道路和普通道路，不包括街道内部路面宽度不足 3.5 米的胡同、里弄。道路面积只包括路面面积和与道路相通的广场、桥梁、停车场面积，不包括街心花坛、侧石、人行道和路肩的面积。

排水管道长度 指所有排水总管、干管、支管、检查井以及连接井进出口等长度之和。

供水总量 是指自来水厂供出厂外的全部水量，包括有效供水量及损失水量。

居民生活用水量 指城市范围内所有居民家庭的日常生活用水。包括城市居民、农民家庭、公共供水站用水。

全社会用电量 指各行业用电量和城乡居民生活用电量合计。

供气总量（人工、天然气） 是指城市煤气企业向城市生产用户、家庭用户和其他用户供应的全部煤气量，包括外购及损失量。

用气人口 指报告期末家庭用户的用气人口。

年末实有公共汽(电)车运营车辆数 是指城市公共交通企业可参加营运的全部车辆数。包括技术完好的、在修的、待修的、长期停驶的，以及拟报废尚未经上级主管部门批准报废的运营车辆数。不包括公交企业的油罐车、货车和其他专用车等非运营车，也不包括借入、租入的客运车辆。

全年公共汽(电)车客运总量 指运送乘客的总人数。包括普通票乘客人次，月票乘客人次和包车乘客人次。普通票乘客人次按上车付现金购票，一张票计算一个人次；月票日乘车次按 5 个人次计算；团体包车，一个乘客按一个人次计算，往返按二个人次计算。

年末实有出租汽车数 指经有关部门批准的专门从事出租业务的一切营业车辆。包括轿车、面包车、大客车。

绿地面积 指用作绿化的各种绿地面积。包括公园绿地、单位附属绿地、居住区绿地、生产绿地、防护绿地和风景林地的总面积。

公园绿地面积 指开放的各级各类公园绿地。

建成区绿化覆盖面积 根据《城市绿化条例》规定，建成区绿化覆盖面积包括公共绿地、居住区绿地、单位附属绿地、防护绿地、生产绿地、风景林地六类绿化面积之和。

环境保护

工业废水排放量 是指经过工业企业厂区所有排放口排放到企业外部的全部废水总量。包括外排的生产废水和厂区生活污水，也包括外排的直接冷却水和矿区的超过排放标准的有毒有害的矿井地下水；不包括外排的间接冷却水。有些企业间接冷却水和直接冷却水混合排放分不开的，可以合并统计在内。

工业二氧化硫排放量　指工业企业在厂区内的生产工艺过程和燃料燃烧过程中排入大气的二氧化硫总量。

工业烟(粉)尘去除量　指报告期内企业利用各种废气治理设施去除的烟（粉）尘量。

工业烟(粉)尘排放量　烟（粉）尘排放量指报告期内企业在燃料燃烧和生产工艺过程中排入大气的烟尘及工业粉尘的总质量之和。

一般工业固体废物综合利用率　指一般工业固体废物综合利用量占一般固体废物产生量与综合利用往年贮存量之和的百分率。

污水处理厂集中处理率　指报告期内通过污水处理厂处理的污水量与污水排放总量的比率。

生活垃圾无害化处理率　指报告期生活垃圾无害化处理量与生活垃圾产生量的比率。

Explanatory Notes on Main Statistical Indicators

Divisions of Administrative Areas of Cities in China

The Districts, Counties(Qi), and County-level Cities under City refer to all the districts, counties(Qi), and county-level cities under this city, which had been approved by civil affairs department during the reporting period.

Population, Labour Force and Land Resources

Total Population at Year-end refer to the population at the 24 clock, December 31, of the reporting year. The data are register population from public security department.

Annual average population refer to the average number of the population at every time point. This index is the main index to illustrate synthetically the population of the reporting year, and it is the necessary index to calculate the birth rate, death rate, natural growth rate, per capita GDP and so on. The calculating method is the sum of the 12 months of population at month-end which is divided by 12. In the practical work, the index is the number population early and late which is divided by 2.

Persons Employed in Various Units at Year-end refer to the total number of employees who work at his unit and obtain wages or other forms of payment at the end of the reporting period. This indicator is a kind of time point index and it equals to the sum of the number of employed staff and workers, labor dispatch personnel and other employed persons. Employed persons do not include:1)persons who have left their working units while keeping their labor contract (employment relation) unchanged and receiving regular alimony; 2)students who do part-time jobs in spare time and all kinds of enrolled students who do internship in various units; 3)persons employed due to labor outsourcing; 4)persons who dissolve labor contracts with their units on the last day of reporting or before.

Registered Unemployed Persons in Urban Areas refer to the persons with non-agricultural household registration at certain working ages (16 years old to retirement age), who are capable of working, unemployed and willing to work, and have been registered at local employment service agencies to apply for a job.

Total Land Area of Administrative Region refer to the all land and water area under city, including and land area such as cultivated land, barren hills and mountains, grasslands, wasteland, tidal flats, covers an area of roads and buildings, and water area such as rivers, lakes and reservoirs. Data are from the department of land and resources.

Area of Built District refer to the region that had been developed and constructed on a large scale, with the basic municipal public facilities and public facilities.

Residential Land Area refer to the construction land that includes the residences, residential communities, public service facilities, roads, green spaces and so on.

General Economy

Gross Regional Product(GRP) or Regional GDP refer to the final products at market prices produced by all resident units in a region during a certain period of time.

Revenue of the Local Governments included are tax revenue, social insurance fund revenue, non-tax revenue, principal income from loan and sub-loan and transfer revenue.

Expenditure of the Local Governments included are expenditure for general public services, expenditure for national defense, expenditure for public security, expenditure for education, expenditure for science and technology, expenditure for culture, sport and media, expenditure for social safety net and employment effort, expenditure for medical and health care, expenditure for energy conservation and environment protection, expenditure for urban and rural community affairs, expenditure for agriculture, forestry water conservancy, expenditure for transportation and so on.

Expenditure for Science and technology one item of expenditure of the local governments, refer to the spending on science and technology, including the science and technology management, basic research, applied research, technology research and development, science and technology condition and services, social science, science and technology popularization, technology exchanges and cooperation, etc.

Expenditure for Education one item of expenditure of the local governments, refer to the government spending on education affairs, including education administration, pre-school education, primary education, junior middle school education, ordinary senior high school education, ordinary higher education, elementary vocational education, secondary professional education, vocational education, vocational high school education, higher vocational education, broadcasting television education, foreign students education, special education, continuing education for cadre, education services, etc.

Deposits of National Banking System at Year-end refer to the monetary aggregates at year-end that had been deposited banks or taken good care by other financial institutions at a certain interest by enterprise, state organs, public organizations and citizens, on the basis of the principle of can take back.

Household Saving Deposits at Year-end refer to the monetary aggregates(CNY or other foreign currency) at year-end that had been deposited banks or other financial institutions by urban and rural residents, excluding the cash in hand of the residents and the units’ deposits of industrial and mining enterprises, army, state organs, public organizations.

Loans of National Banking System at Year-end refer to the monetary aggregates at year-end that had been loaned to enterprises and individuals by banks and other financial institution at a certain interest, on the basis of the principle of must be returned.

Industry

Number of Industrial Enterprises include independent accounting corporate industrial enterprises and affiliated industrial production units. Independent accounting corporate industrial enterprises refer to the units engaging in the production and business operation activities, which also meet the following conditions:1) Established in accordance with the law, with their own name, organization and location, can independently bear civil liability; (2) independently having and using the assets, bearing the liability, and having the right to sign a contract with other units; (3) independently accounting on accounting, can prepare Assets and Liability Table.

Gross Industrial Output Value refer to the final industrial products and services at market prices produced by industrial enterprises in a region during a certain period of time. It means the total scale and total results of industrial production. Gross industrial output value consists of three parts: the final product value of the production, the revenue of external processing fee, the balance value of self-made semi-manufactured goods between the beginning and the end.

The Average Number of Persons Employed in Various Units refer to the average number of persons employed in various units during the reporting period. The average number is equal to the sum of 12 months divided by 12 or the sum of 4 quarters divided by 4.

Total Current Assets refer to the assets that meet one of the following requirements:(1)expected to be cashed, sold or used in a normal operating cycle, mainly including inventory and accounts receivable; (2) be owned for trading purposes mainly; (3) expected to be cashed in one year(including one year) from the day of the Assets and Liability Table; (4) unlimited cash or cash equivalents that can be exchanged with other assets or being capable of setting debts during one year since the day of Assets and Liability Table. Monetary assets, notes receivable, accounts receivable and inventories are included. Data on this indicator can be abstained by the year-end figures of total liabilities from the Assets and Liability Table of the accounting records of enterprises.

Total Fixed Assets refer to the amount of the tangible assets which service life is over a fiscal year. Enterprise hold them for producing goods, providing labor services, renting or business management. Including some things which service life is more than a year, such as houses, buildings, machines, machinery, transportation facilities and other equipment, instruments, tools that related to production and management . The indicator of fixed assets is a point indicator, and is the ending balance after deducting the depreciation and impairment. Data on this indicator can be abstained by the year-end figures of total liabilities from the Assets and Liability Table of the accounting records of enterprises.

Tax and Extra Charges from Principal Business refer to the sales tax, consumption tax, urban maintenance and construction tax and education expenses shouldered by the enterprise from its principal business. Data are obtained from the year-end debit balance of "tax and extra charges from principal business" in the accounting record of enterprise.

Total Profits refer to the operation results in a certain accounting period, and it is the balance of various incomes minus various spending in the course of operation, reflecting the total profits and losses of enterprises in reference period. Data are obtained from the amount of "total profits" in the "profit table" of the accounting record of enterprise.

Transport, Postal and Telecommunication Services

Freight(Passenger) Traffic refer to the weight of freight(number of passenger) transported with various means within a specific period of time. This indicator reflects the service of transport industry towards the national economy and people' s living conditions, as well as an important indictor used in formulating and monitoring transport production plans and research into the scale and pace of transport development. Freight transport is calculated in tons and passenger traffic is calculated in terms of number of persons. Freight transport is calculated in terms of the actual weight of the goods and takes no account of the type of freight and distance of travel. Passenger traffic is calculated by the principal that one person can be counted only once in one trip and takes no account of the travelling distance and ticket price. The passengers who travel with a half price ticket or a child' s ticket is also calculated as one person.

Revenue from Postal Services and Telecommunication Services refer to all business income of post and communication enterprises by production and operation activities, including the revenue from the principal business such as the postal service, long-distance telecommunications, local telephone call, and the revenue from local state-owned telecommunication.

Number of Local Telephone Subscribers refer to all subscribers at year-end who have gone through registration procedures in the operation points of enterprises engaged in telecommunications and are hence connected to the local telecommunications services provider through fixed line network. Included are general subscribers, wireless local telephone subscribers, public telephone subscribers, N-ISDN subscribers and intelligent network terminal subscribers.

Number of Mobile Telephone Subscribers refer to persons at year-end who have gone through registration procedures in the operation points of enterprises engaged in telecommunications and are hence connected to the mobile telephone communications network through telephone switchboards and occupy mobile phone numbers. Included are various of types of subscriber, prepaid users for intelligent network and wireless network card users.

Subscribers of Internet Service refer to all subscribers at year-end who have gone through registration procedures in the operation points of enterprises engaged in telecommunications and are hence connected to Chinese internets。Included are XDSL subscribers, LAN individual line subscribers, LAN terminal subscribers and wireless subscribers.

Trade and Foreign Trade and Economic Cooperation

Total sales of Commodities of Enterprises above Designated Size in Wholesale and Retail Trades the criteria for wholesale and retail trades above designated size are as follows: wholesale trade with annual principal business sales over 20 million yuan; retail trade, with annual principal business sales over 5 million yuan. Total sales of commodities refer to value of commodities sold by the establishments to other establishments and individuals(including goods sold for self consumption, including the value-added tax). The commodities include: (1) commodities sold to urban and rural residents and social groups for their consumption; (2)commodities sold to establishments in all industries for their production, and catering services including commodities sold to wholesale and retail establishments for reselling, with or without further processing; and(3)commodities for direct export to abroad. Excluded are (1)extended commodities without trading, such as goods handed over to other enterprises and institutions because of the change of organizations, lent goods, returned goods preserved for others, extended processing materials and samples donated to others;(2) goods of direct settlement between buyer and seller with handing fees introduced by others;(3) goods returned after purchase;(4) damaged and spoiled goods;(5) waste and used goods of self use.

Total Retail Sales of Consumer Goods refer to the amount obtained by enterprises(units, self-employed individuals) through direct sales of non-production and non-business physical commodity to individuals, social institutions, and revenue from providing catering services. Individuals include rural and urban households, population from abroad, social institutions include government agencies, social organizations, military units, schools, institutions, and neighborhood (village) committees.

Enterprises above Designated Size of Wholesale and Retail Trades the data of wholesale and retail enterprises above designated size are collected in accordance with the principle of business location of legal person, which means with the location of the main business activities. Corporate enterprises provide the statistical data of all affiliated industry activities(including different place) in a unified manner. Wholesale and retail industry units of non-wholesale and non-retail trade are also collected in accordance with the principle of business location of industry units. Comprehensive statistics scope include self-employment ventures above designated size, the criteria for self-employment ventures above designated size are accordance with The Statistical Quota Standards for Wholesale and Retail Trade, Accommodation and Catering Industry.

Amount of Foreign Capital Actually Utilized refer to the foreign capital actually utilized of approved contracts, which are the actual payment amount by foreign investors according to the regulations of approved contracts, and one part of the total amount of enterprise investment-loans from foreign investors' own funds overseas.

Investment in Fixed Assets

Investment in Fixed Assets (Excluding Rural Household) refer to the investment in construction projects with a total planned investment of 5 million yuan and over by enterprises of various ownerships, institutions, administrative units and urban self-employed individuals, and investment in real estate development in both urban and rural areas. Since 2011, it covers the urban investment in fixed assets under the previous statistical coverage plus project investments by rural enterprises and institutions.

Investment in Real Estate Development refer to investment by real estate development companies, commercialized buildings constructions and other estate development units of various types of ownership in the construction of buildings, such as residential buildings, factory buildings, warehouses, hotels, guesthouses, holiday villages, office buildings, the complementary service facilities and land development projects, such as roads, water supply, water drainage, power supply, heating supply, telecommunications, land leveling and other infrastructural projects. It does not include activities in pure land transactions.

Residential Buildings refer to the buildings specially for living, including houses, apartments, dormitory and staff dormitories, excluding the basements of residential buildings for civil air defense and without people living. residential buildings can be classified four types: ordinary apartments, affordable apartments and villas, and luxury apartments.

Education, Culture and Public Health

Regular Institutions of Higher Education refer to educational establishments recruiting graduates from senior secondary schools as the main target through National Matriculation TEST. They include full-time universities, independently established colleges, colleges, and institutions of higher professional education, institutions of higher vocational education and others.

Vocational Secondary Schools refer to educational establishments founded according to the set standards of the state and approval procedures, recruiting graduates from junior high schools (partly senior high schools) or people at the same degree, with the secondary vocational education. The period of schooling for recruiters from junior high schools is 3-4years, and the period of schooling for recruiters from senior high schools is 2-3years. Included are secondary vocational schools, technical schools, vocational high school (high school).

Number of Regular Secondary Schools refer to educational establishments founded by the approval of education sector at the county level and above, recruiting graduates from primary schools, with middle school teaching plan. Included are junior high school and six-year high school.

Number of Primary Schools refer to educational establishments founded by the approval of education sector at the county level and above, mainly recruiting children of school age, with primary school teaching plan.

Number of Full-time teachers refer to staff mainly engaged in teaching work. The teaching staff sent to help to do other work temporarily(within a year) are included .

Number of Students Enrollment refer to the total number of various of students enrolled in kinds of school, including repeated students, not including the tutorial raw.

Number of Theaters, Music Halls and Cinemas refer to special theatres with independent accounting system, theaters that can perform dramas being in charge of the culture Sector, theaters with the films, and theaters and rehearsal fields that attached to the theatres, regiment, operated openly, with independent accounting.

Total Collection of Public Libraries refer to the total number of material that have been cataloged by libraries, such as the ancient books, books, periodicals and newspapers volume, pamphlets, manuscripts and miniature products, video tapes, disks.

Number of Hospitals and Health Centers refer to all the number of hospitals and health centers at the area under administration during the reporting period.

Number of Beds of Hospitals and Health Centers refer to the actual number of beds of hospitals and health centers at year-end. Included are regular beds, simple beds, guardian beds, beds under sterilization and repair, and disabled beds for extension or overhaul. Excluded are beds for neonatal baby, escort beds for patients' family, beds for observing patients, and beds of delivery room.

People's Living Conditions and Social Security

The Average Number of Employed Staff and Workers employed staff and workers refer to persons who signed labor contracts with working units would pay wages, social insurance and housing funds for them. Persons who have their work posts but are temporarily absent from work for reasons of study or on sick, injury or maternal leave and still receive wages from their working units are also included. Employed staff and workers also include:1)persons who should have signed the labor contracts but not (like people with rural household registration);2)Employees on probation;3) Employees beyond the staffing quota;4)employees who are sent to other working units but still obtain wages from their original units (situations like on-the-job placement, expatriated assignment, etc.). Employed Staff and Workers do not include: 1)dispatched personnel who work and are paid directly by the working units; they should be counted into "labor dispatch personnel" of working units;2)personnel through labor outsourcing, they shall be counted into "Employed Staff and Worker" of the units which contracted them. The annual average number is equal to the sum of 12 months divided by 12 or the sum of 4 quarters divided by 4.

Total Wage Bill of Employed Staff and Workers refer to the total remuneration payment to all employed staff and workers during the reporting year, including basic salary, performance salary, salary allowances and subsidies, and excluding the deductions for personal leave, sick leave and so on. Units should adjust the corresponding projects when calculating the compositions of total wage bill, and they can minus the basic salary if they can't identify the adjusting projects.

Number of Staff and Workers Covered by the Urban Basic Pension Insurance refer to staff and workers or retirees participating in the basic pension insurance for urban staff and workers programme according to national laws, regulations and related policies at the end of reference period, who have already had payment records in social security management agencies, including those who interrupt payment without terminating the insurance programme. Those who have registered in the programme but without payment records are not included.

Number of Persons Covered by Urban Basic Medical Care System refer to people participating in the basic medical care insurance programme according to related regulations at the end of reference period.

Number of People Covered by Unemployment Insurance refer to staff and workers in urban enterprises or institutions who have participated in the unemployment insurance programme according to related policies and regulations and other people who have participated according to local government regulations at the end of reference period.

Municipal Public Utilities

Expenditure for Maintaining and Building City refer to expenditure for maintenance and construction of city. Included are expenditure for basic construction, expenditure for upgrading and maintenance.

Area of Urban Paved Roads at Year-end refer to paved roads with width of 3.5 meters (3.5 m included). Included are high-ranking roads, sub-high roads, and ordinary roads.

Length of Urban Sewage Pipes refer to the total length of general drainage, trunks, branch and inspection wells, connection wells, inlets and outlets, etc.

Total Volume of Water Supply refer to the total volume of water supplied by water-works(units) during the reference period, including both the effective water supply and loss during the water supply,

Consumption of Water for Households Use refer to consumption of water for daily life of all households in cities, including households of urban residents and farmers, and public water supply stations.

Annual Electricity Consumption refer to combination of various industries electricity power consumption and living power of urban and rural residents.

Total Volume of Gas Supply refer to the total volume of gas provided to users by gas-producing enterprises(units) during the reporting period, including the volume sold and the volume lost.

Population with Access to Gas refer to the population of households with access to gas.

Number of Buses and Trolley buses under operation at year-end refer to the total number of vehicles under operation by public transport enterprises (units) at the end of year, on the basis of the records of operational vehicles by the enterprises(units). Included are the vehicles of technology intact, the vehicles in repair, the vehicles being repaired, the vehicles stopped for a long time, and the vehicles under operation that have not yet been approved scrap by the competent department. Excluded are the oil tank trucks, trucks and other special vehicles that are not under operation and owned by bus companies, and the borrowing, leasing, passenger vehicles.

Passenger Traffic by Public Buses and Trolley Buses refer to number of passengers transported by public buses and trolley buses. Included are ordinary tickets passengers, commuters and passenger chartered. Ordinary ticket passengers purchase tickets by cash when getting on buses, one ticket is calculated as one passenger; The passengers of commuters are calculated as five passengers daily; passengers chartered are calculated as one passenger when one way, and as two passengers when round trip.

Number of Taxis at Year-end refer to various vehicles specializing in rental services with the approval of related departments. Included are cars, vans, and buses.

Area of Urban Green Land refer to the total area occupied for green projects at the end of the reference period, including park green land, production green land, protection green land, green land attached to institutions, and other green areas.

Park Green Area refer to the green area of various open parks.

Green Coverage Area of Complete Region included are public green area, residential area, green land attached to institutions, protection green land, production green land, and scenic forest land, according to the Urban Greening Regulations.

Environmental Protection

Volume of Industrial Waste Water Discharged refer to the aggregate of waste water discharged to outsides through all factory drains by industrial enterprises. Included are discharged waste water of production and factory sanitary drainage, direct cooling water, and the poisonous and harmful mine groundwater discharged by mining areas. Excluded are the indirect cooling water discharged to outsides.

Volume of Industrial Sulfur Dioxide Discharged refer to the aggregate of sulfur dioxide emission to the air during the production and fuels combustion at factory.

Volume of Industrial Soot(Dust) Removed refer to the volume of industrial soot(dust) removed through various waste gas treatment facilities by enterprises.

Volume of Industrial Soot(Dust) Emission refer to the aggregate of industrial soot(dust) emission to the air during the production and fuels combustion at factory.

Comprehensively Utilized Rate of General Industrial Solid Wastes refer to the percentage ratio of general industrial solid waste comprehensively utilized to the sum of production amount of general solid waste and the previous storage capacity.

Centralized Treatment Rate of Waste-water Treatment Plants refer to the ratio of waste treated by waste-water treatment plants to the quantity of wastewater effluent during the reporting period.

Domestic Garbage Harmless Treatment rate refer to the ratio of households garbage harmless treated to domestic garbage output.